本书出版得到中央高校基本科研业务费专项资金资助

（supported by "the Fundamental Research Funds for the Central Universities"）

法律文献信息检索
理论与实例研究

刘鸿霞　等◎著

中国政法大学出版社

2018·北京

图书在版编目（ＣＩＰ）数据

法律文献信息检索理论与实例研究/刘鸿霞等著.—北京：中国政法大学出版社,2018.6
（2021.7重印）
ISBN 978-7-5620-8338-2

Ⅰ.①法… Ⅱ.①刘… Ⅲ.①法律－信息检索－研究 Ⅳ.①G254.97

中国版本图书馆CIP数据核字(2018)第135778号

出 版 者	中国政法大学出版社	
地 址	北京市海淀区西土城路 25 号	
邮寄地址	北京 100088 信箱 8034 分箱　邮编 100088	
网 址	http://www.cuplpress.com (网络实名：中国政法大学出版社)	
电 话	010-58908586(编辑部) 58908334(邮购部)	
编辑邮箱	zhengfadch@126.com	
承 印	北京中科印刷有限公司	
开 本	720mm×960mm　　1/16	
印 张	34	
字 数	540 千字	
版 次	2018 年 6 月第 1 版	
印 次	2021 年 7 月第 2 次印刷	
定 价	99.00 元	

序　数字技术驱动大学图书馆服务能力提升

　　图书馆是收集、整理、保存文献信息并提供查询、借阅及相关服务的文化设施。图书馆通过保存文献亦即知识的载体，为人类保存着知识。回溯图书馆的历史，可以发现，图书馆的文献资源规模、服务模式、服务流程、组织架构乃至空间结构均与知识产品的载体形式及技术的演变密切相关。图书馆的历史演进可以概述为如下的变迁路径：由封闭到开放，由被动服务到主动合作。

　　在活字印刷术发明之前，只能依靠抄写来制作图书，图书馆的藏书量非常有限。例如，从公元 760 年开始，圣加仑修道院的修道士们就开始用羊皮纸抄写经文，以便诵读、保存和流传。到 9 世纪晚期，作为欧洲最古老的图书馆之一，位于瑞士东北部的圣加仑修道院图书馆积累了约 300 册藏书。英语 "library" 一词源于拉丁语 "librarium"，原义即为藏书之所。即使是欧洲早期大学的图书馆规模也不大，藏书主要是靠抄写或赠送。例如，创建于 1424 年的剑桥大学图书馆现在是世界上最大的图书馆之一，但在建立之初只有 76 卷捐赠的图书。英语世界中最古老的大学——牛津大学——成立于 1167 年，然而，其总图书馆直到 1602 年才正式建成于伦敦西北的牛津，藏书 2000 多册。早期大学图书馆的管理方式极其简单。例如，16 世纪宗教改革运动之前，剑桥大学图书馆一直由大学的牧师会兼管，直到 1577 年才聘任了专门的图书馆员和馆长。早期图书馆的图书目录类似于财产登记簿，图书呈读经台式摆放，大部分图书都用铁锁链牵在书桌上。知识的载体被禁锢了，其应有的知识传播价值就难以得到充分实现。

　　随着造纸术和印刷术的发展，纸张取代了羊皮，活字印刷技术取代了抄写，这对图书的生产和传播产生了革命性的影响。图书的生产和藏存服务不再合一，图书出版和图书馆分野为两个专门行业，大规模、大范围传播知识成为可能。印刷型图书的大量出版使图书馆藏书以空前的速度增加。藏书量的激增促使图书馆的管理方式日益专门化。书桌已难以摆放馆内日益增多的藏书，高大的书柜取而代之。铁链加锁的图书和读经台式的书籍放置方式逐渐被废弃。大阅览室式的图书馆被分隔出众多小间。图书馆的建筑结构出现了较大的变化。图书馆的建筑设计也因此有了特殊的要求，诸如，要求图书馆采光充足，便于读者阅览；防止潮湿，利于纸质文献的保存；对图书馆尤其是书库楼板的承重也有了特别的安全标准和要求。

　　保存知识的载体本身并不是图书馆的最终目的。图书馆通过专业能力对图书进行系统的、科学的组织和管理，将知识信息有效地分享给读者，进而推进知识的进步才是图书馆特别是大学图书馆的使命和价值。学者们希望把图书馆变成他们学术研习的场所、学术休闲的栖息之地。大学图书馆及其保存的文献资源构成了大学的核心必要设施。由水泥钢筋建筑而成的图书馆融入了师生和校友的情感，不再冰冷。

　　回顾 20 世纪 90 年代之前的国内图书馆，纸质文献是馆藏文献资源的主体，服务模式以人工为主，服务流程主要是围绕"纸质文献"与"人工服务"来设计和不断优化。不夸张地讲，这种模式甚至可以追溯至 17 世纪乃至之前的图书馆。

　　然而，从 20 世纪 90 年代开始，随着现代信息技术的进步，特别是移动信息技术和硬件设备的进步，尤其是近几年大数据、云计算和人工智能等技术的进步，文献资源的载体发生了前所未有的数字化变革，知识产品的提供模式发生了前所未有的变革，知识的生产模式发生了前所未有的变革，读者的阅读模式和习惯发生了前所未有的变革，读者的需求也发生了前所未有的变革。图书馆文献资源的馆藏结构及服务模式也随之开始发生变革。尽管纸质图书依然散发着独特魅力，但是，数字化驱动发展是所有图书馆的必然选择。

　　因此，在做好目前工作的同时，我们有必要展望 10 年之后乃至 20 年之后大学图书馆的可能样态。坦率地讲，任何预测都难以精准，甚至失误得贻笑大方。但是，图书馆的数字化是一个不可逆转的大趋势。基于现代信息技术的发展对于知识服务的影响，对知识产品表现方式的影响，对知识产品提供方式的影响，对知识生产模式的影响，同时也基于读者的文献信息素养、信息技术素养以及阅读习惯和对文献资源的个性需求等影响，对如下问题的思考有助于对图书馆未来的展望和谋划：图书馆与知识产品生产者之间的关系会有哪些变革？图书馆与知识产品提供者之间的关系会有哪些变革？图书馆与知识产品需求者（包括知识产品的学习者和未来生产者）之间的关系会有哪些变革？这些变革，对于图书馆既是机遇也是挑战，图书馆的服务模式应该主动因应甚至引导前述系列变革。

毫无疑问，大学图书馆不同于公共图书馆。教育部于 2015 年印发的《普通高等学校图书馆规程》第 2 条明确："高等学校图书馆是学校的文献信息资源中心，是为人才培养和科学研究服务的学术性机构，是学校信息化建设的重要组成部分，是校园文化和社会文化建设的重要基地。图书馆的建设和发展应与学校的建设和发展相适应，其水平是学校总体水平的重要标志。"数字化的文献资源内容和数字服务技术意味着大学图书馆应该更加主动地为师生的教学科研提供文献资源服务，助推大学人才培养、科学研究、社会服务、文化传承、国际交往能力的提升。具体而言，大学图书馆应该借助数字化技术，更加主动地进行文献资源及服务的"供给侧结构性改革"，高效地供给更多的服务内容和方式，有针对性地激发、引导并满足不同类别读者对文献信息服务内容的个性需求，为读者提供个性化的精准的文献资源服务：对于学生读者，图书馆可以提供与教学过程融为一体文献资源服务，服务于学校的人才培养工作；对于学者读者，图书馆可以提供与其科研全过程融为一体的文献资源服务，通过服务学者服务科研工作、服务学科建设。

在数字化的过程中，图书馆正持续生成并积累海量的读者行为数据。如何利用这些数据，发现问题进而解决问题，可以反映不同的工作理念和工作目标。基于数据，可以分析馆藏文献资源对读者需求的满足程度、优化文献资源结构、合理配置资源经费比例、强化特色资源建设；可以分析不同读者对馆藏文献资源的利用情况，分析不同类别读者的文献资源需求。本校读者进出图书馆次数、在图书馆驻留时长、借阅及下载文献资源的类型、数量以及学位论文的注释和参考文献等各类行为数据，可以折射出学风、教风乃至校风。

在数字化的过程中，图书馆不断积累的校本文献资源数据持续增加，可以搭建本馆的特色资源数据库，彰显校本文献资源的特色优势和学科竞争力。

图书馆还可以对既有的内外部数字资源进行不同专题类型的再生产，生成更加富有特色和针对性的数据文献资源。换言之，图书馆的数字化，还意味着图书馆有了这样的可能：不仅是文献资源接受者、储藏者、服务者，而且可以成为数字文献资源产品的再生产者。甚至，数字文献资源的再生产能力将成为图书馆的核心服务能力之一。

总之，未来的图书馆应该是一个以知识产品服务为内核的集知识产品的使用、供给、创新于一体的多边平台，连接着出版商、供应商、作者和读者，成为学术生态环境的核心部分。作为这个多边平台的运营者，图书馆与读者、供应商、出版商和作者之间不再是被动的服务关系，而是主动的合作关系。由于文献资源的数字化、服务模式的数字化以及读者行为的数字化，图书馆拥有了前所未有的积累、分析、发现和满足不同类别合作者对知识产品的使用、供给和创新的需求的能力，迎来了重新回到大学中心的机会。

中国政法大学的图书馆能否借助数字技术高效完成数字化的转型，提升服务能力，创新服务模式，最为关键的因素就是馆员队伍的素质、能力和态度。我馆全体馆员秉承艰苦奋斗的传统、爱岗敬业的精神，甘于奉献，勤于创新，乐于服务。特别是学院路校区的同事，更是顾全大局，任劳任怨。他们自 2012 年 9 月就转入科研楼地下二层甚至三层工作，在非常糟糕的工作环境下已经坚持了整整 6 年。我本人自 2012 年 5 月起兼任馆长，对此，我心怀歉意。我期盼着我的这些同事早一天像其他部门的同事一样，能够在工作时间享受一丝阳光，即使不一定和煦充沛；能够呼吸着地面之上的空气，即使有时候 PM2.5 的浓度令人窒息。我馆有一支充满了活力的年轻队伍，他们有着良好的教育背景，有着美好的职业向往，有着奉献于大学图书馆事业的愿望。为了持续打造一支能够主动迎接图书馆数字化挑战的馆员队伍，图书馆大力支持刘鸿霞作为团队负责人，携宋姗姗、曹奇敏作为核心成员，吸收了本馆近年新入职的全体新同事组成图书馆青年创新团队，在学校的支持下，围绕现代信息技术背景下大学图书馆的转型进行研究，服务于本馆的工作。创新团队自组建以来，就高效地开展多方面研究工作。这次出版的《法律文献信息检索理论与实例研究》与《中国政法大学图书馆资源与服务报告2017》是创新团队的阶段性成果，展示了这一团队职业能力、职业精神和职业向往。《法律文献信息检索理论与实例研究》是文献信息素养教育新的探索，探索新的内容、新的方法，适应读者的新需求。《中国政法大学图书馆资源与服务报告 2017》从文献资源和读者行为两个主要的维度，对本馆资源与服务数据、读者行为数据进行了颇有新意的深度挖掘与分析。对于该报告所提改进工作的建议，我照单接收；对团队的工作作风和成效，我深感欣慰。只有深入挖掘并分析各类乃至每一种文献资源与各类乃至每一个读者的相关性，才能够不断优化馆藏文献资源的结构、优化图书馆的服务流程、优化图书馆的内部治理结构，不断创新服务模式，图书馆作为"学校的文献信息资源中心，是为人才培养和科学研究服务的学术性机构"的定位方可名至实归，并下自成蹊。

　　对于中国政法大学而言，图书馆青年创新团队的许多工作是探索性质的，作为一位兼任馆长，奉行"包容审慎"的态度对待创新团队的工作和工作成果，应该就是对这一团队的最大支持！

时建中

2018 年 6 月 27 日

于蓟门桥校区老三号楼 116 室

　　今年是我国法学学科复办 40 周年。40 年以来，国内法学学科体系日趋健全，国际法学交流不断加强，现代信息技术支撑的中外文数据库日益发达，法学研究已经进入繁荣期，法律文献信息呈爆炸式增长。法律文献信息越丰富、越多元，法律信息素养和检索能力就越重要。为此，中国政法大学图书馆青年创新团队集全体成员乃至全体馆员的智慧，完成了本书的写作。本书是法律文献信息素养教育新的探索，探索新的内容、新的方法，适应读者的新需求。同时，本书也可以作为法律文献检索课程的教材，指导法学专业师生和法律专业人士查询、利用各种法律信息资源。

　　本书分为五章。第一章介绍法律文献信息概述，包括信息的概念、分类、历史演变以及法律文献信息的概念与类型。第二章主要介绍法律信息检索的理论基础，包括检索原理、检索方法、检索语言、检索步骤以及检索策略。第三章介绍一次法律资源的检索，包括中文法律法规检索、外文法律法规检索、中文案例检索、外文案例检索。第四章介绍二次法律资源检索，涵盖中外文纸质版期刊与电子版期刊、中外文纸质图书与电子图书、中外文学位论文、中外文会议论文的检索与利用。第五章是法律信息检索实例，分为案例研究类检索、课题研究类检索两大部分，每个部分结合实例探析如何通过检索法律信息解决相关问题。法律信息检索对于法学人才培养、法学研究以及法律实务的作用与意义不可忽视，相信本书能够有助于法律专业人士的法律信息素质与研究能力的培养。

　　在过去的一年，参加本书具体编写工作的青年创新团队的同事们，都以认真的态度和专业的精神完成了所承担的写作任务，并不厌其烦的进行讨论和修改。在此，我衷心地感谢编写组李雪梅、曹奇敏、武莹、王婷、张玲、张馨文、王思远、浦燕妮、贺博文等同事，对他们的执着精神和认真负责的工作态度表示感谢！

中国政法大学副校长兼图书馆馆长时建中教授在百忙之中对图书馆青年创新团队给予了悉心指导，多次给出修改意见，并给本书题序，肯定了本书的价值。时建中教授的序是对图书馆青年创新团队莫大的鼓舞和鞭策。

本书得以顺利完成，得到了中国政法大学图书馆各位领导和图书馆各部门其他各位同事的大力支持和帮助，在此表示衷心的感谢。

感谢中国政法大学出版社的同事，正是他们的辛勤付出，使本书得以早日问世。

限于我们的学识和水平，本书定有许多错谬之处，敬请读者批评指正。

刘鸿霞

2018 年 6 月 27 日

于小月河畔

CONTENTS目 录

第一章 法律信息概述
CHAPTER 01

一、信 息

在当今这个信息化时代，随着互联网的广泛应用和科学技术的不断发展，人类每天都被大量的信息包围，社会中处处可见信息爆炸的痕迹。而随着社会信息化进程的不断加深，人类对信息的依赖程度也越来越高，信息广泛地渗透到了生物学、医学、管理学、经济学等领域，对自然科学和社会科学的发展有重要的影响。

（一）信息的概念

1928年，美国数学家哈特莱（R. V. L. Hartley）撰写了论文《信息传输》（发表于《贝尔系统电话杂志》），哈特莱首先提出了信息度量的概念，也由此开始，"信息"作为科学术语出现在了人们的视野中。20年后，1948年，美国数学家香农（C. E. Shannon）（信息论的创始人）发表了两篇著名论文《通信的数学理论》和《在噪声中的通信》，提出了"信息熵"的概念。几乎在同一时期，美国数学家维纳（Winner）（控制论的主要奠基人）在自动化系统和自动控制理论出现的背景下，突破了仅在传输方面研究信息的局限，接连发表了《控制论》和《平稳时间序列的外推、内插和平滑问题》。维纳将信息定义为"人与外界相互作用的过程中所交换的内容的名称"。综上，可以从以下方面来定义信息：

1. "本体论"层次的信息

"本体论"层次的信息也被称为广义的信息，是从客观事物本身的层次出发，表达事物本身的运动规律和能量转换的方式。"本体论"层次是事物存在的最高层次，也是最普遍的层次。我们认为在这一层次，事物处于绝对客观的状态，没有任何主观的外力干涉和约束。这一层次的信息，是事物信息的最真实的反映，使用的范围也最广。

2. 认识论层次的信息

这一层次的信息，是从认识信息的主体层次出发，在"本体论"层次引入一个约束条件：认识主体。认识主体通过对事物本体信息施加一种"干涉"，即对客观事物的运动规律和能量转换方式进行了主观解读。在这一层次，信息是认识主体与外界事物的"沟通"，通过感知来输入外界事物的信息，通过表述来向外界事物输出信息。

认识论层次的信息受认识主体的主观因素影响，相比"本体论"层次信息的使用范围要窄一些。但是认识主体在认知水平、解读能力和目的方面的差异导致了对外界事物感知和表述的方式多样化，更加丰富了信息概念的内涵。由于人的意识无法解读意识以外的事物，因此本书中所讨论的信息都是认识论层次的信息。

（二）信息的分类

1. 按信息产生的先后顺序和加工程度划分

（1）一次信息。一次信息是指未经加工的原始信息。

（2）二次信息。二次信息是指对一次信息加工、整理、提炼之后的规则有序的信息。

（3）三次信息。三次信息是指根据一定的目的和需求，系统地组织、压缩、分析一次信息和二次信息的结果。根据一次、二次信息蕴含的内在规律和线索对某个范围的一次信息、二次信息进行综合分析、研究、提炼、重组所生成的再生信息资源。

2. 按载体形式划分

（1）书写信息。指在印刷术发明前，人类以书写的形式记录下的信息，记录的载体包括石壁、甲骨、青铜器、羊皮纸、竹简、丝帛等。

（2）纸质信息。指印刷术发明后，运用各种印刷技术将文字、数字、符号或者图像记录存储在纸上形成的信息。

（3）光盘信息。指近现代运用电磁和光学技术将文字、图像、声音等记录存储在特制的光敏材料上，人们可以运用计算机或者光驱设备读取信息。

（4）电子信息。是现代计算机网络技术光速发展的结果，电子信息脱离了分散性载体的限制，通过网络化的传输，使不同距离范围内的用户都可以快速、高效地享受更多的信息。

信息按信息的性质层次划分，还可以分为语法信息、语义信息、语用信息；按信息认识的过程划分，可以分为先验信息、实在信息、实得信息；按信息的记录符号可以分为文字信息、图像信息、语音信息、数字信息、符号信息；按信息的逻辑意义可以分为真实信息、虚假信息、不定信息；按信息的作用可以分为有用信息、无用信息、干扰信息；按信息的生成领域可以分为宇宙信息、自然环境信息、社会信息、主观思维信息；按信息的使用领域可以分为法律信息、经济信息、管理信息、科技信息、军事信息；等等。

（三）信息的历史演变

由于信息本身是抽象的，信息需要通过人的认识和借助一定的载体来呈现，而随着载体的不断变化和发展，以及人们认识的不断深入和发展，信息也经历了长久的发展和演变。

1. 传统的信息

信息的演化过程也是人类文明的发展过程，传统的信息包括火、结绳、语言、文字、图画、音乐、纸、印刷术、数字及算法。古人运用烽火台的火来传递军情，用港口灯塔的火为航船指明方向。结绳是人对事物运动状态和头脑中对这种状态的反映主观制造的一种联系，是文字符号出现之前人类最早的记录方式。人类运用特定的声音、手势、肢体动作和表情等对事物的运动状态和能量转换方式来进行固定化描述，并逐步发展出了共同的处理规则——语言——来进行信息的交流和传递。文字的产生是人类文明的一次飞跃，人类通过运用形状、图画、线条等形式将语言具化，使信息依存于新的载体，变换成更多种的形式来进行历史传承。人们通过创作和观察图画来表达和交流对客观世界的认识，来获得美的体验，引起情感上的共鸣，进而促进人们无限自由的思考。音乐通过音符的组合和声音的变化来表达人类对客观世界事物运动特征的感受和认识，从而实现信息在人与人之间的交流和传递。纸和印刷术的产生极大地改变了信息的传递方式和速度，数字和运算是对信息的逻辑化记录。机械计算机遵循固定的步骤和逻辑语言，对应外界的形式化操作，在外界操作数输入后，不需要施加人工干预，能够自主进行计算得出结果。机械计算机的产生，使信息的运载方式由纸质化向电子化方向的转变成为可能，是传统信息与现代信息的分水岭，从此，人类对信息的探索开始向现代化迈进。

2. 现代的信息

随着电和互联网的出现，人类对信息的探索开始向现代化迈进，现代化信息包括电报、广播、电话、电视、机械计算机、电子计算机、互联网。电这种现象被应用于通信，开启了现代信息的序幕。电报首次使用电作为信息传递的媒介，将语言、文字转换成为固定的编码，通过电流、电磁波的传输传递到信息接收方，接收方将收到的编码转换成文本信息，最终完成信息的传递。广播是使用电波振幅的变化将声音转化为无线信号，通过发射、接收、转化和播放，实现了信息的单向、光速传播。电话建立了任意两个个体之间的动态联系，使信息由单向传播转变为双向的、即时的、点对点的传播。电视是将现实中的画面转换成为可以传输的无线电波信号，通过发射、接收、转换和播放，使视觉信息得到单向广播式传播。电子计算机不仅能够进行科学计算，更能够将数据、图片、声音、视频等形式的信息进行数字化，重现在电子计算机中，帮助人们检索信息、获取信息之间的联系，甚至是分析、整合出新的信息。电子计算机加深了人与世界、人与人之间的联系，并帮助人们补充和扩展了知识层和信息层。互联网的到来真正宣告人类社会进入了信息时代，它实现了电子计算机之间的数据传送和信息共享。互联网为人类社会创造了一个庞大的集计算、存储、分析、整合功能于一体的信息资源世界，将人类在信息领域的探索带到了一个新的高度。

二、法律信息

(一) 法律信息的概念

在国内图书馆及法律信息领域，法律资源，一般也被称为法律信息、法律文献信息、法学文献信息等。广义的法律信息是关于法律领域一切活动的消息、情报与知识的总和，涉及的领域极其广阔，不仅包括中央和地方各级领导部门及经济管理部门、立法部门、司法部门、法律法学研究部门、法学教育部门与企事业单位的法律信息，而且还包括国家政治、经济、文化、教育、科学、外交等一切与法律有关的活动的信息，涉及社会的各个领域。法律信息贯穿于立法、司法、法律实践、法学教育和研究等各个领域。法律信息是所有与法律有关的活动的信息，所有围绕法律产生的信息共同构成了法律信息系统。本书中讨论的法律信息，是指与法学研究和法律实务相关的法律文献信息。

借鉴法律渊源（Sources of law）的概念，美国耶鲁大学法学院教授莫里斯·L. 科恩和弗吉尼亚大学法学院法律检索教师肯特·C. 奥尔森在合著的《法律检索》（*Legal Research*）一书中认为，法律文献按其效力的不同而分为三类：有强制约束力的原始法律资源（Primary Sources）、有一定说服力的无法律效力的二次法律资源（Secondary Material）、用来查找其他法律文献的法律检索工具（Finding Tools）。在大多数情况下，法律检索工具被合并于二次资源中一并论述。法律文献的这一专用分类方法与普通法系的特点密切相关，可以明确法律效力、方便法律检索，有助于我们快速地获取法律文献信息。依据效力对法律文献信息进行分类的方法逐步获得了国际法律图书馆界、国内部分法学研究者和信息工作者的认同并被广泛接受和采用。

（二）一次法律资源

一次法律文献，也称原始法律文献，主要指国家立法机构和政府制定颁布的法律、行政法规、行政规章、法律解释等。在普通法系国家，原始法律文献还包括司法判例和决定。一次法律文献具有法律效力和规范性，也被称为"规范性法律文献"。一次法律资源还可以按约束力的程度分成"强制性规范"（binding or mandatory authority）和"非强制性或说服性规范"（non binding or persuauthority）即被说服方接受的法律或法理，如某地方法院因本地区没有相应的法律而愿意接受相邻地区的法律或者广被赞同的法理为判案的法律根据。

大陆法系以抽象条文作为规范具体案件的法律，以缜密的逻辑推理解释成文法规则，讲究体系严谨和内容完整。中国传统上属于成文法国家，立法体系、法律内容在很大程度上以大陆法系为主。目前，我国的一次法律资源包括了宪法、全国人大及常委会制定的法律、国务院制定的行政法规、国务院各行政部门制定的规章、签订的国际公约和条约、法律解释（含立法解释、司法解释和行政解释）和地方性法规等。这些法律资源的共性是具有"普遍约束力"，自公布生效之日起，对处于该类法律资源实施范围内的对象，都产生约束力。根据《宪法》第100条"省、直辖市的人民代表大会和它们的常务委员会，在不同宪法、法律、行政法规相抵触的前提下，可以制定地方性法规，报全国人民代表大会常务委员会备案"的规定可知，地方性法规效力低于宪法、法律，并且只在固定的区域内属于强制性规范，但其他地区的人或物，只要进入该地方性法规的实施范围内，即受该法约束，因此，可以认定地方性法规也具有普遍约束力，属于一次法律资源。

普通法系以法院判决作为法律规范，判例法是其正式的法律渊源，"遵循先例"是普通法系的一个重要原则，即累积法院先前所作的案例判决结果，作为日后审理案件的参考。普通法系遵循由分析案例事实归纳出法律的原理原则，承认法官有创制法的职能。制定法也是普通法系重要的法律渊源，例如美国法律的一次法律资源不仅包括联邦和各州法院判例，还包括联邦法律、联邦规章法典、各州法律以及政策等。从 19 世纪开始，制定法在普通法系中所占的成分越来越多。因此，在法学研究和法律实务领域，普通法系制定法的检索获取不容忽视。

（三）二次法律资源

二次法律资源指不具有法律效力和约束力的法律文献信息。该类文献资源多以法律研究、法律探讨和法律评论为主，如法学专著、教材、法学论文、法律和判例解释或释义等。美国法律文献中二次资源的内容包括：法律评论与学刊、法律新闻、法律百科、法律释义、法律专著、法律重述、文书（提供法院或商业交易中的标准文本）等。二次法律资源不具有法律效力和规范性，因此也被称为"非规范性法律文献"，是辅助检索原始法律文献，通过对法律原则的讨论和分析，形成解释性和分析性的法律文献。如中国法学会主编的《中国法律图书目录》，全国人民代表大会常务委员会法制工作委员会编著的《中华人民共和国法律释义丛书》，最高人民法院定期发布的典型案例、指导案例等，都是帮助人们查找、理解和运用法律，为下级法院办案提供指导性参考，不强制约束适用对象。法律检索工具一般也被纳入二次法律文献一并讨论。

由于法律体系不同，以判例法为主的普通法系没有大的各个部门法的成文法典，法律渊源分散庞杂，很难把握。二次法律资源作为解释性和分析性的法律资源是对法律原则的讨论和分析。因此，二次资源可以作为分析和查找一次法律资源的辅助工具，在帮助理解和查找法律的原始资源时起着非常重要的作用。在以成文法为主的大陆法系，案例不具有强制性和约束力，但是案例在司法领域中仍有着重要的意义。虽然大陆法系的案例不具有法律效力，但为了行文体例格式统一，本书在资源介绍时仍将大陆法系的案例纳入一次法律资源范围中，在此谨作说明。

第二章 信息检索基础
CHAPTER 02

一、信息检索基本原理

(一) 检索的概念

作为人类社会活动必不可少的一部分，信息检索有着悠久的历史，而随着信息社会的到来，其重要地位日益突出。伴随着信息检索活动的开展，信息检索研究应运而生，其主要研究内容包括：信息检索理论、信息检索语言、信息检索工具或信息检索系统的构建及评价、信息检索技术与方法等。信息检索的实质是用户表达自己的信息需求或检索需求并形成一定的检索提问特征与检索系统内的信息资源标识进行匹配，通过检索运算从中找出符合检索要求的一致性信息。

法律信息检索主要与英文"legal research"相对应，它包含两个含义：一是指法律文献检索，即查找有关某一法律问题的法律依据（authorities），亦是指为法律检索目的而有效地编排和整理关于法律问题的划分依据方面的研究；二是指法律研究，即对法律问题及与法律相关的问题作系统的探讨和考察。法律检索即是指以规范的、科学的、系统的方法查找、收集法律资料的过程，以满足解决相应法律问题的需求。有效的法律检索可以分为以下三个阶段：检索的计划阶段，检索的实施阶段，还有检索结果的撰写阶段。法律检索的本质就是为了获取法律信息，而获取法律信息的能力是法律工作者在大数据时代最为基本的技能。

(二) 检索的需求

随着大数据时代的来临，人们的生活学习全面进入了信息爆炸的环境。信息需求比以往更加强烈。如何利用信息创造更大的价值是现代人们追求的终极目标。人们每天被无数的信息所包围，无时无刻不在接受、整理、理解和运用信息。

信息需求产生于人们对生理、情感、认知得不到满足的情况下。也就是说，当人们的认知储备不足以完成目前的任务或者不能够解决当前的困境时，需求就出现了。

信息需求作为个体经验的感觉，它具有一定的隐藏性。当人们对自己的信息需求有明确的清晰定位，可以用语言准确、完整地描述出来，并可以通过具体信息资源得到满足时，这种信息需求就是"强信息"需求或者是显性信息需求；当人们尚未完全意识到自己的需求，或对自己的需求尚未形成清晰的定位，或对相关的检索步骤和工具也没有明确的认知时，这种信息需求就是"弱信息"需求或者是隐性信息需求。隐性信息需求是人们在信息检索中最大的障碍，也是信息检索需要完成的任务。

在信息服务领域，强信息需求一般较为容易找到满足其需要的信息资源，但是弱信息需求需要用户和信息咨询人员一起去挖掘和分析。弱信息需求往往是被掩盖在强信息需求之下。通常只有在信息检索过程中，用户才会不断发现自己隐藏的信息需求。从是否被意识和表达的角度，信息需求可分为三个不同的层次：①弱信息需求或者潜在需求，即用户尚未意识到的需求或已经有形成比较模糊的需求。②已经意识到但未能表达的信息需求。③完全表达的需求。

通常来讲，信息需求遵循两大规律：静态规律与动态规律。用户信息需求的静态规律表现为：用户所需信息按学科领域、载体、语种的分布是集中的，余下的信息是分散的，这种信息的分布规律遵循布拉德福文献分散规律。信息需求的动态规律表现为：①用户信息需求受外界影响的规律。外界影响分为社会因素影响与自然因素影响。②用户信息需求具有阶段性。③用户信息需求随用户知识结构变化而变化。知识结构影响用户信息需求的数量、内容与质量。④用户信息需求呈综合化与专门化的趋势。

信息需求的对象主要有两个：一个是信息本身，一个是信息服务。对信息的需求包括：①对信息内容的需求。②对信息类型的需求，如对原始信息、一次文献信息、二次文献信息；或者对知识型信息、事实数据型的需求。③对信息质量的要求。④对信息数量的要求。对信息服务的需求有：信息服务具有多样性、针对性与实用性，或对检索工具、检索系统的需求，对一次文献服务、二次文献服务、三次文献服务的需求。

在信息检索领域，信息需求一般可以被划分为两大类：已知资源类需求和主题信息需求，而主题信息需求中又可被分为查新需求、查准需求和查全需求。

（1）已知文献类需求，是指在尚未检索之前，用户已经通过已有知识或经验，掌握了满足其需求的资源所在，并在一定程度上已经知道了相关资源的特征信息（如关键词、唯一概念词、著者、ISBN、题名等），通过检索工具，能够准确、迅速地查找到相关资源。用户对其需求主要集中在信息内容上，例如，某个具体法律条文的检索。

（2）主题信息需求，是指用户在检索前，只知道所需信息的主题范围，并不知道具体哪些应该查找哪些资源。用户希望运用模糊查找的方式逐渐搜集相关信息，满足其信息需求。与已知资源类需求所不同的是，满足主题信息需求的检索，是以所需信息的主题特征为检索入口，进而最终查找出包含这些信息的文献。主题信息需求可分为查新需求、查准需求和查全需求三类。

查新需求，是指用户需要某些特定主题、行业领域内的最新信息。这种信息需求对时效性有较高要求，只要是最新的消息就可以满足用户的需求。信息检索机构所提供的服务中，"定题检索""近期通报"和"科技查新"是满足最新信息需求的服务形式。

查准需求，是指用户需要完全符合自己需求的准确信息资源。例如：某一生产参数、方法、理论、说明。用户需要的是"准确""权威"的信息。这些信息可以具体解决某些问题而不产生争议。

查全需求，是指用户需要查有关某一主题的所有信息，要求全面、系统、彻底，以便掌握该主题的历史、现状及发展。这是一种带有追溯性的检索要求。

基于以上这些信息需求，诞生了三种检索类型：

文献检索（Document Retrieval）：以已知文献作为检索对象，查找含有用户所需信息的内容。

数据检索（Data Retrieval）：数据检索是将经过选择、整理、鉴定的数值数据存入数据库中，根据需要查出可回答某一问题的数据的检索，包括调查数据、统计数据、外汇汇率等。

事实检索（Fact Retrieval）：是将存储于数据集合中的关于某一事件发生的时间、地点、经过等情况查找出来的检索；事实是指数值信息和系统数据信息混合的检索。这种检索既包含数据的检索、运算、推导，也包括事实、概念等的检索、比较、逻辑判断。这样的事实检索已经超出了传统信息检索的范畴，实质上是一种"问题求解"过程或专家系统技术。近年来开发的某些"智能信息检索系统"就初步具有这样的特征和功能。

（三）检索的语言

检索语言是信息检索系统中信息存储与检索用语，是用户与检索系统借以交流、互动的媒介。具体地讲，信息检索语言是由给定领域中一切可用来描述信息内容和信息需求的词汇或符号及其使用规则构成的供标引和检索的工具。从反映文献特征的角度来看，那些代表了文献外表特征的著者姓名、题名、报告号、标准号、专利号、档案号等检索标识和代表了文献内容特征的类号、叙词、标题词和关键词都是检索语言。检索语言经历了以受控语言（分类法、主题法）为主、受控语言和自然语言结合以及以自然语言为主三个阶段。

受控语言又可以被划分为分类语言、主题语言、分类主题一体化语言、代码语言、引文语言等等。目前，最为常用的是分类语言、主题语言和引文语言，以下笔者将具体介绍这三种语言：

（1）分类语言。分类语言是用分类号和类名来表达信息的内容主题概念，并按学科性质进行分类和系统排列，包括等级体系分类语言和分析、综合分类语言两种形式，属分类法系统。例如：学科分类语言，是以知识分类为基础，按照学科性质及从属、层次关系来组织资源，类目排序以字顺为标准。目前采用的主要有杜威十进分类法（DDC）、国际十进分类法（UDC）、美国国会图书馆分类法（LCC）和中国图书馆图书分类法（中图法）。

（2）主题语言。主题检索语言是直接以代表文献内容特征和科学概念的词汇作为检索标识。主题语言可分为标题语言、叙词语言和关键词语言。主题语言构成原理为：利用自然语言中的名词术语，经过一定程度的规范化处理，作为表达文献和提问内容的主题词；利用参照系统中的各种手段，显示主题标识之间的各种关系，并以此把主题词表中的众多主题词相互联系起来，构成多维的主题词体系；利用主题词的字顺序列，按事物的名称来排列和检索文献信息。

（3）引文语言。引文语言是利用文献之间引用与被引用的关系作为文献内容主题标识，并以此标引和检索文献的语言。

假设有文献 A 和 B，B 文献在完成过程中引用了 A 文献，并把它列在参考文献中，此时就称 A 是 B 的"引文"（citation），而 B 因为提供了包括文献 A 在内的若干引文，故被称为"来源文献"（source item 或 source document）。无论是哪种检索语言都要完成集中内容相关文献的功能，引文是这样完成集中文献的功能的：比如，文献 A 被文献 B 引用，又被文献 C 引用，也就是说文献 A 同时是文献 B 和文献 C 的引文，那么这个作为共用引文的文献 A 就通过文献之间的引用关系，集中了来源文献 B 和 C。如果把文献 A 作为检索入口，就可以检索到在它之后发表的引用了它的所有来源文献。就好像使用某个主题词，就可以检索到含有这个主题词的所有文献一样。由于来源文献和引文之间在内容上是相关的，所以引文就完成了文献集中的功能。引文检索语言就是根据上述原理，以引文为标识标引或检索文献，引文标识的全体就构成了引文检索语言。

自然语言检索广义指使用文献作者的原用语言查找文献的检索方法。在信息存储阶段，检索系统直接用资源中的特征内容进行标识，如文献的题名、摘要、关键词、正文等。这些标识组成一组标识文献唯一性的特征集合。特别是自然语言发展到全文标引的阶段。文献内容的所有正文词语都可以用来标记该文献。所以，在狭义上，自然语言检索仅指使用自然语言的正文查找，又称"全文检索"或"自由文本检索"，即把文献以机器可读形式逐字存贮于电子计算机内。

（四）检索的原理

检索分为手工检索和计算机检索。随着科技的发展，手工检索逐渐退出历史舞台，仅存在于部分保密机构的检索系统中。用户最为常用的还是计算机检索。

在数据库中，计算机检索的原理主要是结合特定的信息需求，使用特定的检索指令、检索词和检索策略，从计算机检索系统的数据库中检索出所需要的信息，并由终端设备显示或打印的过程。检索是由存储和查找两个阶段组成的。在存储阶段，计算机系统利用受控语言或自然语言，趋向于自动化的标引，将文献资源标记成一条条的记录。这些记录形成新的文档。同时，系统对这些文档内的标引信息进行整序，生成可供检索的文档。所有的文档就构成了可供检索的数据库。在查找阶段，根据用户输入的信息字段，系统首先在信息标识文档中进行比较、匹配、运算，凡信息特征标识与检索词一致且满足检索表达式的记录单元就属检索命中，再根据记录连接到文献资源。

计算机检索按照其呈现方式主要可以分为四种类型：①线索检索：这种检索的结果是有关文献的题录信息。通常包括文献题名、著者、出处、文献内容提要等。检索者可按照题录信息提供的线索索取文献的原文。例如，《中文社会科学引文索引》（CSSCI）。②全文检索：这种检索的结果是有关文献的全文信息。全文检索是将文献全文存储到数据库中，并建立了与线索检索基本相同的检索途径。因而在检索操作上与线索检索并无本质差异，但得到的检索结果是文献原文而不仅仅是其线索。这种数据库检索系统有"中国知网""超星数字图书馆""读秀"等。③多媒体检索：这种检索的结果是有关文献的全方位立体信息，如声音、图像、图形、文字等。与一般文本信息相比，多媒体信息具有直观、形象和内容丰富的特点。例如，新东方网络课程多媒体数据库。④超文本检索：与上述检索方式不同，它是通过检索已经链接好的存贮有文本等信息的结点来获取文献信息，是网络信息检索与浏览的主要手段。

二、法律信息检索

（一）法律信息检索特点

法律信息检索顾名思义，包含法律研究和信息检索两层含义，我们不能离开法律研究空谈信息检索，也不能离开信息检索空谈法律研究，二者之间关系紧密，不可分割。

法学界普遍适用的法学研究方法（又称法学思维）是一套指导法学研究领域的模式，即"找出问题、寻找规则、分析和应用、得出结论"的过程，具体来说包括研究的法律问题是什么，对此问题适用的规则是什么，规则适用的情况有哪些，以及能得出怎样的结论四个部分。其中"找出问题"是整个研究的关键所在。通过价值分析、历史分析、比较、逻辑实证与经验实证五种方法能帮助我们发现问题，从中提取出与问题相关的多个检索字段，为检索的顺利实施提供帮助。

法律文献信息的特殊性决定了法律信息检索有其独特之处，与一般信息检索相比，法律信息检索有如下特点：

1. 检索途径与字段的多样化

检索途径由信息内容特征和外表特征组成，内容特征形成分类途径、主题途径，外表特征形成著者途径、题名途径、代码途径等。通常，检索字段与之相对应。

　　随着法律的制定，围绕法律的补充、解释、应用、学习、研究、教育、宣传的开展，法律文献样式在不断增多，形式在不断创新，加之英美法系对大陆法系的冲击，法律从内容到形式都发生了很大变化。我国古代围绕法律文本展开的注释、编纂活动，被新兴的汇编、年鉴、手册、全书所代替。伴随法学教育的崛起，法学专著、教材、论文、报告日新月异，加之法学杂志、报纸、文摘的推波助澜，法律文献更加异彩纷呈，法律文书也更加丰富。在新的司法制度下，新的法律文书样式，如提请逮捕意见书、起诉意见书、询问笔录、起诉书、不起诉书、公诉词、抗诉书等也应运而生。因此，检索途径与检索字段也随之变得更加多样化。

　　在西文数据库中，除了有字段名外，还有字段代码，字段代码由其对应的字段名称的第一个单词头两个字母大写后来代表，如"文摘"字段英文代码为"AB"，"著者"字段为"AU"等，中西文数据库常用字段名称及其代码如表2-1所示：

表2-1　中西文数据库常用字段名称及其代码

西文数据库常用字段		中文数据库常用字段
字段名称（field 或 segment）	字段代码	
Abstracts	AB	文摘
Author/Creator	AU	作者/著者
Corporate Scource、Organization、Company	CS	机构名称
Descriptor、Subject	DE	叙词/主题词
Document Type	DT	文献类型
Full-text	FT	全文
ISBN	ISBN	国际标准书号
ISSN	ISSN	国际标准连续出版物号
Journal Name、Publication Title	JN	期刊名称

续表

西文数据库常用字段		中文数据库常用字段
字段名称（field 或 segment）	字段代码	
Keyword、Topic	KW	关键词
Language	LA	语言
Publication Year	PY	出版年
Title/Name	TI	题名
Source	SO	来源

有时，不同检索系统所提供的检索字段也会有一些差异，如表 2-2 所示：

表 2-2　中西文法律检索系统中常用字段名称及其对应的数据库举例

字段名称 （field 或 segment）	中文意思	对应数据库举例
description	摘要或关键词	Heinonline
subject terms	摘要或关键词	Ebsco
caption	标题或主题	Jstor
citation	引证号或引称号	Westlaw、Lexis
court	主审法院	Westlaw、Lexis
judge（s）	主审法官	Westlaw、Lexis
opinion（s）	主审法官意见	Westlaw、Lexis
headnote（s）	涉及一个或多个法律问题	Westlaw、Lexis
attorney	辩护律师	Westlaw
counsel	辩护律师	Lexis
holding	判决	Westlaw
decision/outcome	判决	Lexis
synopsis	同时包含案件的 事实和判决部分	Westlaw

字段名称 （field 或 segment）	中文意思	对应数据库举例
digest	摘要（即对案件涉及的一个或多个法律问题的表述）	Westlaw
keynumber	钥匙码	Westlaw
core-terms	关键词	Lexis
summary	摘要	Lexis

2. 检索结果类型的独特性

由于法律信息资源有其不同于其他专业领域信息资源的特殊性，因此法律信息检索结果类型亦有其独特性。主要体现在以下三个方面：

首先，法律信息检索结果对法律实践具有指导意义。从法学内容上来说，法律信息结果可分为立法文献、司法文献和法理文献。立法文献是文本书献，不仅包括法律范本，还包括具有法律效力的注释、解释、决定、规章以及行政机关的法规等。司法文献是与案件有关的司法活动形成的文书资料，古代包括上疏、奏折、契约，现代包括合同、公证书、婚姻证明等。法理文献属无权法律文献，即法律理论，它是对立法、司法活动的诠释，包括对法学思想、原则、程序、模式探讨的论著、论文以及报纸、杂志、出版物等法律研究相关资料。三者在维护司法公平公正的实践中具有现实指导意义。

其次，法律信息检索结果所涵盖的范围比较广。从法律文献应用上来看，国内方面，可分为法律思想、法律文本、法律文书、法律典志、法律资料汇编、法律工具书、法律档案和法律评论八种类型。法律思想文献记载历史人物或社会有影响人物对法律的见解和认识，是法律制定和实施的动因，是法律文献最重要的基础文献，它集中反映了不同历史阶段法律思想的基本面貌。法律文本书献是最具代表性、最核心的法律文献类型，具有最高权威和最高法律效力。法律文书文献是以司法文书为主的法律文献，具有极其广泛的应用性。法律典志文献是古今法律制定、实施中各个侧面、各种活动的全面记录，为人们了解法律发生、发展提供了资料依据。法律档案文献主要是指甲骨、钟鼎、石刻、竹简、帛书、写卷以及缩微、音像、电子光盘等载体上的法律知识的记载，属一次法律资源，它为历史法律资料的真实性和可靠性，提供了最有力的证据。法律资料汇编是从西文传入我国的一种文献编辑样式，是有关律令、法规、条约及有关法律资料的辑录，其特点是内容丰富，容量大，便于应用。法律工具书是查找有关法律知识的窗口，包括法律类或与法律有关的词典、年鉴、公报、手册等文献资料，其特点是贴近法律实践，具有实用性。法律评论文献是人们对法律文本、原则、体系的科学评价和阐释，包括法律文本阐释、法律思想研究、法律原则探讨、法律体系构建等。国外方面，按有无法律效力和约束力划分，可分为有法律效力和约束力的一次法律资源（原始法律文献）和无法律效力和约束力的二次法律资源。例如，美国一次法律资源包括美国联邦及各州法院判例、美国联邦法律、美国联邦规章法典、美国各州法律、美国及英国立法和政策等。美国二次法律资源包括法律评论与学刊、法律新闻、法律百科、法律释义、法律专著、法律重述、文书（提供法院或商业交易中的标准文本）等。以上法律文献类型构成了法律文献信息资源研究体系，为横向或纵向的法律研究提供了基础资料。

最后，法律信息检索结果中的法律统计数据讲究客观真实、准确有效，且越来越受到法律研究者们的重视，并被运用到法律著作及论文写作中去。2009 年陈瑞华在其著作《论法学研究方法》中提到："在具体的法律研究中，我们在法律信息检索上遇到了一些困难。司法活动中常有'重实体，轻程序'的现象，中国的司法统计也存在忽视程序法实施方面的数据问题。《法律年鉴》，最高人民法院、最高人民检察院的'工作报告'中统计的主要是实体法适用方面的数据，如各类犯人量刑人数的分类统计数据和比例，侦查立案的案件数和案犯人数，提起公诉和不起诉的案件数和案犯人数等。至于与程序法适用有关的数据，如证人出庭作证的人数和比率，辩护律师参与辩护的案件数和案犯人数等，适用简易程序的案件中公诉人、辩护律师出庭的案件数和比率，二审法院开庭的案件数和比率，经过死刑复核程序后，案犯被维持和推翻死刑裁判的人数案件数及其比率等数据，几乎从来没有被精确统计过或因检索技术、条件受限而无法获得。一些法院、检察机关自办的出版物上经常登载着一些涉及刑事诉讼法实施情况的分析，其中会有一些有价值的案例、数据、访谈、调查材料，具有一定典型意义。一般研究刑事诉讼问题的学者所选取的案例，往往来自一些报纸杂志的报道。这些报道会因报道者的素质和倾向等方面的原因，存在不少问题，所选取的案例往往不具有一般性和典型性。"2015 年于丽英在其著作《法律文献检索》（第 3 版）中多次用数据说话，反映出了其表述内容的严谨性。如"截至 2014 年 11 月，最高人民法院已发布指导性案例 31 个；最高人民检察院已发布了指导性案例 19 个"。"《最高人民法院公报案例大全》，上下册，沈德咏主编，人民法院出版社 2009 年版。该书全面收录 1985 年至 2008 年公报发布的近 600 个案例。"由此可见，在当今大数据的环境下，法律研究者们对法律统计数据的需求越来越明确，对其数据质量也有一定要求。

3. 检索结果具有权威性

规范性法律资源是指原始法律资源，其本身具有法律效力，是法律学习、研究及实践中最重要、最核心的资源。它包括宪法、法律、行政法规、地方性法规、自治法规、行政规章、特别行政区法、国际条约等。规范性法律资源具有极其庄重的色彩，是人们的行为准则、行动指南，任何人都必须无条件服从。在制作上，法律文本有其严格的技术规范，国家对法律文本的要求更是严格，决不容许出现错别字，对字体大小、间距的宽窄都有具体要求。通过外在的规范充分体现法律内容的严肃和庄重，反映出法律的权威和神圣。

4. 检索结果注重时效性

时效，是指法律规定的某种事实状态经过法定时间而产生一定法律后果的法律制度。这里的时效性，主要是指所检出的法律信息一定是最新的，尚未被废止，且还在有效期内的法律信息，如最新出台的法律条文，最前沿的法律学术动态信息等，这些信息往往是人们关注的焦点，是法律研究的风向标。

因此，我们在法律检索实际操作中，需根据法律研究的需要，了解法律信息检索特点，有的放矢地选取适宜的检索方法，按照检索策略的步骤，有条不紊地进行，在遇到检索困难时，要理解法律信息检索的特殊性，反复琢磨法律研究方法及法律检索策略是否恰当，及时做出相应调整，再次检索，以期最终获得满意结果。

(二) 法律信息检索途径与方法

信息检索途径是指信息检索的路线和出发点，它取决于信息存储过程中各种检索系统或检索工具对文献信息的处理方式和内容。一般来说，信息检索途径可分为两类：一是从外部特征查找信息的途径，如题名途径、著者途径、序号途径、引文途径等；二是从内容特征查找信息的途径，如分类途径、主题途径、关键词途径等。具体到法律信息检索，从外部特征查找，依然可选择题名、著者、法令号、文件号等途径进行检索；从内容特征查找，亦可根据法律类主题词、案件关键词、法律图书分类号等途径进行检索。

常用的信息检索方法有以下三种：常规法、追溯法和综合法。

常规法是利用检索工具来查找文献信息的方法，又可分为顺查法、倒查法和抽查法三种。顺查法，按课题起始年代，由远及近逐年查找。此法的优点在于误检的可能性较小，检索结果较全面、系统，缺点在于费时费力，工作量大，适合于内容较复杂，时间较长，范围较广的研究课题。倒查法，与顺查法相反，按课题起始年代，由近及远逐年查找。此法的优点在于能及时把握学科最新发展动态，检索时间跨度可灵活掌握，检索效率较高，与顺查法相比，查全率相对较低，适合于课题查新、掌握研究动态以及制订研究规划时使用；抽查法，根据课题所属学科研究发展的某一高峰时期，抽出一个时间段，进行集中查找。此法优点在于花费时间较少，检索效率较高，缺点在于对检索者的学科背景知识要求较高，需要检索者熟悉该学科的发展特点，了解该学科文献发展较为集中的时间范围，适合有学科背景的检索者使用。

追溯法又称引文法，是利用文献后所附参考文献、相关书目、推荐文章和引文注释查找相关文献的一种检索方法。此法的优点在于根据科学研究的连续性和继承性来查找相关文献更具有针对性，同时在某种程度上也可以扩大文献来源，缺点在于由于原文作者引用的参考文献数量有限，检索结果将不够全面，且容易产生漏检和误检现象，适合于在缺少检索工具的情况下，作为查找文献的一种辅助方法来使用。

综合法又叫循环法或分段法，是一种常规法和追溯法相结合的检索方法。首先利用检索工具查出一批可能有用的文献，再利用这些文献所附加的参考文献进行追溯查找，扩大文献线索，如此分段交替循环进行，以期最终实现检索目标。此法的优点在于查全率较高，加之结合追溯法，不断过滤检索结果，令检索更具针对性，查准率相应得到提升，检索结果命中率较高。其缺点在于较之常规法更加费时费力，工作量也更大，适合于内容特别复杂、时间跨度长、范围涉及面特别广的研究课题。

以上三种检索方法同样适用于法律信息检索。不过，法律是专业性较强的学科，在检索时，会有一些自己的规律和特点。如大部分法律检索的对象是法条，而法条检索主要依靠用户的专业知识，利用法规名称和引证号可检索出所需法条。通常在检索前，用户已明确认识到自己的信息需求，甚至知道具体的法律相关内容。在这种情况下，仅需应用恰当的检索工具开展目的明确的检索行动即可。例如：人大立法的条文理解，就直接参考人大法工委相应的法律释义书及最高院相应的条文理解与适用书；最高院司解的条文理解，则参考最高院相应的司解理解与适用书。一般情况下，专业法律数据库会在每个法条下自动标注引用了该法条的其他法条、司法解释、裁判文书等，点击相应的链接，就可以自动跳转到与该法条内容密切相关的其他法条及司法解释的全文。在检索案例和相关法律著作及文章方面，主要应用关键词检索，如案件名称、当事人姓名、地区法院名称、争议焦点等。值得注意的是，所选取的关键词必须是能够涵盖课题主要内容、主题概念，能够表达课题中心意思、意义明确的词，不可忽略关键词的同义词或近义词。同时，用户也可利用关键词的上位概念和下位概念来扩大和缩小检索范围，以期获取满意的检索结果。另外，还可运用案例倒查法，即从案例找法条，逐个浏览筛选案例全文，重点查看法院在"本院依据某某法……"部分引用的法条，以求证所论述观点的正确性的方法。该法不仅能实现"找法"上的查漏补缺，更能发现法条在实务中的争点和疑点，可为实现法律检索目标的准确性提供帮助。

　　除此之外，在纸质法律图书的获取上，会涉及分类号和索书号的使用，即每本图书会根据中图分类法（即《中国图书馆分类法》第 5 版，一个以科学分类和知识分类为基础，结合文献内容特点及其某些外表特征进行逻辑划分和系统排列的类目表，类分文献、组织文献分类排架、编制分类检索系统的工具）或人大分类法（即《中国人民大学图书馆图书分类法》1953 出版，由中国人民大学图书馆集体编著，张照、程德清主编的等级列举式分类法，简称"人大法"）进行分类，获得一个专属的分类号，然后根据到馆顺序，编辑成该书的索书号，陈列于书架上供读者借阅，如《论美国的民主》的索书号为 D771.22/2，其中图分类号是 D7 政治类，美国代号 712，2 为政治制度与国家机构，每三位数加个点"."予以分隔，该书的到馆顺序是第 2 本，连起来就是 D771.22/2。在得到该书的索书号后，便可根据图书馆书架位置图或使用图书馆 RFID 图书导航定位系统找到该书。目前来说，"索书号"是识别纸质图书在实际馆藏中具体位置的唯一标识。

　　（三）法律信息检索技术

　　所谓信息检索技术，是指利用现代信息检索系统检索信息而采用的相关技术。目前数据库中最常用的检索技术有布尔逻辑检索、限制检索、截词检索、加权检索，较新的还有全文检索、自然语言检索与多媒体检索等，不同检索系统所支持的检索技术各有侧重，在使用中可参考各数据库帮助文件中有关检索语法及其应用的详细说明。

（1）布尔逻辑检索。大多数的数据库都支持布尔逻辑检索。布尔逻辑检索是由数学家乔治·布尔提出来的，其最常用的运算符有三种：

第一种是逻辑"与"（AND、＊）。逻辑"与"表示一种交叉概念或固定关系组配，它在逻辑上是一种限定"必须同时含有"。它可以缩小检索范围，有利于提高查准率。若提问式为 A AND B，即表示被检索的文献记录中必须同时含有 A 和 B 才算命中。

第二种是逻辑"或"（OR、+表示）。逻辑"或"表示并列概念，用来表示相同概念的词之间的关系。若提问式为 A OR B，则表示在一篇文献记录中只要含有 A 和 B 中的任何一个即算命中。这种组配可以扩大检索范围，有利于提高查全率。

第三种是逻辑"非"（NOT、AND NOT、-）表示。逻辑"非"表示排除，从检索范围中排除不需要的概念。若提问式为 A NOT B，则表示数据库中凡含词 A 不含词 B 的记录便会被检出。逻辑"非"能够缩小命中文献范围，增强检索的准确性。

逻辑运算符优先级：NOT 最先运算，再是 AND，最后是 OR。例如，在"标题"检索关键词"合同效力-仲裁"，意为标题包含合同效力不包含仲裁的所有文献。需要注意的是，在使用不含有"－"时，有的数据库需要在"－"号前键入空格，有的不需要。

（2）限制检索。限制检索就是限制关键词出现的位置或者检索的范围。限制检索的方式有很多，包括字段检索、限制符检索等。目前，检索系统或者数据库已经将限制检索直接设置成可以选择点击的方式供用户操作。在网络搜索引擎中，也可设置类似的限制检索表达。例如：限制网址字段，如在互联网中检索政府机关网站，可限制域名后缀为 gov.cn；限制主题，如在"知网"检索框中限制主题后输入"CUPL"可检索到中国政法大学老师发表的论文；再如，在"百度"检索框中，输入"Link：whitehouse.gov"可查找链接到 whitehouse.gov 网站的所有网页等。

此外，还可用精确匹配和模糊检索来限制。但不同数据库检索途径设定的检索规则不同，有的检索途径允许用户选择"任意一致"的方式检索，有的只允许用"完全一致"或"前方一致"的方式检索。模糊检索就是输入的检索词在检索结果中出现即可，字序、字间间隔可以有变化。

（3）截词检索。截词检索是利用计算机特有的指定位置对比判断功能，使不完整词能与标引词进行比较、匹配的一种检索，主要用于西文中词干相同的派生词的检索，可大大提高查全率和检索效益。简单地讲，系统用截断的词的一个局部进行检索，并认为凡满足这个词局部中的所有字符的文献，都为命中文献。不同系统所用的截词符也不同，常用的有"？""$""＊"等。根据截断数量，截词检索可分为有限截词（即一个截词符只代表一个字符）和无限截词（一个截词符可代表多个字符）。下面以无限截词举例说明：

根据截断的位置不同，截词检索可以分为前截断、中截断和后截断。例如：

前截断，后方一致。如？computer 表示 minicomputer, microcomputer 等；
中截断，中间一致。如？comput？表示 minicomputer, microcomputers 等；
后截断，前方一致。如 comput？表示 computer, computers, computing 等。

同时，截词检索还可以表示年代，例如，198？（80 年代）。如用 Williams ＊可检索出所有姓 Williams 的作者。

（4）加权检索。加权检索的重点是判定检索词或字符串在满足检索逻辑后对文献命中与否的影响程度，是从量的方面对检索词之间的组配关系加以限制和表示。加权检索并不是所有系统都能提供的检索技术，且能提供加权检索的系统，对权的定义、加权方式、权值计算和检索结果的判定等方面都会有自己的技术规定，因此需具体到某一检索任务中，结合使用的检索系统的设计值方能确定。

加权检索可以分为词加权检索和词频加权检索。词加权检索是给定一组检索词不同的权值和阈值，这样在检索词不同组合下就产生了不同的权值和，通过权值和的大小，将命中的文献加以排列。低于阈值的文献表示不相关文献。这种方法有较大的人为因素。所以系统经常采用的是词频加权检索。检索词的权值由它在数据库记录中的词频特性决定，而不是完全由检索者指定。例如：CNKI 高级检索就定义词频范围值为 2~9，用户可以为检索词选定词频数值，以此表示该检索词在文献中出现的高低以及重要性。

在检索实践中，往往不只使用一种检索技术，而是多种检索技术综合运用，需根据实际检索需求灵活运用，方能达到最佳检索效果。

（四）法律信息检索策略与步骤

检索策略，广义上是指实现检索目标的途径与方法，包括检索途径与检索项的选择、检索方式的拟定、检索结果的判别以及反馈与调节的方法等。狭义上来说，是指在分析检索课题内容基础上，选择检索系统、检索途径，确定检索词及相互间逻辑关系等信息检索方案。信息检索策略的实质是对检索过程的科学规划，关键在于构造能够确切表达信息需求的检索式。传统意义上检索策略的编制包括概念分析和转换两个步骤，即分析用户需求，将其转换成系统可识别语言，以系统认知的检索式表达出来。检索策略并非一成不变，它会随检索目标的改变以及对检索结果满意度情况而做出相应调整，直至得到用户满意的结果为止。

法律检索策略，在明确用户提出的法律问题之后，进一步对其进行分析，即对此问题适用什么法律规则，规则适用的情况有哪些，以及可能得出怎样的结论等问题做进一步确认，从而锁定检索目标，然后进一步将概念分析转换成词汇，转换成系统语言来提问，并将检索提问以系统认知的关键词或检索式表达出来，此为法律检索策略的核心，是决定能否检索出有效研究信息资源的关键所在。检索途径的设计应以已知文献信息为基础，根据由此拟定的关键词或检索式，检索与之相关度较高的数据库及纸质馆藏资源，将检索到的与之相匹配的信息资源结果反馈给用户审核，经过用户对检索结果的判别及评价，不断调整检索策略，由模糊检索到精确检索，逐步缩小检索范围，直至用户得到满意的检索结果为止。

法律检索的具体步骤，可系统归纳为以下五步：第一，分析信息需求，确定检索目标；第二，选择检索系统，确定检索范围；第三，选择检索方法，获得检索结果；第四，评价检索结果，调整检索策略；第五，获得满意结果，结束检索任务。如图2-1所示：

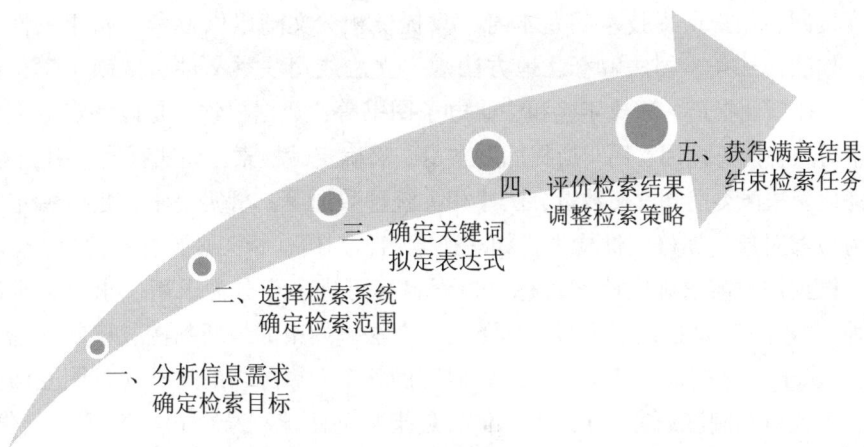

图 2-1　法律信息检索策略步骤

1. 分析信息需求，确定检索目标

不同类型的检索课题，信息需求的范围和程度也不尽相同。应明确检索目的，检索课题内容涉及的主要学科范围和相关概念，在分析课题基础上，逐渐弄清楚检索信息的类型，以及要求查找文献信息的时间范围、学科范围等，通过以上分析对信息需求做出全面认识。在实际操作中应尽可能掌握检索课题的研究背景，了解检索课题所属的学科领域，学术发展史和现状，借助有关工具书进一步开拓背景材料，以便选择正确的检索标识和检索范围。

在法律信息检索中，明确用户需求是制定检索策略的首要任务。这里所指的用户，可以是任何有信息检索需求的个人，包括专业检索人员。清楚了解用户需求，不仅是对检索者检索专业素养的考验，更是对其各学科知识背景乃至耐心、细心、毅力、理解力等综合能力的全方位考查。在现今这个信息爆炸的时代，每一位有信息需求的个人都需要掌握一定的专业检索知识，提高检索技能，增强研究能力。

根据上文可知，法律信息检索需求通常分为四个方面：法律问题、法律规则、法律案例和法律结论。首先，研究者发现自己感兴趣的法律问题，然后检索与之相适用的法律规则，当法律规则被明确之后，研究者为了验证自己的某个观点，去检索国内外相关法律案例，为最终得出自己的法律研究结论寻找事实依据。在整个法律研究过程中，法律信息检索类型不外乎三种，即文献检索、数据检索和事实检索。文献检索，是以特定文献为检索对象，不直接回答用户所提技术问题本身，只提供相关文献以供参考，属相关性检索，如法律法条、司法解释、地方法规、立法或司法类文件、博硕士学位论文、法律新闻报道、法律年鉴和法律电子图书等；数据检索，是以特定数据为检索对象，能直接回答用户所提问题本身，属确定性检索，如法释号、引证号、案件数、法律类期刊论文数量、法律相关统计数据等；事实检索，是以特定事实为检索对象，属确定性检索，如法律案例、判例、相关必要背景信息等。

根据用户需求确定检索目标。检索目标可进一步分为求新、求全、求准三种。"求新"是指检索现行法律条文、有法律约束的最新判例、权威评论文章；"求全"是指检索某个法律问题研究的整个发展脉络的文献（各国立法研究、历代审判制度研究等）；"求准"是指某部法律、某个司法案例或判例、某篇针对性文章、某一组织或某项数据等。

当用户具备相关法律知识背景及一定检索技能后，即可针对研究课题进行分析判断，明确检索类型是文献、数据还是事实，锁定检索目标是求新、求全还是求准，据此来制定相应的检索策略。

2. 选择检索系统，确定检索范围

依据对信息需求的分析，选择和检索课题相符、收录信息质量较高、检索功能比较完善的信息检索系统。这就要求检索者对目前可利用的检索系统有一个大概的了解，如检索系统收录的信息所涉及的学科领域、信息类型、时间范围、检索途径和检索方法、检索费用等。国内综合性数据库检索平台有：CNKI 知识资源总库、万方数据知识服务平台、维普信息资源系统等；国外综合性数据库检索系统有：Science Direct、Springer、EBSCO、ProQuest、SAGE、Emerald、JSTOR 等；索引类数据库有：《全国报刊索引》、CSCD、CSSCI、SCI、EI、CPCI 等；文摘类数据库有：CA、BA、Inspec、CSA 等；法学专业领域文献数据库有：北大法宝法律信息数据库、国研网、世界贸易法数据库期刊、LexisNexis、Westlaw Next、HeinOnline、Kluwer、元照月旦法学等。检索系统除了各图书馆综合检索系统平台外，还包括各种类型的电子数据库，其中又可分为付费和免费两种。要寻找纸质图书，首选图书馆综合检索系统平台，它可以方便快捷地查寻到所有馆藏纸质文献资源，帮助用户第一时间获取所需资料，较适用于传统型研究者。此种方式因受馆藏容量及采购范围的限制，在文献资源获取上会有一定局限性，此时电子资源的使用会在一定程度上缓解这一现象。随着信息技术的不断发展，电子数据库日益完善，内容愈加丰富，逐渐受到更多青年一代研究者的青睐。选择数据库，确定检索范围，是指把检索目标与相关数据库进行匹配，锁定检索范围，以便查找所需结果。

数据库是依照某种数据模型组织起来，存放于计算机存储设备中的数据集合，是计算机信息检索系统最重要的组成部分，一般分为参考数据库和源数据库两种。参考数据库指为用户提供信息线索的数据库，可指引用户获取原始信息，包括：书目数据库和指南数据库等；源数据库指能直接提供原始资料或具体数据的数据库，包括数值数据库、文本数值数据库、全文数据库、术语数据库（电子词典）、图像数据库、多媒体数据库等。信息检索系统主要包括：光盘、联机和网络检索系统。法律信息资源检索可到专业的法律数据库中查找，本书后面的实例演示章节将会一一说明。

3. 确定关键词，拟定检索表达式

上文已经介绍过有三种检索方法，即常规法、追溯法和综合法。具体到法律信息检索，可根据检索的实际需求予以确定。通常来说，检索关键词的确定是整个法律信息检索的首要任务，它建立在检索课题概念分析的基础之上，当检索课题包含复杂的主题内容时，应明确组成课题内容的直接概念和相关概念，通过一定的逻辑组配或其他方式形成一定的复合概念或概念关系来表达用户的信息需求。在确定检索关键词时，应考虑其概念表达的准确性及其与系统存储标识是否一致。

（1）利用关键词检索。发现关键词可从以下几个途径来确定：①从中文文本出发发现关键词：同义词、近义词、反义词。例如，近义词"涉外婚姻"和"跨国婚姻"。②根据法理发现关键词，例如，检索无权处分就要想到善意取得、检索无权代理就要想到表见代理。③从相关法条的表述中发现关键词。例如，《中华人民共和国专利法》第 59 条第 2 款："外观设计专利权的保护范围以表示在图片或者照片中的该产品的外观设计为准，简要说明可以用于解释图片或者照片所表示的该产品的外观设计。"从该法条中，可确定下列关键词"民事/侵害外观设计专利/设计特征/整体视觉效果"。④从判决的行文中发现关键词。例如，最高人民法院审判委员会指导案例 85 号"高仪股份公司诉浙江健龙卫浴有限公司侵害外观设计专利权纠纷案"的判决行文中，可发现下列关键词"外观设计专利权/赔偿/侵权行为/授权外观设计/功能性设计特征"。⑤从行业习惯用语出发发现关键词。例如，"谁主张谁举证"等。关键词的选取能力是检索经验、中文功底、法律功底的综合体现。

除此之外，我们还可以借助工具来确定关键词的规范表述：如权威法律词典、在线元照英美法词典、Westlaw 的 Black's \ Thesaurus、Google（或谷粉搜搜）、维基百科、Westlaw 和 Lexis 的自然语言检索结果确定标准规范的表述、国会图书馆的主题词和名称规范档等。常用中文工具书有五类：字典、词典；百科全书；丛书；类书和目录。字典、词典包括《尔雅》《辞海》《辞源》《康熙字典》《新华字典》《现代汉语词典》《古汉语常用字典》《汉语大字典》《汉语大词典》等。百科全书有《中国大百科全书》《简明不列颠百科全书》《简明中华百科全书》等。丛书包括《四部丛书》《四部丛刊》等。类书包括《艺文类聚》《太平御览》《永乐大典》《古今图书集成》等。目录有《四库全书总目》《中国丛书综录》《中国古籍善本书目》《中国善本书提要》《中国国家书目》等。

（2）拟定检索表达式。根据上文我们已经知道，逻辑表达式有逻辑"与"（AND、*、&）、逻辑"或"（OR、+表示）、逻辑"非"（NOT、AND NOT、-）；常用的截词符号有"?""$"" * "等。在法律信息检索中，根据检索目标需要，可将这些符号组合运用，下面用几个具体实例来加以说明。

如，在 Westlaw Next 数据库中，可使用的逻辑运算符如下图 2-2 所示：

Connectors and Expanders		
&	AND	➤ 逻辑与
/s	In same sentence	➤ 在同一句话中
or	OR	➤ 或
+s	Preceding within sentence	➤ 在句子之前
/p	In same paragraph	➤ 在同一段中
....	Phrase	➤ 短语
+p	Preceding within paragraph	➤ 在段落前面
%	But not	➤ 但不是
/n	Within n terms of	➤ 在 n 以内
!	Root expander	➤ 根扩展
+n	Preceding within n terms of	➤ 在 n 之前
*	Universal character Prefix to turn off plurals and equivalents	➤ 通用字符

图 2-2　Westlaw Next 数据库的逻辑运算符

　　使用术语和连接符检索，查找美国食品安全添 加剂相关判例，可在West-law Next 数据库首页五个栏目中选择"Federal Materials"栏目下的"Federal Cases"（即美国联邦判例集），点击 Advanced（高级检索）Synopsis/Digest 字段里输入"food safety"& additive，即可查到相关文献。如下组图所示：

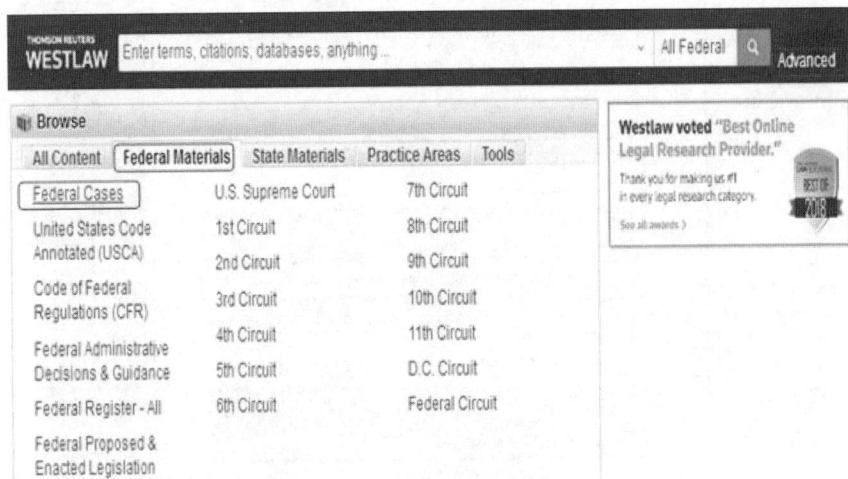

图 2-3　选择 Federal Cases

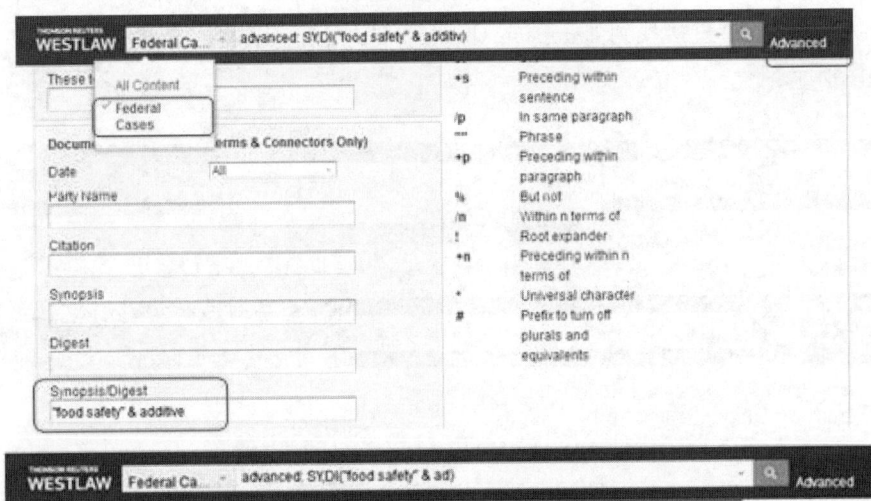

图 2-4　键入 food safety

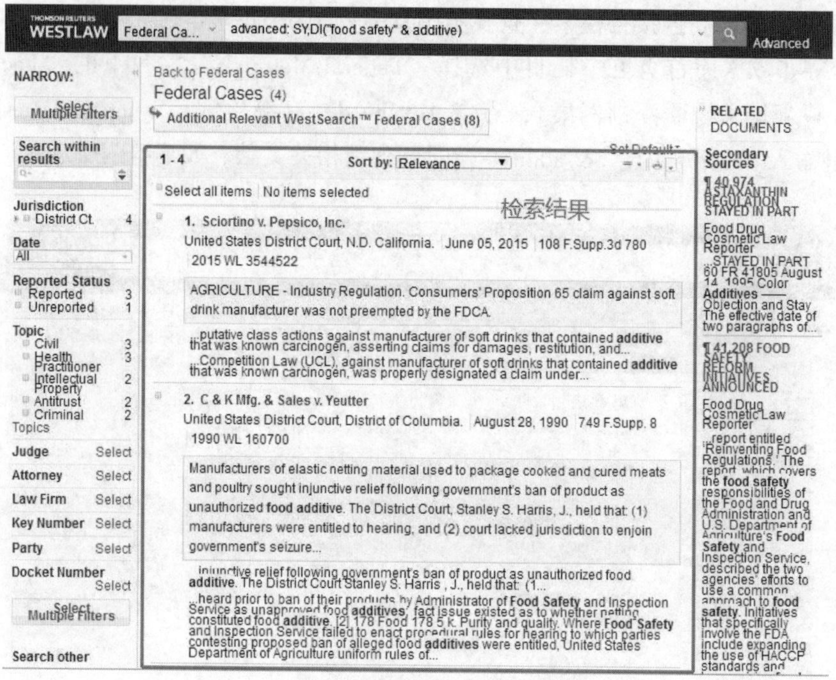

图 2-5　检索结果展示

又如，在 Westlaw Next 数据库中，在检索框中输入 "eu-leg"（字母不区分大小写），可直接找到 European Union Legislation（欧盟成文法子库）。如下组图所示：

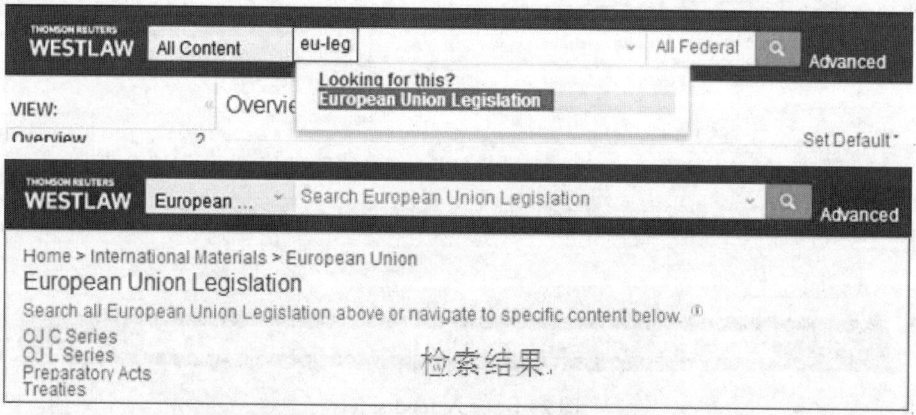

图 2-6　键入 eu-leg 及检索结果展示

需要注意的是，在使用各检索系统或数据库高级检索（检字）功能之前，请先参阅各检索系统或数据库自己的详细使用说明。以上检索实例仅供参考，读者可根据需要自行组合使用。在实施检索前必须准确分析主题、找对检索词、配置好检索词之间的逻辑关系，方能达到理想的检索效果。

4. 评价检索结果，调整检索策略

（1）评价检索结果。对法律信息检索结果的评价主要看两个方面：一是不断看到案例或判例引用同样的法律法规；二是课题关键词及其同义词（近义词），所检索到的相关文献重复出现。此外，还须注意，如果查询结果出入大，须审视上述几个环节，分析原因，进一步查找；检索不到任何结果的，须变换检索关键词和修正检索方式，从头再来，直至检索到满意的结果为止。

需要注意的是，转载信息要找到原始出处，选择较权威的信息源。优先选择付费商业数据库电子刊刊登的版本、网址后缀为 gov 政府网站或 org 学术组织网站，还可参考知名学者个人博客信息等。

对某一具体问题的有关方面、一个或一组数据存疑时，要对比观察、运用常识、通过进一步检索后判断其准确性再予以使用。

要注意判别法条的真实性和准确性。为了避免所得法条常有的虚假、错漏情况，法律数据库检索得到的法条必须通过至少两个数据库进行验证。

需特别强调的是：首先，交叉验证极为重要。搜索引擎不能只用一家，法律数据库也不能只用一家，特定检索结果的真实性、有效性、全面性，都需要通过多平台分别检索才能得到验证。其次，做好检索记录。在结束检索任务时，应随同检索结果一并提交检索记录，包括使用何种数据库、何种方法、何种关键词、何种顺序做的检索，以便查漏补缺。

要注意判别法条的权威性。这主要体现在所要检索出的法律信息要具备权威性，具有一定公信力，如法律条文必须是政府和社会各界都普遍认可且须要遵照执行的。

一次认真全面的法律检索做完，可能找到几十个甚至上百个相关法条，此时，十分有必要对所得法条逐一进行效力判别。中文方面的法律、法规，可在北大法宝中查询其是否现行有效；司法案例，则结合北大法宝和"慧科搜索数据库"来查案例的进展；外文方面的法律、法规和判例，可通过 Westlaw 的 Keycite 功能、Lexis 的 Shepardize 功能来判断法律法规和判例的效力。

在查新上，可在 Westlaw Next 和 Lexis Advance 中设置 alert 订阅功能，推送特定法律主题，该功能可实现将定制的最新进展内容发送到指定邮箱。

判别检索所得法条的时效性。主要是要确定所得法条是否已被废止，是否属于已经公布但尚未施行的法条，是否属于法院裁判可依据的文件范围。

判别法条在时效上是否适用于本案。民商事实体立法一般不具有溯及力，民商事实体司解在实质上一般具有"溯及力"，程序立法或司解即时适用。需注意司解末条及后续通知对相应司解于一、二、再审的程序适用（适用的时间范围）的限定条款，如《关于认真学习贯彻适用〈最高人民法院关于审理民间借贷案件适用法律若干问题的规定〉的通知》中的有关表述。

判别法条在事项效力上是否适用于本案。首先，需注意法律文件的标题对适用事项范围的界定。如《最高人民法院关于审理城镇房屋租赁合同纠纷案件具体应用法律若干问题的解释》，该文件的标题已经明确了不适用于农村房屋的租赁纠纷。其次，需注意法律文件条文对适用事项范围的界定。如《最高人民法院关于审理民间借贷案件适用法律若干问题的规定》第 1 条即明确该规定所称的民间借贷，是指自然人、法人、其他组织之间及其相互之间进行资金融通的行为，而经金融监管部门批准设立的从事贷款业务的金融机构及其分支机构，因发放贷款等相关金融业务引发的纠纷，则不适用于该规定。

判别后的有效法条之间如发生冲突，应按照上位法优于下位法、后法优于前法、特别法优于普通法的三大原则来确定法条适用。如通过三大原则仍无法确定法条适用，则应参酌规范目的和既有判例来确定最终的法条适用。

（2）调整检索策略。在实施检索过程中，影响检索策略效果的主要因素有：主题分析是否准确、全面；检索词选择是否准确；检索词之间逻辑关系的配置是否合适。根据检索需求不同，会对检索目标有查全或查准的要求，主题分析是否准确、全面、检索词选择是否准确、检索词之间逻辑关系的配置是否合适会直接影响查全率和查准率，从而影响检索策略效果。在实施检索过程中，根据检索结果的实际情况，可以调整检索词、检索式、检索途径和检索方法等，也可充分利用信息检索系统提供的缩检和扩检功能，完善检索结果，直至满意为止。最后，对获得的检索结果进行系统整理，筛选出符合课题要求的相关文献信息，选择检索结果的著录格式，辨认文献类型、文种、著者等项内容，输出检索结果。由于使用的信息检索系统（数据库）不同，原始文献的获取方式也不尽相同，有时可能需要支付一定费用，开通权限后方能获取。一般高校图书馆检索平台，可检索到高校图书馆全部馆藏，馆藏文献可链接到相应数据库直接获取全文，无馆藏文献也可提供题录信息，部分无馆藏文献通过高校图书馆原文传递服务亦可获取全文。

提高查全率的方法主要有五种：一是降低检索词的专指度。选用范围广、泛指性强的检索词，除选择恰当的主题词外，还应选择内容范围更广的上位词，如，"受教育权<教育权<人权"，选用"人权"将检索到更多相关信息。另外，应少用词义泛指过大的词，如展望、趋势、研究、发展等，注意外来词的音译和演变，如，"Internet＝网络＝互联网＝因特网＝万维网"等。二是增加同义词、近义词或全称与简称等相关词的逻辑或 OR 运算。如，选择与主题词"涉外婚姻"相关的近义词"跨境婚姻"，主题词"婚姻法"的全称"中华人民共和国婚姻法"进行相关词的逻辑或运算。把它们都检索一遍，所检索到的信息将更全面。三是对一些表示整体的概念进行拆分，加入逻辑运算符予以连接。如，在北大法宝中检索"利用网络侵害他人人身权益的法律法规都有哪些？"可先对其进行概念拆分，即将问题拆分成以下几个关键词"网络侵害、人身权益、侵权责任法"再加入逻辑运算符将它们连接起来，勾选中央法规司法解释、地方法规规章、立法背景资料、中外条约、港澳法律法规、外国法律法规、台湾法规后进行题名模糊检索，即"网络侵害＆人身权益＆侵权责任法"，意为"查询结果的所有标题中将同时包含网络侵害、人身权益、侵权责任法的法律法规"；四是选用截词检索。利用截断的词的一个局部进行检索，利用一组相关词词首一致的特性，进行相关扩检，以扩大检索范围。如，输入 educat＊可检索到 educate/education/educational/educated 等；五是调整或增加检索途径。如将主题检索和分析检索结合起来，在题名中选择"侵权责任法"，在检索框中输入"被告打原告+故意伤害+医疗费用+精神赔偿"，即可检索出侵权责任法中被告打原告、故意伤害、医疗费用、精神赔偿相关的文献。在检索框中选择"模糊检索"，以扩大检索范围，提高查全率。

提高查准率的方法也有四种：一是提高检索词的专指度，增加或换用下位词和专指性较强的关键词进行检索，如，"精神损害>精神损害赔偿>精神损害赔偿解释"，选用"精神损害赔偿解释"能精确检索到该法律条文。二是用 AND 连接一些进一步限定主题概念的相关检索项，增加限制使检索结果更加准确。三是用 NOT 来排除一些无关的检索项。四是采用限定检索，如，在检索框中选择"精确检索",缩小检索范围,提高查准率。

5. 获得满意结果,结束检索任务

当上述步骤均已完成,所获检索结果与最初检索目标不一致时,应返回检索第一步重新分析信息需求,审视检索方法,根据需求扩大或缩小检索范围进行再次检索,直至获得与检索目标一致的满意结果为止。法律信息检索的合理利用能大大节省法律研究时间,熟练掌握法律信息检索技巧,能为法律研究的顺利进行保驾护航。

随着搜索引擎和检索技术的不断推陈出新,人机互动越来越人性化,检索界面也越来越友好,在一些先进的商业检索系统里,人们甚至可以用自然语言、图片、扫描二维码等更直接的方式进行检索。利用聚类技术,网络上还出现了热搜高频词汇自动更新及热词联想等功能,使用户体验满意度得到大幅度提升。但在学术研究领域,这些先进的搜索引擎和检索技术尚未完全普及开来,传统检索技术仍未退出历史舞台,掌握一些检索知识和原理将为我们的学习、生活和研究提供更多便利。

第三章 | 一次法律资源检索

与一般文献检索不同，法律资源检索有其特殊性，这种特殊性在很大程度上源于法律资源自身的特性。如本书第一章所述，一次法律资源，又叫原始法律资源，指具有法律约束力的资源，如法律法规、法条、成文法、判例法国家有约束力的判例。在普通法系国家，案例作为原始法律资源是有法律效力的。在大陆法系，案例虽然不具有强制力和约束力，但是案例在司法领域中仍有着重要的意义，并且案例在司法过程中发挥的作用日期强大。虽然案例在大陆法系国家不具有法律效力，但为了行文体例格式的统一，本书在资源介绍时也将其纳入一次资源范围中，在此谨作说明。

一、法律法规资源检索

（一）中文法律法规资源检索

法律从广义上指规范性文件，从狭义上指全国人民代表大会和全国人民代表大会常务委员会制定颁布的规范性法律文件。法规是指国家机关制定的规范性文件，是法令、条例、规则和章程的总称，包括行政法规、地方法规、民族自治法规和特区法规等。在传统文献分类中，法律法规属于政府出版物的一种。由于法律法规是具有强制力的行为规范，因此在法律文献中占有重要地位。

1. 大陆地区法律法规资源检索

我国法律的渊源是以宪法为核心的各种制定法形式。当代中国有各种不同层次或范畴的制定法，其中主要有：宪法、法律、行政法规、地方性法规、民族自治地方的自治条例和单行条例、特别行政区规范性文件、经济特区的规范性文件以及有关国际条约和惯例。

第一，宪法。宪法是我国的根本法，具有最高的法律效力和法律地位。我国现行宪法是于1982年12月4日由第五届全国人民代表大会第五次会议通过的，并历经了1988年、1993年、1999年、2004年、2018年的五次修订，对宪法内容进行了适当修改。

第二，法律。法律有广义与狭义之分，广义的法律是指国家按照统治阶级的利益和意志制定或认可，并由国家强制力保证实施的行为规范的总和。狭义的法律代表法的渊源之一，是指由全国人大和全国人大常委会制定的规范性法律文件，其效力仅次于宪法。本书此处的法律指的是狭义的法律。当代中国在制定法律的同时很重视该法律的实施细则和配套法律的制定，但法律不同于它的实施细则。

第三，行政法规。行政法规是国务院为了领导和管理国家各项行政工作，根据宪法和法律，并按照法定程序制定的政治、经济、教育、科技、文化、外事等各类法规的总称，其地位仅次于宪法和法律，是对法律的细化和补充，将法律规定的相关制度具体化。行政法规往往由主管部门制定该法规的实施细则。

第四，地方性法规。地方性法规是有立法权的地方国家机关依法制定并发布的规范性文件。省、自治区、直辖市以及省级人民政府所在城市的人民代表大会及其常委会根据本地区实际情况，在不与宪法、法律、行政法规相抵触的前提下，有权制定地方性法规。目前，地方性法规主要包括以下几个部分：为实施全国人大及其常委会所制定的法律以及国务院制定的行政法规而发布的实施细则；结合本地区实际情况制定的规范性文件；根据本地区的特殊需要制定的专门规范性文件。

第五，民族自治地方的自治条例和单行条例。我国《立法法》规定：民族自治地方的人民代表大会有权依照当地民族的政治、经济和文化的特点，制定自治条例和单行条例。自治区的自治条例和单行条例，报全国人民代表大会常务委员会批准后生效。自治州、自治县的自治条例和单行条例，报省、自治区、直辖市的人民代表大会常务委员会批准后生效。自治条例通常规定本地区实行区域自治的基本组织原则、机构设置、机关职权、工作制度等重大问题。单行条例是民族自治地方的人民代表大会根据区域自治的实际需要制定的单项法规。自治条例和单行条例可以对法律和行政法规的规定作出变通规定，但不能违背法律和行政法规的基本原则。

　　第六，规章。规章主要指国务院组成部门及直属机构，省、自治区、直辖市人民政府及省、自治区政府所在地的市和设区市的人民政府，为执行法律、法规，在它们的职权范围内，制定的规范性文件。它是对行政法规和地方性法规的细化。

　　第七，国际条约。国际条约是指我国同外国缔结的条约、协定和其他具有条约与协定性质的文件。我国不少法律都有国际条约优先效力的规定，因而在实践上，除了宣布被保留的条款外，由国务院缔结并经过全国人大常委会批准的条约是中国法律的一部分。

　　作为法学领域特有的文献资源，法律法规是法律文献资源检索的主要对象。在法治日益发展，法律文件层出不穷的情况下，法律法规内容的查询获取并非易事。目前，法律法规检索的主要检索来源有：法定颁布和出版内容、专业数据库、法律汇编、网络资源。法定颁布和出版的内容权威性最强，专业数据库收录齐全、检索方便，法律汇编的规范性与系统性较强，网络渠道则最为便捷，用户可根据自身需求选择检索来源。

　　（1）纸质法律法规资源检索：

　　A. 法定纸质出版物。在浩如烟海的法律法规资料中，法定出版物是目前最具权威的法律法规文献资源。《中华人民共和国立法法》规定了不同效力级别法律渊源的公布与刊载方式，作为法律法规的法定出版物。

　　《中华人民共和国立法法》第 58 条规定，签署公布法律的主席令载明该法律的制定机关、通过和施行日期。法律签署公布后，及时在全国人民代表大会常务委员会公报和中国人大网以及在全国范围内发行的报纸上刊载。在常务委员会公报上刊登的法律文本为标准文本。立法法规定了法律的标准文本由全国人民代表大会常务委员会公报刊载。《全国人民代表大会常务委员会公报》为纸质版本，用户可利用公共图书馆、各高校图书馆进行查询利用，例如国家图书馆、北京大学图书馆、中国政法大学图书馆等。《中华人民共和国立法法》第 71 条规定，行政法规签署公布后，及时在国务院公报和中国政府法制信息网以及在全国范围内发行的报纸上刊载。在国务院公报上刊登的行政法规文本为标准文本。《中华人民共和国国务院公报》为纸质版本，国家图书馆、首都图书馆、高校图书馆等各类图书馆均有收藏，部分出版社和书店也均有销售。

　　《中华人民共和国立法法》第 79 条规定，地方性法规、自治区的自治条例和单行条例公布后，及时在本级人民代表大会常务委员会公报和中国人大网、本地方人民代表大会网站以及在本行政区域范围内发行的报纸上刊载。在常务委员会公报上刊登的地方性法规、自治条例和单行条例文本为标准文本。例如，北京市法律法规可在北京市人民代表大会常务委员会网站中的"常委会公报"栏目查询获取，也可在中国法制信息网的"法律法规规章"栏目、"法律法规库"栏目查询，中国知网 CNKI 数据库中的《中国政报公报期刊文献总库》子库中也收录有相应内容，各图书馆亦有收藏其纸质版本，例如首都图书馆、国家图书馆均收藏了其纸质版本。

《中华人民共和国立法法》第 86 条规定，部门规章签署公布后，应及时在国务院公报或者部门公报和中国政府法制信息网以及在全国范围内发行的报纸上刊载。地方政府规章签署公布后，及时在本级人民政府公报和中国政府法制信息网以及在本行政区域范围内发行的报纸上刊载。在国务院公报或者部门公报和地方人民政府公报上刊登的规章文本为标准文本。例如，北京市人民政府网站中"政府信息公开"栏目项下的"政府公报"中有北京市政府规章的标准文本。纸质版本可从各类图书馆、部分出版社与书店获取。

《中华人民共和国缔结条约程序法》第 15 条规定经全国人民代表大会常务委员会决定批准或者加入的条约和重要协定，由全国人民代表大会常务委员会公报公布。其他条约、协定的公布办法由国务院规定。第 16 条规定中华人民共和国缔结的条约和协定由外交部编入《中华人民共和国条约集》。《中华人民共和国条约集》的纸质版本可在各类图书馆中查询获得，条约的法定文本可在《全国人民代表大会常务委员会公报》《国务院公报》以及外交部网站等查询获取。

B. 纸质法律法规汇编。法律法规汇编依据权威性可分为官方法律汇编和非官方法律汇编，依据法律层级可分为法律汇编和法规汇编等。官方法律汇编主要是指由各级法的制定机关对规范性法律文件进行的汇编；非官方法律汇编是指由法律制定机关、研究机构、高校、社会团体、出版机构等因研究、学习或商业用途而进行的汇编。我国法律法规汇编的内容布局一般是按照部门法进行分类，在各类别中依据规范性文件公布的时间顺序进行排列。

为加强对法律法规编辑出版工作的管理，提高法规汇编编辑出版质量，1990 年，国务院发布《法规汇编编辑出版管理规定》，对法律法规的编辑出版作出了专门规定。

　　《法规汇编编辑出版管理规定》第 4 条规定，法律汇编由全国人民代表大会常务委员会法制工作委员会编辑；行政法规汇编由国务院法制局编辑；军事法规汇编由中央军事委员会法制局编辑；部门规章汇编由国务院各部门依照该部门职责范围编辑；地方性法规和地方政府规章汇编由具有地方性法规和地方政府规章制定权的地方各级人民代表大会常务委员会和地方各地人民政府制定的机构编辑。这些机构编辑出版的法律法规汇编是国家出版的法规汇编的正式版本。全国人民代表大会常务委员会法制工作委员会和国务院法制局可以编辑法律、行政法规、部门规章、地方性法规和地方政府规章的综合性法规汇编；中央军事委员会法制局可以编辑有关军事方面的法律、法规、条令汇编；国务院各部门可以依照本部门职责范围编辑专业性的法律、行政法规和部门规章汇编；具有地方性法规和地方政府规章制定权的地方各级人民代表大会常务委员会和地方各级人民政府可以编辑本地区制定的地方性法规和地方政府规章汇编。

　　《法规汇编编辑出版管理规定》第 7 条规定了法规汇编的出版事宜。法律汇编由全国人民代表大会常务委员会法制工作委员会选择中央一级出版社出版；行政法规汇编由国务院法制局选择的中央一级出版社出版；军事法规汇编由中央军事委员会法制局选择的中央一级出版社出版；部门规章汇编由国务院各部门选择的中央一级出版社出版；地方性法规和地方政府规章汇编由具有地方性法规和地方政府规章制定权的地方各级人民代表大会常务委员会和地方各级人民政府选择的中央一级出版社或者地方出版社出版。

　　法律法规汇编依据内容可分为综合类法律法规汇编与专题类法律法规汇编，依据时间可以分为回溯性汇编、年度汇编、最新汇编，依据地域可以分为地方法律法规汇编和全国性法律法规汇编。以下是具有代表性的法律法规汇编。

　　a. 综合类汇编。《新编中华人民共和国常用法律法规全书》由国务院法制办公室负责编辑，中国法制出版社出版，自 1995 年首次出版以来已陆续推出了 25 版。该书收录了全国人民代表大会及其常务委员会制定的法律、国务院制定的行政法规。所收文件均现行有效，包含《民法总则》《反不正当竞争法》《标准化法》等法律的标准文本。该书内容包括宪法相关法、民法商法、行政法、经济法、社会法、刑法、诉讼及非诉讼程序法七大类，每个大类分为若干子类，子类内容按照常用度进行排列。该书纸质版本收藏于各类型图书馆。

b. 专题类汇编。专题类法律法规汇编是关于特定领域或特定主题内容的法律、法规以及司法解释等内容的汇编。例如，由中国法制出版社编辑和出版的《中华人民共和国刑事法律法规全书》根据刑法的内在体系和法律适用实际编辑成书，收录相关领域常用法律、行政法规、部门规章、司法解释及请示答复，除请示答复单独列出，其他均按类别分，不再按法律层级分。该书按年度出版，目前已出版 2018 年版本。该书纸质版本可通过国家图书馆、中国政法大学图书馆等各类型图书馆查询获取。

c. 回溯类汇编。回溯类法律法规汇编多指出版跨时段内容的法律法规汇编。该类汇编一般按照内容大类进行编排，每项大类中依据时间顺序进行排序。例如，由商务部外国投资管理司、商务部投资促进事务局组织整理的《中国利用外资法律法规文件汇编（2014~2016 年）》共分为综合、自贸试验区、行业、工商、海关、外汇、金融、进出口、财税、环境保护、其他十一大类，每类法律、法规按照时间顺序由近到远进行排序，共收录 2014 年~2016 年相关法律、法规及规范性文件 210 个。

d. 年度类汇编。年度类法律法规汇编一般按年代编排，收录内容的范围没有限制，一般每年出版一次。例如，由国务院法制办公室编辑，中国法治出版社出版的《法律法规全书》。自 2002 年出版以来，经历 14 次修改再版，每年出版一册。

e. 最新汇编。《中华人民共和国新法规汇编》由国务院法制办公室负责编辑，中国法制出版社出版，是国家出版的法律、行政法规汇编正式版本，也是最新的法律法规汇编。该汇编收录了上月公布的全国人大及常委会通过的法律及决定、国务院公布的行政法规及法规性文件、最高人民法院和最高人民检察院公布的司法解释、报国务院备案的部门规章，同时附录报国务院备案的地方性法规文件目录。《中华人民共和国新法规汇编》每月出版 1 辑，每年出版 12 辑，内容包括法律、行政法规、规范性文件、部门规章、司法解释、地方性法规规章附录以及国务院备案附录，每类内容以时间顺序罗列。该汇编纸质版本收藏于各类型图书馆，用户可依据自身需求查询阅览，如果无法阅览全文，可通过原文传递与馆际互借服务获取内容。

（2）北大法宝数据库。"北大法宝"是由北京大学法制信息中心与北大英华科技有限公司联合推出的智能型法律信息一站式检索平台。该库收录法律法规、司法案例、法学期刊等各类型法律资源，是法律实务工作者和法学研究者常用的法律类综合数据库北大法宝法律法规子库收录自 1949 年起至今的法律法规，包括中央法规、地方法规、立法资料、中外条约、外国法规、香港法规、澳门法规、台湾法规、法律动态、合同范本与法律文书等，为用户提供了海量法律法规资源，方便用户查询获取。

A. 简单检索。北大法宝数据库的法律法规子库提供一站式检索，即简单检索。用户可以在一站式检索框中输入多个检索词，不同检索词之间以空格分开，空格默认是 AND 关系。简单检索的检索字段有：标题、全文、发文字号。用户可根据自己的需要选择检索词所在字段，并且可通过检索词之间的位置关系（同篇、同段、同句）、检索词的精确匹配与模糊匹配以及在"结果中检索"等方式不断地修正检索结果。

a. 标题检索：当用户能够明确所查询内容的标题时，采用标题检索最为合适。以检索"环境保护"相关立法为例，如图 3-1 所示，进入"北大法宝"主页，该库默认检索子库即法律法规库（如下图所示），在检索框中输入检索词"环境保护"，检索字段默认标题检索，检索词之间的匹配方式默认"精确匹配"。点击右侧"开始检索"键。当用户在检索框中键入检索词时，检索系统会推荐与检索词相关度最高的 8 个热搜词供用户选择，帮助用户进一步准确把握自己的检索需求表达。

图 3-1　北大法宝数据库法律法规子库简单检索界面

如图 3-2 所示，检索结果共有 5857 篇相关记录，默认以效力级别分组。页面左侧效力级别聚类分析列表提供了各个法律层级的检索结果，其中法律共 14 篇，行政法规共 60 篇，司法解释共 7 篇，部门规章共 5758 篇，团体规定共 11 篇，行业规定 3 篇，军事法规规章 4 篇。用户可以将检索结果按照相关度、发布日期、实施日期、引用量进行排序，同一效力级别的相关记录以发布日期为标准进行罗列。选中"法律"项下第 26 条"中华人民共和国环境保护法（2014 修订）"，进入具体页面，用户即可浏览该法条的相关详细信息。

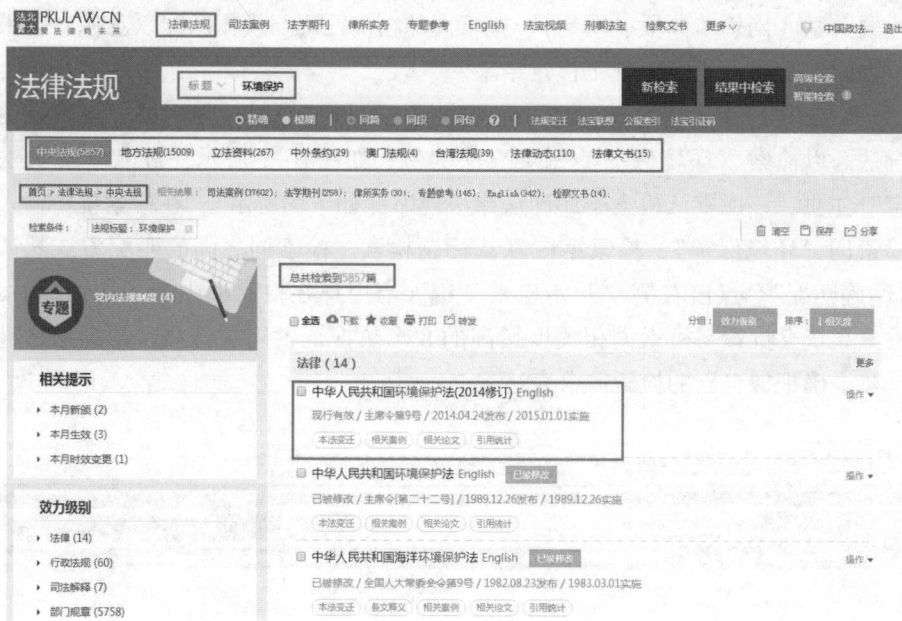

图 3-2　北大法宝法律法规子库简单检索结果列表界面

b. 全文检索：当用户需要查询全文中包含某些词汇的文档时，可以选择使用全文检索方式。全文检索与同篇检索都是对一篇文档进行全篇文字检索，选择"全文"检索方式时，系统会默认同时点选"同篇"检索按钮。例如，用户需要查找涉及"环境保护"的相关法律法规，可将检索字段从标题放宽至全文，以期将所涉及的相关文件尽可能完整、全面地检出，提高检全率。如图 3-3 所示，在简单检索框中输入"环境保护"，并将检索字段限制于全文字段，检索词匹配方式默认"精确匹配"。从检索结果列表中可以看出，全文中含有检索词"环境保护"的文件会出现在结果列表中，同时会高亮显示检索词"环境保护"及其上下文区域，并且会辅以命中次数，帮助用户筛选检索结果。用户可根据需要点击命中次数浏览命中检索词区域，进一步判断该条检索结果的相关度。

图 3-3 北大法宝法律法规子库全文检索界面

　　c. 发文字号检索：如果用户了解所需法律法规的发文字号，可以直接选择发文字号字段进行检索。发文字号是发文机关在年度内所发各种不同文件的顺序编号，由三部分组成：机关代字、年号和序号。用户从发文字号中可以了解发文单位和时间信息，例如国发［2016］65号，"国发"表示国务院文件，［2016］表示2016年，65号表示发文流水号65号。如图3-4所示，进入北大法宝法律法规子库的检索界面，在发文字号字段检索框中输入"国发［2016］65号"实施检索，用户即可获得标题为"国务院关于印发十三五生态环境保护规划的通知"的文件。

图3-4 北大法宝法律法规子库发文字号检索界面

在简单检索中，当用户输入两个或两个以上检索词来表达自己的检索需求时，可选择同段检索或者同句检索，一般来说，不同检索词之间的距离越远，其表达共同主题的能力越差，不同检索词之间的距离越近，表达共同主题的能力就越强。用户如果对检准率要求较高，可选择同段检索。同段检索即是两个或两个以上关键词在同一段中出现。当然，这只是对两个检索词同时存在的情况有效，如果用户只输入一个检索词，同段检索的实际意义则无法体现。

为了方便用户在检索的过程中随时修正检索策略，北大法宝检索平台法律法规子库设置了"结果中检索"功能和"新检索"功能。用户在第一次检索之后，若认为检索结果内容过于宽泛，准确度不高，需要在此基础上进一步缩小检索范围时，可在上次的检索结果中再一次进行检索，即在"结果中检索"。例如，检索有关"环境保护"的立法文件，如图3-5所示，在标题字段输入检索词"环境保护"，默认"精确"匹配方式，选择"中央法规"范围，点击"开始检索"，用户即可获取有关环境保护的法律法规资源。如果用户需要进一步查询生态环境保护立法方面的法律法规，可直接点击"结果中检索"，并在标题字段输入检索词"生态"，默认"精确"检索模式，点击"检索"，得到的结果即是有关生态环境保护相关的法律内容，如图3-6所示。其中，检索词"生态"与检索词"环境保护"在检索结果标题中高亮显示。"结果中检索"能够起到缩小检索范围、提高检准率的功能，也是修正检索策略的常用方法。若用户首次输入检索词，通过检索结果列表内容判定检索结果完全不相关，可再次在检索框中输入检索词，点击"新检索"标签，进行重新检索，而不是在上次检索结果集中进行二次筛选。

图 3-5　北大法宝法律法规子库检索界面

图 3-6　北大法宝法律法规子库"结果中检索"功能界面

B. 高级检索。北大法宝检索系统平台法律法规子库分为中央法规、地方法规、立法资料、中外条约、外国法规、香港法规、澳门法规、台湾法规、法律动态、合同范本以及法律文书等不同的检索范围，高级检索功能在不同的检索范围内提供的检索字段不完全一致。北大法宝高级检索提供的检索字段包括：法规标题、全文、发布部门、发文字号、批准部门、批准日期、发布日期、实施日期、时效性、效力级别、法规类别等，如图3-7所示。用户可以根据自己所掌握的信息在对应的检索字段输入检索关键词或者在检索字段右侧下拉菜单中选择相应检索词，然后点击"检索"即可获取相关检索结果列表。

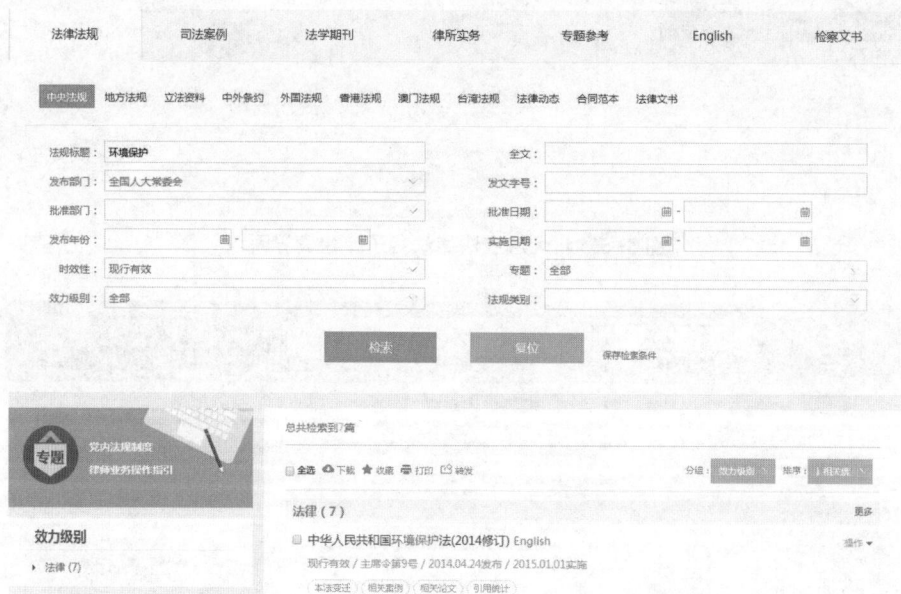

图3-7 北大法宝法律法规子库高级检索界面

C. 智能检索。智能检索是北大法宝近期新增的检索功能，是结合了自然语言处理（NLP）和深度学习等人工智能技术的新一代搜索引擎。用户可在北大法宝法律法规子库智能检索框中输入不多于1000字的文字片段，系统会根据用户输入的文字分析检索出相关度较高的结果列表集。智能检索对输入的文本可以进行篇分析、条分析、句分析，如图3-8所示。

图 3-8　北大法宝法律法规子库智能检索界面

D. 检索结果：

a. 检索结果布局。检索结果界面如图 3-9 所示，页面上方是检索条件设置区域，左侧为检索结果的聚类分析，依据效力级别、发布部门、时效性、法规类别、发布年份等分类标准对检索结果集合进行划分，其中相关提示提供了本月新颁布的法律法规、本月生效的法律法规、本月发生失效变更的法律法规内容，以方便用户随时了解法律法规的新内容与新动向。右侧即检索结果的题录信息集合，依据效力级别可对检索结果进行分组。北大法宝法律法规子库为检索结果题录信息集合提供了多种排序方式，如发布日期、实施日期、相关度、引用量等，用户可以根据自身需求对检索结果展开不同方式的排序。例如，在北大法宝检索平台的"法律法规"子库中输入检索关键词"环境保护"，展开标题精确检索，可得到 5857 篇按照效力级别进行排序的检索结果。其中，"法律"项下有 14 篇相关结果。该 14 篇题录检索结果依据发布日期进行排序，并在检索结果中高亮显示检索关键词。

图 3-9　北大法宝法律法规子库检索结果布局界面

　　b. 检索结果详细信息。点击检索结果集合中的"中华人民共和国环境保护法（2014 修订）"，进入全文界面，如图 3-10 所示，该界面详细展示了"中华人民共和国环境保护法（2014 修订）"的相关信息，如检索路径、发布部门、发文字号、发布年份、实施日期、时效性、效力级别、法规类别以及不同版本对照情况。"本法变迁"模块以时间轴的方式直观地呈现该法的变迁史，方便用户快速了解法律的修订情况。通过查看"引用本法"模块，用户在"引用本法"模块中可查看该部法律被中央法规、地方法规、草案、法规解读、工作报告、案例与裁判文书、案例报道、期刊等参考引用的情况。位于该页面右侧的法宝联想栏目则以列表的形式展示出该部法律的相关背景资料和该部法律的引用与被引用情况。

图3-10　北大法宝法律法规子库检索结果详细信息界面

　　北大法宝法律法规子库在法律法规正文中通过法宝联想功能将法律法规具体条文与相关案例、期刊等内容融会贯通。如图3-11所示，用户点击具体条文下方的法宝联想内容，即可查阅与该条法规相关的案例、期刊、中央法规、地方法规等内容。当查询的某一法律法规或具体法条已被修订时，法宝联想中的"修订沿革"将提醒变动情况，对相关法律法规的历次修订情况进行梳理，并提供更改后的最新法律法规或相应法条，如图3-12所示。"修订沿革"还会提供该条文历次修订的全貌以及对照版本，方便用户了解该法条的变迁史。法宝联想打破了不同类型内容的检索壁垒，方便用户快速、全面地了解相关知识点。

第一章 总则

第一条 为保护和改善环境，防治污染和其他公害，保障公众健康，推进生态文明建设，促进经济社会可持续发展，制定本法。

法宝联想： 案例与裁判文书 4 篇 期刊 13 篇 专题参考 5 篇

第二条 本法所称环境，是指影响人类生存和发展的各种天然的和经过人工改造的自然因素的总体，包括大气、水、海洋、土地、矿藏、森林、草原、湿地、野生生物、自然遗迹、人文遗迹、自然保护区、风景名胜区、城市和乡村等。

法宝联想： 中央法规 1 篇 地方法规 1 篇 草案 1 篇 案例与裁判文书 39 篇 案例报道 1 篇 期刊 7 篇 专题参考 3 篇

第三条 本法适用于中华人民共和国领域和中华人民共和国管辖的其他海域。

法宝联想： 中央法规 1 篇 案例与裁判文书 9 篇 案例报道 1 篇 期刊 2 篇

第四条 保护环境是国家的基本国策。

国家采取有利于节约和循环利用资源、保护和改善环境、促进人与自然和谐的经济、技术政策和措施，使经济社会发展与环境保护相协调。

法宝联想： 地方法规 2 篇 案例与裁判文书 36 篇 期刊 9 篇 律所实务 1 篇 专题参考 2 篇

图 3-11 北大法宝法律法规子库中法宝联想功能界面

修订沿革

第九条 跨区域的海洋环境保护工作，由有关沿海地方人民政府协商解决，或者由上级人民政府协调解决。

跨部门的重大海洋环境保护工作，由国务院环境保护行政主管部门协调；协调未能解决的，由国务院作出决定。

法宝联想： 期刊 1 篇 修订沿革

第十条 国家根据 ...方海洋环境

沿海省、自治区、 质量标准。 中华人民共和国海洋环境保护法(2017修正)[20171104]

沿海地方各级人民 第九条 跨区域的海洋环境保护工作，由有关沿海地方人民政府协商解决，或者由上 ...量状况，确 定海洋环境保护的目标 级人民政府协调解决。

跨部门的重大海洋环境保护工作，由国务院环境保护行政主管部门协调；协调未 能解决的，由国务院作出决定。

修订沿革

第十一条 国家和 中华人民共和国海洋环境保护法(2016修正)[20161107] 重要依据之 一。在国家建立并实施 污染物排 第九条 跨区域的海洋环境保护工作，由有关沿海地方人民政府协商解决，或者由上 海总量控制指标作为重 级人民政府协调解决。

排污单位在执行国 跨部门的重大海洋环境保护工作，由国务院环境保护行政主管部门协调；协调未 染物排海总 量控制指标。 能解决的，由国务院作出决定。

对超过主要污染物 中华人民共和国海洋环境保护法(2013修正)[20131228] 省级以上人 民政府环境保护行政主 非放总量的 建设项目环境影响报告 第八条 跨区域的海洋环境保护工作，由有关沿海地方人民政府协商解决，或者由上 级人民政府协调解决。

跨部门的重大海洋环境保护工作，由国务院环境保护行政主管部门协调；协调未 能解决的，由国务院作出决定。

法宝联想： 草案 1 篇

图 3-12 北大法宝法律法规子库法律法规修订沿革功能界面

用户在检索结果详细信息界面勾选"显示法宝之窗"后，如果把光标停留在该部法律引用的法条之处，会弹出法宝之窗，如图3-13所示。法宝之窗中的内容主要包括引用法律法规的标题、发布部门、发文字号、发布日期、实施日期、时效性、效力级别、法规类别、法宝引证码，为用户的学习研究提供便利。

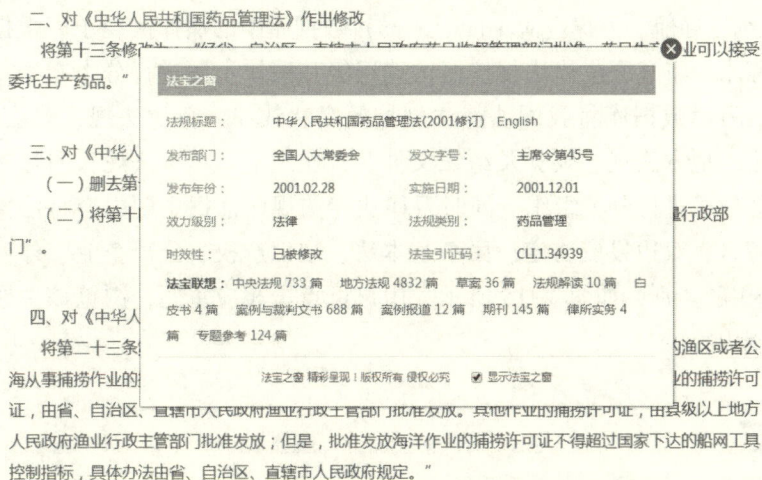

图3-13　北大法宝法律法规子库法宝之窗功能界面

c. 检索结果输出。目前，北大法宝检索平台提供检索结果的全文在线浏览、按目录浏览，同时也提供下载、收藏、打印、转发等功能。用户在线浏览全文的过程中可对浏览内容进行页内查找。如图3-14所示，北大法宝目前提供的下载格式包括纯文本、Word、超文本、PDF等。

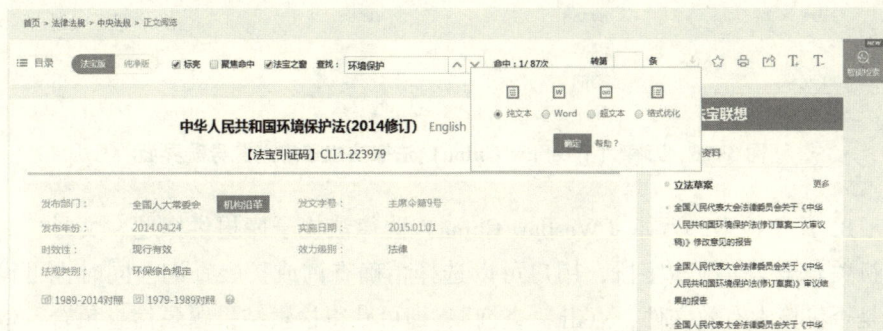

图3-14　北大法宝法律法规子库检索结果下载功能界面

（3）万律数据库（Westlaw China）。万律（Westlaw China）是汤森路透法律信息集团基于 Westlaw 法律信息平台的技术和经验打造的智能化中国法律信息双语数据库。其中法律法规子库涵盖了 1949 年以来由中央政府机关、省、直辖市、自治区政府自所颁布的超 100 多万条的法律法规。万律法律法规库每日多次更新，能够及时将最新的法律法规发布到数据库中。

A. 浏览导航。万律（Westlaw China）数据库中的法律法规子库根据用户的不同需求，将我国法律法规按照法律层级和法律主题进行分类布局。如下图所示，万律数据库将我国法律法规按照宪法法律、行政法规、司法解释、部委规章、地方法规、政党及组织文件、行业规范、军事法规、国际条约等传统法律层级进行分类组织。同时万律法律法规库依据主题内容将法律法规分为自贸区、双边投资协定、民事基本法、知识产权、公司企业、外商投资等 43 个主题类别，如图 3-15 所示，用户可点击相应主题，浏览该主题下的法律法规内容。

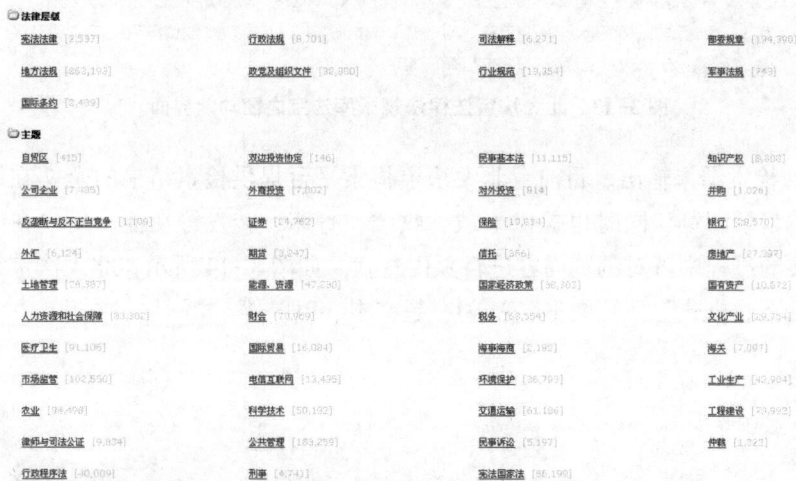

图 3-15　万律（Westlaw China）法律法规子库浏览导航界面

B. 简单检索。万律（Westlaw China）法律法规子库提供标题、文号、颁布机关、全文等检索字段，用户可以选择精确查询或扩展查询，同时也可设定是否仅检索有效文件，点击"查询"，即可获得检索结果题录信息集合。例如，查询与养老服务相关的现行有效的法律法规文件，如图 3-16 所示，用户

可在标题字段输入检索词"养老服务",同时勾选"仅有效"字段,点击
"检索",即可得到相关结果。如图3-17所示,法律法规子库还提供主题关键
词列表,用户可通过该列表选择检索关键词,确保检索关键词的准确性与专
业性。

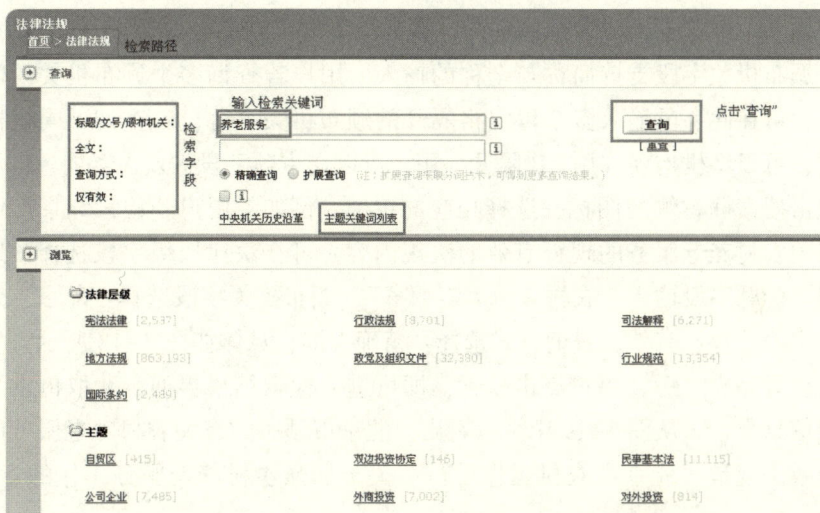

图 3-16　万律（Westlaw China）法律法规子库简单检索界面

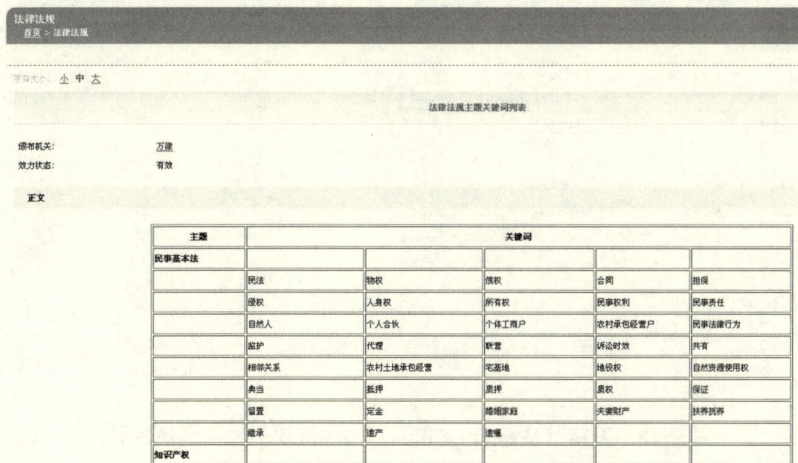

图 3-17　万律（Westlaw China）法律法规主题关键词列表

C. 高级检索。万律（Westlaw China）数据库的高级查询功能位于简单检索页面的右上方，提供的检索字段有：法律层级、标题、全文、文号、颁布机关、主题、颁布时间、实施时间、效力状态等。标题、全文、主题等多个字段支持布尔逻辑运算符的组合使用。法律层级字段提供中央法规、地方法规、国际条约以及全部选项供用户选择。用户可根据检索需求在标题或全文字段输入单个检索词或多个检索词，多个检索词以空格分开，默认是 AND 关系。颁布机关字段支持简称与全称的输入，用户若查询多个颁布机关的联合发文，可在此字段输入多个以空格隔开的颁布机关名称，若查询不同机构的发文，可以将机构名称用 OR 隔开。用户可以在主题字段输入检索词，也可通过点击搜索框右侧的图标，选择相应的主题。例如，用户若检索北京市颁布的有关农村养老服务的现行有效的法规内容，可在法律层级字段选择：地方法规，标题字段输入：农村 & "养老服务"，颁布机关字段选择：北京，效力状态字段选择：有效，查询方式选择：精确查询，具体如图 3-18 所示。检索条件设置完成之后，用户点击检索，即可进入检索结果界面，获取检索结果题录信息集合。从图 3-19 中可以看出，北京市颁布的有关农村养老服务的现行有效法规是"北京市农村工作委员会关于加强农村养老服务工作的意见"文件。

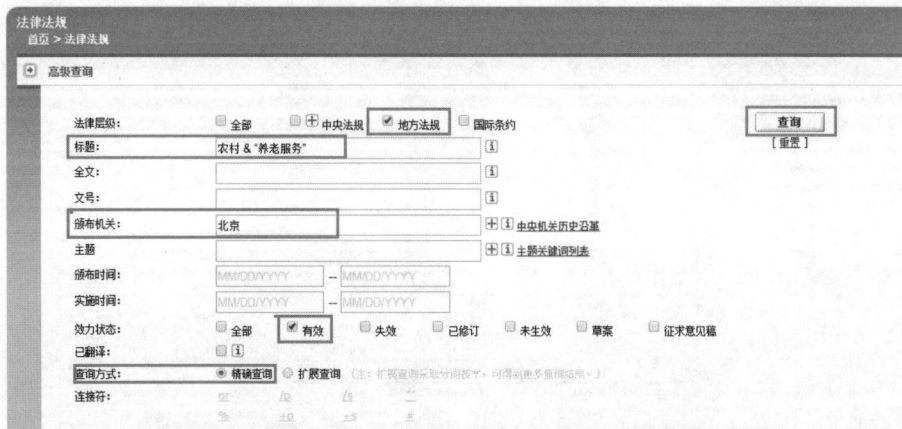

图 3-18　万律（Westlaw China）法律法规子库高级检索界面

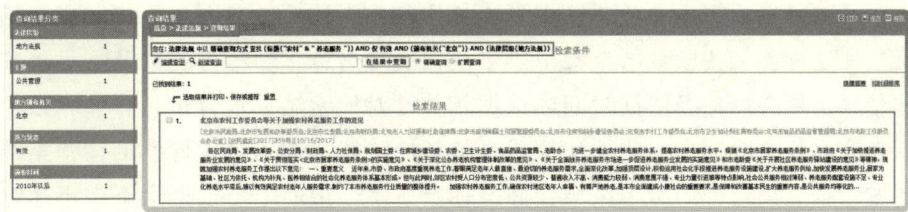

图 3-19 万律 (Westlaw China) 法律法规子库高级检索结果界面

D. 检索结果：

a. 检索结果布局。万律 (Westlaw China) 法律法规子库检索结果界面的左侧是结果分类，用户可按照法律层级、主题、中央颁布机关、地方颁布机关、效力状态、颁布时间查看不同类别下的检索结果及其数量。通过检索结果分类，用户能够了解该法律法规的大致情况。例如，通过图 3-20 的聚类分析，用户可以直观地看到有关农村养老服务的地方法规数量较大，颁布数量较多的是浙江、福建、江苏、安徽、广东以及辽宁等地，从一定程度上也可反映农村养老服务法规制定与经济发展之间的关系。从聚类分析的主题分类中可知农村养老服务主要涉及国家经济政策、人力资源和社会保障、公共管理方面。颁布时间分组也清晰展示了农村养老服务在 2006 年以后得到了极大的关注，且关注度逐年提高。

图 3-20 万律 (Westlaw China) 法律法规子库检索结果布局界面

　　检索结果列表集合位于结果界面的中部与右侧，以列表的方式罗列了相关法律法规，每条题录信息都提供了法律法规名称、颁布机关以及文号等基本信息。用户可选择依据时间或依据相关度对检索结果集合进行排序，以便快速查看相关度较高的法律法规或者最新的法律法规内容。检索词在检索结果题录信息集合中的命中区域会高亮标黄显示，帮助用户根据上下文迅速判断内容的相关性。

　　检索结果列表集合的上方设置了编辑查询标签、新建查询标签以及在结果中查询标签。若检索结果数量较大，内容较为宽泛，检准率不高，用户可以在上方检索栏中输入检索词，点击"在结果中查询"标签，即可在上次的检索结果集合中进一步查询；若检索结果不相关，或者检索结果数量较小，用户可以选择"新建查询"，即放弃此次检索结果，重新进行检索。当然，只要用户对检索结果不满意，均可选择"编辑查询"，修正或者添加检索条件以期获得比较满意的检索结果。

　　b. 检索结果详细信息。用户进入万律（Westlaw China）法律法规子库内容的全文阅览界面，可以看到若该法被修订过或引用过，该法的标题处会有历史沿革标签或引用次数标签，点击标签即可获取该法的修订历程或被各类文献引用的具体情况，如图 3-21 所示。标题下方罗列了该法的基本信息，包括颁布机关、文号、颁布时间、实施时间、效力状态以及修订记录，其中修订记录字段也提供了该法的修订情况。法律法规的正文以章节条文的形式罗列，若具体条文出现被引用情况，则会在该条文下方设置被引用标签，点击即可查看详细情况。万律（Westlaw China）法律法规子库提供中英双语对照，且英文翻译均为法律专业人士人工翻译而成，准确度较高，可供用户学习参考之用。

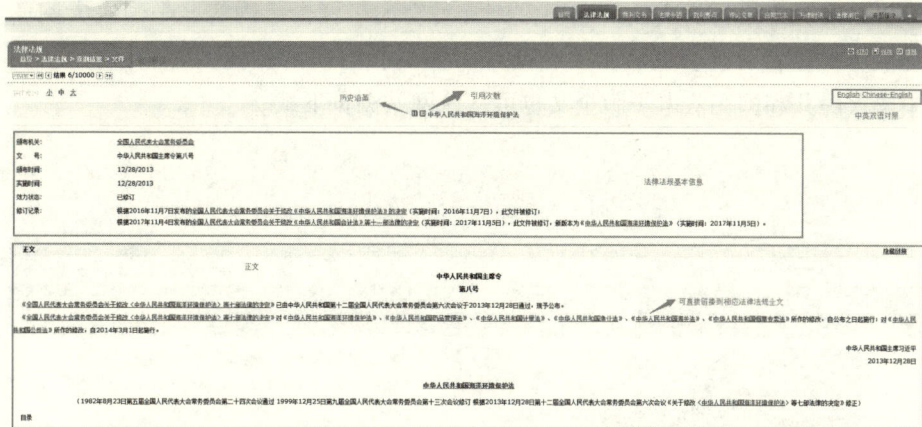

图 3-21 万律（Westlaw China）法律法规子库检索结果详细信息界面

c. 检索结果输出。万律（Westlaw China）法律法规子库可实现对检索结果的全文在线浏览，同时也提供下载、打印、推荐等功能。用户在线浏览全文的过程中可对浏览内容进行字号调节。目前，该库的保存功能提供 Word、RTF、PDF 格式，如图 3-22 所示。

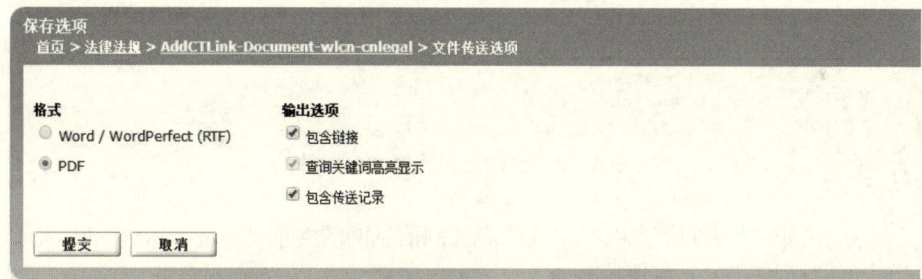

图 3-22 万律（Westlaw China）法律法规子库检索结果保存功能界面

（4）其他网络法律法规资源检索：

A. 中国人大网。中国人大网是全国人民代表大会官方网站（图 3-23），该网站网址是 http://www.npc.gov.cn。网站主页的"权威发布"栏目内容包括国家领导人重要讲话及讲话论述、报告、现行有效法律以及法律文件、决议决定和任免，例如，中华人民共和国主席令、最高人民检察院工作报告、最高人民法院工作报告、全国人民代表大会常务委员会工作报告、政府工作报告以及关于报告的决议、全国人大常委会人事任命等内容。全国人大网还提供历次代表大会会议、常委会会议、委员长会议的相关内容和报告文件，中华人民共和国宪法电子版全文也可从该网站浏览下载。

图 3-23　全国人民代表大会网站

B. 中国政府法制信息网。中国政府法制信息网的网址是 http://www.chinalaw. gov.cn。该网站"法律法规规章"栏目包括法律、行政法规、法规解读、部门规章、地方政府规章，如图 3-24 所示。中国政府法制信息网右侧提供了"国务院文件"链接栏目和"法律法规库"的链接栏目。其中，"国务院文件"栏目链接到中华人民共和国中央人民政府官方网站中的"政策"栏目，"法律法规库"栏目链接到中国政府法制信息网法律法规数据库。

图 3-24 中国政府法制信息网站

C. 中华人民共和国中央人民政府网站。中华人民共和国中央人民政府网站是中华人民共和国中央人民政府的官方网站，网址是 http://www.gov.cn/index.htm。该网站中的政策栏目内容包括最新政策、政策文件库、政策解读、法律法规、官方公报以及双创内容，如图 3-25 所示。政策栏目中的最新政策按照发布时间顺序进行展示，方便用户及时查看最新政策信息。

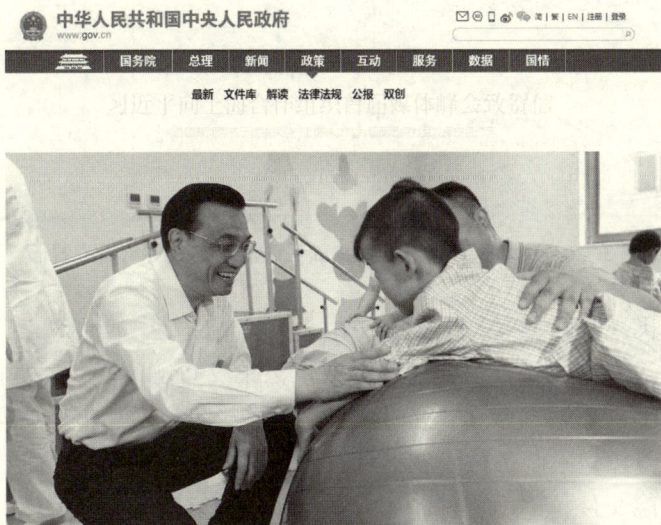

图 3-25 中华人民共和国中央人民政府网站

中华人民共和国中央人民政府网站政策栏目中的政策文件库提供目录导航、简单检索和高级检索，如图3-26所示。简单检索位于页面上方，提供的字段包括正文、标题、发文字号、发布机构。高级检索字段包括标题、正文、发文机关、发文字号、成文日期、公文种类、栏目和子栏目。政策文件库主页以成文日期罗列最新发布的文件，用户也可选择按照公文种类或主题类别的方式浏览文件内容。"政策"栏目中的"解读"与"公报"均依据时间顺序进行排列。

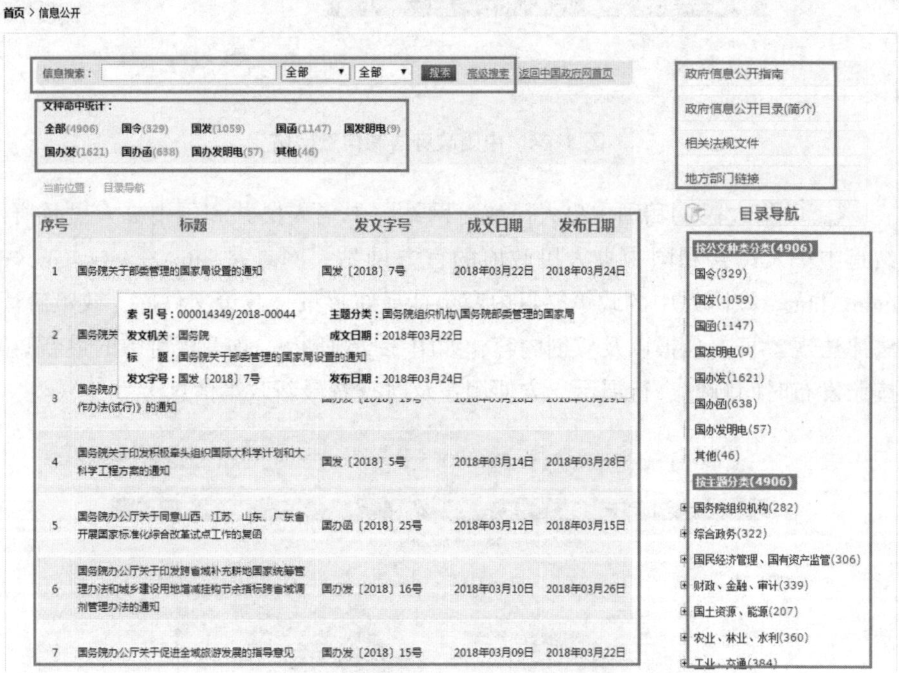

图3-26 中华人民共和国中央人民政府网站文件库检索界面

中华人民共和国中央人民政府网站"政策"栏目中的"双创"子栏目是一个有关"大众创新、万众创新"的政策汇集发布解读平台。如图3-27所示，该平台提供一站式检索，同时也提供政策类别、适用群体、文件类型以及发文日期等检索限制条件。该平台页面下方提供有关大众创业、万众创新相关的国务院文件、部委文件、地方文件、权威解读、媒体解读、双创动态以及办事指南等内容，供用户快速浏览。中华人民共和国中央人民政策网站中"政策"栏目内容也提供了"法律法规"标签，该标签链接到中国政府法制信息网法律法规数据库。

图3-27　中华人民共和国中央人民政府网站"双创"解读平台

D. 中国政府法制信息网法律法规数据库。中国政府法制信息网法律法规数据库提供法律、行政法规、国务院部门规章、地方性法规以及地方政府规章内容的检索获取。中国政府法制信息网法律法规数据库的网址是 http://search. chinalaw. gov. cn/search2. html。中国政府法制信息网与中华人民共和国中央人民政府官方网站都可链接到此处。该库提供一站式检索和高级检索功能，其中一站式检索可选择标题检索或正文检索，如图3-28所示。高级检索提供的检索字段有发布时间、实施时间、法规标题以及正文检索。该检索平台默认检索结果依据相关度排序，并设置检索词在检索结果中高亮显示，同时标明命中次数，如图3-29所示。

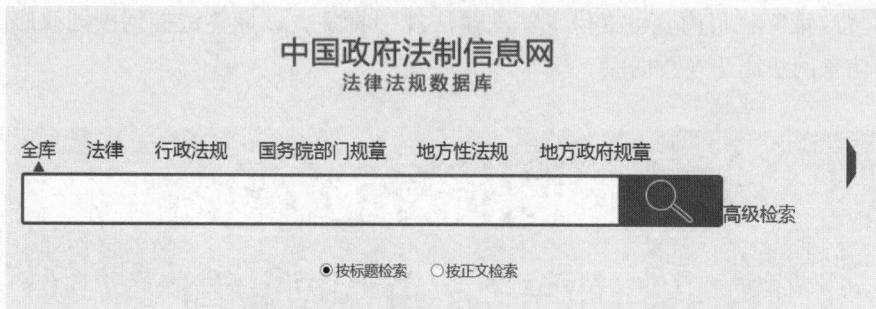

图 3-28　中国政府法制信息网法律法规数据库一站式检索界面

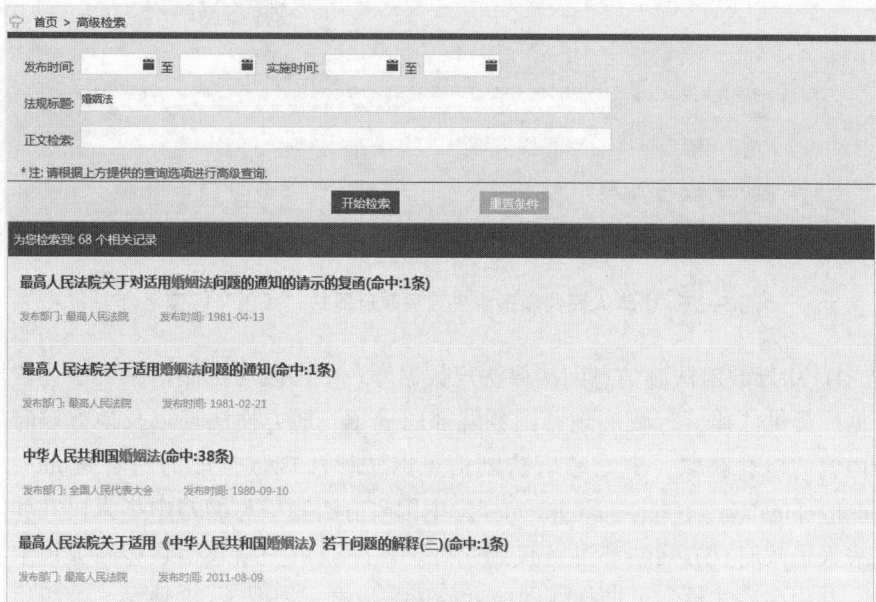

图 3-29　中国政府法制信息网法律法规数据库高级检索界面

2. 香港地区法律法规资源检索

由于历史原因，香港回归之前适用的法律有英国法律、中国清朝法律、香港立法机关制定的法律和习惯法。中国对香港恢复行使主权以后制定了宪法性质的《中华人民共和国香港特别行政区基本法》(简称《基本法》)，《基本法》在香港特区具有类似于宪法的宪制性地位。香港特区的法律不得同《基本法》相抵触。香港原有的国际条约、香港立法会指定的法律、条例、香港原有判例、香港特区法院判例以及习惯法，除同《基本法》相抵触或立法机构修改的，均给予保留。回归之后，香港的法律来源主要有《中华人民共和国香港特别行政区基本法》、普通法和衡平法、香港制定的成文法、中国习惯法和国际法。

（1）纸质法律法规资源检索。香港特别行政区纸质法律法规内容可以通过香港及大陆各类型图书馆的馆藏查询系统进行查询。用户可充分利用高校图书馆，例如香港大学图书馆（https://lib.hku.hk）、香港中文大学图书馆（http://www.lib.cuhk.edu.hk/s）。当然，用户也可选择公共图书馆例如香港公共图书馆（https://sc.lcsd.gov.hk/TuniS/www.hkpl.gov.hk/tc/index.html）、中国国家图书馆（http://www.nlc.cn）的馆藏查询系统以获取相关纸质版本法律法规资源。

（2）Westlaw Next 数据库。Westlaw Next 数据库 "International Materials" 子集中包含了大量的香港法律资料。如图 3-30 所示，打开 Westlaw Next 数据库主页，点击 "International Materials" 标签，进入非美国法律资料集合中，接着即可选择 "Hong Kong" 资料集，查询香港法律资料。香港资料集中的 Legislation 集合包含现行所有香港特别行政区条例、附属法例和部分宪制文件，已制定但尚未生效的立法也包括在内。

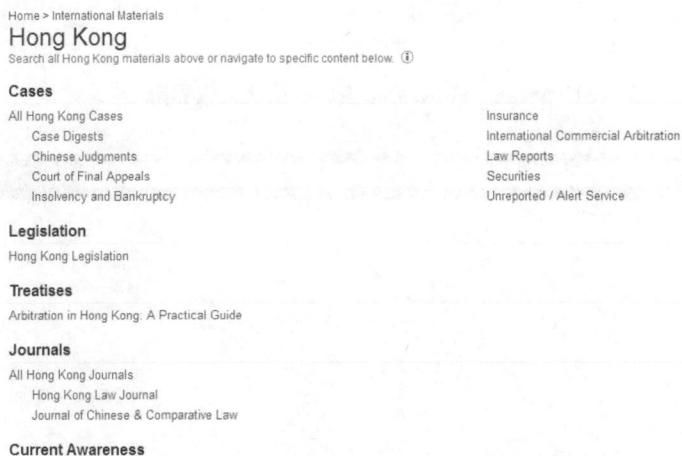

Home > International Materials
Hong Kong
Search all Hong Kong materials above or navigate to specific content below. ⓘ

Cases

All Hong Kong Cases	Insurance
Case Digests	International Commercial Arbitration
Chinese Judgments	Law Reports
Court of Final Appeals	Securities
Insolvency and Bankruptcy	Unreported / Alert Service

Legislation

Hong Kong Legislation

Treatises

Arbitration in Hong Kong: A Practical Guide

Journals

All Hong Kong Journals
　Hong Kong Law Journal
　　Journal of Chinese & Comparative Law

Current Awareness

图 3-30　Westlaw Next 数据库香港资料集界面

A. 一站式检索。用户在 Westlaw Next 数据库中 "home—International Materials—Hong Kong" 香港资料集中可一站式检索香港法律法规资料。检索框中可以输入描述型词语、主题词语、布尔逻辑运算专业检索式、出版物名称、引称号（Citation 号）等多种检索线索。在 Hong Kong 资料集合中，一站式检索框的检索范围是香港资料集，而不是 Westlaw Next 数据库的全部范围，从图 3-31 一站式检索框左侧的"Hong Kong"字段中也可看出。例如，将"Hong Kong Personal Data Ordinance"输入一站式检索框，即可获取与香港《个人资料（隐私）条例》相关的内容。如若需要检索条例内容，可在左侧聚类栏目选择"legislation"标签，如图 3-32 所示。

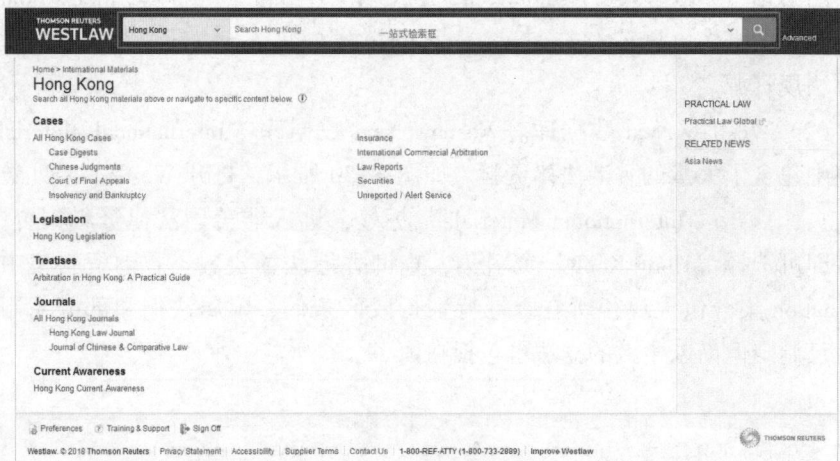

图 3-31 Westalw Next 香港资料一站式检索界面

图 3-32 Westalw Next 香港资源一站式检索结果界面

B. 高级检索。用户点击一站式检索框右上方的"advanced"标签，可进入高级检索（advanced search）界面，Westlaw Next 数据库高级检索提供 citation 检索、preliminary 检索和术语连接符检索，如图 3-33 所示。

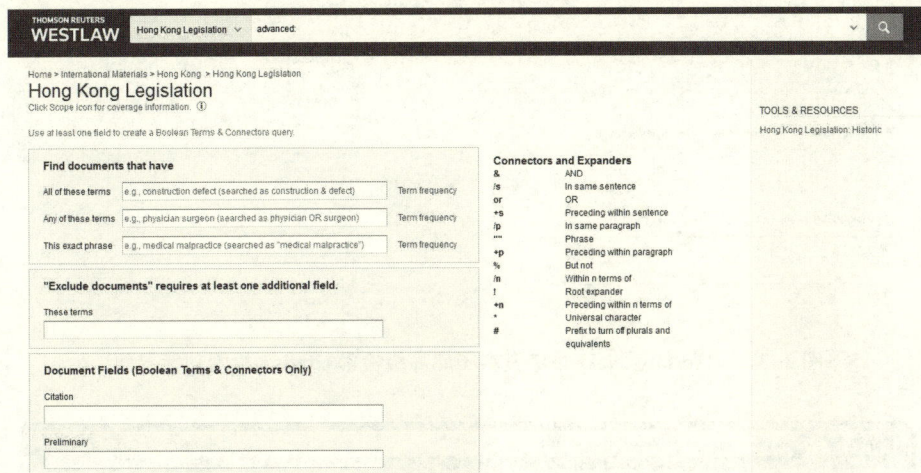

图 3-33　Westalw Next 香港资料子库高级检索界面

a. 引称号（citation）检索。citation 号检索的检准率较高，适用于通过注释参考等途径已经知悉文件引称号的情况。用户将已知的 citation 号输入 Westalw Next 香港资料子库高级检索的 citation 字段，即可获取相关性较高的检索结果。例如用户可把 citation 号 HKO Cap. 486 s. 11（表示 HK Ordinance 的 486 章第 11 部分）输入高级检索中的 citation 字段栏目，如图 3-34 所示。用户点击检索标签，可发现系统提供的检索结果列表第一条记录即是目标内容：Establishment of Personal Data（Privacy）Advisory Committee，如图 3-35 所示。

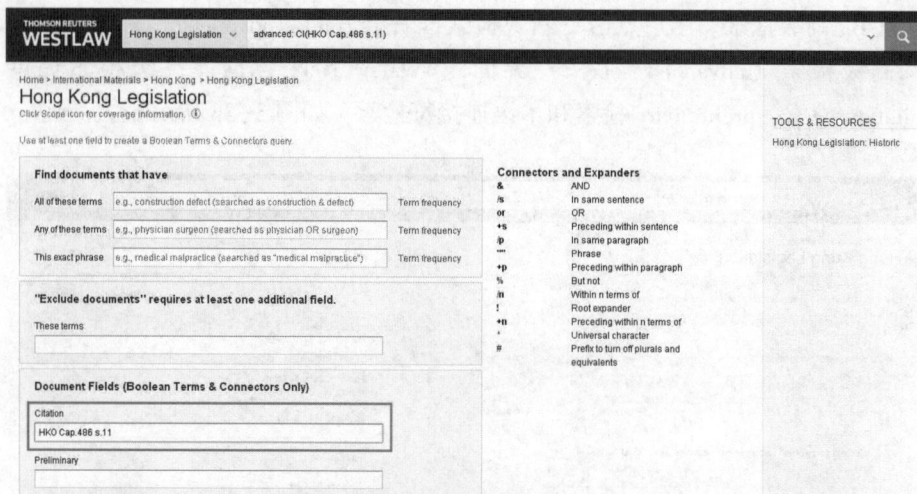

图 3-34　Westalw Next 香港资料子库高级检索 citation 检索功能界面

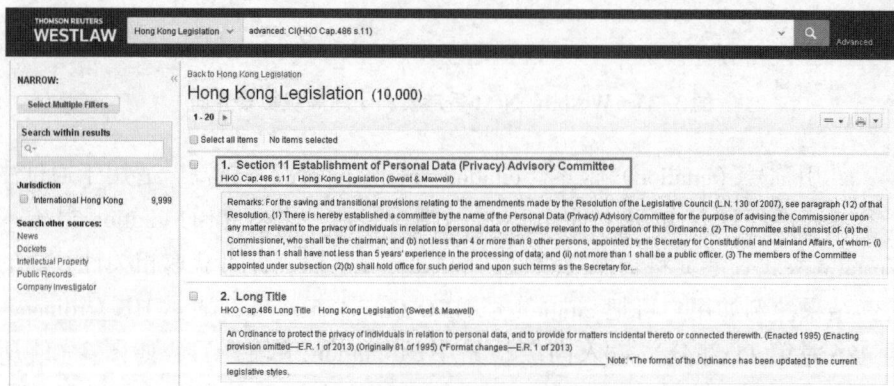

图 3-35　Westalw Next 香港资料子库高级检索 citation 检索结果界面

　　b. Preliminary 字段检索。Preliminary 字段检索即是序文检索，某一法条的序文部分若包含用户输入的检索词语，检索系统即将该法条纳入检索结果列表呈现给用户。序文部分出现在法律法规正文的第一部分，如图 3-36 所示。例如，用户在 Preliminary 字段输入 expert witnesses，可得到如图 3-37 所示的检索结果。

United States Code Annotated
Title 5. Government Organization and Employees (Refs & Annos)
Part III. Employees (Refs & Annos)
Subpart A. General Provisions
Chapter 21. Definitions

Preliminary

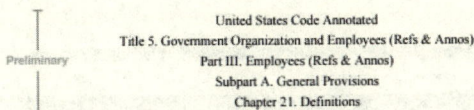

图 3-36　Westalw Next 数据库序文字段示例图

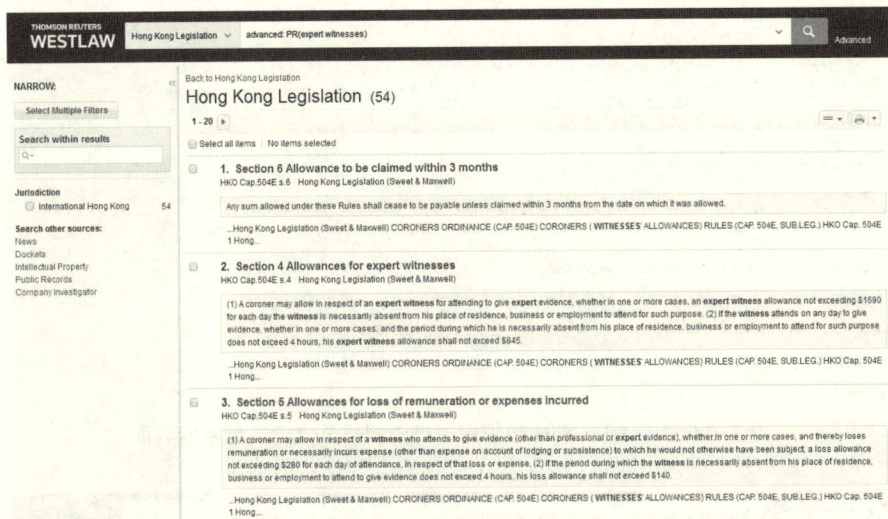

图 3-37　Westalw Next 数据库检索结果界面

c. 术语与连接符运算。在术语连接符中"All of these terms"表示逻辑运算符 AND，术语表示是"&"，即用户输入的多个检索词均会出现在检索结果中；"Any of these terms"表示逻辑运算符 OR，术语表示是 or，用户输入的多个检索词中只要任意一个出现在检索结果中即可；"This exact phrase"表示将所输入的检索词作为一个整体词组，在检索结果中出现的位置和顺序不会改变，常用双引号""表示；"Exclude documents"表示逻辑运算符 not，即检索词不出现在检索结果中，用%表示。以上是常用的术语与连接符表达方式，Westlaw Next 还提供其他术语与连接符，诸如词根扩展（!）、通用字符（＊）、同句检索（/s）、同段检索（/p）等，用户可根据需要查阅使用说明资料。例如检索香港地区有关个人资料隐私相关的法律法规，可在 Any of these terms 输入 privacy "personal data" 检索词，如图 3-38 所示。点击检索按钮，用户即可获取如图 3-39 所示的检索结果，检索结果列表默认以相关度排序。

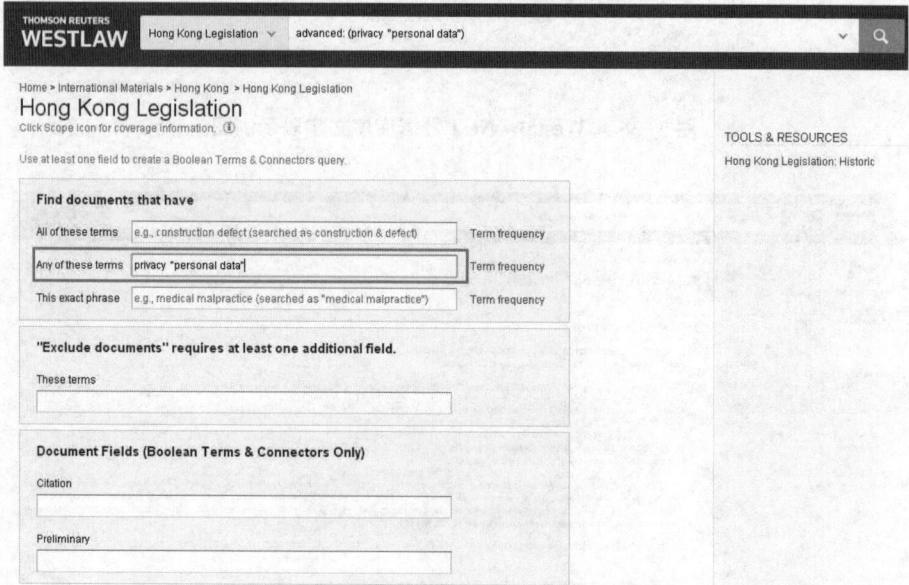

图 3-38　Westalw Next 数据库香港资料立法集合高级检索界面

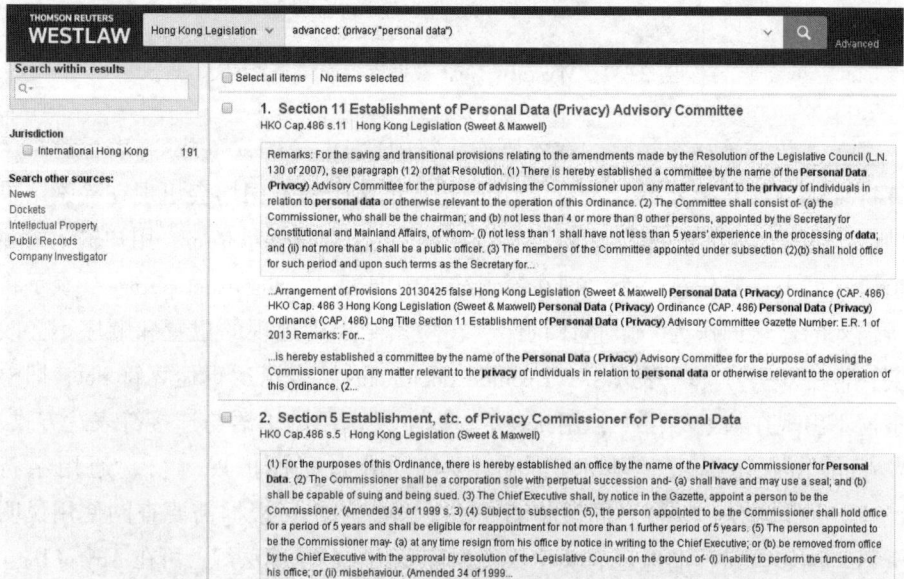

图 3-39　Westalw Next 数据库香港资料立法集合高级检索结果界面

C. 检索结果：

a. 检索结果布局。Westalw Next 数据库香港资料立法集合检索结果界面上方是一站式检索框，用户可根据检索结果对检索式进行调整。"在结果中检索"栏目位于页面左侧上方，用户如果需要在检索结果的基础上缩小检索范围，进一步精炼检索结果可以在此栏目中输入检索词，以获取相关度更高的检索结果列表。检索结果默认以相关度排序，用户可对检索结果列表的题录信息进行选择，可选择在结果列表中仅显示标题、显示标题与命中区块、显示更多等，默认选择标题、citation 号、法律法规名称、命中区域等内容。检索词语在检索结果列表中高亮标黄显示，如图 3-40 所示。

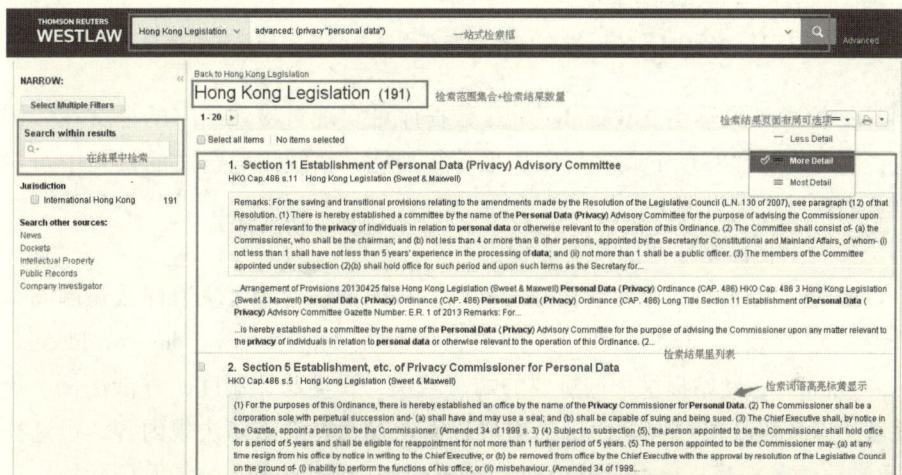

图 3-40　Westalw Next 数据库香港资料立法集合检索结果界面

b. 检索结果详细信息。如图 3-41 所示，Westalw Next 数据库香港资料立法集合检索结果详细信息界面提供了相关法律法规的内容全文，用户可以选择检索词在文中是否高亮显示。该页面还提供了文中搜索功能，用户可以在法律法规内容中进行全文检索。

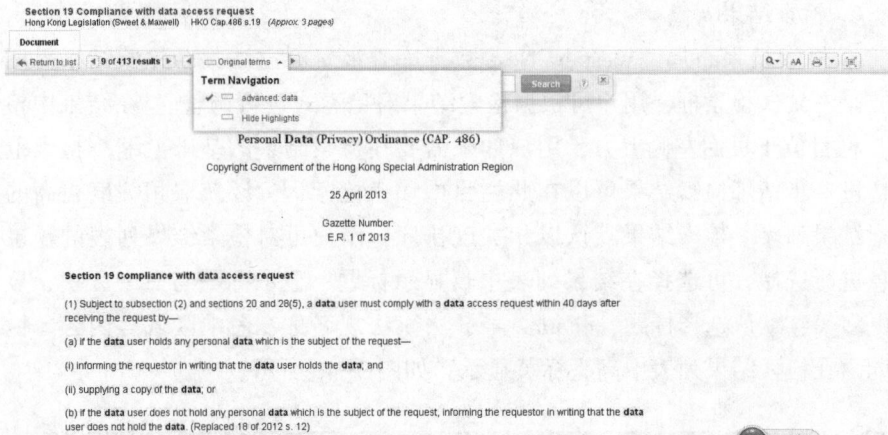

图 3-41 Westalw Next 数据库香港资料立法集合检索结果详细信息界面

c. 检索结果输出。Westalw Next 数据库可实现对检索结果的全文在线浏览，同时也能够实现下载、打印、推荐等功能。在线浏览全文的过程中可对浏览内容进行字号调节。

（3）其他网络法律法规资源检索：

A. 香港特别行政区政府律政司网站。香港特别行政区政府律政司网站是香港特别行政区律政司的官方网站，网址是 https://www.doj.gov.hk/chi/index.html。该网站提供香港重要的司法裁决、香港法律制度、香港法例、争议解决以及律政司刊物等栏目，用户若需要查找香港法律法规内容，可选择"香港法例"栏目，该栏目的内容包括基本法、香港法例、公约及国际协定以及法律词条，如图 3-42 所示。在"基本法"项下可以查询《基本法》全文及相关文件，《基本法》全文以目录的形式供用户浏览，相关文件以附件形式罗列在后，并且提供 HTML 格式和 PDF 版本的浏览与下载。"香港法例"标签内容链接到电子版香港法例系统。"公约及国际协定"标签项下包括国际公约、双边协定以及香港与内地及澳门特区之间的协定等内容。国际公约按照公约类别和公约号码分布排列。双边协定包括香港特区签订并已生效的主要双边协定的列表与全文，以主题排序，并提供国家、生效日期、宪报编号、宪报刊登日期以及 PDF 中文下载功能。"法律词条"标签提供了由律政司法律草拟科编纂的《英汉法律词汇》与《汉英法律词汇》，该词典是查找香港法例中汉英双语法律词汇的便捷参考工具。

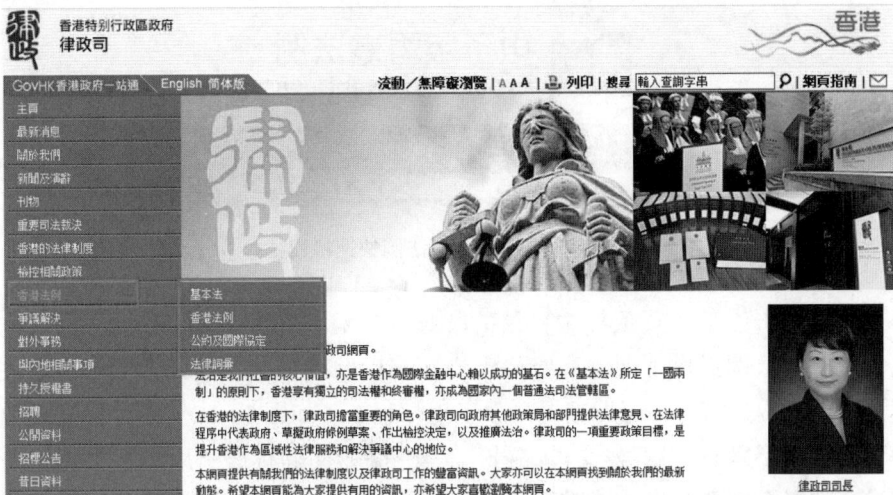

图 3-42　香港特别行政区政府律政司网站首页

　　B. 电子版香港法例网站。电子版香港法例是根据《法例发布条例》第614章第3条设立的香港法例电子资料库，由律政司负责运营。该网站是唯一的香港法例官方网站，网址是 https://www.elegislation.gov.hk。该网站提供经编订法例的现行版本和过去版本，并提供不同的检索及阅览模式。电子版香港法例检索系统提供简体中文、繁体中文以及英文检索，但使用简体中文检索，需要利用语言转换工具，简体中文版本是由软件自动翻译而成的，仅做参考。

　　电子版香港法例检索系统提供法例的检索与阅览，法例检索提供快速检索、关键词检索、在结果中检索以及其他检索。快速检索框位于电子版香港法例的主页上方，用户在下拉列表中可选择检索范围如全部、条例、附属条例以及文件。下拉菜单的右侧框中可输入检索词，同时可选择检索词所在的检索字段，该系统快速检索功能提供的检索字段有标题、内容和法例章号，如图3-43所示。

图 3-43　电子版香港法例快速检索框

　　用户点击位于网页顶部主目录的"搜寻"标签即可进入高级检索界面。电子版香港法例提供了四种高级检索方式：标题搜寻、关键词搜寻、进阶关键词搜寻和提述搜寻。标题搜寻只限于现行版本。如图 3-44 所示，标题搜寻提供的检索字段有：章号/文件编号、法例标题/文件标题，用户可根据自身需求，选择个别条文模式或整章法例模式，也可在条例、附属法例以及宪法性文件中选择所需内容类别，当然也能选择语种。

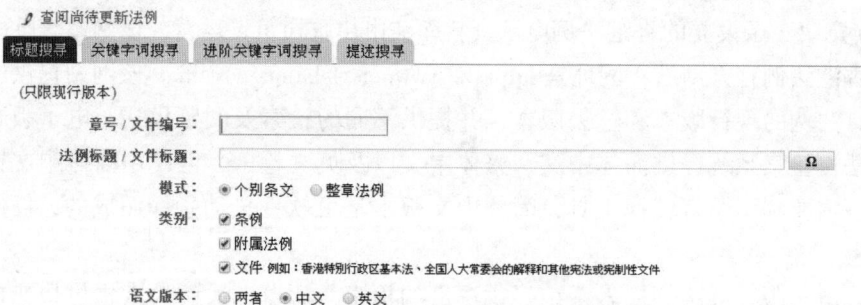

图 3-44　电子版香港法例标题搜寻界面

　　关键词搜寻与标题搜寻不同的是，该检索方式可检索法例的现行版本，也可检索现行及过去版本，还可对生效时段进行限制检索。如图 3-45 所示，用户若在检索过程中使用英语，可选择是否区分英语大小写（"符合英文大小楷"），是否采用截词检索（"启动词干提取"）。用户在输入检索词的过程中可应用逻辑运算符组配不同检索词，以准确表达需求。在搜寻字段的下拉菜单中，"所有这些字词"表示逻辑运算符 and 关系，即检索包含所有关键词的法律条文；"这些字词中任何一个"表示逻辑运算符 or 关系，即检索至少包含一个所输入的关键词中的字词的法律条文；"精确字串"表示严格检索，将检索词作为一个词组进行检索。与标题搜寻一样，关键词搜寻也提供了模式选择、类别选择和语言版本选择功能。

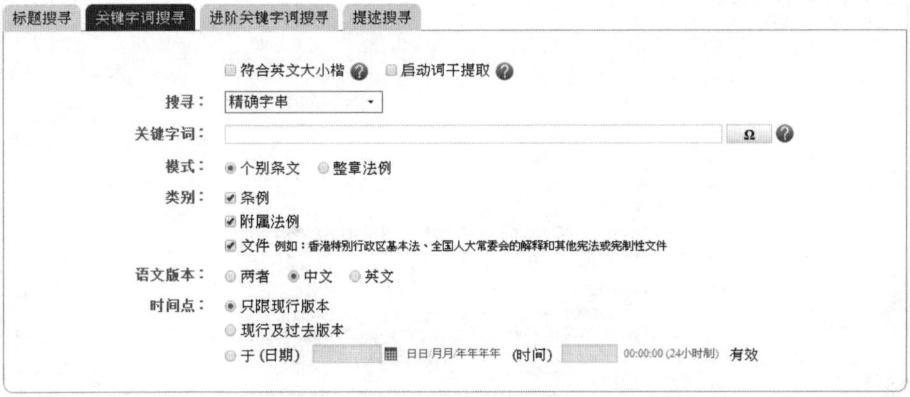

图 3-45　电子版香港法例关键词搜寻界面

　　进阶关键词搜寻提供了字段模式和进阶模式。与关键词搜寻一样，进阶关键词搜寻也提供了"符合英文大小楷"和"启动词干提取"功能，如图 3-46 所示。如果勾选"符合英文大小楷"前面的框，则表示在检索过程中不区分大小写，用户如果勾选"启动词干提取"选项，则表示在检索过程中忽略词根形态的变化。进阶关键词搜寻字段模式提供"精确字串"检索、"所有这些词"检索、"这些字词中任何一个"检索、"不含这些字词"检索和"含有这些字词"检索。其中，"不含这些字词"检索表示逻辑运算符 not，即所输入的字词不能出现在检索结果中。"含有这些字词"检索可通过"最多相隔字词"以及"符合输入字词的序列"来选择所输入字词的位置与距离。与标题搜寻、关键搜寻一样，进阶关键词搜寻也提供模式选择、类别选择和语言版本选择功能。进阶关键词搜寻进阶模式提供专业检索，用户可通过逻辑运算符的综合运用将检索词组合在一起，形成检索式以精确表达复杂的检索需求。该系统提供的运算符有""（精确字串）、and（所有这些词）、or（任何这些词）、not（不包括这些词）、相对距离（near）、通配符（%、_）。进阶模式中的其他限制条件与字段模式相同，无需赘言。

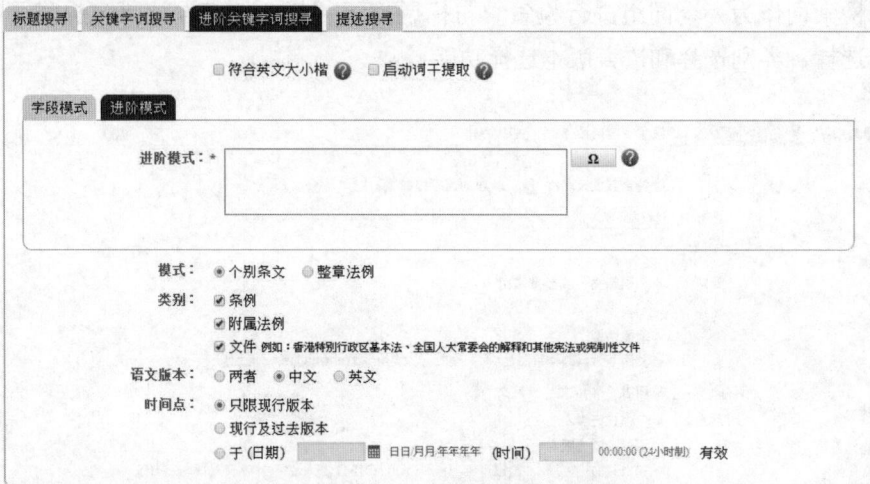

图3-46　电子版香港法例进阶关键词搜寻

提述搜寻与标题搜寻一样，只在现行版本范围内检索，除模式选择、类别选择和语言版本选择功能外，还提供外部交互参照。外部交互参照具体包括引用提述和位置，其中引用提述可选择章号或文件编号，位置可选择章号/文件编号或者法例标题/文件标题。

3. 澳门地区法律法规资源检索

澳门特区的法律体系从属于大陆法系，澳门回归前，澳门自身制定的规范性文件分为立法性文件和规章性文件。立法性文件是指立法会与澳督行使立法职能时所制定的法规，规章性文件是指原澳督在行使其专属的执行职能时所颁布的行政规章以及市政条例。澳门法律体系内还包括部分国际性法律，例如《公民权利和政治权利国际公约》。《澳门基本法》是澳门特别行政区的宪制性文件，《澳门基本法》规定澳门原有的法律、法令、行政法规和其他规范性文件，除同本法相抵触或经澳门特别行政区的立法机关或其他机关依照法定程序作出修改的，予以保留。

（1）纸质法律法规资源检索。检索澳门纸质法律法规资源可以使用各种书目检索系统，如澳门大学图书馆书目系统（http://library. umac. mo/lib. html）、澳门公共图书馆系统（http://www. library. gov. mo/zh-hant）等。

（2）其他网络法律法规资源：

A. 澳门法律网。澳门法律网是由行政公职局、印务局及法务局共同开发的一个有关澳门法律信息的综合性网站（图3-47），网址是 http://www.macaolaw. gov.mo/cn/index2.asp。通过相关栏目，用户可以了解法律资讯、法律推广情况，也可以查阅不同领域的法规、常用法规、原有法规的中译本、汉葡与葡汉法律词典等。澳门法律网中的法规查询栏目提供关键词检索、法例种类及编号检索、综合检索、常用法规、汉葡葡汉法律词条、按施政领域分类的法规、原有法规中译本等检索方式与内容。

图3-47 澳门法律网主页

B. 澳门法例资料查询系统。用户在澳门法例资料查询系统中可以查询到1855年以来在澳门政府宪报或澳门特别行政区公报所刊登的法律法规内容，网址是 legismac.safp.gov.mo/legismac。该系统提供法例检索与分类浏览两种查阅澳门法律法规的方式，如图3-48所示。法例检索包括标题内容、法律种类及编号、政府公报期号以及叙述词等四种方式。

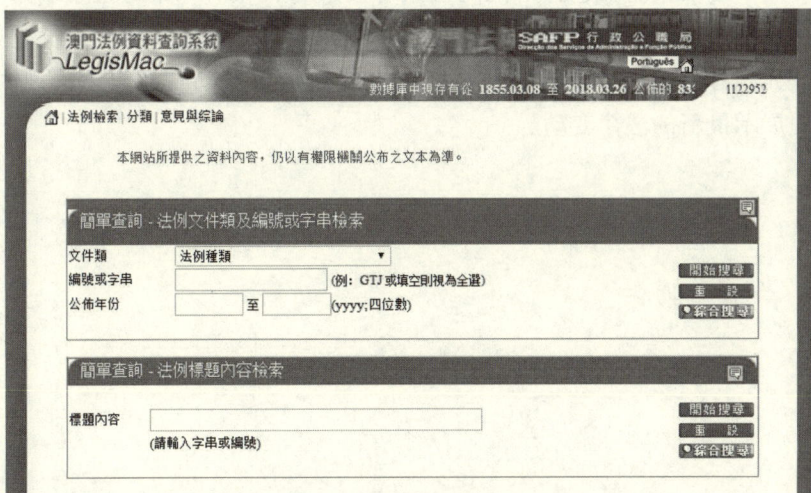

图3-48 澳门法例资料查询系统

4. 我国台湾地区法律法规资源检索

我国台湾地区的"法律"体系基本上属大陆法系，以成文法为法治基础，分为"宪法""法律"和"命令"三个层级。台湾地区是以"宪法""民法""民事诉讼法""刑法""刑事诉讼法""行政法"等六法为主要内容的成文法作为基本法律。

（1）纸质法律法规资源检索。各类型图书馆及出版社均有收藏法律类纸质资源，尤其是台湾地区的公共图书馆与高校图书馆，例如台湾公共资讯图书馆（https://www.nlpi.edu.tw）、台湾大学图书馆馆藏书目（http://www.lib.ntu.edu.tw）等。

（2）元照月旦知识库。元照月旦知识库是检索台湾地区法律资料的主要数据库之一，该库是由元照出版公司出版发行的一个综合数据库，收录有台湾地区的法学期刊、论著、词典工具书、常用法规、判例精选、教学案例以及博硕论文索引等。

用户打开元照月旦知识库主页，点击"常用法规栏目"，即可查询台湾地区和部分大陆地区的法规内容。如图 3-49 所示，在页面的左上侧，用户点击勾选"台湾法规"标签，左侧下方会依据法领域进行分类展示。用户可根据法领域分类栏目限制检索范围，以提高检准率。从图 3-49 可知，台湾地区法规检索提供的检索字段有不限栏位、法规名称、法律沿革、法律全文等检索方式。用户可根据需求选择不同的检索字段进行检索。如果对检索结果不满意，用户还可在"缩小范围查询"栏目在结果中进行进一步检索，优化检索策略。元照月旦知识库法规检索页面会以法规最新变动日期组织法规内容，向用户展示最新的法律变动。

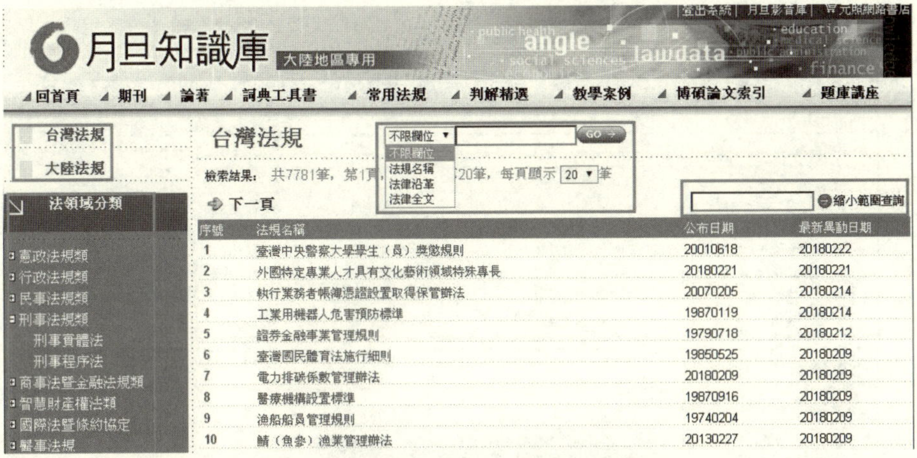

图 3-49 元照月旦知识库法规检索页面

（3）其他网络法律法规资源：

A. 法源法律网。法源法律网由台湾法源信息股份有限公司建置维护，全面收录台湾各类法学资源，其网址是 http://www.lawbank.com.tw。法源法律网分为法律新讯、法规查询、法规类别、判解函释、裁判书、法学论著、英译法规等栏目，并每日实时更新数据。其中法规查询栏目提供了简易查询和进阶查询，简易查询提供法规检索范围，用户在运用简易查询方法时也可选择查询法规名称或查询条文内容，如图 3-50 所示。从图 3-51 可知，进阶检索与简易检索的不同之处是增加了法规位阶、制定机构、有效状态、期间、发文文号以及法规简码等检索字段，用户可以从不同角度准确、完整地表达自己的检索需求以获取更为精确的检索结果。法源法律网网站中的法规类别栏目依据主题领域呈现法律法规资源，用户可根据需求逐级打开浏览查阅相应内容。

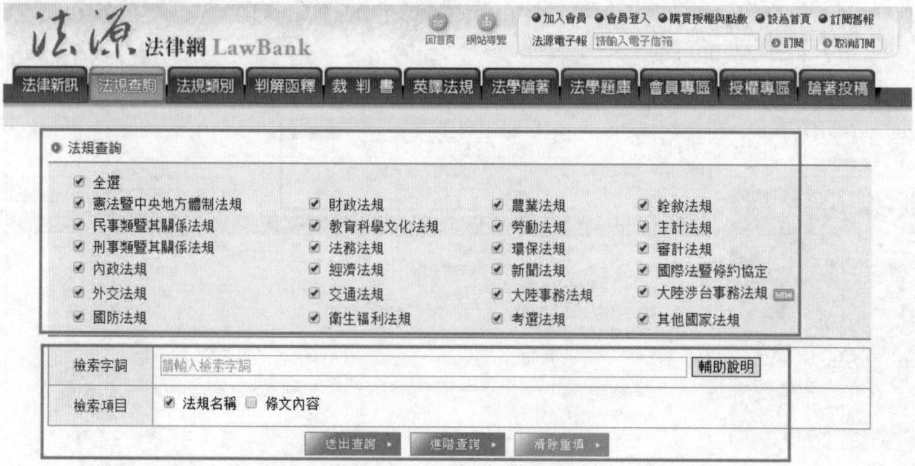

图 3-50　法源法律网法规简易查询界面

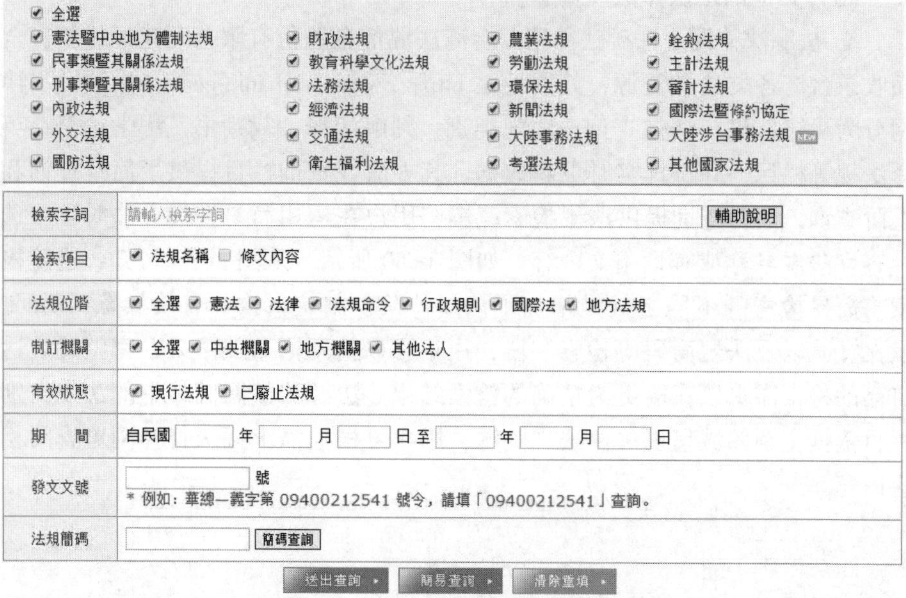

图 3-51　法源法律网法规进阶查询界面

B. 植根法律网。"植根法律网"是台湾地区唯一提供完整在线法律资料的专业网站，网址是 http://www.rootlaw.com.tw。该网站收录自民国迄今的法规、行政函释、司法判解，以及诉愿决定书等不同类型的法律资料，根植法律网站栏目主要包括法规检索、令函判解、英译法规、裁判书和契约范本。其中法规检索栏目提供检索项目、检索字词以及检索期间等检索条件，用户在检索的过程中还可从政事、政府、法源三个角度进一步精确检索，帮助用户获取准确、完整的法律法规资源，如图 3-52 所示。

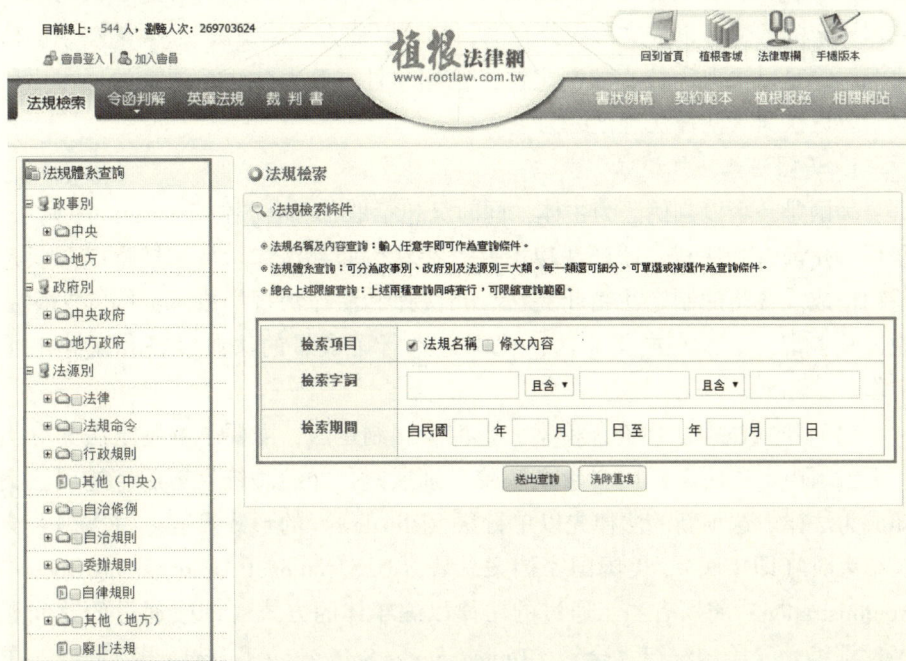

图 3-52 根植法律网法检索界面

(二) 外文法律法规资源检索

普通法系的法律渊源包括判例和各种制定法，虽然判例所构成的判例法在整个英美法律体系中占有非常重要的地位，但制定法的数量正日益增长。英美法系的制定法包括宪法、法律（立法）和行政法规。作为普通法系国家的美国在宪法、行政法、商法和反垄断法等领域均存在影响力巨大的成文法典，因此成文法的查询是法律实务工作者与法学研究者必不可少的一项工作。

大陆法系（continental law system）又称罗马-日耳曼法系（Roman-Germanic system）、民法系（civil law system）或成文法系（statute law system）。

在大陆法系各国的法律渊源中，宪法是根本大法，效力高于一般法律（包括法典）。民法、商法、刑法、诉讼法等领域，除了核心法典外，还拥有相当数量的单行法律。此外，大陆法系的法律渊源还包括委托立法和行政法规，委托立法是根据立法机关得授权制定的，其效力与法律等同。一般行政法规的效力低于法律。以上各种渊源虽然效力高低不同，但均是具有立法权的机关依据一定的程序、以成文形式公布的，都可以称为"制定法"。大陆法系的法律渊源都是以法典为核心的制定法，德国、日本等大陆法系国家的法律出版物主要以法典、法律法规汇编为主。

1. 美国法律法规检索

美国是一个以判例法为主体，同时又包括联邦和各州制定法的法律体系。联邦和州都有立法权，联邦法律由联邦宪法、联邦法律、行政规章以及联邦条约构成。各州的制定法由州宪法、州法律和法律法规构成。美国的法律法规极其丰富，不仅有成文宪法，美国还进行了大量的法典编纂和法律汇编工作。

（1）纸质法律法规资源检索。查询美国制定法，需要了解制定法的分类和汇编。当一项法案经国会参众两院分别通过，并经总统签署后，这项法案即成为法律。这项新的法律先以单行法（slip law）的形式发表。每次国会会议结束时（即年底），美国国家档案总署（U. S. National Archives and Records Administration）将所有当年通过的法律以编年体的方式（即按通过的时间顺序）汇编入《美国法律大全》（United States Statutes at Large）里。同时，国会众议院下属的"法律修订顾问办公室"（the Office of the Law Revision Counsel）则会按主题分类的方式将所有当年通过的法律分别编入《美国法典》（United States Code）。美国法典包括 54 个主题，如果有新的法律规定取代了旧的法律规定，则将旧法律规定从《美国法典》中删除，同时添加新的法律规定。由此可以看出，《美国法典》是现行有效法律的集合。《美国法律大全》以编年体的形式进行汇编，并不剔除旧的法律规定。《美国法典注释》（United States Code Annotated，USCA）和《美国法典服务》（United States Code Service，USCS）是目前比较著名的非官方法律汇编。

查询美国联邦行政法规一般通过《联邦公报》（Federal Register）和《联邦行政法典》（Code of Federal Regulations，CFR）。所有行政法规先在《联邦公报》（Federal Register）上发表，然后编入《联邦行政法典》（Code of Federal

Regulations，CFR）。政府印制局（Government Printing Office，GPO）负责出版所有的官方联邦出版物，并指定图书馆收藏。

美国各州成文法的出版发行形式和联邦相似，首先也是以单行法的方式发行，年终时，所有本年度通过的法律按通过的时间顺序汇编成册，最后再以主题分类的方式分散编入各自的法典。虽然各州法典的名称都不尽相同，但是多数的州法典的编纂方式都与《美国法典》相似。目前，几乎每个州都会在官方网站上提供本州的成文法。

以上法律汇编部分纸质版本可在国家图书馆等公共图书馆或者各法律类高校图书馆查询，其中部分亦有中文译本，具体查询途径此处不再赘述。

（2）Westlaw Next 数据库。WestlawNext 数据库是汤森路透创建的一站式法律信息检索平台。该数据库收录包含英、美、法、澳、加拿大、韩国和欧盟国家的判例与成文法。通过该数据库，用户可以检索获取美国绝大部分的法律法规内容。

A. 导航浏览。进入 Westlaw Next 网站主页，用户点击"Statutes & Court Rules"——"United States Code Annotated（USCA）"，即可进入美国法典注释具体内容页面。美国法典注释（USCA）包括美国宪法、国会通过的全部法律、各级法庭规则、联邦量刑指南等，是官方美国联邦法典的全注释版本，涵盖全部美国法律，共分为 54 个主题。以《萨班斯法案》（Sarbanes—Oxley Act）检索为例，用户可通过点击"Statutes & Court Rules"——"United States Code Annotated（USCA）"——"Title 15 Commerce and Trade"——"Chapter 98—Public Company Accounting Reform and Corporate Responsibility"，如图 3-53 所示，进入"公众公司会计改革与投资者保护法案"内容界面。《萨班斯法案》是该法案的俗称，如果用户不清楚法案的正式名称，只熟悉该法案俗称，可通过 USCA Popular name table 查找法律规定，如图 3-54 与图 3-55 所示。

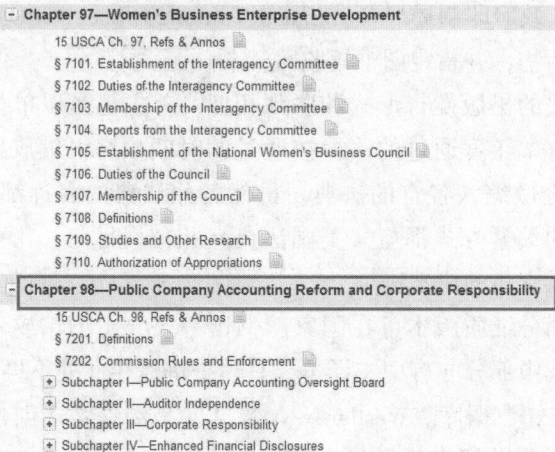

- Chapter 97—Women's Business Enterprise Development
  15 USCA Ch. 97, Refs & Annos
  § 7101. Establishment of the Interagency Committee
  § 7102. Duties of the Interagency Committee
  § 7103. Membership of the Interagency Committee
  § 7104. Reports from the Interagency Committee
  § 7105. Establishment of the National Women's Business Council
  § 7106. Duties of the Council
  § 7107. Membership of the Council
  § 7108. Definitions
  § 7109. Studies and Other Research
  § 7110. Authorization of Appropriations
- Chapter 98—Public Company Accounting Reform and Corporate Responsibility
  15 USCA Ch. 98, Refs & Annos
  § 7201. Definitions
  § 7202. Commission Rules and Enforcement
  ⊞ Subchapter I—Public Company Accounting Oversight Board
  ⊞ Subchapter II—Auditor Independence
  ⊞ Subchapter III—Corporate Responsibility
  ⊞ Subchapter IV—Enhanced Financial Disclosures

图 3-53　Westlaw Next 数据库 Statutes & Court Rules 子库内容浏览界面

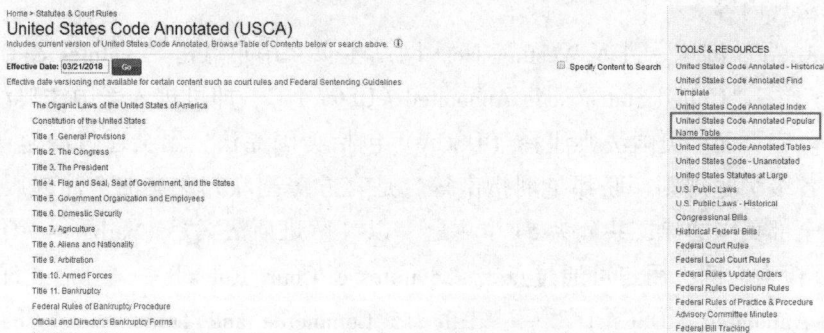

图 3-54　Westlaw Next 数据库 USCA 内容浏览界面

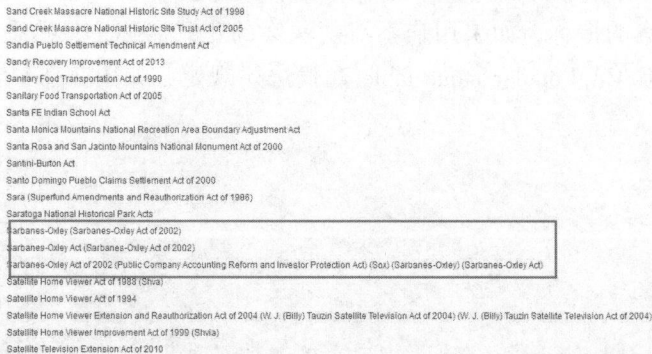

图 3-55　Westlaw Next 数据库 USCA Popular Name Table 内容浏览界面

Westlaw Next 数据库中的 Regulations 子库包括了联邦行政法典 CFR 和各州的行政法规内容，其中联邦行政法典包括由 50 种法律法规组成的联邦法规汇编，以及联邦登记处出版的最新法律变动。Regulations 子库内容的布局同 Statutes & Court Rules 子库的内容布局一样，均是依据地理区域和研究主题对内容进行了组织划分，如图 3-56 所示。

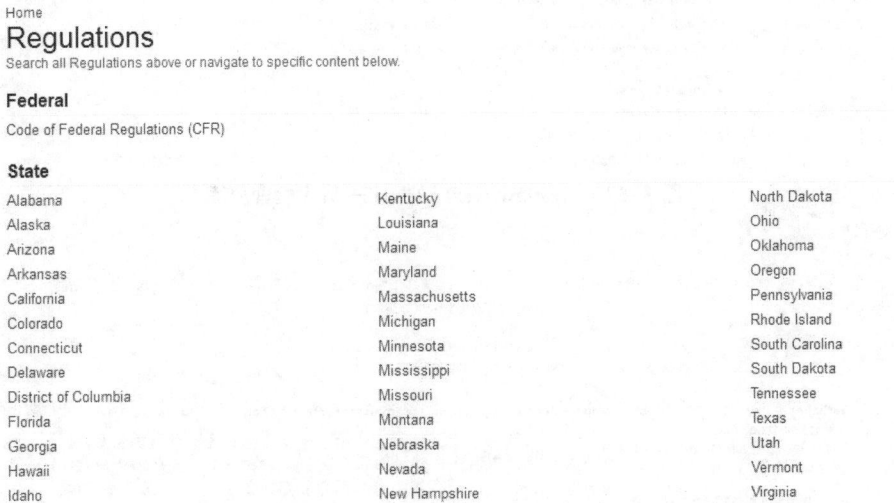

Home
Regulations
Search all Regulations above or navigate to specific content below.

Federal

Code of Federal Regulations (CFR)

State

Alabama	Kentucky	North Dakota
Alaska	Louisiana	Ohio
Arizona	Maine	Oklahoma
Arkansas	Maryland	Oregon
California	Massachusetts	Pennsylvania
Colorado	Michigan	Rhode Island
Connecticut	Minnesota	South Carolina
Delaware	Mississippi	South Dakota
District of Columbia	Missouri	Tennessee
Florida	Montana	Texas
Georgia	Nebraska	Utah
Hawaii	Nevada	Vermont
Idaho	New Hampshire	Virginia

图 3-56　Westlaw Next 数据库 Regulations 子库内容布局界面

B. 一站式检索。在 Westlaw Next 网站主页一站式检索框输入关键词，一站式检索框会推荐不同类型的资源，如图 3-57 所示。一站式检索框支持描述型词语检索、主题词语检索、布尔逻辑运算专业检索式、出版物名称检索、citation 号检索等多种检索方式。例如，用户在一站式检索框中输入 Sarbanes—Oxley Act，可以得到如图 3-58 所示的检索结果。

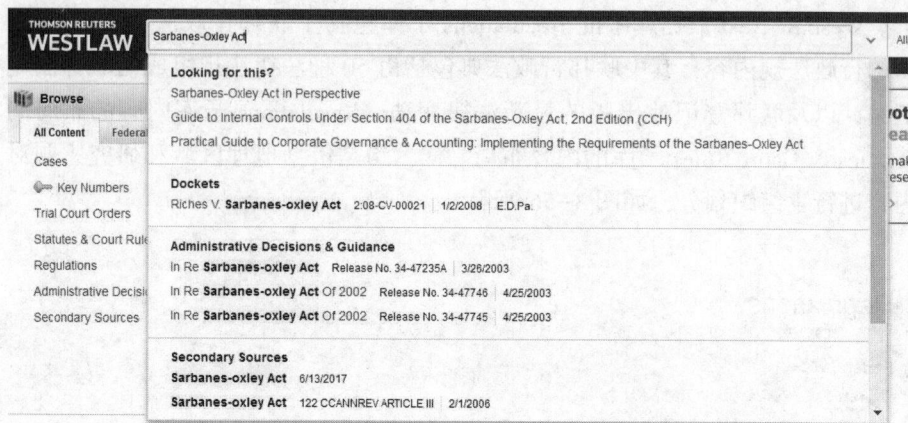

图 3-57　Westlaw Next 数据库一站式检索界面

Sarbanes-Oxley Act of 2002 (Public Company Accounting Reform and Investor Protection Act) (SOX) (Sarbanes-Oxley) (Sarbanes-Oxley Act)

United States Code Annotated
Popular Name Table for Acts of Congress

Sarbanes-Oxley Act of 2002 (Public Company Accounting Reform and Investor Protection Act) (SOX) (Sarbanes-Oxley)
(Sarbanes-Oxley Act)
Pub.L. 107–204, July 30, 2002, 116 Stat. 745
Short title, see 15 USCA § 7201 note

萨班斯法案，又称为上市公司会计改革和投资者保护法案，从这里可以看出，该法案颁布之后被法典化了，因此被拆分成具的条款，按照不同主题分布在联邦法典（USC）的各个章节中。

Current USCA classifications:

Section of Pub.L. 107–204	USCA Classification
2(a)	15 USCA § 7201
3	15 USCA § 7202
101	15 USCA § 7211
102	15 USCA § 7212

图 3-58　Westlaw Next 数据库成文法检索结果界面

　　C. 引称号检索。Citation 引称号检索适用于通过注释参考等途径已经知悉将要检索的文件的引称号的情况，一般情况下，输入 citation 引称号后可以得到唯一的检索结果。该检索方法在上述文中已有详细陈述，此处仅举例展示。例如，用户在 citation 字段输入 citation 号："6 U. S. C. A. s 104"进行检索，检索结果会直接跳转到相应内容页面，具有唯一性，如图 3-59 与图 3-60 所示。

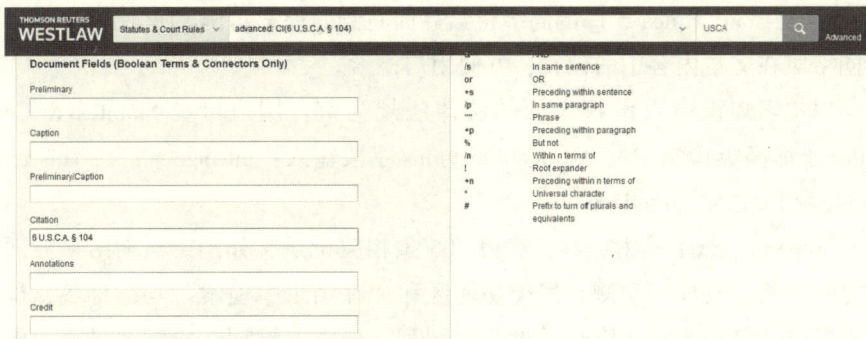

图 3-59　Westlaw Next 数据库 citation 引称号检索界面

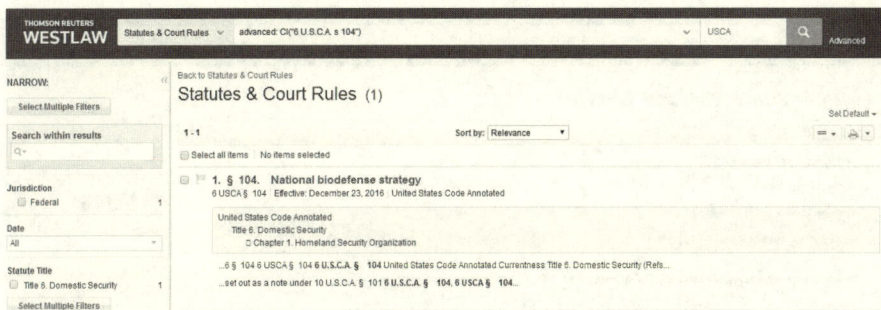

图 3-60　Westlaw Next 数据库 citation 引称号检索结果界面

D. 高级检索。用户点击 Westlaw Next 数据库中 "Statutes & Court Rules" 子库中的 "Advanced" 标签即可进入高级检索界面，由于 Statutes & Court Rules 中的高级检索字段内容包含了 Regulations 子库中的高级检索字段，故在此仅以 "Statutes & Court Rules" 子库的高级检索为例进行阐述。

Westlaw 数据库检索系统的高级检索可综合利用布尔逻辑运算符以表达检索需求，例如 All of these terms 表示逻辑关系 AND，用户在此字段中输入的多个检索词会同时出现在检索结果文件内容中，Any of these terms 表示逻辑关系 or，This exact phrase 表示短语检索，即将输入的多个检索词作为一个词组进行检索，多个检索词之间的位置顺序在检索结果文件中保持不变。

Westlaw Next 数据库中高级检索的检索字段包括：Preliminary 字段、Citation 字段、Caption 字段、Words & Phrases 字段、Text 字段、Credit 字段、Annotations 字段、Historical Notes 字段、Reference 字段。Westlaw Next 数据库

Statutes & Court Rules 子库的高级检索界面右侧的检索示例 PDF 文件中提供了不同字段在文本内容中的位置，方便用户检索。

以检索知识产权侵权方面的法律法规为例，用户可在 Statutes & Court Rules 子库高级检索中的 All of these terms 字段输入：infringe＊，在 This exact phrase 字段输入：intellectual

property，点击检索标签，获得 305 条相关记录，如图。检索结果界面上方是一站式检索框，左侧是聚类功能区和"在结果中检索"功能标签，检索结果题录信息列表默认以相关度排序罗列。检索关键词在检索结果列表中高亮标黄显示。

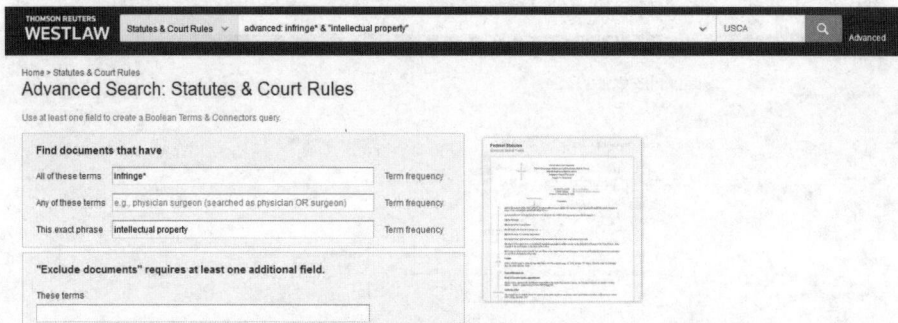

图 3-61　Westlaw Next 数据库 Statutes & Court Rules 子库高级检索示例界面

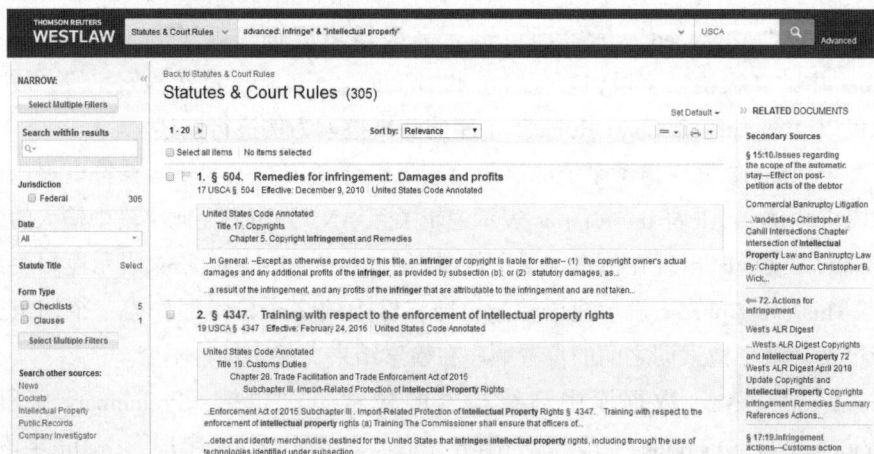

图 3-62　Westlaw Next 数据库 Statutes & Court Rules 子库高级检索结果界面

E. 检索结果：

a. 检索结果布局。Westlaw Next 数据库检索结果界面上方是一站式检索框，检索框中呈现的是检索结果列表的来源检索式，用户可根据检索结果的相关度在检索框中修正检索式，如果用户认为检索结果范围过于宽泛，也可将检索词输入左侧的"在结果中检索"（二次检索）栏目，在此次检索结果的基础上进一步精炼检索范围，查询相关度更高的法律法规内容。检索结果界面左下侧是聚类分析功能区，用户可以按照司法辖区、文本类型等分类依据组织检索结果。检索结果默认以相关度排序，但也可以选择按照被引量、目录等进行排序。检索词语在检索结果列表中高亮标黄显示，以帮助用户快速判断内容的相关性。界面右侧是相关资料的罗列，供用户参考，如图 3-63 所示。

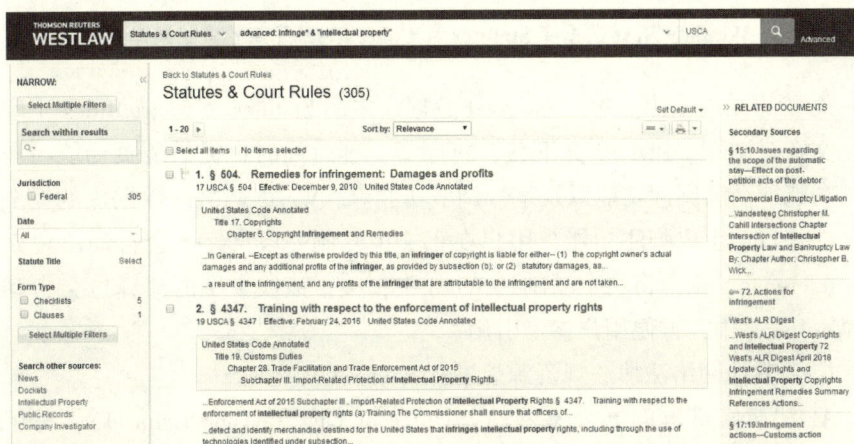

图 3-63　Westlaw Next 数据库 Statutes & Court Rules 子库高级检索结果界面

b. 检索结果详细信息。如图 3-64 所示，Westlaw Next 数据库中的 Statutes & Court Rules 子库检索结果详细信息界面的上方依然是一站式检索框，方便用户随时查看检索式。相关法律法规内容全文显示在详细信息页面，用户点击 Document 标签即可获取内容全文。由于法案的内容按照主题拆分到法典的不同章节之中，用户可点击 Notes of Decisions 中的 Assignment 标签查看法律条款的定位、法律条款的适用以及该条款涉及的重要判例。History 标签提供了该法案的修订历史，通过 History 中的 Graphical Statute 标签，用户可以时间轴的方式查看该法的修订历史以及相关重要文件，History 中的 Versions 标签提供了该法的不同历史版本。Citing Reference 标签提供了评论和引用该法案的案例、法律法规、评论文章等文献资料。

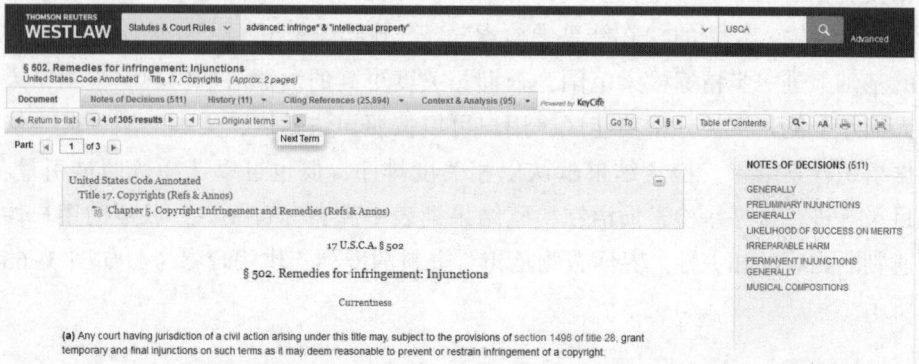

图 3-64　Westlaw Next 数据库 Statutes & Court Rules 子库检索结果详细信息界面

　　c. 检索结果输出。Westlaw Next 数据库中的 Statutes & Court Rules 子库提供全文在线浏览、PDF 全文下载、打印等功能，同时也提供翻页功能，全文检索功能、全屏阅读功能以及字号调节功能等。Westlaw Next 数据库的一个特色功能是自动生成脚注功能，用户在正文中复制一段文字，会自动出现 copy with reference，点击将文字复制到 Word 中，关于该段文字的注释也会自动插入 Word 文本中，方便用户参考引用。

　　（3）其他网络法律法规资源检索：

　　A. 法律修订顾问办公室网站（Office of Law Revision Counsel）。每年年底，国会众议院下属的法律修订顾问办公室将所有当年通过的法律按主题分类的方式分别编入《美国法典》（*United States Code*），用户可通过法律修订顾问办公室网站查询美国法典内容（图 3-65），网址是 http://uscode. house. gov/browse. xhtml。用户在该网站中可对法典内容进行简单检索、高级检索和通俗名称进行检索。法律修订办公室将新通过的法律编入法典需要一段时间，在这段时间中若有新的法律规定出现，可通过左侧"currency and updating"和"classification tables"进行查询，确定所需法律内容是否被修改过。

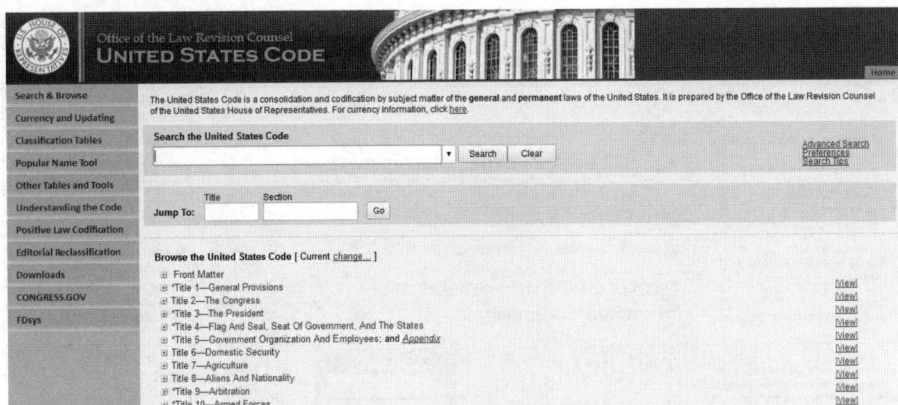

图 3-65　美国法律修订办公室官方网站美国法典栏目内容界面

B. 美国政府印制局（U. S Government Publishing Office）。联邦政府印制局是美国最大的官方出版印刷机构，负责出版所有的官方联邦出版物，印制局网站网址是 https://www. gpo. gov。用户点击 "GPO's Federal Digital System" 选项，可进入联邦数字系统（图 3-66）。用户进入该系统后可查询《美国法典》（United Stated Code）、《联邦公报》（Federal Register）以及《联邦行政法典》（Code of Federal Regulations，CFR）的相关内容，如图 3-67 所示。

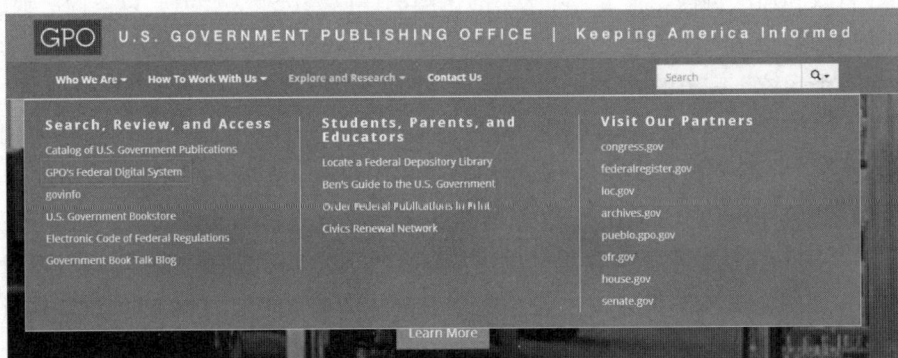

图 3-66　美国联邦印制局官方网站

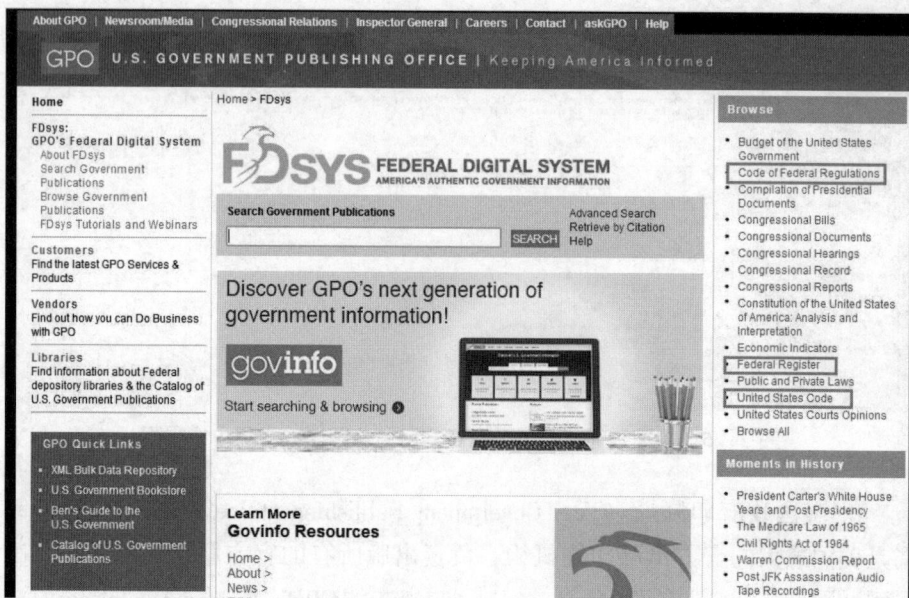

图 3-67   美国联邦印制局联邦数字系统界面

2. 德国法律法规资源检索

德国是一个由联邦、州和地区组成的联邦制国家，联邦和州都有各自的立法、行政和司法机构。属于大陆法系的德国法律以宪法典为核心，以民商法典、刑法典和诉讼法典为关键，辅以相关判例和习惯法，并结合其他法律法规，形成了一个系统、完整的成文法法律系统。德国的法律渊源由以下几个部分组成：

A. 联邦宪法：德国目前现行宪法是 1949 年通过的《德意志联邦共和国基本法》，又称"波恩宪法"，该法后经过多次修改，最近一次修改在 2012 年 7 月 11 日，并于 2012 年 7 月 17 日生效。联邦宪法是德国的根本法。

B. 国际条约：德国所参加的国际组织的法律、条约是德国法律的重要组成部分。例如德国作为欧盟的成员国，欧盟法可直接适用于该国，并且其效力也高于德国国内的法律。

C. 联邦法律法规：德国联邦和各个州都有立法权，但联邦法律效力高于州法律效力。联邦重要法典有《德国民法典》《德国商法典》《德国刑事诉讼法典》等。

D. 州法律法规：德国各州有自己的立法权，各州法律有各州议会制定。各州政府根据各州经济社会状况颁布法令法规。

E. 判例：德国的判例虽然没有英美法系国家中的判例重要，但依然是非常重要的法律渊源之一。

（1）纸质法律法规资源检索。德国是以成文法为主的国家，到目前为止已形成一些重要的法典，如《德国民法典》《德国商法典》《德国刑事诉讼法典》《德国民事诉讼法典》等。这些法典电子版本可通过官方网站和一些非官方法律信息网站获取，其纸质版本也收藏于各类图书馆，我国一些图书馆尤其是国家图书馆与法律类院校图书馆均收藏有法典的中文版本。为了使联邦法律良好执行，德国出版有官方和非官方的法律汇编，例如官方版本的《联邦法律公报》以及非官方版本的《德国法律汇编》均是用户参考查询的来源资料之一。

（2）Beck - online 数据库。Beck - online 数据库由德国法律出版集团 C. H. Beck 出版，该数据库主要收录 C. H. Beck 出版社出版的期刊、注释书、法典、法律书状范本等实体出版物的电子版本。此外，还收录了部分德国联邦法院的相关判例。Beck-online 数据库为德语数据库，资源每天更新，收录资源最早可以回溯到 1954 年。

A. 浏览导航。进入 Beck-online 数据库主页，点击左侧资源栏目，进入法律法规资源集合，该栏目包括法律主题与法律资源类型。"Module nach Rechtsgebieten" 下拉列表是法律主题领域，从 Bücher 到 Gesamtüberblick 是法律资源类型，如图书、期刊、判例、法律法规、合同范本等，如图 3-68 所示。

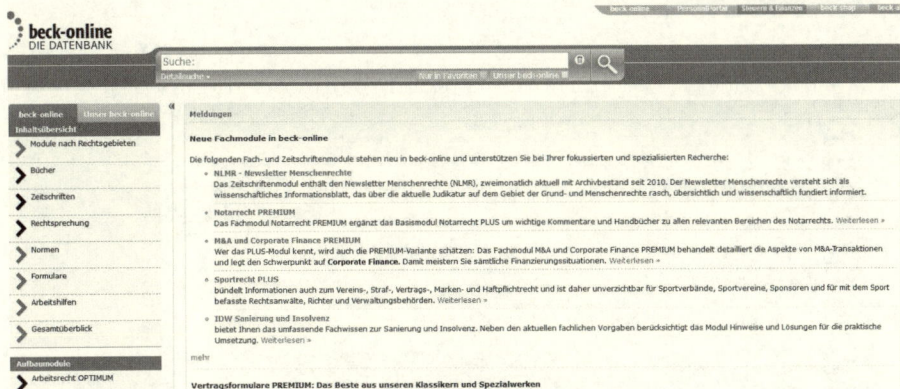

图 3-68 beck-online 数据库法律法规导航界面

　　"Module nach Rechtsgebieten" 下拉列表内容是可以逐级打开的。例如，用户需要查询德国家庭法方面的法规，可以选定家庭法 Familienrecht，进入 Familienrecht PLUS 界面，选择 Inhalt 集合中的 Normen 列表，即可查看德国家庭法方面的法规内容，如图 3-69 和图 3-70 所示。

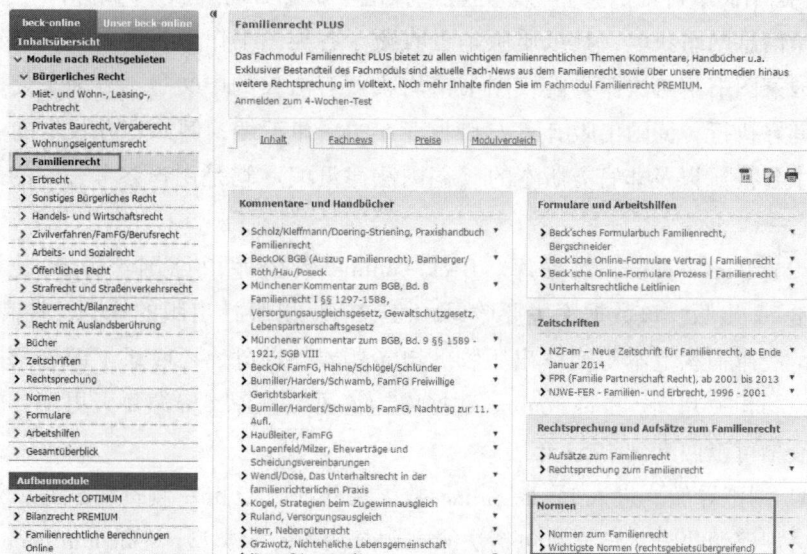

图 3-69　beck-online 数据库法律法检索界面

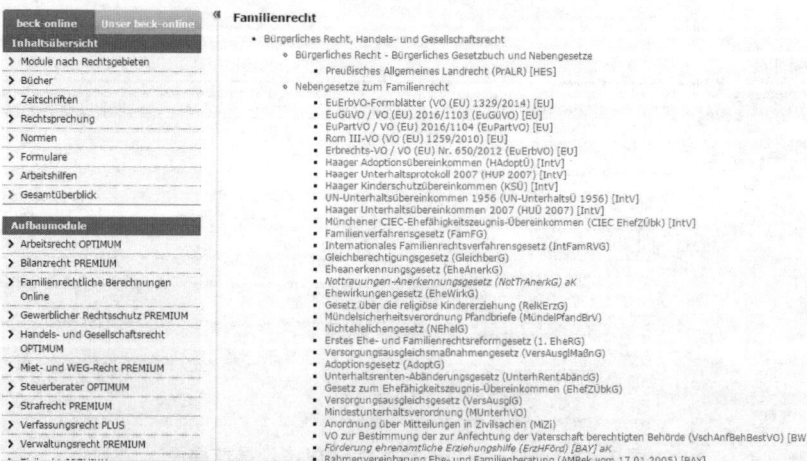

图 3-70　beck-online 数据库法律法检索结果界面

　　B. 一站式检索。一站式检索框位于 Beck-online 数据库首页上方，用户可在一站式检索框中输入法规编码、双方当事人姓名、题名、关键词、文本等内容。例如，用户可通过输入 § 1363 bgb 编码查询《德国民法典》中关于婚姻财产分配的内容，检索结果如图 3-71 和图 3-72 所示。

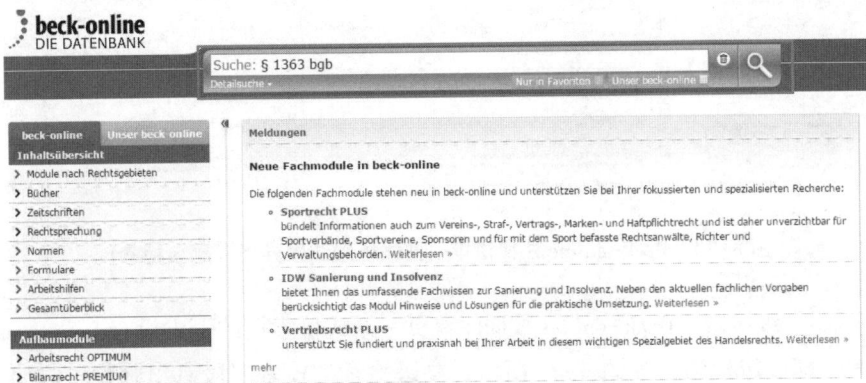

图 3-71　Beck-online 法律法规一站式检索界面

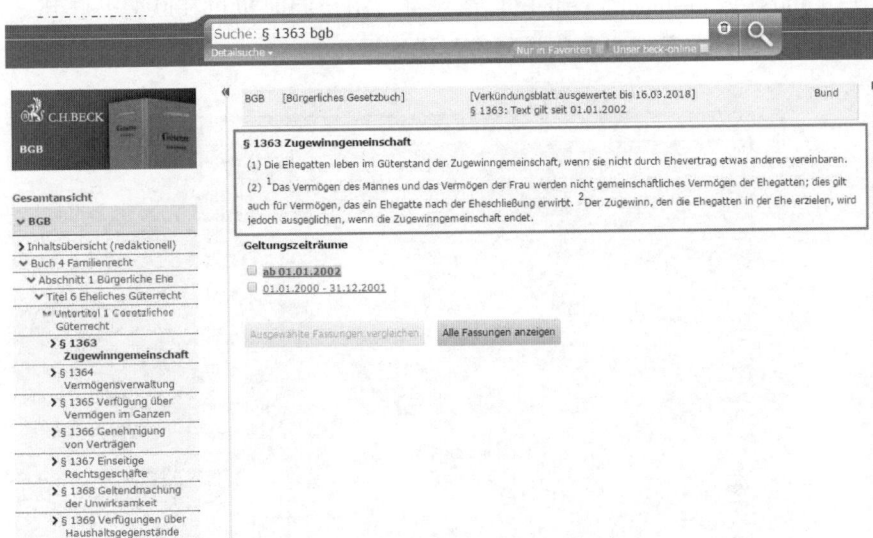

图 3-72　Beck-online 法律法规一站式检索结果界面（编码检索）

　　如果需要检索《工业生产安全及健康法》，可在一站式检索框中输入 Betriebssicherheitsverordnung-BetrSichV，检索结果如图 3-73 所示，用户可在左侧资源类型栏目进行筛选，选择法律法规类资源即可。

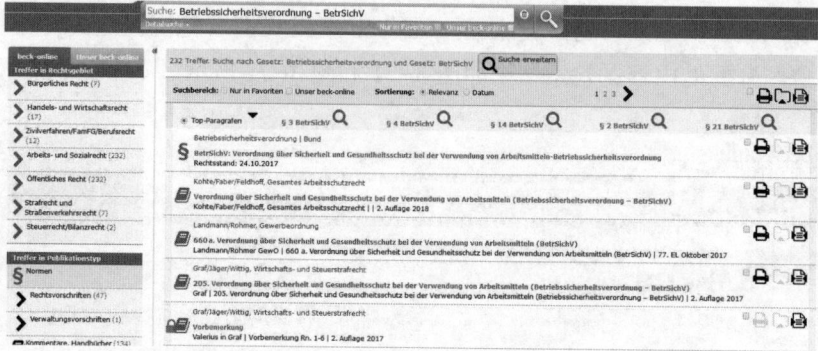

图 3-73　Beck-online 法律法规一站式检索结果界面（题名检索）

　　C. 高级检索。Beck-online 数据库首页一站式检索框的下方设有 Detailsuche 检索，即高级检索，如图 3-74 所示，高级检索的检索字段有出版物、法律主题领域、日期、法院、文件编号、作者等，可设置双引号严格检索，也可选择使用 and、or、without、near 逻辑运算符。用户同时也可在欧盟、联邦、各州中进行选择，以及对出版物类型进行详细设置。

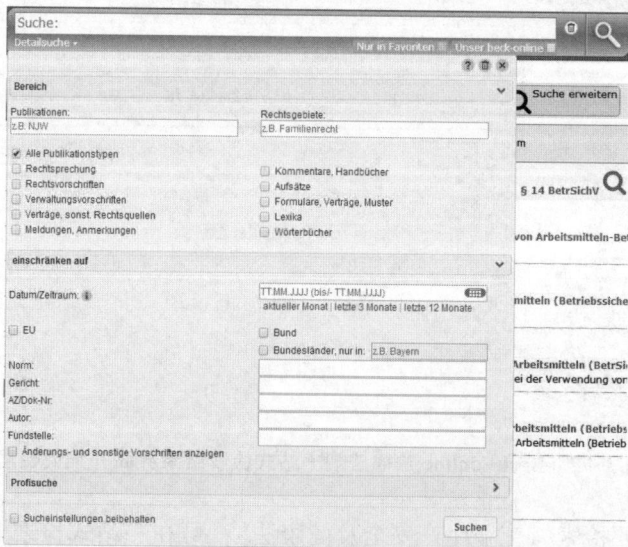

图 3-74　Beck-online 法律法规高级检索界面

（3）Westlaw Next 数据库。Westlaw Next 数据库主页右侧的 "International Materials" 资料集收录了除美国以外的其他国家和地区的法律资料，其中包括部分德国法律资料，如图3-75 所示，用户可点击查看。

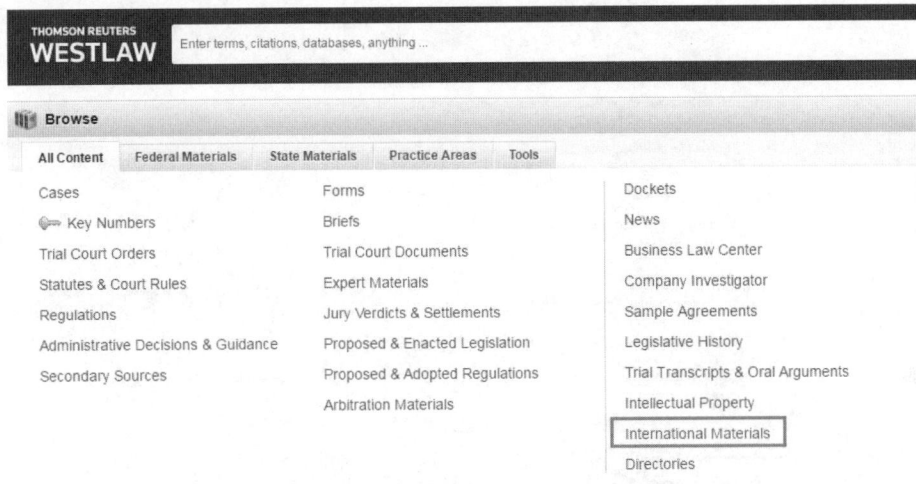

图 3-75　Westlaw Next 数据库主页界面

A. 导航浏览。在 International Materials 资料集中选择 "Other International Jurisdictions"，打开该集合后，选择 Germany，用户即可获取德国相关法律资料。德国资料集中收录了部分条约与期刊，用户可逐层浏览查阅相关内容，例如，用户可通过逐层浏览房地产法规的方式了解德国商业房屋出租相关规定，如图 3-76 所示。

Home > International Materials > Other International Jurisdictions > Germany > Business Laws of Germany

Chapter 19. Real Estate Law
Browse Table of Contents below or search above.

浏览路径

− I. Acquisition of Real Estate

+ A. Introduction
+ B. Object of the Purchase
+ C. Guarantees Under the Sale and Purchase Agreement
+ D. Notarization of the Sale and Purchase Agreement
+ E. Payment of the Purchase Price
+ F. Transfer of Possession
+ G. Conveyance
+ H. Rights in Rem

− II. Financing of the Acquisition

+ A. Generally
+ B. Loan Documentation
+ C. Financing and Security Structure
+ D. Timing Issues
+ E. Specific Legal Issues

− III. Lease Agreements

+ A. Generally
+ B. Types of Lease Agreements
+ C. Conclusion of Lease Agreement
+ D. Rent

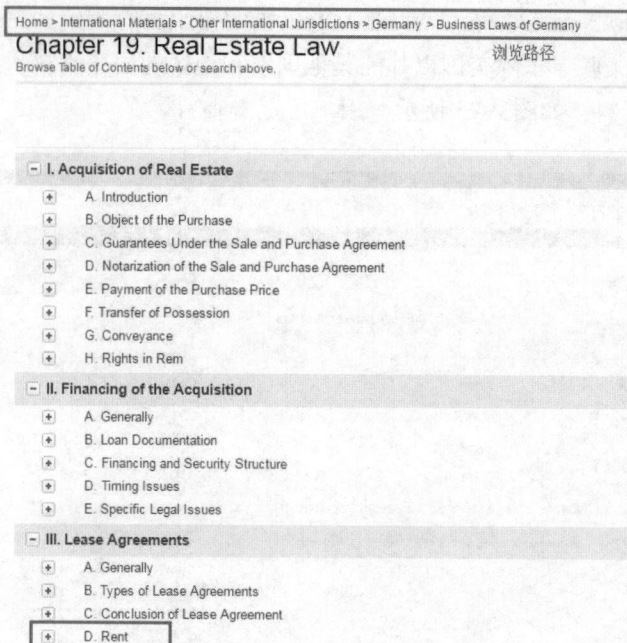

图 3-76　Westlaw Next 数据库德国法规浏览界面

B. 一站式检索。用户可在一站式检索框中输入题名、作者、编号以及自然语言表示检索需求。例如，用户可在一站式检索框中输入：Business Laws of Germany § 14：59，查询个人版权归属相关规定。由图 3-77 和图 3-78 可知，用户利用编号检索方式可直接、准确地定位到相关文献内容，检准率极高。

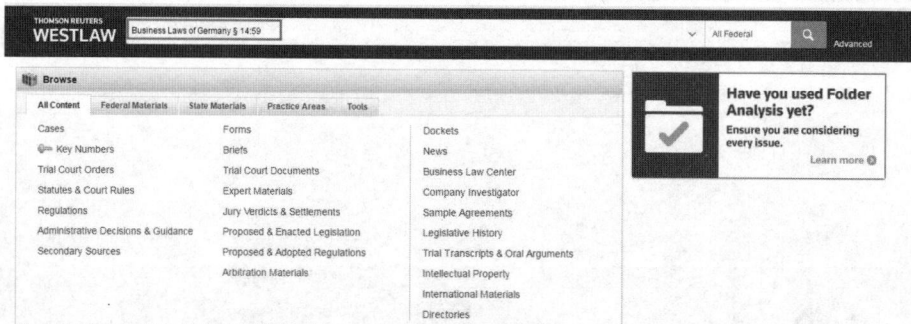

THOMSON REUTERS
WESTLAW　Business Laws of Germany § 14:59　　　　　　　　　　　　　　　　All Federal　🔍　Advanced

📖 **Browse**

| All Content | Federal Materials | State Materials | Practice Areas | Tools |

Cases	Forms	Dockets
Key Numbers	Briefs	News
Trial Court Orders	Trial Court Documents	Business Law Center
Statutes & Court Rules	Expert Materials	Company Investigator
Regulations	Jury Verdicts & Settlements	Sample Agreements
Administrative Decisions & Guidance	Proposed & Enacted Legislation	Legislative History
Secondary Sources	Proposed & Adopted Regulations	Trial Transcripts & Oral Arguments
	Arbitration Materials	Intellectual Property
		International Materials
		Directories

Have you used Folder Analysis yet?
Ensure you are considering every issue.
Learn more ⊙

图 3-77　Westlaw Next 数据库一站式检索界面

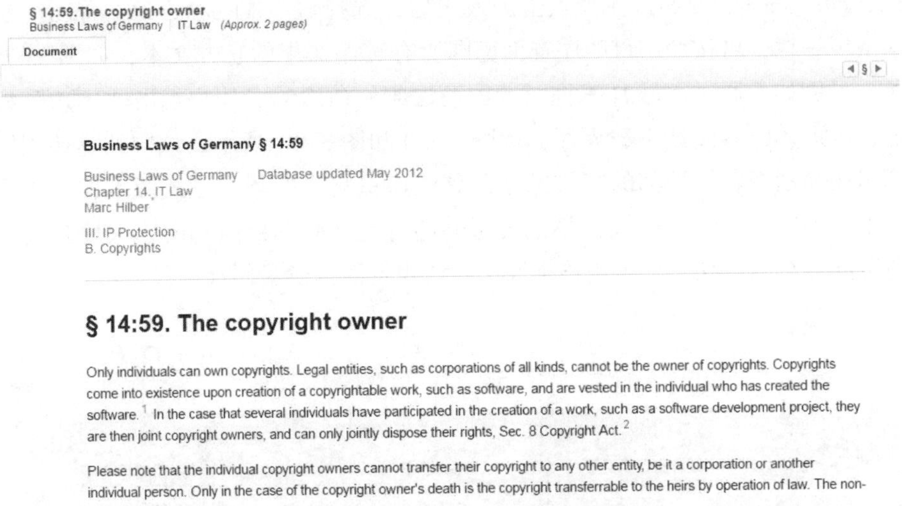

§ 14:59. The copyright owner
Business Laws of Germany   IT Law   (Approx. 2 pages)

Document   ◀ § ▶

Business Laws of Germany § 14:59

Business Laws of Germany   Database updated May 2012
Chapter 14. IT Law
Marc Hilber

III. IP Protection
B. Copyrights

§ 14:59. The copyright owner

Only individuals can own copyrights. Legal entities, such as corporations of all kinds, cannot be the owner of copyrights. Copyrights come into existence upon creation of a copyrightable work, such as software, and are vested in the individual who has created the software. [1] In the case that several individuals have participated in the creation of a work, such as a software development project, they are then joint copyright owners, and can only jointly dispose their rights, Sec. 8 Copyright Act. [2]

Please note that the individual copyright owners cannot transfer their copyright to any other entity, be it a corporation or another individual person. Only in the case of the copyright owner's death is the copyright transferrable to the heirs by operation of law. The non-

图 3-78   Westlaw Next 数据库一站式检索结果界面

C. 高级检索。Westlaw 数据库检索系统的高级检索可综合运用多种检索字段表达检索需求，也可利用布尔逻辑运算符查询法律法规，例如 All of these terms 表示逻辑关系 and，用户在此字段中输入的多个检索词会同时出现在检索结果文件内容中，Any of these terms 表示逻辑关系 or，This exact phrase 表示短语检索，即将输入的多个检索词作为一个词组进行检索，起到英文双引号"" 的作用。当然，Westlaw Next 数据库 International Materials 资料集中收录的德国法律相对较少，使用导航浏览或一站式检索即可。由于 Westlaw Next 高级检索功能在前文已有详细介绍，此处不再赘述。

(4) 其他网络法律法规资源检索。德国联邦司法和消费者保护部（BundesministeriumJustiz und für Verbraucherschutz）的网址是：http://www. bmjv. de/DE/Startseite/Startseite_ node. html。该部的下属部门有司法行政管理司[Justizverwaltung （Z）]、司法管理司 [Rechtspflege （R）]、民法司[BürgerlichesRecht （Ⅰ）]、刑法司 [Strafrecht （Ⅱ）]、商法及经济法司[Handels-und Wirtschaftsrecht （Ⅲ）]、公法司 [ÖffentlichesRecht（Ⅳ）]、消费者政策司 [Verbraucherpolitik （Ⅴ）]、欧盟法及国际法司 （Europa und die internationale Zusammenarbeit）。

该网站提供德国法律法规查询 （http:// www. bmjv. de/DE/Startseite/

Startseite_ node. html）。用户点击进入之后，选择"Gesetze/Verordnungen"法律法规一栏，可按照字母顺序查询德国所有法律法规的官方文本，如图 3-79 所示。例如，通过字母 H 查询《德国商法典》（HGB），用户点击"HGB"标题，可进入内容阅读下载界面，如图 3-80 和图 3-81 所示。该网站是德国联邦司法和消费者保护部的官方网站，其法律法规内容均为正式版本，几乎涵盖了德国所有的法律法规，并且大部分还有英文版本，同时向广大用户提供免费的下载阅读功能，为用户查询法律法规资源提供了便利途径。

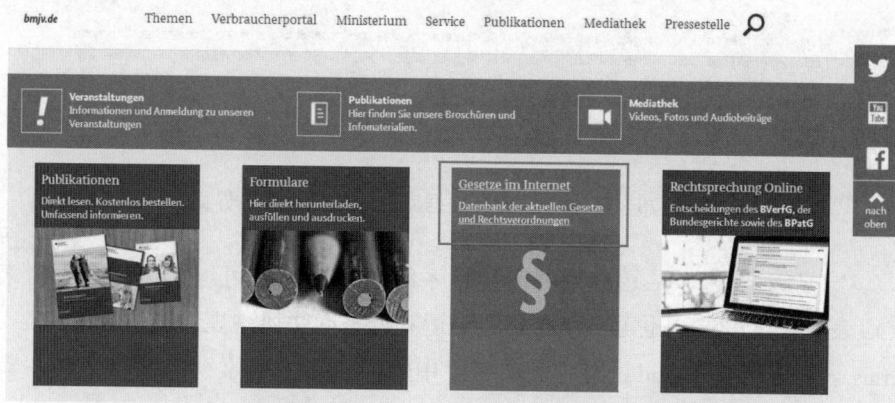

图 3-79　德国联邦司法和消费者保护部官方网站法律法规栏目标签

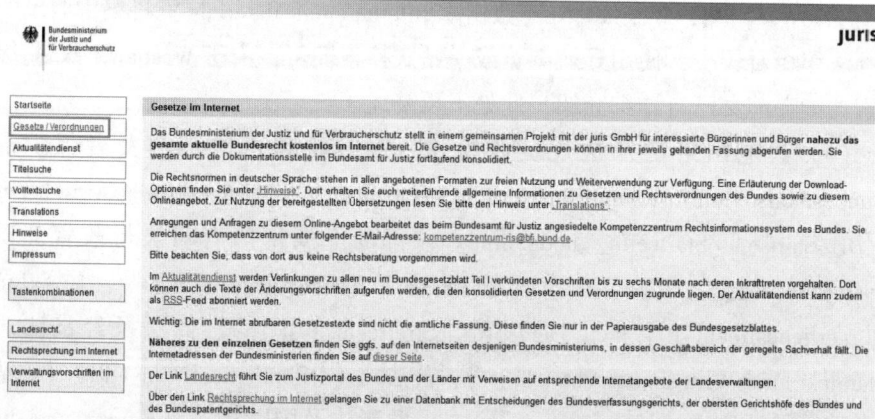

图 3-80　德国联邦司法和消费者保护部官方网站法律法规栏目界面

HfzHvzVStG
Gesetz zur Änderung des Hauptfeststellungszeitraums für die wirtschaflichen Einheiten des Betriebsvermögens sowie des Hauptveranlagungszeitraums für die
Vermögensteuer PDF

HG 2016
Gesetz über die Feststellung des Bundeshaushaltsplans für das Haushaltsjahr 2016 PDF

HGB
Handelsgesetzbuch PDF

HGBEG
Einführungsgesetz zum Handelsgesetzbuch PDF

HgFSNatSchV
Verordnung über das Befahren des Naturschutzgebietes "Helgoländer Felssockel" PDF

HGrG
Gesetz über die Grundsätze des Haushaltsrechts des Bundes und der Länder PDF

HHG
Gesetz über Hilfsmaßnahmen für Personen, die aus politischen Gründen außerhalb der Bundesrepublik Deutschland in Gewahrsam genommen wurden PDF

HHG63V
Verordnung über die Gleichstellung von Personen nach § 3 des Häftlingshilfegesetzes PDF

HiKassGAufhG
Gesetz betreffend die Aufhebung des Hilfskassengesetzes PDF

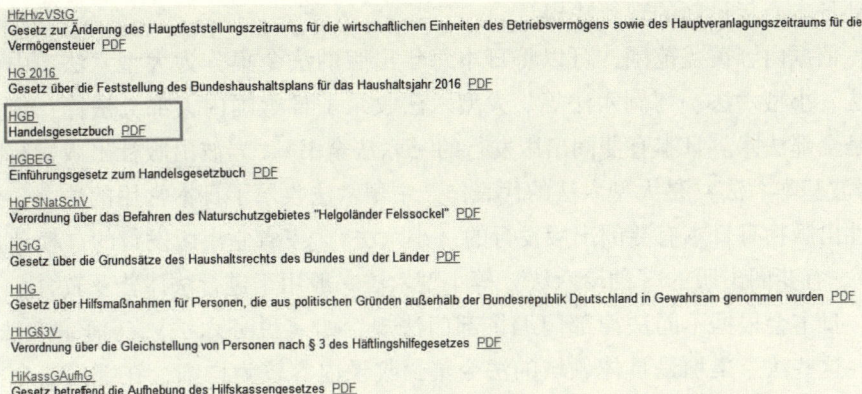

图 3-81 德国联邦司法和消费者保护部官方网站法律法规内容界面

3. 日本法律法规检索

日本现代化法律是以欧洲法律体系为基础的，由日本的立法机构国会确立，经日皇进行形式性批准。日本制定的刑法、宪法、商法、民法、刑事诉讼法和民事诉讼法统称"六法"，亦指日本成文法律。目前，六法全书除六大法典和各法典的附属法规外，还收录了各种部门法规。日本的部门法规汇编也称六法，如《能源六法》。

A. 宪法：日本宪法是日本的根本大法，先后经历了大日本帝国宪法、日本国宪法等的变。日本现行宪法是 1947 年 5 月 3 日起实施的《日本国宪法》。

B. 商法：日本现行"商法典"是 1899 年制定的，由很多编组成。但现在商法典则只包括商法总则与商行为法，因为商法典中很多编已经独立出去。

C. 刑法及刑事诉讼法：日本现行刑法及刑事诉讼法均以德国法为基础。日本现行刑法典于 1907 年颁布，1908 年 10 月 1 日起施行。

D. 民法及民事诉讼法：日本民法典是在 1804 年《法国民法典》和 1896 年《德国民法典》为主要渊源的基础上形成的法律，属于大陆法系。日本于 1890 年制定了旧民法典，1898 年制定新民法典，内容主要包括总则、物权、债权、亲属和继承。

（1）纸质法律法规资源检索。日本出版的法规书籍种类繁多，而且由于修改频繁，出版社每年都会推出新版本。众议院法制局和参议院法制局编的《现行法规总览》是综合性法律法规大全。《现行法规总览》是活页装订，每年均以追录件形式及时补充当年颁布的新法规和修改废除通报。用户可据此查到日本当年最新的现行法规。

依据内容覆盖范围，可以将日本每年出版的法令集分为大型六法、中型六法、小型六法、判例六法等。大型六法收录了日本国内大部分法律，但并不是全部法律。日本有斐阁出版发行的《六法全书》、岩波出版社出版发行的《岩波基本六法》是大型六法的代表作。中型六法收录了日本常用的法令，代表性出版物有日本有斐阁出版发行的《小六法》、三省堂出版发行的《模范六法》。有斐阁出版的《袖珍六法》等小型六法一般用于进行法律普及教育。

日本会根据不同法律部门编撰部门法规，如《税务六法》《海事六法》等，这些法令集均是具体领域的法令集，收录内容较为详细，在部门法令集中可以查询到综合性法律法规大全中未收录的内容。

一些公共图书馆或高校图书馆对以上法令集有收藏，同时，用户可以通过亚马逊等网站购买原版图书或者通过当当网等网站购买中译本。若政府制定的新的法令或者废除的法令还未收录在法令集中，用户可以通过日本官方公报进行查询。日本财务省印刷局对官方公报刊载的新法令、废止的和修改的法令以《法令全书》的形式每月出版。

（2）Lexis Advance 数据库检索。Lexis Advance 数据库 International 资源集合包含了除美国以外的多个国家和国际组织的法律资料，其中包括部分日本法律资料。用户若查询日本法律法规资料也可利用 Westlaw Japan 数据库，由于文中已多次述及 Westlaw 数据库，此处不再举例介绍，用户可根据自身需求自行查询使用。

进入 Lexis Advance 数据库主页，用户选择 International 资源集合，点击"View All Countries"标签，找到并打开 Japan 标签，即可获取部分日本相关法律资料，如图 3-82 和图 3-83 所示。由图 3-84 可知，该资料集合中日本法律类资料主要有日本商业法律、商业交易指南以及法律新闻等内容。用户若需要查阅日本知识产权保护方面的法律法规，可逐层浏览日本商法，直至找到所需资源。

Lexis Advance®

Advanced Search | Tips | Get a Doc Assistance

Enter terms, sources, a citation, or shep: to Shepardize®　　　Search: Everything ⟩

⌄ ▢ Explore Content

| Content Type | Federal | State | Practice Area or Industry | International |

Argentina	China & Hong Kong	Germany	Malaysia	Russian Federation
Australia	England & Wales	India	Mexico	South Africa
Canada	France	Ireland	New Zealand	United Kingdom

View All Countries

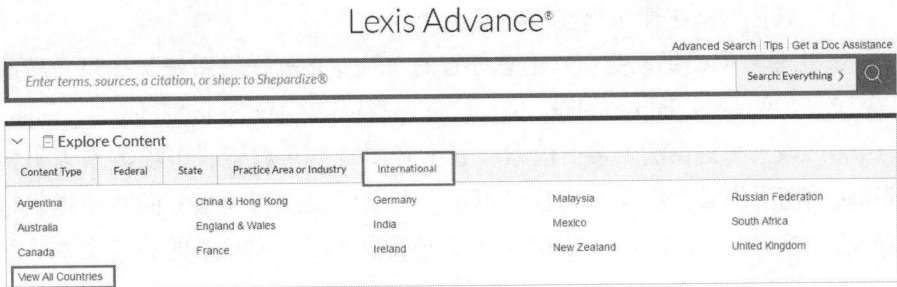

图 3-82　Lexis Advance 数据库主页界面

Cambodia	Iraq	Nigeria	Tunisia
Cameroon	Ireland	Northern Ireland	Turkey
Canada	Israel	Norway	Turkmenistan
Chile	Italy	Oman	Uganda
China & Hong Kong	Japan	Pakistan	Ukraine
Colombia	Jordan	Palestinian Territory, Occupied	United Arab Emirates
Congo	Kazakhstan	Panama	United Kingdom
Costa Rica	Kenya	Papua New Guinea	Uruguay
Côte D'Ivoire	Korea, Republic of	Paraguay	Uzbekistan
Croatia	Kuwait	Peru	Venezuela
Cyprus	Kyrgyzstan	Philippines	Vietnam
Czech Republic	Latvia	Poland	Yemen
Denmark	Lebanon	Portugal	Zambia
Ecuador	Liberia	Qatar	Zimbabwe
Egypt			

图 3-83　Lexis Advance 数据库 International 子库界面

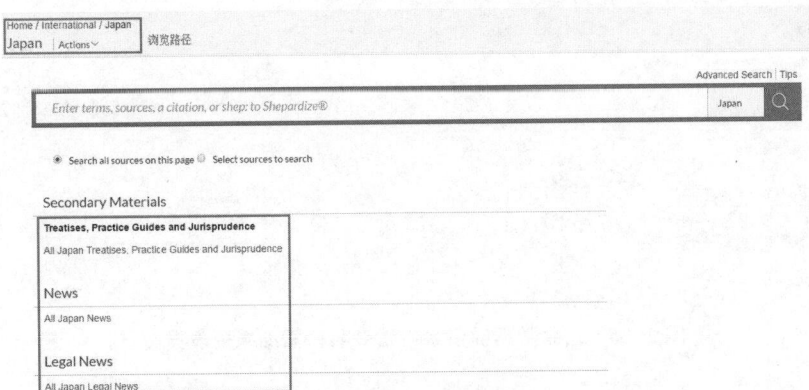

Home / International / Japan
Japan | Actions⌄　　浏览路径

Advanced Search | Tips

Enter terms, sources, a citation, or shep: to Shepardize®　　Japan

⦿ Search all sources on this page ◯ Select sources to search

Secondary Materials

Treatises, Practice Guides and Jurisprudence
All Japan Treatises, Practice Guides and Jurisprudence

News
All Japan News

Legal News
All Japan Legal News

图 3-84　Lexis Advance 数据库日本法律资料集合界面

（3）其他网络法律法规资源检索：

A. 法令数据提供系统。日本总务省的"法令数据提供系统"提供免费的法令查询。网址是：http://elaws.e-gov.go.jp/search/elawsSearch/elaws_search/lsg0100。该系统提供法令索引检索、五十音图首字母检索、事项类别索引检索和法令用语检索。法令索引检索可通过题名字段进行检索，同时还提供特定的法律缩写检索，用户可从检索结果列表中查阅相关法条的完整文本，如图 3-85 和图 3-86 所示。

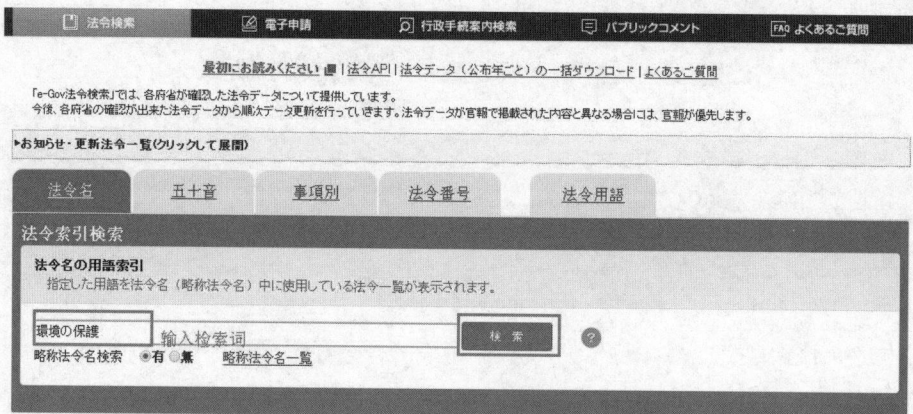

图 3-85　法令数据提供系统法令名检索界面

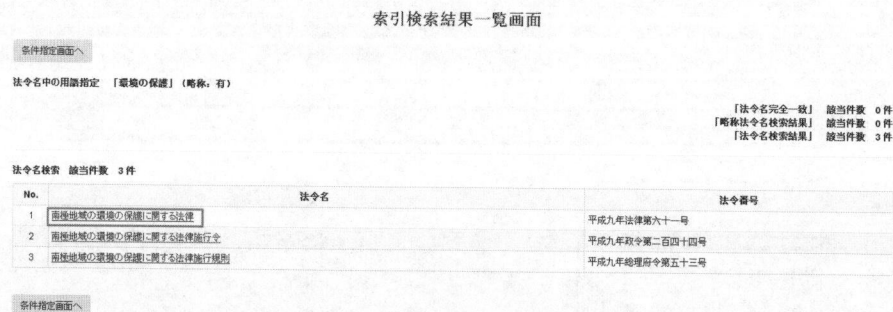

图 3-86　法令数据提供系统法令名检索结果列表界面

该系统提供五十音图进行首字母检索，并且提供法令类型字段供用户选择，如图 3-87 所示。用户还可以通过事项类别进行检索，同样也可以对法令类型进行设定,如图 3-88 所示。从图 3-89 中可知,法令番号检索是准确检索,用户依次选择年份、法律法规类型、法令号等检索字段,即可获取唯一检索结果,检准率较高。除以上检索方式,该系统还提供法令用语检索,用户输入任意字符即可进行检索,同时能够对检索对象、检索单位、检索结果显示条数、发布时间范围对检索结果进行限定,以精确检索结果,提高检准率,如图 3-90 所示。

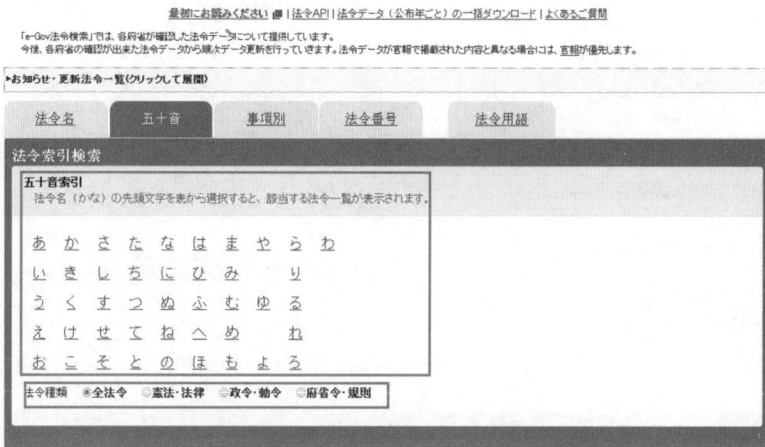

图 3-87　法令数据提供系统五十音检索界面

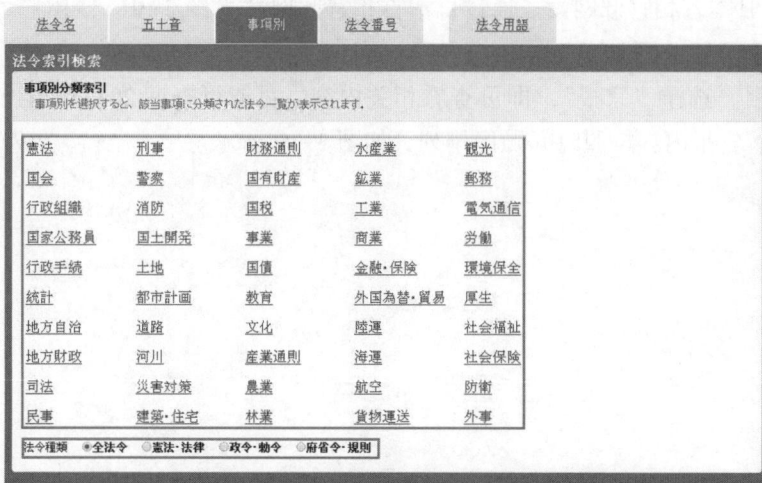

图 3-88　法令数据提供系统事项别检索界面

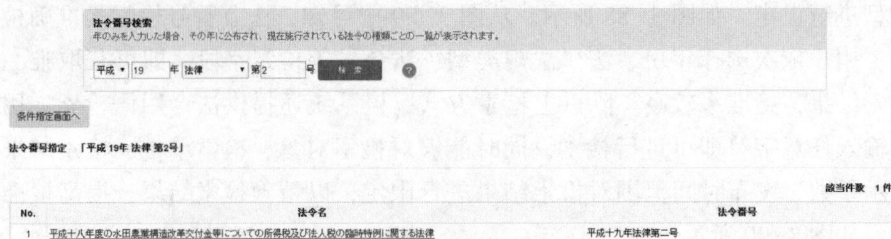

图 3-89　法令数据提供系统法令番号检索界面

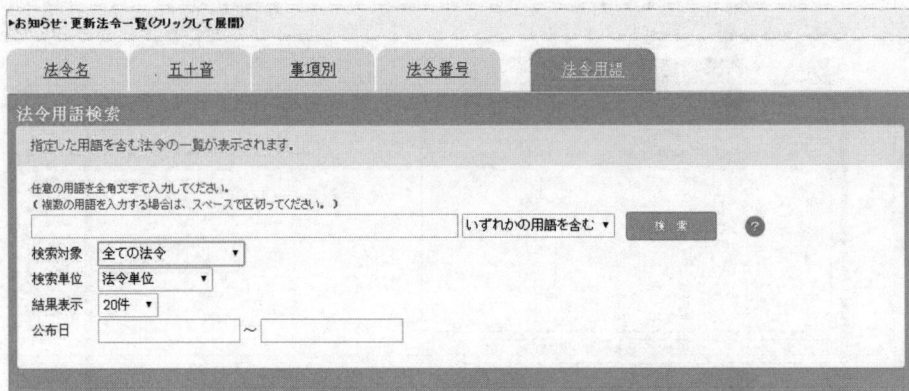

图 3-90　法令数据提供系统法令用语检索界面

　　B. 日本首相官邸网站。通过日本首相官邸网站（图 3-91），用户可查询到官报电子版，网址是 http://www.kantei.go.jp。如下图所示，点击"资料集"栏目，选择"官报"，即可查看相关内容，目前可查询 2011 年至今的官报内容，官报内容按照时间顺序排列，如图 3-92 所示。

图 3-91　日本首相官邸网站首页界面

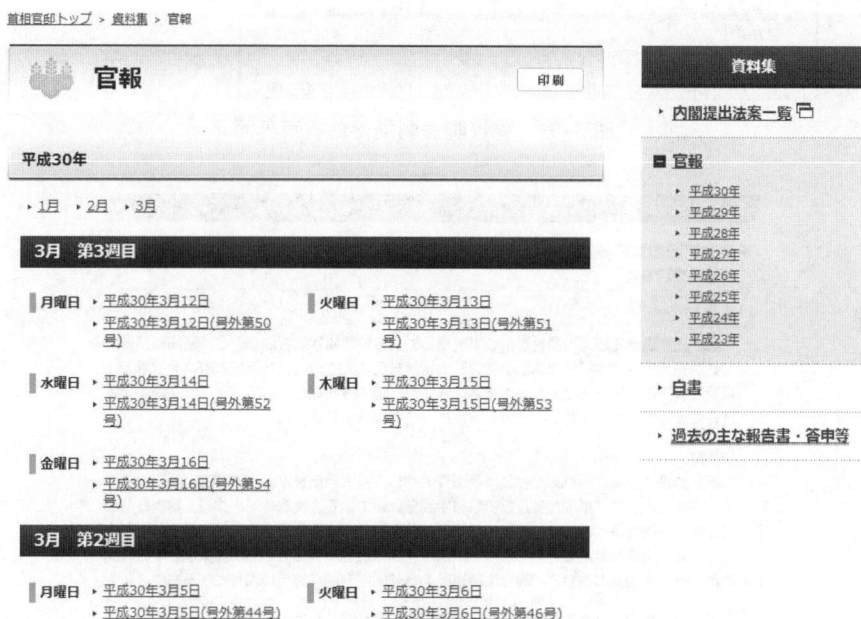

图 3-92　日本首相官邸网站官报内容界面

C. 参议院法制局网站。日本参议院法制局网站（http://houseikyoku. sangiin. go. jp/bill/index. htm）可以查阅到国会制定的法律，如图 3-93 和图 3-94 所示，法律内容依据时间顺序排序，每条法律内容由背景内容、法律规定、立法纲要、概要、相关材料等组成，供用户查阅。

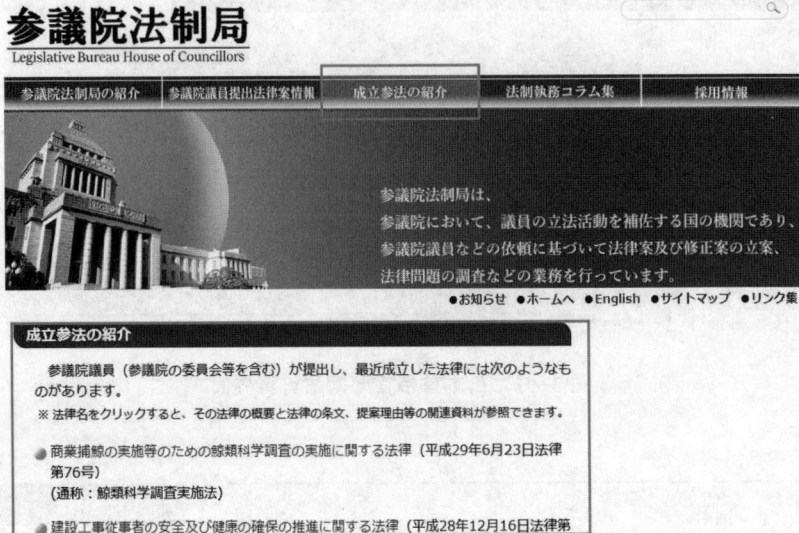

图 3-93　参议院法制局网站首页界面

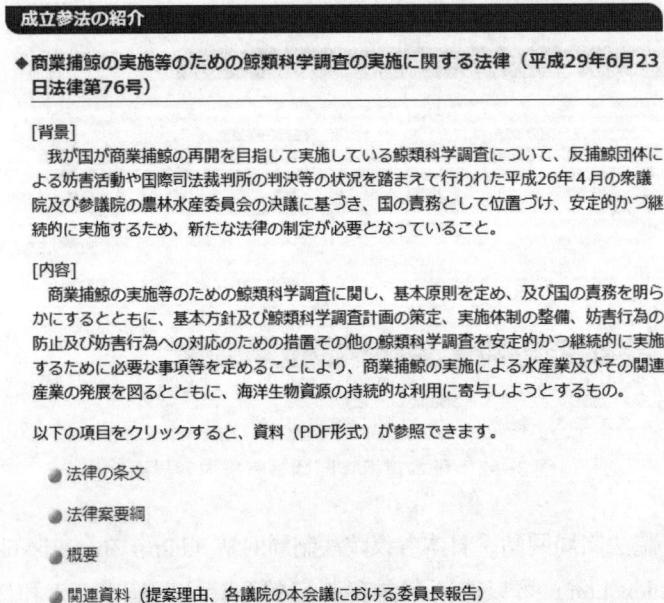

图 3-94　参议院法制局网站法律法规内容界面

    D. 内阁法制局网站。在日本政府架构中，内阁法制局相当于政府的"法律顾问"，负责审查政府法律草案是否符合宪法及已有法律条文规定。内阁法制局的官方网站网址是 http://www.clb.go.jp/index.html（图 3-95）。如图 3-96 所示，用户从内阁法制局网站中可以查询近年公布的法律法规和条约，但是具体内容需要查看官报的详细规定。

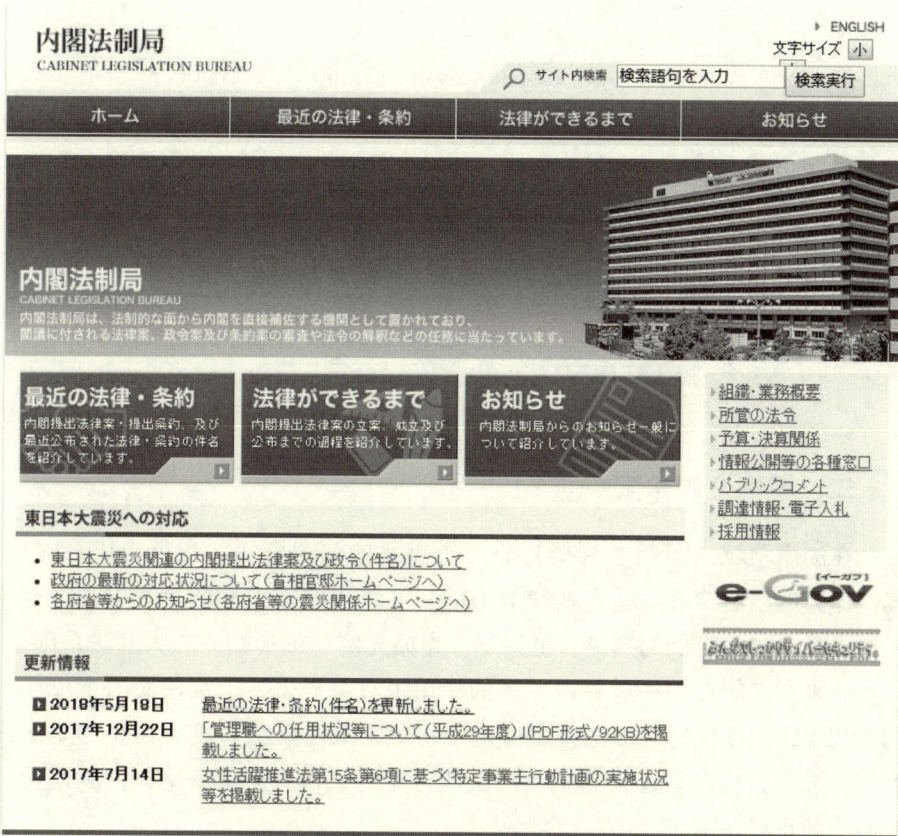

图 3-95　内阁法制局官方网站界面

平成29年に公布された法律（題名）

公布された法律の具体的内容については、独立行政法人国立印刷局インターネット版「官報」から公布日の官報をご覧ください。

◎公布された法律（86件）

※法律名の前の【議員】は議員（委員長）提出に係るもの、【修正】は内閣提出に係るもので国会審議において修正のあったもの、空欄のものは内閣提出に係るもので国会審議において修正のなかったもの。

公布日	法律番号		法律名
2.8	1		地方交付税法及び特別会計に関する法律の一部を改正する法律
3.31	2		地方税法及び航空機燃料譲与税法の一部を改正する法律
3.31	3		地方交付税法等の一部を改正する法律
3.31	4		所得税法等の一部を改正する等の法律
3.31	5		義務教育諸学校等の体制の充実及び運営の改善を図るための公立義務教育諸学校の学級編制及び教職員定数の標準に関する法律等の一部を改正する法律
3.31	6		駐留軍等の再編の円滑な実施に関する特別措置法の一部を改正する法律
3.31	7		在外公館の名称及び位置並びに在外公館に勤務する外務公務員の給与に関する法律の一部を改正する法律
3.31	8	議員	独立行政法人日本スポーツ振興センター法の一部を改正する法律
3.31	9	議員	独立行政法人日本学生支援機構法の一部を改正する法律
3.31	10	議員	特殊土壌地帯災害防除及び振興臨時措置法の一部を改正する法律
3.31	11	議員	過疎地域自立促進特別措置法の一部を改正する法律
3.31	12	議員	津波対策の推進に関する法律の一部を改正する法律
3.31	13		関税定率法等の一部を改正する法律
3.31	14		雇用保険法等の一部を改正する法律
4.14	15		原子力利用における安全対策の強化のための核原料物質、核燃料物質及び原子炉の規制に関する法律等の一部を改正する法律
4.14	16	修正	臨床研究法

图3-96　内阁法制局网站法律内容布局界面

二、案例资源检索

在法律领域，案例（判例）是一类重要的法律资源。在英美法系国家，案例作为原始法律资源是有法律效力的。下级法院在审判的过程中必须遵照上级法院对相关案例的判决，也就是"遵循先例"的原则。在大陆法系国家，近些年来，案例在司法过程中发挥的作用也日益显著。上级法院对下级法院的案例纠错制度使得下级法院更倾向于仿效上级法院处理同类案件的案例或习惯，或者去找自己过去为上级法院所肯定的案例，因此，案例文献是司法实践中的重要参考工具。

在一封判决书中，有案件发生的事实，帮助读者理解该案发生的背景和适用某法律所应有的情境；有律师的代理意见，从两个对立的视角切入问题；有判决所援引的现行法，帮助读者明确抽象的法律是怎样运用到现实生活的具体判例中的；也有对现行法及其适用条件的解说，进一步呈现出法律背后的理性；每个案例在做出判决之后，也成了事实与历史的一部分。每一份判决书都汇总了案件事实、现行法律规则与不同角度的法律说理，检索案例资源因此也可以说是对各种类型的法律资源的汇总。

案例资源通常分为两大类：普通案例和疑难案例。普通案例针对常见的社会问题，现行法能够较好地回应社会现实，已经有与之相关的大量案例。这种案例数量多，覆盖面广，便于进行相关的统计分析。检索时应当注意检索结果的全面性和完整性：一方面，不要对检索结果做过多的限制；另一方面，可以利用数据库的聚类功能对检索结果进行分类，为进行相关统计工作提供便利。

另一类疑难案例，针对事实复杂，法律存在空白点的社会疑难问题，适用现行法可能会得出有争议的结论，这类问题相关的案例较少且彼此间可能不一致。对这种案件的研究适合作个案剖析，通过深度解析判例中的各种事实情节，理解法律争议点之所在并试图找到解决方案。检索这类案例时应当注重检索的准确性，因为疑难案件的事实部分包含了大量信息，这部分信息的复杂性和特殊性也正是该类案件之所以为"疑难"的重要原因。因此，检索疑难案件的案例，需要对检索词进行精确的选择和组配。

（一）中文案例资源检索

1. 大陆地区案例资源检索

我国的法律体系受大陆法系影响较深。大陆法系与普通法系的一个重要区别就大陆法系更注重法典的编纂，成文法典和其他制定法是大陆法系的来源。在大陆法系，案例不具有强制力和约束力，但是，案例在司法领域中仍有着重要的意义。我国最高法院自 2000 年开始向社会公开裁判文书。目前我国的裁判文书公开制度正在不断完善。

检索大陆地区的案例常用的方法包括商业数据库检索、纸质案例资源检索、政府网站或商业网站公开的案例资源检索。裁判文书是最常见的纸质案例资源，是指最高人民法院、检察院和各级人民法院、检察院为了指导下级人民法院、检察院的司法工作，利用其自有资源，将典型案例汇编成册。主要包括以下几种：《最高人民法院公报》《最高人民检察院公报》《中国审判案例要览》《人民法院案例选》《人民法院裁判文书选》《知识产权裁判文书集》《中华人民共和国人民法院判案大系》《审判业务指导丛书》等。除了政府机关出版的案例集合外，一些法学研究人员也编写了案例集，这类案例集不仅包括案例的基本信息，还附加相关法律专业人士对案例的一些评析和探究。这类案例集相对来说学术研究价值较高，适用于法学专业师生和法律从业人员从各个角度深入了解案例以及与案例相关的其他法律资源，例如，《典型案例与法律适用》丛书、《国际环境法案例评析》。此外，还可以通过新闻报道了解案件的相关信息。一些新闻网站（如新浪、搜狐、腾讯等）对案件的动向更新及时、便于用户了解最新的进展，是其他两种案件资源的有效补充，但相对而言这类案例资源的专业性和权威性较差，只能用于参考，切不可以此作为学术研究的来源。

（1）纸质案例资源。检索纸质案例资源的渠道主要是通过图书馆或者网上书店的书目检索系统，例如，在中国政法大学图书馆、国家图书馆文津检索系统、当当网购书平台。此外，也可以在中文电子书数据库中查找相关纸质案例资源的电子版，如中华数字书苑数据库、超星数字图书馆。

利用数据库检索案例一般是指通过案件类别、标题或者内容关键词、审理法院等途径，定位到相关的案例信息。主要的数据库资源有：

（2）北大法宝。北大法宝——司法案例检索系统（http://www.pkulaw.cn/case）全面收录了我国大陆法院的各类案例，包括案例与裁判文书、裁判规则、指导性案例实证应用、案例报道、仲裁案例五个子库，除对案例精细整理外，更对指导案例、公报案例、典型案例的核心术语、争议焦点、案例要旨等方面做了深加工，由专家对案情进行深入剖析与点评，使收录的案例具有很高的参考价值。通过案由将与其相关的资料进行关联展示，如案由体系、案由释义、法条依据、相关法条、相关案例、期刊论文、裁判标准等，从理论和实践的角度展现案例案由的亮点信息，便于用户全方位、多角度地分析案例。

表3-1 北大法宝司法判例系统详细参数

司法判例检索系统详细参数	
收录内容	案例与裁判文书、裁判规则、案例报道、仲裁案例
数据来源	精选全国各级人民法院公布的各类裁判文书，主要包括两高（中华人民共和国最高人民法院和最高人民检察院）发布的指导案例、两高从创刊号开始至今出版的公报上登载的案例、全国公开出版的百余种案例类书籍中的裁判文书及社会关注度高的热点案例、案例报道及仲裁案例。裁判规则除汇集指导性案例、公报案例、典型案例等重要案例及司法解释文件中蕴含的裁判规则外，其他内容由北大法宝专业团队精心挑选并提炼。

续表

司法判例检索系统详细参数	
检索方式	根据用户需求提供全方位检索、检索结果筛选功能，并独家推出个案系统呈现、案例关联帮助系统。
排列	按照民事、刑事、行政、知识产权、国家赔偿、执行排序，同一类文件按照发布时间先后排序
筛选	检索结果可再次按照案例分类、案由分类、判例情节、审理程序、审理法院等条件筛选
提示	支持词组提示、检索历史提示、参考关键词提示，提供全文检索结果预览提示。
法宝联想	直接印证案例中引用的法律法规和司法解释，还可链接与本法规或某法条相关的所有法律法规、司法解释、案例、条文释义、法学期刊、英文译本等
参考	提供案例的法律依据、相同案例、本院同类案例、相关审判参考、相关论文以及实务专题等资料
下载	提供多格式文件下载（txt、word、html），所有文件均可选择是否保留相关资料链接

例如，查询网络人肉搜索相关的案例（参见图 3-97），可以在简单检索中输入"人肉搜索"等相关关键词，选择合适的检索字段，包括：标题、全文、案件字号、案由、法院、法官、律所、律师、当事人、核心问题、审理经过、诉讼请求、辩方观点、争议焦点、本院查明、本院认为、裁决依据、裁决结果。全文检索还可以选定同篇、同段或者同句。对检索结果可以按照法院级别、审理程序、文书类型、终审结果进行筛选，也可以按照最左侧提供的检索结果聚类方式——案由、参照级别、审理法院、审理年份——进行二次聚类。

图 3-97　北大法宝判例简单检索功能

如果想通过一次检索获得最精确的检索结果，可以使用北大法宝的高级检索功能（参见图 3-98）。高级检索功能可以同时输入案例的诸多细节信息，包括案由、审理法院、审理法官、终审结果、核心术语、案例要旨、法院级别、代理律师等等。通过高级检索，用户能够获得更精确、更丰富的检索结果。

图 3-98　北大法宝案例高级检索功能

北大法宝司法案例库除了上文提到的四个子库资源外，还有案例大数据、指导性案例应用报告、权责关键词三个实用工具。案例大数据功能（参见图3-99）可以根据法院、案由、法官、公司、律所、律师六个关键点对历年的案例资源进行统计分析，以图表的形式直观地呈现检索结果。

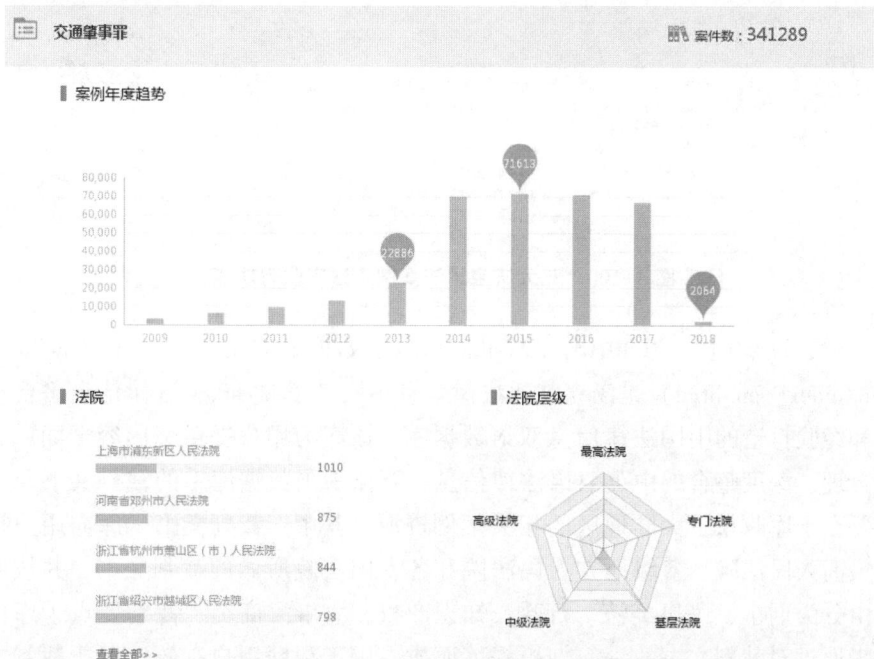

图3-99　北大法宝案例大数据功能

法宝联想是北大法宝数据库另一个重要功能，位于判例详细页面的右上角。法宝联想的图标下面列举了诸如同案由重要案例、本法院同类案例、相关审判参考、相关论文等资源（参见图3-100），帮助用户在检索案例资源的同时，从横向和纵向两个角度将其他相关的法律资源串联起来，便于用户更好地理解判决的法律依据。在北大法宝司法案例库中，有的案例资源（经典案例为主）还配有对应的英文翻译，通过中英文对照，可以帮助用户了解和学习专业法律词汇的英文表述。

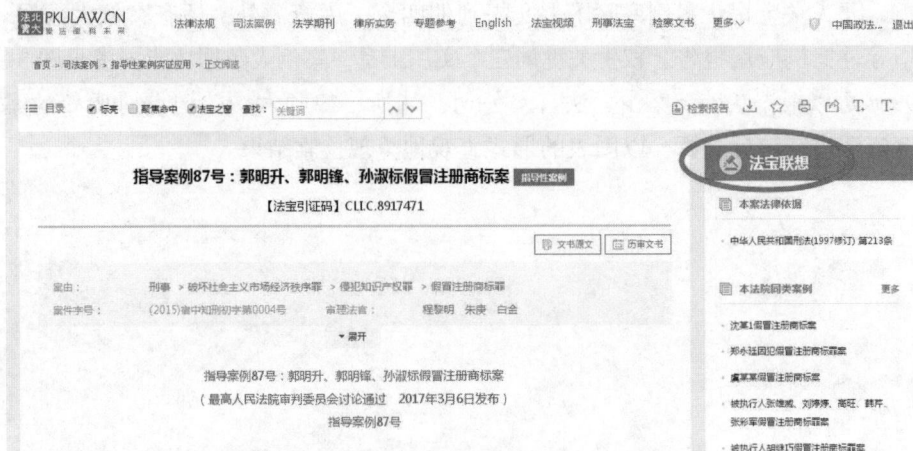

图 3-100　北大法宝司法案例库法宝联想功能

（3）万律中国。万律中国（Westlaw China）数据库（http://www. westlawchina. com/index_ cn. html）是汤森路透法律信息集团基于 Westlaw 法律信息平台技术和经验打造的中国法律信息双语数据库。该库为用户提供了内容全面、分类合理、深度整合的中英双语法律信息。万律中国数据库中的裁判文书及裁判要点子库收录了大陆地区的相关案例资源。其中，裁判文书子库向用户提供最高人民法院、各级地方人民法院和各专门法院所做的裁判文书，并按照案由分为刑事、民事经济、行政、知识产权、海事海商类。裁判要点子库由编辑通过对裁判文书的深入剖析提炼而成，用于帮助用户有效地分析裁判文书中的核心法律问题。

用户可以通过简单查询或高级查询、查找裁判文书，或者通过法院、案由列表浏览裁判文书。在数据库首页点击位于页面右上方的"裁判文书"子库，进入裁判文书简单查询页面，可以通过"案由""标题/案号/审理法院"或"全文"查询裁判文书。输入的查询条件越全面，查询结果越准确。也可以通过浏览功能进入审理法院、案由、案例精选三个子文件夹中进行更进一步精确的检索。如果选择"案例精选"，查询结果将仅限于精选裁判文书。

例如，要在万律中国的裁判文书子库中查找关于商标侵权相关的资料，可以在"标题/案号/审理法院"输入"商标侵权"等相关的关键词进行检索（参见图 3-101）。另外，万律中国还支持多种连接符的使用，例如""、/p、+p 等，具体的使用方法请参考万律中国的连接符说明。（http://edu. westlawchina. com/

china-cn/help/help_ ip. html？ keyword_ help.）

图 3-101　万律中国裁判文书简单检索功能

　　同北大法宝类似，万律中国的高级检索功能也提供多种字段帮助用户获取更加精确的检索结果，包括标题、案号、审理法院、代理律师、判决时间等，如图 3-102 所示。

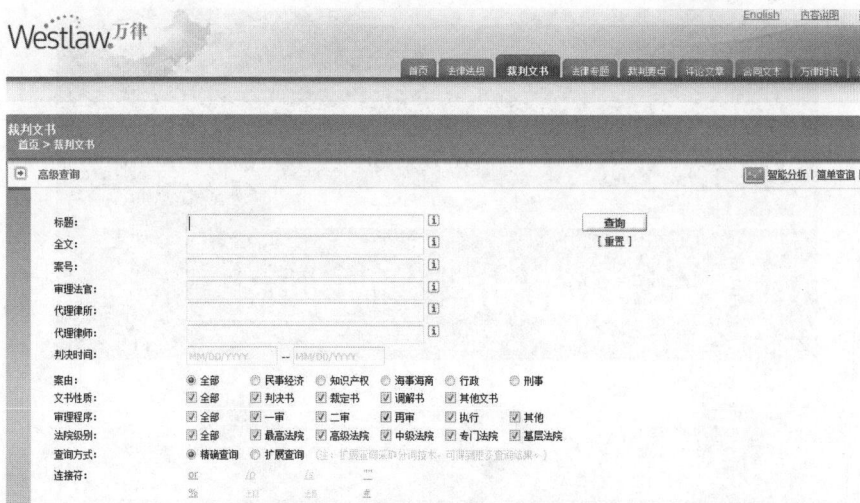
图 3-102　万律中国裁判文书高级检索功能

（4）北大法意网。北大法意网是北京大学法学院实证法务研究所研发和维护的法律数据库网站，旨在提供专业、系统的法律信息服务。该库是全球重要的中文法律数据库之一。

（5）慧科新闻数据库。慧科新闻数据库收录了大陆、港澳台、东南亚及英美的诸多媒体资源，数据库内容更新及时。通过对新闻的报道，用户也可以了解到相关案件的一些重要信息。新闻数据库是用户查找最新媒体案例报道的重要来源。

（6）其他网络判例资源：

A. 中国裁判文书网。中国裁判文书网（http://wenshu. court. gov. cn）是最高法院设立的统一公布我国各级人民法院生效裁判文书的网站。根据最高法的规定，自2014年1月1日起，最高人民法院、全国所有高级人民法院和中级人民法院都须上网公布裁判文书。同时，北京、天津、辽宁等十个东部省份和河南、广西、陕西三个中西部省份的基层人民法院也应当上网公布裁判文书。目前，中国裁判文书网已收集了超千万篇的裁判文书，并且仍在持续增长。

裁判文书网下分刑事案件、民事案件、行政案件、赔偿案件、执行案件五个子库。各个子库里除了按照关键词搜索外，还可以按照案由、法院层级、地域和裁判年份筛选。

图3-103　中国裁判文书网首页

B. 无讼案例 itslaw。无讼案例（https://www.itslaw.com/bj）是一个精确、易用、高效的案例检索工具，通过关键词系统提供优质的案例搜索方式。无讼案例目前已收录超过 5000 万份判决文书，并且每天持续更新中。

无讼案例的检索功能更为便捷，只需要输入用户需要查找的内容即可，不需要再选择检索字段。例如，如果要查找"离婚"方面的相关案例，直接在检索框输入关键词点击"查询"即可进行检索。如果需要进一步查找关于"离婚财产纠纷"方面的案例，可以再输入"财产纠纷"，然后点击"在结果中搜索"即可（参见图3-104）。与上文其他的数据库类似，无讼在检索页面的左侧也提供多种检索结果筛选功能，点击案例标题进入案例详情页，有同类案例、引用法规、认证律师名片和相关无讼阅读文章推荐等标签功能供用户选择。用户注册个人账号后，还可以使用无讼的"检索报告"功能，进入"我的工作夹"并选好工作夹，点击右侧生成案例检索报告，即可一键生成案例报告。

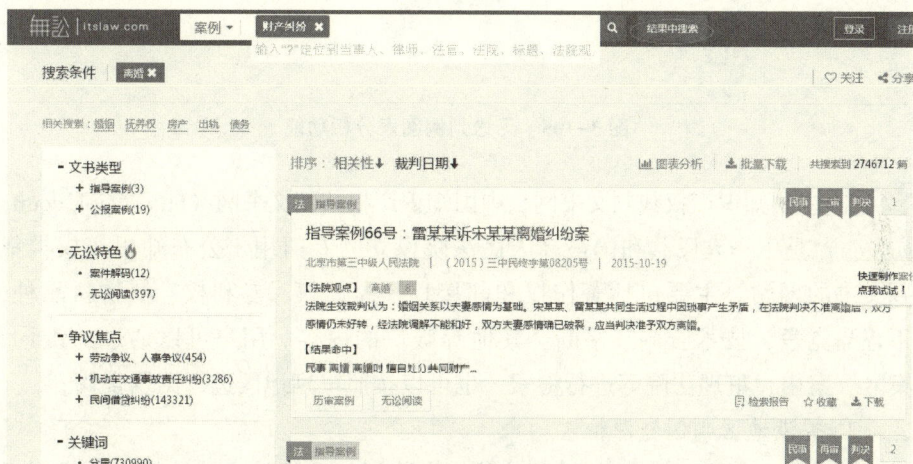

图 3-104　无讼案例检索功能

无讼案例库也支持图表分析功能，如图 3-105 所示。用户搜索到所需信息后，点击图表分析，即可生成可视化图表，从关键词、案件类型、案由分布等多方面了解案例信息。

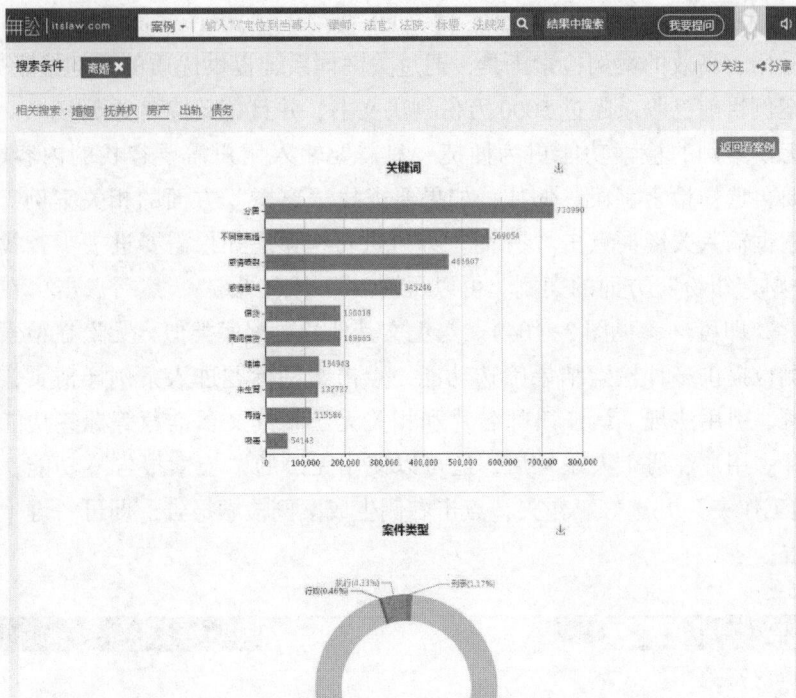

图 3-105　无讼判例图表分析功能

　　C. 中国知识产权裁判文书网。中国知识产权裁判文书网（http://ipr. court. gov. cn）是中华人民共和国最高人民法院设立的专门用于公布知识产权类裁判文书的网站。主要包括著作权和邻接权、商标权、专利权、植物新品种、不正当竞争、技术合同、垄断、其他等版块的内容。用户可以通过关键词、案号、案由、审理法院等进行检索，也可以按照审判地区进行浏览查找。

　　2. 香港地区判例资源检索

　　香港特别行政区由于在历史时期曾为英国的殖民地，其法律体系隶属于普通法系。香港的法律渊源，除了英国法律、香港立法机构制定的法律，还包括中国的宪法。香港回归后，制定了《中华人民共和国香港特别行政区基本法》。基本法是香港所有法律制度的根基，香港特区立法机关制定的任何法律，都不得与基本法相抵触。香港原有法律，即普通法、衡平法、条例、附属立法和习惯法，除同基本法相抵触或经香港特别行政区的立法机关做出修改者外，均予以保留。

　　香港地区的司法体系按照基本法的规定，设立终审法院、高等法院、区域法院、裁判署法庭和其他专门法庭，奉行司法独立原则，"遵从先例"原则、陪审员原则等。此外，香港特区基本法继承了英国普通法的规定：香港特区可以参考其他普通法适用地区的司法案例，香港特区的终审法院和司法机关也有权邀请其他普通法适用地区的法官参加审判。

　　（1）纸质案例资源。检索香港地区案例纸质资源可以利用各种书目检索系统，例如香港大学图书馆书目检索系统（http://lib. hku. hk）、香港书城（www. hkbookcity. com）、香港中文大学法律图书馆书目检索系统（http://www. lib. cuhk. edu. hk/sc/collections/location/law）等。

　　检索香港地区的案例资源的商业数据库主要有以下几个：

　　（2）Westlaw Next。Westlaw 数据库中收录了大量的香港地区的法律资源。具体查找路径为：Westlaw 数据库首页—All Content—International Materials—Hong Kong。

　　Hong Kong 子库中又按照法律资源的类型分为 Cases（案例）、Legislation（立法文件）、Treatises（论著）、Journals（期刊）、Current Awareness（近期资料通告）。点击进入 Cases 子库，用户即可查看下列子库（参见图 3-106）：

　　Case Digests（案例摘要）：香港法律汇报与摘录（Hong Kong Law Reports and Digest HKLRD）的判决汇总。

　　Chinese Judgments（中文判决书）：香港特别行政区收录的中文判决书。

　　Court of Final Appeals（最终上诉法院）：香港特别行政区上诉法院的全文案例判决。

　　Insolvency and Bankruptcy（破产）：香港法律汇报与摘录（HKLRD）中与破产有关的案件全文汇编。

　　Insurance（保险）：香港法律汇报与摘录（HKLRD）中与保险有关的案件全文汇编。

　　International Commercial Arbitration（国际商事仲裁）：收录来自香港国际仲裁中心公布的案例文件。

　　Law Reports（案例汇编）：收录香港法律汇报与摘录（HKLRD）的全文案例报告。香港法律汇报与摘录（HKLRD）是中华人民共和国香港特别行政区法院（终审法院、高等法院上诉法庭、高等法院原诉法庭）、英属香港殖民地法庭（枢密院、上诉院、高等法院），以及其他法院和法庭（如特区法庭、土地审裁处等）授权的出版物。

Securities（证券）：香港法律汇报与摘录（HKLRD）收录的与证券有关的全文案例报告和判决集。

Unreported / Alert Service（未报告/提醒服务）：收录来自香港地区法院和英国枢密院未公开的判决集。

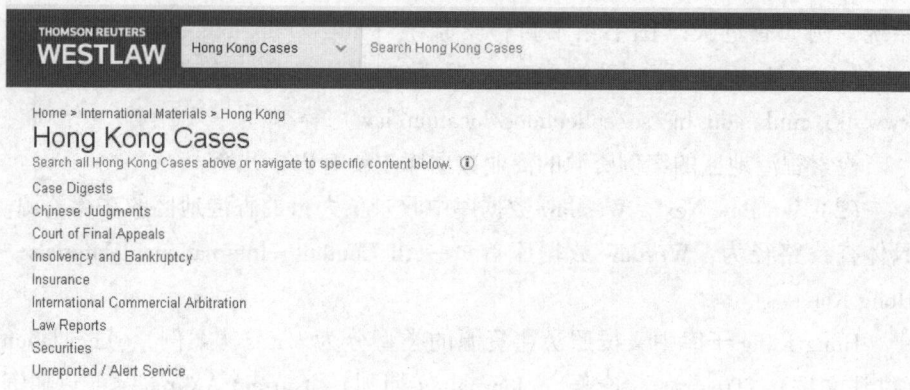

图 3-106　Westlaw 香港案例子库

在 Westlaw 数据库里检索案例资源的时候，除了可以在整个 Hong Kong 大库上方的统一检索框中进行检索，还可以进入到 Hong Kong Cases 子库进行检索，或者进入到更具体的子库中，这样获得的检索结果会更加准确。

以 Hong Kong Cases 子库为例，除了上文说到的统一检索框检索外，还可以使用 Advanced Search（高级检索）功能（参见图 3-107）。使用过外文法律数据库的用户应该能体会到，如果单纯使用统一检索框检索，得到的结果要么数量过多要么相关性较差，借助高级检索的帮助，能够获取更精确的检索结果。Hong Kong Cases 子库提供的高级检索功能包括常用的检索运算符：

并且（&），例如：Internet & Security；

或者（or），例如：Internet or web or cyber；

词组精确检索（""），例如："copyright infringement"；

排除（%），例如：virus % computer；

位置运算符/s：检索关键词在同句，例如：system /s management；

位置运算符+s：检索关键词在同句，且第一个词要在第二个词之前，例如：tax +s reform；

位置运算符/p：检索关键词在同段，例如：personal /p privacy；

位置运算符+p：检索关键词在同段，且第一个词要在第二个词之前，例如：electronic +p evidence；

位置运算符/n：检索关键词之间距离不超过 N 个词，例如：wrongful /5 terminate；

位置运算符+n：检索关键词之间距离不超过 N 个词，且第一个词要在第二个词之前，例如：information +3 retrieval。

词根扩展符!，! 可以代表一个或多个字母，用于检索关键词的不同变形，例如：educat! 可以同时检索出 education、educate、educator、educated 等等。

通用符 * ，* 可以代表一个字母，用户检索关键词中某一个字母的不同变形，例如：wom * n 可以同时检索出 woman 和 women。

#，用于关闭复数和同义词检索（因为 Westlaw 在检索时会默认同时检索关键词的复数和同义词）功能，例如，aid#，将不会检索出包含 aids 的结果。

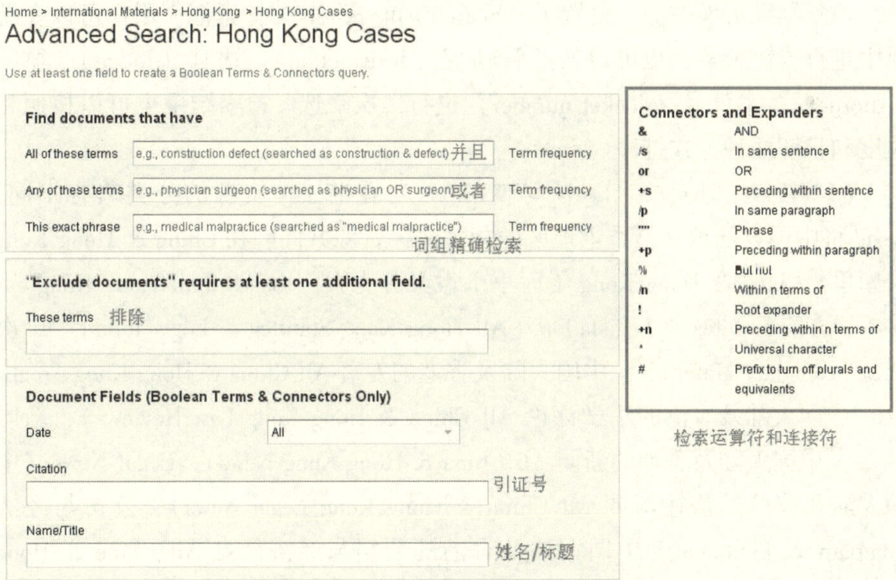

Home > International Materials > Hong Kong > Hong Kong Cases

Advanced Search: Hong Kong Cases

Use at least one field to create a Boolean Terms & Connectors query.

Find documents that have

All of these terms	e.g. construction defect (searched as construction & defect) 并且	Term frequency
Any of these terms	e.g. physician surgeon (searched as physician OR surgeon) 或者	Term frequency
This exact phrase	e.g. medical malpractice (searched as "medical malpractice") 词组精确检索	Term frequency

"Exclude documents" requires at least one additional field.

These terms　排除

Document Fields (Boolean Terms & Connectors Only)

Date　　All

Citation　　引证号

Name/Title　　姓名/标题

Connectors and Expanders

&	AND
/s	In same sentence
or	OR
+s	Preceding within sentence
/p	In same paragraph
""	Phrase
+p	Preceding within paragraph
%	But not
/n	Within n terms of
!	Root expander
+n	Preceding within n terms of
	Universal character
#	Prefix to turn off plurals and equivalents

检索运算符和连接符

图 3-107　Westlaw 香港案例子库高级检索功能

例如，要查找香港关于音乐作品知识产权保护方面的案例资源，检索式就可以构造为"copyright protect！"/p music！，检索结果如下：

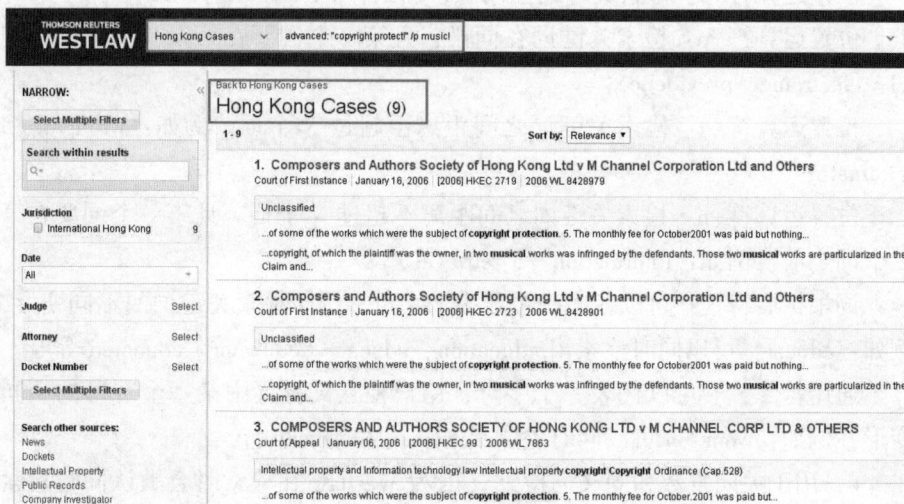

图 3-108　Westlaw 香港案例子库高级检索功能实例

检索结果页面左侧，设置了"Search with results"检索框，用户可以在结果中进行二次检索，也可以按照管辖权（Jurisdiction）、法官（Judge）、律师（Attorney）、案件号（docket number）进行二次筛选。检索结果也可以按照相关度和日期两种方式排序。

（3）Lexis Advance。Lexis 与 Westlaw 对香港法律资源的分类略有不同，Lexis 将中国大陆地区与香港地区的相关法律资源共同归在 China & Hong Kong 子库里。China & Hong Kong 子库里下设又分为案例 Cases（all Hong Kong cases）、法条 Statutes & Legislation（All Hong Kong Statutes & Legislation）、二次资源 Secondary Materials（中国大陆及香港的专著 All China & Hong Kong Treatises、中国大陆及香港的法学评论 All China & Hong Kong Law Reviews）、新闻 News（中国大陆及香港的新闻 All China & Hong Kong News）、Legal News（中国大陆及香港的法律新闻 All China & Hong Kong Legal News）、公司与经济 Company & Financial（中国大陆及香港的公司与经济信息 All China & Hong Kong Company & Financial）。

All Hong Kong Cases 下又分为 CaseBase Hong Kong（香港案例总集）、

Hong Kong Cases（香港案例）、Hong Kong Cases Unreported（未公开报道的香港案例）、Hong Kong Family Law Reports（香港家庭法汇编）。

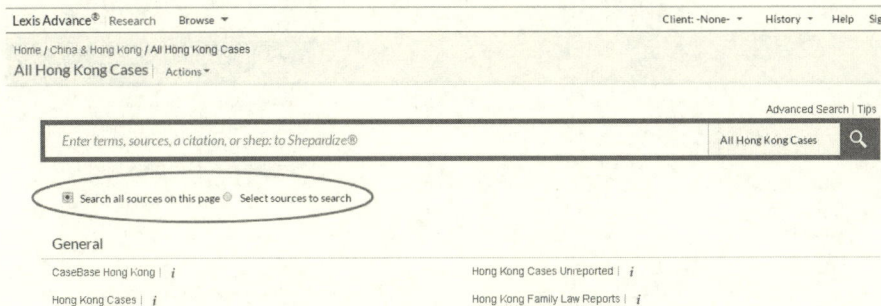

图 3-109　Lexis 香港案例子库

与 Westlaw 类似，Lexis 也可以直接在最上方的统一检索框中检索，检索时可以选择在此页面中的所有库里进行检索还是勾选几个库同时进行检索（与 Westlaw 的页面布局略有差异，参见图 3-109）。Lexis 香港案例子库的高级检索功能与 Westlaw 大致相同（参见图 3-110），包括布尔连接符 AND、OR、NOT，精确检索""、通用符 *。不同之处在于运算符的表述略有差异：

w/n 或者/n：检索关键词之间距离不超过 N 个词。例如：vicious w/n dog。

词根扩展符 * 和!：这两个字符都能代替若干个字母。需要注意的是，使用词根扩展符时所留词根不能过短，否则会出现一些无关的检索结果。

通配符?:? 可以代表一个单词中任意一个字母（首字母除外），一个? 代表一个字母，例如 p?? rson 可以检索出 pearson 以及 pieson。

pre/n：第一个词检索关键词在第二个词之前且不超过 n 个单词。

pre/p 或者+p：第一个词检索关键词在第二个词之前且不超过 75 个单词。

w/p 或者/p：两个检索关键词之间距离不超过 75 个单词。

pre/s 或者+s：第一个词检索关键词在第二个词之前且不超过 25 个单词。

w/s 或者/s：两个检索关键词之间距离不超过 25 个单词。

w/seg 或者/seg：两个检索关键词在一个部分中（headline、body 等）。

atleastN（keyword）：表示括号里的关键词要至少出现 N 次，这个运算符可以用来强调检索词的权重，例如，atleast10（patent）。

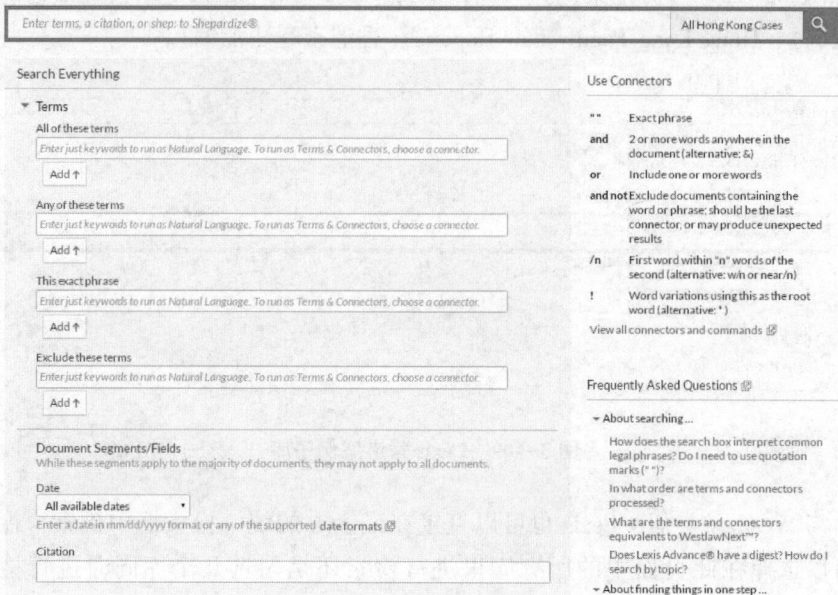

图3-110　Lexis 香港判例子库高级检索功能

在使用高级检索功能时需要注意的是：

A. 不能在精确检索""（英文状态下的双引号）中加入截词符和通用符，例如"corp！"将会检索出 corp！这几个字母而不会检索出 corporation 或者其他的变形。（具体的使用介绍请见 Lexis 检索运算符帮助页面。）

B. 检索运算符执行的先后次序为："OR<位置运算符<and<and not"。如果要改变运算顺序，可以使用括号的帮助（英文状态下）。例如，要检索知识产权侵权方面的案例资源，如果只用 Intellect Property infringement 检索的话，会遗漏掉知识产权下属的著作权（copyright）、专利权（patent）、商标权（trademark）的结果，可以修改检索式为（Intellect Property or copyright or patent or trademark）and infringement，如果不加括号，会首先执行 trademark and infringement 的检索操作，那么检索结果就变成了商标侵权。可以通过实际检索来仔细体会括号对整个检索式的影响。

例如，在香港案例子库总库（All HongKong Cases）子库里检索关于商标淡化方面的案例，具体检索式表述为：atleast10（trademark）/s dilution，检索结果如图3-111所示：

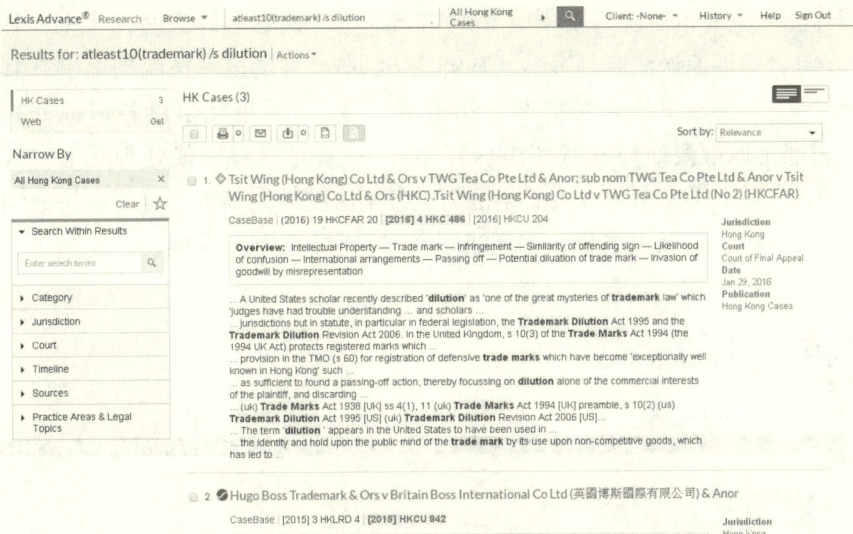

图 3-111　Lexis 香港案例子库高级检索功能实例

在检索结果页面的左侧，可以在结果中进行二次检索，也可以按照结果类型（category）、管辖区（Jurisdiction）、法庭层次（Court）、时间（timeline）、检索子库（sources）、实用法学领域（practice areas & legal topics）进行二次筛选。检索结果也可以按照相关度、资源名称字顺、审理法庭层级、审判日期、公开日期等排序。在页面上方的检索式旁边蓝色的 Actions 字样，下面列出了几个选项：Run Search as natural language（将检索式按照自然语言执行）、Include legal phrase equivalents（包含相关的法律短语）、Link to this page（此页的链接）这三个操作，帮助用户调整检索表达式。

（4）其他网络案例资源：

A. 香港法律信息中心（Hong Kong Legal Information Institute，HKLII）简体中文版网址 http://www.hklii.hk/chi，英文版网址 http://www.hklii.hk/eng。

HKLII 是香港大学计算器科学系与香港大学法律学院的联合研究项目，并得到 Australasian Legal Information Institute（AustLII）的协助。HKLII 是一个免费、独立及非牟利的网页，目的是推广及支持香港的法治精神，让公众取得所需的法律资料。

HKLII 资料库的内容分为判案书、法例、其他资源三大类（参见图 3-112），判案书中收录了中英文的香港各司法机关的判案书，主要分为以下几个子库：香港终审法院判案书（1997 年至今）、香港上诉法庭判案书（1991 年至今）、香港原讼法庭判案书（1995 年至今）、香港区域法院判案书（1999 年至今）、香港家事法庭判案书（2000 年至今）、香港竞争事务审裁处判案书、香港土地审裁处判案书（1996 年至今）、香港其他审裁处判案书（2002 年至今）。各个子库中可以按照年份浏览各个法院的判案书，也可以按照引证号（Citation）、判案书名称、审理法庭名称、罪名等进行检索。

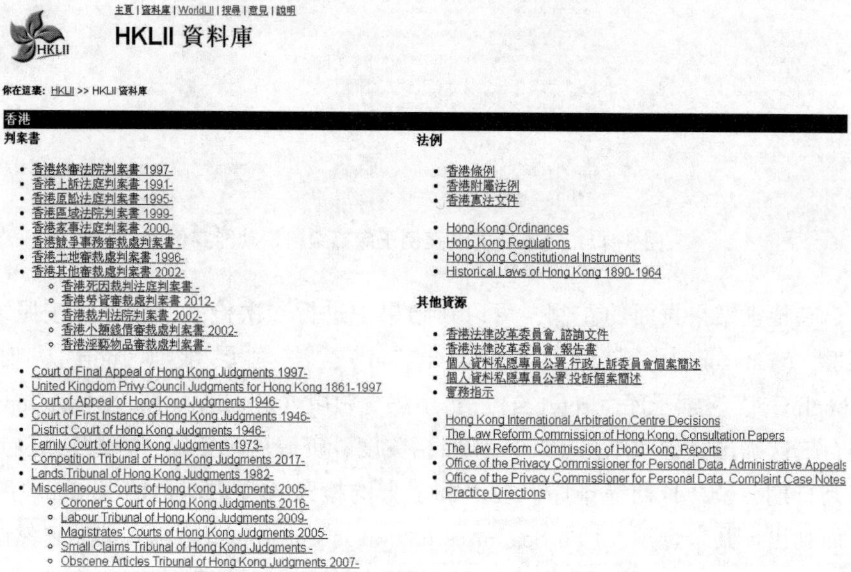

图 3-112　香港法律信息中心（HKLII）资源页

B. 香港司法机构网。香港司法机构网（http://www.judiciary.hk/tc/index/index.htm）是香港特别行政区司法机构设立的官方网站，在这里可阅览关于司法机构为法庭使用者提供的服务、法庭的最新消息和发展等丰富数据。此外，网站亦设有链接，方便查阅有关司法机构现时推行的重要措施，例如民事司法制度改革、推广调解，以及无律师代表诉讼人资源中心提供的服务等。

香港司法机构网的判案书包括了新载判案书、判案书、判刑理由、裁决理由等子库。收载部分由 1946～1948 年及自 1966 年起由终审法院（自 1997 年成立后的判案书）、高等法院上诉法庭、高等法院原讼法庭、竞争事务审裁处（自 2015 年成立后的判案书）、区域法院、家事法庭、土地审裁处所宣告的判案书。这些判案书就法律观点及法院实务程序方面均具有重大意义，并且关乎公众利益，可以作为案件先例。一般情况下，判案书将于送抵后 3 个工作天内上载至此网站。重要的案件或公众关注的案件，则可于宣告当日在"新载判案书"子库中找到。

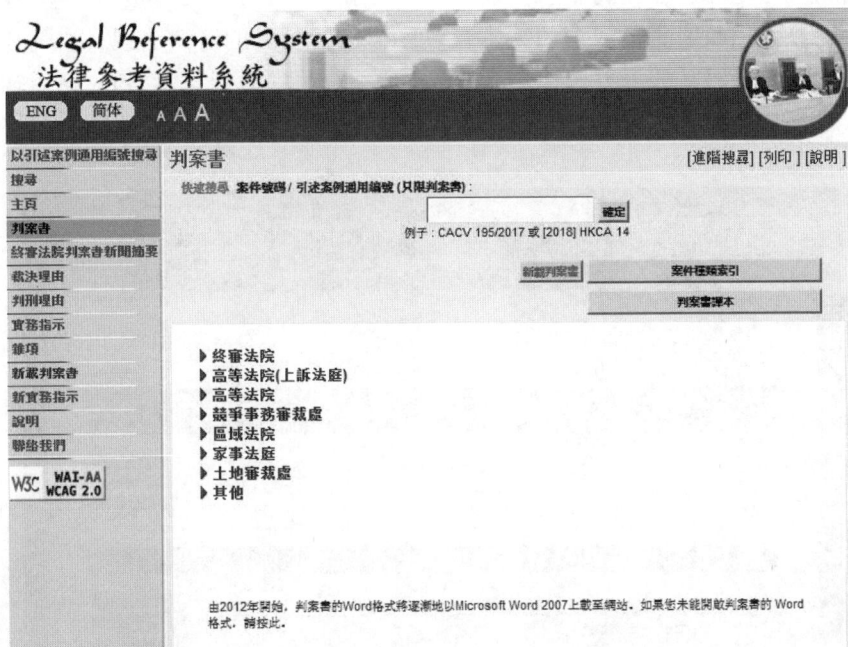

图 3-113　香港司法机构网判案书页面

3. 澳门地区判例资源检索

澳门特区的法律体系从属于大陆法系。司法机构主要有澳门法院和检察院。《澳门基本法》是澳门特别行政区的法律根基，澳门原有法律（包括原来为葡萄牙殖民地时的葡萄牙为澳门制定的法律）、澳门特别行政区立法机关制定的法律，都不得与《基本法》相抵触。由于葡萄牙规定判例解释是正式的法律渊源，因此，葡萄牙最高法院制定的判例在澳门也有一定的适用。总体来说，澳门的判例资源相对较少。

（1）纸质案例资源。检索澳门案例纸质资源可以使用各种书目检索系统，如澳门大学图书馆书目系统（http://library.umac.mo）、澳门虚拟图书馆书目系统（http://www.macaudata.com）等。

（2）其他网络案例资源：

A. 澳门法例资料查询系统。澳门法例资料查询系统 LegisMac（legismac.safp.gov.mo/legismac）是一个以收录及处理《澳门特别行政区公报》刊登的法律法规，以及与政府行政运作息息相关的通告公告等，并提供查询澳门法律法规资料的综合性资料系统。LegisMac 网站内收录了一个多世纪，即 1855 年以来在澳门政府宪报或澳门特别行政区公报所刊登的法律法规、法院裁判书等。在检索时首先需要选择文件类型，比如合议庭裁判（ACO），然后输入相关的检索关键词即可。检索到的案例信息以中英文双语对照的形式呈现。

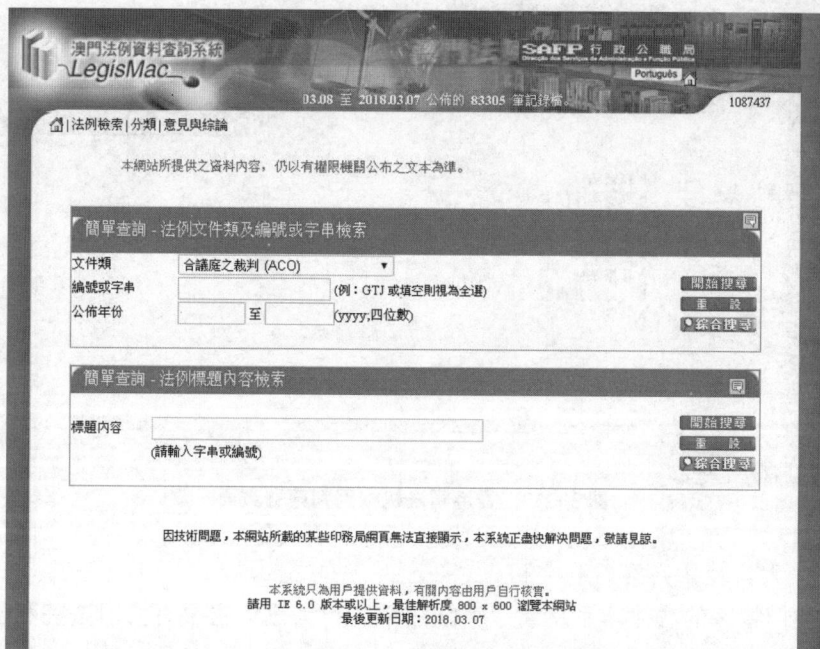

图 3-114　澳门法例资料查询系统首页

B. 澳门法律网。澳门法律网（http://www.macaolaw.gov.mo/cn/index2.asp）是由行政公职局、印务局及法务局共同开发的一个有关澳门法律信息的综合性网站，提供快捷、多样化的法规查询系统和各种普法信息。通过相关栏目，用户可以了解澳门各级法院的基本情况和法院活动最新消息，查询案件排期，下载诉讼表格，查阅或下载三级法院的司法裁判，了解法官在司法裁判中所宣示的司法见解，等等。

以法院裁判子库为例，包含了澳门行政法院、初级法院、中级法院和终审法院的判决，此外还有统一司法见解、裁判书摘要、典型案例分析及载于年报之重要裁判。可以通过点击各个门类进行浏览，也可以使用裁判书搜寻功能（参见图3-115），按照审理法院、案件种类、案件编号、审判日期、主题、摘要、审判结果、裁判书全文等进行检索。

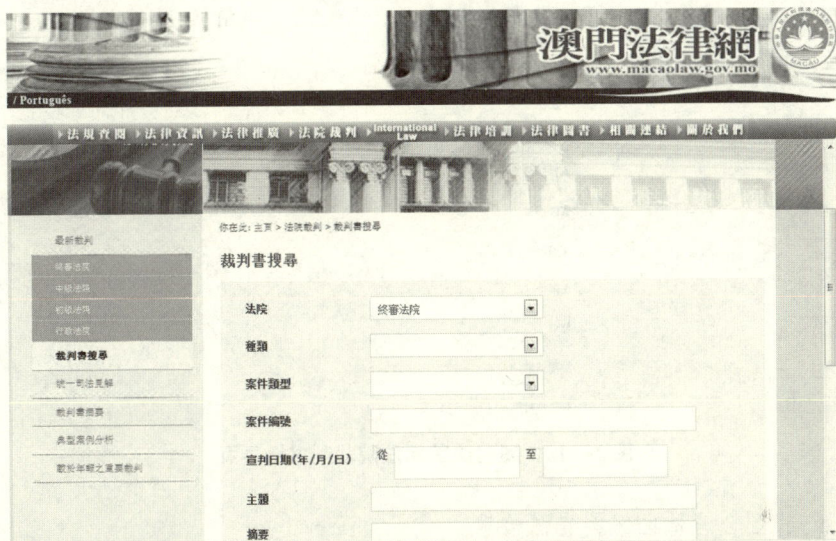

图3-115　澳门法律网裁判书搜寻页面

C. 澳门法院网。澳门法院网（http://www.court.gov.mo/zh）是澳门特别行政区法院网站。通过网站可以了解澳门特别行政区各级法院的基本情况和法院活动最新消息，查询案件排期，下载诉讼表格，查阅或下载三级法院的司法裁判，了解法官在司法裁判中所宣示的司法见解，等等。主要内容包括法院裁判、案件分发及排期、司法变卖、统计资料、财产申报查阅等。以法院裁判为例，下设最新裁判、裁判书搜寻、统一司法见解、裁判书摘要、典型案例分析、载于年报之重要裁判。

以裁判书搜寻子库为例，可按照法院层级（终审法院、中级法院、初级法院、行政法院）、裁判书种类（民法及民事诉讼法、刑法及刑事诉讼法、行政法、税务法等）、案件类型、案件编号、主题、摘要、审判结果等字段进行检索（参见图3-116）。

图3-116　澳门法院网法院裁判书搜寻页

4. 我国台湾地区案例资源检索

我国台湾地区的法规体系从属于大陆法系，直接承袭了国民党在大陆时期的"六法"体系，即六大基本法规（"宪法""民法""民事诉讼法""刑法""刑事诉讼法""行政法"）、相关法规、案例和解释令等。法律体系以成文法为主，"最高法院"的案例经核定后，具有"法律效力"。

（1）纸质案例资源。检索台湾地区纸质案例资源可以使用各种书目检索系统，如台湾大学图书馆馆藏书目（http://www.lib.ntu.edu.tw）、元照网络书店（http://www.angle.com.tw）等。

检索台湾地区的案例资源的商业数据库主要是元照月旦知识库。

（2）元照月旦知识库。月旦知识库是由元照出版公司出版发行的一个综合数据库，收录的重点是以五大学科：法学、教育、经济、公管、医卫的重要作者，发表在期刊、图书、教学资源、题库讲座、博硕论文的文献为收录的核心，配合科研、教学、学习、实务的目的建构题库讲座、词典工具书、两岸常用法规、精选裁判等资料，并以重要期刊、图书的全刊收录为辅。

月旦知识库是获取台湾法学资源的一个重要渠道。月旦知识库中的判解精选子库，主要由两大部分内容构成：一是台湾裁判：选实用的判解约25 000笔，包括"大法官"会议解释、司法解释、"最高法院"判决、"最高法院"决议、"最高法院"裁判；二是大陆裁判：选用重要及经典案例，包括最高人民法院、最高人民检察院、各级地方法院、专业法院等近千笔裁判。

月旦知识库的案例查询功能较为简单，输入查询关键词和日期限定，检索所需要的资源，也可以按照案例的不同类别进行筛选："大法官解释"、司法解释、"最高法院"判例，"民事、最高法院"判例，"刑事、最高法院"决议，"民事、最高法院"决议，"刑事、最高法院"裁判，"民事、最高法院"裁判，"刑事、最高行政法院"判例、"最高行政法院"裁判。

例如，在月旦知识库判解精选子库查找知识产权（台湾地区称为智慧财产权）的相关判例资源，如图 3-117 所示：

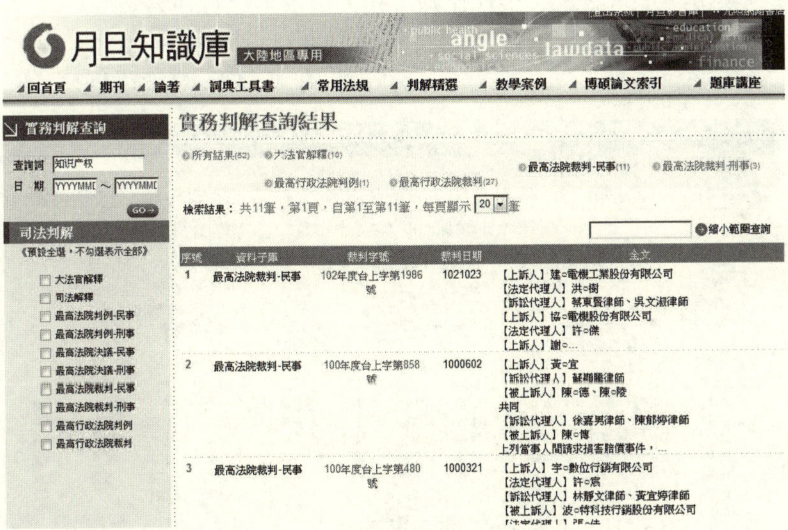

图 3-117　月旦知识库案例检索功能

（3）其他网络案例资源：

A. 法源法律网。法源法律网（http://fyjud. lawbank. com. tw/index. aspx）是法源资讯股份有限公司开发制作，全面收录台湾各类法学资源，分为法律新讯、法规、司法判解、行政函释、裁判书、法学论著等六类，并每日实时更新数据。其中，判例资源主要有司法判解和裁判书两大子库，司法判解子库收录具有参考价值的"司法体系"（"司法院"、各级法院、"检察署"）对外公布的实务见解，包括："大法官解释"（含解释文、理由书、协同意见书、不同意见书与申请解释之相关文件）；最新公布的"最高法院"民事、刑事判例；最新公布的"最高法院"民事、刑事决议；各级法院精选裁判；最新公布的民事、刑事法律问题座谈。裁判书子库收录的主要有"司法院"刑事补偿案件（1996年起）；"司法院"诉愿决定书（2002年10月起）；"最高法院"案件（1996年起）；"最高行政法院"案件（1998年起）；"公务员惩戒委员会"案件（1996年起）；"台湾高等法院"诉愿决定书（2006年起）；"台湾高等法院"及其分院案件（2001年起）；"高等行政法院"案件（2000年起）；"智慧财产法院"案件（2008年起）；地方法院案件（2000年起）。

以裁判书子库检索为例（参见图3-118），需要选定民事、刑事或行政类型下不同的裁判法院作为检索范围，可以按照全文内容、裁判字号、裁判期间、裁判案由、承审法官、委任律师、相关法条等进行检索。

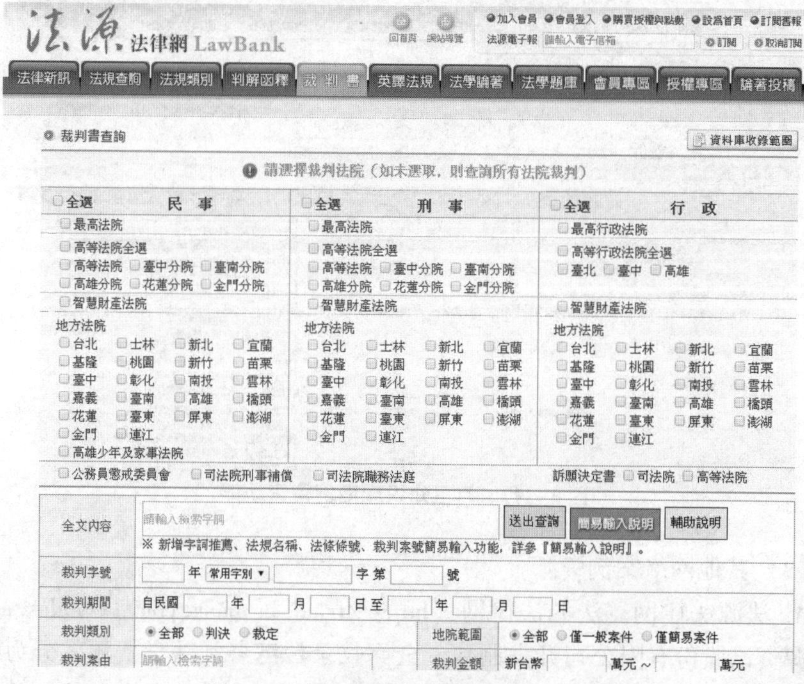

图3-118　法源法律网裁判书子库首页

B. 植根法律网。"植根法律网"（www. rootlaw. com. tw）是我国台湾地区唯一提供完整在线法律资料的专业网站，数据库内容收录了自民国迄今的法规、行政函释、司法判解，以及诉愿决定书等，提供简便的查询功能及全文检索机制，帮助用户获取完整、详尽以及可靠的法律资讯。植根法律网裁判书收录了我国台湾地区"最高法院""高等法院""地方法院"的相关裁判书。

图 3-119　植根法律网首页

（二）外文案例资源检索

1. 美国案例资源检索

美国是典型的英美法系的代表。英美法系（也称为普通法系）是承袭英国中世纪的法律传统而发展起来的各国法律体制的总称。英美法系的一大特点就是更加注重法律思想和传统制度的延续性。因而判例法在整个英美法系中占据主导地位。判例法，是指基于司法机关的判决而形成的具有法律效力的判定。一项判决一旦做出，不仅对当时的案件具有约束力，而且对以后类似的案件也有同样的法律效力，能够作为法院判案的法律依据。英美法常被称为不成文法，主要原因是英美法的规范是通过法官的判决来体现，而不是通过立法文件。英美法系的制定法大多都是对判例法的补充或整理，与大陆法系相比，缺乏系统性，内容上也比较局限，不能涵盖整个法律门类，对法律制度的影响远远没有判例法大。虽然英美法系国家并没有因为注重判例的重要性而忽视成文法的制定，但英美法系的法官在判案时，首先援用的法律依据还是判例法，其次才是成文法。

判例法在美国是一个十分重要的法律渊源，在美国的大部分司法领域里，判例法是主要的法律渊源，制定法仍然要通过判例的具有约束力的解释才能有效实施。判例法制度的基本原则是下级法院接受上级法院判决的约束，这就是"遵从先例原则"。对于普通法系国家的判例而言，判例所包含的信息更丰富，因此在检索、筛选英文判例资源时，更要注重整理分类。同时，由于美国是联邦制国家，州与联邦的法律系统相互独立，不同法律系统中法院的管辖权直接决定了其判例的适用范围和约束效力。因此，在检索美国的判例时还应将州与联邦的判例区分开，区分判例约束力的适用范围。此外，还要注意到判例是否仍然适用。英美法系"遵循先例"的原则要求下级法院在审理案件时参照上级法院的相关判决，但下级法院会对所参照案件的法律争议点的相关判决存在异议，被参照的案件就会产生一个是否适用的问题。在Westlaw 的 Keycite 功能及 Lexis 的 Shepardize 引证服务都能为用户提供一个案件适用性的参考标志。

（1）纸质案例资源检索。美国已经形成比较规范的法律出版系统，包括官方出版和商业性出版，同一个法律判决可以同时出现在不同的判例汇编中。美国的绝大多数州和联邦法院都将自己的判例公布于官方正式网站，用户可以自行查阅。商业性出版的判例以 Westlaw 和 Lexis 两大公司为主，它们将美国联邦和各州的法律统一收集并附有专业人员对案件的注解以及案件涉及的相关法律条文等，便于用户从中发掘出有用的法律信息。大多数的判例汇编收集美国最高法院，各州最高法院，以及联邦和各州的上诉法院的判决。公开出版的判决汇编主要有《美国判例汇编》（*United States Reports*，U. S.）、《联邦上诉法院判例汇编》（*Federal Reporter*）、《联邦地区法院判例补编》（*Federal Supplement*）以及刊登各州最高法院判决的《地区报告》等。

检索美国纸质判例资源的途径主要可以通过美国国会图书馆的书目检索系统（https：//www. congress. gov）、美国国会图书馆下属的美国国会法律图书馆（http：//www. loc. gov/law）等。

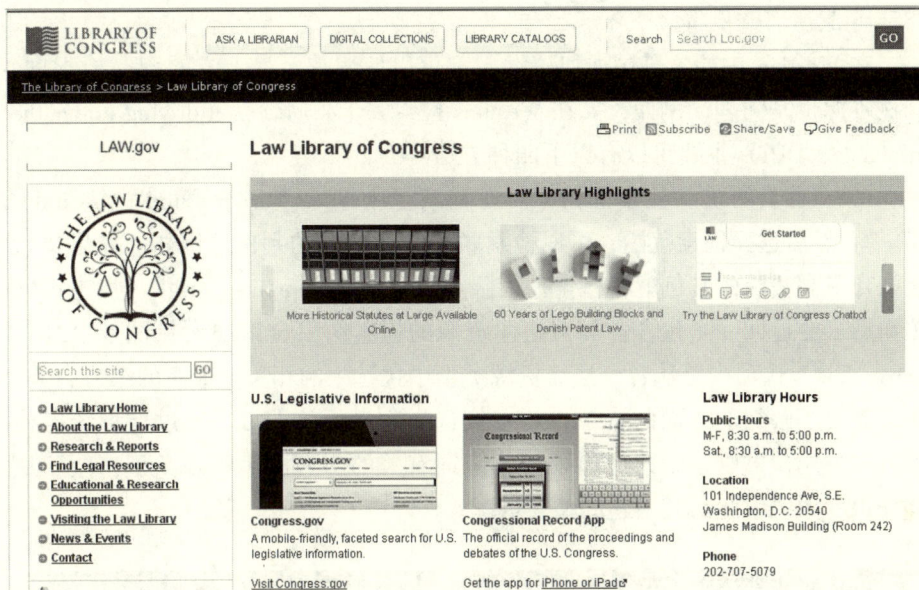

图 3-120 美国国会法律图书馆网站首页

检索美国判例资源的商业数据库主要有以下几个：

（2）Westlaw Next。Westlaw 是隶属于汤森路透集团旗下美国最大的法律信息集成供应商。不论从法律资源收集的全面性和还是以更新的时效性来说，都是非常可观的。经过改版的 Westlaw Next，相比之前的 Westlaw International 检索起来更加简易智能，用户体验满意度高，采用的一站式统一检索让用户更容易上手。

在使用任何一个数据库之前，不要急于下手查找资源，建议先熟悉数据库的收录范围（包括各个子库），了解数据库提供的检索方式（包括简单检索、高级检索、专业检索等），再看一下检索结果的处理方式有哪些，最后掌握一下数据库的一些个性化服务。太盲目地使用检索工具，往往会造成欲速而不达的效果，尤其是外文法律专业数据库，构成通常比较复杂，需要用户多花时间去熟悉。外文数据库通常会在首页提供帮助文档，建议在使用前先阅读帮助文档，以便更好地利用数据库的资源。

Westlaw 数据库收录的判例资源主要有以下几部分：美国（联邦 & 州）自 1658 年起所有判例；英国自 1865 年起所有判例；欧盟自 1952 年起所有判例；澳大利亚自 1903 年起所有判例；香港自 1905 年起所有判例；加拿大自

1825 年起所有判例等。

在 Westlaw 中检索美国法律资源，都可以使用首页最上方的统一检索框，判例资源也是同理。例如，要在 Westlaw 检索关于酒后驾驶（driving under the influence，DUI）主要可以有以下四种方法：

A. 在首页的统一检索框检索。在检索框中输入"driving under the influence"，然后选择检索范围，可以检索联邦或者各州的判例。例如，如果要检索联邦最高法院的判例就将检索范围限定为"U. S. Supreme Court"，点击搜索按钮后，会返回一个包含各类型法律资源的检索结果合集（参见图 3-121），"Overview"选项中是从各个法律资源类型中挑选中的相关度最高的结果合集。如果需要了解判例方面的资源，从左侧选择判例标签即可。通过这种统一检索方式，用户可以一站式地检索与关键词有关的所有法律资源类型，便于从全局角度大致了解研究主题的相关情况。

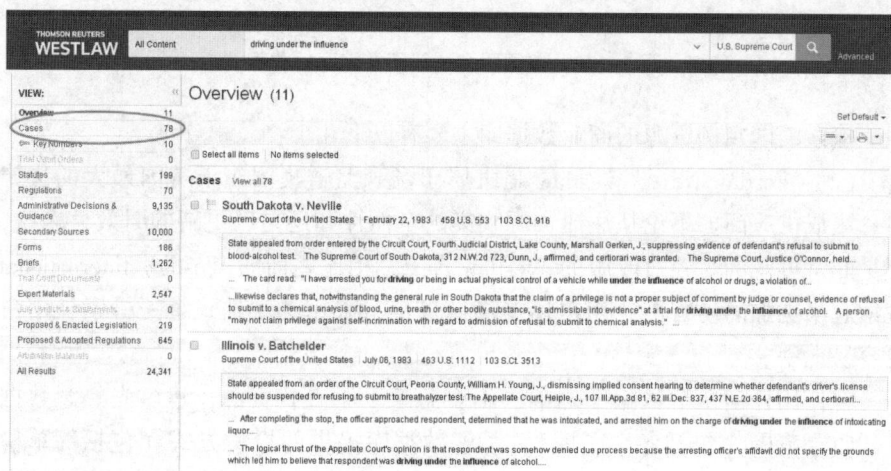

图 3-121　Westlaw 数据库首页统一检索功能

B. 在 Cases 子库检索。Westlaw 数据库的 Cases 子库将所收录的判例资源划分为联邦判例［联邦判例资源又进一步按法庭类型分类 Federal Cases by Court（细分为联邦最高法院、联邦上诉法院、联邦地区法院、联邦破产法院、税务法院、赔偿法院、国际贸易法院、退伍军人上诉法院、军事法院、跨地区诉讼司法委员会）、按审理地域分类 Federal Cases by Circuit（细分为第 1～11 巡回法院、华盛顿特区巡回上诉法院、联邦巡回上诉法院）］，各州判例

（按所属州进行分类 Cases by State），此外还有美国其他辖区的判例 Cases-Other U. S. Jurisdictions（包括关岛、北马里亚纳群岛、波多黎各、各部落、美属维尔京群岛），以及按照各法律主题分类的判例资源 Cases by Topic（参见图 3-122）。

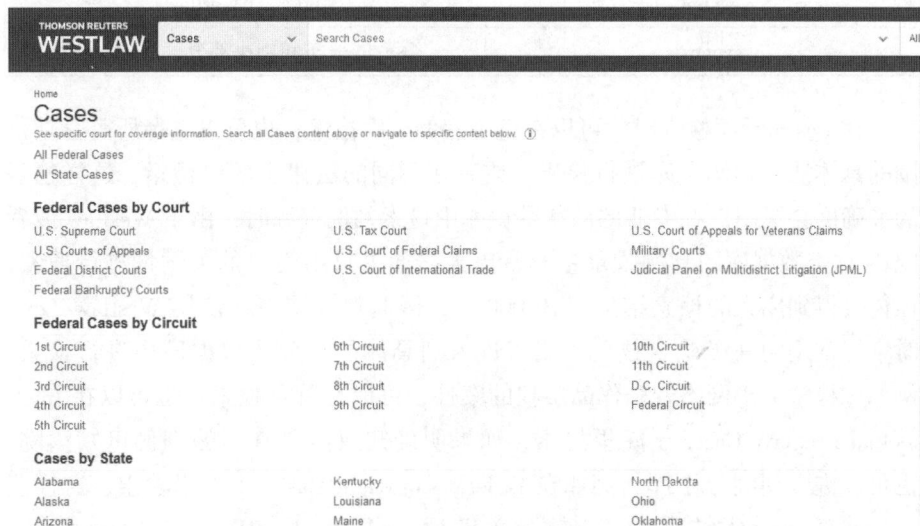

图 3-122　Westlaw 数据库 Cases 子库

与检索其他资源不同，法律资源有其独有的一些检索字段，见表 3-2 所示：

表 3-2　法律资源检索字段中英文名称

字段名称	中文释义
Citation	引证号
Court	主审法院
Judge	主审法官
Opinions	主审法官意见
Headnote	涉及的法律问题
attorney/Counsel	辩护律师

续表

字段名称	中文释义
holding/decision/outcome	判决
digest/summary	摘要
Keynumber	钥匙码（Westlaw）
synopsis	案件的事实和判决部分（Westlaw）

在 Cases 子库检索时，可以在整个判例子库检索，也可以选择所需管辖范围的具体法院判例子库进行检索，或者在不同的法律主题里检索，这样检索的准确度会更高。在专业的法律数据库中检索判例资源时，由于 Westlaw 或者 Lexis 这类数据库的判例收录量非常庞大，如果只用简单的关键词进行搜索，往往会得到庞大的检索结果（10 000+），因此建议用户在使用 Westlaw/Lexis 时掌握常用的高级检索技巧，或者进入到具体的细分子数据库中进行检索。例如，检索关于网络音乐作品版权的案件，可以在首页检索，也可以在 Intellectual Property Cases 子库里检索，如果明确知道需要查询的判例审判法院，也可以进入到细分子库，例如在 Federal Copyright Cases 子库里检索，这样能进一步缩小检索结果集合。输入关键词：advanced：HE（online music！/s works）（具体检索式的用法请见本章香港判例资源检索中的 Westlaw 检索示例）。得到的检索结果如图 3-123 所示：

检索结果可以按照相关度、日期、引用次数、使用次数、法庭层级、关键词频率进行排序。页面左侧提供了多种缩小检索结果的方式：在结果中检索、按主题、按法官、按律师、按案件号、按 Key Number（详细介绍见本节第五点）等。

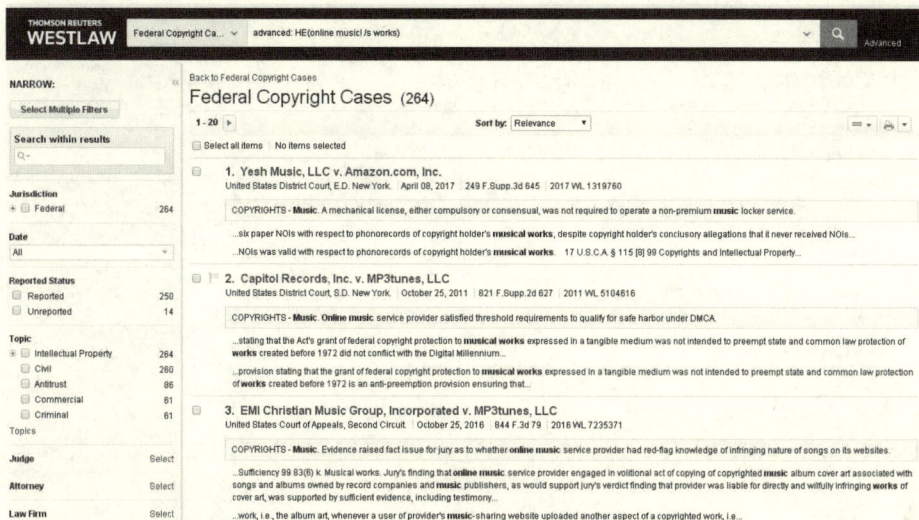

图 3-123　Westlaw 数据库判例检索功能

需要注意的是，在有些判例的前面，会有一些标志，常见的有以下几种：

▪ 表示本判例至少包含的一个法律观点已经不再适用。

▫ 表示本判例尚未被推翻，但是已经有后续案件对本案提出异议。

▫ 表示本判例被上诉至美国上诉法院或者美国最高法院。

这个功能就是 Westlaw 独有的 KeyCite（关键引用）。这项功能能够帮助用户确认所查询的每一个判例、法条、行政决定、规章是否仍然适用，如果需要在 Westlaw 里使用 KeyCite 功能查询判例的有效情况，可以将判例的引证号与 keycite/keycite：/kc/kc：其中任意一个词同时输入到检索框中。例如：keycite 718 F. Supp. 2d 514，执行结果如图 3-124 所示：

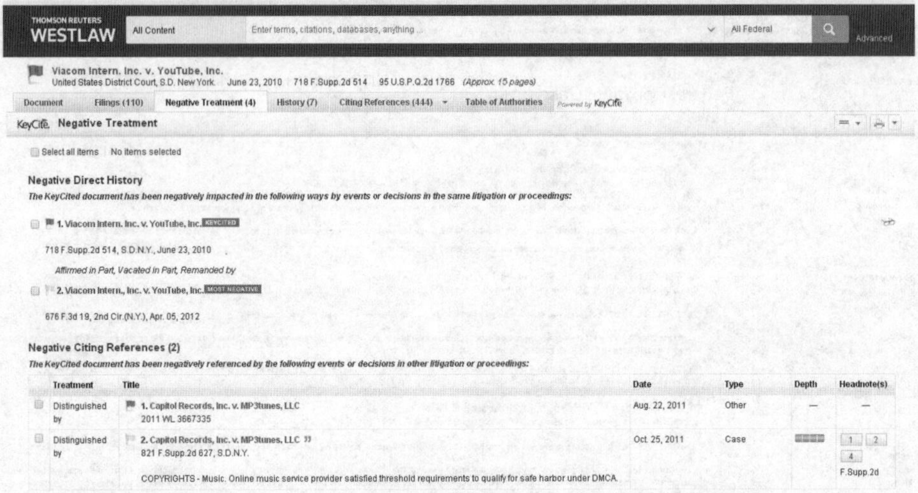

图 3-124　Westlaw 数据库 KeyCite 功能

在 negative treatment 里呈现了此判例受到的在其同一诉讼程序中的判决或事件的负面评价以及后续哪些法律资源（判例、法条等）对其做出的负面的评价，可以具体到某个法律争议点，也可以查看后续哪个案件对此案的负面评价最严重（most negative）。常见的带有负面评价的词有：overruled（推翻）、被区分（distinguished）、适用范围遭到限制（be restricted），常见的带有肯定或中立评价的词有：followed（同意）、concurred（同意）、dissented（持异议）、explained（解释）。

C. 引证号检索。众所周知，美国的判例资源十分丰富，为了方便用户查阅和引用，判例出版商都会采用判例编号系统为每个判例分配独有的判例号，也称为引证号。由于不同的出版商使用不同的引证号，所以同一个判例可能会对应多个引证号。但是一个引证号是指向唯一一个判例。例如，Apple Inc. v. Samsung Electronics Co., Ltd. 这个判例在 Westlaw 数据库里就有两个引证号 801 F. 3d 1352 和 116 U. S. P. Q. 2d 1445。引证号的构成部分如下：801 F. 3d 1352 表示《联邦上诉（巡回）法院判例汇编》第 801 卷第 1352 页。通过一个判例的引证号用户就可以大致了解到它属于哪个判例汇编。常见的判例汇编缩写有 U. S.——美国判例汇编；S. Ct.——美国最高法院判例汇编；F.——联邦上诉法院判例汇编；F. Supp.——联邦地区法院判例汇编。利用引证号可以快速定位到具体判例，便于用户精确检索出所需结果。

D. 当事人姓名检索。在检索判例时也可以使用双方当事人的信息进行检索，例如，马布里诉麦迪孙，advanced：TI（marbury v. madison），如图 3-125 所示；苹果诉三星 advanced：TI（Apple v. Samsung）。检索时如不清楚双方当事人的完整名称，可以只输入一方当事人，或者只输入当事人姓名的部分字母，系统会自动匹配出包含有所输入关键词的检索结果。

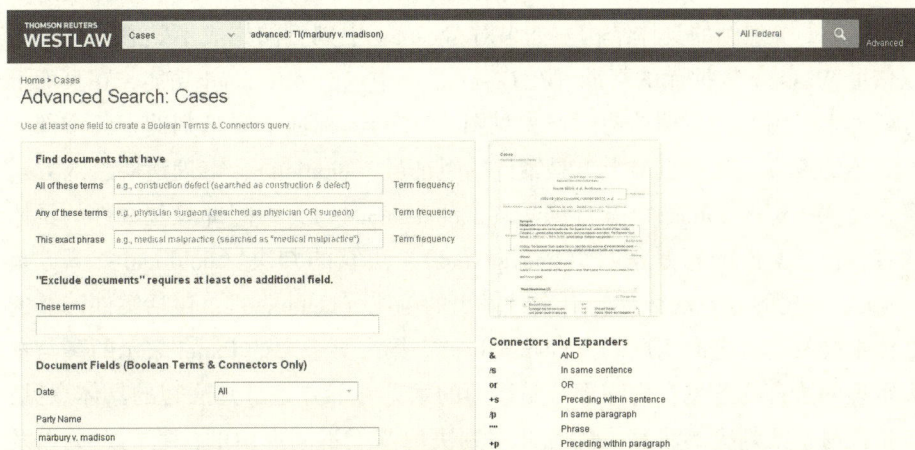

图 3-125　利用案件当事人姓名检索

E. KeyNumber 钥匙码系统。检索美国判例，除了用关键词组配的检索式进行检索，还可以使用 Westlaw 独有的功能 KeyNumber 系统。KeyNumber 系统是美国法院系统和 West 公司研发的一套法律分类体系，将所有的法律分为 400 多个法律主题，逐级细分，到最底层共有 10 万多个法律内容，每个法律内容对应一个钥匙码。当数据库收录了一个新的判例后，专业法律编辑便会对此判例进行编注，根据判例涉及的法律概念撰写相应的法律摘要，再为这个摘要匹配相对应的钥匙码。例如，一个涉及 Insurance（保险）的判例，那么首先定位到 400 个大标题中的对应项目：217 Insurance，接着，根据判例的具体争议点，再寻找更准确的下类钥匙码，例如，涉及保险中的用户信息泄露，217 INSURANCE——X. PRIVACY OF INFORMATION，k1580-k1602——1590 Disclosure by insurer，该钥匙码下对应的就是 Westlaw 中收录的部分关于保险中用户信息泄露的判例。一个判例资源可能会对应到多个钥匙码。如果觉得浏览具体的钥匙码系统太繁琐，用户也可以在钥匙码系统页面的检索框里输入关键词，系统会列出与之相匹配的钥匙码。钥匙码系统将法律概念或者法律要点与具体判例相连接，用户可以快速定位到关注的法律要点以及与之最相关的判例。用户在检索判例资源时，就可以使用钥匙码系统的帮助，可以避免关键词输入不当导致的检索结果有误。需要注意的是，钥匙码系统目前仅适用于美国的判例资源。

通过以上五种方法用户就可以检索到所需的判例资源。接下来再了解一下 Westlaw 中判例的具体结构。如果对 Westlaw 中判例的构成不熟悉的话，可以借助 Westlaw 数据库的帮助。在 Cases 子库中点击 Advanced 功能，在页面上方就列出了判例的文档结构图（参见图 3-126），标注了一篇判例中各个部分的具体的意义。第一页最上方是案件的引证号（citation）、审理法院、双方当事人名称（party name）、案件编号（docket number）；中间部分是案件的具体内容，包括案件的背景信息（background）、法官的判决（holding）；下方是 Westlaw 公司的专业法律编辑对案件做出的编注（headnote），包括案件涉及的法律主题及其对应的钥匙码（keynumber）。第二页上方的 Panel 表示的参与本案审理的法官的意见，中间部分是律师的意见，下方是审判法官的具体意见，包括撰写本案判决的法官、同意此案判决但基于不同理由的法官的意见以及与本案判决持相反态度的法官的意见。

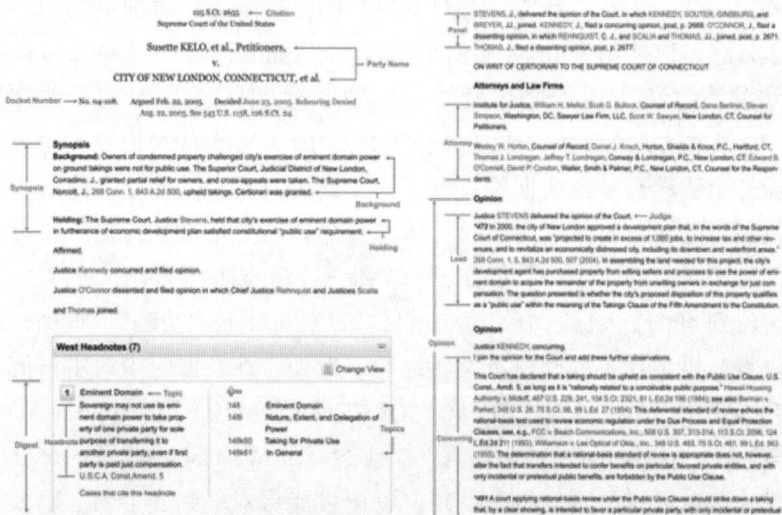

图 3-126　Westlaw 判例页面文档结构图

除了对案件的基本信息的整理之外，Westlaw 还利用自己强大的法律资源网对案例资源涉及的其他信息做了串联，帮助用户更好地了解案件的其他有关信息，以图 3-127 的案例为例：

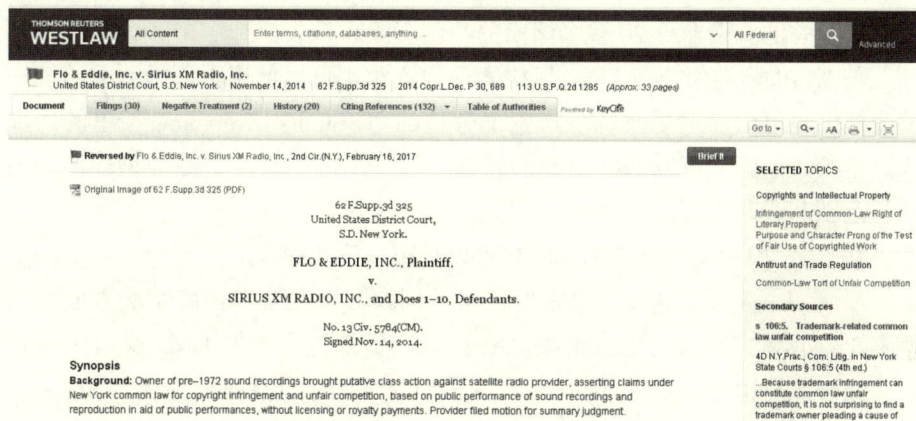

图 3-127　Westlaw 判例信息页

Document 标签下列出了判例的正文部分；

Filing 标签下列出了判例的归档信息；

Negative Treatment 标签中列出了此判例公布后，对此判例有负面评价的后续判例；

History 标签中列出了此判例的相关诉讼历史资料；

Citing Reference 标签中列出了引用该判例的相关法律资源，包括引用了该案例的其他案例、行政资料、二次文献、摘要和其他法庭材料，还用绿色进度条表示引用该判例的其他判例、行政决定或摘要对该判例的讨论程度，绿色越多表示讨论程度越深，在每一个后续判例中还注明了该判例涉及（讨论）了原判例的某一个或某几个法律争议点（headnote）；

Table of Authorities 标签中列出了此判例中所讨论和引用的历史判例。

通过以上几部分内容，用户可以对此案件的历史沿革、后续引用，以及与其他法律资源的相互关系有一个大致的了解。

（3）Lexis Advance。近期升级后的 Lexis Advance 数据库，采用了与 Westlaw 类似的统一检索框的功能，以帮助用户更便捷地使用数据库。Lexis. com 之前采用的是细分子库，要查找资源的话必须清楚地了解资源所在的子库的位置，只有进入到最底层的子库才能实施检索，这给新入门的用户带来了较大的挑战。更新为 Lexis Advance 之后（以下简称"Lexis"），用户无需选择检索子库即可在统一检索框进行一站式搜索。

Lexis 收录的判例资源主要有：近 300 年美国联邦和各州的判例；英国、加拿大、香港、南非等 20 多个国家的判例资源。

与 Westlaw 类似，在 Lexis 里检索任何资源都可以使用页面最上方的统一检索框，也可以通过更改统一检索框旁边的"Search：Everything"里的选项来设定检索范围，可以选择不同的管辖区域、不同的法律资源类型、不同的执行范围和法律主题。

在 Lexis 中检索判例资源，同样可以采用以下几种方法：

A. 在 Lexis 首页的统一检索框检索，例如，检索关于环境立法方面的判例资源（具体检索式的用法请参见香港判例资源检索中的 Lexis 检索示例），检索式可以表达为：environment w/s legislation。检索结果页面左侧的 Snapshot 标签可以帮助用户在一个页面上浏览最具关联性的所有法律资源（类似于 Westlaw 的 Overview），如图 3-128 所示：

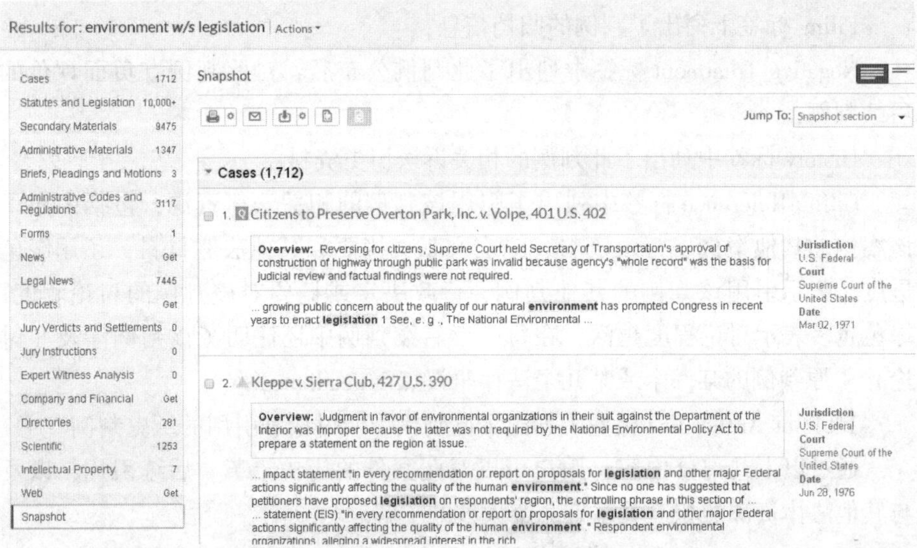

图 3-128　Lexis 首页统一检索功能

Lexis 数据库的 Cases 判例库与 Westlaw 的设置略有区别。Lexis 数据库在

Cases 首页中将所有判例资源划分为四大类：联邦判例、州判例、审判法庭判例以及美国原住民部落法院判例。在按法庭类型分类的联邦案例中（Federal Cases by court），除了与 Westlaw 相同的十个类目外（联邦最高法院、联邦上诉法院、联邦地区法院、联邦破产法院、税务法院、赔偿法院、国际贸易法院、退伍军人上诉法院、军事法院、跨地区诉讼司法委员会），Lexis 增加了一个 American Maritime Cases（美国海事法庭判例）。此外，也有 Federal Cases by Circuit、Cases by State 以及 Practice Area 三大类。

B. 按关键词检索、按引证号检索或按双方当事人姓名检索，例如，检索个人信息隐私保护方面的判例，输入（personal pre/1（information or data））and privacy w/3（protect! or safe!），检索结果如图 3-129 所示：

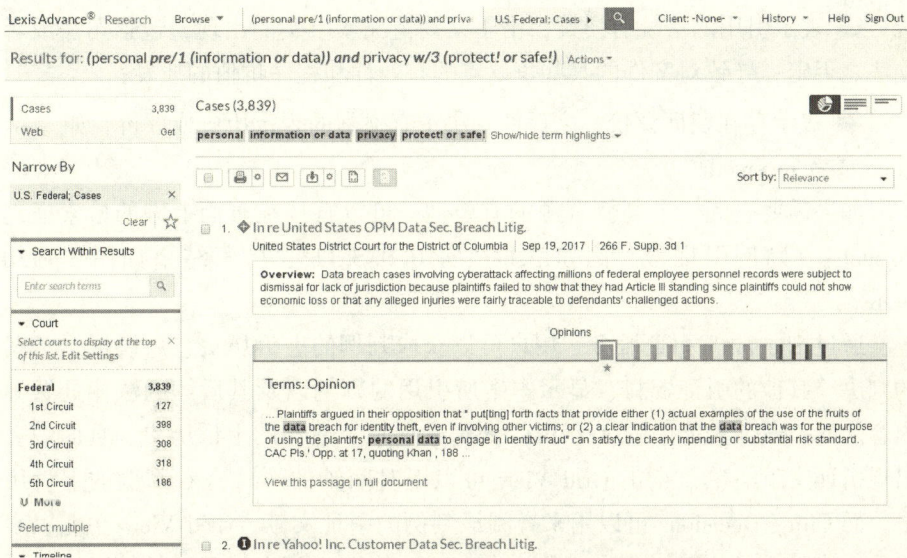

图 3-129　Lexis 中 Cases 子库检索功能

在页面上方，系统自动对检索式中的关键词进行提取拆分，分配以不同的颜色，在各个检索结果中，以横轴的形式表示每个关键词在案例各个部位中出现的位置，方便用户快速定位关键词。页面左侧提供在结果中检索，或者按照法庭、时间、来源、法律主题、律师、法律事务所、引用次数最多、关键词、审理法官和出版商进行二次筛选。用户也可以按照判例名称字顺、管辖权字顺、审理法庭层级、时间日期对检索结果进行排序。

Lexis 的 Shepard's 引证服务通过提供案例被其他案件引用的情形，帮助用户确认该案例是否具有效力，这一功能与 Westlaw 的 keyCite 类似。Shepard's 引证服务的标识符位于每个案例前面，不同标识符的具体含义如下：

◆ 表示随后判决中的评价与此案例的沿革对该案有正面的影响，例如 affirmed 和 followed；

Ⓐ 表示后续引用判例中或存在中性的分析，随后的判决中未出现正面或者负面的评价，例如 explained；

❶ 表示存在引证文献，如被法学期刊引用，但引证文献没有历史沿革或者判决分析；

▲ 表示可能存在负面的评价，例如 limited 或者 criticized；

Ⓠ 表示引用的法院有质疑，由于某些情况或事实的出现，包括司法或者立法之否定，导致对案件的某些争议点的有效性和程序价值的质疑；

● 表示存在负面评价，之后的判决中有强烈的否定历史或评价，如 overruled 或者 reversed。

如果需要查阅一个判例资源的有效性，可以直接在页面上方的检索框键入 shep：+判例引证号，例如，shep：410 U. S. 113，检索结果如图 3 - 130 所示。

通过 Shepard's 引证服务，用户可以获取判例的上诉历史、后续援引本案的判决、其他的引证资料、显示本案所引用的判例以及其后续的法律处置等内容。Shepard's 功能中的 Appellate History 展示了案件的上诉历史，页面中会出现引证文献清单，点击 Grid View 可以以时间轴的形式查看判例的上诉历史。而 Citing Decisions 可以用来查阅该判例的引证文献。Grid View 功能以表格的形式显示了该判例的法律争议点在司法管辖法院中被引证的情况。用户根据图表中的分析词汇、司法管辖法院或者年份进行过滤筛选，就可以看到在选定方格中的判例信息。

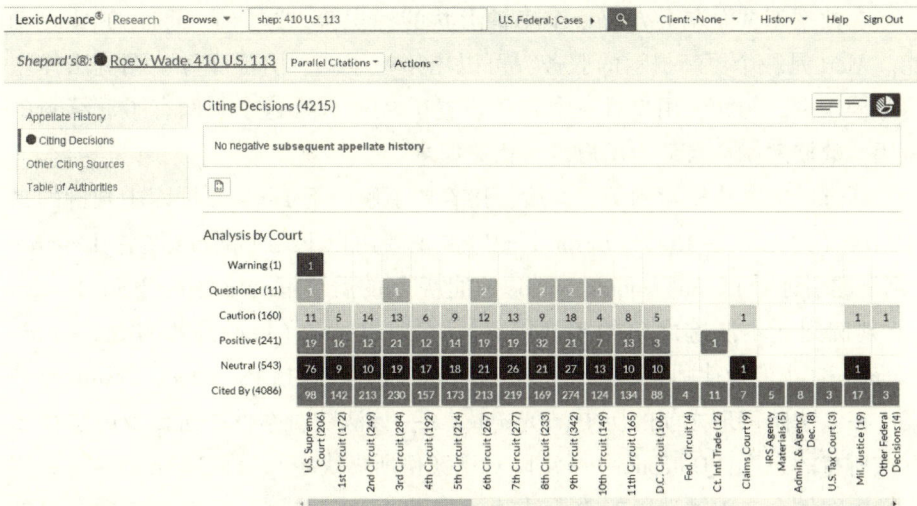

图 3-130　Lexis 中 Shepard's 引证服务

　　C. 通过浏览的方式检索。点击页面左上方的 Browse 下拉列表，用户可以按照法律文献来源（按文献类型、按管辖区域、按执业范围、按出版商）、按照法律主题、按照实用中心进行分类浏览。其中按法律主题浏览的方式类似 Westlaw 的 KeyNumber 系统，但是 Lexis 没有给每个主题编号，而是按照逐级浏览的形式向下查找细类。例如，Topic—Copyright Law—Copyright Infringement Actions—Criminal Offenses—Criminal Infringement—Penaties—Get Documents，就可以获取关于知识产权刑事侵权赔偿方面的判例资源，如图 3-131 所示。

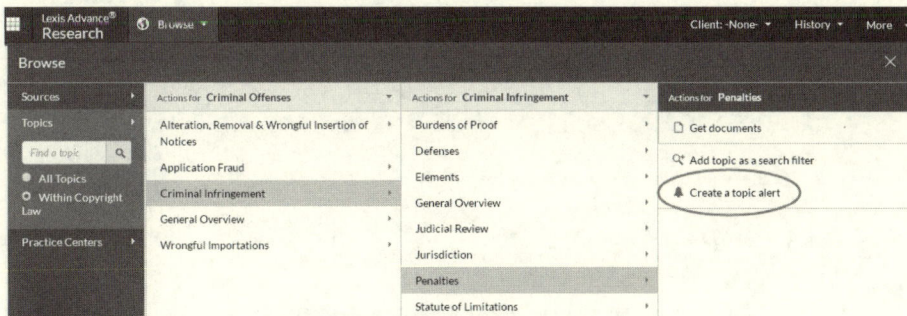

图 3-131　Lexis 浏览查找判例功能

在数据库页面左上方有一个小钟形状的标识符，这个是 Lexis 的 Alert 功能。Alert 是一个更新提示的服务，可以用于检索式、引证服务、浏览法律主题等操作中。例如，用户对一个判例设置了 Alert，当这个判例有了后续新的引用，数据库就会自动为用户推送相关信息。

通过以上方法检索判例资源后，接着要了解一下 Lexis 数据库中判例的具体结构（参见图 3-132）。Lexis 中的判例主要由以下几个部分组成：Reporter（判例的引证号）、Subsequent History（此判例的后续审理信息）、Prior History（此判例到达本法院之前的审理信息）、Core Terms（核心法律主题）、Case Summary（由专业律师编写的有针对性的案件描述，包括 Procedural Posture——案件在该法院审理之前的历史；Overview——该法院对案件中所提及的法律争议点所持的态度；Outcome——法院对该案例所做决定）、LN Headnotes（利用直接由案例全文中挑选出的重要法律争点及直接从法院官方判决中提取出的法律关键点编写而成）、Opinion by（撰写判决的法官）、Concur by（同意此案判决但基于不同理由的法官）、dissent by（持反对意见和相反意见的法官）。检索页面右侧的 About This Document 中的 Find references to this case 可以查看后续引用了这个判例的其他相关法律文献的信息。

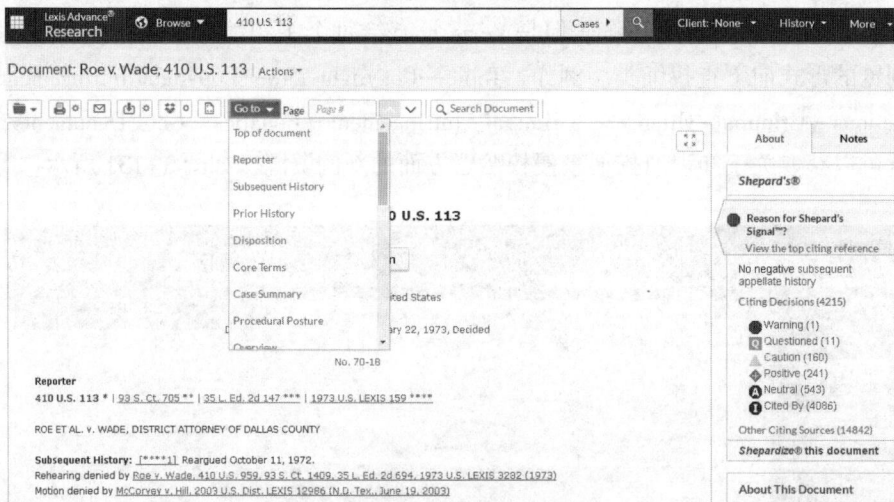

图 3-132　Lexis 判例正文示意图

（4）其他网络案例资源：

A. 找法网 FindLaw。FindLaw（http://caselaw.findlaw.com）是隶属于汤森路透集团下的免费法律资源网站。其中的判例和法典子库包含了联邦和州的法律资源及链接，主要有宪法、法条、判例等。用户可以按照管辖领域分类浏览各个法庭的资源，也可以按照法律主题、涉及的领域、案件编号、双方当事人名称及审理日期等检索相关判例资源。

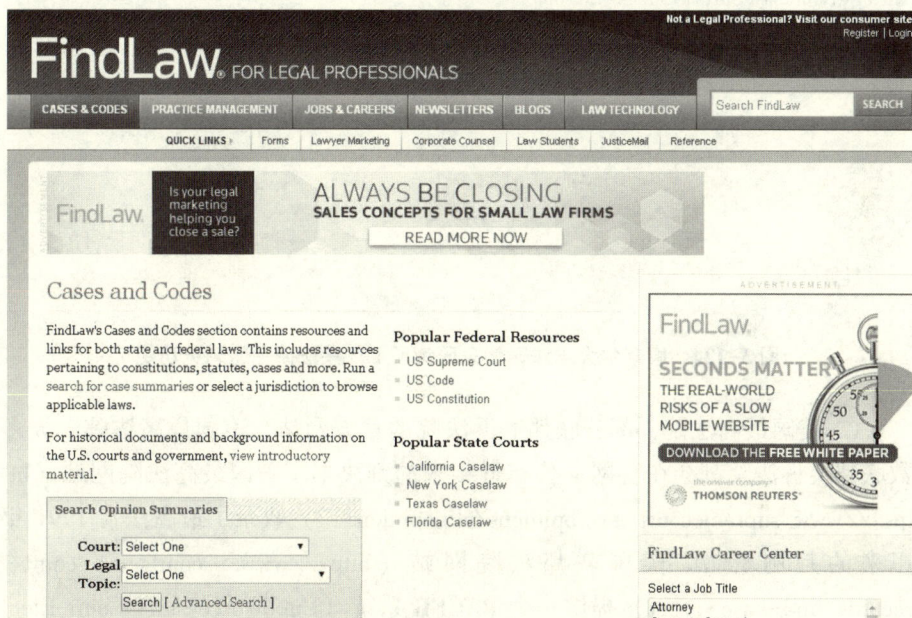

图 3-133　Findlaw Cases&Codes 网页

B. 康奈尔大学法律信息研究所 LII。康奈尔大学法律信息研究所（https://www.law.cornell.edu）是康奈尔法学院下属的致力于推动全球范围法律开发获取的机构，合作者包括出版商、法律学者、政府机构，成立于 1992 年。网站的内容包括各类法律领域的核心资料，包括宪法、美国法典、最高法院的判决、联邦法规等等，还包括 WEX 法律词典和百科全书。

以判例资源为例，LII 收录的判例资源主要是美国最高法院自 1992 年以来的判决，尤其是自最高法院成立以来最重要的三百多项判决。用户可以通过撰写法庭意见的法官、双方当事人名称以及法律主题来浏览最高法院的判

例资源（参见图3-134），也可以通过关键词实施检索，系统支持精确检索及
常见的布尔运算符。

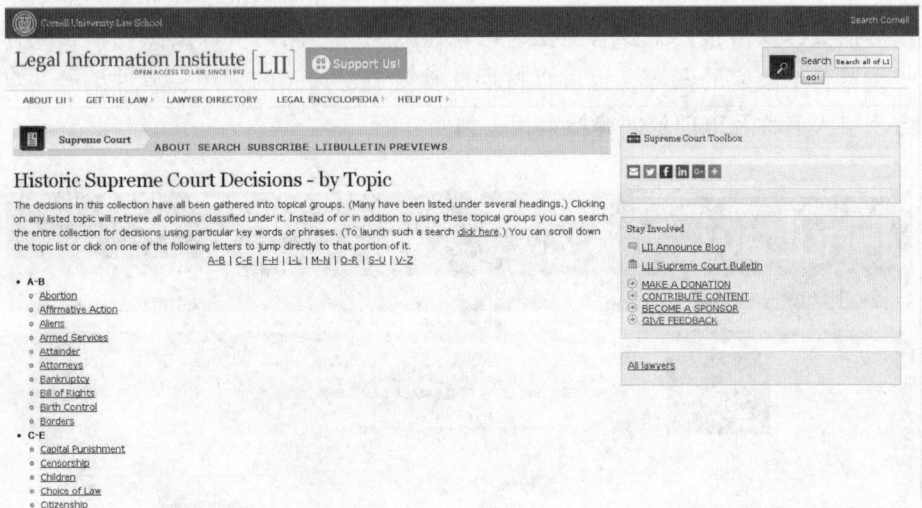

图3-134　康奈尔大学法律信息研究所LII按法律主题浏览功能

C. 美国最高法院、部分联邦上诉法院的官方网站。美国最高法院、大多
数联邦上诉法院都会在官网上公布近年来的判决书。美国最高法院网站（ht-
tps://www. supremecourt. gov/opinions/slipopinion/17）收录了最高法自1991年
以来的判例资源。美国联邦法院网站（http://www. uscourts. gov/court-
records/find-case-pacer）提供一个PACER系统（Public Access to Court Elec-
tronic Records，参见图3-135），该系统列出了联邦法院系统各类法院的网站
链接，用户可以通过点击链接跳转到相关网站查询判例资源。

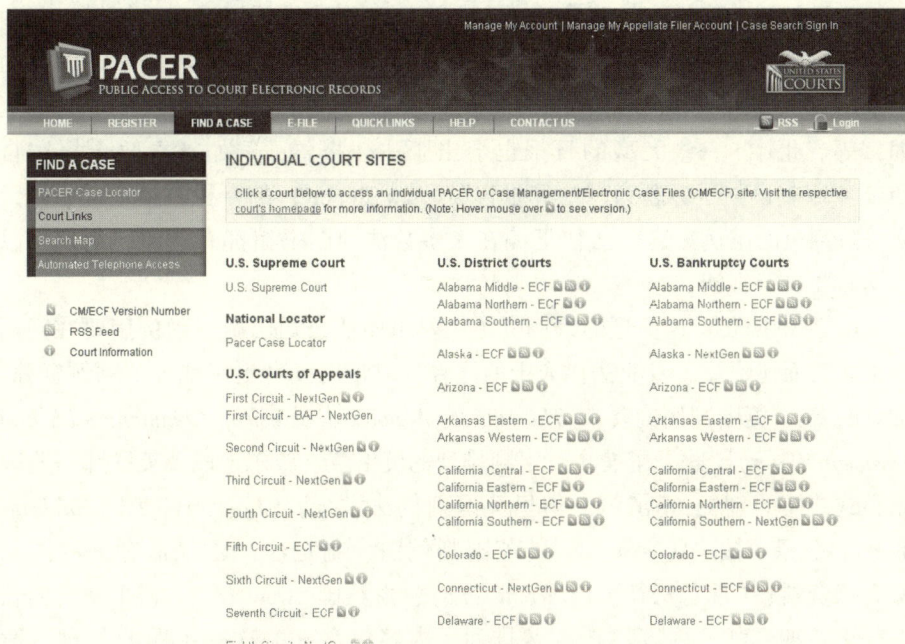

图 3-135　美国联邦法院 PACER 系统

2. 英国案例资源检索

英国也是英美法系的一个重要代表国家。英国是英美法系的发源地，英国法律体系的主要内容是立法机关制定的各种成文法和由各级法院判决形成的判例法。欧盟法也是英国法律的重要构成部分。英国的法院主要分为民事管辖法院和刑事管辖法院，除此之外，还有一些专门法院，例如军事法院、劳资卜诉法院、少年决院、行政裁判所等。

（1）纸质案例资源检索。判例法构成了英国法律制度的基础，遵循先例原则是适用法律的基本制度。英国判例法资源的纸质出版物主要有可以分为以下三类：

A. 判例汇编。《判例汇编》（*Law Reports*），每期通常登载有关法庭在半年前审理或判决的案件；《判例汇编周刊》（*Weekly Law Reports*），与《判例汇编》相比，《判例汇编周刊》的更新速度更快，通常在判决作出数周后即予刊载；《全英判例汇编大全》（*All England Law Reports*），英国巴特沃斯（Butterworths）公司编辑出版的综合性判例汇编连续出版物，该刊物具有出版速度快、收录判例全等优点。此外，还有一些特定领域的判例汇编，例如由英国专利局出版的《专利判例汇编》（*Reports of Patent*）、由本土税务局出版的《税收判例汇编》（*Reports of Tax Cases*）、由联合委员会出版的《工业判例汇编》等。此外，一些大型的日报也会出版法律报告，例如《泰晤士报》自1952年起就设立了标题为"法律报告"（Law Report）的专栏，报道近一两天来法院判决的案例。这些法律汇编在大多数法律图书馆都有收藏，用户可以根据需要自行查阅。

B. 判例摘要。这类型的判例资源主要由商业公司出版，判例摘要在判例的正文后面还附注了专业法律人士的注释，以帮助读者更好地理解判例资源。常见的有：《英国判例摘要》（*The Digest*：*Annotated British*，*Commonwealth and European Cases*），收录了按主题字顺排列的英格兰、威尔士以及英联邦一些国家和欧共体的判例；《霍尔斯伯里英国判例法大全》（*Halsbury's Laws of England*），收录了按主题字顺排列的英国判例法、制定法，还包括有关的国际法文献资料；《现行法律》（*Current Law*），由英国 Sweet & Maxwell 公司创刊发行，各期刊载的内容均按主题排列，内容包含有关这一主题的各种法律文献的概括性介绍：如近期的判例，新颁布的制定法和制定法文件，教科书、专著和期刊中的文章、评论，政府出版物，等等；《现行法律年鉴》（*Current Law Year Book*），是当年出版的各期《现行法律》的年度汇总版，内容是按主题排列的该年各主题有关的判例、立法及其他有关法律的发展变化情况。

C. 判例索引。《现行法律判例引注集》（*Current Law Case Citator*）是按照判例名称字顺排列的判例引注集，里面每一个条目都列出了该判例的出处，如果该判例被收录于不同的出版物中，则会附注若干个引注。用户如果知道双方当事人的名称，即可在 Current Law Case Citator 上查找出这个判例收录于哪个出版物。

以上简单介绍了英国判例的纸质出版物资源，下面介绍一下检索英国判例的商业数据库资源：

（2）Westlaw Next。Westlaw 将除了美国以外其他地区的法律资源全部都存放于 International Material 子库里，所以如果要查找美国以外地区的资源，请先进入 International Material。Westlaw 数据库中 United Kingdom Cases 子库里将英国的判例资源分为两类，一类是 Law Reports（法律汇编），一类是主题分

类的判例资源。Law Reports 里分成了四十多个法律汇编，包括诸如商业判例
汇编（Business Law Reports）、环境法判例汇编（Environmental Law Reports）、
欧洲商标法判例汇编（European Trade Mark Reports）、养老金判例汇编（Pen-
sions Law Reports）等。在检索时，用户可以在 United Kingdom Cases 大库里检
索，也可以选择更精确的法律判例子库进行检索以获取更优质的检索结果。
例如，在 United Kingdom Cases 里查找关于网络犯罪方面的判例，就可以输入
advanced：（（web or Internet or cyber）/3 crim!）具体检索式的用法请见本章香
港判例资源检索中的 Westlaw 检索示例。高级检索功能可以根据双方当事人名
称、引证号、审判法院名称、审判法官名称来检索。用户也可以选择在结果
中检索、限定日期、限定法官、限定律师、限定管辖区域来筛选检索结果
（参见图 3-136）。与美国的判例资源不同，Westlaw 对收录的英国判例未做批
注，内容部分以判例原文为主。

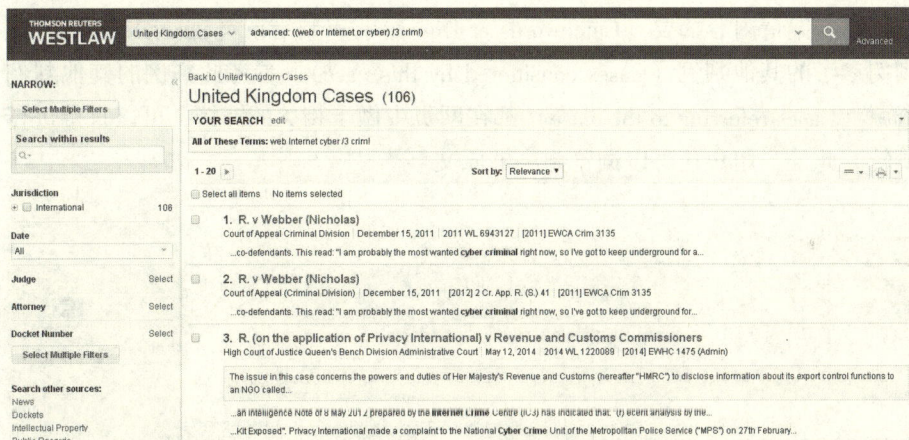

图 3-136　Westlaw 英国判例检索

（3）Lexis Advance。Lexis 中收录了大量的英国判例资源。英国判例资源
位于首页 International—United Kingdom—All United Kingdom Cases。All United
Kingdom Cases 子库下又分为英国商业判例集（All England Commercial Cases）、
英国法律汇编（All England Law Reports）、英国官方判例副本［All England
Official Transcripts（1997~2008）］、英国判例汇编中的欧盟判例资源［All
England Law Reports European Cases（Archive）］、巴特沃斯人权判例集（But-

terworths Human Rights Case）等。用户检索时可以按照关键词、引证号、日期等进行检索。例如，查找关于电子证据方面的判例资源时，输入检索式（digital or electronic！）/p（evidence or proof or testimony），即可获取检索结果（具体检索式的用法请参见香港判例资源检索中的 Lexis 检索示例）。用户也可以选择在结果中检索、限定判例类型，限定判例主题，限定审理法院、时间来筛选检索结果（参见图3-137）。与 Westlaw 不同的是，Lexis 对英国判例的有效性做了标识（与美国判例的标识符有不同），常见的有：

- Ⓒ 表示本判例只有引用信息；
- ◆ 表示随后判决中的评价与此案例的沿革对该案有正面的影响；
- ◐ 表示随后的判决中可能存在对此案持中立的评价；
- ▲ 表示可能存在负面的评价；
- ✖ 表示存在负面评价，之后的判决中有强烈的否定历史或评价。

判例正文部分的基本信息，包括双方当事人、审理法庭、审判法官、审判日期、案情内容摘要（Catchwords & Digest）、审判沿革（Case History）、此判例参考的其他判例（Cases considered by this case）、参考此判例的其他判例资源（Cases referring to this case）都在网页中做了相关的链接，可以直接进行跳转。此外，用户还可以浏览判决书原文。

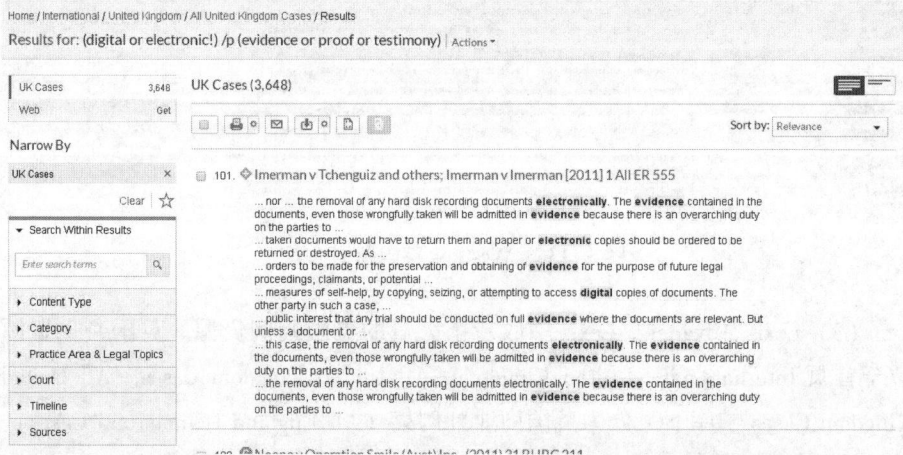

图3-137 LexisNexis 英国（United Kingdom）判例检索

（4）HeinOnline。HeinOnline 数据库是美国著名的法律全文数据库，收录的法学期刊从数量和质量上都首屈一指，很多期刊都是从创刊号开始收录，因此是检索国外法学期刊的一个重要的途径。近年来，HeinOnline 开始着手收录除期刊以外的其他法律资源，例如《美国最高法院的判例汇编》《加拿大最高法院判例汇编》《英国判例汇编》（*English Reports Full Reprint*）及《英国法律汇编——1865 年之前》（*English Law Reports: pre*-1865）。用户可以按照双方当事人名称、引证号和关键词进行检索，也可以按照章节进行浏览。

HeinOnline 支持的高级检索功能主要有：并且 And、或者 Or、排除 NOT、精确检索""、改变运算顺序（）、~N 位置检索（两个词之间距离不超过 N 个单词）、通配符？（代表一个字母）、通配符 *（代表一个以上字母）。例如，在 English Reports Full Reprint 输入关键词检索专利侵权方面的相关判例，输入 patent ~3 Infringement。用户可以按照时间、资源类型、判例来源等进一步缩小检索结果（参见图 3-138）。

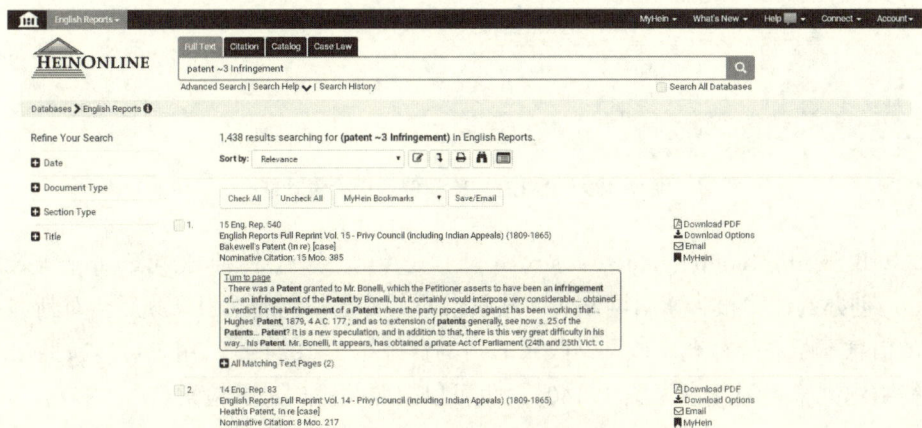

图 3-138 HeinOnline 英国判例检索界面

（5）其他网络案例资源：

A. 英国及爱尔兰法律信息学会网站 BAILII。英国及爱尔兰法律信息学会（BAILII，British and Irish Legal Information Institute）（http://www.bailii.org）提供最全面的英国和爱尔兰主要法律资料，供用户免费在互联网上查阅。BAILI 下设 90 多个小的子数据库，大部分数据库资料都来源于已发布和未发布的判例光盘文件，或来源于相关法院、政府部门和其他组织的直接或间接提供的信息。所有数据都被转换成一致的格式，并增加了一套通用的搜索和超文本系统帮助用户便捷获取所需资源。用户可以按照字顺浏览判例，也可以使用简单检索、高级检索（参见图 3-139）、引证号检索、双方当事人名称检索等多种检索方式。

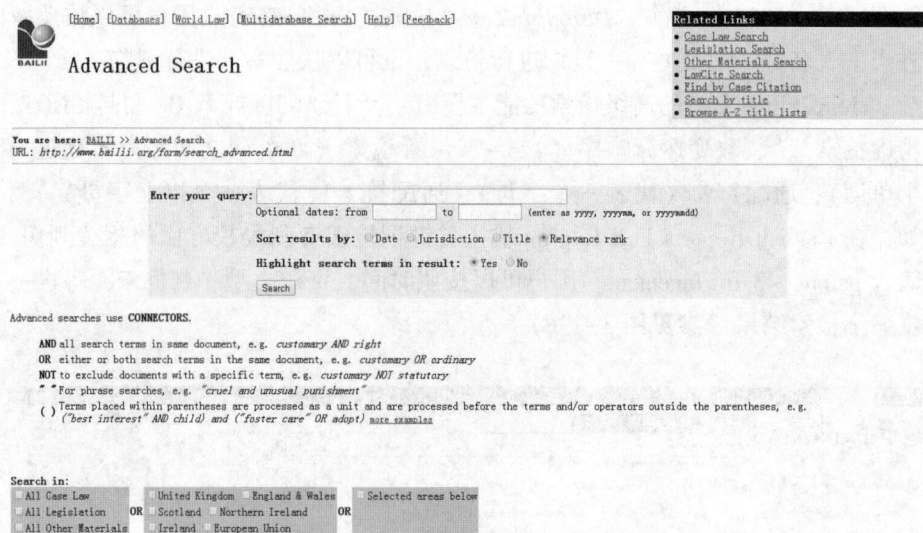

图 3-139　BALII UK 判例高级检索功能

B. Swarb。Swarb（http://swarb.co.uk）是英国一家法律顾问公司 Swarbrick & Co. 创办的法律报告索引网站。网站收录的主要是判例的索引，其后会对判例的信息不断进行补充。该网站收录的判例资源始于 1024 年。用户可以按照法律主题浏览判例（参见图 3-140），也可以按照关键词进行检索。

图 3-140　Swarb 判例按法律领域浏览功能

C. 英联邦法律信息研究所 CommonLII。英联邦法律信息研究所（CommonLII，The Commonwealth Legal Information Institute）（http://www.commonlii.org）旨在为所有英联邦国家提供一个能够检索核心法律资源的免费网络平台。CommonLII 通过搭建一个技术平台帮助所有英联邦国家通过合作渠道分享其法律资源。以英国为例，CommonLII 主要包括英国的判例法、法学期刊、立法体系、法律沿革等信息。用户可根据所需的判例来源进入不同的数据库子集中查找。

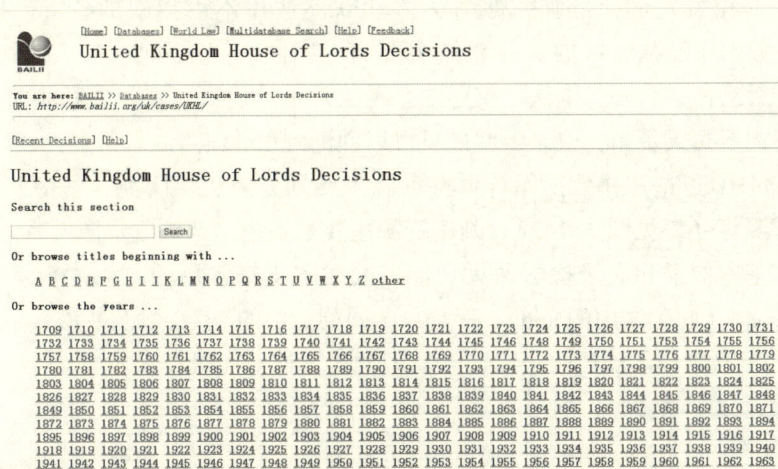

图 3-141　CommonLII 网站收录的英国上议院的判决

3. 德国案例资源检索

德国是联邦制国家，国家政体为议会共和制，联邦总统为国家元首。议会由联邦议院和联邦参议院组成。德国是大陆法系国家，德国的《基本法》是联邦德国法律和政治的基石。《德意志联邦共和国基本法》，又称"波恩宪法"，它在联邦德国法律体系中的地位和作用完全等同于宪法。德国的法律体系主要由基本法、民法、经济法、刑法、诉讼法构成。德国的法院系统主要由六类法院组成：宪法法院（包括联邦宪法法院和州宪法法院）、普通法院、行政法院、劳工法院、财政法院和社会法院。德国主要的法律渊源包括：联邦宪法、联邦法律和行政法规、州级法律法规、国际条约等。虽然德国有着较为完善的成文法体系，但是判例资源，尤其是宪法法院的判例资源依然是德国重要的法律渊源。

（1）纸质案例资源检索。德国正式出版的判例资源主要有：《联邦宪法法院判决书集》《联邦最高法院民事判决集》《联邦最高法院刑事判决书集》《联邦劳工法院判决书集》《联邦行政法院判决书集》《联邦财政法院判决书集》《联邦社会法院判决书集》。

（2）Beck-Online。Beck-Online 法律数据库主要收录 C. H. Beck 出版社出版的期刊、专著、教科书、论文集等资源的电子版本，同时也收录相关的法律信息和法律资源，包括法律、法规条文、关于法律条文的相关的注释类资源，比如著名的《Staudinger 德国民法典注释》丛书等，另外还收录了德国联邦法院的相关判例，是研究德国法律和欧洲法律不可或缺的资源。Beck-Online 数据库资源涵括的法律领域主要有：民法、商法和贸易法、诉讼法、劳动和社会法、公法、刑法、交通法、税法及审计规则、国际法和欧盟法等。数据库内容每天更新，收录资源最早可以回溯到 1954 年。

Beck-Online 法律数据库首页将资源主要划分为法律门类、书籍、杂志、法庭资源等（参见图 3-142）。判例资源主要是集中在"法庭资源"库中。系统提供基本检索和高级检索两大功能，同时也支持常用的布尔逻辑运算符，例如—und（同英文中的 and）、—oder（同英文中的 or），以及—Phrasensuche（and 关系且单词的前后顺序固定）及截词运算符 *（可以代表 N 个字母）。

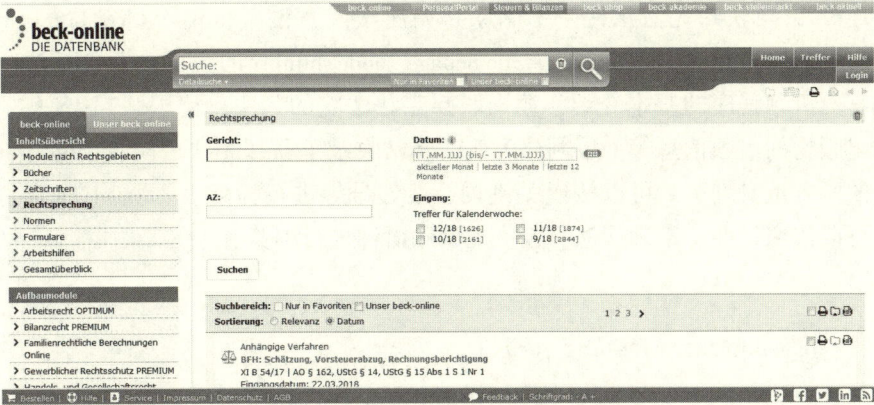

图 3-142　Beck-Online 数据库

（3）其他网络判例资源：

A. 德国联邦最高法院。德国联邦最高法院（http://www. bundesgerichtshof. de/DE/Home/home_ node. html）网站主要收录了联邦最高法院的判决（自 2000 年以来），其他的信息包括联邦最高法院出版物的相关信息、联邦最高法院图书馆（仅为工作人员开放），以及联邦最高法院面对公众提供的一些服务的介绍。

在判决检索网页，可以按照审判日期（Datum）、案件编号（Aktenzeichen/ECLI）、关键词（Suchbegriff）进行检索，也可以选择日期进行浏览，如图 3-143 所示。

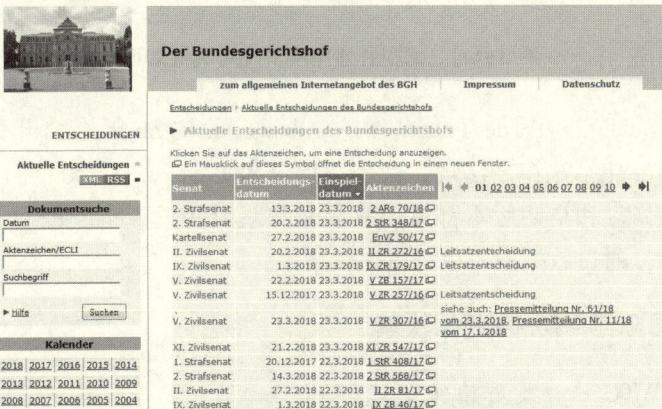

图 3-143　德国联邦最高法院判决检索页

B. 德国联邦宪法法院。德国联邦宪法法院官网（http://www.bundesver fassungsgericht.de/DE/Homepage/homepage_node.html）的主要内容包括法院、法官、审判程序的基本介绍，德国联邦宪法法院的判决、德国联邦宪法法院的出版物的出版信息等。以判决为例，网站收录了联邦宪法法院自 1998 年以来的所有重要判决。可以按照关键词、案件号等进行检索（参见图 3-144），也可以按照日期、审理程序、判决类型和语种进行浏览。

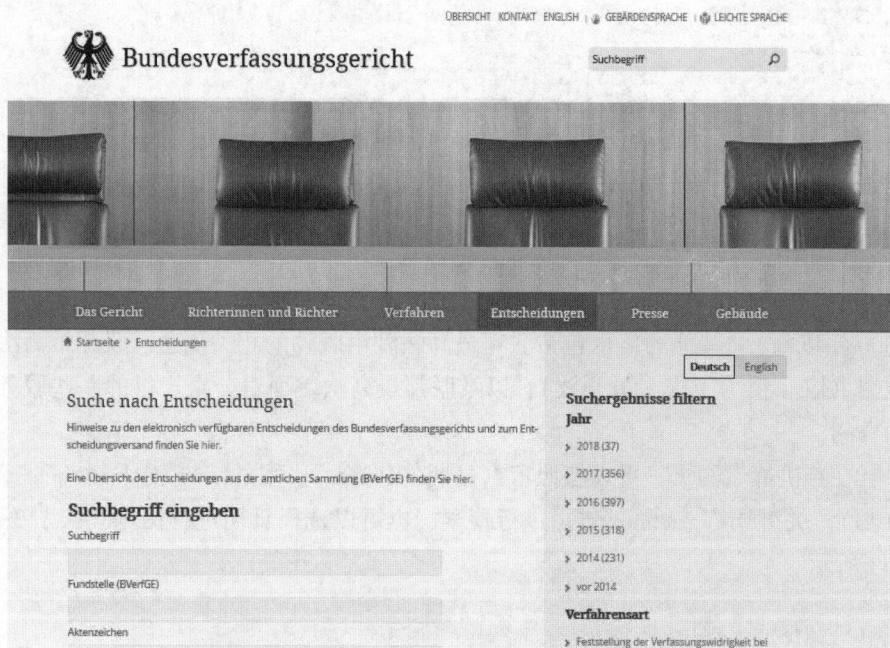

图 3-144　德国联邦宪法法院判决检索页

C. buzer.de。buzer.de（https://www.buzer.de/s.htm）包含几乎所有的德国联邦法律（包括法律、法规、命令、指令和决定），自 2006 年以来，所有这些内容的修订和早期版本都可搜索全文和新旧并置版本。每个子库都能做到当日更新，通过数据库可以查看比较结果。

三、国际组织法律资源检索

（一）WTO 法律资源检索

世界贸易组织（英语：World Trade Organization 简称 WTO），于 1995 年 1

月 1 日正式开始运作，该组织负责管理世界经济和贸易秩序，总部设在瑞士日内瓦莱蒙湖畔。其基本原则是通过实施市场开放、非歧视和公平贸易等原则来实现世界贸易自由化的目标。世贸组织是具有法人地位的国际组织，在调解成员争端方面具有更高的权威性。它的前身是 1947 年订立的《关税及贸易总协定》（The General Agreement on Tariffs and Trade，GATT，简称《关贸总协定》）。与《关贸总协定》相比，世贸组织涵盖货物贸易、服务贸易以及知识产权贸易，而《关贸总协定》只适用于商品货物贸易。世贸组织与国际货币基金组织（IMF）、世界银行（WB）一起被称为世界经济发展的三大支柱。中国自 2001 年 12 月 11 日开始正式加入 WTO。目前 WTO 共有 164 个成员（截至 2018 年 3 月）。

世界贸易组织的目标是建立一个完整的，包括货物、服务、与贸易有关的投资及知识产权等内容的，更具活力、更持久的多边贸易体系，使之可以包括关贸总协定贸易自由化的成果和乌拉圭回合多边贸易谈判的所有成果。

世界贸易组织的组织结构主要包括：

部长级会议：世贸组织的最高决策权力机构，由所有成员主管外经贸的部长、副部长级官员或其全权代表组成，一般两年举行一次会议，讨论和决定涉及世贸组织职能的所有重要问题，并采取行动。

总理事会：在部长级会议休会期间，其职能由总理事会行使。总理事会可视情况需要随时开会，自行拟订议事规则及议程。同时，总理事会还必须履行其解决贸易争端和审议各成员贸易政策的职责。总理事会下设货物贸易理事会；服务贸易理事会；知识产权理事会。这些理事会可视情况自行拟订议事规则，经总理事会批准后执行。所有成员均可参加各理事会。

各专门委员会：各专门委员会部长会议下设专门委员会，以处理特定的贸易及其他有关事宜。目前已设立贸易与发展委员会；国际收支限制委员会；预算、财务与行政委员会；贸易与环境委员会等十多个专门委员会。

秘书处与总干事：由部长级会议任命的总干事领导的世界贸易组织秘书处（下称"秘书处"）设在瑞士日内瓦，大约有 500 人。秘书处工作人员由总干事指派，并按部长会议通过的规则决定他们的职责和服务条件。部长会议明确了总干事的权力、职责、服务条件及任期规则。世贸组织总干事主要有以下职责：可以最大限度地向各成员施加影响，要求它们遵守世贸组织规则；总干事要考虑和预见世贸组织的最佳发展方针；帮助各成员解决它们之间所发生的争议；负责秘书处的工作，管理预算和所有成员有关的行政事务；主持协商和非正式谈判，避免争议。

世界贸易组织的法律框架由《建立世界贸易组织协定》和四个附件组成。《建立世界贸易组织协定》（Agreement on Establishing the WTO），又称为《世界贸易组织马拉喀什协定》（Marrakesh Agreement on Establishing the WTO）。该协定是 WTO 的章程性文件，是 WTO 协定中的核心和基础，主要规定机构组织方面的事项和某些程序规则，并不涉及成员方的实体权利和义务。附件一包括：附件 1A《货物贸易多边协定》、附件 1B《服务贸易总协定》（GATS）和附件 1C《与贸易有关的知识产权协定》（TRIPS）；附件二是《关于争端解决规则与程序的谅解》（DSU）；附件三是《贸易政策审议机制》；附件四是诸边贸易协议。各部门法基本原则一致、管理机制协调、争端解决机制统一，具有内在的同一性。根据 WTO 协定，附件 1、2、3 的各项规定及其法律文件，对所有成员都具有法律拘束力，各成员国必须遵守，而对于附件 4 的协议可以提出保留。

1. 纸质法律资源检索

世界贸易组织出版了各种各样与贸易有关问题的出版物。这些出版物绝大多数可以从 WTO 网站上下载，而印刷版可以通过网上书店和日内瓦世贸书店购买。下面介绍几种常用的查找 WTO 法律资源的常用途径：

2. WTO 官方网站

WTO 官方网站的（https://www.wto.org/english/res_ e/res_ e.htm）"Document, data and resources" 板块可以查阅到 WTO 官方的各种文件，主要包括：

（1）Document Online 系统：收录了自 1995 年至今 WTO 的官方文件的三种语言版本，该系统下又分为七个模块：近期文件、常用文件、会议文件（列出了世贸组织正式和非正式会议及其相关文件的清单）、按主题分类的 WTO 文件、通知、检索、GATT 文件（《关贸总协定》模块提供了 GATT 发布的官方文件。联合国总理事会 2006 年 5 月 15 日决定公布这些资料并将文件扫描以创建数字档案。目前只有乌拉圭回合贸易谈判的文件已经上传。随着后续工作的展开，将逐渐增加更多文件）。

（2）Legal text：包含了 WTO 各种官方法律文本。

（3）Statistics：世贸组织提供有关经济和贸易政策问题的数据信息。其数据库和出版物提供有关贸易流量、关税、非关税措施（NTM）和贸易增加值等数据的渠道。

（4）Economic research，analysis：世贸组织提供经济分析和研究报告，旨在加深对贸易趋势、贸易政策问题和多边贸易体系的认识。其年度出版物包括"世界贸易报告"和"世界贸易统计评论"。WTO组织经济研讨会，并通过联合出版物、会议、课程和其他活动与其他国际组织和学术界进行合作。

（5）Publications：各种与贸易有关问题的出版物。

（6）WTO Library：该图书馆拥有将近40 000本专著，1000多本期刊和超过800本的年鉴，是GATT／WTO官方文件和出版物的保管机构，内容可追溯到"哈瓦那宪章"，并全面收集了来自会员和非会员的国家统计数据。

此外，还有一些关于WTO的音频视频图片资源。

3. Westlaw Next

Westlaw Next数据库里也收录了一些关于WTO的资源。具体位置在首页—Arbitration Materials—Arbitration Awards：International—WTO & GATT Panels（WTO & GATT 小组）以及WTO & GATT Secretariat（WTO & GATT 秘书处）。如果不清楚Westlaw中某个资源具体在哪一个子库，可以使用首页"Tools"里面的Content Finder工具，输入关键词之后，就能检索出包含此关键词的子库。其中，WTO & GATT Panels子库主要收录世界贸易组织（WTO）和《关税和贸易总协定》（GATT）下属的争端解决小组选定的文件。文件类型主要是专家组或工作组的报告、上诉机构的报告、仲裁员的裁决、争端解决机构的举措、双方同意的解决方案的通知等。其中，与《关贸总协定》有关的文件收录范围从1948年到1994年；与世界贸易组织有关的文件的收录范围始于1995年。WTO & GATT Secretariat子库收录的内容主要是世界贸易组织和《关税和贸易总协定》的仲裁决议。例如，检索柯达胶卷起诉富士胶卷的有关仲裁判决，可以在检索框中输入"Fuji"（富士胶卷的英文名称），就可以查询到相关结果，如图3-145所示。

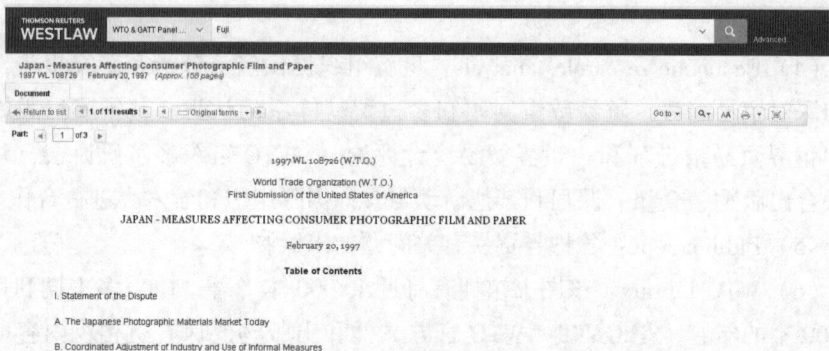

图 3-145　Westlaw 数据库 WTO 相关资源检索

4. Lexis Advance

用户若要查找 Lexis 里收录的 WTO 资源，可以直接在检索框中输入"WTO"，数据库就会直接唤出"Gatt Panel & WTO Dispute Settlement Reports"子库（GATT 与 WTO 争端解决报告）。子库内容主要包括 1948 年 8 月至 1995 年 7 月的关贸总协定小组报告，以及 1995 年 12 月至今的世界贸易组织争端解决报告。这些贸易决定或"争端解决报告"（DSR）实际上组成了 WTO 的"案例法"。根据贸易争端解决程序的规定，这个子库包括 DSR 发布和公开的资源：①专家组报告；②上诉机构报告；③仲裁员报告和双方同意的解决方案。所有文档为英文版，并按日期倒序显示。

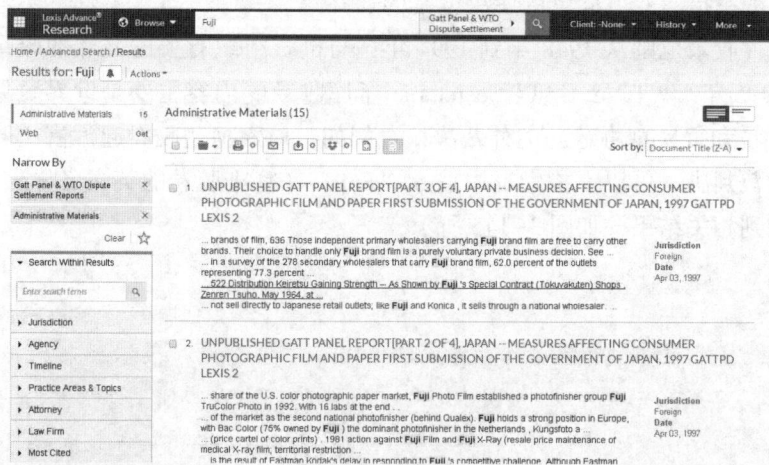

图 3-146　LexisAdvance 数据库 WTO 相关资源检索

5. World Trade Law NET

世界贸易法数据库（World Trade Law Net）为世界贸易法的研究人员提供了一个良好的平台，数据库的主要内容包括：提供自 WTO 成立以来所有专家小组、仲裁机构报告和 WTO 仲裁的争端解决评注报告（DSC）；提供新报告、仲裁公布 1 周~3 周之内的关于 WTO 专家小组、仲裁机构报告的争端解决评注报告（DSC）；提供对过去争端解决评注（DSC）的更新，以体现 WTO 法律的新进展；提供 WTO 专家小组、仲裁机构报告中的裁决的摘要总结和对所选择裁决的关键性分析；提供每个 DSC 的有关原始 WTO 专家小组、仲裁机构报告和引用案例的链接；WTO 争议解决目录和统计数据；提供相关参考期刊文章和图书的贸易法相关文章；WTO 法规和条款关键词索引（即 WTO 判例法索引）。

用户可以根据关键词（决议、上诉人、被诉人、DS Number、公布日期、裁判日期、仲裁日期）来查找 WTO 专家小组、仲裁机构报告。此外，还可以通过电子邮件订阅服务获取关于 WTO 的最新资料。

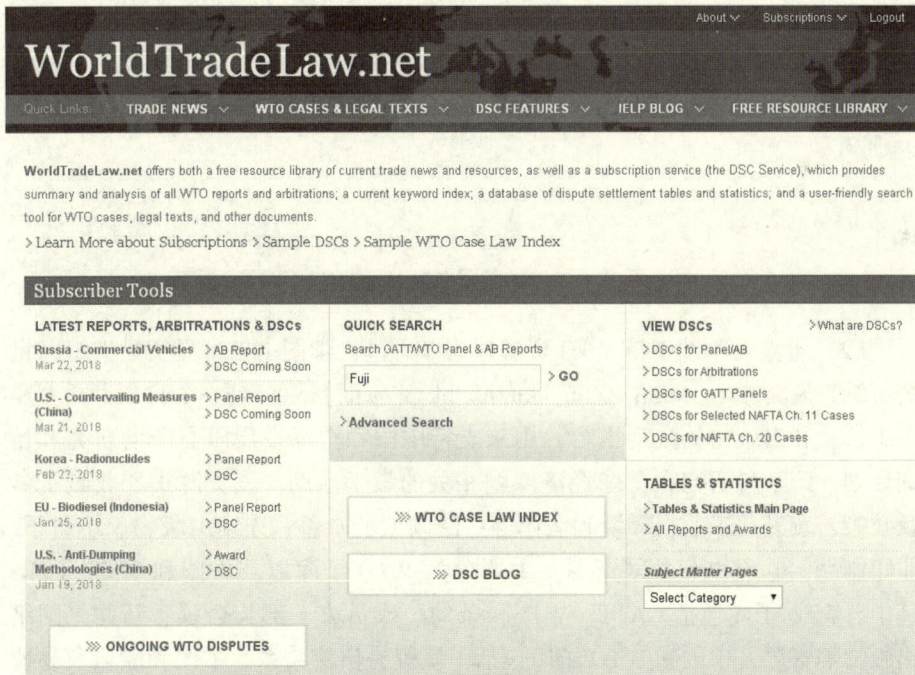

图 3-147　世界贸易法数据库首页

6. 其他网络法律资源

（1）纽约大学法学院图书馆 WTO/GATT 研究指南。纽约大学法学院图书馆的 research guides（http://nyulaw. libguides. com/wto ＿ gatt）中设立了 "WTO/GATT Research" 专栏，该专栏将 WTO/GATT 的资料归类为：相关专著、数据库和网站，工作报告，法学评论、期刊、文章，新闻、博客，贸易协议，起草和谈判历史，WTO 组织架构、成员方、会议，日程、关税和非关税措施，美国与 WTO 的关系，WTO 贸易争端，统计和术语。用户只需要按照自己需要的文献类型点击对应的标签查找即可，以 "贸易争端解决" 子类为例，里面又包含贸易争端的相关规定、程序，检索贸易争端案件；引用贸易争端决议；贸易争端的文件及相关书籍。这是一个全面了解 WTO 相关资源的较为有价值的网站。

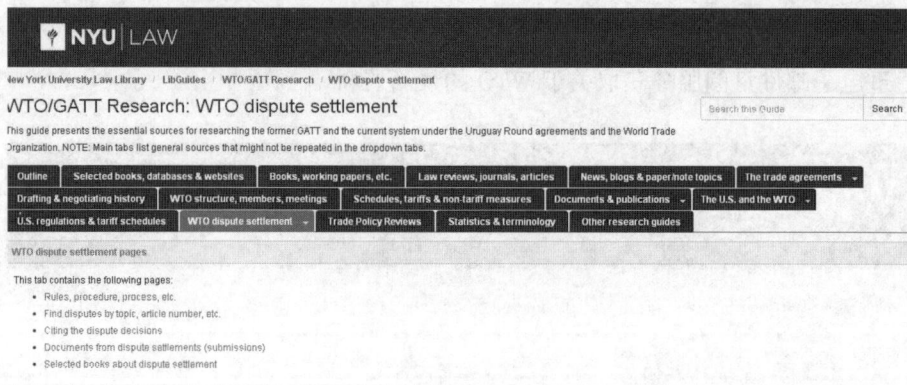

图 3-148　纽约大学法学院图书馆 WTO/GATT 研究指南

（2）香港大学图书馆 WTO 资源中心。香港大学图书馆世界贸易组织（世贸组织）资源中心（http://lib. hku. hk/hkspc/wto. html）是一个收集世界贸易组织信息和出版物的数字平台，用来支持中国和全球发展研究所的研究和培训计划、跨学科研究和全球经济课题相关的教学活动。该资源中心收藏了涉及政策、贸易、工业、环境和法律等广泛领域的专著、连续出版物、小册子、非印刷品、电子和互联网资源。主要分为 WTO 子库以及中国和 WTO 子库，其中，WTO 子库包括 GATT、立法和条约、成员方、部长会议、新闻、网络出版物等资源，中国和 WTO 子库包括中澳贸易伙伴关系、中国和欧盟贸易伙伴关系、中日贸易伙伴关系、中美贸易伙伴关系、电子商务法律、国际贸易和经济问题等相关资源。

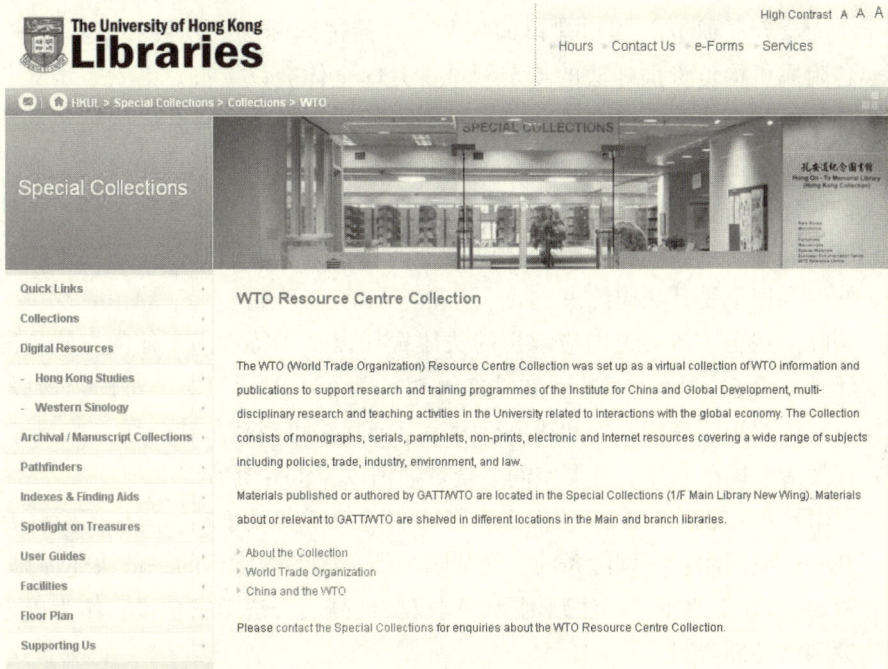

图 3-149 香港大学图书馆 WTO 资源中心

（二）联合国法律资源检索

联合国是一个国际性组织，于 1945 年成立，现有会员 193 个。联合国的工作以《联合国宪章》中规定的机构目标和原则为出发点。联合国有六个主要机关：大会、安全理事会、经济及社会理事会、托管理事会、国际法院和秘书处，均设立于 1945 年联合国成立之时。

国际法院是联合国的主要司法机关，位于荷兰海牙的和平宫，是联合国六大主要机关中唯一设在美国纽约之外的机关。国际法院的职责是依照国际法解决各国向其递交的法律争端，并就正式认可的联合国机关和专门机构提交的法律问题提供咨询意见。国际法院依照《国际法院规约》及其本身的规则运作，规约是《联合国宪章》的一部分。国际法院于 1946 年开始工作，取代了 1920 年在国际联盟主持下设立的常设国际法院。国际法院由 15 名法官组成，由联合国大会和安全理事会选出，任期 9 年。国际法院的官方语言为英语和法语。

《联合国宪章》明确要求联合国逐步编纂和发展国际法。《联合国宪章》赋予了大会开展研究并提出建议的权利，以促进国际法的发展和编纂工作。大会各附属机构负责国际法的特定领域，并向全体会议汇报。第六委员会负责大部分法律事务，并向全体会议汇报。国际法委员会和联合国国际贸易法委员会向大会汇报。大会还负责有关联合国制度规则的专题，如通过工作人员条例和建立联合国内部司法系统。联合国工作产生的 500 多项公约、条约和标准提供了促进国际和平与安全以及经济和社会发展的框架。已经批准这些公约的国家都受其法律约束。

国际法规定了各会员国应承担的法律责任以及对待境内个体的方式。国际法涵盖了众多国际关切的问题，如人权、裁军、国际犯罪、难民、移民、国籍、对待罪犯、使用武力和战争行为等。国际法也规范全球公域，如环境、可持续发展、国际水域、外层空间、全球通信以及世界贸易。

《国际法院规约》第 38 条规定，国际法院对于各项争端，应依国际法裁判，裁判时应适用：①国际条约；②国际习惯；③各国承认的一般法律原则；④在第 59 条规定之下，司法判例及各国权威最高之公法学家学说，作为确定法律原则之补助资料。

除国际法院之外，还有众多国际法院、国际法庭、特设法庭和联合国协办法庭（如前南斯拉夫问题国际刑事法庭、卢旺达问题国际刑事法庭、塞拉利昂问题特别法庭、柬埔寨法院特别法庭和黎巴嫩问题特别法庭）与联合国有着不同程度的关联。在卢旺达国际刑事法庭以及前南斯拉夫问题国际刑事法庭授权之后，国际刑事法庭机制于 2010 年 11 月 22 日由联合国安理会建立，以为其执行一系列重要职能。这些法院和法庭由安全理事会（及其附属机关）设立。国际刑事法院和国际海洋法法庭起初是根据联合国起草的相关公约设立，如今已成为具有特别合作协定的独立实体。

1. 纸质法律资源检索

检索联合国的纸质文献资源，可以通过联合国托存图书馆。联合国托存图书馆在中国有 21 个，例如，中国政法大学图书馆、中国国家图书馆、北京大学法学院图书馆、中国社科院法学所图书馆、浙江大学图书馆等。

检索联合国的电子资源，主要有三个途径，商业数据库，联合国官方网站及其下属机构的官方网站，以及一些网络 OA 资源。主要的商业数据库有：

2. Westlaw Next

Westlaw 中并没有设立专门的联合国资源子库，但是它的很多子库里都涉及了联合国相关的法律资源。例如，International Materials—Administrative Materials—Multi-National 下有国际审判法院、国际经济法文件、国际环境法文件以及国际法的一些相关文件（参见图 3-150）。在首页 Arbitration Materials 里也有关于 United Nations Commission on International Trade Law（联合国国际贸易法委员会）的相关资料。联合国国际贸易法委员会（贸易法委员会）是联合国系统在国际贸易法领域的核心法律机构，专门从事商业法研究，同时拥有广泛的成员。该委员会主要负责协调各种国际商业规则，并助其实现现代化。贸易法委员会秘书处建立了一套贸易法委员会法规的判例法（法规判例法）系统，主要负责收集和传播委员会工作中做出的有关各项公约和示范法的法院判决和仲裁裁决资料。在首页 Secondary Sources 里的 International law 门类下也有一些相关的二次法律资源。

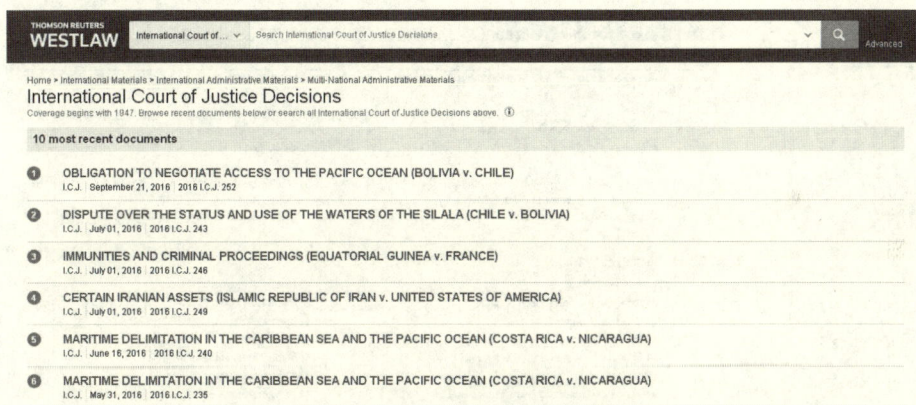

图 3-150　Westlaw 国际法院判决子库

3. HeinOnline

HeinOnline 虽然是一个主要收录美国法学期刊的数据库，其中也包含了一些联合国的相关资源，主要有四个子库：

（1）United Nations Law Collection：Treaty Publications（条约出版物）、International Court of Justice（国际法院）、UNCITRAL（联合国国际贸易法委员会）、ITLOS（国际海洋法法庭）、UN Yearbooks（联合国年鉴）、UN Serials

（联合国蓝皮书）、Codification and Progressive Development of International Law
（国际法的编纂与发展）、Other Related Works、WTO Publications、UNIDIR
（联合国裁军研究学会）。这是 HeinOnline 中收录联合国资料最全的一个子库，
如图 3-151 所示。

（2）History of International Law：包括数百种关于国际法主题的文件，如
战争与和平、纽伦堡审判、海洋法、国际仲裁、海牙会议和公约等资料，可
追溯至 1690 年。

（3）International Commission of Jurists Library（ICJ）：收录国际法学家委员
会的一些资料。国际法学家委员会通过法治促进和保护人权。国际法学家委
员会创建于 1952 年，旨在确保逐步发展并有效执行国际人权和国际人道主
义法。

（4）Description of International Law Association Reports：主要收录国际委员
会的报告和大会工作会议的讨论记录以及通过的决议。

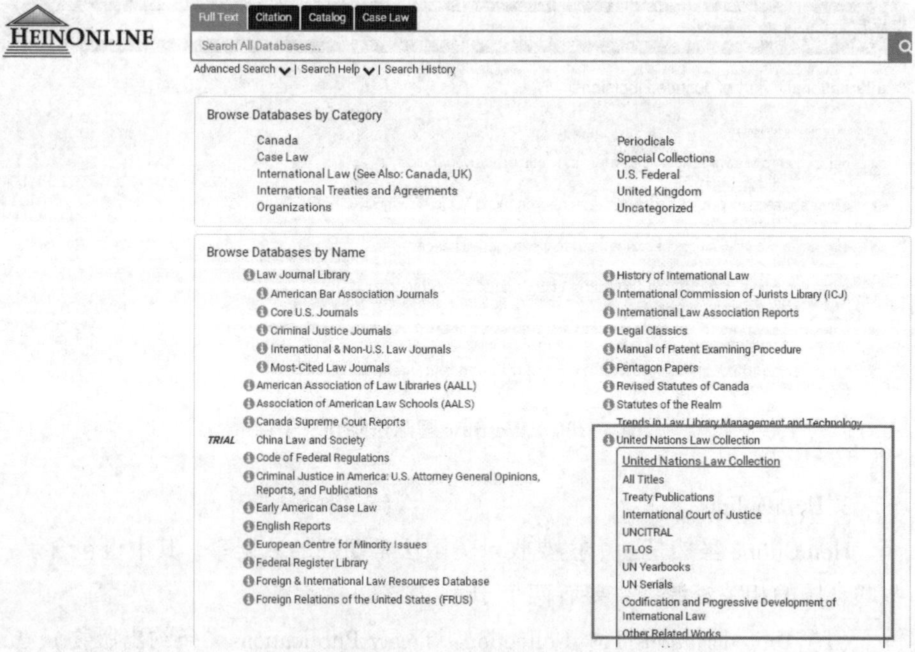

图 3-151　HeinOnline 联合国文件集合

4. 联合国官方网站

联合国每年会产生大量的文件，联合国官方网站是查询其出版物的官方渠道。其中，查询联合国相关法律资源可以通过其官方网站设立的一些数据库，包括：

（1）联合国正式文件系统（https：//documents. un. org/prod/ods. nsf/home. xsp），联合国正式文件系统于 1993 年首次推出，收录的内容主要有：1993 年至今的全文文件、原生数字文件和有文号文件、1946 年至 1993 年的扫描文件。

（2）联合国图书馆（https：//library. un. org/zh），全面收藏了联合国主要机构、其附属机构及附属基金会出版的文件和出版物，它还包括联合国专门机构出版的选定文件和出版物。

（3）联合国书目信息系统（http：//unbisnet. un. org/indexc. htm），包括由联合国达格·哈马舍尔德图书馆和日内瓦办事处图书馆所编制的联合国文件和出版物的目录，以及达格·哈马舍尔德图书馆所收藏的一般出版物和非联合国资料的目录。

（4）联合国条约集（https：//treaties. un. org/Pages/Home. aspx？lang ＝en），由联合国秘书长保存的 560 多份多边文书现况的最详尽信息，涵盖人权、裁军、商品、难民、环境和海洋法等一系列主题。数据库呈现了这些文书的现状，如会员的签署、批准、加入或发表声明、保留意见或反对意见等情况。目前，数据库每天更新。

（5）大会决议中的宣言和公约（http：//www. un. org/chinese/documents/instruments/docs　ch. asp），主要提供了出现在联合国大会决议或其附件中的宣言、公约以及其他的法律文件。

（6）海域：立法和条约（http：//www. un. org/Depts/los/LEGISLATION-ANDTREATIES），关于海洋界限划定的国家法律和条约以及其他相关信息。

（7）国际法视听图书馆历史档案（http：//legal. un. org/avl/historicarchives. html），为讲授、学习和研究国际法重要法律文书提供了独特的资源。每个款目专指某一特定法律文书，并包含由一位著名国际法学者或具有特殊专长的执业人员编写的该文书介绍、关于其程序历史和相关文件的信息，以及该文书全文和现况说明。每个款目均附带可用视听材料，再现该文书在各次会议和外交会议中的谈判和通过情况。

（8）国际法院官网（http://www.icj-cij.org/en）可以查询法院判决、法律条文、正式出版物等文件。

（9）国际刑事法院（http://www.icc-cpi.int）。

（10）国际海洋法院（https://www.itlos.org/en/top/home）。

图3-152　国际法院官方网站

5. 其他网络法律资源

纽约大学法学院图书馆联合国研究指南（United Nations & League of Nations）。该网站（http://nyulaw.libguides.com/c.php? g=773851&p=5551773）位于纽约大学法学院图书馆 research guides 下，列举了研究国际联盟和联合国主要的法律资源，包括纸本和电子资源。主要有联合国宪章、条约、判决、会议记录、投票记录、官方报告、联合国官方正式出版物和一些官方网站链接。此外，纽约大学法学院图书馆的 research guides（就是通常所说的 LibGuides 功能）还专门提供国际法相关文件的一些网站（http://nyulaw.libguides.com/international-law），里面除了国际法的概述性资料，还有具体细分的国际法资源，包括人权法、国际仲裁、国际劳动法等具体法律门类。

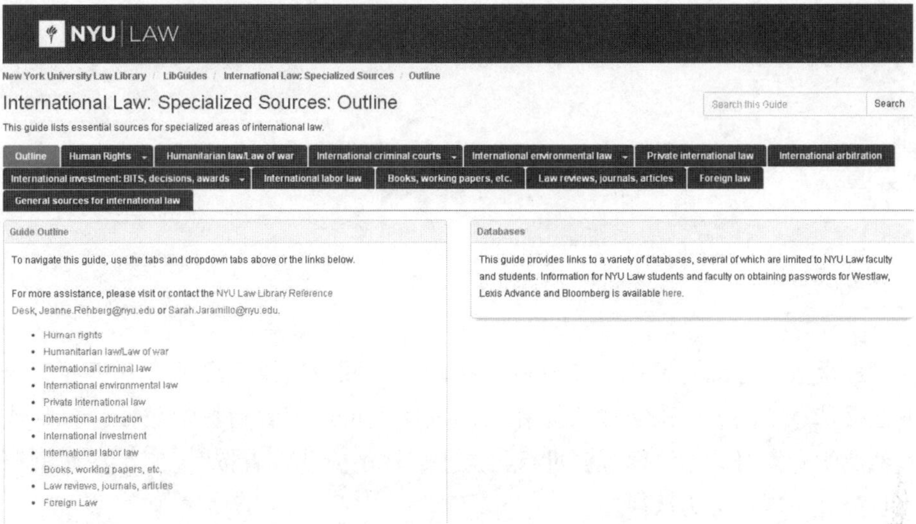

图 3-153 纽约大学法学院图书馆 LibGuides 功能

第四章 | 二次法律资源检索

　　二次法律资源（又称法律分析）指的是对原始法律资源进行分析或解释的法律信息产品。二次法律资源在一定程度上可以理解为法学教授、律师或其他法学专家对原始法律资源进行再加工、注解或"编者按"。二次法律资源其自身并不能被称为法律。

　　二次法律资源是对原始法律资源的分析、讨论、解释、评判甚至批判，但其权威程度永远处于说服性权威以下。二次法律资源主要包括期刊、图书、学位论文与会议论文、法律重述、法律百科全书等。

一、期刊文献检索

（一）期刊概述

1. 期刊的概念

　　期刊是指围绕某一专题定期或不定期连续出版的一类出版物。它是记录、传播、保存知识和信息的主要载体之一，在所有的文献资源中，期刊是数量最大的一类。在国际公开发行的期刊具有 ISSN 号，在国内正式出版的期刊具有国内统一刊号 CN。ISSN 号与 CN 号均具有唯一性。

2. 期刊的特点

　　期刊出版周期短、报道文献速度快、时效性强；内容新颖、表现形式丰富，发行及影响面广；期刊数据库具有超文本链接功能，而且期刊容量不受限制；期刊是学术传播的重要工具，是交流学术思想最基本的文献形式，也是利用率最高的文献类型。

3. 期刊的分类

　　期刊可以从不同角度划分类型。按内容可分为学术性期刊、科普性期刊、技术性期刊、情报性期刊、消遣性期刊、检索性期刊（包括各种"文摘""题录""索引"等）；按出版周期可分为周刊、旬刊、半月刊、月刊、双月刊、季刊、半年刊、年刊等；按使用文种可分为中文期刊、外文期刊；按载体形式可分为印刷型、电子型、缩微型。

4. 期刊的评价

在期刊中，对科研、学习有较大参考价值的是学术性期刊，在学术性期刊中最具有使用价值的是核心期刊。所谓核心期刊就是通过一套评价指标体系和科学的方法，对期刊进行评价后，将期刊进行分类定级，把最重要的一级称为核心期刊。然而，不同机构对期刊的评价指标却是不尽相同的，国内比较有代表性的包括：北京大学图书馆"中文核心期刊"、南京大学"中文社会科学引文索引（CSSCI）来源期刊"、中国科学技术信息研究所"中国科技论文统计源期刊（中国科技核心期刊）"、中国社会科学院文献情报中心"中国科学引文数据库（CSCD）来源期刊"、中国人文社会科学学报学会"中国人文社科学报核心期刊"。一般评价期刊的指标包括以下四种：

（1）来源文献量：这是关于期刊的基础性评价指标，顾名思义，就是期刊的文献数量，具体指来源期刊在统计当年所刊发的全部文献数量。

（2）总被引频次：指某期刊自创刊以来所登载的全部文献在统计当年被引用的总次数。总被引频次越高，说明该期刊在该领域内越受重视。但是总被引频次只能笼统地说明期刊的总体情况，并不能明显地观测到期刊历年的质量变更。因此，对于期刊还会关注每年的被引情况。另外，总被引频次也没有考虑不同期刊所发文献总量的差异。

（3）即年指标：即年指标用来表征期刊的即时反应速率，具体来说，就是来源期刊在指定年份被引用的总次数除以该期刊在指定年发表的论文数。即年指标可以比较好地解决总被引频次所存在的不足。

（4）期刊影响因子：这是一个国际上通行的期刊评价指标，是对期刊公平、客观的评价，通常，期刊影响因子越大，代表的该期刊的学术影响力和作用也就越大。影响因子的具体计算方法是，某期刊前两年发表的论文在统计当年的引用总数除以该期刊在前两年内发表的论文总数。

目前，全球著名的检索社会科学相关核心期刊的工具主要有以下几种：

第一，SSCI：SSCI 是 Social Science Citation Index 的缩写，也就是社会科学引文索引。SSCI 是由美国科技信息研究所创建的。SSCI 所收录的是世界范围内重要的社会科学期刊，例如社会科学、行为科学、人类学、考古学、商业、财政、经济、教育、地理历史、图书馆学、情报学、法律、语言、政治等。

第二，A & HCI：A & HCI 是 Arts & Humanities Citation Index 的缩写，也就是艺术与人文科学引文索引。A & HCI 同样是由美国科技信息研究所创建的。其收收录的文献是艺术或者人文科学相关的期刊文摘，例如考古学、艺术、文学、哲学、宗教、历史等。

第三，ISSHP：ISSHP 是 Index to Social Sciences & Humanities Proceedings 的简称，也就是社会科学和人文回忆录索引。ISSHP 同样是由美国科技信息研究所创建的。它专门收录来自一般会议、座谈、研究会和专题讨论会的会议录文献，学科范围几乎囊括了社会科学、艺术与人文领域的所有学科，例如心理学、社会学、公共健康、管理学、经济学、艺术、历史、文学与哲学等。

（二）纸本期刊检索

1. 馆藏书目查询

在网络环境下，每一个图书馆都有自己的馆藏目录检索系统（OPAC）。例如，进入中国政法大学图书馆书目检索系统（http://202.205.72.204：8080/opac/search.php）可以查到 1960 年以后的中文期刊、西文期刊。

2. 全国期刊联合目录

全国期刊联合目录数据库创建于 1983 年，由中国科学院文献情报中心牵头研建。现在全国期刊联合目录数据库已经发展成一个多学科的大型数据库。包括：全国西文期刊联合目录数据库、全国日文期刊联合目录数据库、全国俄文期刊联合目录数据库、全国中文期刊联合目录数据库四个子库；学科范围覆盖数学、物理、化学、天文、地理、生命科学、农业、医药、信息科学、工业技术、社会科学等。

该库揭示了全国 499 个文献情报机构收藏的 94 744 种期刊的馆藏情况。读者可通过数据库查询到所需期刊在哪个图书馆收藏，并可通过库中的馆藏单位信息窗口直接向收藏单位提出原文传递（复印）的请求。

（三）中文电子期刊检索

1. 中国学术期刊网络出版总库（CAJD）

（1）数据库简介。中国学术期刊网络出版总库（CAJD）（http://cajn.cnki.net/cajn）是世界上最大的连续动态更新的中国学术期刊全文数据库，是"十一五"国家重大网络出版工程的子项目，是"中国国家知识资源数据库"（CNKI，又称中国知网）出版工程的重要组成部分。中国知网检索首页，如

图 4-1 所示。

图 4-1 中国知网检索首页

在中国知网首页中部，有进入中国学术期刊网络出版总库（CAJD）的入口，该库收录自 1915 年至今出版的期刊，部分期刊回溯至创刊。以学术、技术、政策指导、高等科普及教育类期刊为主，内容覆盖自然科学、工程技术、农业、哲学、医学、人文社会科学等各个领域。

（2）检索方法。中国学术期刊网络出版总库（CAJD）提供了期刊导航、初级检索、高级检索、专业检索等四种检索方式检索法律文献。中国学术期刊网络出版总库（CAJD）的检索系统界面如图 4-2 所示。

图4-2 中国学术期刊网络出版总库的检索系统界面

A. 期刊导航。期刊导航是通过期刊名称来检索浏览期刊论文的一种检索形式。在中国学术期刊网络出版总库的检索首页，单击检索框右侧的"期刊检索"，即可进入期刊导航页，如图4-3所示，进行整刊检索。

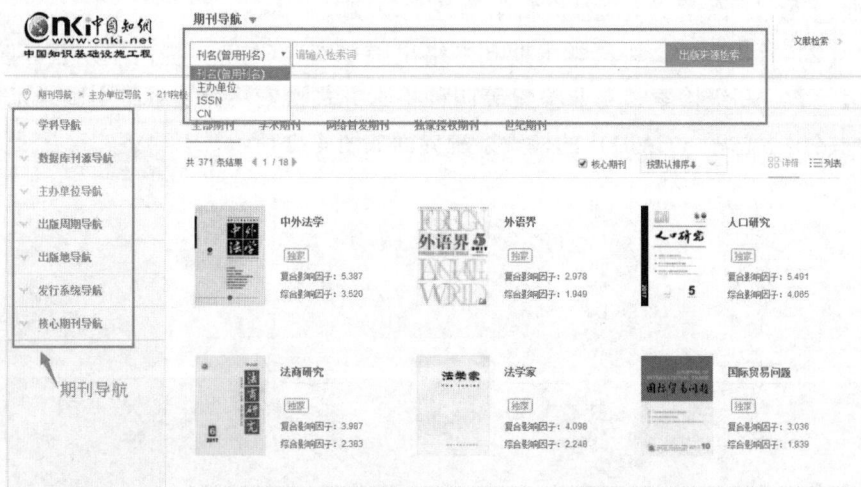

图4-3 中国学术期刊网络出版总库期刊导航页

在图 4-3 所示界面左侧，提供了"学科导航""数据库刊源导航""主办单位导航""出版周期导航""出版地导航""发行系统导航""核心期刊导航"七种分类导航，详见表 4-1。其次，用户还可以根据不同期刊类别，如"学术期刊""网络首发期刊""独家授权期刊""世纪期刊"以及中国知网包含的"全部期刊"进行查看。在每一个导航页面，都有一个检索文本框，当用户已知期刊名称（包括曾用刊名）、主办单位、ISSN 号、CN 号都可以利用图 4-3 界面所示的检索框进行检索，进入期刊后，可以通过"在本刊内检索"检索论文。

表 4-1　期刊导航分类

导航名称	导航介绍
学科导航	按照期刊所属学科进行分类，共包括 10 个专辑，分别为：基础科学、工程科技Ⅰ辑、工程科技Ⅱ辑、农业科技、医学卫生科技、哲学与人文科学、社会科学Ⅰ辑、社会科学Ⅱ辑、信息科技、经济与管理科学。
数据库刊源导航	按期刊被国内外其他数据库收录情况分类，包括 CA 化学文摘（美）、SA 科学文摘（英）、JST 日本科学技术振兴机构数据库、P＊（AJ）文摘杂志（俄）、EI 工程索引（美）、CSCD 中国科学引文库来源期刊（2017~2017 年度）（含扩展版）、CSSCI 中文社会科学引文索引（2017~2018）来源期刊（含扩展版）。
主办单位导航	按期刊的主办单位分类，包括"出版社"、211 院校、"科研院所""学会"。
出版周期导航	按期刊的出版周期分类，包括年刊、半年刊、季刊、双月刊、月刊、半月刊、旬刊、周刊、周二刊。
出版地导航	按期刊的出版地分类，包括华北、华东、华南、东北、西北、西南、华中。
发行系统导航	按期刊的发行方式分类，包括：邮发期刊、非邮发期刊、国际发行期。
核心期刊导航	按 2008 年版"中文核心期刊要目总览"核心期刊表分类，按知识内容分为七个专辑，分别为：哲学、社会学、政治、法律；经济；文化、教育、历史；自然科学；医学、卫生；农业科学；工业技术。

　　用户可根据以上提供的期刊专辑找到法律期刊目录。目录有两种排列方式：列表方式、详细方式。用户可以根据自己的阅读习惯选择，然后直接点击所需法律期刊，进入期刊详细页，如图4-4所示。可以看到该期刊的基本信息、出版信息、评价信息，在"期刊浏览"下，可看到该期刊数据库中各年的文章目录，同时可以选择相关检索字段，进行"在本刊内检索"不断缩小检索范围。在"栏目浏览"下，可以看到近一年、近三年、近五年、近十年的不同类别的目录，包括篇名、作者、发表日期、被引次数、下载次数，同时可以根据发表日期、被引次数、下载次数进行相关性排序，文章可在线阅读，点击篇名进入下载页面，如图4-5所示。

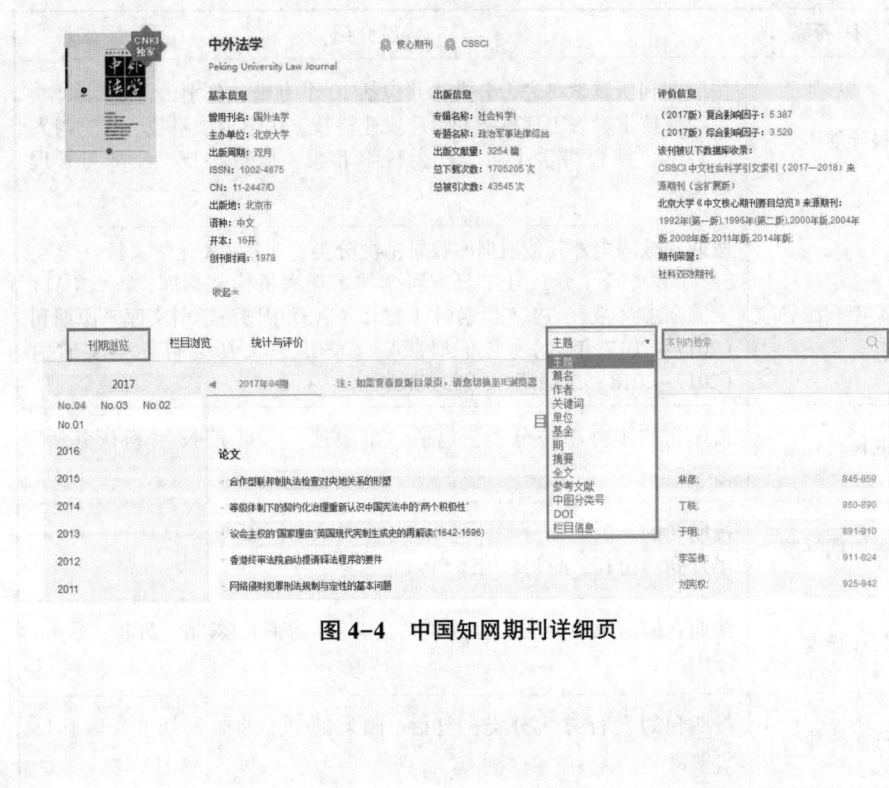

图4-4　中国知网期刊详细页

| 刊期浏览 | 栏目浏览 | 统计与评价 | | 主题 ▾ | 本刊内检索 🔍 |

| 近十年 近五年 近三年 近一年 | 近十年 > 论文 | | | 找到330条结果　1/17　❯ |

| | | | | | 按相关性↓ ∨ |
序号	篇名		作者	年/期	被引次数	下载次数
1	理解香港政治		陈端洪	2016/05	6	511
2	信访制度的功能及其法治化改革		陈柏峰	2016/05	1	830
3	儒家政制传统中的军政关系 制度与思想的语境化理解		李晟	2016/05		126
4	为语摄模式辩护		雷磊	2016/05	3	330
5	"效力性"强制规范裁判之考察与检讨 以《合同法解释二》第14条的实务进展为中心		姚明斌	2016/05		861
6	基于类型思维的刑法解释的实践功能		杜宇	2016/05	2	258
7	国家安全审查:政治法律化与法律政治化		王东光	2016/05	3	373
8	"一国两制"下香港"外籍法官"的角色演变		林峰	2016/05	5	242
9	环境规制的反身法路向		谭冰霖	2016/06	5	295
10	民事责任体系与无过错补偿计划的互动 以我国疫苗接种损害救济体系建设为中心		冯珏	2016/06		196
11	土地发展权与土地增值收益分配 中国问题与英国经验		彭錞	2016/06	2	395
12	知识产权损害赔偿的市场价值基础与司法裁判规则		吴汉东	2016/06	3	539
13	论盗窃财产性利益		张明楷	2016/06	7	1543

左侧栏目:
> 论文
> 评论
> 争鸣
> 实务热点
> 案例研究
> 专题
> 判例研究
> 专题:走向中国民法典——历…
> 专题研讨:企业社会责任与公…
> 专题:《民法总则》的批判性…
> 评论:法学论文、学科发展与…
> 专题:侵权行为的理论与立…
> 专题:许霆案的规范与法理分析
> "八二宪法"三十年实践反思与…
> 综述
> 专题:贿赂案的教义分析与证…
> 专题:以审判为中心的诉讼制…
> 专题:法律与公共政策
> 专题研讨:犯罪论体系
> 名家讲演

找到51个栏目
1 2 3 ❯

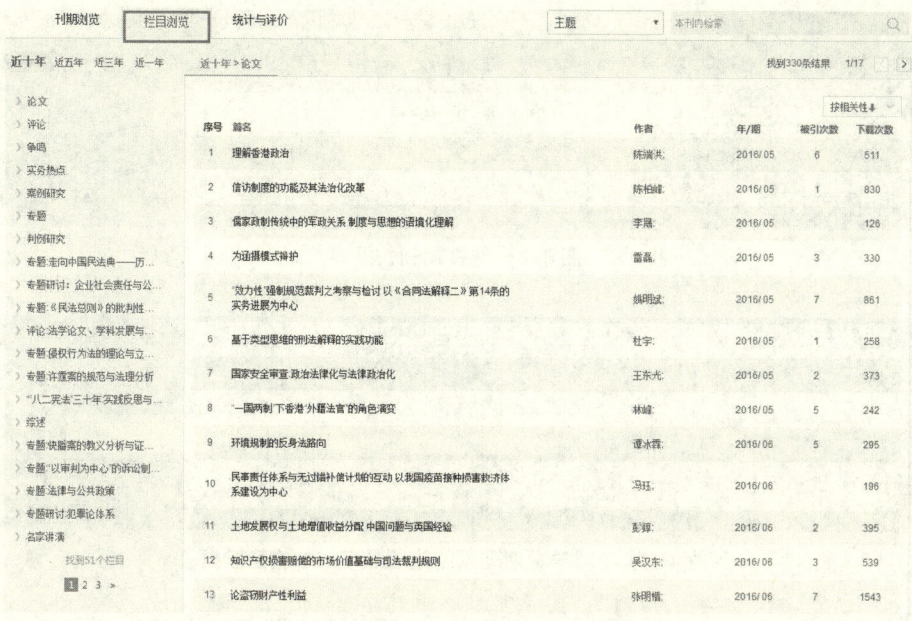

图4-5　中国学术期刊网络出版总库栏目浏览页

B. 初级检索。期刊的初级检索有两种形式：第一种形式是，在 CNKI 首页的一站式检索框内进行检索，如果不选择文献类型，CNKI 首页的一框式检索界面默认为勾选的文献类型为学术期刊、博硕论文、会议论文、报纸。这时选择"期刊"进入期刊专项检索，如图4-6所示。另一种形式则是在 CNKI 首页直接单击"中国学术期刊（网络版）& 中国学术期刊网络出版总库"进入中国学术期刊网络出版总库的检索系统界面，在此界面的一站式检索框内进行检索，则直接进入期刊专项检索页面，如图4-7所示。

在初级检索中，可选检索字段共有 15 个，包括主题、关键词、篇名、作者、单位、刊名、ISSN、CN、基金、摘要、被引文献、中图分类号、DOI、栏目信息。此外，在检索框内输入多个检索词时，则默认其逻辑关系为并且（并含）。

图 4-6　选择期刊数据库

图 4-7　中国学术期刊网络出版总库一站式检索框

例如：检索目前为止发表的有关"都市养老服务模式"方面的期刊文献。

检索步骤：

第一步：选择"主题"检索字段。

第二步：输入检索词"养老服务""养老模式"，初级检索默认这两个词是并含的关系。如图 4-8 所示，共有检索结果 2298 条。

第三步：二次检索。一次检索后可能会有很多记录并不符合检索目标，这时，可以选择在一次检索结果的基础上进行二次检索，二次检索是在上次检索结果范围内进行检索，可以多次进行，从而逐渐缩小检索结果。在检索框内再次输入检索词，点击页面检索框右侧"结果中检索"，进行二次检索。

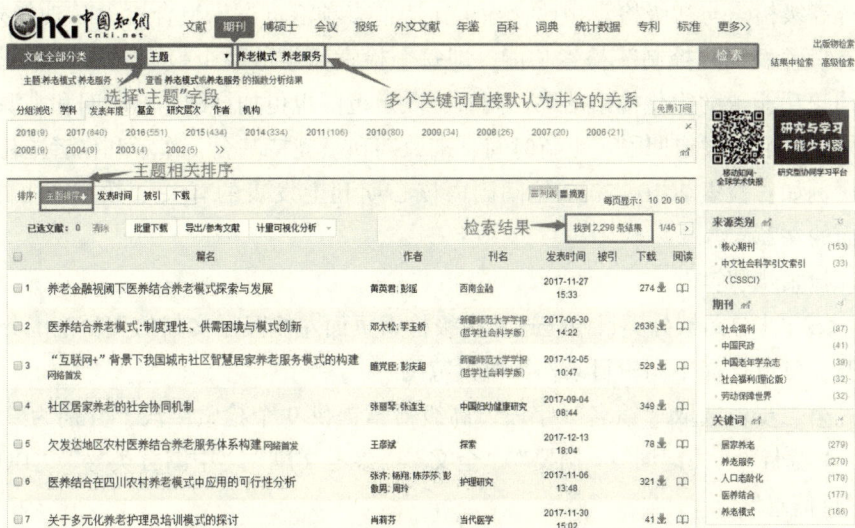

图 4-8　中国学术期刊网络出版总库初级检索结果

初级检索只适用于了解某一相关主题的大致情况，适用于不熟悉多条件组合查询的用户，对于一些简单的查询可选择初级检索，如需精确查询，还需要高级检索以及专业检索。

C. 高级检索。利用高级检索系统能够进行快速、有效的组合查询，优点是查询结果冗余少、命中率高。对于复杂的查询，可使用这种检索方式。

在初级检索结果页面，单击"高级检索"转换到高级检索页面，如图 4-9 所示。

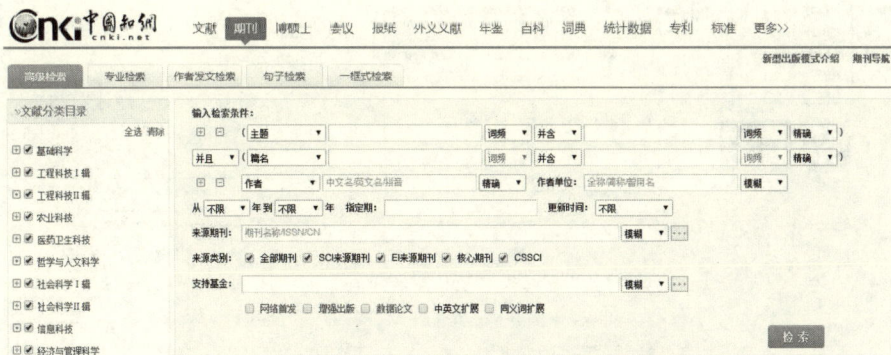

图 4-9　中国学术期刊网络出版总库高级检索页面

　　高级检索与初级检索相比，除了支持"多项双词逻辑组合检索"功能外，还支持"双词频控制"检索功能，即每个检索项中的两个检索词还可分别使用词频功能帮助优化检索结果。同时，限定范围也更加详细，除时间和来源类别外，还可以限定期限、更新时间、来源期刊、支持基金、作者和作者单位。

　　例如：检索 2010~2017 年间国内核心期刊上发表的有关"数字图书馆"方面的文章。

　　检索步骤：

　　第一步：文献分类目录全选。高级检索页面左侧显示文献的类目范围分类情况，可以选择不同辑目录作为检索范围。

　　第二步：选取"篇名"字段。高级检索提供 9 个检索字段，分别为"主题""篇名""关键词""摘要""全文""参考文献""中图分类号""DOI""栏目信息"。

　　第三步：输入检索词"数字图书馆"。

　　第四步：选择时间范围"2010 年~2017 年"。

　　第五步：来源类别，选择"核心期刊"。

　　共有检索结果 1272 条。如图 4-10 所示。高级检索也可以进行二次检索，方法同初级检索的二次检索类似。

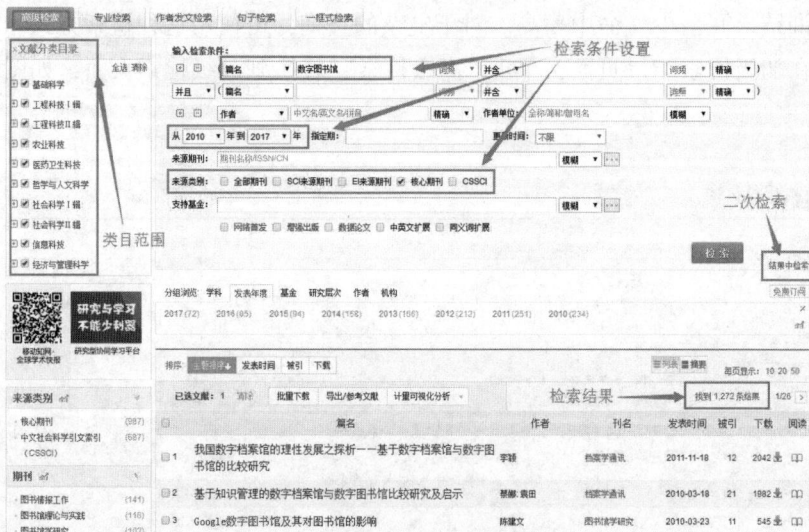

图 4-10　中国学术期刊网络出版总库高级检索结果

D. 专业检索。在高级检索页面转换工具条单击"专业检索"按钮，转换到专业检索页面。专业检索要求检索者自行构造检索式来准确地表达其多主题、多条件的检索要求。

例如：检索 2015 年以前关于晚清、民国时期中国政治经济转型的期刊文献。

检索步骤：

第一步：进入专业检索界面。

第二步：文献分类目录全选。如高级检索步骤一。

第三步：按照数据库提示及要求建立检索式，SU =（"民国"+"晚清"+"近代"）*（"中国转型"+"我国转型"+"转型"）*（"政治"+"经济"），输入检索框内。在中国知网专业检索时，"+"号代表逻辑关系"或"，"*"号代表逻辑关系"与"。

第四步：选择发表时间"不限"到 2015 年。

第五步：单击"检索"，得到检索结果共 1984 条，如图 4-11 所示。同样也可以进行二次检索。

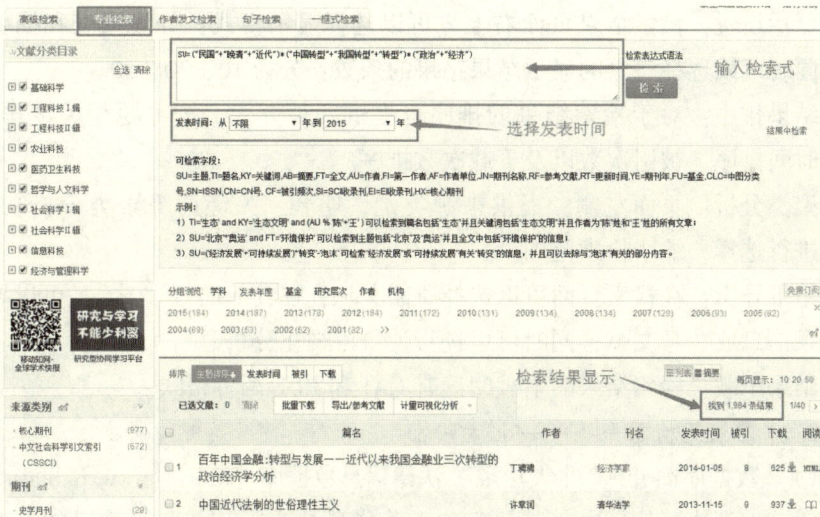

图 4-11　中国学术期刊网络出版总库专业检索页面

（3）检索结果。初级检索、高级检索、专业检索的结果显示布局基本相同，包括分组、排序、导出、设置摘要模式、输入关键词等。以专业检索示例的检索结果为例进行介绍，如图 4-12 所示。

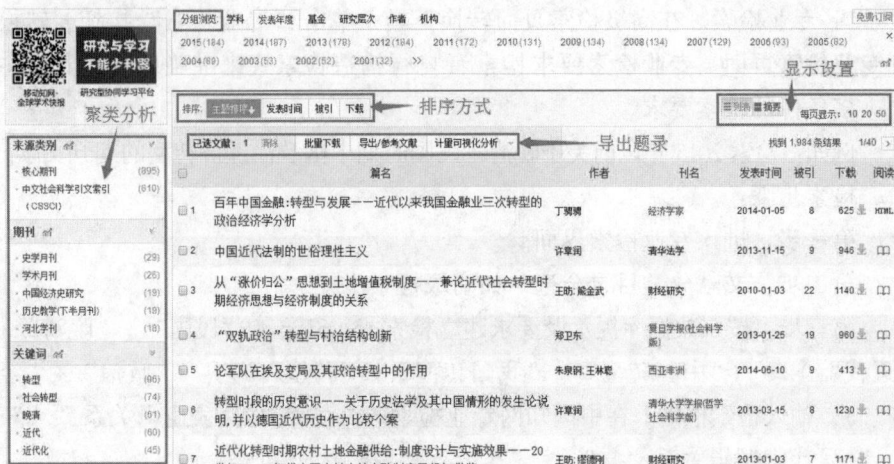

图 4-12　中国学术期刊网络出版总库专业检索结果

结果浏览：检索结果可以按照学科、发表年度、基金、研究层次、作者、机构进行分类浏览。

显示设置：检索结果页面右上方可以选择显示模式：分为列表和摘要模式，同时可以选择每页的显示结果结果的条数：分为 10、20、50。

结果排序：对于检索结果的排序也提供四种方式：按主题相关度排序、发表时间排序、被引次数以及下载次数排序。

聚类分析：页面左侧，提供来源类别、期刊、关键词等聚类分析功能，也可进行选择，缩小检索范围。

结果导出：在检索页面可以选择所需文献，在其前面打"√"，可以导出其题录信息或参考文献，同时可以进行计量可视化分析。

结果下载：检索结果的下载阅读有 CAJ 和 PDF 两种格式。

2. 中国法律检索系统——北大法宝

（1）数据库简介。"北大法宝"法律信息数据库（http://www.pkulaw.cn）是由北京大学法制信息中心与北京北大英华科技有限公司联合推出的智能型法律信息数据库。该库几乎涵盖了法律和法学文献资源的各个方面，是目前收录内容最全面的法律专业数据库之一。

"北大法宝"包含了以下几个子库：

法律法规数据库：收录了自 1949 年起至今的法律法规，内容不断更新，包括中央司法解释、地方法规规章、法律动态、合同与文书范本等。

司法案例数据库：收录了各类案例与裁判文书、公报案例、案例要旨、案例报道、仲裁裁决与案例等，根据用户需求提供全方位检索，对案例进行深加工，包括提炼核心术语、争议焦点、案例要旨等，提高了案件参考价值。

法学期刊数据库：全面收录了国内法学核心期刊、优秀非核心期刊和集刊等，是国内覆盖年份最完整、更新最快、使用最便捷的专业法学期刊库。

英文译本检索系统：为用户提供中国法律法规、案例、中外税收协定等重要法律信息的英文译本。所有英文译本均与中文法律文本相对照，且提供多种文件下载模式。

司法考试平台：北大法宝"司法考试"平台是为备战司法考试的同学量身打造的一款司法考试备考平台，包括在线答题、重点法条、法律汇编、司考大纲、法律文书、我的司考等模块。

（2）检索方法。在"北大法宝"数据库中不仅能够检索到法律法规、案例、裁判文书等一次法律资源，同时，也能够检索到相关法学期刊这类二次法律资源。进入"北大法宝"数据库，选择"法学期刊"，如图4-13所示。"北大法宝"截止到2018年5月共收录168种刊物，共有8919期，期刊文章总数约达21万篇，作者总数达7万余人。同时可查询到该库的收录和更新情况。

图4-13　"北大法宝"期刊检索页

"北大法宝"期刊库可以进行期刊检索、文章检索、作者检索、作者单位检索，此外，还可以对期刊、文章、作者、作者单位进行统计分析。期刊检索、文章检索、作者检索、作者单位检索，以及统计分析功能模块都提供简单检索、高级检索、智能检索以及在结果检索，具体检索方法将在文章检索部分进行详细介绍。

A. 期刊检索。在期刊检索首页，可以直接按照期刊主题进行分类，包括理论法学、法律史学、宪法学、刑法学、民商法学、经济法学、行政法学、诉讼法学、司法制度、国际法学、劳动与社会保障法、环境法学、军事法学、安全法学、人工智能、其他。

页面下方还提供核心期刊、非核心期刊、集刊、英文期刊的浏览导航，如图 4–14 所示。点击"更多"按钮，可查看到该类别的更多期刊。点击任意一本期刊，可查看到该期刊的简介，以及该期刊的每一期内容，同时也可以根据期刊年份，直接进行期刊文章的定位，如图 4–15 所示。点击"查看详情"，可查看到该本期刊的简介、本刊关键词、编辑部成员、投稿须知、注释体例等详细信息。点击"本刊统计"，可查看到该本期刊在最近 30 天文章的访问 TOP10，近一年文章的访问 TOP10，以及该本期刊收录文章的学科分类比例图，帮助读者更为深入地了解该本期刊。

图 4–14　"北大法宝"期刊类别导航界面

中外法学

《中外法学》系北京大学法学院主办的法学学术双月刊，逢双月出版。本刊由《中外法学》编辑部编辑，北京大学出版社出版。国内总发行：北京市邮政局，国内各地邮政局（所）均可订阅（刊号：CN 1J-2447），
国外发行人：中国国际图书贸易总公司（国际书店，北京339信箱，国际连续出版物编号：ISSN 1002-4875），
本刊编辑部地址：北京市北京大学法学院四合院，邮政编码：100871，电话：（010）62751689，E-mail:&n...

创刊于1989年 / 本库内收录176期 / 更新到2018年第2期 / 共2437篇

本刊预订　　查看详情

期刊导航　　　　　　　　　　　　　　　　　　　　　　　　　　　　期刊年份

图 4-15　"北大法宝"期刊详细界面

　　期刊检索首页右侧，期刊功能模块中，点击"找期刊"，可直接进入到详细期刊检索页面，如图 4-16 所示。顶部可选择不同的检索方式包括一站式简单检索、高级检索、智能检索、二次检索。一站式简单检索提供的检索字段包括标题、全文、期刊、作者、作者单位，默认为"标题"检索。当已知期刊名称时，可选择"期刊"字段检索，也可在页面中的刊名检索框中，输入刊名即可。此外，可选择"精确""模糊"两种匹配方式进行检索。同时，输入多个检索词时，还可选择"同句""同段""同篇"对检索词进行限定。

图 4-16　"北大法宝"期刊详细检索界面

B. 文章检索。期刊功能模块中，点击"找文章"，可直接进入到文章检索页面，如图4-17所示。顶部可选择不同的检索方式包括一站式简单检索、高级检索、智能检索、二次检索。

一站式简单检索提供的检索字段包括标题、全文、期刊、作者、作者单位，默认为"标题"检索。此外，可选择"精确""模糊"两种匹配方式进行检索。同时输入多个检索词时，还可选择"同句""同段""同篇"对检索词进行限定。

图4-17　"北大法宝"文章检索页面

例如：例如查找"许霆案"相关法学期刊论文。

在统一检索框中输入"许霆"，选择标题，精确匹配，进行检索，如图4-18所示。

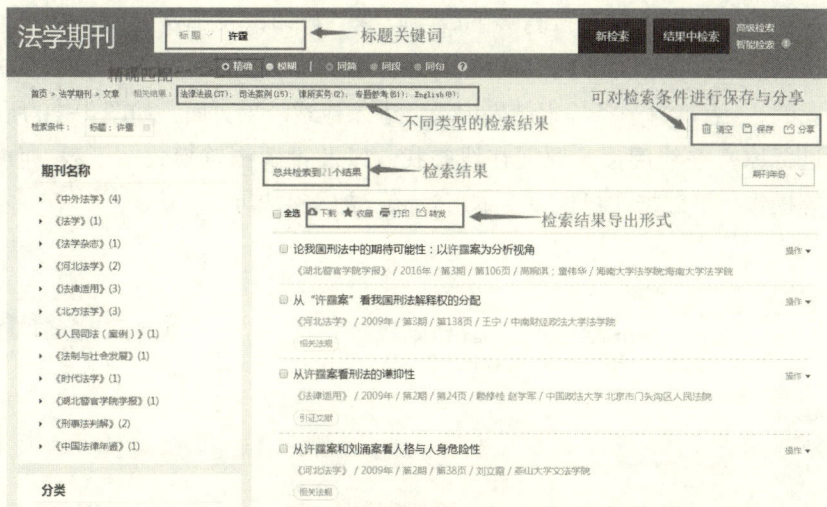

图 4-18　"北大法宝"简单检索页面

如图所示，检索结果为 21 篇相关期刊文献。

关于"许霆案"相关的检索结果有从不同角度进行分析阐述的，如果想进一步了解其盗窃罪相关文献，可以选择在"结果中检索"，进行二次检索。在统一检索框内输入"盗窃"，选择标题，精确匹配，选择在"结果中检索"，如图 4-19 所示。

图 4-19　"北大法宝"在结果中检索

对于检索结果可以进行直接下载、收藏、打印以及邮件转发，检索条件可以快速清空、保存（方便下次检索）、分享（微信扫描二维码，分享至好友和朋友圈）。点击每一条检索结果记录，进入检索结果页面，如图4-20所示。可以进行原文在线阅读、原文在线查找，以及设置浏览模式、下载、收藏、转发等操作。下载格式提供纯文本、Word、超文本与PDF版本。

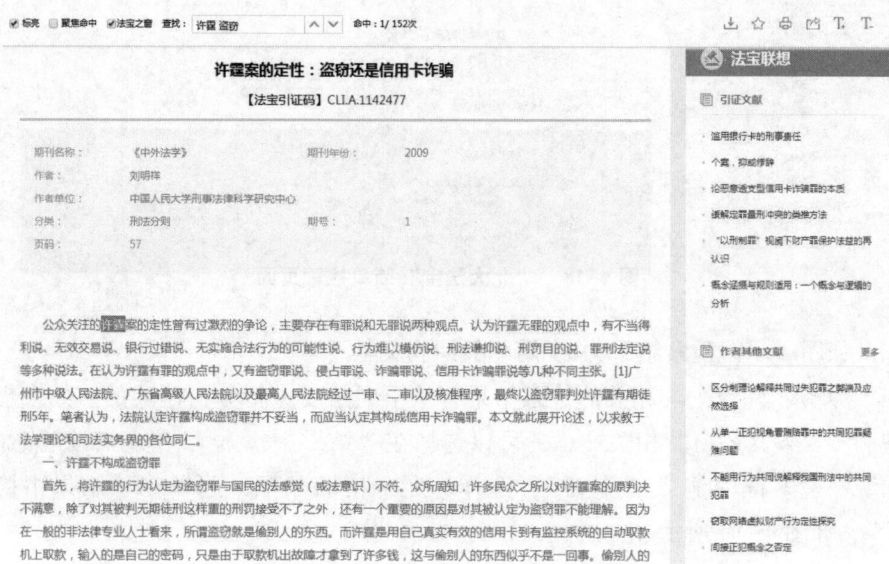

图4-20　"北大法宝"简单检索结果界面

"北大法宝"提供法宝联想与法宝之窗功能，法宝联想与法宝之窗：是在具体法条以及与其相关的所有法律、法规、司法解释、案例、裁判文书、立法资料、法学教程、法学文献之间建立链接，不仅能直接印证法规案例中引用的法律法规和司法解释及其条款，更能进一步帮助用户理解、研究、利用法条，创造全新的信息呈现体系，实现案例、法条、期刊资源之间的无缝链接与资源整合。

新版北大法宝还提供智能引注功能。该功能可以一键化解费时费力的注释难题，在短时间内生成大量规整的注释。

在一站式简单检索框右侧，点击"高级检索"进入高级检索页面，如图4-21所示。高级检索共有10个可检索字段，包括标题、期刊名称、作者单位、期刊年份、中文关键词、全文、作者、分类、期号、摘要。

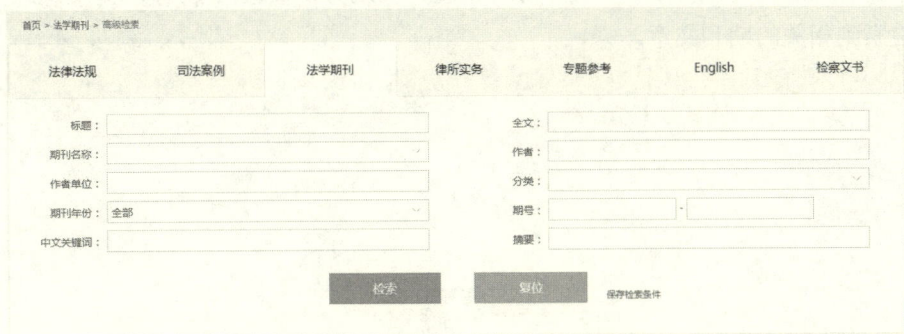

图 4-21　"北大法宝"高级检索界面

例如：利用高级检索，查询 2017 年《法学研究》期刊中刑法有关的文章。如图 4-22 所示。

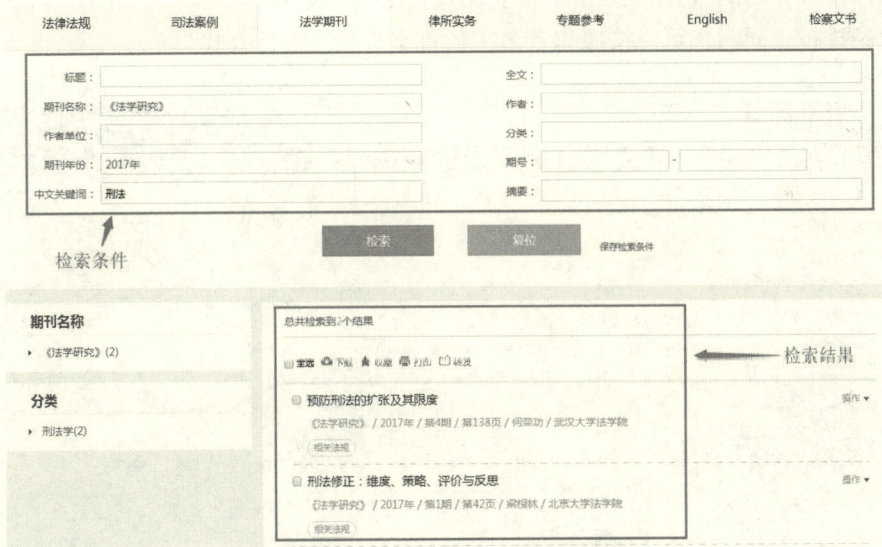

图 4-22　"北大法宝"高级检索结果

在一站式简单检索框右侧，点击"智能检索"进入之智能检索页面，如图 4-23 所示。

智能检索是结合了自然语言处理（NLP）和深度学习等人工智能技术的

新一代搜索引擎，在检索框输入内容，可以是一段文字，最多可输入1000字，可以选择"篇分析""句分析"系统将自动分析该段（该句）文字意思，检索到相关的期刊文章。

图4-23 "北大法宝"智能检索界面

C. 作者检索。期刊功能模块中，点击"找作者"，可直接进入到作者检索页面，如图4-24所示。该页面可查看到期刊库中收录的期刊论文发表最多的前十位作者的排行，包括每位作者发表论文的数量，以及上一年度作者的收录排行。同时，可以按照作者名字的首字母顺序进行查找。

图4-24 "北大法宝"期刊作者检索页面

例如：选择作者"安中业"，跳转至期刊作者检索结果页面（图4-25），显示该作者共有两篇文章被北大法宝法学期刊库收录，且每一篇文章的期刊来源、主题来源都可以很清晰地查看到。

图4-25　"北大法宝"期刊作者检索结果页面

D. 作者单位检索。期刊功能模块中，点击"作者单位"，可直接进入到作者单位检索页面，如图4-26所示。该页面可查看到期刊库中发表论文最多的作者单位的排行（前十），包括每个作者单位发表论文的数量，以及上一年度该单位的收录排行。同时，可以按照作者单位名称的首字母顺序进行查找。

图4-26　"北大法宝"作者单位检索页面

例如：选择"中国政法大学"，跳转至作者单位检索结果页面（图4-27），显示该机构共有4212篇文章被北大法宝法学期刊库收录，且可查看到不同期刊上发表文章的数量以及不同主题领域发表的论文数量。

图4-27 "北大法宝"作者单位检索结果页面

E. 统计分析。期刊功能模块中，点击"统计分析"，可直接进入统计分析模块。北大法宝的统计分析，包括期刊分析、文章分析、作者分析、作者单位分析。

期刊分析页面，如图4-28所示。可查询到某一期刊，最近30天文章访问量TOP10，近一年文章访问量TOP10，以及该本期刊近三年的学科分析统计图。

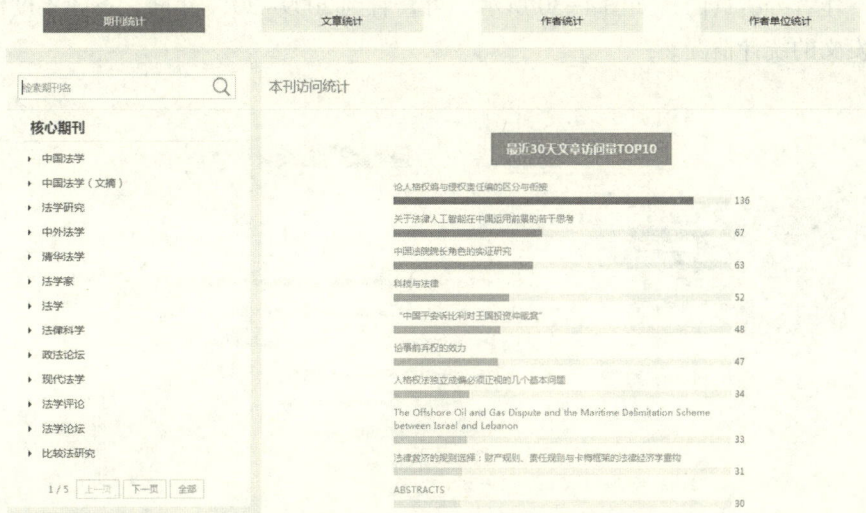

图 4-28 "北大法宝"期刊分析页面

文章分析页面，如图 4-29 所示。可以查看到 2009~2017 年间各年度各学科的比例图、近三年内不同学科发表的论文总数、核心论文数以及核心论文所占的百分比，以及该学科在上一年度涉及核心期刊的发文统计情况。

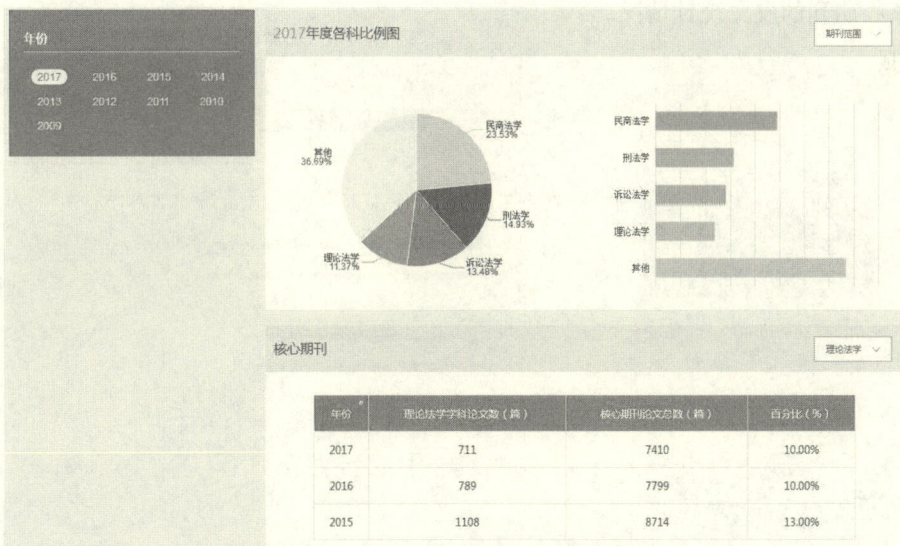

年份	理论法学学科论文数（篇）	核心期刊论文总数（篇）	百分比（%）
2017	711	7410	10.00%
2016	789	7799	10.00%
2015	1108	8714	13.00%

图 4-29 "北大法宝"文章分析页面

作者分析页面，如图4-30所示。可查看到2009~2017年间，不同年度作者发文的统计情况。

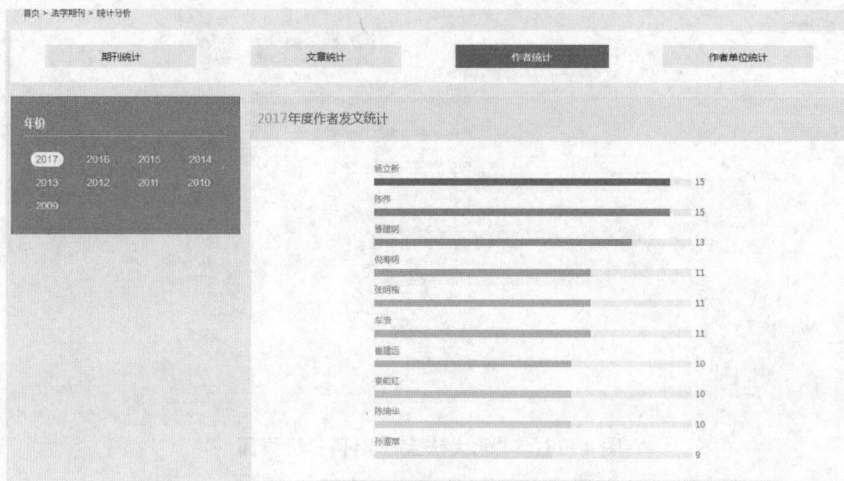

图4-30 "北大法宝"作者分析页面

作者单位分析页面，如图4-31所示。可查看到2009~2017年间，不同年度作者单位核心期刊发文的统计情况，以及该年度作者单位在不同学科领域核心期刊的发文统计情况。

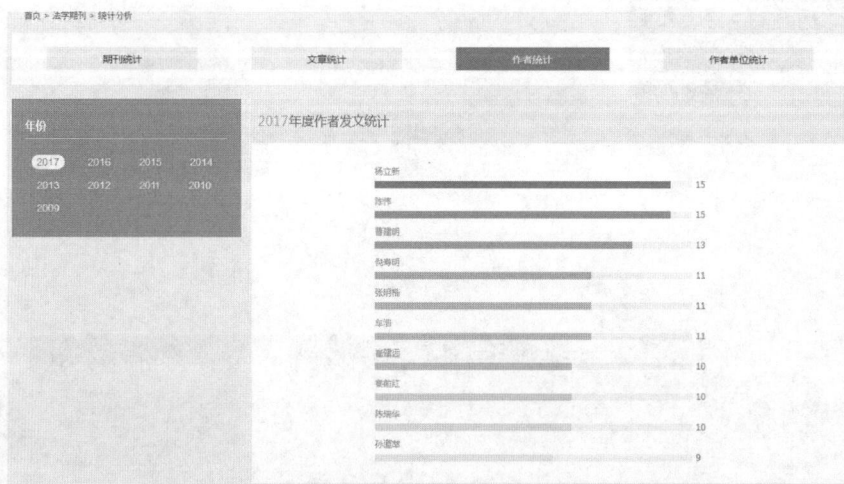

图4-31 作者单位分析页面

3. 元照月旦法学知识库

（1）数据库简介。元照月旦法学知识库（http://www.lawdata01.com.cn）以完整收录全球华文法学文献为目标，以五大学科——法学、教育、经济、公管、医卫——重要作者发表在期刊、图书、教学资源、题库讲座、博硕论文的文献为收录的核心，配合科研、教学、学习、实务的目的建构题库讲座、词典工具书、两岸常用法规、精选裁判等资料样态，并以重要期刊、图书的全刊收录为辅。

元照月旦法学知识库主要包括八个子库：期刊文献、论著、词典工具书、常用法规、判解精选、教学案例、博硕论文索引、题库讲座。

子库名称	内容简介
期刊	
论著	收录各大学出版中心、研究机构、产官学培育中心、学/协会、基金会研究成果及报告，包括作者个人出版。
词典工具书	收录《元照英美法词典》《英汉法律词典》《英汉法律用语大词典》《英汉法律缩略语辞典》，共约 205 000 笔词条。
教学案例	教材讲义：提供学者教学所使用的教材及讲义。 案例解析：由学者自创教学案例，透过学理阐述与分析，提升学习者的理解，实践学理与实务印证。 裁判评释：收录学者所挑选具参考、经典之判决与函释，由案例事实中提供学理见解后，并作出体系的归纳，更对此案例提出争点评释。
常用法规	收录台湾法规：沿革、条旨、立法理由、草案对照、新旧条文对照、条文、相关实务见解等。 收录大陆千种以上之重要法规：沿革、条旨、知识要点、相关法条等。
判解精选	台湾裁判：精选实用的裁判、大法官解释，包括：大法官会议解释、司法解释、最高法院判决、最高法院决议、最高法院裁判。 大陆裁判：选用重要及经典案例，包括最高人民法院、最高人民检察院、各级地方法院、专业法院等近千笔裁判。

续表

子库名称	内容简介
博硕论文索引	收录两岸精选之法、政等相关领域的博硕士论文索引及部分全文。
题库讲座	收录两岸法学相关试题及部分参考答案，包括台湾试题有司法人员（司法官、律师等）、法律研究所、专技及高普考等，大陆试题（包括大陆司法考试、法学硕士、法律硕士、自考试题等），以及《判解集》《法观人》的完备考试信息。

（2）检索方法：

A. 期刊导航。在月旦知识库的期刊子库中，如图4-32所示，左侧为期刊导航，包括三种浏览查询方式，分别为期刊浏览、领域分类、主题。其中期刊浏览分为台湾刊物和大陆刊物。台湾刊物分为当局机构、学术单位、学协会基金会、民营出版社；大陆刊物分为核心期刊和非核心期刊。领域分类包括宪法类、行政法类、民事法类、财经法类、刑事法类、法理学类、国际法、其他等。

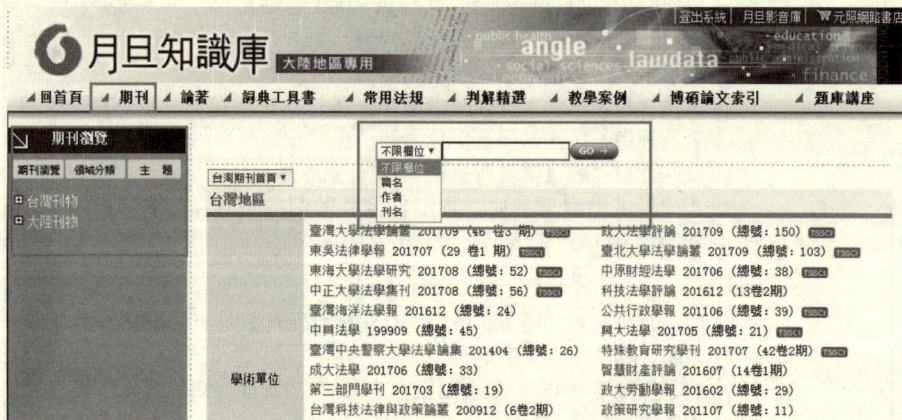

图4-32 元照月旦期刊检索页

B. 简单检索。在月旦知识库的期刊子库中，如图4-33所示，中间的统一检索框输入篇名、作者、刊名都能够进行简单检索。

例如，检索在《中国法学》上发表的期刊文章。

在统一检索框处，选择"刊名"检索字段，输入"中国法学"，进行检索。检索结果如图所示，共有 754 条检索结果。

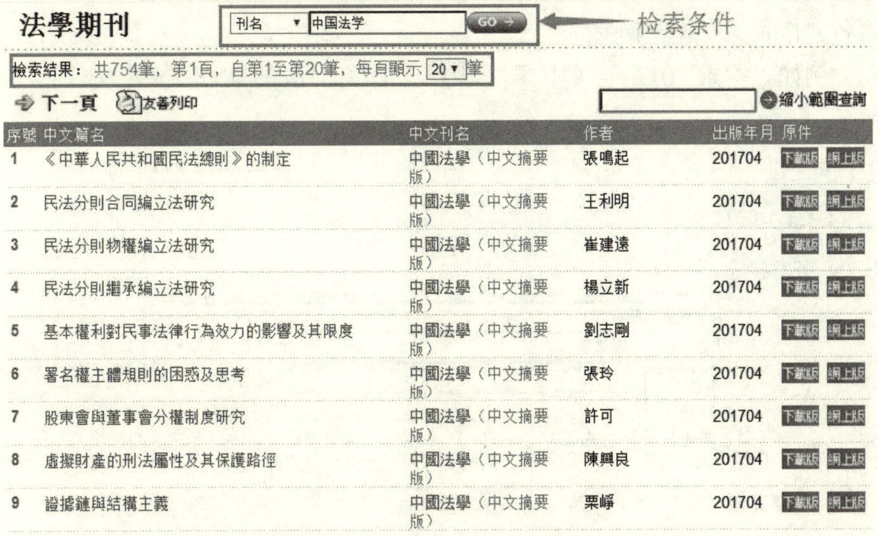

序號	中文篇名	中文刊名	作者	出版年月	原件
1	《中華人民共和國民法總則》的制定	中國法學（中文摘要版）	張鳴起	201704	下載版 網上版
2	民法分則合同編立法研究	中國法學（中文摘要版）	王利明	201704	下載版 網上版
3	民法分則物權編立法研究	中國法學（中文摘要版）	崔建遠	201704	下載版 網上版
4	民法分則繼承編立法研究	中國法學（中文摘要版）	楊立新	201704	下載版 網上版
5	基本權利對民事法律行為效力的影響及其限度	中國法學（中文摘要版）	劉志剛	201704	下載版 網上版
6	署名權主體規則的困惑及思考	中國法學（中文摘要版）	張玲	201704	下載版 網上版
7	股東會與董事會分權制度研究	中國法學（中文摘要版）	許可	201704	下載版 網上版
8	虛擬財產的刑法屬性及其保護路徑	中國法學（中文摘要版）	陳興良	201704	下載版 網上版
9	證據鏈與結構主義	中國法學（中文摘要版）	栗崢	201704	下載版 網上版

图 4-33　元照月旦简单检索结果

如果想要进一步缩小检索范围，就可以选择在第一个检索的结果中进行二次检索。

例如，检索《中国法学》上发表的有关民法的期刊文章，如图 4-34 所示，检索结果缩减为 156 条。

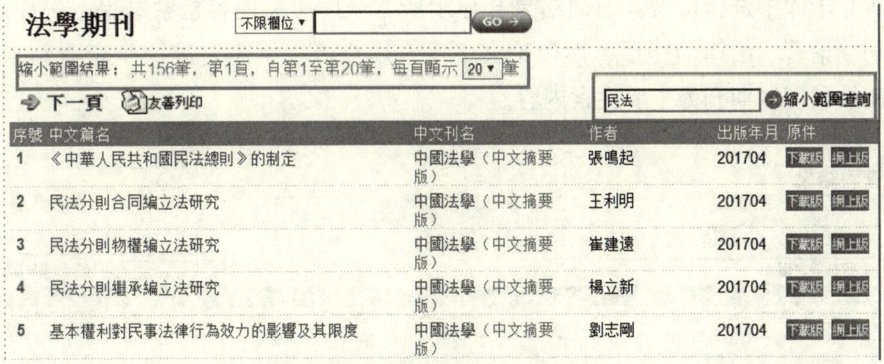

序號	中文篇名	中文刊名	作者	出版年月	原件
1	《中華人民共和國民法總則》的制定	中國法學（中文摘要版）	張鳴起	201704	下載版 網上版
2	民法分則合同編立法研究	中國法學（中文摘要版）	王利明	201704	下載版 網上版
3	民法分則物權編立法研究	中國法學（中文摘要版）	崔建遠	201704	下載版 網上版
4	民法分則繼承編立法研究	中國法學（中文摘要版）	楊立新	201704	下載版 網上版
5	基本權利對民事法律行為效力的影響及其限度	中國法學（中文摘要版）	劉志剛	201704	下載版 網上版

图 4-34　缩小范围检索

C. 高级检索。如果需要使用高级检索功能检索期刊相关文献，点击"回首页"，在首页中点击"文档查询"进入高级检索页。高级检索字段包括中文篇名、作者、专辑、摘要。

例如，检索 2017 年《中国法学》上有关刑法的期刊文章，如图 4-35 所示。

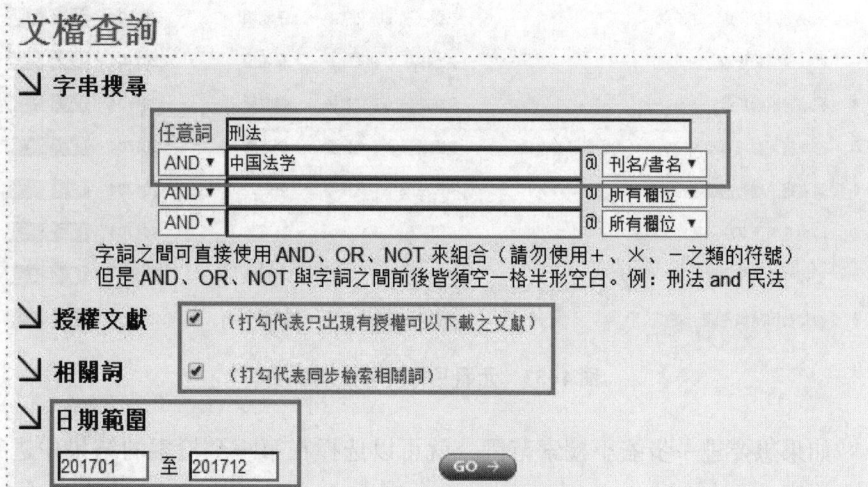

图 4-35　元照月旦高级检索界面

高级检索查询结果如图 4-36 所示，由于高级检索是在元照月旦知识库的所有子库中进行检索，查询结果会显示所有子库相关内容检索结果，例如期刊、论著、法律缩略语、博硕论文等等，用户可根据需要进一步查看结果，此处我们以期刊为主要检索内容。

图 4-36　高级检索结果页

D. 专业检索。主页中，在高级检索入口右侧，点击"指令查询"，进入专业检索页面。

例如，检索包含民法或者财产内容的期刊文献，如图4-37所示。

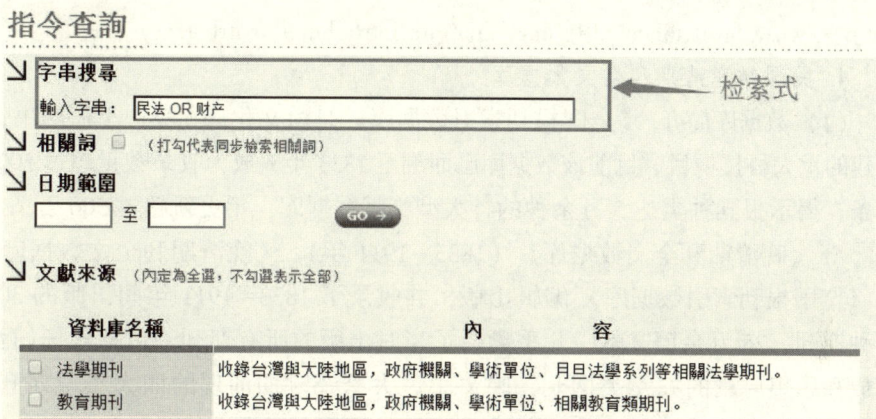

指令查詢

↘ **字串搜尋**	
輸入字串： 民法 OR 财产	◀—— 检索式

↘ **相關詞** ☐ （打勾代表同步檢索相關詞）

↘ **日期範圍**

☐ 至 ☐ （GO →）

↘ **文獻來源** （內定為全選，不勾選表示全部）

資料庫名稱	內　　　　容
☐ 法學期刊	收錄台灣與大陸地區，政府機關、學術單位、月旦法學系列等相關法學期刊。
☐ 教育期刊	收錄台灣與大陸地區，政府機關、學術單位、相關教育類期刊。

图4-37　专业检索页

专业检索查询结果如图4-38所示，与高级检索结果一样，我们以期刊为主要检索内容，结果共19 459条，如需进一步缩小检索范围，也可以再进行二次检索，检索方法如上述所述。

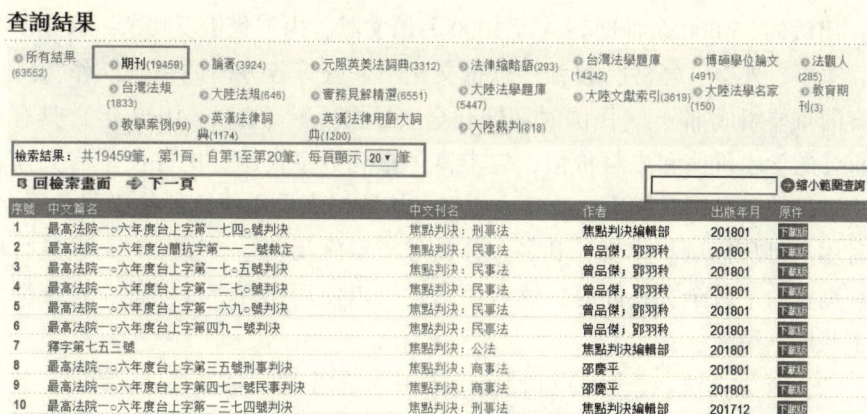

查詢結果

◉ 所有結果 (63552)	◉ 期刊(19459)	◉ 論著(3924)	◉ 元照英美法詞典(3312)	◉ 法律縮略語(293)	◉ 台灣法學題庫(14242)	◉ 博碩學位論文(491)	◉ 法觀人(285)
	◉ 台灣法規(1833)	◉ 大陸法規(546)	◉ 審務見解精選(6551)	◉ 大陸法學題庫(5447)	◉ 大陸文獻索引(3619)	◉ 大陸法學名家(150)	◉ 教育期刊(3)
	◉ 教學索例(99)	◉ 英漢法律詞典(1174)	◉ 英漢法律用語大詞典(1200)	◉ 大陸裁判(818)			

檢索結果：共19459筆，第1頁，自第1至第20筆，每頁顯示 20▾ 筆

⯈回檢索畫面 ⯈下一頁　　　　　　　　　　　　　　　　　　　　　　☐ ➡縮小範圍查詢

序號	中文篇名	中文刊名	作者	出版年月	原件
1	最高法院一〇六年度台上字第一七四〇號判決	焦點判決：刑事法	焦點判決編輯部	201801	下載PDF
2	最高法院一〇六年度台簡抗字第一一二號裁定	焦點判決：民事法	曾品傑；鄧羽秧	201801	下載PDF
3	最高法院一〇六年度台上字第一七五〇號判決	焦點判決：民事法	曾品傑；鄧羽秧	201801	下載PDF
4	最高法院一〇六年度台上字第一二七〇號判決	焦點判決：民事法	曾品傑；鄧羽秧	201801	下載PDF
5	最高法院一〇六年度台上字第一六九〇號判決	焦點判決：民事法	曾品傑；鄧羽秧	201801	下載PDF
6	最高法院一〇六年度台上字第四九一號判決	焦點判決：民事法	曾品傑；鄧羽秧	201801	下載PDF
7	釋字第七五三號	焦點判決：公法	焦點判決編輯部	201801	下載PDF
8	最高法院一〇六年度台上字第三五號刑事判決	焦點判決：商事法	邵慶平	201801	下載PDF
9	最高法院一〇六年度台上字第四七二號民事判決	焦點判決：商事法	邵慶平	201801	下載PDF
10	最高法院一〇六年度台上字第一三七四號判決	焦點判決：刑事法	焦點判決編輯部	201712	下載PDF

图4-38　专业检索结果页

（3）检索结果。检索结果提供网络版与下载版，页面也可以自定义每页显示的文章数量。需要注意的是下载版需要安装 SafeNet Foxit Reader 软件下载阅读，SafeNet Foxit Reader 与 Foxit Reader 官方网站所提供的版本并不同，请务必至月旦法学知识库所提供的载点（首页）下载，并详阅使用说明（http://www.lawdata.com.tw/anglekm/intr/intr6.htm#FoxitReader）。

4. 民国和晚清期刊全文数据库

（1）数据库简介。《全国报刊索引数据库》是由文化部立项、上海图书馆承建的重大科技项目。目前该数据库已回溯至 1833 年，成为收录数量超过 5000万条、揭示报刊种类达 5 万余种的特大型文献数据库，年更新超过 500 万条。

A.《晚清期刊全文数据库》（1833~1911 年）。《晚清期刊全文数据库》由《全国报刊索引数据库》编辑出版，共收录了 1833~1911 年间出版的 300余种期刊，25 万余篇文献，几乎囊括了当时出版的所有期刊，包括宣扬妇女解放和思想启蒙的妇女类期刊，晚清小说大繁荣时期涌现的四大小说期刊，为开启民智、传播新知创办的白话文期刊，以及介绍先进技术、传播科学知识的科技类期刊等，并且拥有众多的"期刊之最"，是研究晚清历史的读者用户必备的数据库检索工具。读者用户可从标题、作者、刊名等途径对 28 万余篇的文章进行检索、浏览并下载全文。

B.《民国时期期刊全文数据库》（1911~1949 年）。《民国时期期刊全文数据库》由《全国报刊索引数据库》编辑出版，收录民国时期（1911~1949年）出版的 25 000 余种期刊，近 1000 万篇文献，内容集中反映这一时期的政治、军事、外交、经济、教育、思想文化、宗教等各方面的情况。作为历史档案的重要组成部分，《民国时期期刊全文数据库》（1911~1949 年）具有极为重要的学术价值和史料价值，它丰富了报刊数字资源，更方便了广大读者用户进行关于民国时期历史的学术研究。该数据库采用便捷的检索服务平台，读者用户可从标题、作者、刊名、分类号、年份及期号等途径对文献进行检索、浏览并下载全文。同时，读者用户还可以使用期刊导航功能，直接浏览和下载期刊原文。

（2）检索方法。《全国报刊索引数据库》的主界面如图 4-39 所示，其中包含了《晚清期刊全文数据库》（1833~1911 年）、《民国时期期刊全文数据库》（1911~1949 年）等，可以进行民国、晚清期刊论文的检索。该数据库提供文献导航、简单检索、高级检索、专业检索四种检索方式。

图 4-39　全国报刊索引数据库检索主页

A. 文献导航。在全国报刊索引数据库检索主页，点击"文献导航"进入文献导航界面，如图 4-40 所示，文献导航可根据刊名、创刊年、主办单位、出版地以及按照字母导航进行近代期刊和现代期刊的检索。

图 4-40　全国报刊索引数据库文献导航页

"现代期刊"栏目下，可根据学科分类进行检索，如图4-41所示。

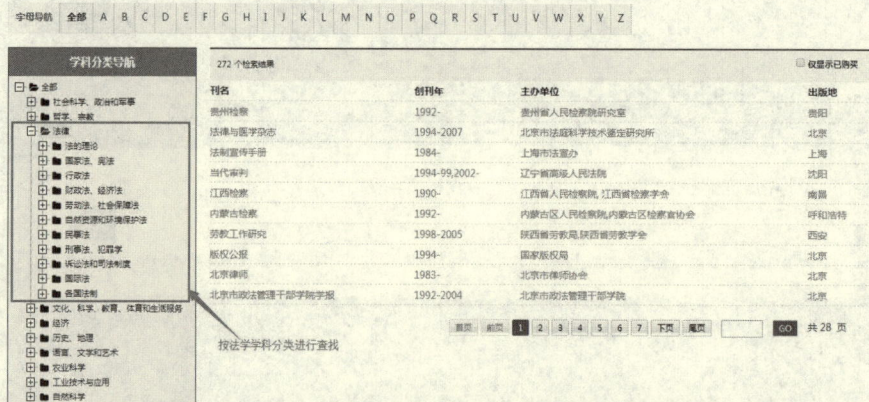

图4-41　全国报刊索引数据库学科分类导航页

B. 简单检索。利用简单检索查找晚清或者民国时期的期刊论文，可以在全国报刊索引数据库主页的统一检索框中，输入相关主题关键词，选中"近代期刊"进行检索，如图4-42所示。

图4-42　全国报刊索引数据库简单检索界面

C. 高级检索。点击统一检索框旁的"高级检索"，进入高级检索界面，如图4-43所示。用户可以根据题名、作者、作者单位、文献来源、近代期刊-期、近代期刊-分类号、近代期刊-摘要、近代期刊-全文进行检索，同时提供的检索范围为1833~1957年，用户可自行选择所需的检索范围，此外，可对字段进行"模糊"或者"精确"匹配。

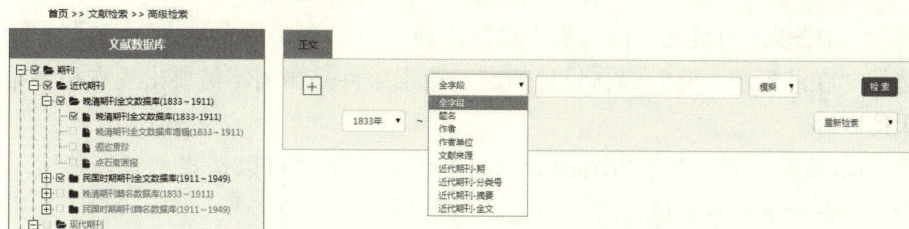

图 4-43　全国报刊索引数据库高级检索界面

　　D. 专业检索。点击统一检索框旁的"专业检索"，进入专业检索界面，如图 4-44 所示。用户可以输入检索表达式进行检索，检索表达式的字段代表如下，其中通用字段有：[全字段：ALL] [题名：TI] [作者：AU] [作者单位：AF] [时间：PD] [刊名/报名：JTI]；近代期刊字段有：[正文类别：AT] [正文栏目：ACOL] [期：ISS] [卷：VO] [分类号：CLC] [摘要：AB] [全文：CT]。

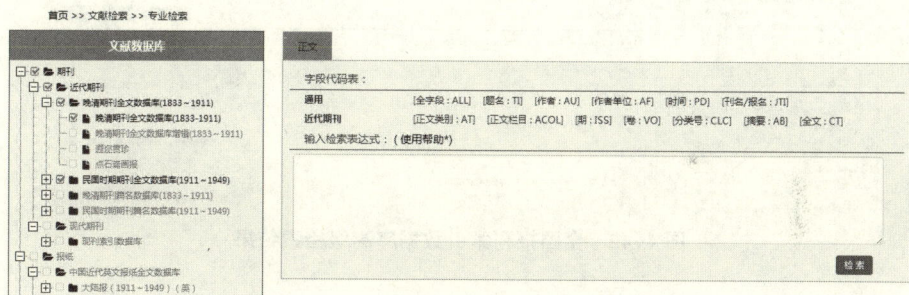

图 4-44　全国报刊索引数据库专业检索页

　　(3) 检索结果。以高级检索为例，例如检索法律保护相关主题的期刊文章，设置高级检索条件，题名为法律保护，检索范围 1833～1957 年，选择"精确匹配"，进行检索。如图 4-45 所示，检索结果有 12 条。

　　A. 在结果中添加。当检索结果过少时，不利于研究学习，就需要对检索结果进行扩充，可以选择"在结果中添加"，则检索结果会与第一次检索结果合并，达到扩检的效果；

　　B. 在结果中检索。当检索结果过多时，用户可以选择"在结果中检索"，精确检索内容和范围，选择"在结果中检索"时，设置的高级检索条件为需

要检索的内容;

C. 在结果中去除。当检索结果过多时,用户也可以选择"在结果中去除",对结果进行优化,同是缩小检索范围,与"在结果中检索"不同的是,选择"在结果中去除"时,设置的高级检索条件是当前不需要出现在检索结果的内容。

D. 重新检索。如果当前检索结果不满意,用户可以选择"重新检索",对检索条件进行重新设置。

E. 索引导出。检索结果可以进行批量索引导出,只需选择需要导出的检索结果,点击"索引导出"即可。

F. 检索结果可以进行整本浏览、预览、下载等操作。

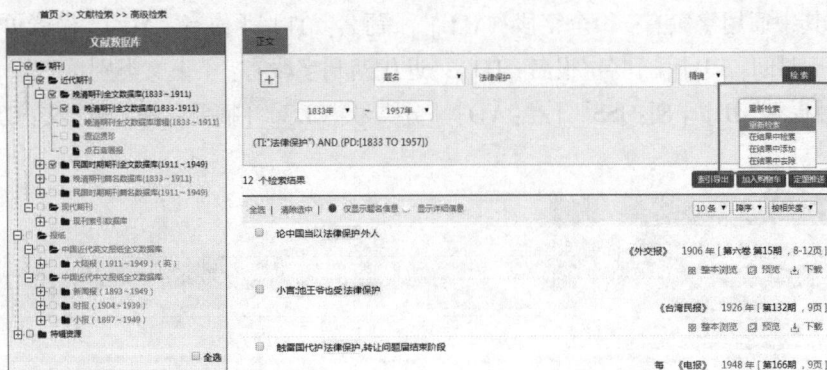

图 4-45　全国报刊索引数据库高级检索结果

5. TWS 台湾学术期刊在线数据库

(1) 数据库简介。台湾学术期刊在线数据库 (Taiwan Scholar Journal Database, TWS) 是第一家获得国家新闻出版广电总局批文许可引进的台湾期刊全文数据库,文献内容涵盖台湾学术期刊出版总量 85% 以上,是目前收录台湾指标期刊最完整的数据库。

台湾学术期刊在线数据库收录学科包括:政治经济、历史、法学、管理学、经济学、心理学、医学、文学、教育学、物理、化学、天文学、语言学、国家信息学、电机工程等 31 门学科。期刊收录时间范围主要是 2000 年以后出版的期刊,且每日更新,每月持续新增 3000 余篇电子全文。收录期刊 1349 种,全文数据库量约为 34 万篇。该数据库主界面如图 4-46 所示。

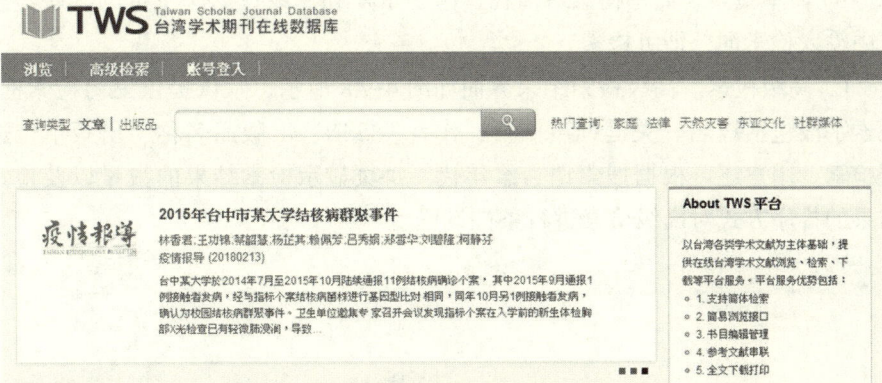

图 4-46　台湾学术期刊在线数据库主界面

（2）检索方法：

A. 浏览检索。台湾学术期刊在线数据库支持简体检索，同时支持以学科、机构、指标、拼音进行浏览检索，如图 4-47 所示。学科浏览主要分为人文学、基础与应用科学、医药卫生、生物农学、工程学、社会科学这五大类；机构浏览包括台湾的学会、出版社、公立大学、私立大学、技职大学和技术学院、政府机关；指标浏览包括台湾期刊指标、国际期刊指标、全部期刊指标；拼音浏览则是按照字母顺序进行浏览。

图 4-47　台湾学术期刊在线数据库浏览检索界面

B. 简单检索。简单检索只需在台湾学术期刊在线数据库主页的统一检索框中输入检索词，即可检索。

C. 高级检索。高级检索结果界面如图 4-48 所示，默认提供三组检索框，检索字段包括篇名、关键词、摘要、作者、ISSN、出版品名称、出版单位进行检索。用户还可根据搜索语言、年代、每页显示检索结果的数量以及检索结果的排序方式对高级检索进行条件设置。

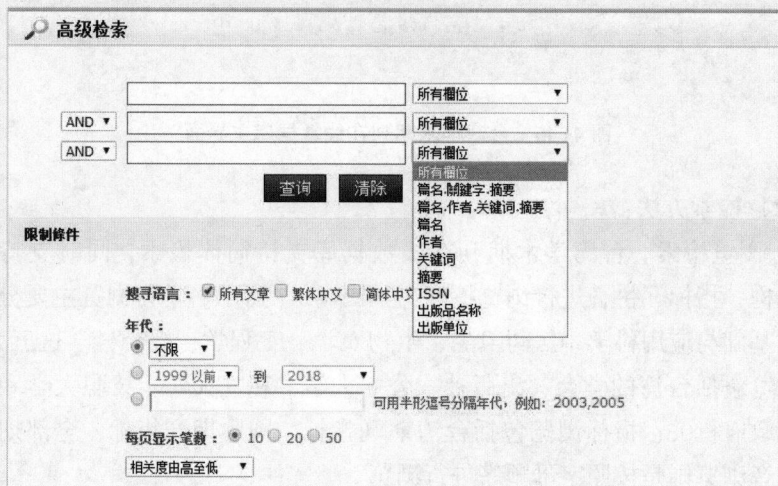

图 4-48　台湾学术期刊在线数据库高级检索界面

用户个性化体验，支持书目编辑管理，支持将所需要的文章书目以 REF-WORK 软件进行书目导出；支持期刊文章网页浏览、打印或储存电子全文文件（PDF），以及下载打印。

（四）外文电子期刊检索

1. EBSCOhost 全文数据库

（1）数据库简介。EBSCOhost（http：//search. ebscohost. com）是 EBSCO Publishing 于 1994 年开发的可以通过互联网直接链接的在线参考信息系统平台，在此平台上提供多种 EBSCO 自己的全文数据库和其他著名信息提供商提供的数据库。数据库内容涉及自然科学、社会科学、人文和艺术等多种学术领域。其中最主要的两个全文数据库是 ASP（Academic Search Premier）和 BSP（Business Source Premier）。

ASP（Academic Search Premier）学术期刊集成全文数据库：包括有关工商经济、资讯科技、人文科学、社会科学、通信传播、教育、艺术、文学、医药、通用科学等领域的 7000 多种期刊。最早收录时间为 1990 年，有图像、图表。

BSP（Business Source Premier）商业资源集成全文数据库：包括 3000 余种期刊的索引和文摘，SCI 收录的核心全文刊 300 余种，涉及的主题范围有国际商务、经济学、经济管理、金融、会计、劳动人事、银行等，著名的如《每周商务》（*Business Week*）、《福布斯》（*Forbes*）、《哈佛商业评论》（*Harvard Business Review*）、《经济学家预测报告》（*Country Reports from the Economist Intelligence Unit*）等。全文最早收录时间为 1990 年，有图像。

（2）检索方法：

A. 选择数据库。在学校 IP 范围内的计算机访问登录 EBSCOhost 数据库主页（图 4-49），首页会显示所在学校的名称，说明系统已经通过了用户 IP 地址的身份认证。点击"利用 EBSCO 数据库提高你的科研水平"进入数据库选择页面（图 4-50），然后选择需要检索的数据库。如果用户不满意当前选取的数据库，点击"选择数据库"，可以更改并选择数据库。

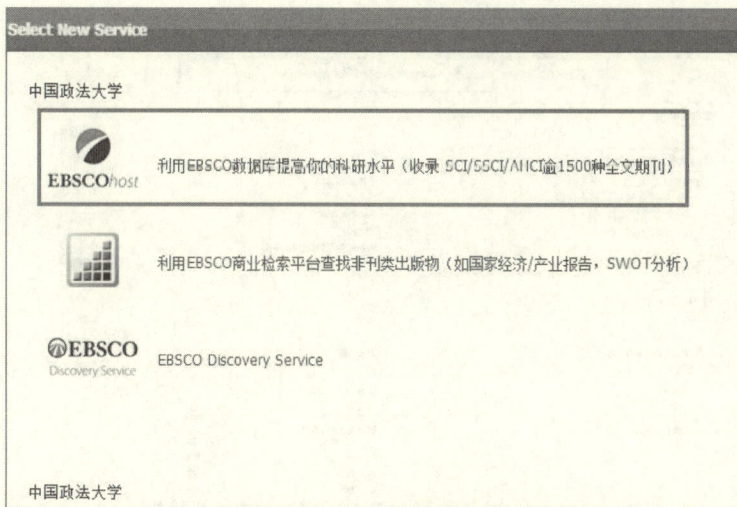

图 4-49 EBSCOhost 数据库主界面

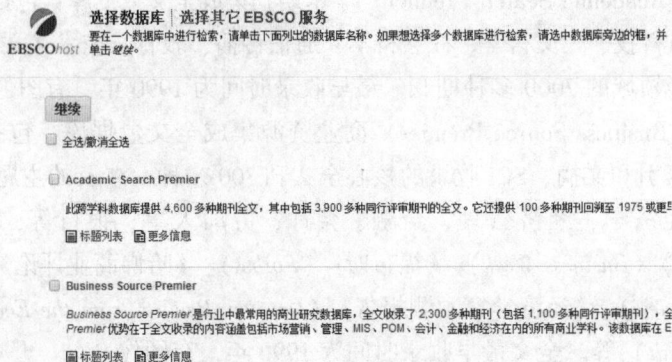

EBSCO*host* **选择数据库** | 选择其它 EBSCO 服务
要在一个数据库中进行检索，请单击下面列出的数据库名称。如果想选择多个数据库进行检索，请选中数据库旁边的框，并单击 *继续*。

继续

☐ 全选/撤消全选

☐ Academic Search Premier

此跨学科数据库提供 4,600 多种期刊全文，其中包括 3,900 多种同行评审期刊的全文。它还提供 100 多种期刊回溯至 1975 或更早

📄 标题列表 📄 更多信息

☐ Business Source Premier

Business Source Premier 是行业中最常用的商业研究数据库，全文收录了 2,300 多种期刊（包括 1,100 多种同行评审期刊），全 *Premier* 优势在于全文收录的内容涵盖包括市场营销、管理、MIS、POM、会计、金融和经济在内的所有商业学科。该数据库在 E

📄 标题列表 📄 更多信息

图 4-50　选择数据库界面

B. 基本检索. 基本检索中默认的检索字段是关键词, 在检索框中输入检索词或者检索式, 点击"搜索"即可。

检索选项的设定, 如图 4-51 所示, 基本检索界面下方的"检索选项"可以进行"检索模式和扩展条件""限制结果"的选择。检索模式默认选择"布尔逻辑/词组", 用户可以在"查找全部检索词语""查找任何检索词语""智能文本检索"等选项中重新选取检索模式。限定结果提供"全文""学术（同行评审）期刊""出版日期""图像快速查看", 以及针对每个数据库独特的限制条件进行限定。

图 4-51　EBSCOhost 数据库基本检索界面

C. 高级检索。点击"高级检索",用户进入高级检索界面,如图 4-52 所示,默认提供三个检索词输入框,点击旁边的"+",可以添加检索框。每输入一个检索词或者检索式,就要选择它所在的字段(用户选择的数据库不同,此时提供的检索字段也有区别),如果不选字段,则默认为全文检索。通过选取布尔运算符将检索词或检索式进行连接,最后点击"搜索"。高级检索栏下方的检索选项设置与基本检索相同。

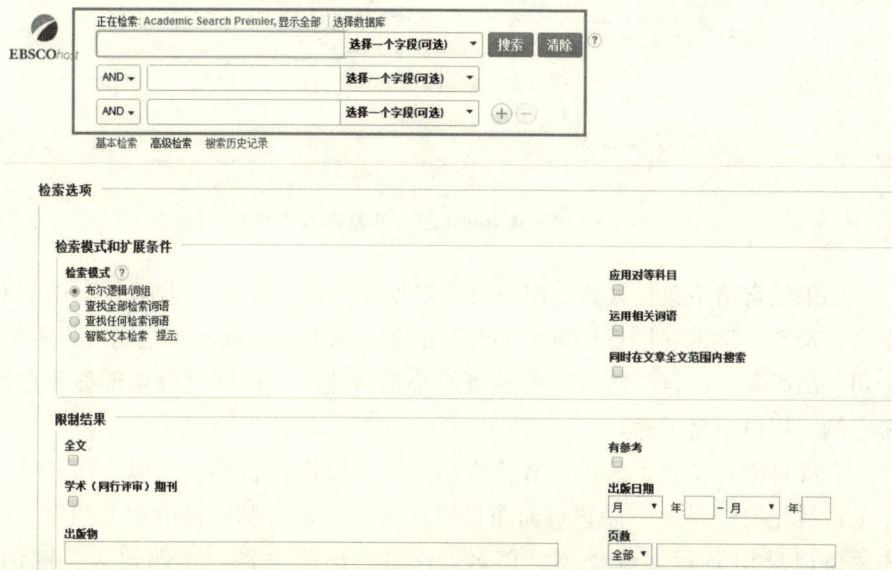

图 4-52　EBSCOhost 数据库高级检索界面

(3) 检索结果。以基本检索为例,例如检索关于经济发展的相关文献,在检索框中输入"economic development",点击"搜索"按钮。检索结果如图 4-53 所示。

图 4-53　EBSCOhost 数据库基本检索结果

　　如果检索结果数量太多，用户可以根据左侧的"精确搜索结果"限制有全文、参考、学术（同行评审）期刊；根据来源类型、标题、主题、出版物、公司、出版者、语言、NAICS/行业等缩小检索范围，精炼过程全部显示在屏幕左侧，用户一目了然。

　　在屏幕中心位置，显示所有检索结果，可以根据日期、来源、作者等对结果进行相关性排序、设置页面布局格式等，屏幕右侧，显示相关图像。点击每条记录均显示文献类型、篇名、作者、出版来源、主题语、关键词、DOI、摘要、文献格式（PDF、HTML 格式）等一系列文章相关信息。点击"PDF 全文"可在线阅读、下载、打印等。点击"HTML 全文"链接可以直接查看文章的全文，同时系统地为用户提供翻译与阅读的功能。此外，用户可以将文章进行打印、发送电子邮件、保存、引用、导出、添加注释、建立永久链接、共享等辅助功能，如图 4-54 所示。

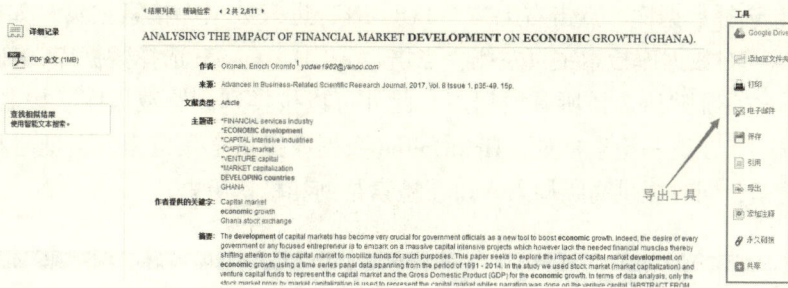

图 4-54　详细记录界面

2. HeinOnline 数据库

（1）数据库简介。HeinOnline 法律数据库（http://heinonline.org）是美国著名的法律全文数据库，是由美国 W. S. HEIN 公司推出的法律专题电子产品，该公司在法律界有着 80 年之久的出版历史和良好信誉。HeinOnline 数据库涵盖全球最具权威性的法律研究期刊，同时包含美国联邦政府报告全文，所收录的期刊多数是从创刊开始，因此该数据库是许多学术期刊回溯查询的重要资源，曾多次获得国际法律图书馆协会（IALL）、美国法律图书协会（AALL）等颁发的奖项。

（2）检索方法。在学校 IP 范围内的计算机访问登录 HeinOnline 数据库首页（图 4-55），在首页可以点击不同模块，可查看到关于 HeinOnline 数据库的一些资源信息，包括 HeinOnline 数据库的工具、服务、博客、联系方式、数据库子库、订阅、试用申请、推荐内容等。

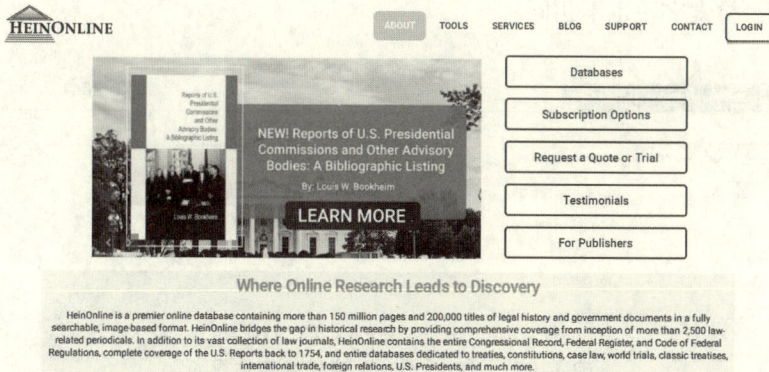

图 4-55　HeinOnline 数据库首页

A. 选择数据库。点击右上方"LOG IN"进入数据库检索主页，如图 4-56 所示。在数据库检索主页左侧，点击"All Database"选择数据库，确定检索范围，系统默认选择所有数据库。此外可以按类别浏览数据库、按名称浏览数据库。在统一检索框处，HeinOnline 数据库提供全文检索、引证号检索、刊物检索，同时提供高级检索入口、检索帮助和检索历史。

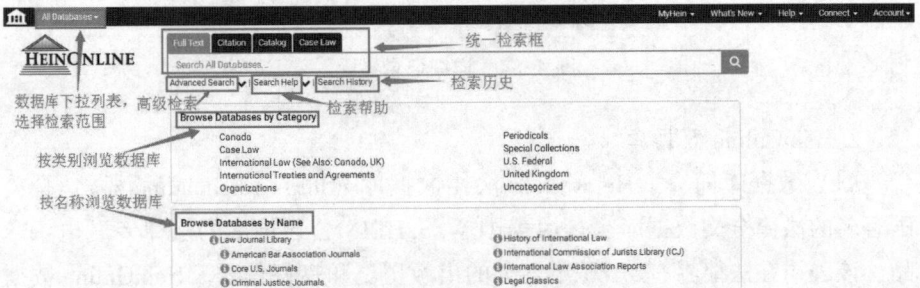

图 4-56　HeinOnline 数据库检索主界面

B. 全文检索。全文简单检索，选择"Full Text"标签，在统一检索框中输入检索关键词或者检索式，进行检索。

全文高级检索，点击"Advanced Search"进入高级检索界面，如图 4-57 所示。高级检索模式，默认提供三个检索词输入框，和三个检索字段，包括篇名、作者、全文，以及日期的设定。点击旁边的"Add field"，可以添加检索框，输入一个检索词或者检索式，就要选择它所在的字段和布尔运算符将检索词或检索式进行连接，最后点击"Search"。需要注意的是，选择的数据库不同，检索字段也不相同。

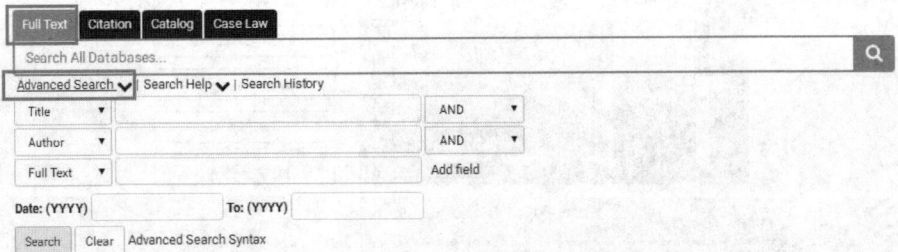

图 4-57　"Full Text"高级检索主界面

C. 引证号检索。选择"Citation"标签，在统一检索框中输入文章的特定引证号，即可查询。

点击"Citation Formart Guide"进入引证号导航，如图4-58所示。引证号导航是一种独特、有效的检索技巧，已知特定文章引证号，只要输入卷号、书/刊名缩写和页码便可在数据库中迅速找到准确的页面。数据库不同，导航选项和功能也不同。

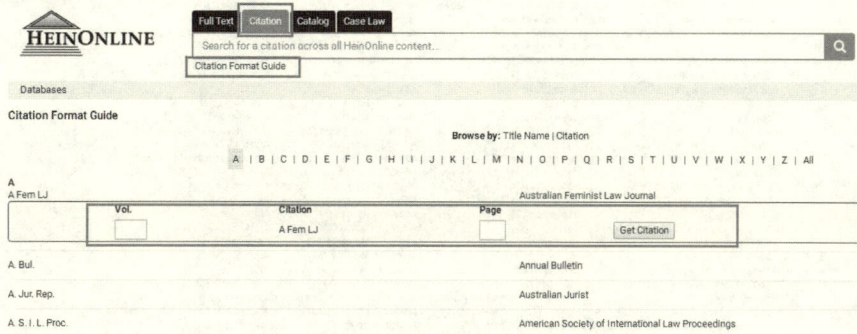

图 4-58　引证号导航界面

D. 刊物检索。选择"Catalog"标签，在统一检索框中输入检索词或检索式，进行简单检索。

点击"Advanced Catalog Search"进入刊物高级检索界面，如图4-59所示。与全文高级检索模式相同，默认提供三个检索框，以及日期的设定。点击旁边的"Add field"，可以添加检索框，每输入一个检索词或者检索式，就要选择它所在的字段的布尔运算符将检索词或检索式进行连接，最后点击"Search"。同样，选择的数据库不同，检索字段也不相同。

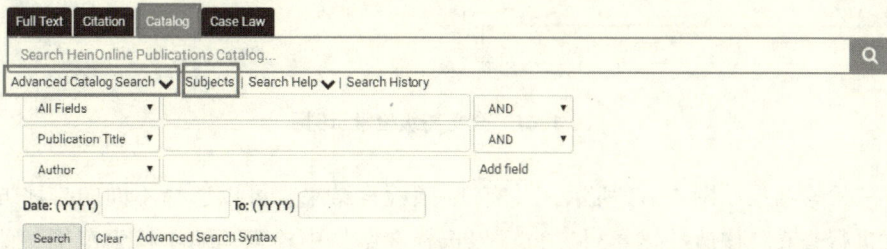

图 4-59　刊物高级检索界面

选择"Subjects"进入主题目录页，如图4-60所示，通过浏览目录表，点击相应目录链接查看具体篇章内容。

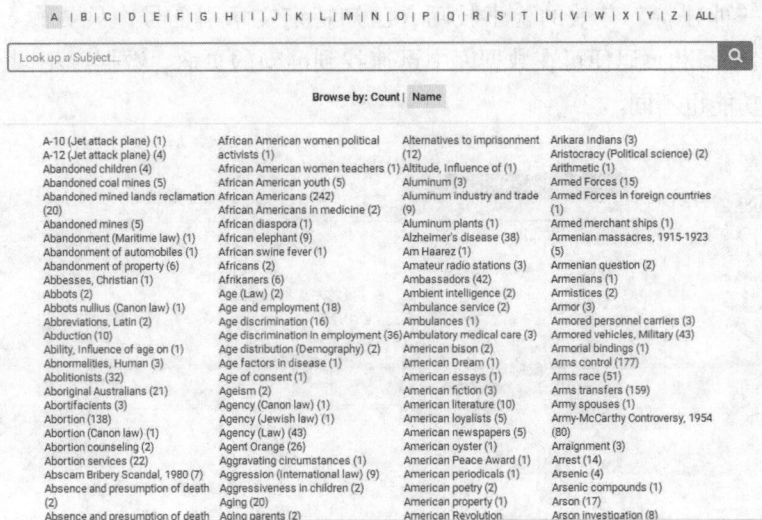

图4-60　刊物主题目录界面

（3）检索结果。例如，以全文高级检索为例，检索2016～2017年发表的有关政治、经济方面的文章。

检索步骤如图4-61所示。

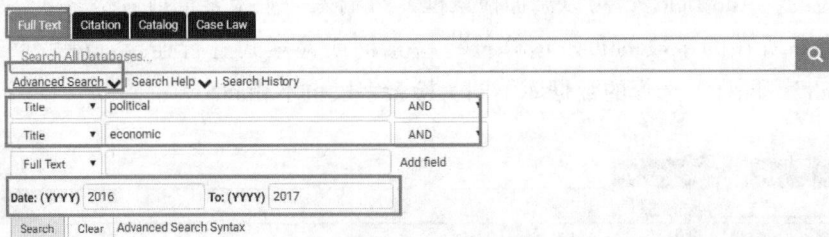

图4-61　全文高级检索示例

检索结果如图4-62所示，共有20条检索结果，可以选择不同的排序方式进行查看，修改检索条件，也可以选择在结果中检索，缩小检索范围。此外，界面左侧，数据库提供了9种对结果的优化方式，帮助用户筛选检索结果。用户可以对选中的检索结果进行 PDF 下载、保存以及电子邮件方式等导出，同时也可以选择"MyHein"收藏至自己的 HeinOnline 账户中。需要注意的是，选择在"MyHein"中保存检索结果，需要注册自己的 HeinOnline 账户，注册和登录入口，如图 4-63 所示。

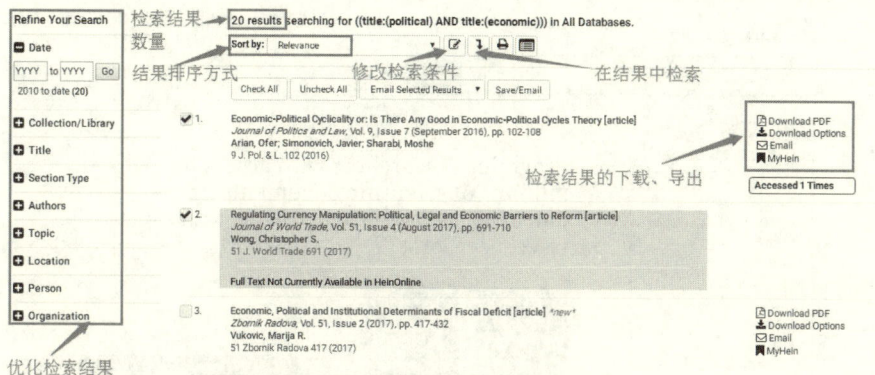

图 4-62 全文高级检索结果

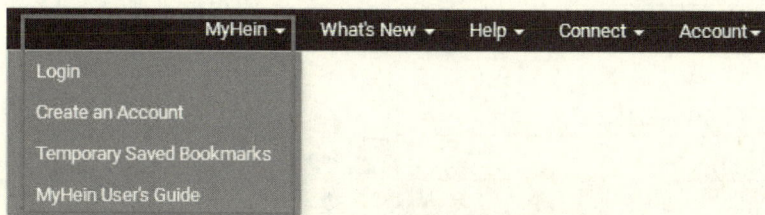

图 4-63 "MyHein"账户注册与登录

3. SpringerLink 数据库

（1）数据库简介。SpringerLink 施普林格是居全球领先地位的、高质量的科学技术和医学类全文数据库，该数据库包括了各类电子期刊、电子丛书、电子图书、参考工具书以及回溯文档，全文文献超过 500 万篇。SpringerLink 全文电子期刊的收录年限是从创刊年（1894 年）至今。其学科覆盖生命科学、化学、地球科学、计算机科学、数学、医学、物理与天文学、工程学、环境科学、经济学和法律等，其中大部分期刊是被 SCI、SSCI 和 EI 收录的核心期刊，是科研人员的重要信息源。

（2）检索方法。SpringerLink 数据库提供按学科浏览检索、简单检索和高级检索三种检索方式。

A. 简单检索。在数据库首页（图 4-64）的统一检索框内直接输入检索词，点击"搜索"按钮，开始全文搜索。在检索结果界面左侧的"Content Type"中选择"Article"时，得到图 4-65 所示检索结果。

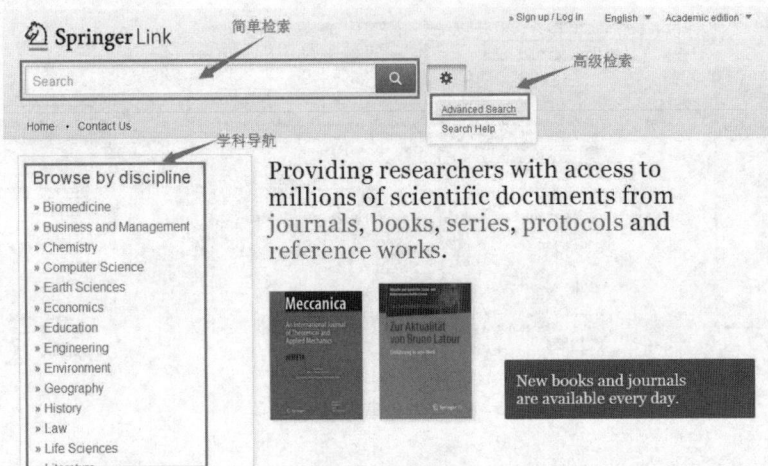

图 4-64　SpringerLink 数据库首页

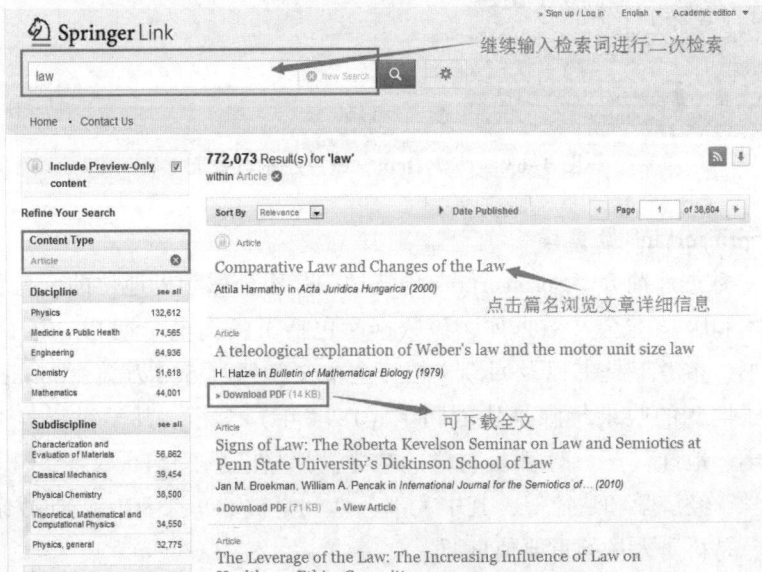

图 4-65　简单检索结果

　　B. 高级检索。点击 "Advanced Search" 进入高级检索界面，如图 4-66 所示。输入刊名关键词或者刊名全称，输入文献名或者作者名等内容，点击 "Search" 执行检索。文字输入框内输入检索词或者检索式，检索词可以是一个或者多个单词。

　　关键词之间的逻辑关系：根据用户选择的检索策略，可以在检索词之间输入逻辑运算符（当选择布尔逻辑时，若不输入逻辑运算符，则默认的逻辑运算关系为"与"即"AND"）；也可以让系统根据用户选择的默认逻辑关系进行检索（当选择 All Words 时，检索全部关键词；当选择 "at least one of the word" 时，检索结果需包括至少一个单词；但选择 "exact phrase" 时，输入的全部内容按词组进行精确查找）。

Advanced Search

Find Resources

with **all** of the words

with the **exact phrase**

with at least **one of the words**

without the words

where the **title** contains

e.g. "Cassini at Saturn" or Saturn

where the **author / editor** is

e.g. "H.G.Kennedy" or Elvis Morrison

Show documents published

between ▼　　　and

⊙ Include Preview-Only content ☑

图 4-66　SpringerLink 数据库高级检索界面

　　C. 浏览检索。浏览检索主要分为按学科浏览和按出版物类型浏览。在数据库首页左侧可以看到学科分类，共 24 个学科，单击任一学科链接，即可检索出属于该学科的所有记录。在学科分类下可根据出版物类型进行选择，单击任何一个出版物类型链接，可检索出属于该出版物类型的所有记录，如图 4-67 所示。同时，在该数据库首页还可以按特色期刊、特色图书浏览（图 4-68）。

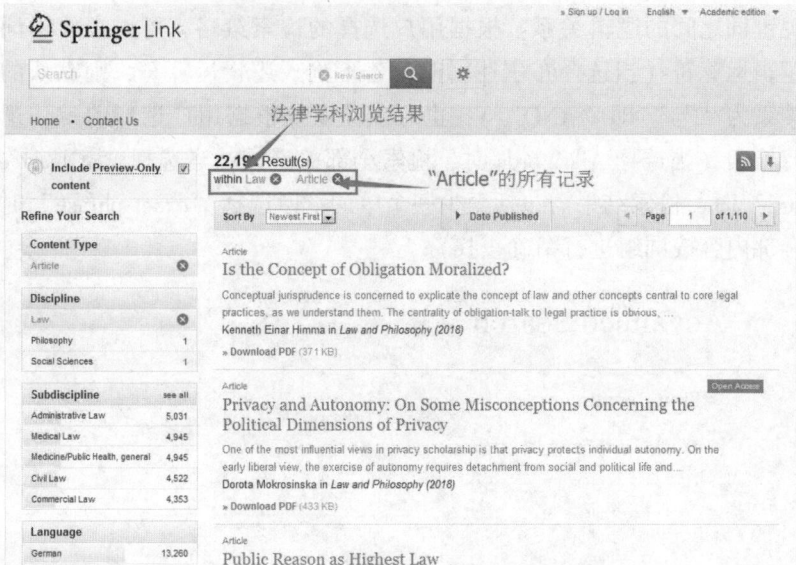

图 4-67　学科检索后的出版物类型检索

图 4-68　特色期刊与特色图书浏览

（3）检索结果。以简单检索结果为例，在统一检索框内输入"Intellectual property"检索知识产权相关期刊论文，得到检索结果界面如图4-69所示。用户可根据系统左侧提供的聚类分析功能，按照内容类型、学科、语种等，对检索结果进行优化，此外可以选择检索结果的排序方式，也可查看不同发表日期的结果，同时可进行在线浏览和下载等操作。

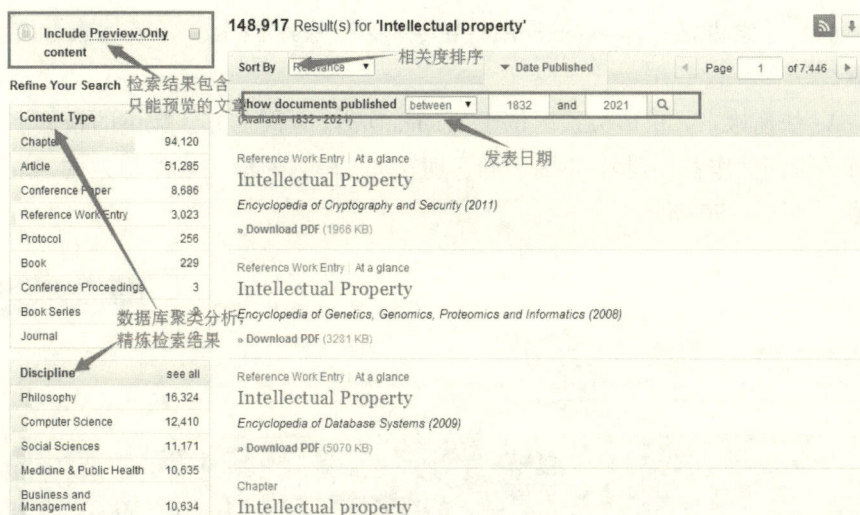

图4-69　SpringerLink 数据库检索结果

4. Elsevier（ScienceDirect）数据库

Elsevier Science 是全球最大的出版商，已有100多年的历史。除了出版图书之外，Elsevier Science 还是世界上著名的学术期刊出版商，出版的期刊大多数是核心期刊，其中包括2000多种同行评审的学术期刊，并且被世界上许多著名二次文献数据库收录。1997年，该公司建立了 Science Direct 全文数据库，通过网络服务，内容覆盖数学、物理、生命科学、化学、计算机、临床医学、环境科学、材料科学、航空航天、工程与能源技术、地球科学、天文学及经济、商业管理、社会科学等学科。

从2000年起，由 CALIS 工程中心、清华大学牵头组织集团购买该数据库。目前，国内已有100多所高校、中科院所及国家图书馆等机构加入中国集团，中国用户可访问期刊全文自1996年起。

Elsevier ScienceDirect 是世界上最大的网上文献库之一，为用户提供科学的、技术的和医学方面的全文文献和书目文献。目前该数据库提供：绝大多数由 Elsevier 公司出版的 2500 多种同行评审学术期刊；百万余篇摘要；约 900 万篇全文文章；通过 CrossRef 可获取在其他出版商平台上的全文文章；系列书评、参考书、手册和网上图书等；各文献时间跨度各不相同，有的文献可回溯到 100 年前，多数电子期刊可获取 1996 年之后出版的全文。

（1）检索方法。Elsevier ScienceDirect 支持快速检索、高级检索和专业检索。

A. 快速检索。快速检索区位于 ScienceDirect 页面上方，提供的检索字段包括关键词、作者、刊名/书名、卷、期、页。输入对应字段的检索词，进行检索，如图 4-70 所示。

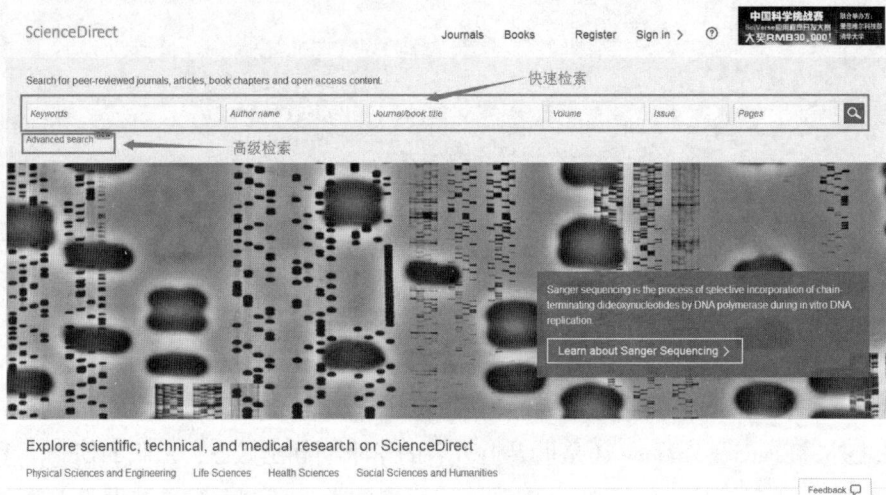

图 4-70　Elsevier ScienceDirect 首页

B. 高级检索。点击"Advanced Search"进入高级检索界面，如图 4-71 所示，在高级检索中，检索字段包括作者、刊名/书名、年、卷、期、页、DOI，刊号或者书号，以及题名/摘要/关键词，当无法确定某个词汇出现的字段时，可以选择"Find articles with these words"进行检索。此外，还可对文章的类型进行限定。

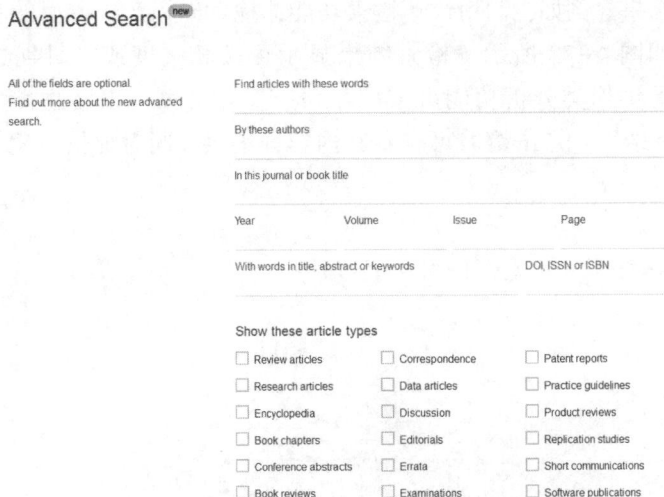

图 4-71　Elsevier ScienceDirect 高级检索界面

C. 专业检索。在高级检索界面，点击"open expert search"即可进入专业检索界面，如图 4-72 所示。高级检索只能限定在某一字段内进行检索，如果需要两个或两个以上的字段进行检索，就必须使用专业检索，即专业检索不受字段限制，但数据源、学科、年限限定均同高级检索。

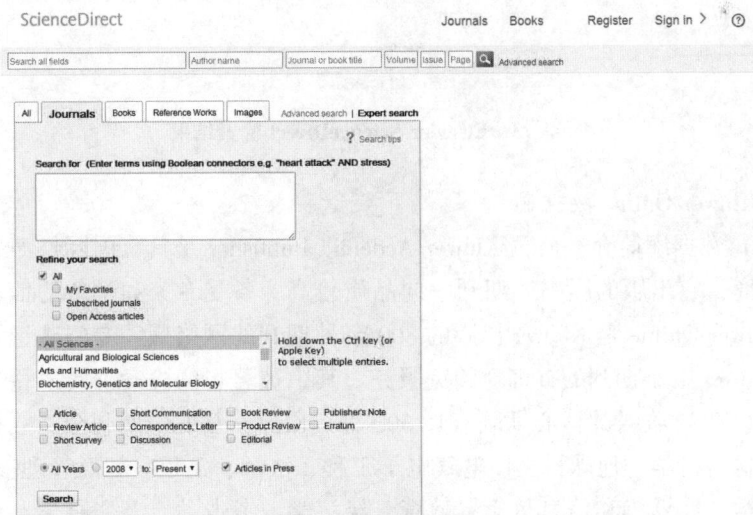

图 4-72　Elsevier ScienceDirect 专业检索界面

（2）检索结果。例如，利用快速检索功能，检索知识产权方面的相关文献，检索结果如图 4-73 所示。检索结果显示可按相关度或者日期进行排序，左侧系统提供聚类分析功能可按照年份、文章类型、出版物类型、获取途径精炼检索结果。点击篇名可查看其内容详细页，同时提供下载，导出功能。

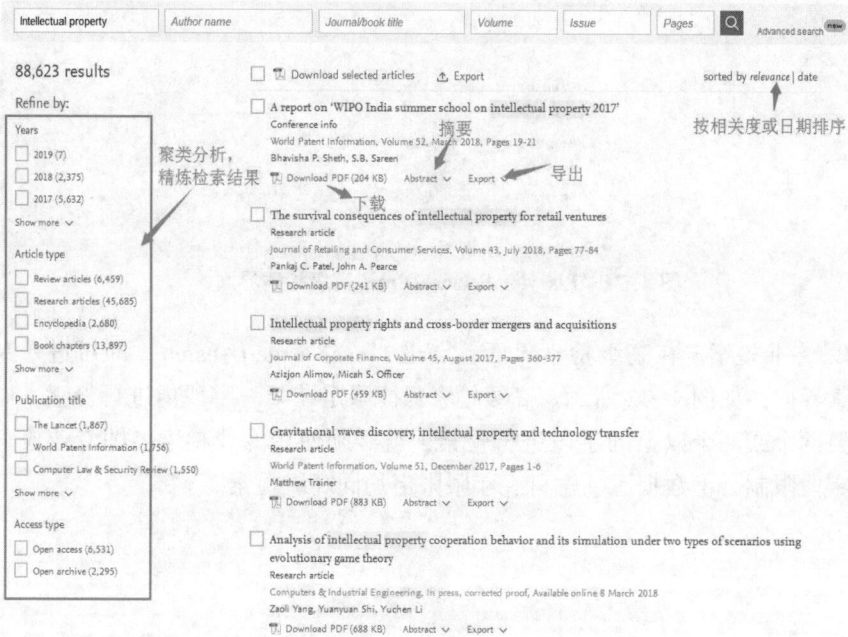

图 4-73　Elsevier ScienceDirect 检索结果

5. Kluwer Online 数据库

（1）数据库简介。荷兰 Kluwer Acdemic Publisher 是具有国际性声誉的学术出版商，它出版的图书、期刊一向品质较高，备受专家和学者的信赖和赞誉。Kluwer Online 是 Kluwer 出版的 800 余种期刊的网络版，专门基于互联网提供 Kluwer 电子期刊的查询、阅览服务。其中被著名的检索工具"科学引文索引"（SCI）收录的核心期刊有近 300 种。Kluwer Online 期刊全文数据库内容涵盖材料科学、地球科学、电气电子工程、法学、工程、工商管理、化学、环境科学、计算机和信息科学、教育、经济学、考古学、人文科学、社会科学、生物学、数学、天文学/天体物理学/空间科学、物理学、心理学、医学、艺术、语言学、运筹学/管理学、哲学 24 个学科。

此外，该数据库包含 21 种全文法律学术期刊以及 42 种法律活页书的全文信息。其中涵盖超过 60 个国家的法律专论，数十万篇期刊全文，50 000 多个案例，涉及法学理论、宪法、行政法、民法、知识产权、刑法、诉讼法、行业经济法、金融法、国际（贸易）法、比较法、环境法、税法、法律实务、法律文书写作和法律工具书等各个领域。

（2）检索方法。Kluwer Online 数据库提供期刊浏览检索、简单查询、复杂查询三种检索方式。

A. 期刊检索。进入 Kluwer Online 主页后，屏幕便显示刊名检索页面，如图 4-74 所示，用户可以按以下途径进行检索：

刊名检索：在刊名检索页面的查询框中输入刊名的关键词，系统便可按刊名进行简单检索，在随后显示的刊名页面上，点击要查看的期刊名，则显示该刊的卷期情况。继续点击某一期刊的卷期便可看到该期刊上发表的文章题目。

字母浏览：将所有期刊按刊名的字母顺序进行排序，可以按刊名逐卷、逐期地阅读期刊。

学科浏览：根据查询的期刊的所属学科来浏览期刊，每一类期刊再按照刊名字顺排序。

注意：按以上几种方式进行期刊检索或浏览时，在显示的期刊列表中可作进一步限制，进行二次检索以优化检索结果，即在检索页面的查询框中输入检索词，并明确检索词出现检索结果中的要求（在查询框左侧，选择前方一致检索或包含检索），指定检索字段，最后点击"检索"按钮。

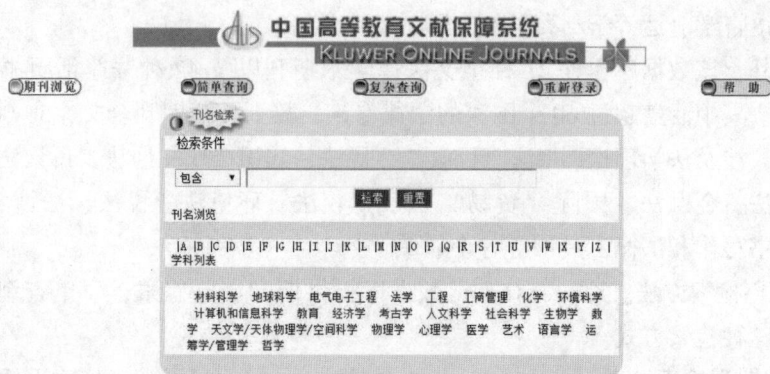

图 4-74　Kluwer Online 期刊浏览界面

B. 简单查询。在该系统的任何一个检索页面上，点击"简单查询"，即可进入篇目检索模式的简单查询页面，如图 4-75 所示。在检索框中输入一个或多个检索词，多个词之间默认的逻辑关系为 AND。再选择检索字段，包括全部、篇名、作者、文摘、刊名。同时可以通过出版时间、文献种类对检索结果进行限制。在执行一次检索后，也可在检索结果中进行二次检索或重新检索。

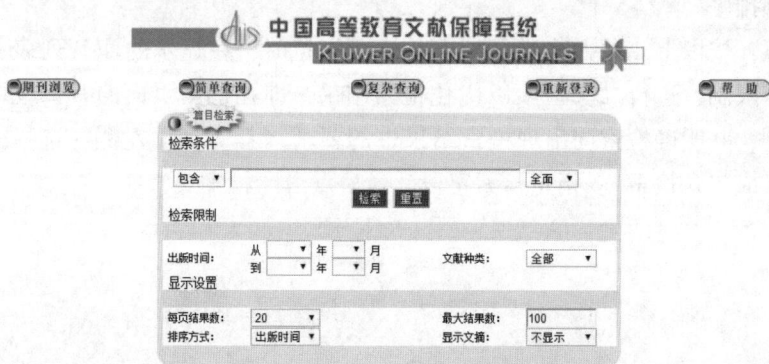

图 4-75　Kluwer Online 简单查询界面

C. 复杂查询。在该系统的任何一个检索页面上，点击"复杂查询"，即可进入篇目检索模式的复杂查询页面，如图 4-76 所示。页面内包含多个检索框，既可以输入一个检索词进行简单查询，也可在不同的检索框中输入多个检索词进行检索字段的组合检索。

　　复杂查询的检索字段与简单查询的检索字段基本相同，另外增加了 ISSN 号、作者关键词（即作者给出的关键词，也就是文中的关键词部分 keywords）、作者单位三个字段。

　　多个检索条件默认的逻辑关系为 AND，点击下拉框，可根据需要改为 OR、NOT。

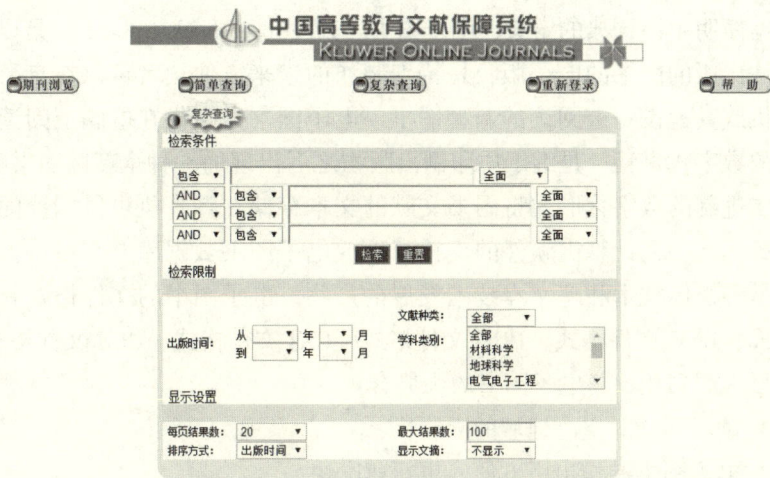

图 4-76　Kluwer Online 复杂查询界面

二、图书文献检索

（一）图书的概述

1. 图书的概念

　　联合国教科文组织对图书的定义是：凡由出版社（商）出版的不包括封面和封底在内 49 页以上的印刷品，具有特定的书名和著者名，编有国际标准书号，有定价并取得版权保护的出版物称为图书。

　　2. 图书的特点

　　图书的内容系统、全面、成熟、可靠。图书中论述的问题非常系统，提供的知识也全面可靠，从图书中既可以获得通用性知识，也可得到某个问题、某一专题或某一科学领域全面而系统的知识，同时图书也是获得各种数据、事实的重要来源。

图书的出版周期较长，内容更新比较慢。每一种图书都有唯一的一个 IS-BN。ISBN 是国际通用的图书或独立的出版物（除定期出版的期刊）代码。出版社可以通过 ISBN 清晰地辨认所有非期刊书籍。一个 ISBN 只有一个或一份相应的出版物与之对应。

3. 图书的分类

根据物质载体不同，图书又分为纸本图书和电子图书。

根据简明牛津词典的定义，电子图书（Electronic book，ebook）是以传统印刷方法出版的图书的电子版，是特别制作的未来方便读者可以在自己的个人计算机或其他设备上阅读的新型图书。电子图书是指供在电脑上阅读的一种新型的数字化书籍，是继纸质印刷出版物之后出现的一种全新的图书类型，它采用二进制的数字化形式将图书文献的文本存储在计算机可供阅读的磁盘或光盘载体上，在计算机软件的支持下形成电子图书数据库并在线供人们阅读，它是多媒体技术和超文本技术发展的产物。电子图书的文件格式有 PDF文件格式、EXE 文件格式、PDG 文件格式、CAJ 文件格式、CEB 文件格式等。

与纸本图书相比，电子图书的优势有：

（1）读者不受时空、地域的限制；

（2）电子图书制作出版方便，更新速度快；

（3）电子图书信息量大、存储密度高且便于携带，可以最大限度地节省物理空间。

通常所说的科学研究是站在巨人的肩膀上攀登高峰，从检索的角度上讲，这个巨人应该是质量上乘的文献信息。检索结果质量的高低直接体现为文献的参考价值，影响着研究者阅读质量、引用质量和研究水平的发挥。出版社的学术地位可作为图书选择的一个重要标准。

综合社科类国内知名的出版社有商务印书馆、人民出版社、人民文学出版社、作家出版社、译林出版社、中华书局、社科文献出版社、生活·读书·新知三联书店、中央编译出版社、国家图书馆出版社。

法律类国内知名出版社有法律出版社、中国法制出版社、中国政法大学出版社、人民法院出版社。

国外知名出版社有 Addison Wesley Longman（艾迪生－韦斯利－朗文）、Springer-Verlag（施普林格）、Elsevier（爱思唯尔）、John Wiley & Sons（约翰·

威立父子出版集团）、McGraw -Hill（麦格劳-希尔集团）、Random House（兰登书屋）、Hachette Book Group。

（二）纸本图书检索

检索纸本图书一般首选馆藏书目检索系统。馆藏书目检索系统又称联机公共书目查询系统，是在因特网上对馆藏信息资源进行查询的工具。读者通过因特网可在任何地方对提供 OPAC 服务的图书馆馆藏资源进行远程检索。馆藏书目检索系统除了能够满足馆藏书刊查询外，还可以实现预约服务、读者借阅情况查询、发布图书馆公告、读者留言等一系列功能。

馆藏书目检索系统有收录单个图书馆的馆藏，如中国政法大学图书馆书目检索系统；有收录全国高校图书馆的馆藏，如 CALIS 联合目录公共检索系统；有收录世界范围图书馆的馆藏和网络资源，如 OCLC WorldCat。尽管收录馆藏的范围不同，但各系统的主要功能基本相同。

1. 中国政法大学书目检索系统

（1）检索方法。中国政法大学图书馆书目检索系统提供了简单检索、全文检索和多字段检索三种检索方法。打开中国政法大学图书馆书目检索系统，就可以看到如图 4-77 所示的界面。

图 4-77　中国政法大学图书馆书目检索系统

A. 简单检索。在简单检索中，该系统提供的检索条件有检索字段、匹配方式、检索类别。检索字段有题名、责任者、主题词、ISBN/ISSN、订购号、分类号、索书号、出版社、丛书名、题名拼音、责任者拼音。匹配方式有前方一致、完全匹配和任意匹配，若使用"任意匹配"的方式进行检索将会以全文检索的方式进行，限制检索的条件将不起作用。在检索框的下方可以选择检索类别，系统提供了五种检索类别有所有书刊、中文图书、西文图书、中文期刊、西文期刊，默认情况下为"所有书刊"。

B. 多字段检索。多字段检索的界面如图 4-78 所示。多字段检索的检索字段包括题名、责任者、丛书名、主题词、出版社、ISBN/ISSN、索书号、起始年代。另外还可以设置文献类型、语种类别、每页显示的数量、结果显示的方式、结果排序方式和馆藏地。

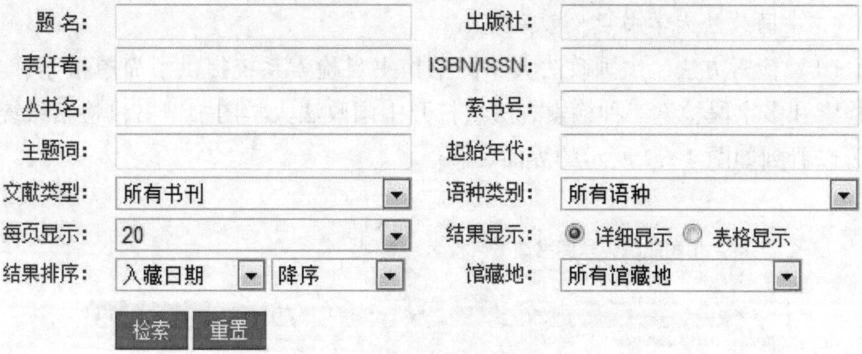

图 4-78 中国政法大学图书馆书目检索系统多字段检索界面

C. 全文检索。全文检索的界面如图 4-79 所示。全文检索包含的检索字段包括任意词、题名、责任者、主题词、索书号、出版社和丛书名，在每个字段的检索框中除了可以输入检索词之外，还可以直接输入检索表达式，也可以增加限制条件，此方法多为熟练掌握检索技术的专业人士使用。建议读者在使用全文检索前一定要认真阅读相关解释与说明。

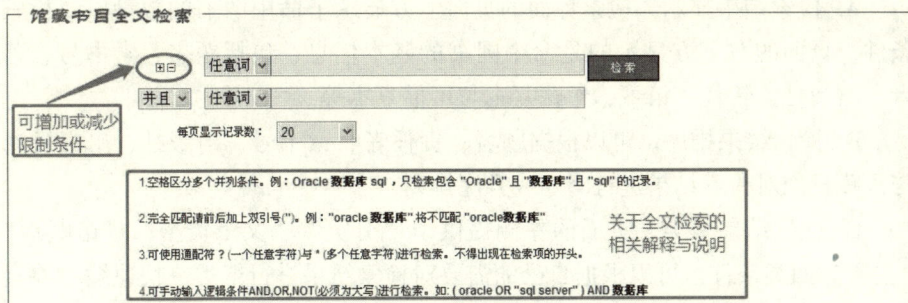

图 4-79　中国政法大学图书馆书目检索系统全文检索界面

（2）检索结果。例如，想要查找中国政法大学出版社出版的法理学相关的图书。利用多字段检索方式检索条件设置如图 4-80 所示。实施检索后得到的检索结果的界面如图 4-81 所示。

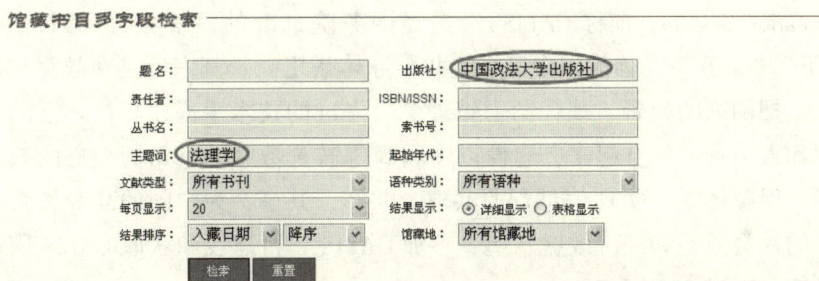

图 4-80　中国政法大学图书馆书目检索系统多字段检索示例

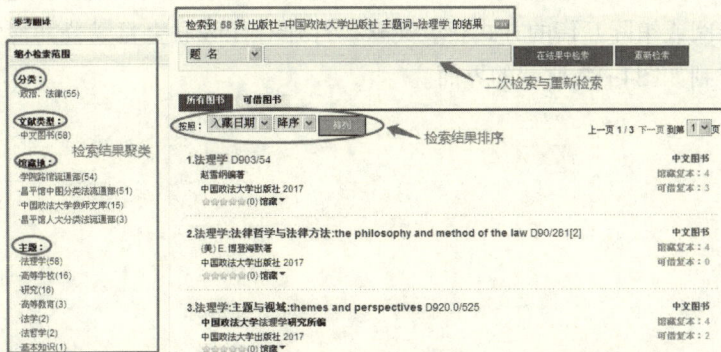

图 4-81　中国政法大学图书馆书目检索系统检索结果界面

A. 检索结果显示。检索界面的页面上方显示了命中图书的数量以及检索条件，页面的右下方显示的是命中图书的基本信息，包括题名、索书号、著者、出版社、年代、馆藏、馆藏复本与可借复本等。

B. 检索结果排序。可以根据题名、责任者、索书号、出版社、出版日期与入藏日期对检索结果进行降序或升序排列。

C. 检索结果聚类。页面的左侧提供了"分类""文献类型""馆藏地""主题"四类条件，可以根据自己的需要对检索结果进行聚类，快速缩小检索范围。

D. 二次检索与重新检索。如果对上一次的检索结果不满意，在检索结果页面的上方提供了检索字段和检索框，可以进行二次检索（在结果中检索）与重新检索。

2. CALIS 联合目录公共检索系统

CALIS 即中国高等教育文献保障系统（China Academic Library & Information System，简称 CALIS），是经国务院批准的高等教育"211 工程""九五""十五"总体规划中三个公共服务体系之一。其宗旨是在教育部的领导下，把国家的投资、现代图书馆理念、先进的技术手段、高校丰富的文献资源和人力资源整合起来，建设以中国高等教育数字图书馆为核心的教育文献联合保障体系，实现信息资源共建、共知、共享，为中国的高等教育发挥最大的社会效益和经济效益。迄今参加 CALIS 项目建设和获取 CALIS 服务的成员馆已超过 500 家。

（1）检索方法。CALIS 联合目录公共检索系统提供了简单检索和高级检索两种检索方法，查看每条书目信息，可显示该文献的馆藏地，方便用户通过本馆借阅或馆际互借的方式获取文献。打开 CALIS 联合目录公共检索系统，就可以看到如图4-82 所示的界面。

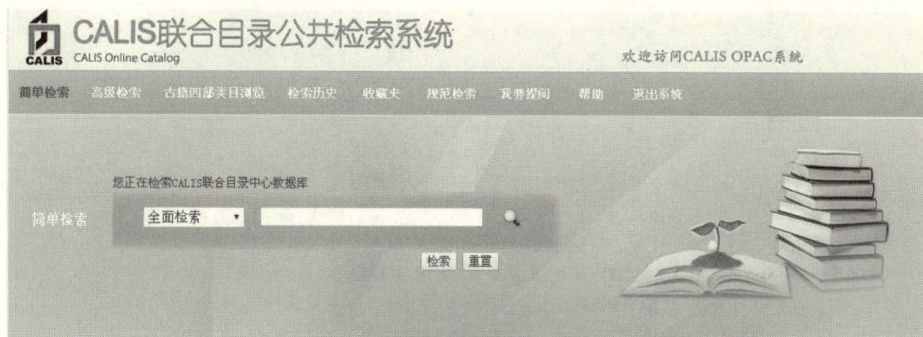

图 4-82　CALIS 联合目录公共检索系统

　　A. 简单检索。简单检索中，该系统所提供的检索字段包括全面检索、题名、责任者、主题、分类号、所有标准号码、ISBN 和 ISSN。其中全面检索是指不限字段，在全部字段内检索。

　　B. 高级检索。高级检索的界面如图 4-83 所示。高级检索提供的检索条件有检索字段、匹配方式和逻辑关系。检索字段包括全面检索、题名、责任者、责任者模糊、主题、出版者、出版地、丛编题名、个人责任者、团体责任者、分类号、所有标准号码、ISBN、ISSN、ISRC、记录控制号等。匹配方式包括包含、前方一致和精确匹配三种。逻辑关系包括与、或、非三种。在高级检索中最多可同时输入三项检索词，默认的匹配方式为前方一致，默认的逻辑关系是与，用户可以根据自己的需要设置适合的匹配方式和逻辑关系。另外，高级检索还设置了限制性检索条件供用户选填，限制性检索条件包括内容特征、语种、出版时间和资源类型四类。限制性检索的内容特征包括全部、统计资料、字典词典和百科全书，资源类型包括普通图书、连续出版物、中文古籍等，对出版时间提供了七种限制方式包括：不限、介于之间、>、<、<=、>=、=，其中"＞2007"表示 2007 年以后出版的，"＞＝2007"表示 2007 年以后出版的并且包含 2007 年出版的，提供语种包括汉语、英语、法语、德语、日语、俄语、韩语等多种语言，默认为全部（即不限语种）。

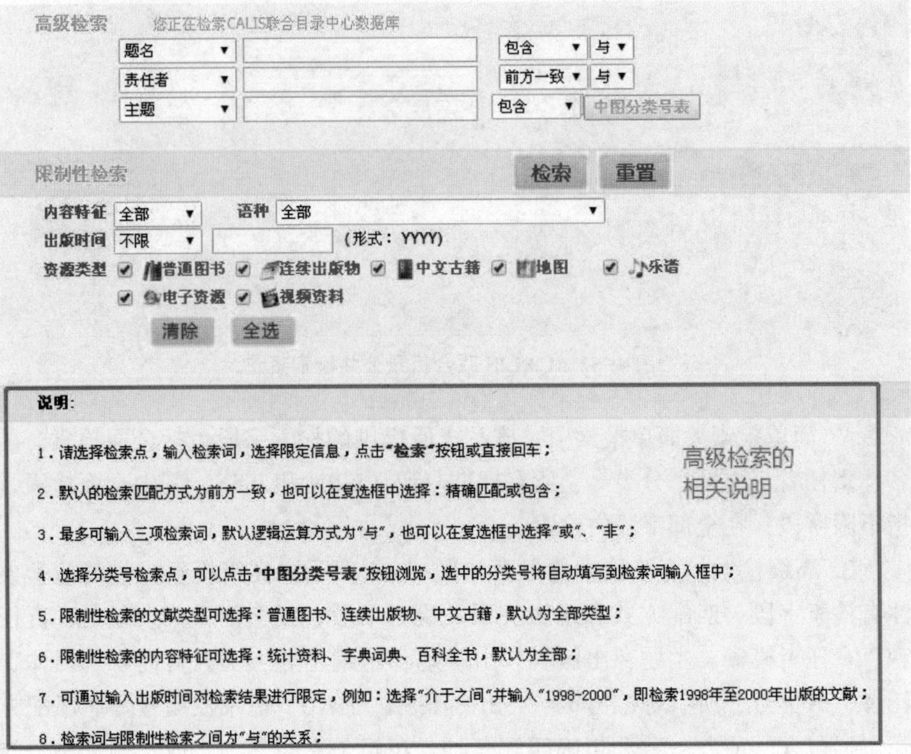

图 4-83　CALIS 联合目录公共检索系统高级检索界面

（2）检索结果。例如，想要查找江平编写的民法和民商法相关的图书。利用 CALIS 联合目录公共检索系统高级检索方式进行检索条件设置如图 4-84 所示。需要注意的是检索字段、匹配方式和逻辑关系的选择。实施检索后得到的检索结果的界面如图 4-85 所示。

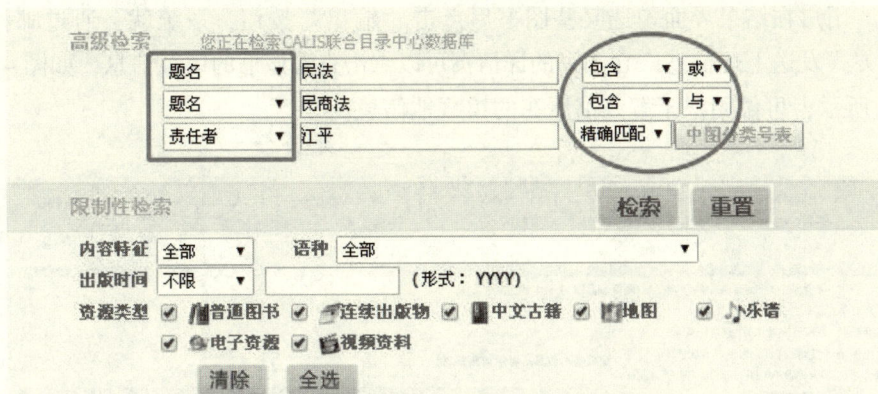

图 4-84　CALIS 联合目录公共检索系统高级检索示例

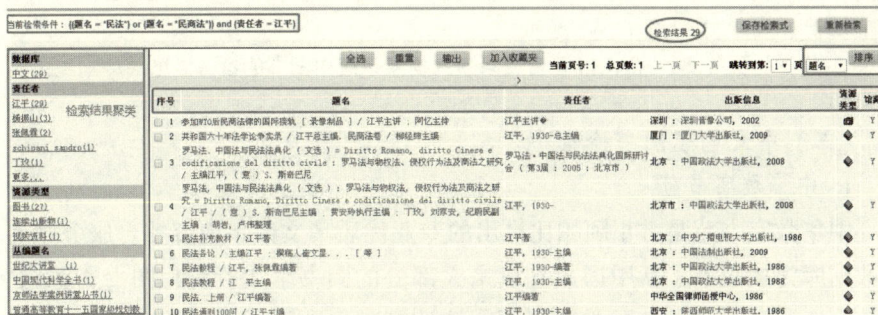

图 4-85　CALIS 联合目录公共检索系统高级检索结果界面

　　A. 检索结果显示。检索结果界面的上方显示了当前检索条件和检索结果数量。页面的右下方是命中的图书信息列表，包含的基本信息有题名、责任者、出版信息（包括出版社和出版时间）、资源类型和馆藏状态（Y 表示有馆藏、N 表示无馆藏）。

　　B. 检索结果排序。可以根据检索图书的题名以及图书的相关度对检索结果进行排序。

　　C. 检索结果聚类。页面的左侧提供了"数据库""责任者""资源类型""丛编题名""学科分类""出版日期""语种"七类条件，可以根据自己的需要对检索结果进行聚类，快速缩小检索范围。

　　D. 检索结果输出。在检索结果页面，通过点击图书的题名可查看该图书的题名、责任者、出版项、丛编、主题、中图分类号、ISBN 号、ISRC 号等信息。用户在结果界面勾选某些图书后点击"输出"按钮，系统就会通过邮件的方式发送上述信息。在图书的详情页可以点击查看该书的馆藏信息，如图4-86所示，可供用户了解该书所在的馆藏地信息。

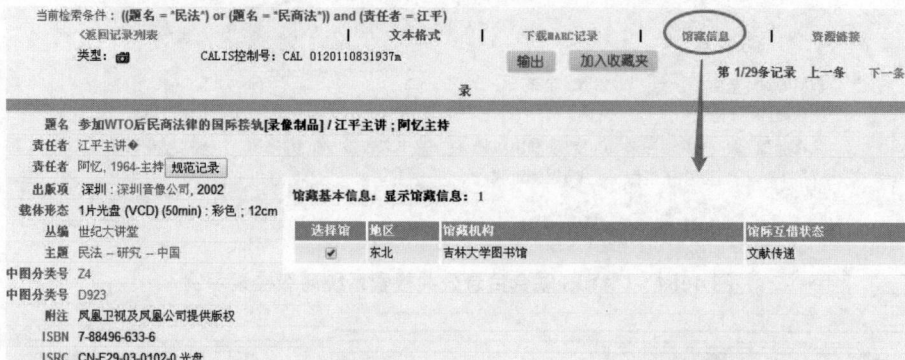

图4-86　CALIS联合目录公共检索系统中图书的馆藏信息

（三）中文电子图书检索

1. 中华数字书苑

中华数字书苑是方正阿帕比推出的专业优质华文数字内容整合服务平台，以数据库方式收录了新中国成立以来大部分的图书全文资源，图书资源内容涵盖中图法各类学科，同时在资源阅读的基础上，融入了异构资源一站式检索入口，内建海量的元数据仓储，整合其他数据库厂商的图书、期刊文章、学位论文等多种资源类型，提供一站式检索平台。该库中包含约110万电子书，精选约85万种图书可供读者在线阅读、下载借阅以及二维码扫描移动端阅读等。该数据库提供浏览检索、简单检索和高级检索三种检索方式。

（1）检索方法：

A. 浏览检索。进入中华数字书苑数据库，选择"电子图书"模块，如图4-87所示，在页面的左边"书苑常用分类"下列出了15个大类，逐级点击分类进入下级子分类，同时页面右侧显示该分类下图书的详细信息，包括书名、作者、出版社、出版时间、图书简介以及部分目录等。点击"在线阅读"或目录即可在线阅读图书。如果需要下载图书，则需点击书名进入该书的详情页面，然后再点击"借阅"即可将图书下载到本地。

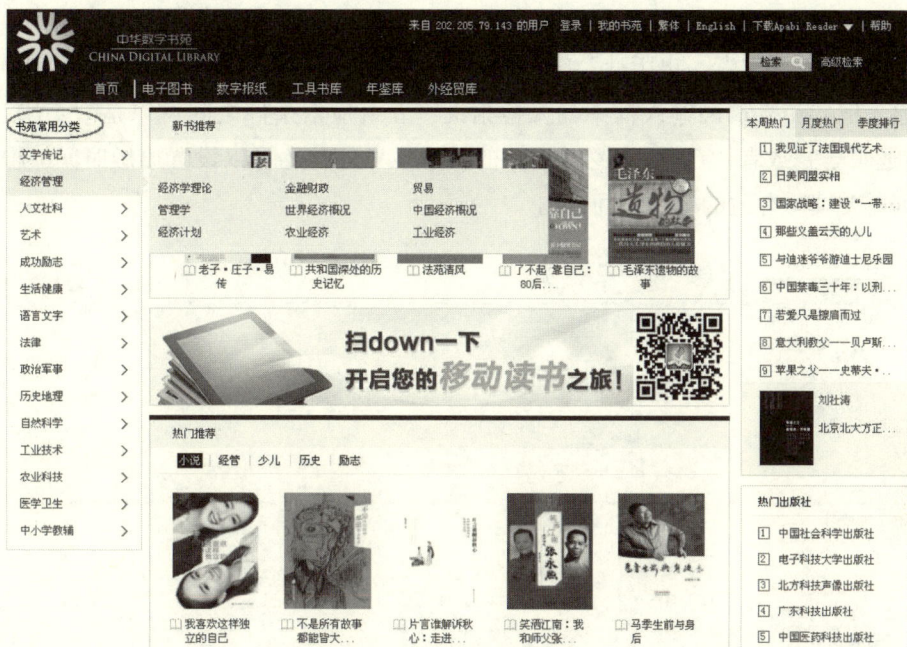

图 4-87 中华数字书苑浏览检索界面

B. 简单检索。如图 4-88 所示，简单检索没有设置检索字段，只在页面的右上方设有简单检索框，无需进行字段的选择，直接在检索框中输入检索词，点击"检索"，即可显示检索结果列表，内容包括书名、作者、出版社、出版时间、图书简介以及部分目录等。

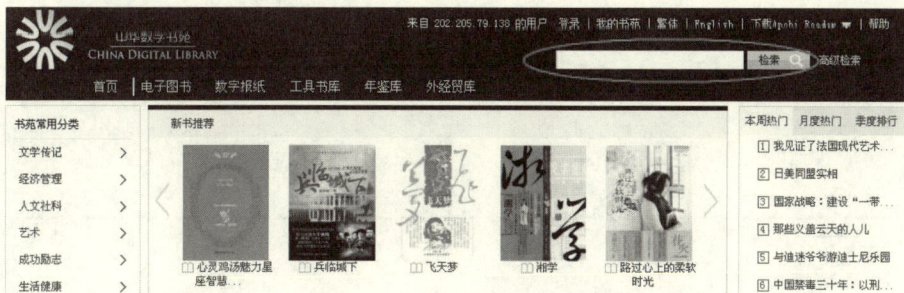

图 4-88 中华数字书苑简单检索界面

C. 高级检索。在中华数字书苑的快速检索框右侧，点击"高级检索"，即可进入数据库的高级检索界面，如图 4-89 所示。其提供了五组"检索项"（包含书名、作者、出版社、ISBN、目录、正文六种检索字段）和"检索词"输入框，在检索词输入框中输入检索词，五组检索条件之间可以是"AND"（逻辑与）或者"OR"（逻辑或）的关系。另外，还可以设置出版时间，根据需要填写合适的检索时间范围。

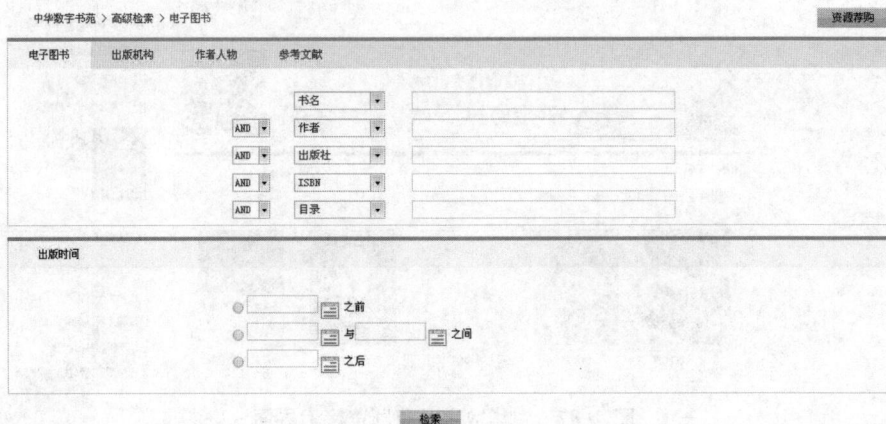

图 4-89　中华数字书苑高级检索界面

（2）检索结果。例如，想要查找 2012~2017 年期间出版的关于知识产权方面的图书。利用中华数字书苑高级检索方法进行检索条件的设置如图 4-90 所示。实施检索得到的检索结果界面如图 4-91 所示。

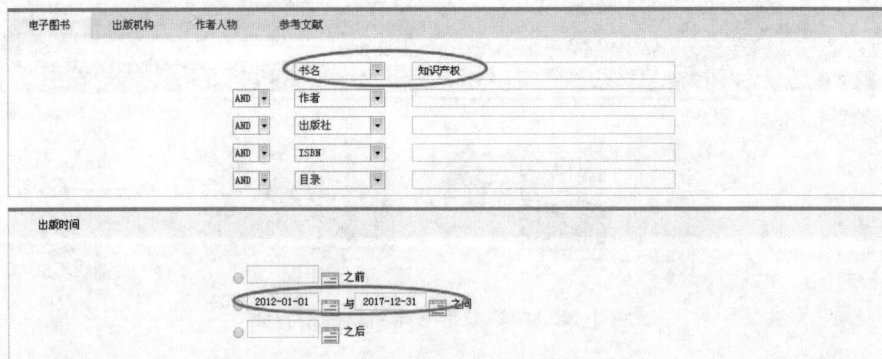

图 4-90　中华数字书苑高级检索示例

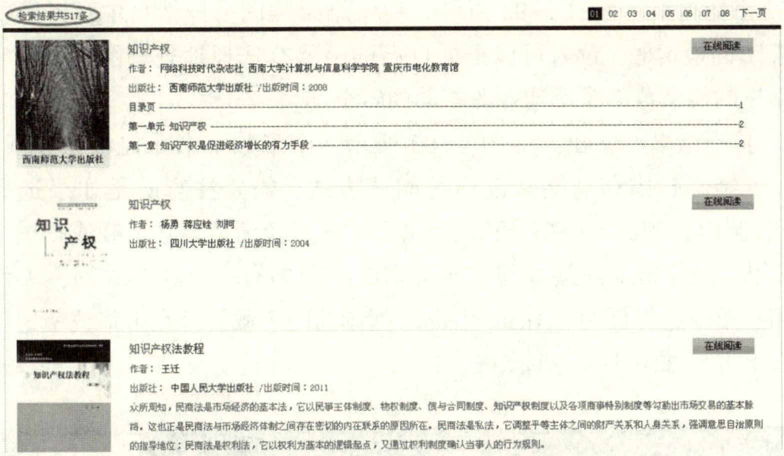

图 4-91　中华数字书苑高级检索结果界面

A. 检索结果的显示。在检索结果界面的左上方有检索结果的数量，页面的下方为命中的图书列表，列表中所包含的图书信息有书名、作者、出版社、部分目录、摘要等。如果想要进一步了解某一本图书的信息，只需点击该书的书名或书的图片，进入图书的详情页，如图 4-92 所示，图书详情页中除了包含图书的一些基本信息，如作者、出版社、出版日期、学科分类、版本、ISBN 等，还有图书的详细目录，通过目录读者可大致判断这本书是否符合自己的需求。

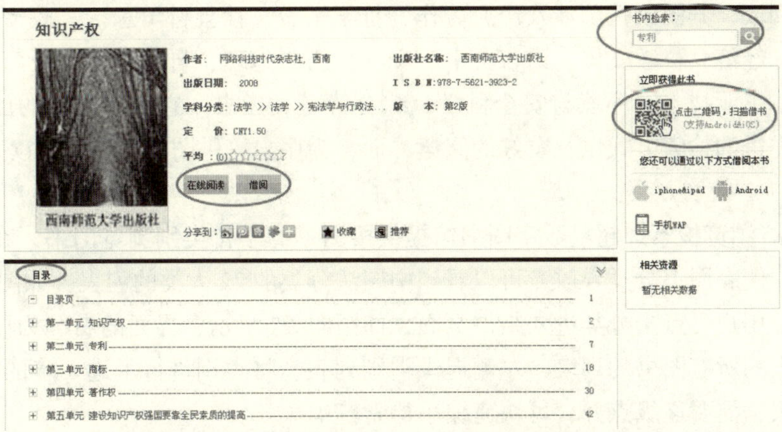

图 4-92　中华数字书苑检索系统图书详情页

B. 书内检索。如图 4-92 所示，检索结果的图书详情页中，提供了"书内检索"的检索框，读者可以根据自己的需要有选择地查看图书的内容。这类检索框的检索范围是所选择图书的内容全文。

C. 检索结果的输出。如图 4-92 所示，中华数字书苑提供了在线阅读、借阅、二维码扫描移动端阅读三种阅读方式，需要注意的是如果选择借阅（即下载阅读）和二维码扫描移动端阅读方式，读者需要在下载或扫描之前下载并安装 Apabi Reader 阅读器，而且借阅的图书有一定的有效期，失效之后需要用户重新进行借阅。Apabi Reader 阅读器的下载链接在中华数字书苑主页面的右上方，如图 4-93 所示。

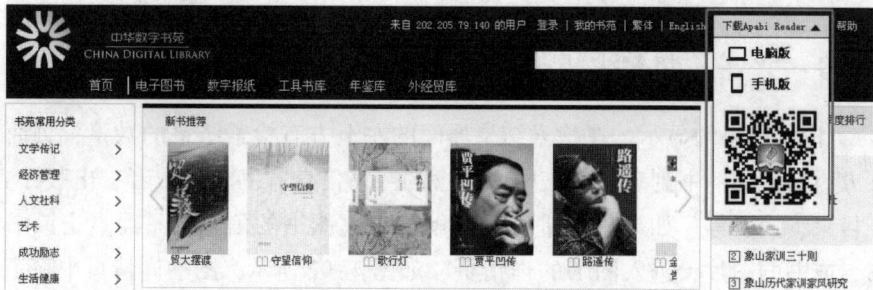

图 4-93　Apabi Reader 阅读器下载链接指示图

2. 超星数字图书馆

超星数字图书馆作为中文在线数字图书馆，提供大量的电子图书资源供读者阅读，其图书范围涉及经典著作、哲学宗教、社会科学总论、政治法律、军事、经济、科教文体、语言文字、文学、历史地理、自然科学、医药卫生、农业、工业技术、环境与安全科学、综合等各类图书。它依靠海量的图书信息、先进的检索方式以及友好的阅读界面，为用户提供图书的在线阅读。

（1）检索方法：

A. 浏览检索。超星数字图书馆提供按图书的学科类别浏览图书，在其首页的左侧有图书分类导航，可以看到中图法分类的 22 大类的列表，如图 4-94 所示。用户可点击分类进入结果页面，如图 4-95 所示，界面的右侧为该学科类别下的所有图书的列表，左侧提供类别列表，将类别进行了进一步的细化，用户根据需要逐级点开，可快速缩小检索范围。

图 4-94　超星数字图书馆检索界面

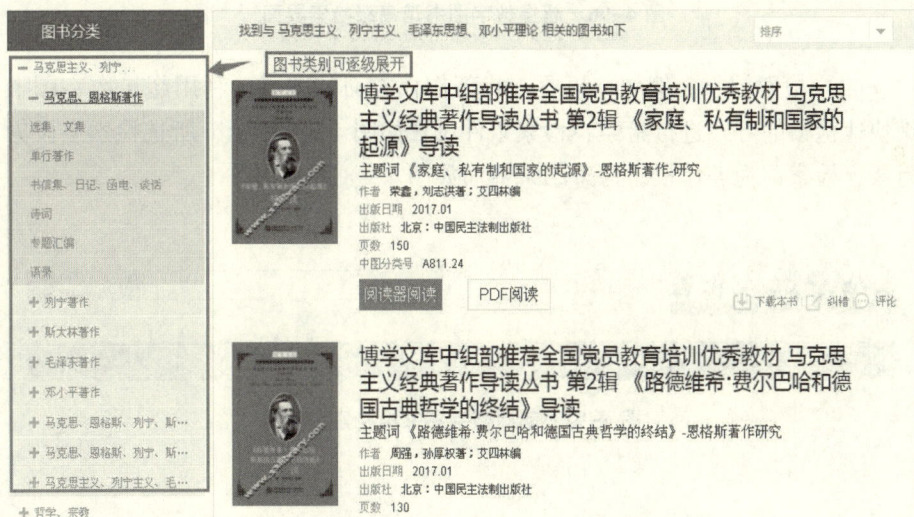

图 4-95　超星数字图书馆浏览检索结果界面

B. 快速检索。快速检索界面如图 4-94 所示，在快速检索中设有书名、作者、目录和全文检索四个检索字段，默认状态下的字段为书名。其中全文检索字段的检索范围最为宽泛，当其他字段的检索结果较少时，可以选择全文检索字段。

C. 高级检索。高级检索界面如图 4-96 所示，高级检索提供的检索字段有书名、作者、主题词、中图分类号、出版时间。在高级检索中还可以选择检索范围，根据给出的学科类别的选项可以自由选择，但只能选择其中一个或全部，默认为全部。另外，在高级检索中，还可以对检索结果的显示条数进行设置，可选的每页显示的记录条数有 10、15、20，默认为 10。

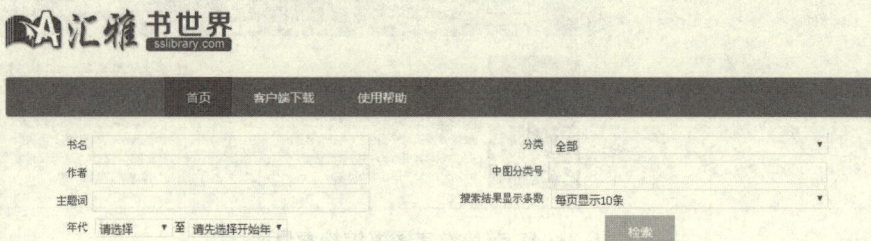

图 4-96 超星数字图书馆高级检索界面

（2）检索结果。例如，想要查找著作权方面的图书，利用超星数字图书馆快速检索的方式进行检索，检索条件设置如图 4-97 所示，所选检索字段为目录，检索词为著作权。检索结果界面如图 4-98 所示。

图 4-97 超星数字图书馆检索示例

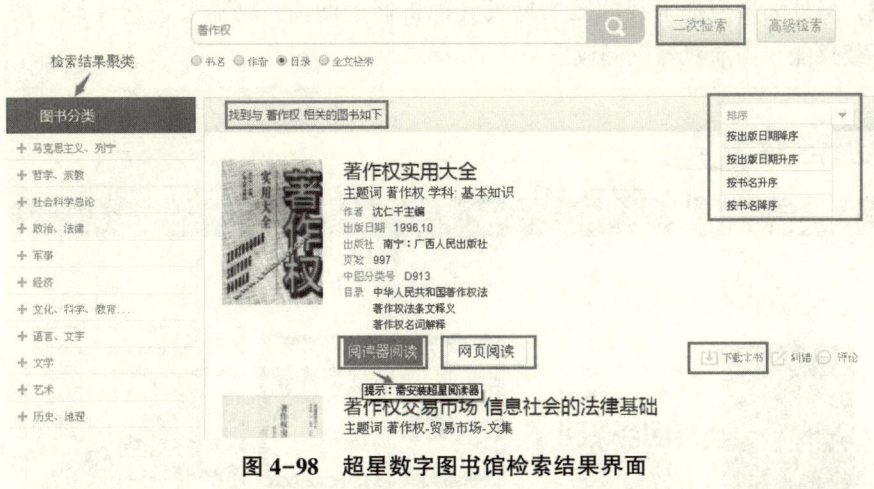

图4-98　超星数字图书馆检索结果界面

A. 检索结果显示。在检索结果界面的右侧，显示了检索条件以及所命中图书的列表，所包含的图书信息有书名、作者、出版日期、出版社、主题词、中图分类号以及部分目录。

B. 检索结果排序。在检索结果界面中，该平台提供了四种排序方式，分别为按出版日期降序、按出版日期升序、按书名升序和按书名降序。用户可以根据自己的检索需求设置合适的排序方式。

C. 二次检索。在检索结果界面中，该平台提供了二次检索的功能。如果对上一次的检索结果不满意，在检索结果页面的上方提供了检索字段和检索框，可以进行二次检索。

D. 检索结果输出。在检索结果界面中，通过点击图书的书名就可以进入图书的详情页面，主要包括图书的基本信息、阅读与下载入口、图书简介以及评论信息等。在结果界面中也有图书的阅读与下载入口，如图4-98所示，该平台提供了两种阅读方式为阅读器阅读和在线阅读，需要注意的是如果选择使用阅读器阅读，则需要先安装超星阅读器，如果没有安装超星阅读器就不能显示图书的全文。当鼠标移动到"阅读器阅读"按钮处，就会提示用户需要安装超星阅读器，如图4-98所示。超星阅读器的下载地址在页面的上方，点击客户端下载即可看到阅读器的下载地址，如图4-99所示。如果需要下载，则点击"下载本书"，下载图书之前也要先安装超星阅读器，下载提示页面如图4-100所示，下载方式可以选择整本书下载，也可以按指定页数下载，另外如果想把下载的图书拷贝其他机器上阅读，则需要进行注册，匿名下载只能在当前机器上阅读。

图 4-99　超星阅读器下载地址

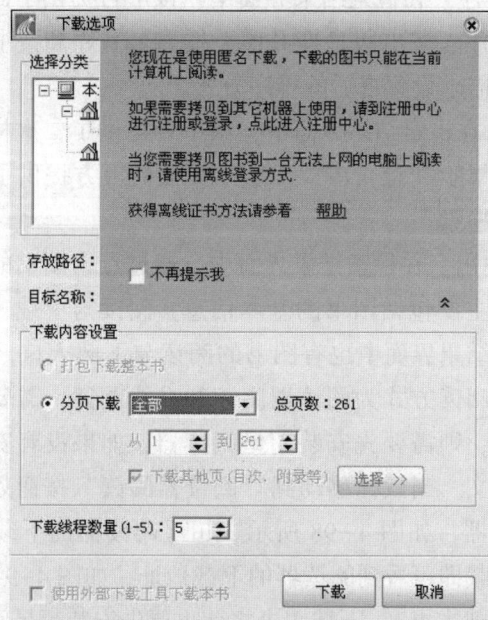

图 4-100　超星数字图书馆下载提示页面

3. 元照月旦法学知识库

元照月旦法学知识库为台湾法学资料库，以完整收录全球华文法学文献为目标，包括期刊、文献专论、影音论坛、教学资源、词典工具书、法规分析、实务判解精选、常用法规、法学名家、博硕士论文、考试题库热点等共11 大子库、近 50 万笔法学全文数据，是用户查询台湾法学资料的必备库之一。

（1）检索方法。

A. 浏览检索。在月旦知识库的论著子库中，如图 4-101 所示，左侧为论著类别浏览，读者可以按主题类别对图书进行浏览，主要包含的主题类别有公共行政、司法制度、史地、民事程序法、企业实务、刑事程序法、行政法、行政学、法律史、法理学、法社会学、法学综合、社会学、律师事务、政治、科技法律、财经法、商事法等。

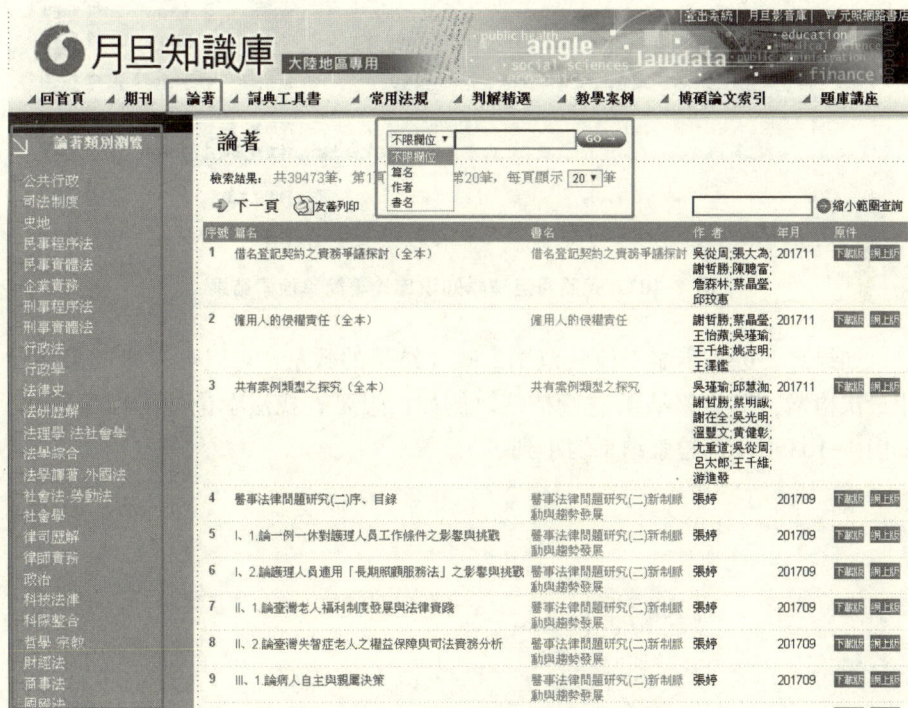

图 4-101　元照月旦法学知识库论著检索界面

B. 简单检索。在月旦知识库的论著子库中，如图4-101所示，简单检索提供检索框和检索字段，检索字段包括篇名、作者、书名，也可以选择不设字段。

例如，想要查找法学相关的图书。

首先选择"篇名"检索字段，然后在检索框中输入"法学"，点击检索。检索结果如图4-102所示，共有334条检索结果。

序號	篇名	書名	作者	年月	原件
1	附錄一：日本憲法學史上的論爭及憲法學方法論	日本法政思想研究	張允起	201702	下載版 網上版
2	法學概論目錄、序	法學概論	陳銘祥	201701	下載版 網上版
3	第1篇：導論——法學與法學入門課程	法學概論	陳銘祥	201701	下載版 網上版
4	第1篇第一章：法學之概念	法學概論	陳銘祥	201701	下載版 網上版
5	第1篇第二章：法學之分類	法學概論	陳銘祥	201701	下載版 網上版
6	第1篇第三章：法學研究之主要方法與流派	法學概論	陳銘祥	201701	下載版 網上版
7	台灣法學新課題（十二）目錄、序	台灣法學新課題（十二）	社團法人台灣法學會主編	201612	下載版 網上版
8	第三章：超越儒受創造東西法學者合作模式——以刑法及法制史研究為例	德國近代刑法史	陳惠馨	201609	下載版 網上版
9	第四章：德國當代刑法學的研究重點	德國近代刑法史	陳惠馨	201609	下載版 網上版
10	第六章：德國法學正名之爭—「國家教會法」或「宗教（憲）法」？	宗教自由、宗教詐欺與比較法制	許育典；周敬凡	201608	下載版 網上版
11	法之橋：臺灣與法國之法學交會目錄、序	法之橋：臺灣與法國之法學交會：彭錫某教授榮退論文集	陳春生主編	201607	下載版 網上版
12	5.從法律知識典範轉移觀點看臺灣法學教育改革	法律人類學、法律知識與法律科學	郭書琴	201605	下載版 網上版

图4-102　元照月旦法学知识库论著简单检索结果

如果想要进一步缩小检索范围，减少结果的数量，可以在检索结果中使用二次检索，对检索结果进行精炼。例如，想要查找法学论述方面的图书，如图4-103所示，检索结果缩小到了15条。

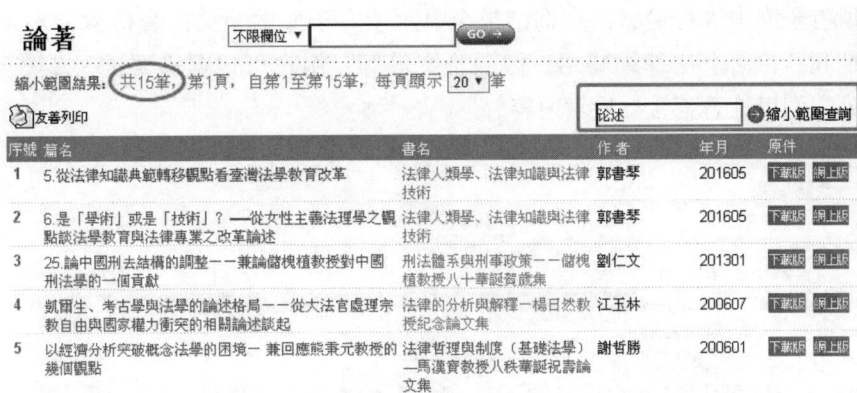

图 4-103　元照月旦法学知识库论著二次检索结果

C. 高级检索。如果需要使用高级检索功能检索相关图书，点击"回首页"，在首页中点击"文档查询"进入高级检索界面。高级检索中提供了四个检索框，提供的检索字段有中文篇名、作者、专辑、摘要、书名等，提供的逻辑关系有 AND、OR、NOT，也可以设置出版日期，另外还提供了相关词的扩展，勾选"相关词"之后系统会自动扩展检索词。

例如，想要查到近三年有关刑法方面的图书，如图 4-104 所示。

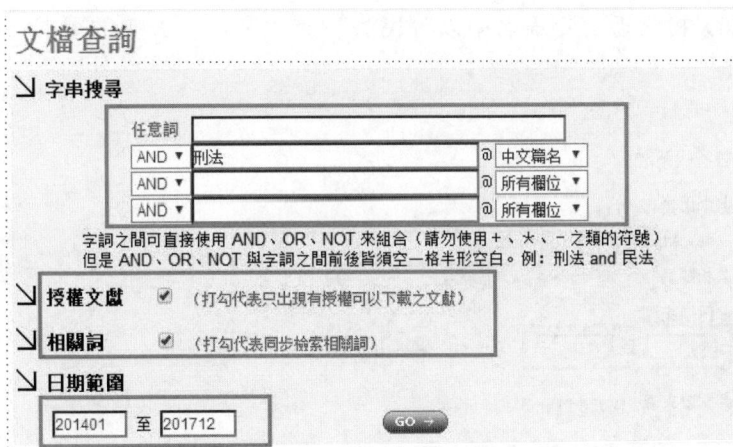

图 4-104　元照月旦法学知识库论著高级检索界面

高级检索查询结果如图 4-105 所示，由于高级检索是在元照月旦知识库的所有子库中进行检索，查询结果会显示所有子库的相关内容检索结果，例如期刊、论著、法律缩略语、博硕论文等等，用户可根据需要进一步查看，此处我们以论著为主要检索内容。

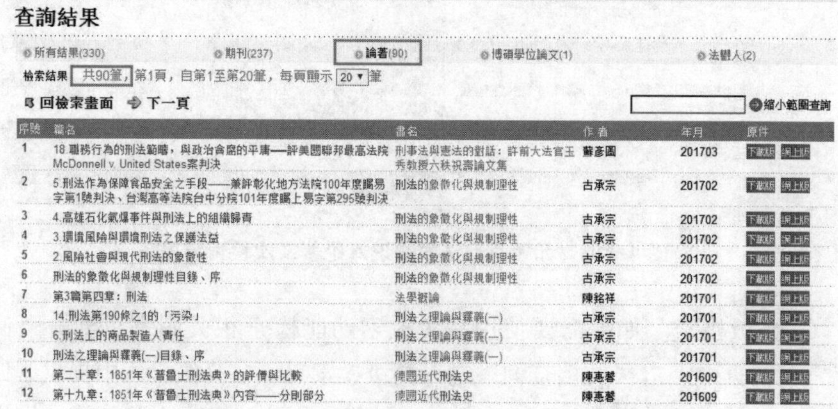

图 4-105　元照月旦法学知识库论著高级检索结果

D. 专业检索。在主页高级检索入口右侧，点击"指令查询"，进入专业检索页面。与其他几种检索方式不同的是，专业检索的检索框内需要输入检索式，而不是简单的检索词。

例如，检索近五年篇名中以"民法"或"私法"开头的图书，如图 4-106 所示。

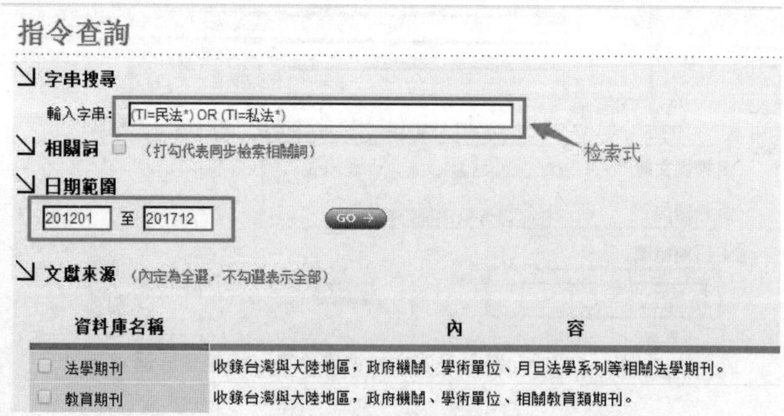

图 4-106　元照月旦法学知识库专业检索界面

专业检索查询结果如图 4-107 所示，与高级检索结果一样，我们以论著为主要检索内容，结果共 19 条，如需进一步缩小检索范围，也可以进行二次检索，这里我们不再重复举例，检索方法如上所述。

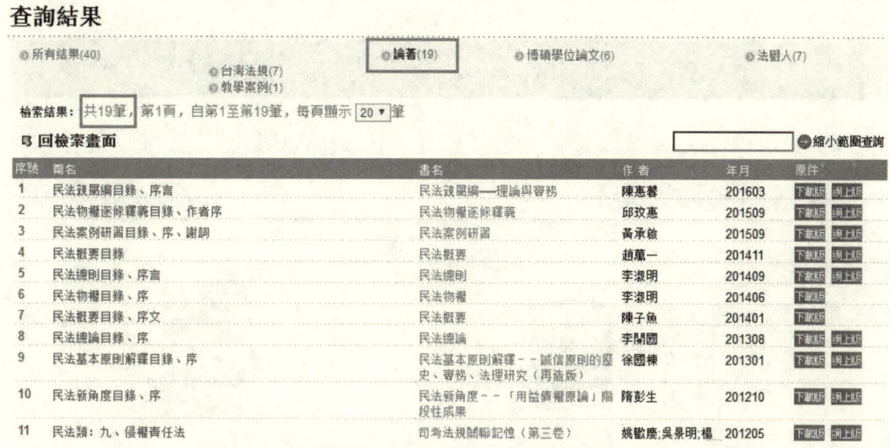

查詢結果

所有結果(40)　台灣法規(7)　教學案例(1)　論著(19)　博碩學位論文(6)　法觀人(7)

檢索結果：共19筆，第1頁，自第1至第19筆，每頁顯示 20 筆

回檢索畫面　　縮小範圍查詢

序號	篇名	書名	作者	年月	原件
1	民法親屬編目錄、序言	民法親屬編——理論與實務	陳惠馨	201603	下載版 網上版
2	民法物權逐條釋義目錄、作者序	民法物權逐條釋義	邱玟惠	201509	下載版 網上版
3	民法案例研習目錄、序、謝詞	民法案例研習	黃承啟	201509	下載版 網上版
4	民法概要目錄	民法概要	趙萬一	201411	下載版 網上版
5	民法總則目錄、序言	民法總則	李淑明	201409	下載版 網上版
6	民法物權目錄、序	民法物權	李淑明	201406	下載版
7	民法概要目錄、序文	民法概要	陳子魚	201401	下載版
8	民法總論目錄、序	民法總論	李開國	201308	下載版 網上版
9	民法基本原則解釋目錄、序	民法基本原則解釋－－誠信原則的歷史、實務、法理研究（再造版）	徐國棟	201301	下載版 網上版
10	民法新角度目錄、序	民法新角度－－「用益債權原論」階段性成果	隋彭生	201210	下載版 網上版
11	民法類：九、侵權責任法	司考法規關聯記憶（第三卷）	姚歡慶;吳景明;楊	201205	下載版 網上版

图 4-107　元照月旦法学知识库论著专业检索结果

（2）检索结果。检索结果提供网络版与下载版，页面也可以自定义每页显示的文章数量。需要注意的是下载版需要安装 SafeNet Foxit Reader 软件下载阅读，SafeNet Foxit Reader 与 Foxit Reader 官方网站所提供的版本并不同，请务必至月旦法学知识库所提供的载点（首页）下载，并详阅使用说明。（http://www.lawdata.com.tw/anglekm/intr/intr6.htm#FoxitReader）

4. 瀚文民国书库

瀚文民国书库收集了自 1900 年至 1949 年之间出版的图书，共约 8 万余种 12 万余册。所收录的图书均参考中国图书分类法，并结合民国图书的时代特点，建立了专业的三级分类体系，包括哲学宗教、社会科学、政治、法律、军事、经济、文化艺术、教育、语言文字、文学、历史地理、科学与技术、综合性图书 13 个一级类目，81 个二级类目，498 个三级类目。

该书库具备全文检索功能，可为研究中国近代的历史、文化提供深入的帮助，并且收录的所有图书均实现了全文数字化（数量超过 2000 万页），可检索文字数量超过 60 亿字。

（1）检索方法：

A. 书目检索。瀚文民国书库的书目检索界面如图 4-108 所示，该检索方式提供检索框、检索字段和学科类别标签。检索字段包含书名、作者、摘要、出版社、目录，也可以选择所有字段，默认状态为所有字段，即不设任何字段限制。

图 4-108　瀚文民国书库书目检索界面

B. 高级检索。高级检索界面如图 4-109 所示，该检索方式提供的检索字段有书名、作者、摘要、目录和出版社，提供的逻辑关系有 AND、OR，用户可以根据需要设置检索词之间的逻辑关系，还可以根据需要添加或删除检索条件。另外，高级检索还支持模糊检索。

图 4-109　瀚文民国书库高级检索界面

C. 全文检索。全文检索的界面如图 4-110 所示，该检索方式的界面与书目检索的界面相似，唯一不同的是全文检索限定了检索字段为"在正文中检索"，可以选择学科类别，默认为全部学科。

图 4-110　瀚文民国书库全文检索界面

（2）检索结果。例如，查找商务印书馆出版社出版的有关法理学方面的图书，检索条件设置如图 4-111 所示，检索结果界面如图 4-112 所示。

图 4-111　瀚文民国书库高级检索示例

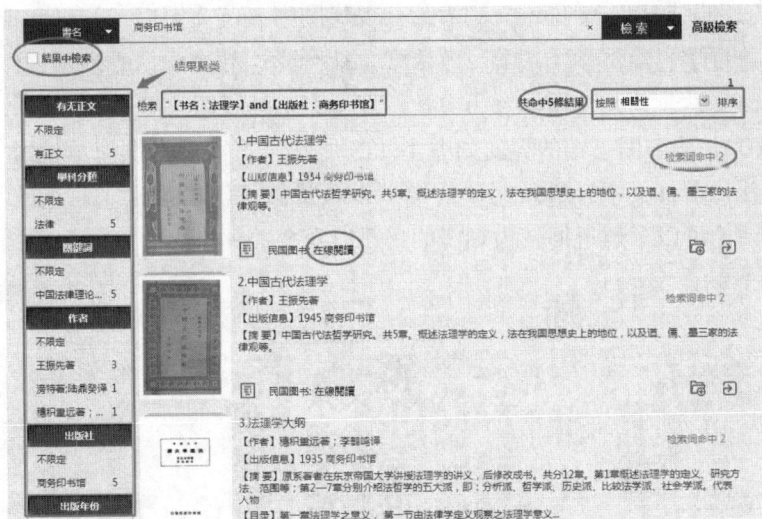

图 4-112　瀚文民国书库检索结果界面

A. 检索结果显示。在检索结果界面的右侧部分，显示了此次检索的条件、检索结果数量以及命中图书的列表。对每一本图书显示有书名、作者、出版信息、摘要以及检索词命中数量等基本信息。

B. 检索结果排序

在检索结果数量的右侧可以选择检索结果的排序方式，该系统提供了三种排序方式有相关性、出版时间-升序以及出版时间-降序。默认为按照"相关性"进行排序。

C. 二次检索。在检索结果界面的上方有检索框，用户可以再次输入检索词，如果想要进行二次检索的操作，那么需要勾选"在结果中检索"这一选项。

D. 检索结果聚类。页面的左侧提供了"有无正文""学科分类""关键词""作者""出版社""出版年份"六类条件，可以根据自己的需要对检索结果进行聚类，快速缩小检索范围。

E. 检索结果输出。在检索结果界面的右侧命中图书列表中，每本图书都有"在线阅读"的按钮，点击之后就可以查看全文了。点击书名可以查看图书更详细的信息，也可以找到相应的查看全文的链接。

5. CADAL 数字图书馆

CADAL 数字图书馆的全文数据库总量达 250 万册（件），其内容包含民国图书、民国期刊、学位论文、古籍、现代图书、英文图书、绘画和视频等。学科涵盖哲学、经济学、法学、政治学、社会学、教育学、心理学、体育学、语言学与文学、新闻传播学、历史学、理学、工学、医学等。

CADAL 数字图书馆的界面如图 4-113 所示，页面中提供简单检索、浏览检索，并且在首页中有最新阅读的推送以及最新评注的推送。通过最新阅读和最新评论可以了解近期较为热门的书籍以及相关评价。

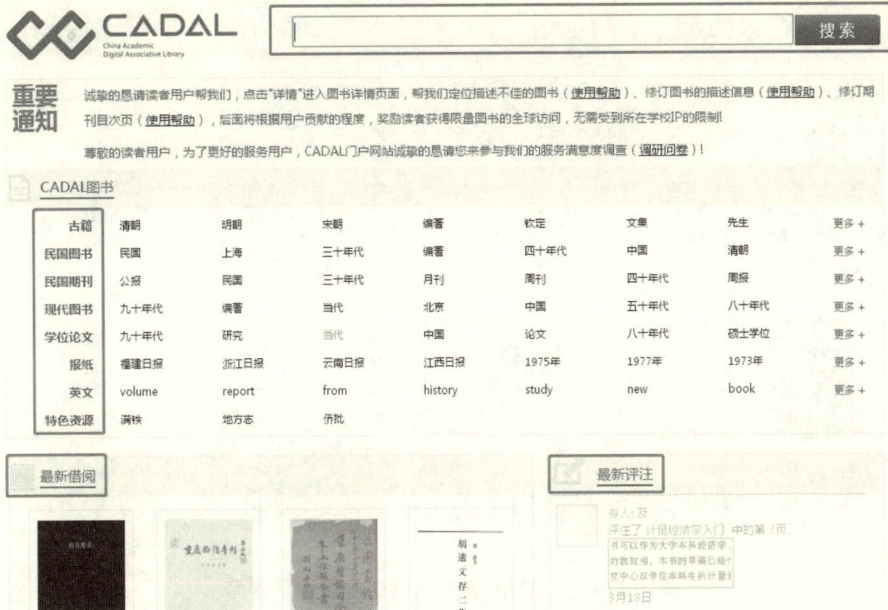

图 4-113　CADAL 数字图书馆界面

（1）检索方法：

A. 简单检索。在 CADAL 数字图书馆界面的上方可以看到一个统一检索框，它就是简单检索的入口，用户只需要在检索框内输入检索词即可实施检索。

B. 浏览检索。在 CADAL 数字图书馆界面中，简单检索框的下方提供了分类浏览的入口，该库将图书按古籍、民国图书、现代图书、英文等类别进行了分类，用户可以根据系统提供的类别对图书进行浏览，每类图书又按不同的时间、地点等条件分成了若干类，用户可以根据需要点选。

（2）检索结果。例如，查找民法相关的图书，在检索框内输入"民法"，检索结果如图 4-14 所示。默认情况下检索方式为"搜全部"，如果需要进一步具体搜索，可点击选择"搜书名""搜作者"的按钮选择其他检索方式，同时还可以在"类型"中选择自己需要的图书类型，比如古籍、英文或民国图书等，也可以按"出版社"选择自己需要的图书。用户可以通过点击书名获取图书的全文，但是 CADAL 数字图书馆只支持在线浏览，不支持下载、打印与拷贝等。

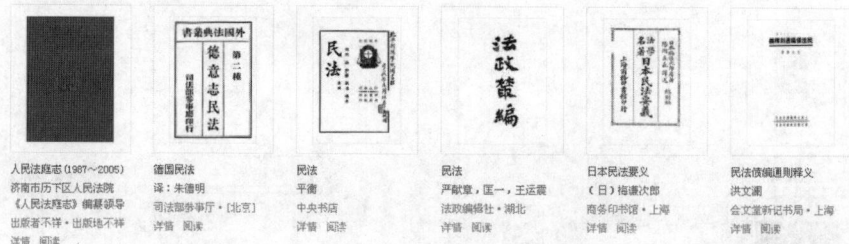

图 4-114 CADAL 数字图书馆检索结果界面

（四）外文电子图书检索

1. EBSCO 电子书

EBSCO 电子书涉及学科广泛，包括商业与经济、计算机科学、教育、工程与技术、历史、法律、数学、语言、文学、哲学、心理学、政治学、社会学、艺术与建筑等，其中语言、文学、哲学、宗教、商业、经济、政治和法律八个学科的图书占总量的 60% 以上。在该平台上既可以直接搜索图书，也可以按照目录进行分类浏览。所有的电子图书都内嵌了在线字典功能，方便查询词义和读音。

（1）检索方法。EBSCO 电子书数据库提供浏览检索、基本检索和高级检索三种检索方式。在图书馆的相关网页上点击 EBSCO 数据库的链接，进入EBSCO 数据库登录页，然后选择 eBook Collection（EBSCOhost），进入电子书的检索界面，如图4-115 所示。

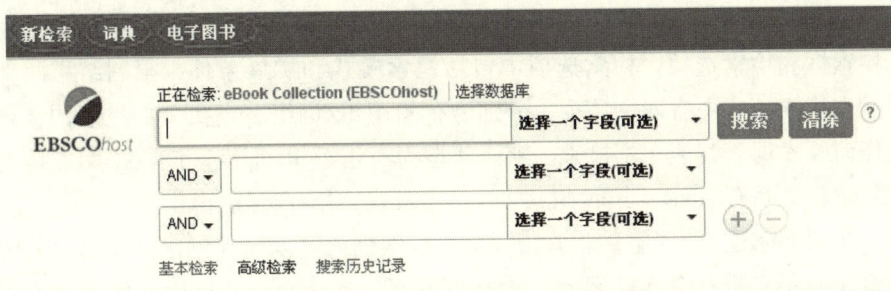

图 4-115　EBSCO 电子书检索界面

"新检索""词典"和"电子图书"三个工具栏始终出现在 EBSCO-eBook 检索界面的最上方。点击"新检索"即是建立一个新的检索，点击"词典"则进入牛津美国大学词典，点击"电子图书"即可进行浏览检索。

A. 浏览检索。点击检索界面中的"电子图书"后进入浏览检索界面，如图 4-116 所示。界面的左侧"按目录浏览"，读者可以按主题类别进行图书的浏览；通过界面的右上方的"突出"栏目，读者可以浏览最新增加的图书；通过右下方的"精选电子图书"栏目，读者可以浏览热门图书，单击左右箭头进行分主题学科浏览，点击"查看全部"，读者可以浏览所有学科的热门图书。

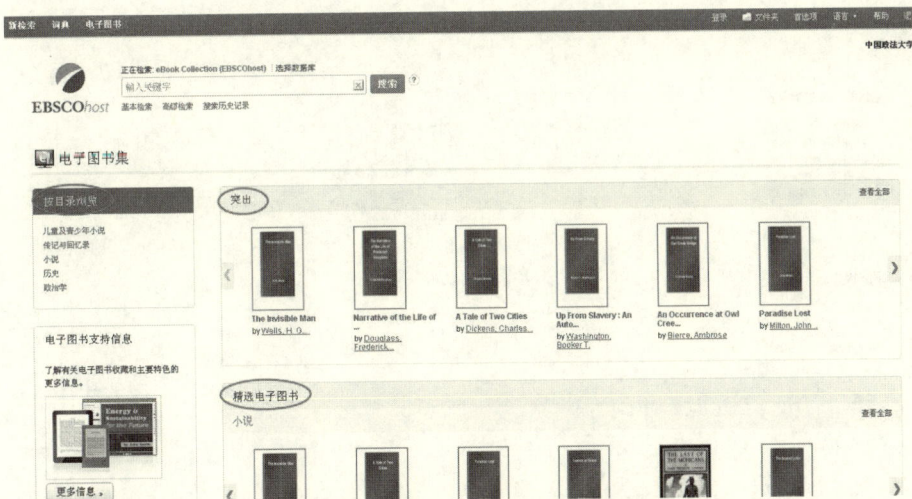

图 4-116　EBSCO 电子书浏览检索界面

B. 基本检索。基本检索的界面如图 4-117 所示,在基本检索中提供了一个检索框和检索选项,检索选项中包括检索模式和扩展条件、限制结果两部分。在检索模式中有四个选项,分别为布尔逻辑/词组、查找全部检索词、查找任何检索词、智能文本检索。默认状态为布尔逻辑/词组。该数据库支持的布尔逻辑关系有 AND(逻辑与),OR(逻辑或),NOT(逻辑非)。

在"布尔逻辑/词组"检索模式下,检索框内可以输入包含有逻辑关系的检索式;在"查找全部检索词"检索模式下,系统会自动将检索框中的检索词之间的逻辑关系设置为 AND;在"查找任何检索词"检索模式下,系统会自动将检索框中的检索词之间的逻辑关系设置为 OR;在"智能文本检索"检索模式下,可以在检索框中输入尽可能多的检索文本—词组、句子、篇章或全部页面。

扩展条件包含运用相关词语,同时在文章全文范围内搜索,应用对等科目。若勾选"运用相关词语"的选项,系统则自动将输入的检索词进行一个相关词语的扩展,进一步扩大检索范围。

限制结果的选项中包括有全文、可下载、出版日期、作者、标题和 ISBN。这些选项都可以根据读者的检索需求有选择地进行勾选与填写。

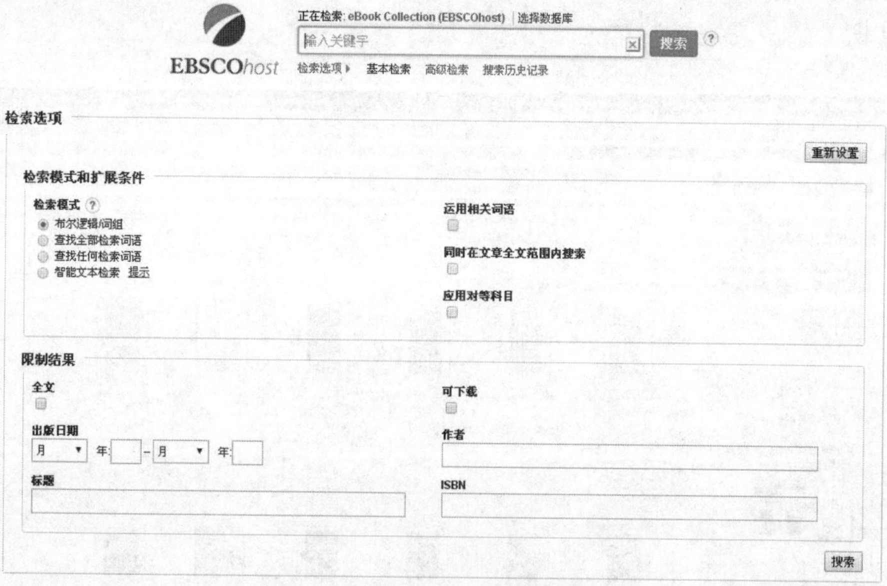

图 4-117　EBSCO 电子书基本检索界面

C. 高级检索。高级检索的界面如图 4-118 所示，高级检索中设置的检索字段有 TX 所有文本区域、TI 标题、AU 作者、SU 主题、BS Category（分类号）、IB ISBN（标准号）、PY Year of Publication（出版年）、PB（出版者）。高级检索默认提供三个检索框，检索框之间的逻辑关系可以根据读者自己的需要进行设置，读者还可以增加或减少检索框。检索模式与扩展条件与基本检索相同。高级检索的限定结果比基本检索多了一项语种限定以及"排除删减标题"的选项。

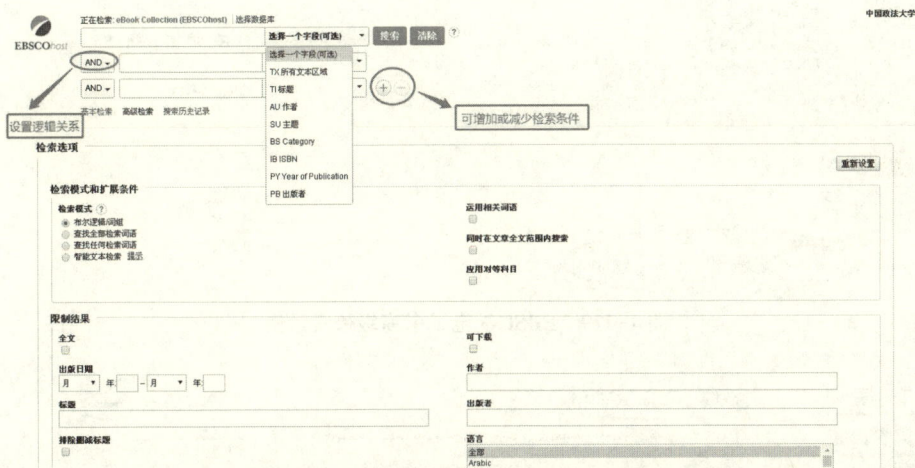

图 4-118　EBSCO 电子书高级检索界面

（2）检索结果。例如，想要查找 2003 年以来有关国际法（"international law"）方面的图书，并且要求可以下载到全文，检索条件设置界面如图 4-119 所示。在检索选项中勾选"运用相关词语"是为了扩充检索词，扩大检索范围，使得检索结果更全面。检索结果如图 4-120 所示。

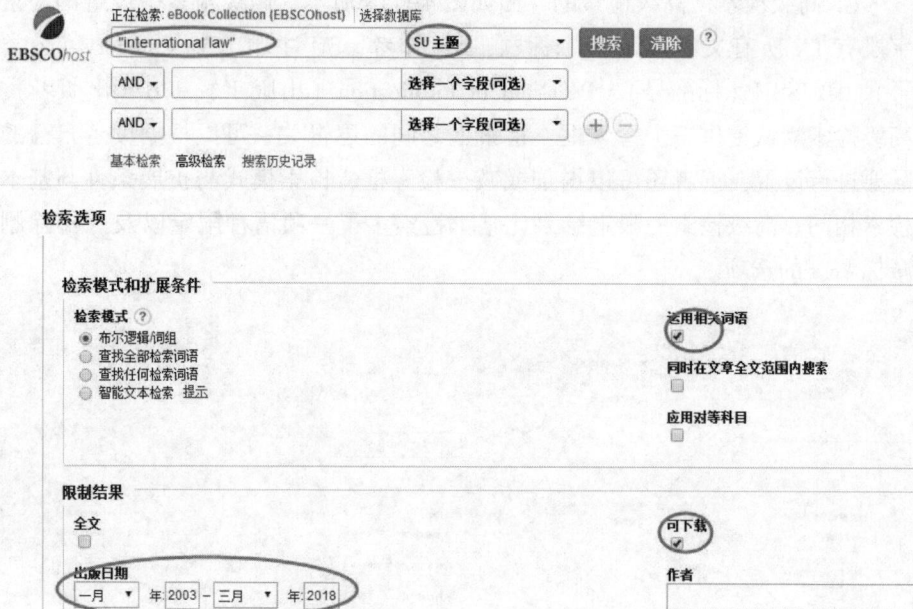

图 4-119　EBSCO 电子书高级检索示例

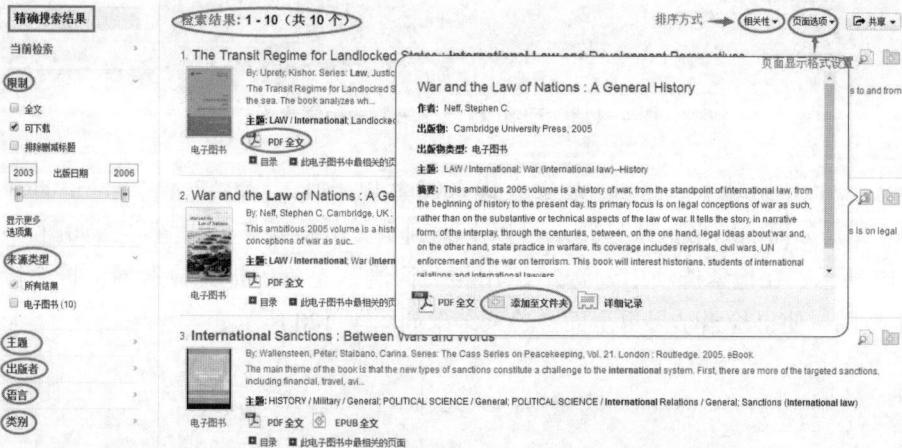

图 4-120　EBSCO 电子书检索结果界面

　　A. 检索结果显示。在检索结果界面的左侧显示了当前检索条件的设置，在界面的中部上方会显示检索结果的数量，中下方为所命中图书的列表，列表信息中包含书名、作者、摘要、主题等，并且还可以查看图书的目录，以及该电子书中与检索条件最相关的页面。每条记录的右侧有一个带有放大镜标志的图标，点击这个图标就会显示该图书的题录信息，包括书名、作者、出版物、出版类型和摘要。

B. 检索结果排序。在检索结果界面的右上方，EBSCO 电子书检索平台提供了五种排序方式，分别是相关性、最近日期、最早日期、作者和标题，默认为相关性。用户可以根据自己的需要设置检索结果的排序方式。

C. 检索结果显示格式。在检索界面的右上方，该检索平台提供了页面选项，包括结果格式、图像快速查看、每页结果和页面布局，用户可以根据自己的习惯设置页面的显示格式，默认结果格式为标准，图像快速查看是开启状态，每页结果为 10，页面布局为三栏。

D. 检索结果聚类。检索结果的界面左侧提供了"来源类型""主题""出版者""语言""类别"五种方式对检索结果进行聚类，进一步精确搜索结果，快速缩小检索范围。

E. 检索结果输出。通过点击图书的标题和标有详细记录的图标进入图书的详情页，如图 4-121 所示，除了可以查看书名、丛书名、作者、出版物信息、资源类型、说明、主题、类别、相关 ISBN、OCLC、出版者信息等，左侧提供了"PDF 全文"的下载链接，右侧还提供了几种输出方式，包含打印、电子邮件、保存、引用、导出等。该系统提供的引用格式有 ABNT、AMA、APA、Chicago/Turabian：Author-Date、哈佛：澳大利亚、哈佛、Chicago/Turabian：Humanities、MLA、Vancouver /ICMJE 九种。该系统提供的导出格式有直接以 RIS 格式导出（例如 CITAVI、EasyBib、EndNote、ProCite、Reference Manager、Zotero）、通用文献目录管理软件、XML 格式引文、BibTeX 格式引文、MARC21 格式引文、直接导出到 RefWorks、直接导出到 EndNote Web、直接导出到 EasyBib、下载 CSV。用户可依据自己的需求进行选择。

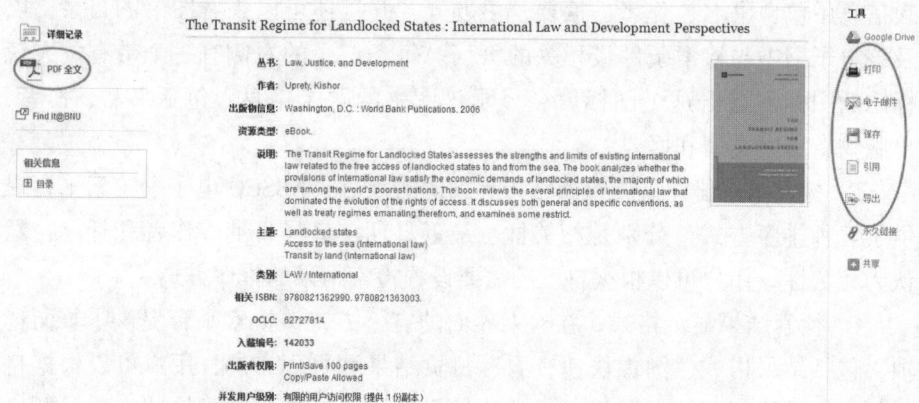

图 4-121　EBSCO 电子书检索结果详情页

　　如果用户需要同时输出多条检索结果，就要先把想要输出的结果添加进文件夹，如图 4-120 所示，然后再点击界面左上方的"文件夹"按钮，进入文件夹的详情界面，如图 4-122 所示。在页面的右侧提供了输出按钮，有打印、电子邮件、另存为文件和导出。用户还可以选择添加日期，将文件夹中的内容有选择地进行输出，也可以进行页面选项的设置。

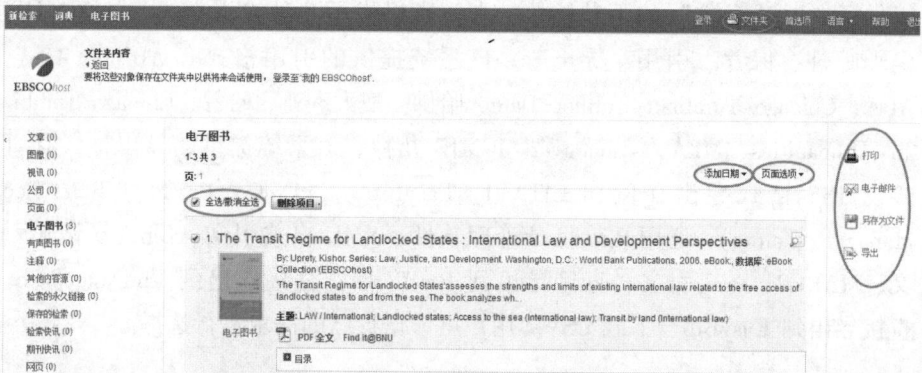

图 4-122　EBSCO 电子书检索结果输出页面

2. MyiLibrary

MyiLibrary 电子书来自英格拉姆数字集团，是世界领先的集成性电子书平台，主要服务于学术研究者和高校学生等，是大学图书馆、科研院所及一些研究性公司不可或缺的参考工具。MyiLibrary 目前已成为世界上数百个著名的学术图书馆和研究机构优先选择的电子书平台,并经由 MyiLibrary 来存取其全部的电子内容。

(1)检索方法:

A. 浏览检索。浏览检索的入口如图 4-123 所示,点击"浏览主题"就可以看到所有主题的列表(如图 4-124 所示),点击某一主题类别即可浏览查看该主题下所有图书信息。

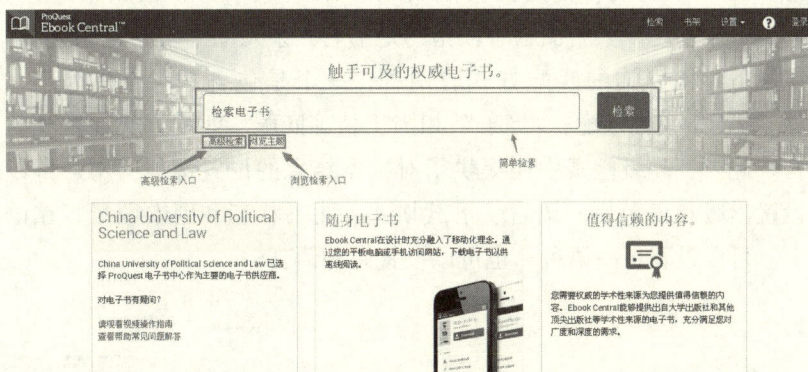

图 4-123 MyiLibrary 电子书界面

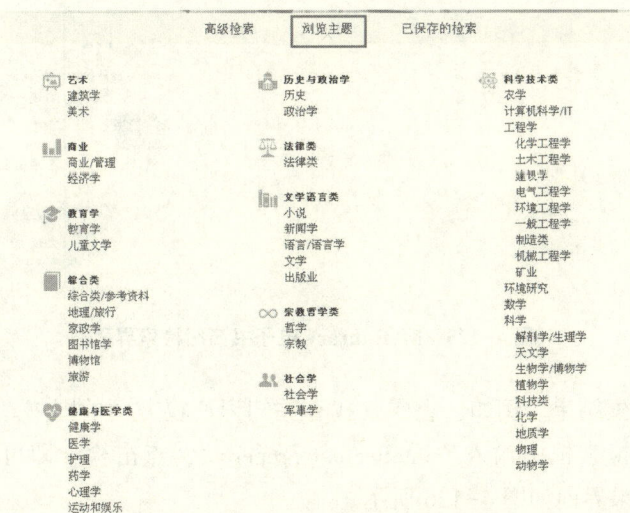

图 4-124 MyiLibrary 电子书主题列表

B. 简单检索。MyiLibrary 电子书检索平台的简单检索界面如图 4-123 所示，它没有设置检索字段，只在页面的上方设有简单检索框，无需进行字段的选择，直接在检索框中输入检索词，点击"检索"，即可显示检索结果列表。如果在检索框中不输入任何检索词，进行空检索，其检索结果将是全部图书。

C. 高级检索。高级检索界面如图 4-125 所示，在高级检索中设置的检索字段有关键字 & 文本全文、图书、系列图书、作者、出版社、ISBN、美国国会图书馆（LC）主题词、美国国会图书馆（LC）索书号、杜威十进分类号、Ebook Central 主题。其中图书字段指的是书名，系列图书指的是系列图书名。每个字段下对检索词的匹配方式有两种，一个是包含，一个是等于。其中"包含"相当于模糊匹配，"等于"相当于精确匹配。匹配方式在默认状态下是包含。此外，高级检索中还提供了对检索结果的设置选项，用户可以根据需要设置出版年份范围、语言、下载格式、图书状态和副本数量。在语言的设置上，可以设置单一语种，也可以设置多种语言。

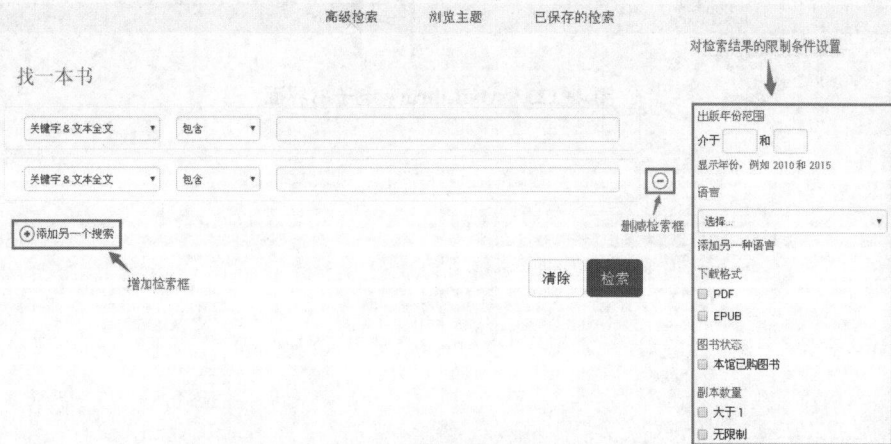

图 4-125　MyiLibrary 电子书高级检索界面

（2）检索结果。例如，想要查找有关知识产权方面的图书。可以直接在简单检索的检索框中输入"intellectual property"，点击检索即可查看检索结果，检索结果界面如图 4-126 所示。

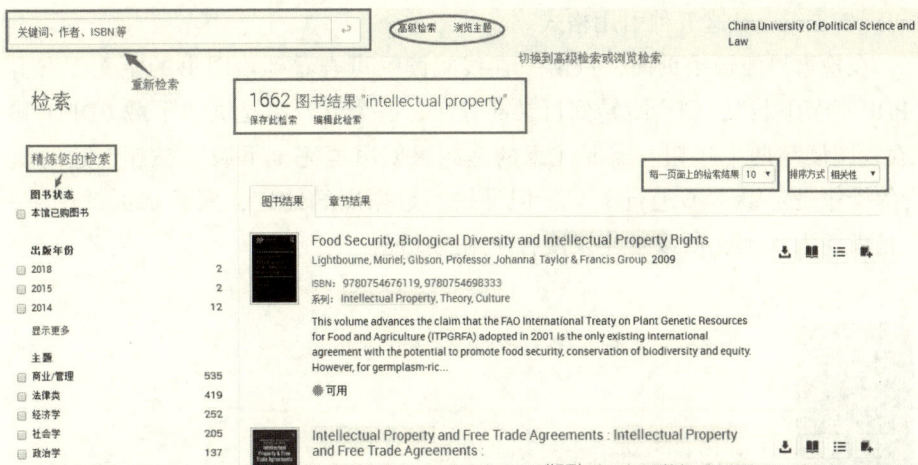

图 4-126　MyiLibrary 电子书检索结果界面

A. 检索结果的显示。在检索结果界面的上方会显示此次检索的条件的设置以及检索结果的数量，界面的右下方为所命中的图书的列表，列表信息包括书名、作者、摘要等基本信息。该页面除了提供图书结果之外还提供章节结果，在章节结果中会标出图书中与检索条件最相关内容的页码。检索结果界面中同时提供四种检索条目的显示设置分别为 10、20、50、100，默认为 10 条。在检索结果界面的上方，还提供了重新检索的检索框以及高级检索和浏览检索的入口。

B. 检索结果排序。在检索结果界面的左上方，MyiLibrary 电子书检索平台提供了五种排序方式，用户可根据图书、相关性、出版日期、投稿者以及出版社对检索结果进行排序，这里图书同样指的是图书的标题。

C. 检索结果聚类。检索结果页面的左侧提供了"图书状态""出版年份""主题""语言""作者"五类条件，可以根据自己的需要对检索结果进行聚类，快速缩小检索范围。比如，用户在"主题"这一条件下，勾选"法律"，检索结果就会缩小到 419 条。

D. 检索结果输出。在检索结果页面，通过点击书名进入该本图书的介绍页面，如图 4-127 所示，除了可以查看该图书的题目、作者、出版社、打印出版日期、电子书出版日期、语言、页数等基本信息，还可以查看图书的摘要、目录和引用格式。该平台提供的是 APA、Chicago、Harvard Style、MLA

Style、Vancouver 这五种引用格式。

在检索界面输出页面，点击"在线阅读"可查看到该图书的全文，点击
"PDF 章节下载"，则会跳转到目录部分，每一个章节都提供"下载 PDF"和
"在线阅读"两个按钮。需要注意的是如果使用"完全下载"按钮，这时执
行的操作是对整本书进行下载，但是按照数据库的约定，属于借阅此图书，
而且借期为 1 天，所以不建议读者使用此功能。

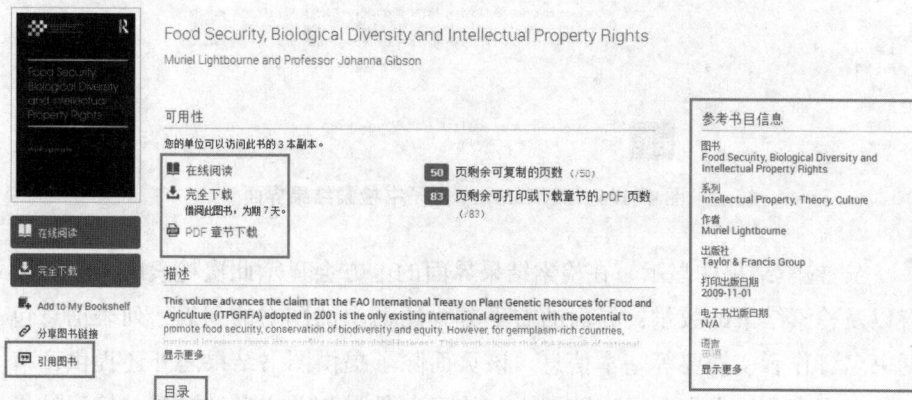

图 4-127　MyiLibrary 电子书检索结果输出界面

3. JSTOR 电子书

JSTOR 全名为 Journal Storage，始于美仑基金会的数字典藏计划，是一个
对过期期刊进行数字化的非营利性机构，于 1995 年 8 月成立。2012 年，
JSTOR 推出电子书项目——Books at JSTOR，将电子书与电子期刊在同一平台
上进行整合并提供服务。

（1）检索方法：

A. 浏览检索。浏览检索的界面如图 4-128 所示，该平台提供了三种浏览
方式分别为按学科主题（Subject）、题目（Title）、出版商（Publisher）。用户
可以根据需要选择相应的浏览方式。

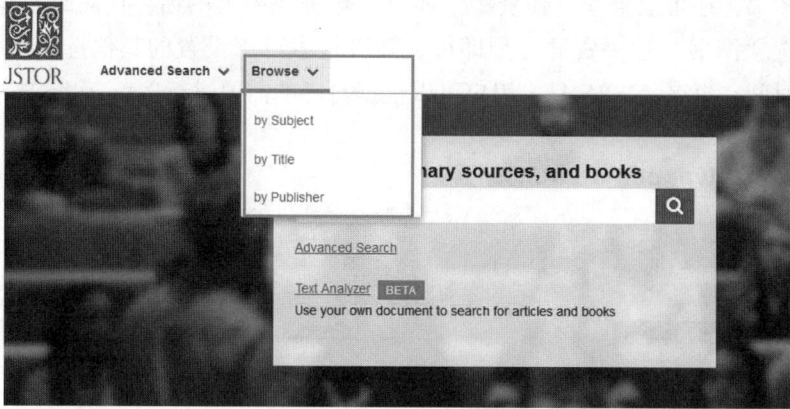

图 4-128　JSTOR 电子书浏览检索界面

B. 简单检索。简单检索的界面如图 4-129 所示，其检索方式很简单，只有一个检索框，不需要设置检索字段。只需将自己需要的检索词输入到检索框中就可以实施检索了。

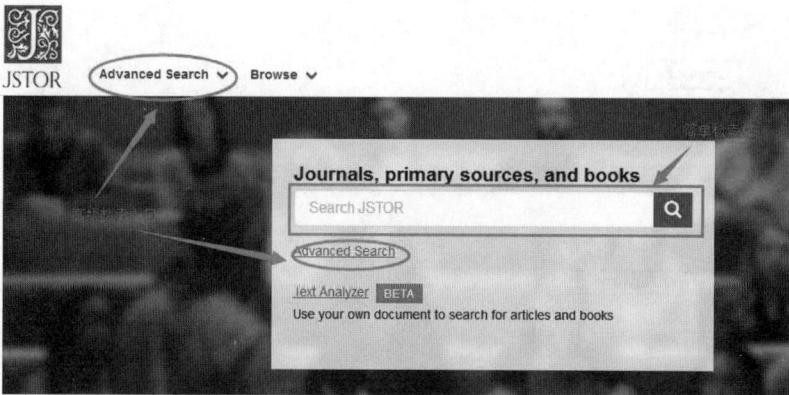

图 4-129　JSTOR 电子书简单检索界面

C. 高级检索。高级检索的入口如图 4-129 所示，高级检索的界面如图 4-130 所示，所提供的字段有作者、篇名、摘要等，其中篇名是指图书章节的标题，所提供的逻辑关系有 AND、OR、NOT、NEAR 5、NEAR 10、NEAR 25，其中 NEAR 5 是指所输入的两个检索词之间的距离不超过 5 个词，默认状态下有两个检索框，但是根据需要还可以自行添加检索框。由于该平台不仅可以查找图书，还可以查找其他资源，如果只想查找图书的话，在高级检索界面中勾选"图书"这一资源类型即可。高级检索可以设置的其他选项有语言、出版时间、书名、ISBN 号，用户可以根据自己的需要进行选填。

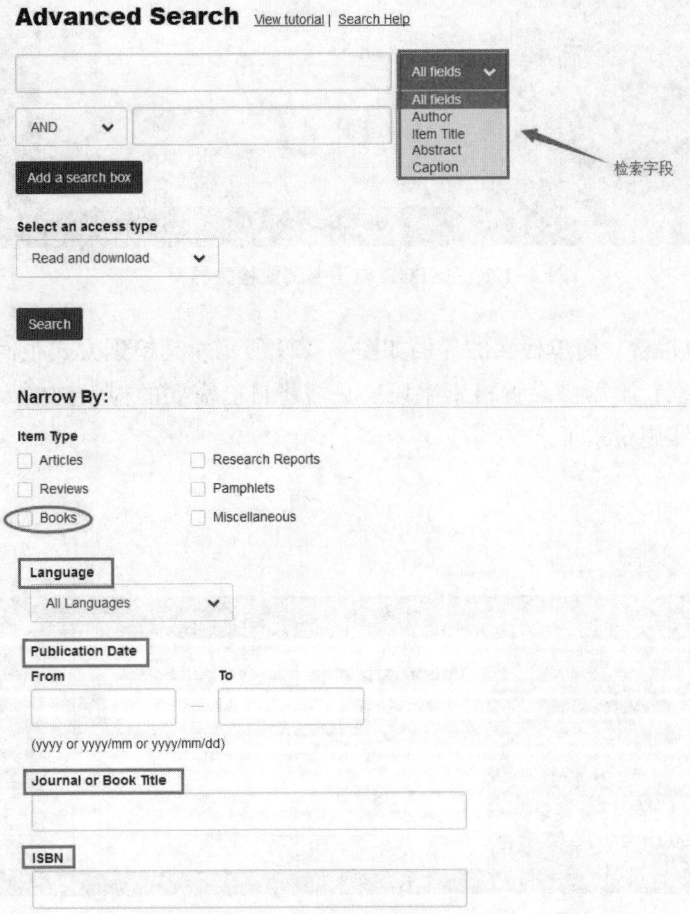

图 4-130　JSTOR 电子书高级检索界面

（2）检索结果。例如，想要查找知识产权方面的图书，检索条件设置：选择"篇名"字段，输入检索词"intellectual property"，在资源类型中勾选"图书"，检索结果如图 4-131 所示。

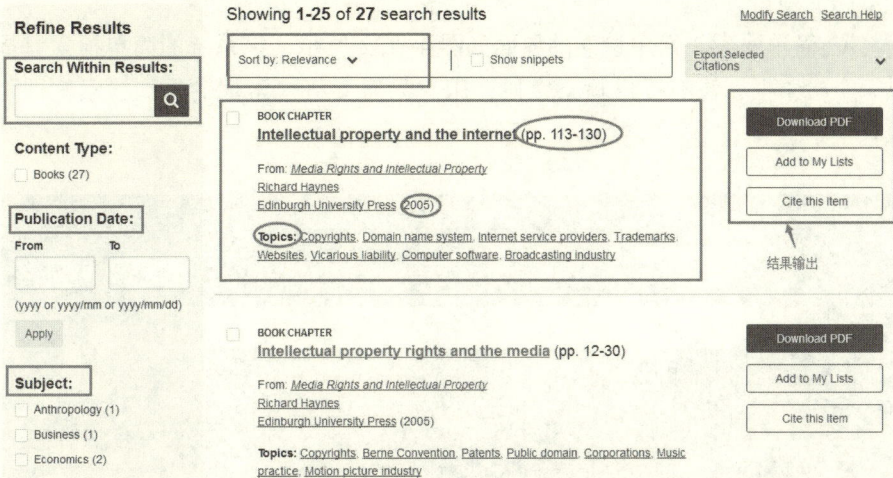

图 4-131　JSTOR 电子书检索结果界面

A. 检索结果显示。在检索结果界面的中上方会显示检索结果的数量，界面的中间为所命中的图书章节的列表，列表中的每条记录内容包含篇名、该篇所在书的页数、书名、作者、出版社、出版时间和学科主题等基本信息。

B. 检索结果排序。JSTOR 电子书检索平台提供了三种排序方式，用户可根据检索图书的相关度、最新的图书以及最经典的图书对检索结果进行排序。

C. 检索结果精炼。在检索结果界面的左侧，提供了二次检索框，通过在检索框中再次输入检索词来达到缩小检索范围的目的。界面左侧还提供了出版时间设置框，以及学科主题，用户可以根据自己的需要选择精炼结果的方式。

D. 检索结果输出。在检索结果图书列表的右侧有结果输出的按钮，可以下载 PDF 格式的文件，也可以输出该书的引用格式。该系统提供的引用格式包括 MLA、APA、CHICAGO、Export a RIS file（For EndNote，ProCite，Reference Manager，Zotero…）、Export a Text file（For BibTex）等。

4. Wiley Online Library 电子图书

Wiley Online Library 是综合性的网络出版及服务平台，该平台提供电子期刊的全文下载，以及电子图书和电子参考工具书的文摘索引等服务。学科涵盖法学、医学、计算机和信息科学、教育学、心理学、数学、物理学、地球科学、工程技术、化学等。

（1）检索方法：

A. 简单检索。简单检索的界面如图 4-132 所示，该系统的简单检索只提供一个检索框，没有提供检索字段，用户只需要将检索词输入到检索框即可执行检索。

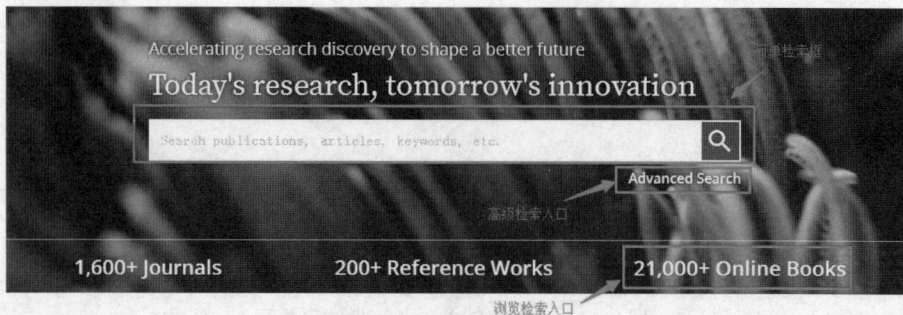

图 4-132　Wiley Online Library 的简单检索界面

B. 浏览检索。浏览检索的入口如图 4-132 所示，其检索界面如图 4-133 所示，可以浏览系统中的全部图书，界面的左侧提供了用书名的首字母进行筛选的方式，用户可以根据需要逐个浏览图书或按首字母进行浏览。

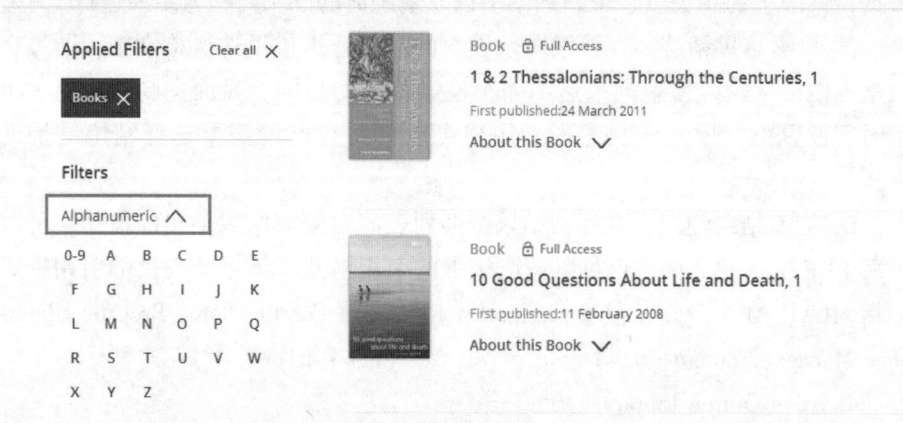

图 4-133　Wiley 电子书的浏览检索界面

C. 高级检索。高级检索的入口如图 4-132 所示，其检索界面如图 4-134 所示。高级检索提供的检索字段包括题名、作者、关键词和摘要，也可以设置出版社和出版时间。需要注意的是，高级检索框中不仅可以输入检索词，它还支持输入检索式，但在书写检索式时表示逻辑关系的词要大写，比如 AND、OR 等。

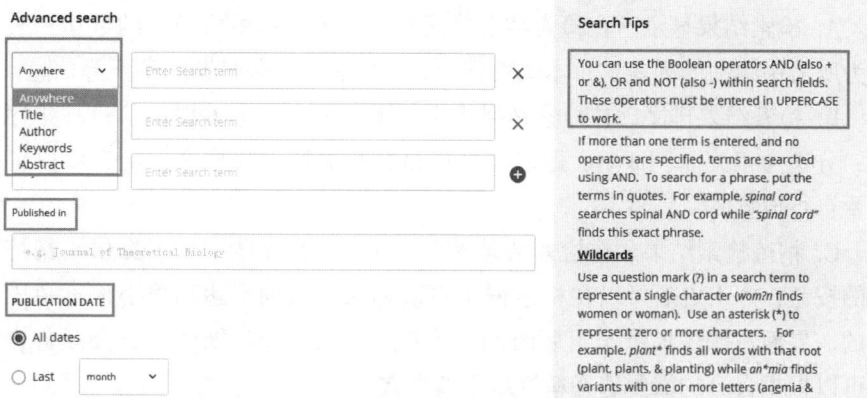

图 4-134　Wiley Online Library 的高级检索界面

（2）检索结果。例如，想要查找政治经济方面的图书，检索条件设置为：选择"题名"字段，在检索框中输入"political AND economic"，检索结果如图 4-135 所示。由于该系统不仅可以检索图书，还可以检索期刊等其他类型的资源，所以在检索结果中要首先点击资源类型中的"Books"将图书筛选出来。

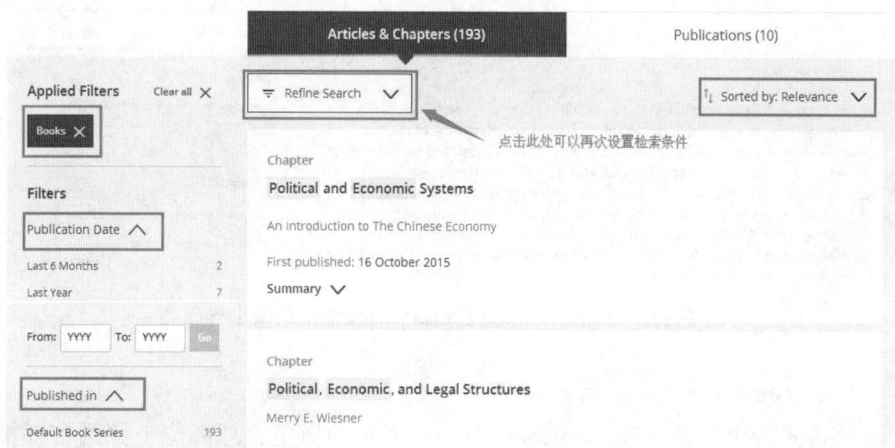

图 4-135　Wiley Online Library 的检索结果界面

A. 检索结果显示。在检索结果界面的右上方显示检索结果的数量，右下方为所命中图书的列表，每本图书都会显示题名、出版日期和摘要等信息。

B. 检索结果排序。在检索结果界面的图书列表右上方提供了三种排序方式，分别为相关性、日期、题名，默认是按相关性进行排序，用户可以根据需要自行设置。

C. 精炼检索结果。在检索结果界面右侧结果数量的下方，提供了精炼检索的按钮，点击之后可以在检索框中再次输入检索词来达到缩小检索范围的目的。界面左侧还提供了出版时间设置框、出版类型以及作者三类条件，用户可以根据自己的需要选择精炼结果的方式。

D. 检索结果输出。在检索结果界面的右侧命中图书列表中，点击书名可以查看图书更详细的信息，也可以找到相应的查看全文的链接，如图 4-136 所示。

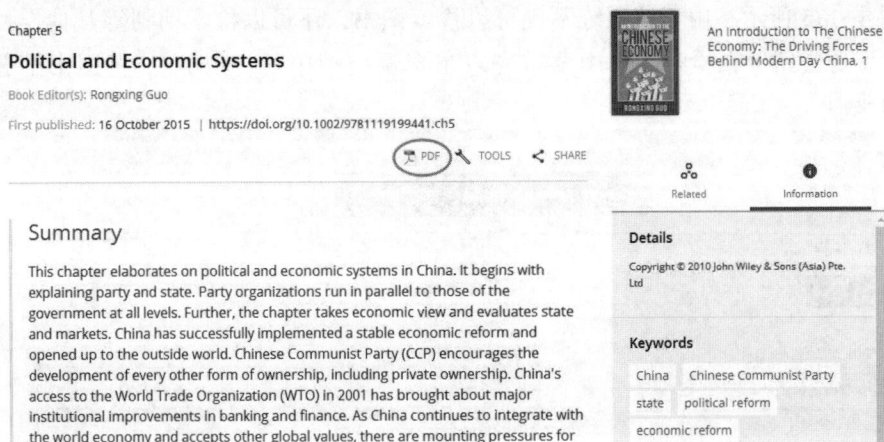

图 4-136　Wiley Online Library 的检索结果输出界面

5. De Gruyter（德古意特）德语电子书

德古意特出版社（De Gruyter）有 260 多年的历史，总部位于德国首都柏林，其学术出版物涵盖人文社科及科技医学。每年出版 1300 余种新书，690 多种同行评审期刊，及 40 多个数据库/参考工具书。德古意特德语电子书共 15 000 多种，学科包括语言及传播学、文学研究、哲学、历史学、社会科学、政治学、经济学、法学、古典学及近东研究、图书馆及信息科学、艺术设计、神学、犹太学及宗教学等，其中包含许多畅销的德语系列丛书，如歌德系列（Goethe）、康德系列（Kants）、尼采系列（Nietzsche）、国际图联系列（IFLA）、应用语言学系列、古典学研究系列等。

（1）检索方法：

A. 简单检索。简单检索的界面如图 4-137 所示，该检索方式不设检索字段，仅提供一个检索框，用户根据自己的需求输入检索词即可执行检索。

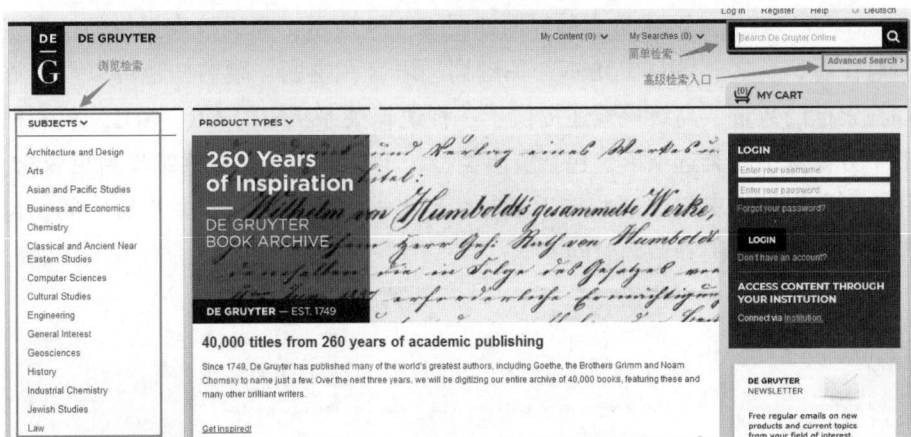

图 4-137　德古意特德语电子书界面

B. 浏览检索。浏览检索的入口如图 4-137 所示，在页面的左侧提供了按学科主题进行检索的方式，该平台提供的学科主题有包括法学在内的 26 个学科主题，比如点击"law"这一主题，其结果界面如图 4-138 所示。该结果界面中展示了该学科主题下的全部资源，在界面的左侧提供了两种精炼结果的方式：一是检索框，通过输入检索词来缩小结果范围；二是提供了主题、出版年代、出版类型、即将出版的、可获取全文的渠道、出版社六类条件，通过点选其中一类或几类条件来缩小检索范围。

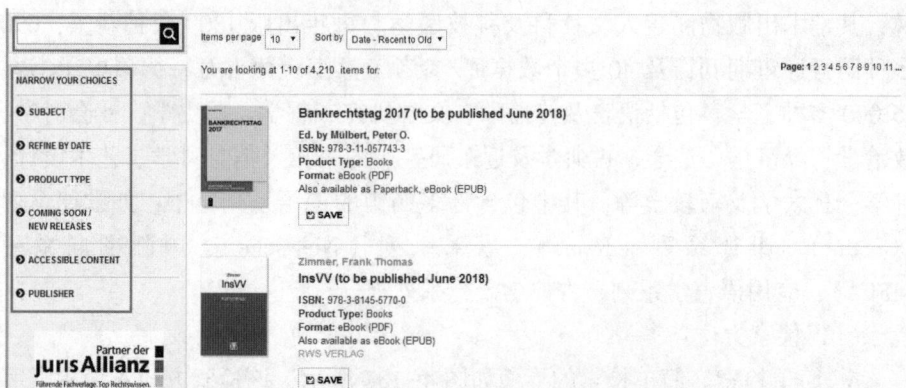

图 4-138　德古意特德语电子书浏览检索结果界面

C. 高级检索。高级检索的界面如图 4-139 所示，高级检索提供的检索字段有作者、全文、ISBN \ ISSN、关键词、语言、主题、题名，也可以自主添加检索框的数量，高级检索还提供了三种逻辑关系 AND、OR、NOT。检索框的下方设置了三类选项卡，包括资源类型、出版源和限制检索结果为出版物，用户可以根据需求勾选这些选项卡。在高级检索中也可以设置出版时间，包括出版的时间范围和精确时间。

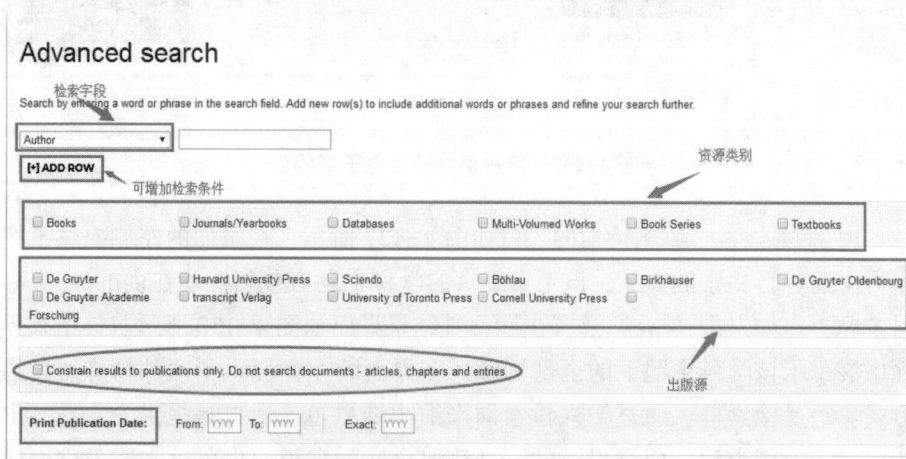

图 4-139　德古意特德语电子书高级检索界面

（2）检索结果。例如，查找有关著作权（copyright）方面的图书，检索条

件设置时选择检索字段为"主题"，资源类型中勾选"图书"，检索结果如图
4-140 所示。

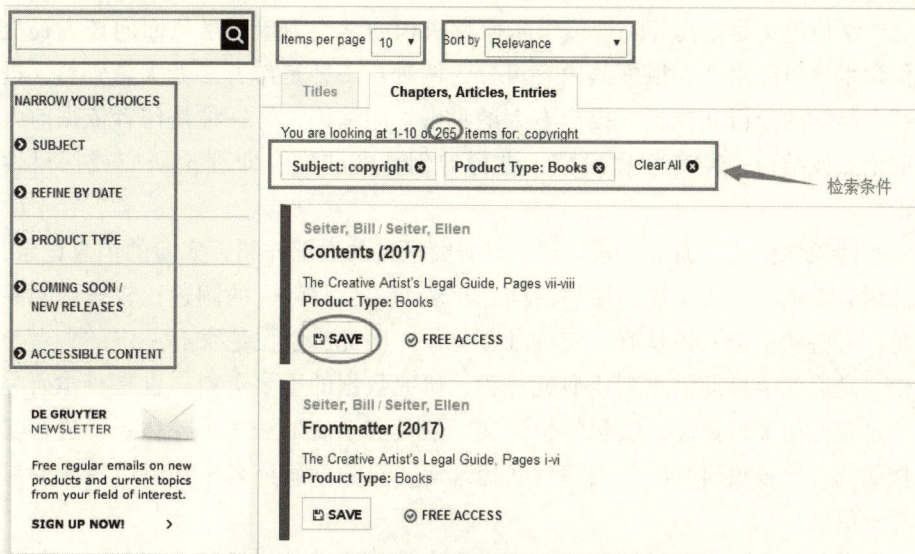

图 4-140　德古意特德语电子书检索结果界面

　　A. 检索结果显示。在检索结果界面中，左侧是精炼检索结果的区域，右
侧是检索结果的展示，包括检索结果数量、此次检索的条件、所命中图书的
列表。在显示检索结果数量的上方提供四种检索条目的显示设置分别为 10、
20、50、100，默认为 10。

　　B. 检索结果排序。在检索结果界面的右上方，提供了 7 种排序方式包括
相关性、按题名首字母升序（从 A 到 Z）、按题名首字母降序（从 Z 到 A）、
按出版时间升序（从旧到新）、按出版时间降序、按作者首字母升序、按作者
首字母降序，用户可根据需要选择排序方式，默认为按相关性排序。

　　C. 检索结果精炼。在检索结果界面的左提供了精炼结果的方式，这里所
提供的两种方式与浏览检索结果精炼方式相同，在这里就不再重复了。

　　D. 检索结果输出。在检索结果的界面的右侧命中图书的列表中，在每本
图书的右下方都有"save"的标志，点击即可查看全文，也可以通过点击题
名进入详情页，然后再查看全文。

三、学位论文与会议论文检索

（一）中外学位论文检索

学位论文是指高等院校或学术研究机构的学生为申请学位而向校方提交的学术性研究论文。根据其内容可分为两种：一种是作者参考大量资料，进行了科学的分析和概括，提出本人的见解，即综论；另一种是作者依据前人的论点或结论，经实验和研究，进行的创新和研究，即理论研究或探讨性论文。

博硕学位论文通常选题新颖，有研究经过的详细介绍，实验的消息记录，并附有详细的参考文献；探讨的问题比较专一，对问题的阐述比较详细和系统；有些学位论文还具有一定的独创见解。因此，学位论文有一定的参考价值，是追踪学科前沿进展、研究过程、研究数据的重要资料，也是科学研究不可替代的文献资源。法学学位论文一般具有系统的法学理论体系，进行实例研究、比较法研究以及法律现状梳理等，对法学研究者来说具有较高的参考价值。

学位论文除少数以摘要或全文发表在期刊或其他出版物上以外，一般不公开发表，具有一定的保密性。学位论文一般被授予单位收藏。另外，国家也有授权收藏单位，如中国国家图书馆、中国科技信息研究所、中国社会科学院信息所等。其中，中国社会科学院文献中心收藏了我国的文科及语言科的硕士论文。

1. 纸本学位论文检索

（1）高校图书馆馆藏目录查询系统。通过各个高校的图书馆馆藏目录查询系统（OPAC）可以查询到该高校的学位论文。例如，进入中国政法大学图书馆书目检索系统，查找刑法相关学位论文，如图 4-141 所示。

图 4-141　中国政法大学图书馆书目检索系统学位论文检索

（2）中国国家图书馆。中国国家图书馆是国家总书库，国家书目中心，国家古籍保护中心，国家典籍博物馆。同时提供馆藏博士及硕士论文、博士后研究报告、部分海外华人华侨学位论文的查阅与阅览服务。

登录中国国家图书馆馆藏目录检索首页（图 4-142 所示），系统提供简单检索和高级检索，简单检索提供题名、主题词、论文专业、论文研究方向、论文学校授予单位、论文学位授予时间等共 18 个检索字段，选择相应检索字段，在统一检索框中输入内容即可检索。

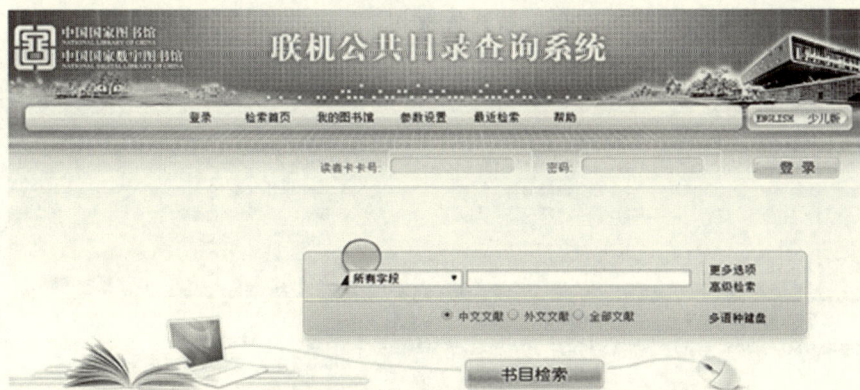

图 4-142　中国国家图书馆馆藏书目检索系统检索首页

高级检索又分为多字段检索、多库检索、组合检索、通用命令语言检索、浏览、分类浏览。其中选择多库检索（图4-143）可以快速定位到学位论文库，同时输入检索词或词组，选择检索字段，通过年份、馆藏地等限制检索结果。

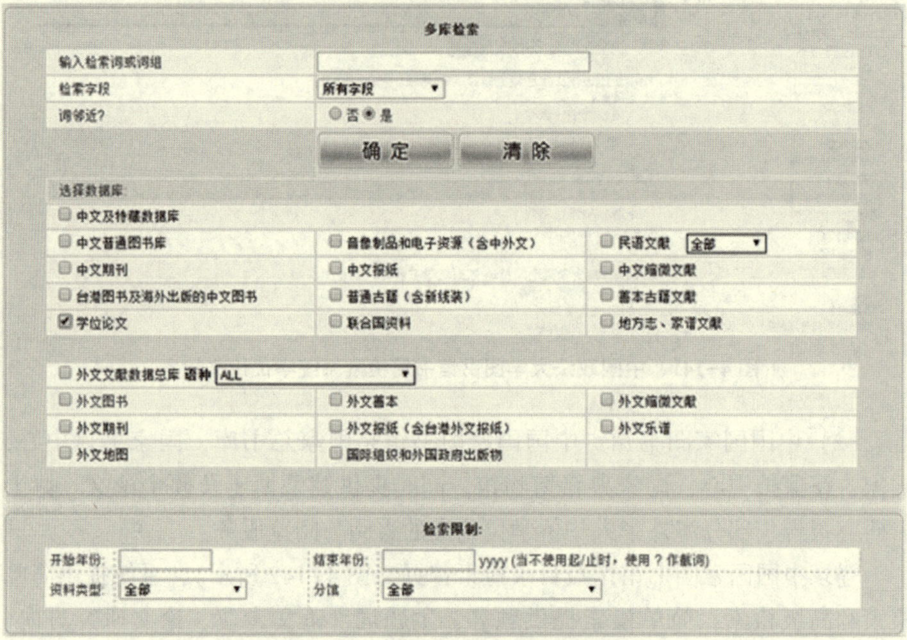

图4-143　中国国家图书馆多库检索

检索结果页面如图4-144所示，可以看到该本学位论文馆藏位置在北区学位论文阅览室，用户可根据位置入库阅览。

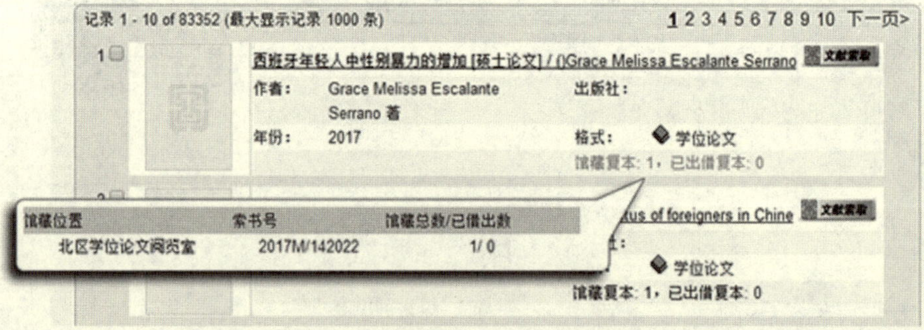

图4-144　中国国家图书馆学位论文检索结果页面

2. 万方学位论文数据库

万方学位论文数据库（http://g. wanfangdata. com. cn）包括中文学位论文和外文学位论文，中国学位论文收录了国家法定学位论文收藏机构——中国科技信息研究所提供的自 1980 年以来我国自然科学领域各高等院校、研究生院及研究所的硕士研究生、博士及博士后论文。该数据库年增 30 万篇，涵盖理学、工业技术、人文科学、社会科学、医药卫生、农业科学、交通运输、航空航天和环境学等各学科领域；外文学位论文收录始于 1983 年，累计收藏11.4 万余册，年增量 1 万余册。

（1）简单检索。进入万方数据知识服务平台首页并登录，点击"学位"进入万方学位论文数据库简单检索界面，如图 4-145 所示。简单检索又叫"初级检索"，也叫"一框式"检索，即在检索框中输入任意一个检索词，系统将呈现相应的检索结果显示出来。光标定位在检索框内时，可以选择对应的检索字段，包括题名、关键词、摘要、作者、学科、专业、导师、学位授予单位。

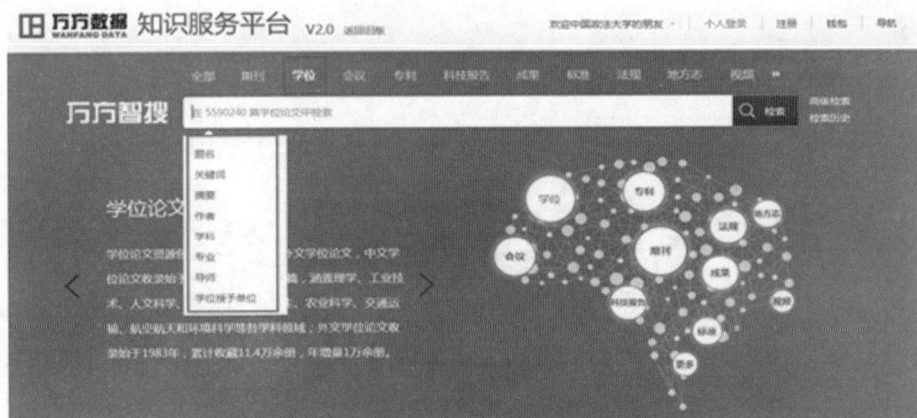

图 4-145 万方学位论文数据库简单检索界面

例如，检索题名为知识产权方面的学位论文，检索结果界面如图 4-146所示，由于简单检索获得的文献数量过大，还可以通过二次检索（在检索结果中检索）的办法，通过对标题、作者、关键词、年代进行限定来缩小检索的范围。

图4-146　万方学位论文数据库简单检索结果界面

（2）高级检索。在万方数据知识服务平台的简单检索框右侧，点击"高级检索"，即可进入万方学位论文数据库高级检索界面。高级检索可以通过主题、题名、关键词、作者、作者单位、摘要、日期等字段进行选择组配检索，如图4-147所示。

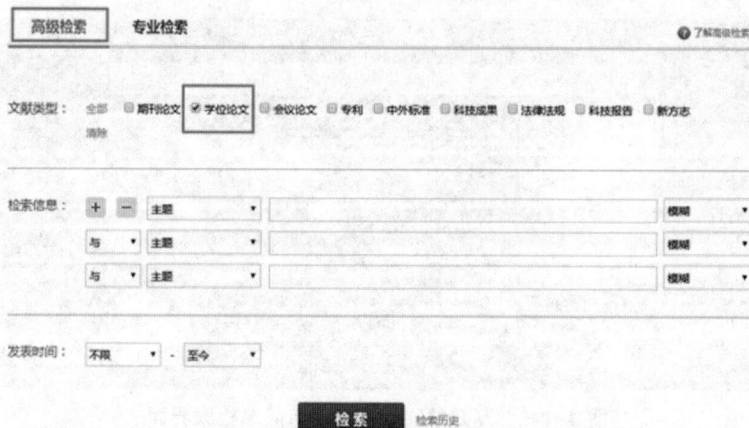

图4-147　万方学位论文数据库高级检索界面

（3）专业检索。专业检索就是直接输入检索表达式即布尔逻辑式进行检索，多为熟练掌握检索技术的专业人士使用。在万方高级检索入口右侧，点击"专业检索"，进入万方学位论文数据库专业检索界面，如图4-148所示。专业检索界面，还提供检索表达式的编写教程，点击"教你如何正确编写表达式"即可查看；此外用户还可以查看可检索字段、可以推荐检索词以及查看检索历史。

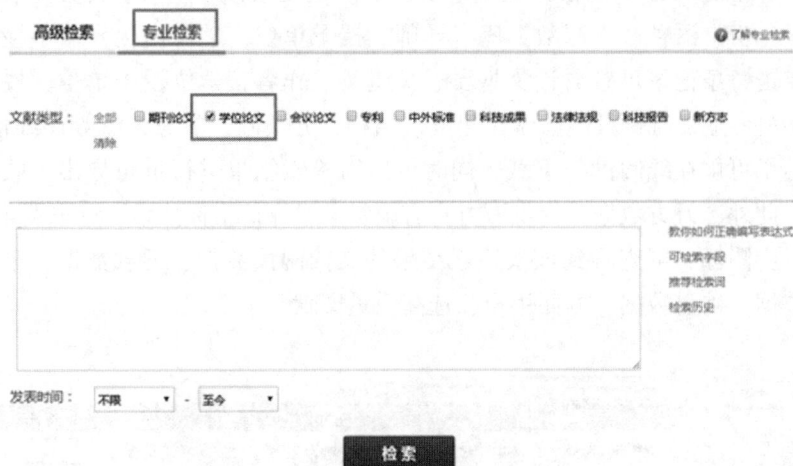

图4-148 万方学位论文数据库专业检索界面

（4）检索结果。以高级检索为例说明。例如，检索2010～2016年来自中国政法大学的关于知识产权相关的学位论文。可以在"作者单位"这一字段中输入"中国政法大学"，在"主题"检索字段中输入"知识产权"，在"发表时间"字段中输入"2010～2016"，如图4-149所示。

图4-149　万方学位论文数据库高级检索示例

检索结果界面显示符合检索条件论文篇数，共 69 条记录，如图 4-150 所示，并显示论文在各个领域和时间段的分布，如"政治、法律（64）""硕士（66）"。检索结果可以根据左侧系统提供的优化指标，包括学科分类、授予学位、年份、语种、来源数据库、导师、授予单位，进行优化，缩小检索范围。点击每条记录可查看论文摘要、关键词、作者、学位授予单位、授予学位、学科专业、导师姓名、学位年度、语种、分类号、参考文献等详细信息。检索结果可供在线阅读与下载，同时可以对检索结果进行批量导出、收藏与分享。此外，万方数据库提供万方自有篇级学术评价指标体系，点击图 4-150 所示对应图标，可查看到该条检索结果的文摘阅读数据、下载数据、第三方链接数据、被引数据，方面用户筛选高质量文献。

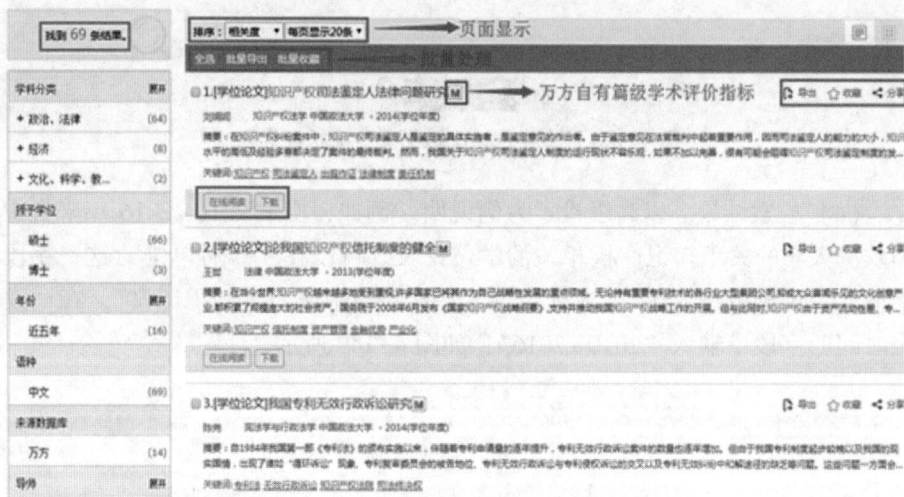

图 4-150　万方学位论文数据库高级检索结果界面

3. ProQuest 学位论文全文数据库

PQDT（ProQuest Dissertations & Theses）是美国 ProQuest 公司出版的博硕士学位论文数据库，收录了美国、加拿大和欧洲等国的 1000 余所大学的学位论文，与 700 多个大学和研究机构建立长期合作关系。

为满足国内科研人员对博硕士论文全文的广泛需求，ProQuest 公司协同国内各图书馆组织建立 ProQuest 博硕士论文中国集团联盟站点，目前国内主要有三个镜像站点：中国科技信息研究所（http://pqdt.bjzhongke.com.cn）、

CALIS 站点（http://pqdt.calis.edu.cn）和上海交大站点（http://pqdt.lib. sjtu.edu.cn），向中国高校和科研机构提供 PQDT 博硕士论文检索和 PDF 格式全文。检索界面已经设置成中文界面，但是用户在检索时仍需输入英文检索词才能获取检索结果。

目前，PQDT 数据库提供了基本检索、高级检索和浏览检索三种检索方式。

（1）基本检索。基本检索方法比较简单，直接在检索框中输入检索词（式），设置检索结果范围（有"全部"和"只显示有全文的结果"两个范围），如图 4-151 所示，点击"检索"按钮，即可实施检索。

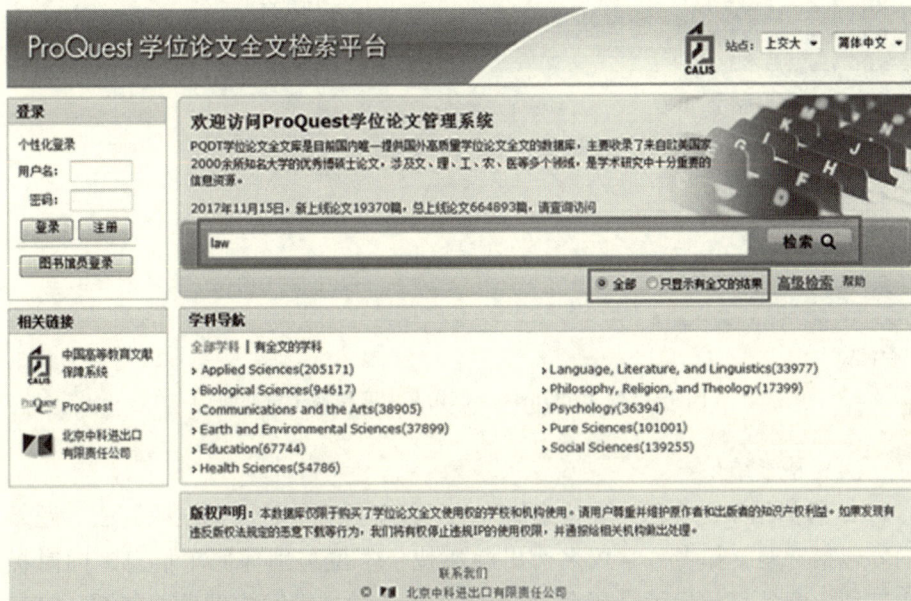

图 4-151　ProQuest 学位论文全文检索平台界面

（2）浏览检索。PQDT 提供按学科浏览论文，在检索平台首页的学科导航栏目中，可以看到全部学科分类和有全文的学科分类，如图 4-151 所示。点击某一学科的名称，可以查看 PQDT 数据库收录该学科领域的论文的具体内容。

（3）高级检索。高级检索是命令式检索，可对一个字段检索，也可通过布尔逻辑运算符将各字段组合检索。高级检索界面如图 4-152 所示。字段下拉列表中提供了九个可检字段：标题、摘要、全文、作者、学校、导师、来源、ISBN、出版号。逻辑关系下拉列表中提供了三种选项：并且、或者、排除。同时提供三种对检索词的设置：所有词、任意词、短语。通过"出版年度"的设置，选择检索的时间范围；通过"语种"设置，选择检索论文的语言；通过"学位"的设置，选择论文的级别；通过"显示"的设置，选择是否有全文的检索结果。

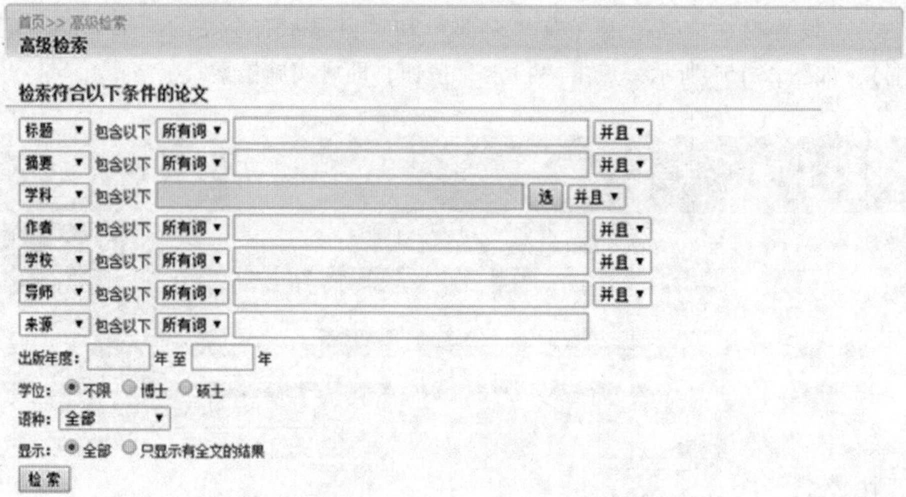

图 4-152　ProQuest 学位论文全文检索平台界面

（4）检索结果：

A. 检索结果的显示。在检索结果的页面显示命中论文的题录列表，题录内容包括标题、作者、学校名、出版年代、学位类别等简单信息，同时提供三种检索条目的显示设置分别为 10、20、50。检索结果界面如图 4-153所示。

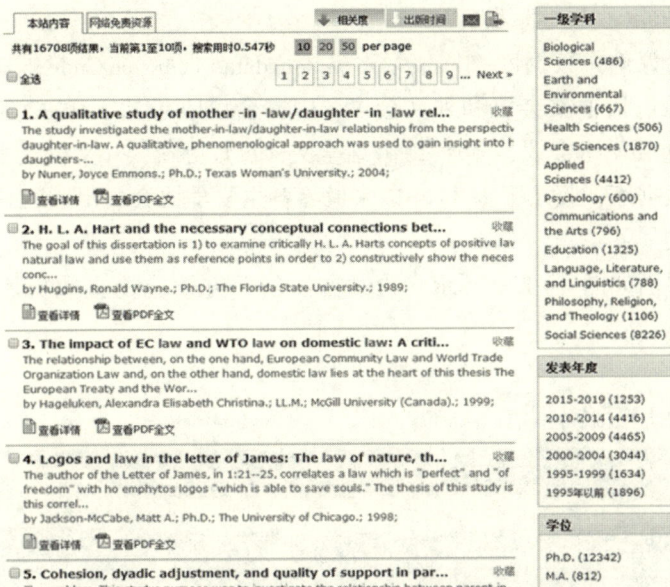

图 4-153　ProQuest 学位论文全文检索结果界面

B. 检索结果排序。可以根据检索论文的相关度以及论文的出版时间对检索结果进行排序。

C. 检索结果过滤。在检索结果右侧提供"一级学科""发表年度""学位"的筛选条件，可以快速缩小检索范围。

D. 检索结果输出。在检索结果页面，通过点击论文标题或是"查看详情"可链接查看该篇文章的摘要以及作者、学校、学位、学科、来源等信息；点击"查看 PDF 全文"可查看到该文章的全文，可以进行下载保存，并且提供打印、导出、E-mail 发送等多种输出方式。

（二）中外会议论文检索

会议文献是指各类会议上宣读和交流的论文、报告和其他有关资料，有广义和狭义之分。广义的会议文献是指与会议有关的一系列文件的总称，包括会议通知、论文以及会议期间的有关文件、讨论稿、报告、征求意见稿及会议纪要等。而狭义的会议文献仅指会议发表或提交给会议的论文。

会议文献具有以下特点：内容新颖，及时性强；学术水平高，专业性强；数量庞大，内容丰富；可靠性高；出版形式多种多样。因此，会议文献在主要的科技信息源中，重要性和利用率仅次于期刊。

1. 万方会议论文数据库

万方会议论文数据库（http://g. wanfangdata. com. cn/index. html）收录的会议资源包括中文会议和外文会议，中文会议收录始于 1982 年，年收集4000 多个重要学术会议，年增 20 万篇全文，每月更新；外文会议主要来源于外文文献数据库，收录了 1985 年以来世界各主要学协会、出版机构出版的学术会议论文。

检索界面如图 4-154 所示，检索方法与万方学位论文数据库检索方法一致。

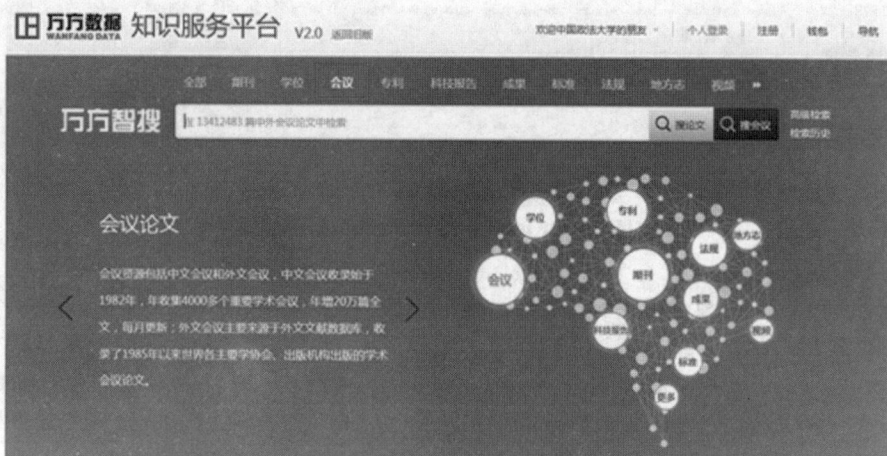

图 4-154　万方会议论文检索主界面

2. CNKI 中国重要会议论文全文数据库

CNKI 中国重要会议论文全文数据库（http://nvsm. cnki. net）主要收录我国 1999 年以来国家二级以上学会、协会、高等院校、科研院所、学术机构等单位的论文集。该数据库检索主界面如图 4-155 所示，默认高级检索，同时提供国内会议、国际会议、会议视频、国内会议导航、国际会议导航分类，供用户查询。具体检索方法与中国知网期刊论文检索方法相似。

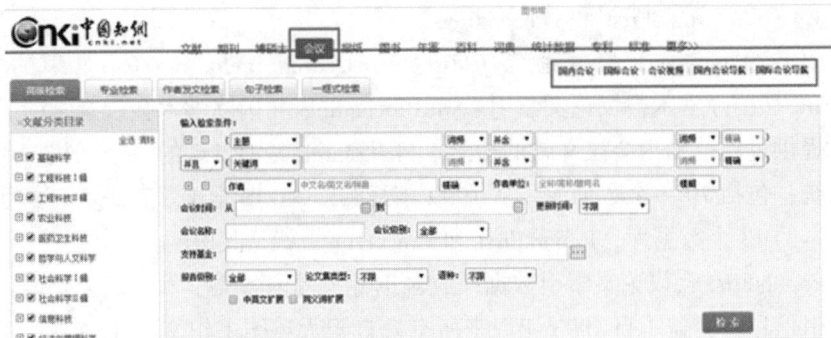

图 4-155　中国知网会议论文检索主界面

3. 国家科技图书文献中心

国家科技图书文献中心（NSTL，http：//www. nstl. gov. cn）的中文会议论文数据库收录了自 1985 年以来我国国家级学会、协会、研究会以及各省、部委等组织召开的全国性学术会议论文，数据库的收藏重点为自然科学各领域。外文会议论文数据库主要收录了 1985 年以来世界各主要学会、协会、出版机构出版的学术会议论文，学科范围涉及工程技术和自然科学各专业领域。检索界面如图 4-156 所示。

图 4-156　国家科技图书文献中心会议论文检索主界面

4. OCLC PapersFirst 和 Proceedings

OCLC FirstSearch 检索系统（http://firstsearch. oclc. org/fsip）中的 Pa-persFirst（国际学术会议论文索引）和 Proceedings（国际学术会议录索引）数据库提供世界范围内会议文献的检索。FirstSearch 是 OCLC 的一个联机参考服务系统，包括 70 多个数据库。从 1999 年开始，CALIS 全国工程中心订购了其中基本的 13 个数据库，PapersFirst 和 Proceedings 就是其中两个。

PapersFirst 会议论文索引数据库收录世界范围内各类学术会议上发表的论文索引信息，涵盖了自 1993 年以来所有来自于大英图书馆文献供应中心的发表过的研讨会、大会、博览会、研究讲习会和会议的资料，共有 900 多万条记录，所包含的主题就是在所报道的会议中讨论的各种主题，可通过馆际互借获取全文。该数据库每两周更新一次。

Proceedings 会议录索引数据库是 PapersFirst 的相关库，收录了世界范围内举办的各类学术会议上发表的论文的目次，利用该库可以检索"大英图书馆资料提供中心"的会议录，了解各个会议的概貌和学术水平，每周更新两次。

（1）选择数据库。进入 OCLC First 数据库，选择数据库列表，勾选 PapersFirst 和 Proceedings 数据库，如图 4-157 所示。

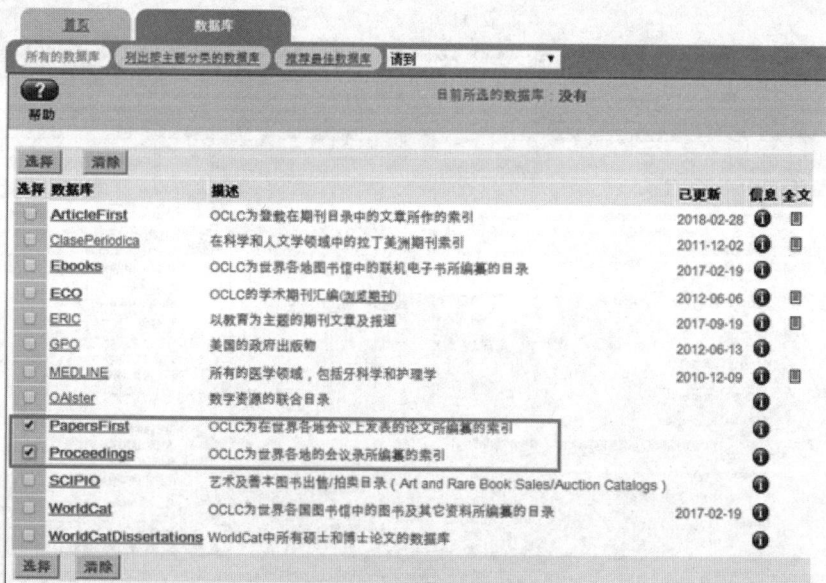

图 4-157　选择 PapersFirst 和 Proceedings 数据库

（2）基本检索。选择数据库后，进入 PapersFirst 和 Proceedings 数据库基本检索界面，如图 4-158 所示。基本检索默认提供三个检索框，可根据"关键词""著者""题名"这三个字段进行检索。

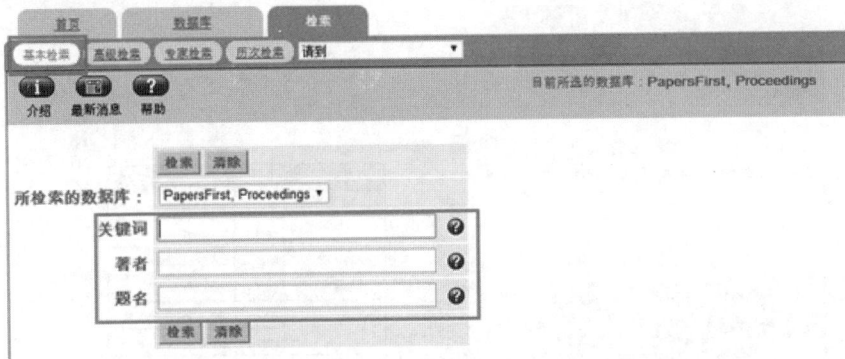

图 4-158　**PapersFirst 和 Proceedings 数据库基本检索界面**

（3）高级检索。点击"高级检索"，进入 PapersFirst 和 Proceedings 数据库高级检索界面，如图 4-159 所示。高级检索提供的检索字段有"关键词""著者""主题""题名""年""资料来源""标准号码"，通过布尔运算符，可任意匹配不同字段，进行检索。

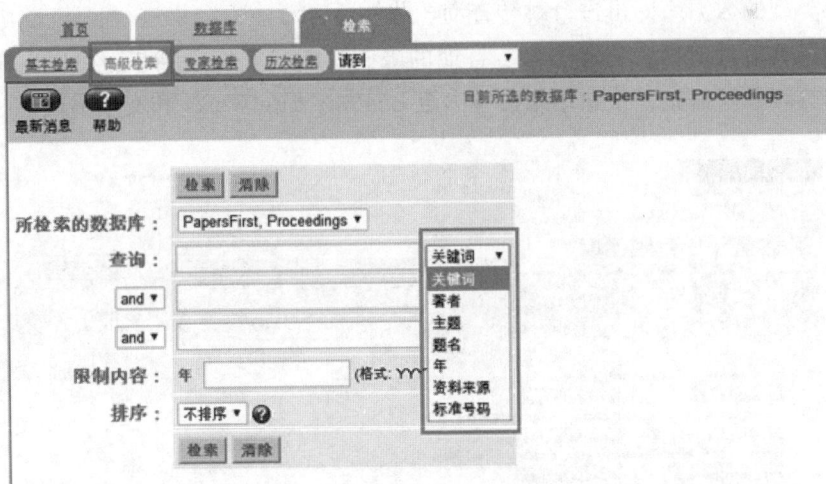

图 4-159　**PapersFirst 和 Proceedings 数据库高级检索界面**

（4）专业检索。点击"专家检索"，进入 PapersFirst 和 Proceedings 数据库专业检索界面，如图 4-160 所示。在"查询"检索框内输入检索式进行检索，"索引项目"标明了检索字段的缩写标记，具体用法可点击"?"查询。

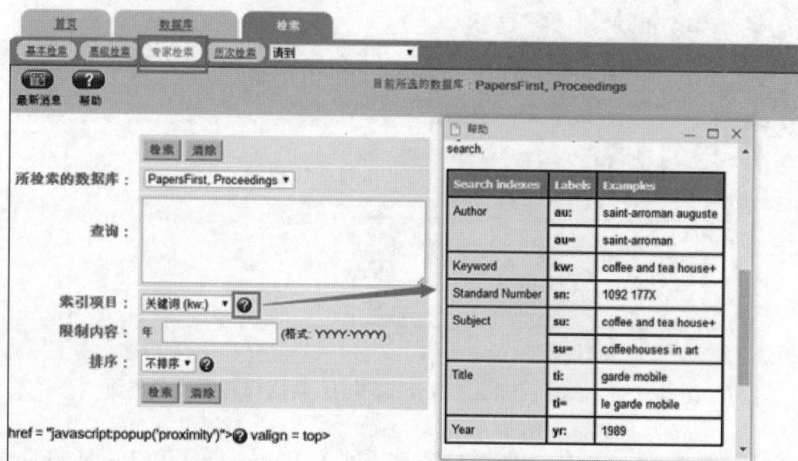

图 4-160　PapersFirst 和 Proceedings 数据库专业检索界面

（5）检索结果——以高级检索为例。检索经济转型相关内容的会议资料，检索结果如图 4-161 所示，会议资料包括书目资料、期刊文章等。点击相关资料类型的数据库即可进行跳转查询。此外还可对检索结果进行自定义排序；查询相关著者信息；通过著者、日期的限制不断精确检索结果；可以电邮书目；打印题录信息；检索结果可导出至 EndNote、RefWorks 和文本书档。

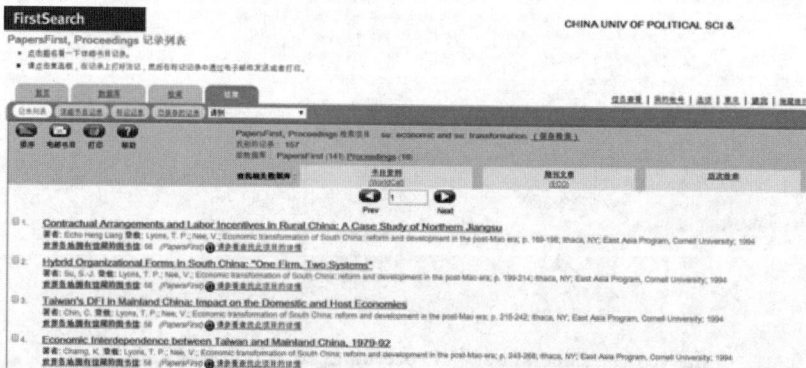

图 4-161　PapersFirst 和 Proceedings 数据库检索结果界面

四、其他二次法律资源检索

(一) 法律重述

法律重述 (Restatement of the Law) 是指美国法学会每隔一段时间组织律师、法官和学者，对某个法律领域进行梳理，撰写而成的准法典性质的权威著作。法律重述当前作为对某个法律问题最重要的集大成者，具有准法典的效力，虽不是法律，法院却以此作为参考。在美国法院，一般来讲，论辩时若通篇引用二次资源，案件必输无疑，而且有可能被判藐视法院。但是在法律文件里面或庭辩的时候引用法律重述，则是完全允许的。这就说明了法律重述在法律文献中的重要地位。

检索法律重述的相关内容可以直接进 Westlaw Next 数据库，先去法律百科全书阅读，然后通过交叉索引进入重述的数据库。建议侵权和合同先从阅读法律重述开始。法律重述在二次资源中具有最高的法律效力。(在这里，法律效力高低指的是在法庭中是否适于被引用以支持法律论辩。) 在 Westlaw Next 数据库中，检索法律重述的入口如图 4-162 所示。

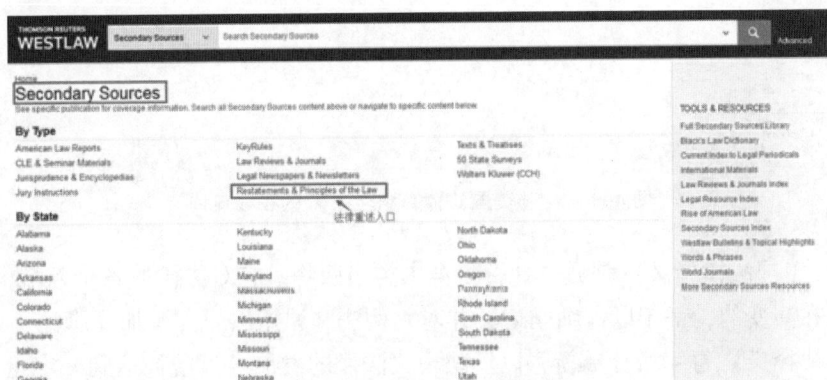

图 4-162　法律重述入口界面

(二) 法律百科全书

法律百科全书与典型的百科全书一样，按字母顺序总结了各种法律专题。百科全书是对法律概念的解释，主要包括《美国法律百科全书》(*American Jurisprudence*) 和《美国法律释义》(*Corpus Juris Secundum*)。

《美国法律百科全书》是汤森路透关于美国法律的大百科全书，涵盖许多领域，既有实体方面，又有程序方面。1962 年开始出版的一套美国法律的大百科全书，现行版本超过 140 卷。《美国法律百科全书》包括大量引用汤森路透其他出版物的研究，其中包括《美国法律百科全书》的姊妹出版物：《美国法律百科全书——审判卷》《美国法律百科全书——事实确认卷》《美国法律百科全书——诉辩和审判文书卷》《美国法律百科全书——法律文书卷》。在 Westlaw Next 数据库内提供《美国法律百科全书》的在线查询，"首页—Secondary Sources—Jurisprudence & Encyclopedias—American Jurisprudence 2d"，进入《美国法律百科全书》的查询界面，如图 4-163 所示。

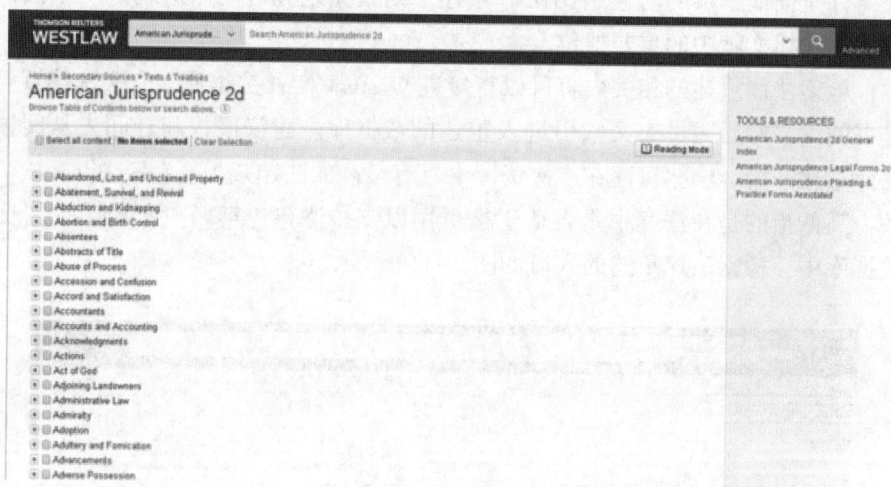

图 4-163　《美国法律百科全书》的在线查询

《美国法律释义》是另一种百科全书类出版物，它对法律的各个领域，包括正在演变的，都予以详细阐述，并对判例法和原始法律资源加注脚注。《美国法律释义》每年增补更新，以反映现代法律的发展。当增补达到一定量时，整卷会定期修订和再次发行。《美国法律释义》也被收录在 Westlaw Next 数据库，可实现在线查询，"首页—Secondary Sources—Jurisprudence & Encyclopedias—Corpus Juris Secundum"，进入《美国法律释义》的查询界面，如图 4-164所示。

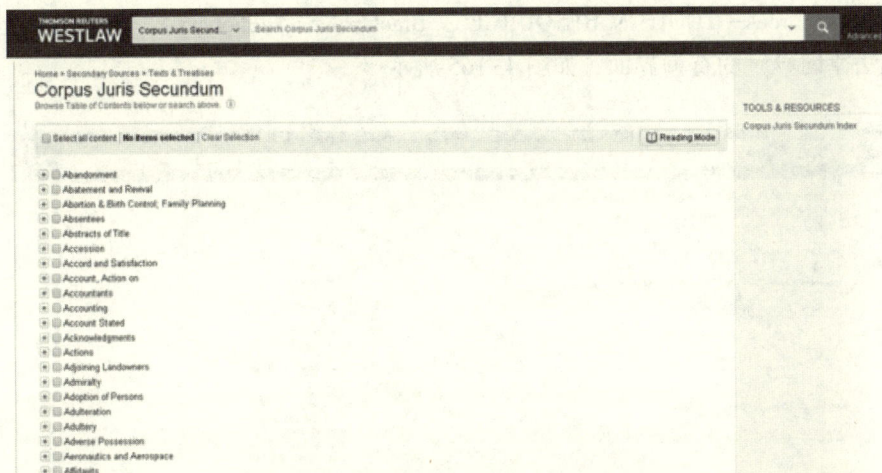

图 4-164　《美国法律释义》的在线查询

美国法律释义是一部美国法律的百科全书，它对由公布判例和颁布立法发展而来的现代美国法律进行了详尽的阐述。美国法律释义涵盖了包括民事和刑事法律、实体法和程序法、联邦法和州法等四百多个法律主题。这些法律主题按照字母顺序排列，帮助用户了解不熟悉的法律领域，或更新已掌握的法律知识体系。美国法律释义中的每一篇都针对某一个法律问题介绍相关的法律原则和对目前相关法律的理解，帮助用户对这一法律主题进行快速、全面的了解。法律主题的相关判例覆盖了全国各司法管辖区。按照辖区范围排列案例便于用户了解当地的司法机构。

（三）法律词典

在法律文献信息检索中，为了明确一些专业概念的含义，需要查询一些专业参考工具书，如法律词典。法律词典是定义法律术语的字典。传统的参考工具书均为纸质印刷品，在网络时代，这些参考工具也在向在线形式转变。

1.《布莱克法律大词典》

遇到陌生词汇可以查阅《布莱克法律词典》（*Black's Law Dictionary*）。《布莱克法律词典》第 8 版是目前法律领域最权威的工具书，也是每个法律从业者所必备的工具书。它收录了超过 43 000 条解释和 3000 条引文，大量法律相关的缩写词和首字母缩略语，以及 5300 多条单词的不同拼写方式和同义词。在 Westlaw Next 数据库中提供《布莱克法律词典》的在线查询，"首页—Secondary Sources—TOOLS & RESOURCES—Black's Law Dictionary", 进入《布莱克法律词典》的查询界面, 如图 4-165 所示。

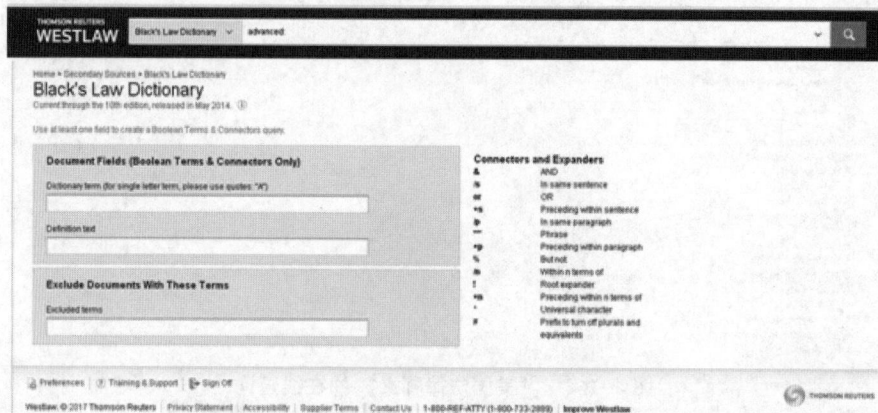

图 4-165 《布莱克法律词典》的在线查询

2.《牛津法律大辞典》

该词典也是世界著名法律词典, 词典收词量大, 涉及范围广, 释义简明扼要, 其内容覆盖法学理论、法律哲学、法律制度、法律史、法律思想、刑事法、民商法、国际法以及与法律有关的政治学、社会学、经济学等诸多领域, 它是法学研究工作者必备的法律工具书, 也是研究英美法律的宝典。《牛津法律大辞典》在中国政法大学图书馆有馆藏, 但是它作为工具书只能在馆内翻阅, 不可以外借。

3.《元照英美法词典》

该词典收录了 100 000 余词条, 包括法律术语、罕见词、俚语及口语等。词典中包括英美法系国家广泛常用的拉丁词条 8000 余条。另外, 词典中还收录了相当数量的苏格兰、法、德、意、西、葡等大陆法词目, 尤其是罗马法、欧洲古法、封建法、教会法等。元照月旦法学知识库中收录了《元照英美法词典》, 可实现该词典的在线查询, 如图 4-166 所示。

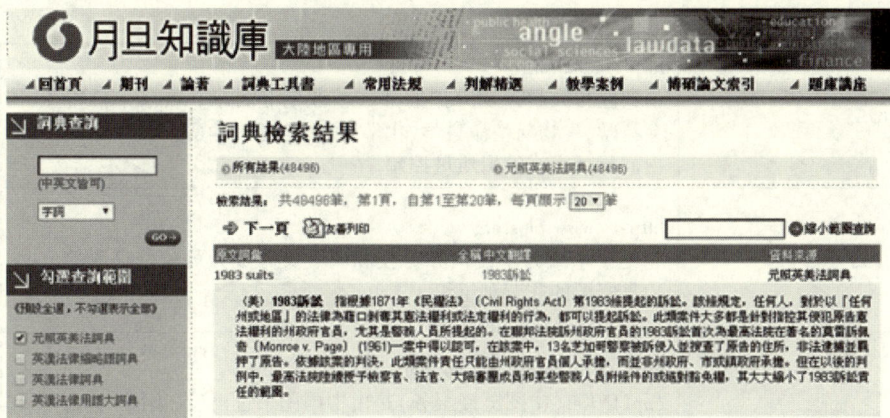

图 4-166　《元照英美法词典》的在线查询

（四）OA 资源

开放获取 Open Access（OA），ISI 给出的简单定义：任何经由同行评论的电子期刊，以免费的方式提供给读者或机构取用、下载、复制、打印、发行或检索文章。作者可保有著作权，但在出版前需付 500 美元~1500 美元予出版社。OA 的出版方式很广，有出版后完全免费利用全文，有的则限于出版后一年才能公开使用全文，有的出版社甚至仅提供免费的目录或摘要内容。它在一定程度上打破了学术期刊的垄断，解决了科研人员不能随时随地获取、使用学术期刊的问题，是基于数字化网络化环境的一种全新的出版模式。目前，国内对 OA 术语有多种不同的译法，开放存取、开放获取、公开获取（也有台湾学者译为"公开取用"的）、开放使用、开放式出版。其中开放式出版对应的是"Open Access Publishing"。

1. OA 期刊

OA 期刊（OA Journals，OAJ）是指以电子文献形式通过网络出版的期刊。

名称	地址和简介
High Wire	http://highwire.stanford.edu 由美国斯坦福大学 High Wire 于 1995 年建立。内容涉及生命科学、医学、物理科学及社会科学方面的期刊及非期刊性质的出版物。

DOAJ	http://doaj.org 由典隆得大学开发维护的开放获取期刊目录。收录学科覆盖社会科学、生物与生命科学、化学、历史与考古学等。收录期刊全部由同行评审或编辑质量控制。
PLoS	http://www.plos.org 它是一个致力于使世界科技和医学文献成为可免费存取的公共信息资源的非营利组织。
cnpLINKer	http://cnplinker.cnpeak.com cnpLINKer(中图链接服务)是由中国图书进出口(集团)总公司开发并提供的国外期刊网络检索系统。目前共收录了国外五十多家出版社的 12 000 余种期刊商业期刊,14 000 多种 Open Access 期刊,900 万篇目次文摘数据和全文链接服务,400 家国内馆藏 OPAC 信息,并保持时时更新网址
eScholarship	http://escholarship.org 由美国加利福尼亚电子图书馆提供的开放获取资源服务,包含 2.4 万余篇 OA 论文,其中包含政治法律等社科类论文、专著等文献。
Socolar	www.socolar.com 该服务平台由中国教育图书进出口公司启动,对重要 OA 资源进行全面收集、整理并提供统一的检索服务。

2. OA 图书

名称	地址和简介
NAP 免费电子书	http://www.nap.edu 美国国家学术出版社负责 National Academy of Sciences、National Academy of ngineering、The Institute of Medicine 和 NationalResearch Council 相关研究成果的出版,将其出版的所有 PDF 版图书对所有读者免费开放下载。
墨尔本大学电子出版物收藏网	http://www.lib.unimelb.edu.au/eprints 涵盖学科有教育学、法学、工学、自然科学、艺术等。
科廷大学技术文献库	http://espace.library.curtin.edu.au/R

3. OA 仓储

OA 仓储（OA Repository）是由作者本人将学术科研成果以特定的格式放到文档服务器上，供用户免费使用的模式。OA 仓储不仅存放学术论文，还存放其他各种学术研究资料，包括实验数据和技术报告等。

名称	地址和简介
MIT 机构收藏库	http://dspace.mit.edu 由美国麻省理工学院和美国惠普公司联合开发,收录麻省理工学校教学科研人员和学生提交的论文、会议论文、预印本、学位论文、研究与技术报告等。
香港科技大学 OA 仓储	http://repository.ust.hk/dspace 由香港科技大学图书馆用 Dspace 软件开发的一个数字化学术成果存储与交流知识库,收录该校教学科研人员和博士生提交的论文(包括已发表和待发表)、会议论文、预印本、博士学位论文、研究和技术报告、工作论文等。
社会科学研究网的预印本库	http://papers.ssrn.com 该库涉及的专业有财经、会计、法律、经济管理等,其子库法律研究网是法学成果开放获取的实现形式,收藏了大量的可供免费下载的工作论文全文以及论文的题录信息。
哈佛大学机构库	http://dash.harvard.edu
剑桥大学机构知识库	http://www.dspace.cam.ac.uk
加利福尼亚大学机构收藏库	http://repositories.cdlib.org/escholarship
宾夕法尼亚大学数字图书馆	http://digital.library.upenn.edu

4. 预印本

预印本是指科研工作者的研究成果还未正式在出版物上发表，而出于和同行交流目的自愿先在学术会议上或通过互联网发布的科研论文、科技报告等。与传统刊物相比，预印本具有交流速度快、利于学术争鸣、可靠性高的特点。

名称	地址和简介
SINDAP（国外预印本门户）	http://sindap.cvt.dk 该系统是中国科技信息研究所和丹麦技术中心的合作成果。涵盖的学科包括社会科学、土木、建筑、交通运输等。数据库来源于 arXiv.org Eprint Archive、BioMed Central（BMC）、Caltech Collection of Open Digital Archives 等 17 个预印本网站。
中国预印本服务系统	http://prep.istic.ac.cn/main.html? action=index 该系统是中国科学技术信息研究所与国家科技图书文献中心联合建设的实时学术交流系统。目前已经并入 NSTL 网络服务系统之中。
中国科技论文在线	http://www.paper.edu.cn 由教育部科技发展中心主办的科技论文发表、交流和检索平台。可阅读全文。

5. 开放获取的学位论文和会议论文资源

名称	地址和简介
美国博士论文库	http://www.OpenDissertations.com 该数据库收录的博士论文数量总计超过 17.2 万。其中，包括 1902 年至今的 8 万篇引文文献，并提供全文链接，如需浏览全文，可通过链接跳转到相应机构库进行访问。
ETDs	http://www.lib.virginia.edu/etd/home.html 免费获取国外及我国香港、台湾地区的学位论文。目前该系统的成员国有 201 个。
中国学术会议在线	http://www.meeting.edu.cn/meeting/indexS.jsp 经教育部批准，由教育部科技发展中心主办，面向广大科技人员的科学研究与学术交流信息服务平台。可实施学术会议网上预报、在线服务、交互式直播、会议资料点播等功能。
ALLConferences	http://ww.allconferences.com 它包含大量国际学术会议、商业会议信息，相关会议网站，会议预告等。

6. 开放获取的教学资源课程

名称	地址和简介
英国公开大学	http://www.open.edu/openlearn 由英国十几所大学联合组建,科目跨文学、法学、商学、教育等
中国大学 MOOC	http://www.icourse163.org 课程来自北京大学、复旦大学、中国人民大学、中南财经政法大学、武汉大学、中南大学、四川大学等学校,涵盖学科有哲学、法学、文学历史、心理学、工学、理学等。
OCWC 国际开放课程联盟	http://www.ocwconsortium.org
中国开放教育资源协会	http://www.core.org.cn

第五章 | 法律信息检索实例
CHAPTER 05

一、学术研究检索

（一）"人肉搜索"中的侵权责任问题研究

1. 课题分析

课题名称："人肉搜索"中的侵权责任问题研究。

随着网络技术的发达，"人肉搜索"不合理利用导致的网络侵权问题日益凸显，损害了公民的合法权益。现实要求法律对"人肉搜索"问题进行规制，引导其良性发展。但"人肉搜索"引发的侵权行为，由于侵权主体众多、身份核实困难以及网络虚拟等原因，导致相关侵权责任的分配比较复杂。"人肉搜索"中的侵权是典型的多主体侵权，但现有的法律条文一般强调网络服务提供者的责任，故具有明显的局限性。因此有必要探讨"人肉搜索"中的多主体侵权责任分配相关问题，以期有效规制"人肉搜索"中的侵权问题。

检索目的：根据课题内容分析，需要通过文献信息检索查询国内外"人肉搜索"中的侵权责任问题的相关文献，为了解我国"人肉搜索"行为的特点与"人肉搜索"中侵权责任分配的现状及难点、完善目前"人肉搜索"中侵权责任的法律规制收集相关文献资料。

需求分析：本次课题检索是一项严谨的学术活动，需要对课题内容进行深入、系统的查询，既需要全面检索相关法律法规，又需要收集有关该问题研究现状与前沿以掌握最新动态。依据课题分析与检索目的，我们可对检索范围内容范围、文献类型、时间范围、地域范围、数量语种、文献质量进行限制。

学科范围：法律类。

文献类型：法律法规、案例、期刊论文、图书、学位论文、会议论文。

时间范围：不限。

地域范围：国内外。

语种类型：中文、英文。

2. 检索工具选择

通过课题名称与内容分析以及需求分析，可知这是一个法律类课题，所研究内容属法学学科，故而检索工具学科范围应该涵盖法学学科。需求分析阶段对文献类型的限定并未十分严格，一般可选择法律类综合数据库。当然，不能轻易选择与文献类型不匹配的检索工具，例如标准类、数值类数据库。本次课题检索虽然对时间范围并未设限，但由于网络"人肉搜索"出现时间较近，我们可以自行排除一些收录时段过早的检索工具。根据上述分析，本课题检索选择的检索资源包括一次资源、二次资源。具体检索工具包括中文数据库、外文数据库、部分网络资源以及纸质资源。

（1）一次法律资源：

中文数据库：北大法宝数据库、元照月旦数据库。

外文数据库是：Westlaw Next、Lexis Advance 数据库。

（2）二次法律资源：

中文数据库：北大法宝数据库、元照月旦数据库、中国知网 CNKI 数据库、万方数据库。

外文数据库：Westlaw Next 数据库、Lexis Advance 数据库、HeinOnline 数据库。

3. 确定检索词，构造检索式

（1）确定检索词：

A. 首先根据课题名称和内容分析，确定核心关键词。本课题题名是："人肉搜索"中的侵权责任问题研究就，从课题名称中，可知核心关键词是：人肉搜索、侵权。

B. 在确定检索词的过程中，需要注意检索词的同义词、近义词以及缩写语等。在本课题中"人肉搜索"在日常生活中简称"人肉"，但在此课题中，则不能选取"人肉"缩略语，因为"人肉"是日常生活用语，在学术研究过程中不作为专业术语，故不能纳入检索词范围。

C. 课题研究中"问题""研究"等意义过于宽泛的词不宜作为检索词，这类词语的指代性不强，极易影响检准率。

D. 如果专业术语是由多个不可分开的词组成的，需要利用双引号展开严格检索，使其作为一个整体出现在检索结果中。

E. 检索词的确定与扩展。利用术语词典进一步确定检索词，例如可以利用 CNKI 中国工具书网络出版总库中词典子库进一步了解检索词"侵权"，如图 5-1 所示，可知"侵权行为""侵权责任"经常被提及。我们也可以利用检索工具的关键词推荐功能开阔思路，进一步精确检索词。如图 5-2 至图 5-5 所示，我们可在检索框中输入"侵权"或"人肉搜索"或"人肉搜索、侵权"等检索词，查看系统提供的推荐菜单、主题分类列表、高频关键词统计表单等，以此发散思维。

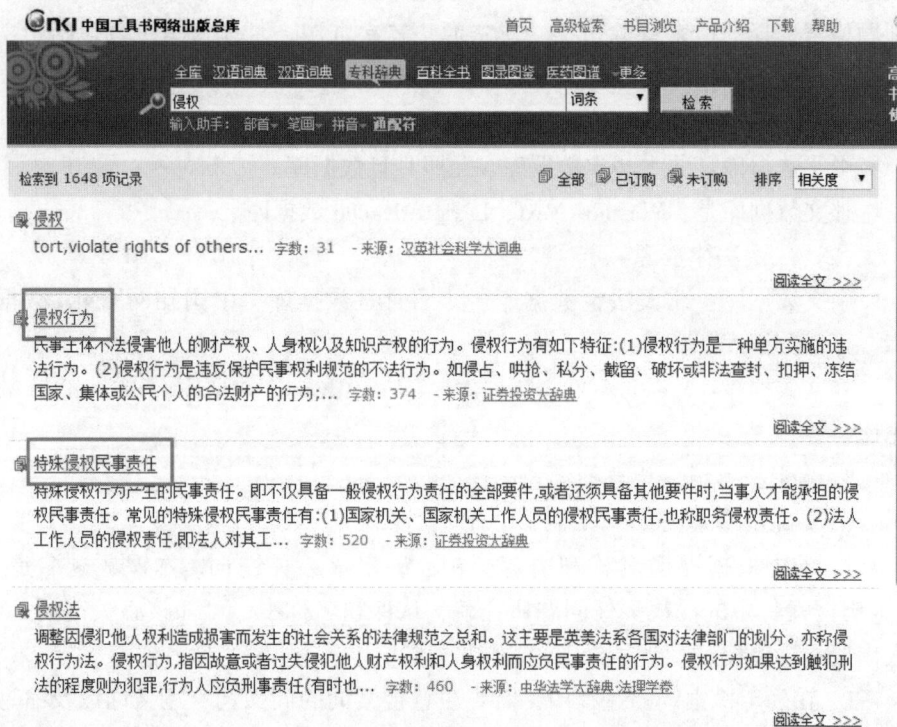

图 5-1　CNKI 中国工具书网络出版总库界面

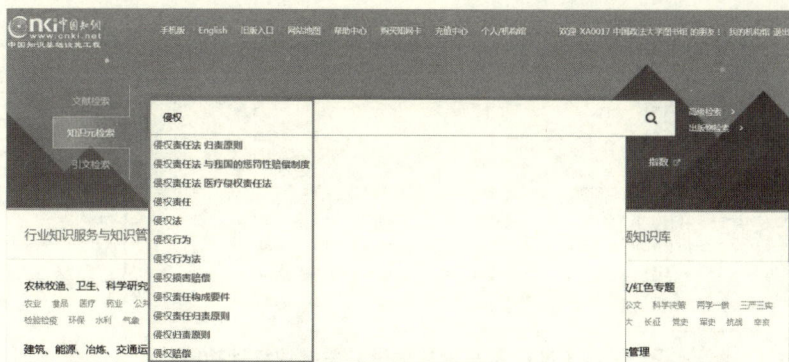

图 5-2 CNKI 数据库检索关键词推荐功能界面（以"侵权"为例）

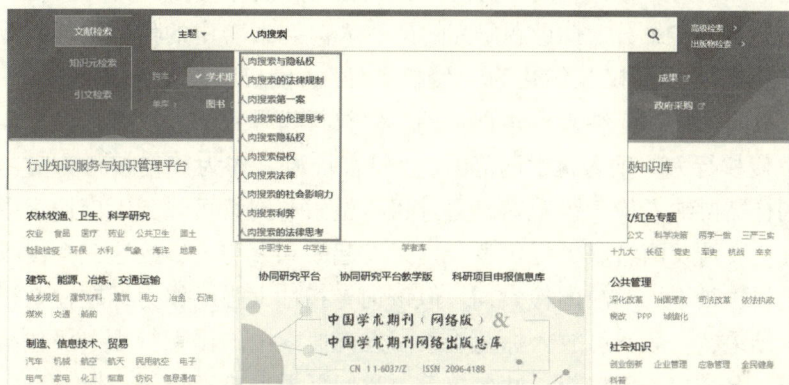

图 5-3 CNKI 数据库检索关键词推荐功能界面（以"人肉搜索"为例）

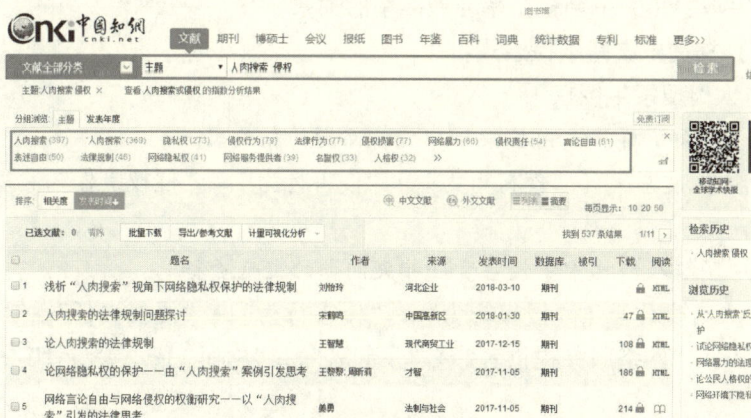

图 5-4 CNKI 数据库检索主题分类功能界面

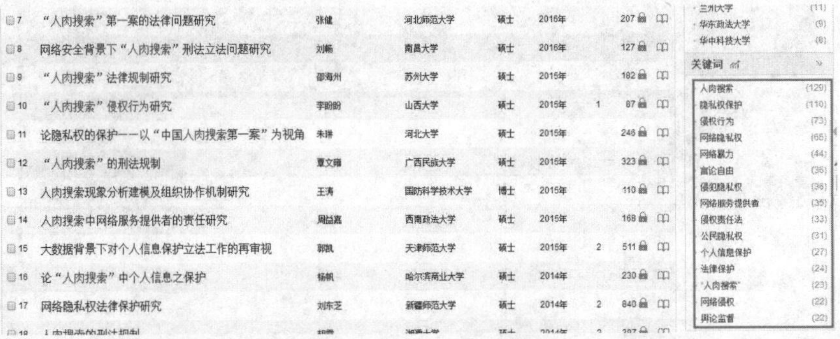

7	"人肉搜索"第一案的法律问题研究	张健	河北师范大学	硕士	2016年	207
8	网络安全背景下"人肉搜索"刑法立法问题研究	刘畅	南昌大学	硕士	2016年	127
9	"人肉搜索"法律规制研究	谢海州	苏州大学	硕士	2015年	182
10	"人肉搜索"侵权行为研究	李朝阳	山西大学	硕士	2015年 1	87
11	论隐私权的保护——以"中国人肉搜索第一案"为视角	朱珊	河北大学	硕士	2015年	248
12	"人肉搜索"的刑法规制	覃文辉	广西民族大学	硕士	2015年	323
13	人肉搜索现象分析建模及组织协作机制研究	王涛	国防科学技术大学	博士	2015年	110
14	人肉搜索中网络服务提供者的责任研究	周幼蕊	西南政法大学	硕士	2015年	168
15	大数据背景下对个人信息保护立法工作的再审视	郭凯	天津师范大学	硕士	2015年 2	511
16	论"人肉搜索"中个人信息之保护	杨帆	哈尔滨商业大学	硕士	2014年	230
17	网络隐私权法律保护研究	刘东芝	新疆师范大学	硕士	2014年 2	840

三州大学 (11)
华东政法大学 (9)
华中科技大学 (8)

关键词
人肉搜索 (129)
隐私权保护 (110)
侵权行为 (73)
网络隐私 (66)
网络暴力 (44)
言论自由 (36)
侵权隐私权 (36)
网络服务提供者 (35)
侵权责任法 (33)
公民隐私权 (31)
个人信息保护 (27)
法律保护 (24)
"人肉搜索" (23)
网络侵权 (22)
舆论监督 (22)

图 5-5 CNKI 数据库检索高频关键词统计功能界面

通过课题内容分析、检索目的以及关键词筛选，可知需要对关键词"侵权"进行进一步细分。此课题研究的是"人肉搜索"中的侵权责任问题，故而可将检索词"侵权"细化为"侵权责任"。侵权责任是法律责任的一种，因此可以将法律责任纳入检索词范围。侵权行为导致了侵权责任的产生，也可将"侵权行为"纳入检索词范围。"侵害行为"作为"侵权行为"的同义词，同样需要纳入检索词范畴。通过粗略检索与阅读可知，人肉搜索中的侵权责任主要涉及网络服务提供者、搜索发起人和参与者，故这三个侵权责任主体词语也是不可或缺的检索词。但该词专指性太强，作为标题检索极易影响检索结果，一般不可放入标题检索。人肉搜索中的侵害行为一般包括侵害隐私权、名誉权、人格权、姓名权等。我们可根据检索结果情况，自由取舍是否将上述侵害行为纳入检索词之中。在检索过程中，可以灵活选择检索词和检索字段，尽力平衡检全率与检准率的关系。

（2）构造中文基本检索式：

A. 人肉搜索 * 侵权

——全面了解"人肉搜索"中侵权问题的相关文献

B. 人肉搜索 * （"侵权行为" + "侵害行为" + "侵权责任" + "法律责任"）

——了解人肉搜索中侵害责任相关问题的文献资料

C. 人肉搜索 * （"侵权行为" + "侵害行为" + "侵权责任" + "法律责任"） * （"网络服务提供者" + "发起者" + "网民" + "参与者" + "多主体"）

——了解人肉搜索中侵害主体与侵害责任相关文献资料

D. 人肉搜索＊（"侵权行为"＋"侵害行为"＋"隐私权"＋"名誉权"＋"人格权"＋"姓名权"＋"侵权责任"＋"法律责任"＊"责任赔偿"）＊（"网络服务提供者"＋"发起者"＋"网民"＋"参与者"＋"多主体"）

——了解人肉搜索中侵权行为引起的相关侵权责任研究相关资料

（3）构造外文基本检索式。"人肉搜索"事件在我国起步并发展迅速，美国和欧盟等虽然也存在此种情况，但由于发达的媒体行业、完善的隐私权保护法律体系，"人肉搜索"事件发生率远低于我国。国外也较少使用"人肉搜索"字眼，但对"人肉搜索"侵权中涉及的多主体侵权责任认定、网络隐私权保护等问题有详细规定。

A.（tort＊）＊（"human flesh search"＋"manpower search"＋"human-powered search"）

——全面了解我国作者在外文期刊上发表的"人肉搜索"中侵权问题的相关文献

B.（tort＊）＊internet

——了解国外网络侵权相关文献

C.（tort＊）＊liability＊internet

——了解国外网络侵权责任问题相关文献

D.（"tortious liability"）＊internet

——了解国外网络侵权责任问题相关文献

E.（privacy +reputation+portrait+personality）＊（tort＊）＊internet

——了解国外网络侵权中隐私权、名誉权、肖像权、人格问题相关文献

F.（privacy +reputation+portrait+personality）＊（tort＊）＊liability＊internet

——了解国外网络侵权中隐私权、名誉权、肖像权、人格权侵权责任问题相关文献

4. 检索实施、策略优化、结果获取

（1）一次资源检索：

A. 中文法律法规资源——北大法宝数据库。打开北大法宝数据库主页，选择法律法规子库。北大法宝法律法规子库的检索包括标题检索与全文检索，其中全文检索允许两个或两个以上检索词出现在内容的不同位置，如同篇、同段、同句。匹配方式可选择精确检索或者模糊检索。首先在全文检索字段输入核心关键词："人肉搜索　侵权"，两个关键词同时出现即可，默认精确

匹配。检索结果中中央法规与地方法规共8条,如下图5-6所示。

图5-6　北大法宝数据库法律法规子库检索界面

　　选择中央法规司法解释子集中的"最高人民法院公布8起利用信息网络侵害人身权益典型案例",查阅具体内容,如图5-7所示。从图中可知,"最高人民法院公布8起利用信息网络侵害人身权益典型案例"内容中引用了"中华人民共和国侵权责任法"和"互联网电子公告服务管理规定",后者注明失效。依据司法解释典型案例与相应法律法规的相互链接,我们可选择"法宝联想"栏目的"中华人民共和国侵权责任法"。当然,我们也可通过页面上方的查找功能,逐次查阅检索词在文中高亮显示的内容,同样也可查询到侵权责任法,并且通过法宝之窗了解其基本信息,如图5-8所示。由于北大法宝数据库中的法律法规、案例与期刊内容是相互链接的,所以我们在文中可直接点击颜色字体侵权责任法,链接到该法的具体内容。中华人民共和国侵权责任法具体内容图5-9所示,从内容中无法直接找到与"人肉搜索"相关法律法规内容。"人肉搜索"是一种网络行为,故可输入检索词"网络"在侵权法内容中进行检索,准确定位网络侵权相关规定。中华人民共和国侵权责任法中有关网络侵权的规定如图 5-10 所示，从内容中可以看出，侵权责任法重点规定了网络服务提供者的侵权责任承担事宜。

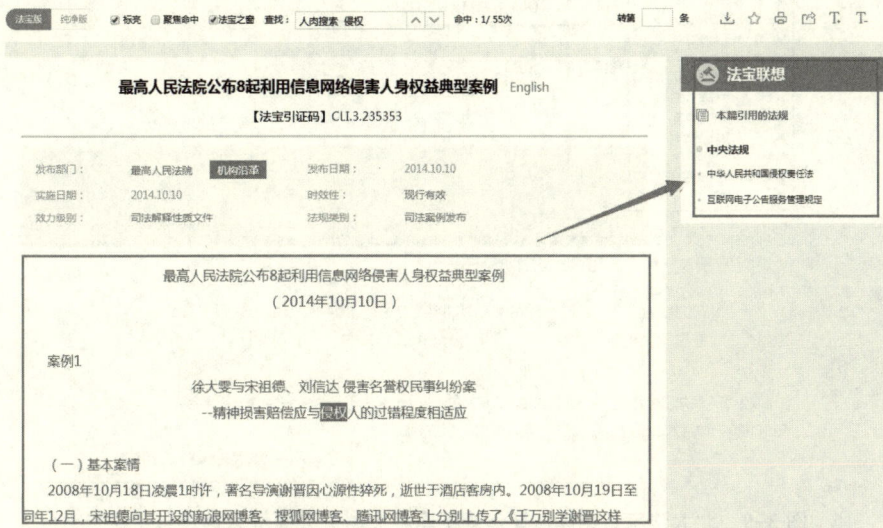

图 5-7　北大法宝数据库法律法规子库检索结果详细信息界面（法宝联想功能）

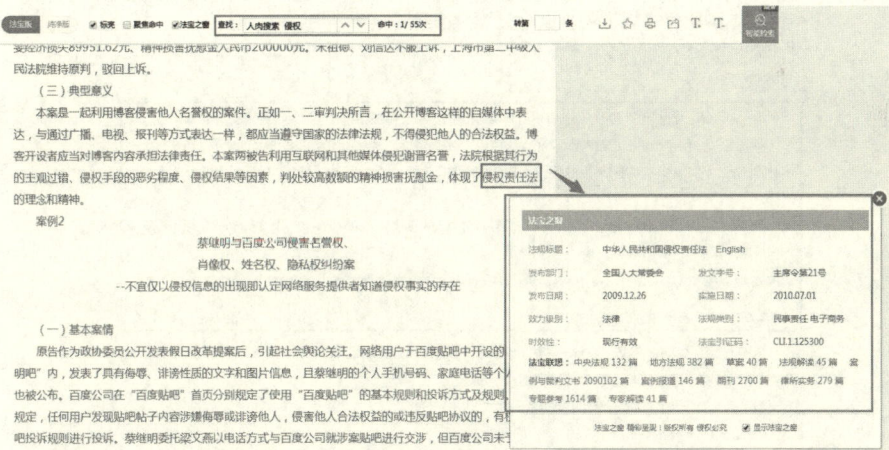

图 5-8　北大法宝数据库法律法规子库检索结果详细信息界面（法宝之窗功能）

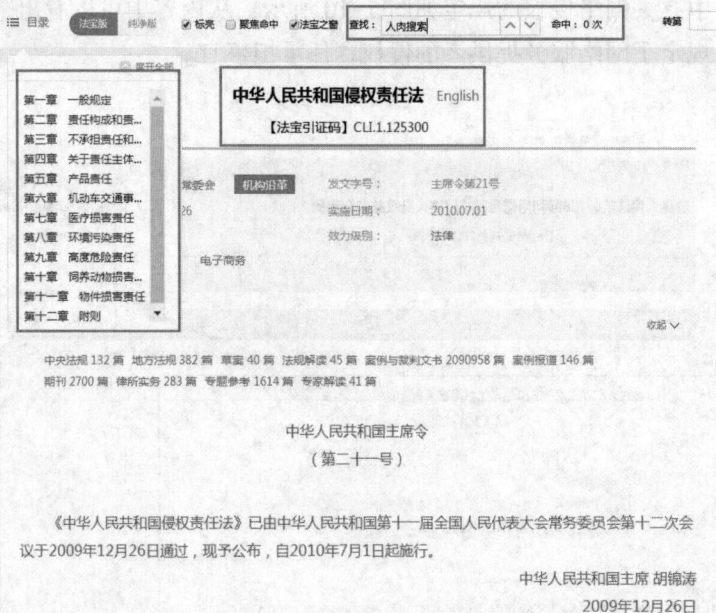

图 5-9 北大法宝数据库法律法规子库全文浏览界面（人肉搜索查找）

图 5-10 北大法宝数据库法律法规子库全文浏览界面（侵权查找）

　　根据侵权责任法第 36 条内容相关的法宝联想提示，中央法规 6 篇、地方法规 6 篇，结合上述检索结果，与"人肉搜索"中侵权责任问题相关度较高的内容如下：

法律类

　　［1］中华人民共和国侵权责任法（法宝引证码 CLI. 1. 125300）

司法解释类

　　［1］最高人民法院关于审理利用信息网络侵害人身权益民事纠纷案件适用法律若干问题的规定（法宝引证码 CLI. 3. 235297）

　　［2］最高人民法院公布 8 起利用信息网络侵害人身权益典型案例（法宝引证码 CLI. 3. 235353）

　　［3］最高人民法院关于发布第 16 批指导性案例的通知（法［2017］53 号）（法宝引证码 CLI. 3. 291291）中指导案例 83 号

　　B. 外文法律法规资源——Westlaw Next 数据库。"人肉搜索"现象在国外很少出现，各国法律中并没有针对"人肉搜索"侵权行为作出规定，但是由于国外已经建立了比较完善的侵权法体系，对涉及的"人肉搜索"侵权主要问题都有解释，对侵权责任主体的责任分配作了比较明晰的规定能够为我国"人肉搜索"中侵权责任的法律规制研究提供参考，本次外文法律法规检索以美国为例。

　　网络侵权的客体主要是隐私权和名誉权。我们尝试在 Westlaw Next 数据库中输入检索词：tort，得到检索结果示例如图 5-11 所示，成文法共 1817 条内容，其中在 Tort Claims Procedure（侵权赔偿程序）和 Federal Tort Claims Act（FTCA，联邦侵权赔偿法案）中检索到关于侵权赔偿方面的成文法。从行政法规集合中检索到 6032 条检索结果，部分检索结果提及 FTCA。二次法律资源中检索到 American Law of Torts（美国侵权法）、Modern Tort Law：Liability & Litigation 2d，因检索条件过于宽泛导致检索结果范围相对分散，可在一站式检索框中输入 privacy & "tort liability" 进行检索，获得 97 条成文法检索结果，1 条法规类检索结果，但该条检索结果不相关。在一站式检索框中再次输入 advanced：reputation & "tort liability"，尝试检索与名誉权相关的侵权责任，获得 85 条成文法检索结果，0 条法规类检索结果。从检索结果的简单分析中可以看出美国宪法对隐私权有明确保护，法律法规和规章对隐私权侵权认定都以宪法隐私权相关内容为法律依据。

美国十分重视隐私权的保护，尝试以"Privacy Protection"作为检索词输入高级检索中的 This exact phrase 字段进行严格检索，检索结果成文法集合中出现宪法修正案中对隐私权的保护。检索结果法规集合中包括儿童网上隐私保护法条例（Children's Online Privacy Protection Rule），如图 5-12 所示。

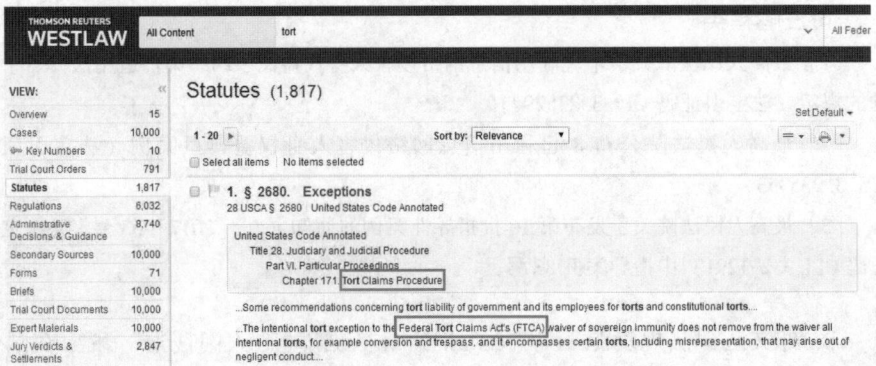

图 5-11　Westlaw Next 数据库 Statutes 检索界面

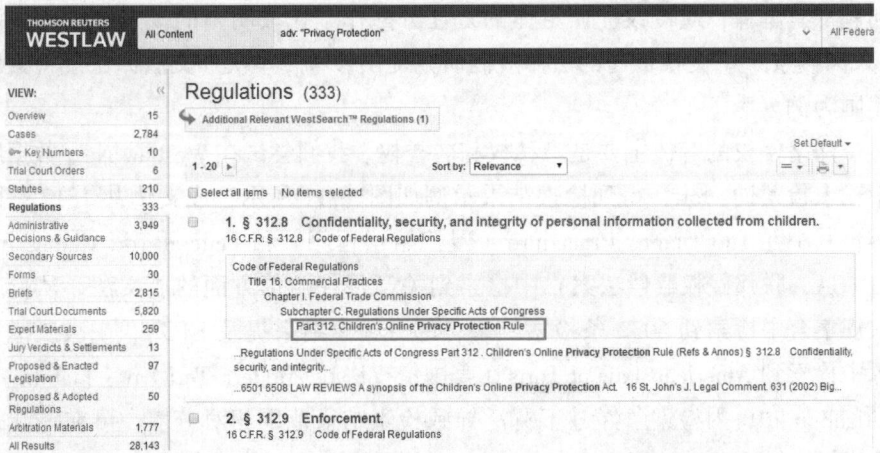

图 5-12　Westlaw Next 数据库 Regulations 检索界面

C. 外文法律法规资源——Lexis Advance 数据库。结合 Westlaw Next 数据库的检索结果，我们可进入 Lexis Advance 数据库中进行补充检索。打开 Lexis Advance 主页，在一站式检索框中输入 FTCA，检索结果如图 5-13、图 5-14

所示，点击"Federal Tort Claims Act amendment"，即可获取全文。

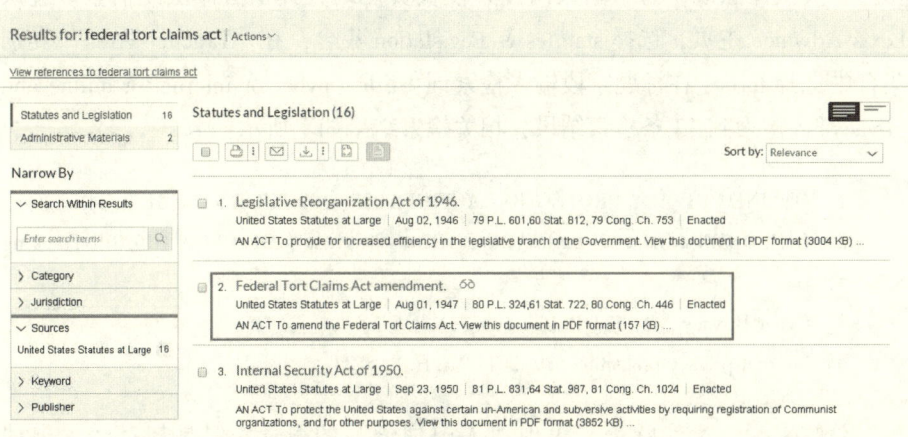

图 5-13 Lexis Advance 数据库检索界面

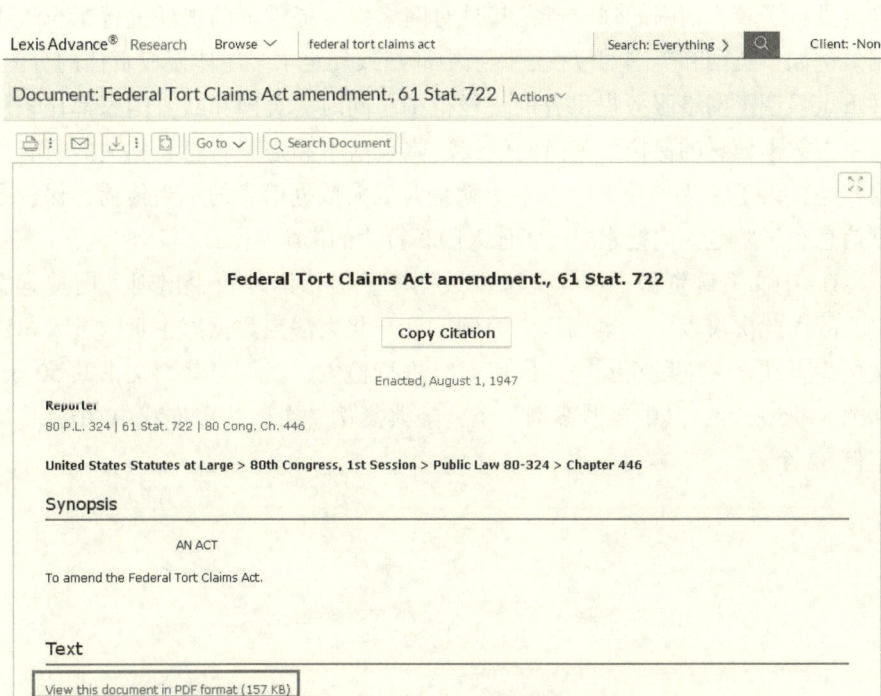

图 5-14 Lexis Advance 数据库检索结果界面

隐私权是美国侵权法领域中重要内容，我们可通过查询美国网络隐私权保护相关法律法规，为中国人肉搜索侵权责任划分提供法律法规借鉴。进入 Lexis Advance 主页，选择 statutes & Legislation 集合，在"Practice Area"类别集合中选择 torts，在标题字段输入检索词：title（cyber or internet or online and privacy），检索到 13 条检索结果，相关检索结果如下所示：

［1］ONLINE PRIVACY PROTECTION ACT OF 2005, 109 Bill Tracking H. R. 84

［2］CHILDREN's ONLINE PRIVACY PROTECTION ACT OF 1998, 105 Bill Tracking S. 2326。

［3］Cyber Privacy Act, 111 Bill Tracking H. R. 5108

［4］internet privacy protection act, 2011 Mi. H. B. 5523

总体来说，虽然欧美未出现"人肉搜索"的概念，但是却对"人肉搜索"中常见的侵权问题进行了详细规定，美国和欧盟均对多主体侵权的责任判定进行了较为清晰的规定，尤其是对网络服务提供者的责任进行了合理限制。例如，英国和美国的侵权法体系中都细致规定了多主体侵权责任的分配，并重点强调了网络服务提供者的责任范围。同时，美国和欧盟国家都比较注重个人数据信息的保护，美国的侵权法体系基本涵盖了与隐私相关的所有重要权益，由于"人肉搜索"的本质就是对他人数据信息的不当传播，保护数据信息利于防范人肉搜索中侵害他人隐私行为的产生。

D. 中文案例资源——北大法宝数据库。由于国外较少出现人肉搜索案例，故而此次仅以中文案例检索为例。打开北大法宝数据库主页，进入司法案例库，在全文字段输入"人肉搜索"进行检索，案例与裁判文书共 50 条，如图 5-15 所示，其中典型案例 1 个，经典案例 7 个，法宝推荐 10 个，普通案例 32 个。

图 5-15 北大法宝司法案例子库检索界面

北大法宝司法案例库的题名字段输入检索词"人肉搜索",可获取 5 条案例报道。

在上述两次检索的结果的基础上筛选出与主题明显不相关的案例,共获取相关案例 23 条,以下是部分案例示例:

[1]利用信息网络侵害人身权益典型案例【法宝引证码】CLI. CR. 208272

[2]"广东人肉搜索第一案"终审宣判店主因侮辱罪获刑一年【法宝引证码】CLI. CR. 169549

[3]"人言可畏"走上诉讼路 网络暴力首案一审宣判【法宝引证码】CLI. CR. 75609

[4]某某与北京福瑞来 xxx 中心名誉权纠纷上诉案【法宝引证码】CLI. C. 1761759

[5]苏享茂家人与翟欣欣委托律师"维权"【法宝引证码】CLI. CR. 45929396

[6]拒不支付房租被人肉搜索 告上法院请求被驳回【法宝引证码】CLI. CR. 122129

[7]利用信息网络侵害人身权益典型案例之六:王某与张某、北京凌云互动信息技术有限公司、海南天涯在线网络科技有限公司侵犯名誉权纠纷系列案——媒体报道应当尊重个人隐私【法宝引证码】CLI. C. 3387005

[8]王菲诉张乐奕名誉权纠纷案【法宝引证码】CLI. C. 362322

[9]蔡晓青侮辱案【法宝引证码】CLI. C. 8307730

[10]熊文郁与杨婧瑶名誉权纠纷上诉案【法宝引证码】CLI. C. 16407434

从北大法宝的检索结果来看，人肉搜索是近年随着互联网发展而出现的社会现象，并且多发生在我国东部地区，如北京市、上海市、浙江省、广东省等。我国"人肉搜索"现象主要涉及名誉权、隐私权、肖像权，但由于人肉搜索由于参与人数众多，言语滥用、手段隐秘且影响广泛，导致确定具体的责任主体难度较大。

（2）二次资源检索：

A. 期刊资源——北大法宝数据库。进入北大法宝数据库法学期刊子库的标准检索界面，由于该数据库未提供主题检索，我们可选择全文字段条件下输入"人肉搜索 侵权"检索词，并限制在同段中，同时选择"精确"匹配方式，查询人肉搜索与侵权的交叉内容。

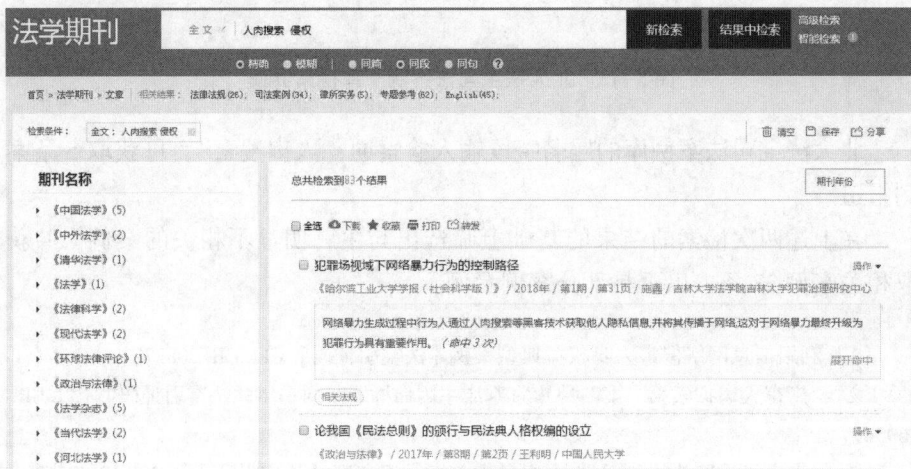

图 5-16　北大法宝期刊库检索界面

由图 5-16 可知，运用上述检索条件，得到 83 篇检索结果，相关性较高的检索结果示例如下：

［1］徐明 . 大数据时代的隐私危机及其侵权法应对［J］.《中国法学》. 2017，（1）：1-130.

［2］赵杨 . 网络规则的新制度主义解读载［J］.《学术交流》. 2016，（3）：89-93.

［3］徐才淇 . 论网络暴力行为的刑法规制［J］.《法律适用》. 2016，（3）：102-108.

［4］邴立军 . "人肉搜索"下的未成年人信息网络保护［J］.《青少年犯罪问题》.

2015，(2)：5-13.

[5] 吴伟光. 网络服务提供者对其我们侵权行为的责任承担 [J]. 《网络法律评论》. 2011，1 (12)：17.

[6] 程军伟，沙永虎. 人肉搜索立法问题研究 [J]. 《法学杂志》. 2010. 10：110.

[7] 刘义军，刘海东. “人肉搜索”侵犯他人隐私权和名誉权的法律适用 [J]. 《法律用》. 2010，(7)：81.

[8] 梅夏英，刘明. 网络服务提供者侵权中的提示规则 [J]. 《法学杂志》. 2010，(6)：6.

[9] 姚宝华. 网络侵权责任立法初探 [J]. 《人民司法（应用）》. 2009，(23)：66.

B. 期刊资源——元照月旦数据库。进入元照月旦数据库法学期刊子库的标准检索界面，该数据库提供的检索字段有不限栏位、篇名、作者、刊名。其中“不限栏位”即是全文检索。我们可选择“不限栏位”检索字段，并输入“人肉搜索 侵权”检索词，点击 go 标签，发现没有相关检索结果，故调整检索策略，尝试只输入一个检索关键词“人肉搜索”，设置为不限栏位检索，如图 5-17 所示，共获取 11 条检索结果。

法學期刊　不限欄位 ▼ 人肉搜索 GO →

檢索結果：共11筆，第1頁，自第1至第11筆，每頁顯示 20 ▼ 筆

友善列印　縮小範圍查詢

序號	中文篇名	中文刊名	作者	出版年月	原件
1	媒體與司法（偵查不公開之再省思）	月旦裁判時報	蔡碧玉；陳運財；王健壯；林邦樑；陳為祥	201611	下載版 網上版
2	個人資料保護法對護理臨床實務之衝擊	作者授權	邱慧洳	201308	下載版 網上版
3	大學自治下對學生基本權保障的探究	作者授權	許育典；林炯 惟	201306	下載版 網上版
4	網際網路上之刑法妨害名譽罪適用與界限—以實體與虛擬的二分社會論之	政大法學評論	王正嘉	201208	下載版 網上版
5	狗仔跟拍之憲法議題—評司法院釋字第六八九號「狗仔跟拍」解釋	月旦法學雜誌	張永明	201110	下載版 網上版
6	隱私權、言論自由與中國網民文化：人肉搜索的規制困境	中外法學	劉?	201108	下載版 網上版
7	Web 3.0 的發展與對學習方法影響之探討	生活科技教育月刊	倪秋立；許麗玲	200910	下載版 網上版
8	文獻動態	月旦法學雜誌	月旦法學雜誌編輯群	200908	下載版 網上版
9	中國大陸對網路環境中隱私權保護的現狀與立法建議	月旦民商法雜誌	邵世星	200906	下載版 網上版
10	誰謀殺了隱私？－從「人肉搜索」看隱私權的困境與出路	月旦民商法雜誌	馬特	200906	下載版 網上版
11	人肉搜索司法第一案之分析	當代法學	劉培合；田一寧	200905	下載版 網上版

图 5-17　元照约旦数据库法学期刊子库检索界面

相关性较高的检索结果示例如下：

[1] 劉靜怡. 隱私權、言論自由與中國網民文化：人肉搜索的規制困境 [J]. 中外法學. 2011 (136)：870-879.

[2] 馬特. 誰謀殺了隱私？-從「人肉搜索」看隱私權的困境與出路 [J]. 月旦民商法雜誌. 2009 (24)：58-76.

[3] 劉培合；田一寧. 人肉搜索司法第一案之分析 [J]. 當代法學. 2009，(3)：129-131.

[4] 邵世星. 中國大陸對網路環境中隱私權保護的現狀與立法建議 [J]. 月旦民商法雜誌. 2009，(24)：40-57.

C. 期刊资源——中国知网数据库。进入中国知网期刊子库，选择专业检索，同时在左侧资源专辑中去除"基础科学""工程科技Ⅰ辑""工程科技Ⅱ辑""农业科技"和"医药卫生科技"，不限制发表时间年限。输入检索式①：SU＝人肉搜索＊侵权，获取检索结果149条，如图5-18、图5-19所示。

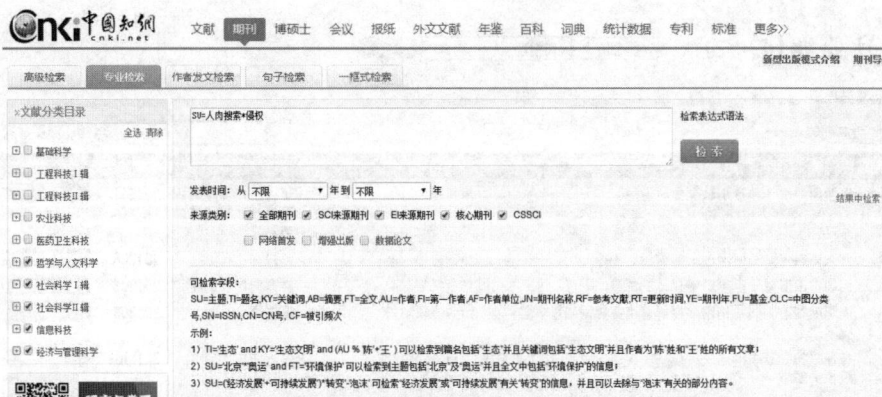

图5-18 CNKI数据库期刊子库专业检索功能界面（检索式1）

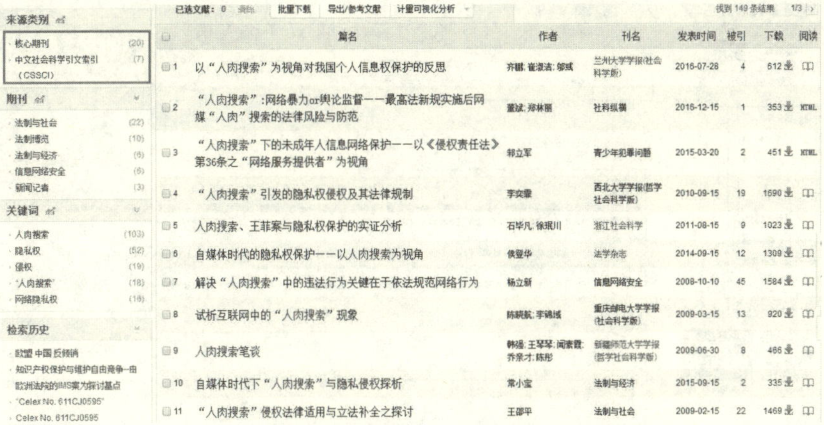

图 5-19　CNKI 数据库期刊子库专业检索结果列表界面

检索结果数量过多，从文章质量角度，选取核心期刊与 CSSCI 来源期刊中的文章，相关性较高的检索结果示例如下：

[1] 侯登华．自媒体时代的隐私权保护——以人肉搜索为视角 [J] ．法学杂志，2014，35（09）：72-79.

[2] 石毕凡，徐珉川．人肉搜索、王菲案与隐私权保护的实证分析 [J] ．浙江社会科学，2011（08）：34.

[3] 宋宗宇，李廷浩．网络言论暴力及其法律控制——兼评我国《侵权责任法》第 36 条 [J] ．西南民族大学学报（人文社会科学版），2011，32（01）：85-90.

[4] 王婧．"人肉搜索"侵权问题的法律思考 [J] ．新疆社会科学，2010（05）：83-86.

进入中国知网期刊子库，选择专业检索，同时在左侧资源专辑中去除"基础科学""工程科技Ⅰ辑""工程科技Ⅱ辑""农业科技"和"医药卫生科技"。不限制发表时间年限。输入检索式②：SU = 人肉搜索 *（"侵权行为"+"侵害行为"+"侵权责任"+"法律责任"），获取检索结果 60 条，如图 5-20 所示。

图 5-20　CNKI 数据库期刊子库专业检索界面（检索式②）

相关性较高的检索结果示例如下：

[1] 徐培译. "人肉搜索"的侵权责任研究 [J]. 商业经济，2012（06）：128-129.

[2] 石毕凡，徐珉川. 人肉搜索、王菲案与隐私权保护的实证分析 [J]. 浙江社会科学，2011（08）：34-39+156.

[3] 宋宗宇，李廷浩. 网络言论暴力及其法律控制——兼评我国《侵权责任法》第36条 [J]. 西南民族大学学报（人文社会科学版），2011，32（01）：85-90.

[4] 王婧. "人肉搜索"侵权问题的法律思考 [J]. 新疆社会科学，2010（05）：83-86.

[5] 李奕霏. "人肉搜索"引发的隐私权侵权及其法律规制 [J]. 西北大学学报（哲学社会科学版），2010，40（05）：67-72.

[6] 李葆华，王晓敏. 网络侵权的法经济学分析——以人肉搜索第一案为例 [J]. 特区经济，2009（06）：240-242.

[7] 温晓红. 人肉搜索引擎与隐私权 [J]. 青年记者，2009（03）：44-45.

进入中国知网期刊子库，选择专业检索，同时在左侧资源专辑中去除"基础科学""工程科技Ⅰ辑""工程科技Ⅱ辑""农业科技"和"医药卫生科技"。不限制发表时间年限。输入检索式③：FT＝（"网络服务提供者"＋"发起者"＋"网民"＋"参与者"＋"多主体"）AND SU＝（"侵权行为"＋"侵害行为"＋"侵权责任"＋"法律责任"）＊人肉搜索，以了解人肉搜索中侵害主体与侵害责任相关文献资料，获取检索结果45条，如图5-21所示。

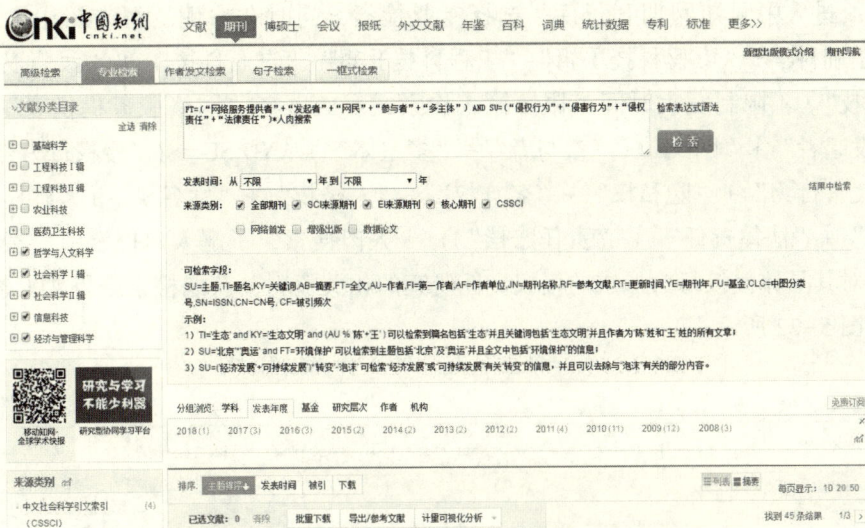

图 5-21　CNKI 数据库期刊子库专业检索界面（检索式③）

相关性较高的检索结果示例如下：

[1] 李林，金烨．论"人肉搜索"侵权行为的法律责任 [J]．法制与经济，2017 (09)：89-92.

[2] 董斌，郑林丽．"人肉搜索"：网络暴力 or 舆论监督——最高法新规实施后网媒"人肉"搜索的法律风险与防范 [J]．社科纵横，2016，31 (12)：128-132.

[3] 解城城．"人肉搜索"中的侵权行为研究 [J]．法制博览，2015 (07)：111-112.

[4] 王忆晴．论"人肉搜索"的法律规制 [J]．法制与社会，2014 (26)：72-73.

[5] 薛飞彦．人肉搜索及其法律规制 [J]．知识经济，2013 (09)：50.

[6] 王亮．"人肉搜索"的法律规制体系研究 [J]．潍坊教育学院学报，2012，25 (04)：68-72.

[7] 樊雯雯．人肉搜索中的侵权责任研究 [J]．法制与社会，2011 (25)：277-278.

[8] 石毕凡，徐珉川．人肉搜索、王菲案与隐私权保护的实证分析 [J]．浙江社会科学，2011 (08)：34-39.

[9] 宋宗宇，李廷浩．网络言论暴力及其法律控制——兼评我国《侵权责任法》第36 条 [J]．西南民族大学学报（人文社会科学版），2011，32 (01)：85-90.

[10] 翟相娟．网络暴力的法律规制——从"人肉搜索"引擎引发的思考 [J]．昆明理工大学学报（社会科学版），2010，10 (05)：50-55.

进入中国知网期刊子库，选择专业检索，同时在左侧资源专辑中去除"基础科学""工程科技Ⅰ辑""工程科技Ⅱ辑""农业科技"和"医药卫生科技"。不限制发表时间年限。输入检索式：FT =（"网络服务提供者" + "发起者" + "网民" + "参与者" + "多主体"）AND SU =（"侵权行为" + "侵害行为" + "隐私权" + "名誉权" + "人格权" + "姓名权" + "侵权责任" + "法律责任" * "责任赔偿"）* 人肉搜索，了解人肉搜索中侵害主体对其具体侵权行为形成的侵权责任研究的相关资料，获取检索结果 211 条，如图 5-22 所示。

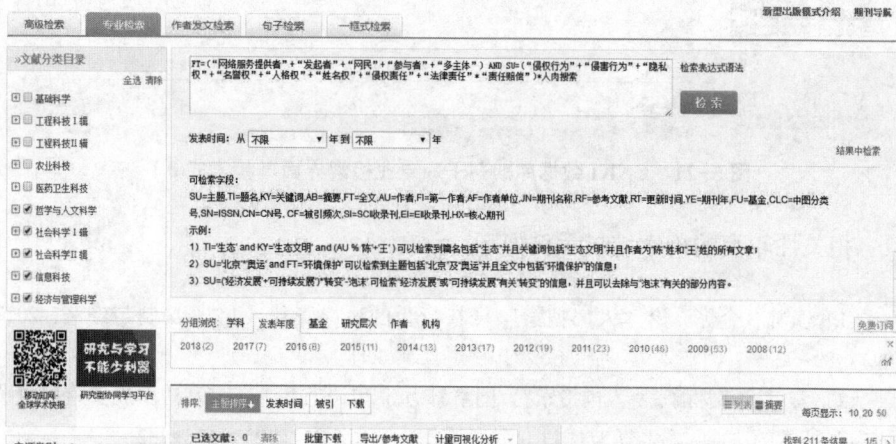

图 5-22　CNKI 数据库期刊子库专业检索界面（检索式④）

其中相关性较高的检索结果示例如下：

[1] 侯登华．自媒体时代的隐私权保护——以人肉搜索为视角［J］．法学杂志，2014，35（09）：72-79.

[2] 丁西泠．规制"人肉搜索"侵权之多维探究［J］．岭南学刊，2012（03）：97-101.

[3] 张珍．试论"人肉搜索"应遵循的原则［J］．云南行政学院学报，2012，14（02）：64-66.

[4] 石毕凡，徐珉川．人肉搜索、王菲案与隐私权保护的实证分析［J］．浙江社会科学，2011（08）：34-39+156.

[5] 刘晗．隐私权、言论自由与中国网民文化：人肉搜索的规制困境［J］．中外法

学，2011，23（04）：870-879.

［6］宋宗宇，李廷浩. 网络言论暴力及其法律控制——兼评我国《侵权责任法》第36条［J］. 西南民族大学学报（人文社会科学版），2011，32（01）：85-90.

［7］王婧. "人肉搜索"侵权问题的法律思考［J］. 新疆社会科学，2010（05）：83-86.

［8］李奕霏. "人肉搜索"引发的隐私权侵权及其法律规制［J］. 西北大学学报（哲学社会科学版），2010，40（05）：67-72.

［9］刘义军，刘海东. "人肉搜索"侵犯他人隐私权和名誉权的法律适用［J］. 法律适用，2010（07）：81-83.

［10］陈旭. 从人肉搜索看网络隐私权的保护［J］. 青年记者，2010（17）：11-12.

综上所述，四个检索式获取的检索结果数量如下所示。随着检索词的明确与细分，检索结果的指向性逐渐提升。在检索结果的过程中，了解到"人肉搜索"中的具体侵权行为，也将之列为检索词以扩展检索范围，提高检全率，以便从总体上兼顾检全率与检准率的平衡。

a. SU＝人肉搜索＊侵权 149 条

b. SU＝人肉搜索＊（"侵权行为"＋"侵害行为"＋"侵权责任"＋"法律责任"）60 条

c. FT＝（"网络服务提供者"＋"发起者"＋"网民"＋"参与者"＋"多主体"）AND SU＝（"侵权行为"＋"侵害行为"＋"侵权责任"＋"法律责任"）＊人肉搜索 45 条

d. FT＝（"网络服务提供者"＋"发起者"＋"网民"＋"参与者"＋"多主体"）AND SU＝（"侵权行为"＋"侵害行为"＋"隐私权"＋"名誉权"＋"人格权"＋"姓名权"＋"侵权责任"＋"法律责任"＊"责任赔偿"）＊人肉搜索 211 条

通过上述四次综合检索，可从中国知网期刊库中筛选与本课题内容紧密相关的文献进行研读，以便更好地理解本课题的研究内容。以下检索结果示例：

［1］李林，金烨. 论"人肉搜索"侵权行为的法律责任［J］. 法制与经济，2017（09）：89-92.

［2］解城城. "人肉搜索"中的侵权行为研究［J］. 法制博览，2015（07）：111-112.

［3］王忆晴.论"人肉搜索"的法律规制［J］.法制与社会，2014（26）：72-73.

［4］樊雯雯.人肉搜索中的侵权责任研究［J］.法制与社会，2011（25）：277-278.

［5］刘晗.隐私权、言论自由与中国网民文化：人肉搜索的规制困境［J］.中外法学，2011，23（04）：870-879.

［6］宋宗宇，李廷浩.网络言论暴力及其法律控制——兼评我国《侵权责任法》第36条［J］.西南民族大学学报（人文社会科学版），2011，32（01）：85-90.

［7］李奕霏."人肉搜索"引发的隐私权侵权及其法律规制［J］.西北大学学报（哲学社会科学版），2010，40（05）：67-72.

［8］刘培合，田一宁.人肉搜索司法第一案之分析［J］.当代法学，2009，23（03）：127-131.

［9］石毕凡，徐珉川.人肉搜索、王菲案与隐私权保护的实证分析［J］.浙江社会科学，2011（08）：34-39+156.

D. 期刊资源——万方数据库。不同的数据库支持的检索式格式有些许不同，本次检索根据上述已构造的中文基本检索式，进入万方数据库期刊子库的专业检索页面，输入检索式①：题名或关键词：（人肉搜索＊侵权），并对检索结果进行学科"政治、法律"类筛选提取，得到的检索结果条数是71条，如图5-23所示。

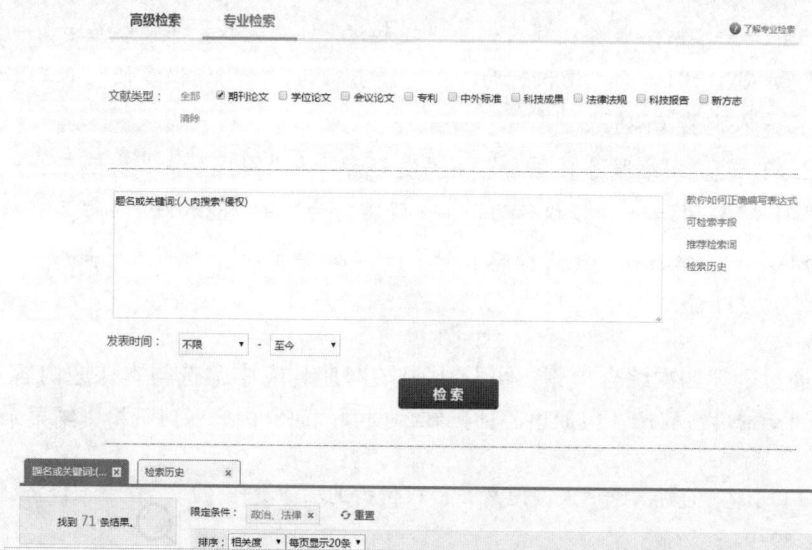

图5-23 万方数据库期刊子库专业检索界面（检索式①）

筛选出相关检索结果示例如下：

[1] 李军，张军．人肉搜索侵权案的法律分析 [J]．人民司法，2008，(22)：24-27．

[2] 周彬彬．试论"人肉搜索纠纷"中网络服务提供者的侵权责任 [J]．信息网络安全，2008，(10)：10-11．

[3] 李奕霏．"人肉搜索"引发的隐私权侵权及其法律规制 [J]．西北大学学报(哲学社会科学版)，2010，(5)：67-72．

[4] 魏盛礼，唐薇．网络人肉搜索现象的法理分析 [J]．江西社会科学，2009，(11)：150-153．

[5] 宋宗宇，李廷浩．网络言论暴力及其法律控制——兼评我国《侵权责任法》第36条 [J]．西南民族大学学报 (人文社科版)，2011，(1)：85-90．

[6] 杨晓萍．"人肉搜索"的形成机制与侵权特点 [J]．人民论坛 (中旬刊)，2010，(3)．

[7] 王婧．"人肉搜索"侵权问题的法律思考 [J]．新疆社会科学 (汉文版)，2010，(5)：83-86．

[8] 杨晓萍．刍议人肉搜索侵权中网民主体的过错判定问题 [J]．商业时代，2011，(31)：108-110．

输入检索式②：题名或关键词：(人肉搜索) ＊题名或关键词：("侵权行为"+"侵害行为"+"侵权责任"+"法律责任")，并对检索结果进行学科"政治、法律"类筛选提取，得到的检索结果条数是 51 条，如图 5-24 所示。

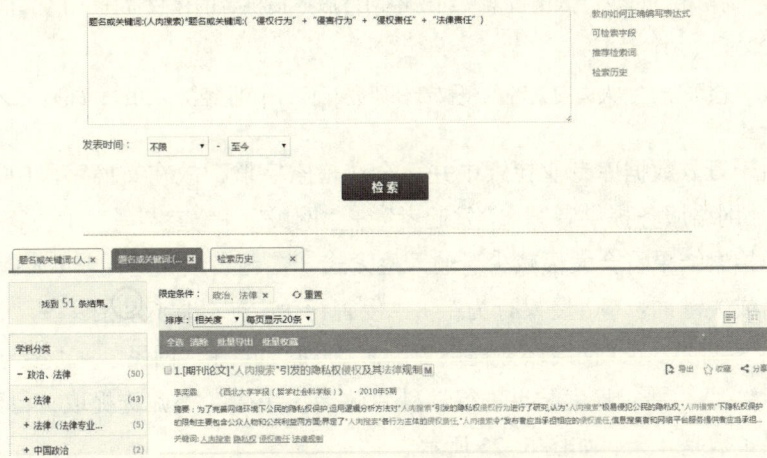

图 5-24　万方数据库期刊子库专业检索界面 (检索式②)

筛选出相关检索结果示例如下：

[1] 赵志云．互联网"人肉搜索"中的侵权行为及其规范［J］．大理学院学报，2009，（5）：70-72，80. DOI：10. 3969/j. issn. 1672-2345. 2009. 05. 019.

[2] 贾小龙．《侵权责任法》互联网专条之法理基础研究——基于 127 份网络服务提供者商标侵权责任裁判的实证分析［J］．天津大学学报（社会科学版），2017，（6）：555-561.

[3] 王婧．"人肉搜索"侵权问题的法律思考［J］．新疆社会科学（汉文版），2010，（5）：83-86.

[4] 魏盛礼，唐薇．网络人肉搜索现象的法理分析［J］．江西社会科学，2009，（11）：150-153.

[5] 李奕霏．"人肉搜索"引发的隐私权侵权及其法律规制［J］．西北大学学报（哲学社会科学版），2010，（5）：67-72.

[6] 周晓晨．从"王菲案"谈"人肉搜索"所涉及的侵权法问题［J］．信息网络安全，2008，（10）：13-14.

[7] 陈晓娇．《侵权责任法》给"人肉搜索"带来的影响［J］．法制与社会，2014，（26）：68-69.

[8] 李军，张军．人肉搜索侵权案的法律分析［J］．人民司法，2008，（22）：24-27.

[9] 周彬彬．试论"人肉搜索"纠纷中网络服务提供者的侵权责任［J］．信息网络安全，2008，（10）：10-11.

[10] 徐培译．"人肉搜索"的侵权责任研究［J］．商业经济，2012，（6）：128-129.

由于万方数据库专业检索中并无全文检索字段，故在文摘字段中输入检索词："网络服务提供者"＋"发起者"＋"网民"＋"参与者"＋"多主体"，但这样检索结果将会大幅减少。输入检索式③：题名或关键词：（人肉搜索）＊题名或关键词：（"侵权行为"＋"侵害行为"＋"侵权责任"＋"法律责任"）＊摘要：（"网络服务提供者"＋"发起者"＋"网民"＋"参与者"＋"多主体"），并对检索结果进行学科"政治、法律"类筛选提取，得到的检索结果条数是 4 条，如图 5-25 所示。

题名或关键词:(人肉搜索)*题名或关键词:("侵权行为" + "侵害行为" + "侵权责任" + "法律责任")*摘要:("网络服务提供者" + "发起者" + "网民" + "参与者" + "多主体")

教你如何正确编写表达式

可检索字段

推荐检索词

检索历史

发表时间: 不限 ▼ - 至今 ▼

检索

题名或关键词:(人.× | 题名或关键词:(人.× | 题名或关键词:(.. ✗ | 检索历史 ×

找到 4 条结果。

限定条件: 政治、法律 × | ⟳ 重置

排序: 相关度 ▼ 每页显示20条 ▼

全选 清除 批量导出 批量收藏

学科分类

□ 1.[期刊论文]试论"人肉搜索"纠纷中网络服务提供者的侵权责任 M   导出 ⭐收藏 ⋘ 分享

- 政治、法律   (4)   周光彬 《信息网络安全》 · 2008年10期
                           背景: 在网上发布隐匿侵犯他人的隐私权或名誉权时,信息发布者和传播者在符合侵权要件的情况下不要承担...
+ 法律   (4)   国家或地区追究某些...比较宽松,并且在没有利用职权或者是什么情况下要承担民事责任...

核心

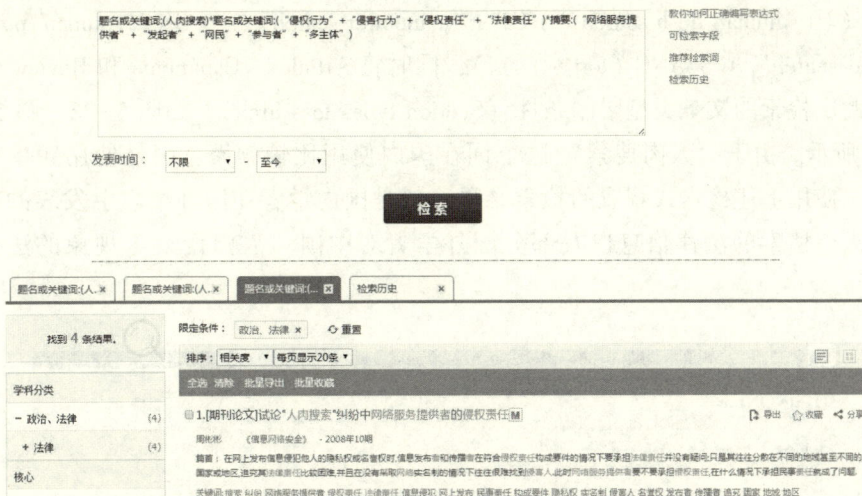

图 5-25　万方数据库期刊子库专业检索界面（检索式③）

此次检索得到的 4 条检索结果如下:

[1] 周彬彬. 试论"人肉搜索"纠纷中网络服务提供者的侵权责任 [J]. 信息网络安全, 2008, (10): 10-11.

[2] 曹晶. 试析"人肉搜索"中网络我们侵犯他人网络隐私权的民事责任 [J]. 法制与社会, 2013, (13): 61-62.

[3] 王劭瑾, 杨继忠. 从人肉搜索看信息时代公民隐私权的保护 [J]. 新余学院学报, 2013, (2): 19-21.

[4] 周华. 对当前我国网络舆情立法的若干思考 [J]. 长沙大学学报, 2013, (1): 67-69.

根据本课题研究目的, 综合筛选上述三次检索结果进行内容分析, 利于进一步了解我国"人肉搜索"中侵权责任分配的现状与难点。从此次检索结果看出, 通过 CNKI 中国知网数据库获取的内容与通过万方数据库获取的内容存在一定的重合, 也从一定程度上说明了部分文章内容与本研究课题的相关度较高, 具有较高的参考价值。

E. 期刊资源——HeinOnline 数据库。HeinOnline 数据库检索系统提供的检索字段包括: 全文、题名、作者、描述性文字、州、国家、日期。打开 HeinOnline 数据库主页, 选择高级检索（advanced search）, 在全文字段输入:

（（（（（"human flesh search"）OR（"manpower search"））OR（"human-powered search"））AND（tort＊）），同时将 Articles、Comments 和 Review 作为此次检索的文献类型限制条件（Section types to search），如图 5-26、图 5-27 所示。由于"人肉搜索"这个词在国内使用比较频繁，国外使用频率较低。使用上述检索式获取的检索结果一般是国内学者在国外杂志上发表的有关人肉搜索的法律信息以及部分国外学者对中国"人肉搜索"现象的法律分析。

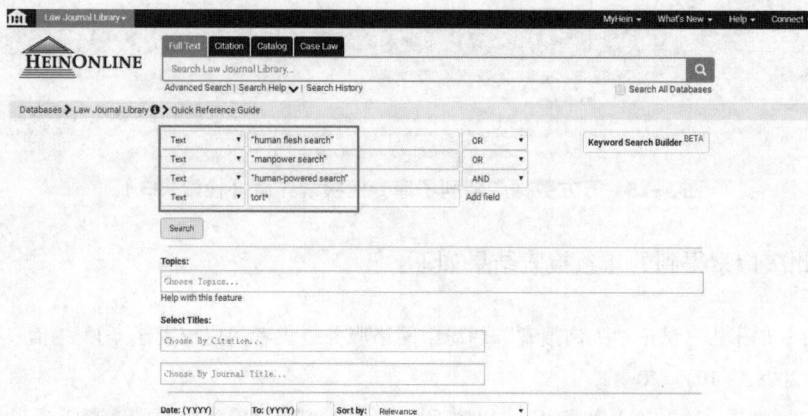

图 5-26　HeinOnline 数据库高级检索字段设置界面（检索式①）

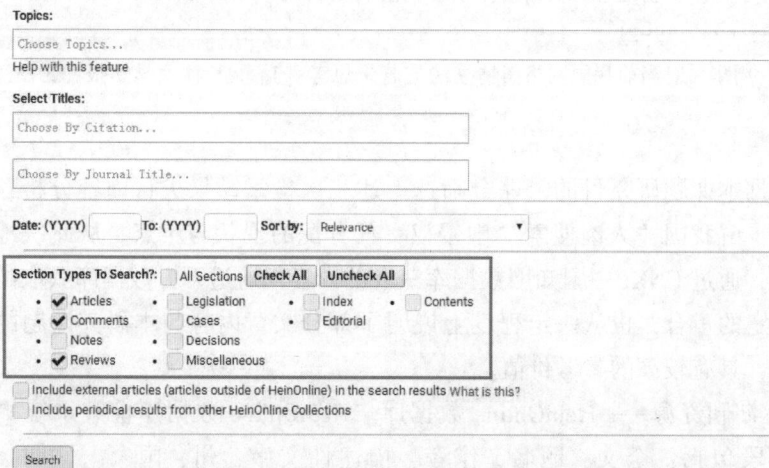

图 5-27　HeinOnline 数据库高级检索条件限制设置界面（检索式①）

此次检索共获取 17 条检索结果，相关性较高的检索结果示例如下：

［1］A Study of Cyber-Violence and Internet Service Providers′ Liability: Lessons from China ［article］Pacific Rim Law & Policy Journal, Vol. 18, Issue 2（April 2009）, pp. 323-346.

［2］Online Vigilante Justice Chinese Style and Privacy in China ［article］Information & Communications Technology Law, Vol. 21, Issue 2（June 2012）, pp. 127-146.

［3］Protecting the Right to Be Forgotten: Is Mainland China Ready ［article］European Data Protection Law Review（EDPL）, Vol. 1, Issue 3（2015）, pp. 190-205.

［4］Asterisk Revisited: Debating a Right of Reply on Search Results ［article］Journal of Business & Technology Law, Vol. 3, Issue 1（2008）, pp. 61-86.

［5］5Data Protection Meets Web 2.0: Two Ships Passing in the Night ［article］University of New South Wales Law Journal, Vol. 33, Issue 2（2010）, pp. 532-561.

［6］6Re‐Legalization or De‐Legalization‐Netizens' Participation in Criminal Justice Practices in China ［article］British Journal of Criminology, Vol. 52, Issue 4（July 2012）, pp. 724-743.

［7］Netizenship, Security and Freedom ［article］International Review of Law, Computers & Technology, Vol. 27, Issue 1-2（2013）, pp. 104-123.

［8］Rethinking Public Privacy in the Internet Era: A Study of Virtual Persecution by the Internet Crowd ［article］Journal of Media Law, Vol. 1, Issue 2（2009）, pp. 191-218.

［9］The People's Regulation: Citizens and Implementation of Law in China ［article］Columbia Journal of Asian Law, Vol. 25, Issue 2（Summer 2012）, pp. 116-179.

［10］10Privacy Laws and Privacy Levers: Online Surveillance versus Economic Development in the People's Republic of China ［article］Ohio State Law Journal, Vol. 74, Issue 6（2013）, pp. 853-896.

国外信息保护法律体系较为完善，很少有人肉搜索现象出现，但是人肉搜索中的侵权是网络侵权的一部分。可使用检索式②：（（title:（tort＊）AND title:（internet）））在"Law Journal Library"子库中检索互联网侵权方面的内容。此次检索在文献类型限制条件（Section types to search）中选择 Articles、Comments、Review 文献类型，不限制发表时间年限。如图 5-28 所示，获取检索结果 29 条。在同样条件下，利用基本检索式③（tort＊）＊liability＊internet 查询到 27 条检索结果，运用基本检索式④（"tortious liability"）＊internet 获取 1 条检索结果，这些检索结果均包含于上述 29 条检索结果之中。

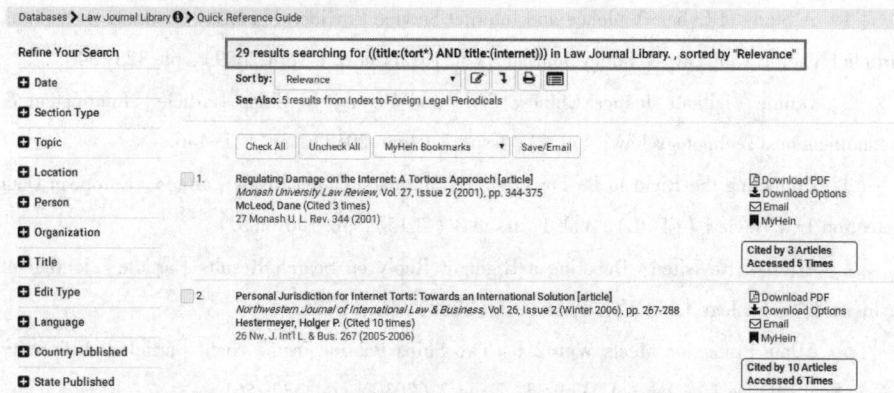

图 5-28　HeinOnline 数据库检索结果界面（检索式②）

在这 29 条检索结果中，相关性较高的检索结果示例如下：

〔1〕 The Responsible Web：How Tort Law Can Save the Internet〔article〕Journal of European Tort Law, Vol. 5, Issue 2（2014）, pp. 182-204.

〔2〕 Braintech, Inc. v. Kostiuk：Adjudicatory Jurisdiction for Internet Torts〔comments〕Canadian Business Law Journal, Vol. 33, Issue 3（July, 2000）, pp. 427-446.

〔3〕 Internet Filtering：The Ineffectiveness of WTO Remedies and the Availability of Alternative Tort Remedies〔article〕John Marshall Journal of Computer & Information Law, Vol. 28, Issue 2（Winter 2010）, pp. 273-bxxii.

〔4〕 The Application of the Rome II Regulation on the Internet Torts〔article〕Masaryk University Journal of Law and Technology, Vol. 7, Issue 1（Summer 2013）, pp. 35-48.

〔5〕 The Application of the General Rule of the Rome II Regulation to Internet Torts〔article〕Masaryk University Journal of Law and Technology, Vol. 8, Issue 1（Summer 2014）, pp. 57-68.

〔6〕 Brussels I：Recent Developments in the Interpretation of Special Jurisdiction Provisions for Internet Torts〔comments〕

〔7〕 Making Intermediary Internet Service Providers Participate in the Regulatory Process through Tort Law：A Comparative Analysis〔article〕.

〔8〕 Rethinking Shevill：Conceptualising the EU Private International Law of Internet Torts against Personality Rights〔article〕International Review of Law, Computers & Technology, Vol. 26, Issue 2-3（July-November 2012）.

［9］Tortious Liability of Internet Service Providers for Defamation：A Korean Perspective［comments］Journal of Korean Law，Vol. 5，Issue 2（2006），pp. 121-134.

［10］Optimality Condition of Place of Injury Rule in Cross-Border Internet Torts and Implications for Turkey［article］US-China Law Review，Vol. 11，Issue 10（October 2014），pp. 1315-1321.

打开 HeinOnline 数据库主页，在高级检索界面输入如下检索式⑤：（（（（（（（privacy）OR（reputation））OR（portrait））OR（personality））AND title：（tort＊））AND title：（internet）））文献类型限制条件（Section types to search）选择 Articles、Comments、Review 文献类型，共检索到 29 条相关文献，如图 5-29 所示，检索结果内容与检索式（（title：（tort＊）AND title：（internet）））的检索内容相同。由此可见网络侵权一般都会涉及隐私权、名誉权、肖像权和人格权。

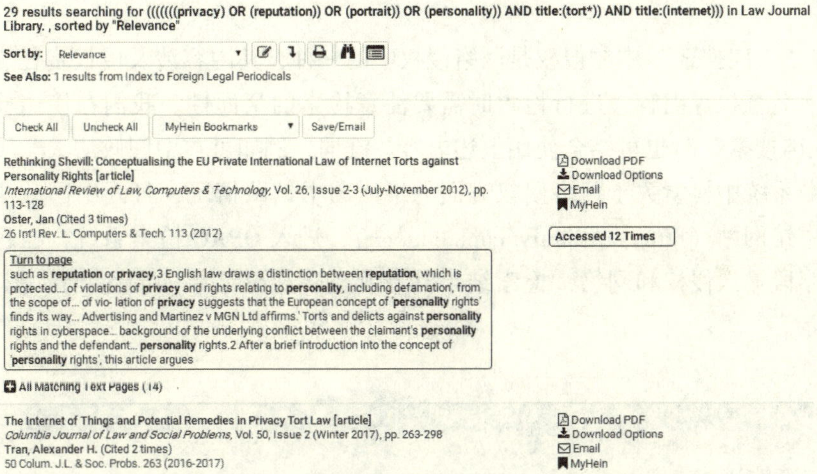

图 5-29　HeinOnline 数据库检索结果界面（检索式⑤）

F. 图书资源——中外文纸质图书。有关"人肉搜索"侵权责任相关的图书可在各公共图书馆与高校图书馆查询获取。例如在国家图书馆借阅"人肉搜索"类图书，可首先到国家图书馆 OPAC 系统中查阅该馆相关馆藏图书，网址是：http：//www. nlc. cn。由图 5-30 可知国家图书馆收藏的有关"人肉搜索"的纸质图书有 7 本，我们可在检索结果界面浏览馆藏信息。如果我们无法获取馆藏图书，可选择文献传递服务，远程获取相关图书内容。

图5-30　国家图书馆馆藏书目检索系统检索结果界面

"人肉搜索"中的侵权是网络侵权中的一种，其内容涉及侵权责任、隐私权、名誉权等内容，进行检索时需要注意检索的全面性。我们在使用检索词"人肉搜索"时也可结合使用上述内容关键词。例如可在中国政法大学图书馆馆藏系统中检索关于网络侵权方面的纸质图书馆藏情况，打开中国政法大学图书馆网站（http：//library.cupl.edu.cn），进入OPAC检索系统，在题名检索字段输入侵权和网络，检索结果共有9条，部分结果如图5-31、图5-32所示。

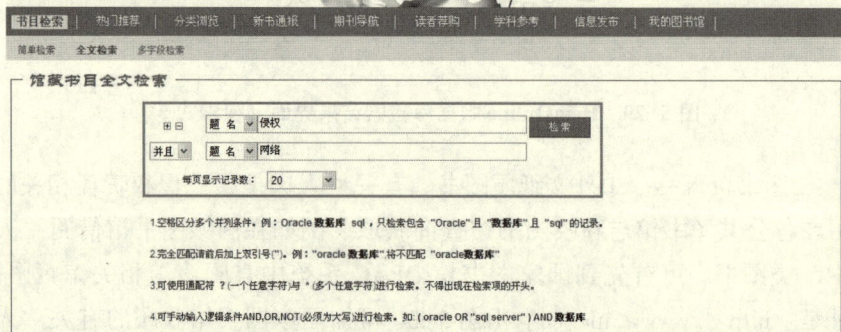

图5-31　中国政法大学图书馆馆藏书目检索系统检索界面

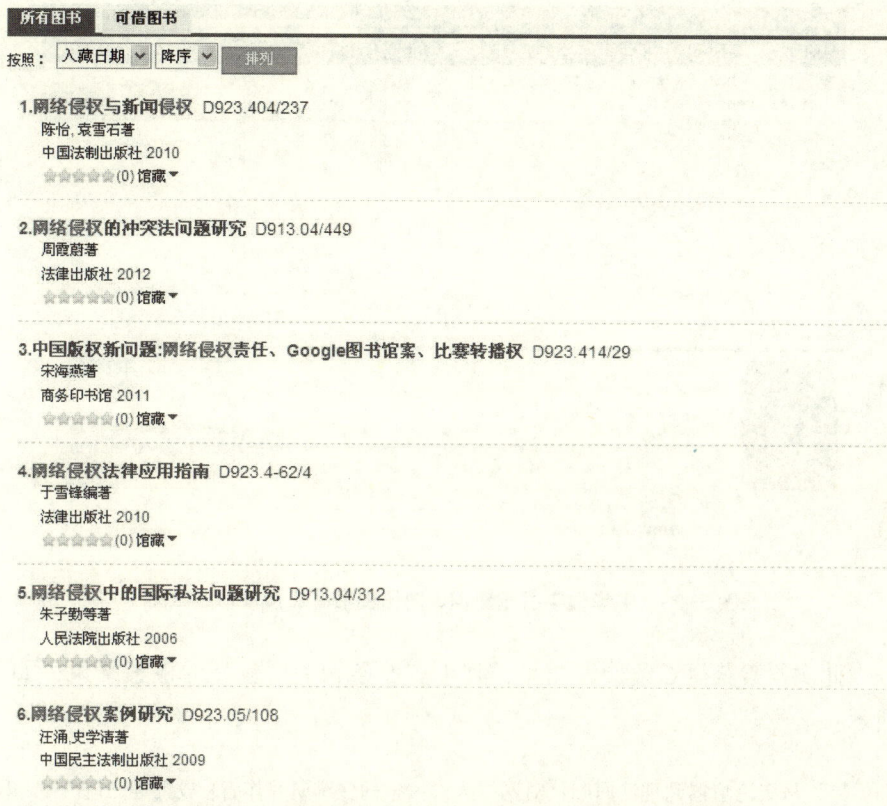

所有图书　可借图书

按照：　入藏日期 ∨　降序 ∨　排列

1.网络侵权与新闻侵权 D923.404/237
　陈怡,袁雪石著
　中国法制出版社 2010
　☆☆☆☆☆(0)馆藏▼

2.网络侵权的冲突法问题研究 D913.04/449
　周霞蔚著
　法律出版社 2012
　☆☆☆☆☆(0)馆藏▼

3.中国版权新问题:网络侵权责任、Google图书馆案、比赛转播权 D923.414/29
　宋海燕著
　商务印书馆 2011
　☆☆☆☆☆(0)馆藏▼

4.网络侵权法律应用指南 D923.4-62/4
　于雪锋编著
　法律出版社 2010
　☆☆☆☆☆(0)馆藏▼

5.网络侵权中的国际私法问题研究 D913.04/312
　朱子勤等著
　人民法院出版社 2006
　☆☆☆☆☆(0)馆藏▼

6.网络侵权案例研究 D923.05/108
　汪涌,史学清著
　中国民主法制出版社 2009
　☆☆☆☆☆(0)馆藏▼

图 5-32　中国政法大学图书馆馆藏书目检索系统检索结果界面

　　我们也可检索美国侵权法与欧盟侵权法相关纸质图书,利用题名字段检索方式检索出 13 本美国侵权法相关图书,译本与原著均有涉及。

　　G. 图书资源——中外文电子图书。中华数字书苑数据库收录了百万种综合类电子图书,图书内容质量较高,符合本次检索课题的需求。我们可打开中华数字书苑数据库主页,进入高级检索界面选择"电子图书"标签,在书名字段输入人肉搜索,获得 1 条相关记录,将网络 and 侵权输入书名字段共检索出 6 条检索结果,具体如图 5-33 所示。

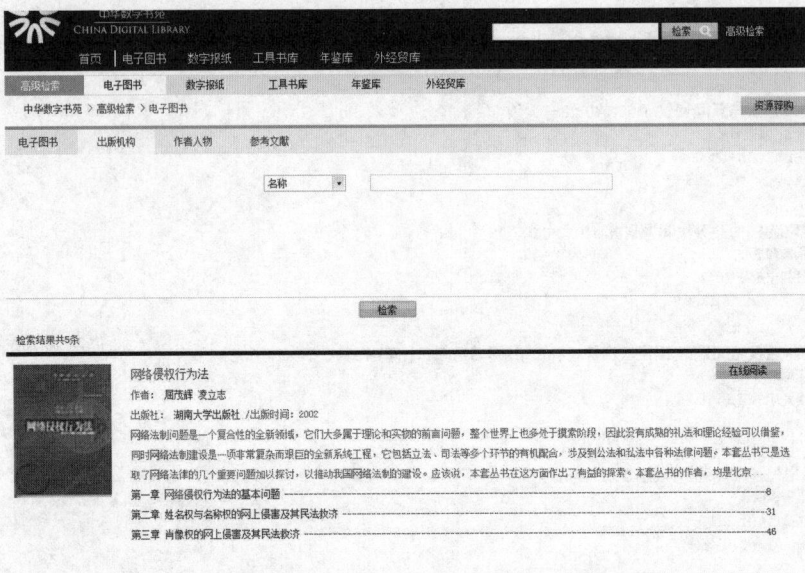

图 5-33　中华数字书苑数据库电子图书高级检索功能界面

此次检索获得 6 条检索结果，其中有 5 条相关度较高的检索结果，如下所示：

[1]　从舆论喧嚣到理性回归：对网络人肉搜索的多维研究 作者：殷俊等 出版社：四川大学出版社/出版时间：2009

[2]　网络侵权行为法

作者：屈茂辉 凌立志

出版社：湖南大学出版社/出版时间：2002

[3]　网络侵权法律应用指南

作者：于雪锋

出版社：法律出版社/出版时间：2010

[4]　网络侵权与国际私法

作者：胡晓红 梁琳 王赫

出版社：中国工人出版社/出版时间：2006

[5]　网络侵权的冲突法问题研究

作者：周霞蔚 出版社：法律出版社/出版时间：2012

进入 Milibarary 数据库，在高级检索的图书字段中输入检索词 tort ＊ and

internet，主题选择"法律类"，共获得 13 条检索结果，如图 5-34 所示、图5-35 所示。

图 5-34　Myilibrary 数据库高级检索功能界面

图 5-35　Myilibrary 数据库检索结果界面

上述 13 条检索结果中，共有 6 条相关的检索结果：

［1］Internet Governance ：Infrastructure and Institutions

Bygrave，Lee A. ；Bing，Jon Oxford University Press USA-OSO 2009

ISBN：ISBN number：9780199561131，ISBN number：9780191569760

[2] Private International Law and the Internet

Svantesson, Dan Jerker B. Wolters Kluwer Law & Business 2006

ISBN：ISBN number：9789041125163, ISBN number：9781281908001

[3] Internet and the Law：Technology, Society, and Compromises

Schwabach, Aaron ABC-CLIO 2005

ISBN：ISBN number：9781851097319, ISBN number：9781851097364

[4] Who rules the net?：Internet Governance and Jurisdiction

Thierer, Adam；Crews, Clyde Wayne；以及更多 Cato Institute 2003

ISBN：ISBN number：9781930865433, ISBN number：9781933995762

[5] Internet Governance and the Information Society：Global Perspectives and European Dimensions Benedek, Wolfgang；Bauer, Veronika；以及更多 Eleven International Publishing 2008

ISBN：ISBN number：9789077596562, ISBN number：9789077596609

[6] Tort Law Industry Kortmann, Jeroen Amsterdam University Press 2009

ISBN：ISBN number：9789056295745, ISBN number：9789048510627

H. 学位论文资源——万方数据库。进入万方数据库学位论文子库的专业检索页面，输入检索式①：题名或关键词：（人肉搜索 * 侵权）。在检索结果界面按照学科"政治、法律"类对检索结果集合筛选提取，得到的检索结果条数是 32 条，如图 5-36、图 5-37 所示。

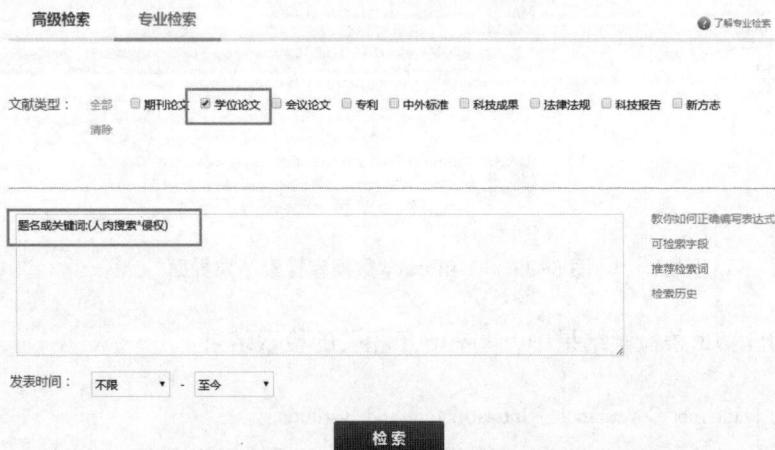

图 5-36　万方数据库学位论文子库专业检索功能界面

图 5-37　万方数据库学位论文子库专业检索结果界面

从上述 32 条检索结果中，人工判断识别出 26 篇相关学位论文，列举部分结果如下：

[1] 周玲. 从《侵权责任法》关于网络侵权责任的规定浅谈"人肉搜索"问题 [C]. //2010 年博鳌法学论坛暨第七届法官与学者对话民商法论坛论文集 2010：282-286.

[2] 王艳. 论人肉搜索案件中网络服务商的侵权责任 [D]. 北京工商大学，2009.

[3] 穆永中. 论"人肉搜索"的侵权责任及法律规制 [D]. 沈阳工业大学，2014.

[4] 王欣. 论"人肉搜索"中的侵权责任 [D]. 延边大学，2010.

[5] 陈蓓蓉. 论"人肉搜索"与隐私权 [D]. 华东政法大学，2011.

[6] 刘永辉. 网络环境下隐私权的侵权及其救济 [D]. 华东政法大学，2014.

[7] 曲书瑶. "人肉搜索"侵权责任研究 [D]. 华中科技大学，2011. DOI：10.7666/d.d190493.

[8] 陆凡. 对"人肉搜索"网络侵权相关法律问题的案例分析 [D]. 兰州大学，2010.

[9] 丁磊. 《侵权责任法》视角下的人肉搜索案评析 [D]. 湖南大学，2013. DOI：10.7666/d.D389747.

[10] 赵远思. "人肉搜索"侵权法律问题研究 [D]. 西南大学，2010. DOI：10.7666/d.y1671838.

进入万方数据库学位论文子库的专业检索页面，输入检索式②：题名或关键词：（人肉搜索）＊题名或关键词：（"侵权行为"＋"侵害行为"＋"侵权责任"＋"法律责任"），并对检索结果进行学科"政治、法律"类筛选提取，得到 37 条检索结果，筛选出如下检索结果：

[1] 王艳. 论人肉搜索案件中网络服务商的侵权责任 [D]. 北京工商大学，2009.

[2] 穆永中. 论"人肉搜索"的侵权责任及法律规制 [D]. 沈阳工业大学，2014.

[3] 王欣. 论"人肉搜索"中的侵权责任 [D]. 延边大学，2010.

[4] 刘永辉. 网络环境下隐私权的侵权及其救济 [D]. 华东政法大学，2014.

[5] 曲书瑶. "人肉搜索"侵权责任研究 [D]. 华中科技大学，2011.

[6] 赵玉. "人肉搜索"的法律规制 [D]. 西南政法大学，2011.

[7] 许小梅. "人肉搜索"法律责任研究 [D]. 安徽大学，2010.

[8] 刘蕾. "人肉搜索"侵权责任探究 [D]. 天津商业大学，2010.

[9] 孙巍峰. 网络"人肉搜索"的侵权责任及法律调整研究 [D]. 山东大学，2011.

[10] 陈飞宇. 从"人肉搜索"第一案论网络侵权责任问题 [D]. 湖南师范大学，2011.

由于万方数据库专业检索中并无全文检索字段，故在文摘字段中输入检索词："网络服务提供者"＋"发起者"＋"网民"＋"参与者"＋"多主体"，但这样检索结果将会大幅减少。输入检索式③：题名或关键词：（人肉搜索）＊题名或关键词：（"侵权行为"＋"侵害行为"＋"侵权责任"＋"法律责任"）＊摘要：（"网络服务提供者"＋"发起者"＋"网民"＋"参与者"＋"多主体"），并对检索结果进行学科"政治、法律"类筛选提取，得到的检索结果条数是 14 条，筛选出的相关检索结果如下：

[1] 曲书瑶. "人肉搜索"侵权责任研究 [D]. 华中科技大学，2011. DOI：10. 7666/d. d190493.

[2] 丁磊. 《侵权责任法》视角下的人肉搜索案评析 [D]. 湖南大学，2013. DOI：10. 7666/d. D389747.

[3] 许小梅. "人肉搜索"法律责任研究 [D]. 安徽大学，2010. DOI：10. 7666/d. d 158545.

[4] 刘蕾. "人肉搜索"侵权责任探究 [D]. 天津商业大学，2010. DOI：10. 7666/d. y 1778192.

根据以上数次检索的检索结果题录信息的阅读，筛选出相关度比较高的检索结果如下：

[1] 周玲．从《侵权责任法》关于网络侵权责任的规定浅谈"人肉搜索"问题 [C]．//2010 年博鳌法学论坛暨第七届法官与学者对话民商法论坛论文集 2010：282-286.

[2] 刘永辉．网络环境下隐私权的侵权及其救济 [D]．华东政法大学，2014.

[3] 曲书瑶．"人肉搜索"侵权责任研究 [D]．华中科技大学，2011. DOI：10.7666/d.d190493.

[4] 赵远思．"人肉搜索"侵权法律问题研究 [D]．西南大学，2010. DOI：10.7666/d.y1671838.

[5] 于洋．"人肉搜索"引发的个人隐私权侵权问题及解决方法 [D]．黑龙江大学，2011.

[6] 肖秉文．"人肉搜索"侵权现象及其法律控制 [D]．重庆大学，2011.

[7] 陈炎锋．"人肉搜索"的法律规制——共同侵权的视角 [D]．中山大学，2009.

[8] 王艳．论人肉搜索案件中网络服务商的侵权责任 [D]．北京工商大学，2009.

[9] 穆永中．论"人肉搜索"的侵权责任及法律规制 [D]．沈阳工业大学，2014.

[10] 王欣．论"人肉搜索"中的侵权责任 [D]．延边大学，2010.

I. 学位论文资源——知网数据库。进入中国知网优秀博硕论文子库，选择专业检索，同时在左侧资源集合子集中去除"基础科学""工程科技Ⅰ辑""工程科技Ⅱ辑""农业科技"和"医药卫生科技"集合。不限制发表时间年限。输入检索式①：SU = 人肉搜索 * 侵权，获取检索结果 112 条，如图 5-38、图 5-39 所示。

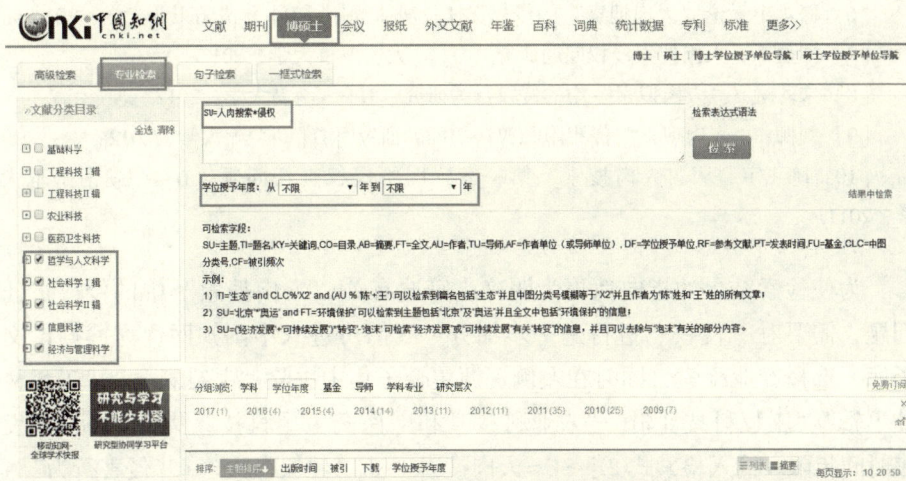

图 5-38　CNKI 数据库学位论文子库专业检索界面（检索式①）

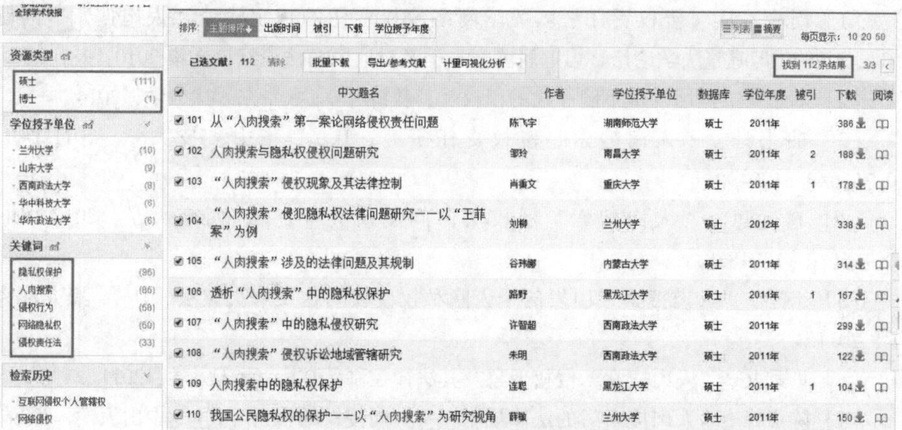

图 5-39　CNKI 数据库学位论文子库检索结果界面（检索式①）

与本检索课题的内容相关度比较高的检索结果共有 21 篇，列举部分结果如下：

[1] 曲建桦．"人肉搜索"中的侵权问题研究［D］．北京外国语大学，2016.

[2] 李盼盼．"人肉搜索"侵权行为研究［D］．山西大学，2015.

[3] 周益嘉．人肉搜索中网络服务提供者的责任研究［D］．西南政法大学，2015.

[4] 刘永辉．网络环境下隐私权的侵权及其救济［D］．华东政法大学，2014.

[5] 王婧．人肉搜索中的网络隐私权问题研究［D］．苏州大学，2014.

[6] 穆永中．论"人肉搜索"的侵权责任及法律规制［D］．沈阳工业大学，2014.

[7] 刘盈铄．人肉搜索侵权问题研究［D］．大连海事大学，2013.

[8] 朱若曦．"人肉搜索"中的侵权行为研究［D］．南昌大学，2012.

[9] 刘柳．"人肉搜索"侵犯隐私权法律问题研究［D］．兰州大学，2012.

[10] 陈飞宇．从"人肉搜索"第一案论网络侵权责任问题［D］．湖南师范大学，2011.

为使检索结果的指向性更为明确，筛选有关"人肉搜索"中的侵权责任问题，需要对"侵权"进行进一步细分。我们可进入中国知网优秀博硕论文子库，选择专业检索，同时在左侧资源集合子集中去除"基础科学""工程科技Ⅰ辑""工程科技Ⅱ辑""农业科技"和"医药卫生科技"集合。不限制发表时间年限。输入检索式②：SU＝人肉搜索 *（"侵权行为"＋"侵害行为"＋"侵权责任"＋"法律责任"），以了解人肉搜索中侵害主体与侵害责任相关文献资料，获取检索结果 84 条，如图 5-40、图 5-41 所示。

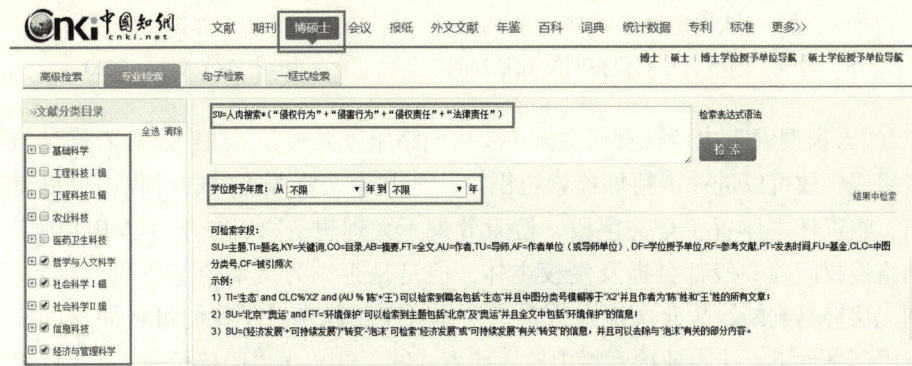

图 5-40 CNKI 数据库学位论文子库专业检索界面（检索式②）

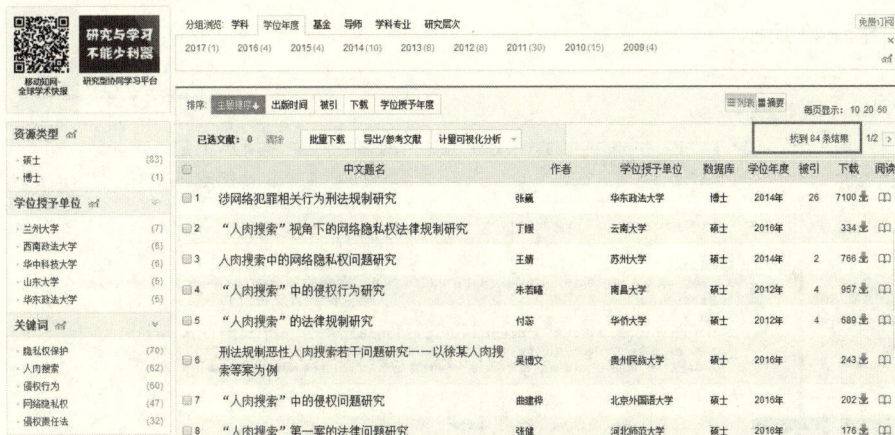

图 5-41 CNKI 数据库学位论文子库检索结果界面（检索式②）

相关性较高的检索结果共有 26 条，部分结果如下所示：

[1] 曲建桦．"人肉搜索"中的侵权问题研究［D］．北京外国语大学，2016.

[2] 丁媛．"人肉搜索"视角下的网络隐私权法律规制研究［D］．云南大学，2016.

[3] 张健．"人肉搜索"第一案的法律问题研究［D］．河北师范大学，2016.

[4] 李盼盼．"人肉搜索"侵权行为研究［D］．山西大学，2015.

[5] 周益嘉．人肉搜索中网络服务提供者的责任研究［D］．西南政法大学，2015.

[6] 刘永辉．网络环境下隐私权的侵权及其救济［D］．华东政法大学，2014.

[7] 穆永中.论"人肉搜索"的侵权责任及法律规制 [D].沈阳工业大学，2014.

[8] 刘盈铄.人肉搜索侵权问题研究 [D].大连海事大学，2013.

[9] 王静.论人肉搜索与网络隐私权的保护 [D].四川省社会科学院，2013.

[10] 曾晓.网络服务商侵犯网络隐私权问题研究 [D].华中科技大学，2013.

"人肉搜索"中侵权责任主体主要由网络服务提供者、搜索发起者、参与者组成，故可以进一步精炼检索范围。从期刊论文资源检索的过程中可以得出，将责任主体置于全文字段，检索效果不太理想，原因在于"人肉搜索"网络侵权问题一般都会提及侵权主体，但是是否作为文章的重要研究内容，则无法轻易判断。故此次检索将责任主体置于主题字段。我们可在同样的检索限制条件下，于专业检索栏中输入检索式③：SU =（"侵权行为"+"侵害行为"+"侵权责任"+"法律责任"）*人肉搜索*（"网络服务提供者"+"发起者"+"网民"+"参与者"+"多主体"），检索结果数量是 38 条，如图 5-42 所示。

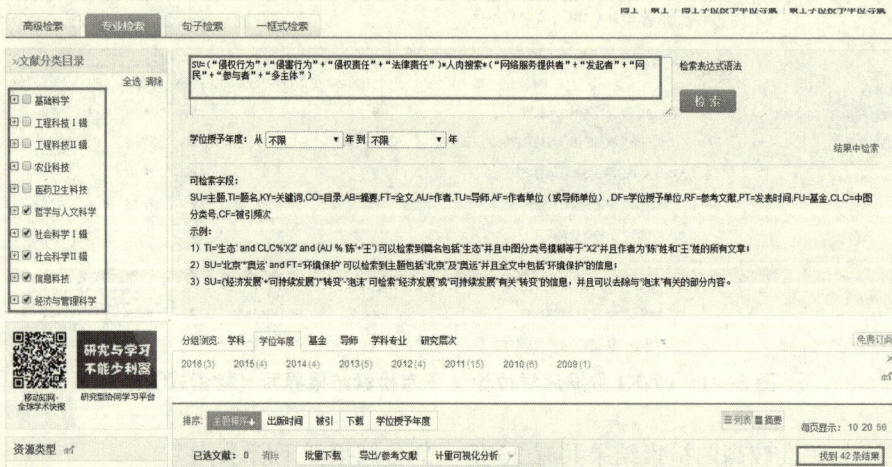

图 5-42　CNKI 数据库学位论文子库检索结果界面（检索式③）

在这 38 条检索结果中，相关度较高的有 12 条。部分结果如下所示：

[1] 曲建桦."人肉搜索"中的侵权问题研究 [D].北京外国语大学，2016.

[2] 李盼盼."人肉搜索"侵权行为研究 [D].山西大学，2015.

[3] 周益嘉.人肉搜索中网络服务提供者的责任研究 [D].西南政法大学，2015.

［4］刘盈铄．人肉搜索侵权问题研究［D］．大连海事大学，2013.

［5］于洋．"人肉搜索"引发的个人隐私权侵权问题及解决方法［D］．黑龙江大学，2011.

［6］肖秉文．"人肉搜索"侵权现象及其法律控制［D］．重庆大学，2011.

［7］曲书瑶．"人肉搜索"侵权责任研究［D］．华中科技大学，2011.

［8］王波永．"人肉搜索"的网络侵权问题研究［D］．华侨大学，2011.

［9］邓锦蕴．"人肉搜索"现象的侵权透析［D］．西南财经大学，2011.

［10］许智超．"人肉搜索"中的隐私侵权研究［D］．西南政法大学，2011.

　　进入中国知网优秀博硕论文子库，选择专业检索，同时在左侧资源集合子集中去除"基础科学""工程科技Ⅰ辑""工程科技Ⅱ辑""农业科技"和"医药卫生科技"集合。不限制发表时间年限。输入检索式：SU＝（"隐私权"＋"名誉权"＋"人格权"＋"姓名权"）＊人肉搜索＊（"网络服务提供者"＋"发起者"＋"网民"＋"参与者"＋"多主体"），获取检索结果61条，输入检索式：SU＝（"侵权行为"＋"侵害行为"＋"隐私权"＋"名誉权"＋"人格权"＋"姓名权"＋"侵权责任"＋"法律责任"＊"责任赔偿"）＊人肉搜索＊（"网络服务提供者"＋"发起者"＋"网民"＋"参与者"＋"多主体"），获取检索结果62条。虽然加入了具体的侵权行为，但结果数量大致相同。由此可见"人肉搜索"中的侵权行为一般包括隐私权、名誉权、人格权和姓名权等。经筛选后的部分检索结果如下：

［1］曲建桦．"人肉搜索"中的侵权问题研究［D］．北京外国语大学，2016.

［2］李盼盼．"人肉搜索"侵权行为研究［D］．山西大学，2015.

［3］周益嘉．人肉搜索中网络服务提供者的责任研究［D］．西南政法大学，2015.

［4］贾明东．论公民人格权的保护［D］．长春工业大学，2014.

［5］穆永中．论"人肉搜索"的侵权责任及法律规制［D］．沈阳工业大学，2014.

［6］刘盈铄．人肉搜索侵权问题研究［D］．大连海事大学，2013.

［7］王静．论人肉搜索与网络隐私权的保护［D］．四川省社会科学院，2013.

［8］赵梓晴．人肉搜索中的个人隐私权保护［D］．吉林大学，2013.

［9］刘颖．人肉搜索视角下的网络隐私权法律保护问题研究［D］．中央民族大学，2012.

［10］付蔷．"人肉搜索"侵犯人格权问题研究［D］．华东政法大学，2011.

J. 学位论文资源——Proquest 学位论文库。打开 Proquest 数据库主页，选择高级检索，该数据库检索系统提供的检索字段包括：标题、摘要、全文、作者、导师、学校、来源、ISBN 号、出版号。在文摘字段输入：abs：（"human flesh search"）or abs：（manpower and search）and abs：（tort *）。检索结果类型设置为 social science 一级学科。如下图所示，检索结果是 0 条。

国外由于完善的信息保护法律体系，很少有人肉搜索现象出现，但是人肉搜索中的侵权是网络侵权的一部分。在检索框中输入检索式：abs：（tort *）and abs：（internet），不限制时间范围，如图 5-43 所示，得到检索结果 3 条。

图 5-43　Proquest 学位论文库检索界面

经筛选，相关度比较高的只有一条：Waldman，Ari Ezra. Privacy As Trust：Sharing Personal Information in a Networked World. ColumbiaUniversity. bSociology. 2015. 9781321700602.

5. 小结

从上述检索过程中可以看出，学术课题检索是一个循环往复、不断修正的过程。不同的课题涉及的资源类型不同，我们在检索的过程中应有所侧重。例如，"人肉搜索"侵权是我国关注度比较高的社会问题，但该现象在美国及欧盟等地则很少发生，这就要求我们在检索过程中注意案例这一资源类型的选取。一般情况下，在检索过程中需要多次修正检索策略，才能查询到较为完整的检索结果。在检索过程中，我们需根据检索结果的相关度和数量不断调整检索式，因为一次检索即能命中目标的可能性较低。修正检索策略过程也是不断调整检索方向的过程，因此在修正检索策略的过程中，我们可以综合利用多个检索式得出的检索结果，从研究主题的各个方面综合评价并收集研究资料，以确保结果的全面性。

（二）食品安全侵权损害多元化救济机制问题研究

1. 课题分析

食品在人们的日常生活中占据着重要的地位，近年食品安全问题频发，食品侵权问题引发的后果愈发严重，食品安全侵权损害问题已经成了亟待解决的社会问题之一。由于食品安全侵权问题涉及的生产流通环节和主体较多，现实中还存在取证困难等问题，当侵权损害发生时，传统的民事救济方式无法实际、有效地解决大量受害人以及受到严重破坏的社会公共秩序的现实利益问题，因此食品安全侵权损害的多元化救济机制的探讨和研究具有深刻的现实意义，即使受害人的损失得到及时救济补偿，实现社会的公平。

检索目的：根据课题的内容分析，需要对食品安全的侵权损害和救济方式进行中外文相关文献信息的检索，了解我国食品安全的现实情况以及侵权损害的表现特征以及现有救济方式存在的困难和不足。通过国内外相关法律法规和案例，结合我国的实际国情，建立有效的多元化救济机制，实现我国食品安全方面的法律机制的完善。

需求分析：本次课题需要对课题内容进行深入系统的查询，既需要检索全面、完整的相关法律法规，又需要收集相关问题的深入讨论与前沿研究以掌握最新动态。依据课题分析与检索目的，用户可对检索内容的学科范围、文献类型、时间范围、地域范围、数量语种、文献质量进行限制。

（1）学科范围：法律类。

（2）文献类型：法律法规、案例、期刊论文、图书、学位论文、会议论文。

（3）时间范围：不限。

（4）地域范围：国内外。

（5）数量语种：中文、英文。

（6）文献质量：文献引用率排名、核心期刊论文、下载量排名。

2. 检索工具选择

通过课程名称分析、内容分析与需求分析，可知本课题属于法律类课题，研究内容属于法学学科，因此检索工具的资源内容的学科范围涵盖的内容应包含法学学科，其他内容不匹配的资源应予以排除。在需求分析阶段一般可以选择法律类综合数据库，语言应涉及中外文，在文献质量方面需要考虑检索工具收录内容的品质。

根据上述分析，本课题检索选择的检索资源包括一次资源、二次资源。具体检索工具包括中文数据库、外文数据库、部分网络资源以及纸质资源。

（1）一次法律资源。中文数据库：北大法宝数据库。虽然在我国，判例不是正式的法律渊源，但是指导性案例作为非正式法律渊源，对法学学科的教学科研有重要的研究价值。另外，出于文章的整体性结构的研究考虑，因此将中文案例资源放在一次资源检索的部分进行研究。

外文数据库：LexisAdvance 数据库。

（2）二次法律资源。中文数据库：北大法宝数据库、元照月旦数据库、中国知网 CNKI 数据库、万方数据库、馆藏 OPAC 图书资源和中国国家图书馆馆藏资源。

外文数据库是：HeinOnline 数据库、Proquest 学位论文数据库。

3. 确定检索词、构造检索式

（1）确定检索词：

A. 根据课题名称和研究内容进行分析，确定检索词。从课题名称《食品安全侵权损害多元化救济机制问题研究》和进一步的课题分析可以看出，"食品安全""侵权损害""多元化救济"是核心关键词。

B. 在法学类检索词的确定中，由于对专业性词语的要求较高，要避免检索词的同义词、近义词以及缩略语等，过于日常和宽泛的词语也不能作为检索词，容易影响检索效率，专业检索词要力求精确。

C. 检索词的确定与扩展。可利用术语词典进一步确定检索词，例如可以利用 CNKI 中国工具书网络出版总库中专科辞典子库进一步了解检索词"食品安全""侵权损害"和"多元化救济"。用户也可以利用检索工具的关键词推荐功能开阔思路，进一步精确检索词，如下面的图示，用户可在检索框中输入"食品安全"或"侵权损害"或"侵权 多元化救济"等检索词，查看系统提供的推荐菜单、检索结果列表、高频关键词统计表单等，以此扩充检索范围。

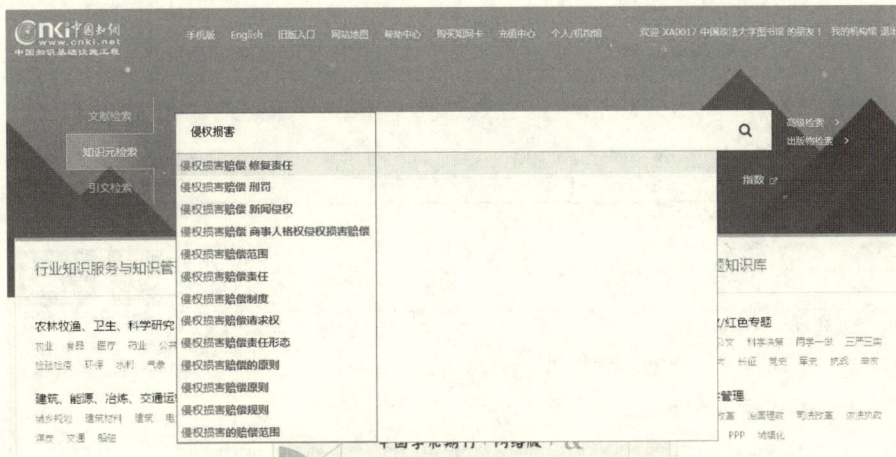

图 5-44

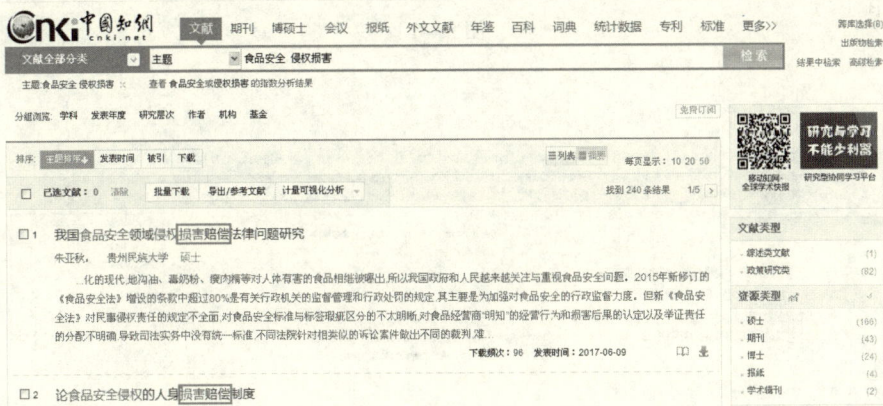

图 5-45

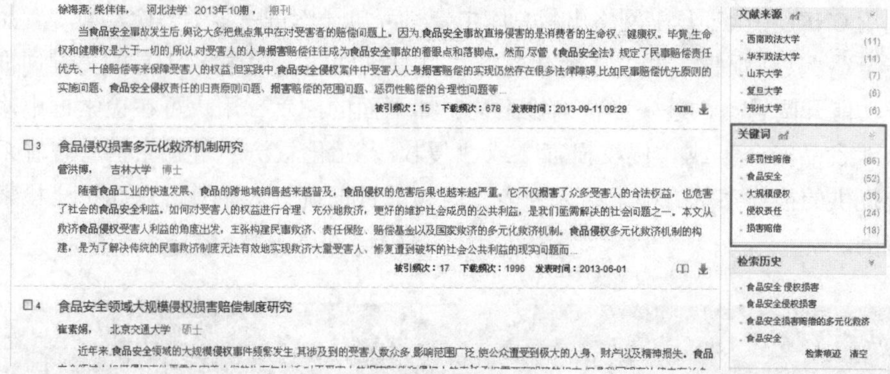
徐海燕; 柴伟伟, 河北法学 2013年10期, 期刊
当食品安全事故发生后,舆论大多把焦点集中在对受害者的赔偿问题上。因为食品安全事故直接侵害的是消费者的生命权、健康权。毕竟生命权和健康权是大于一切的,所以对受害人的人身损害赔偿往往成为食品安全事故的着眼点和落脚点。然而尽管《食品安全法》规定了民事赔偿责任优先、十倍赔偿等来保障受害人的权益,但实践中,食品安全侵权案件中受害人人身损害赔偿的实现仍然存在很多法律障碍,比如民事赔偿优先原则的实施问题、食品安全侵权责任的归责原则问题、损害赔偿的范围问题、惩罚性赔偿的合理性问题等...
被引频次:15 下载频次:678 发表时间:2013-09-11 09:29
3 食品侵权损害多元化救济机制研究
管洪博, 吉林大学 博士
随着食品工业的快速发展、食品的跨地域销售越来越普及,食品侵权的危害后果也越来越严重。它不仅损害了众多受害人的合法权益,也危害了社会的食品安全利益。如何对受害人的权益进行合理、充分地救济,更好的维护社会成员的公共利益,是我们亟需解决的社会问题之一。本文从救济食品侵权受害人利益的角度出发,主张构建民事救济、责任保险、赔偿基金以及国家救济的多元化救济机制。食品侵权多元化救济机制的构建,是为了解决传统的民事救济制度无法有效地实现救济大量受害人、修复遭到破坏的社会公共利益的现实问题而...
被引频次:17 下载频次:1996 发表时间:2013-06-01
4 食品安全领域大规模侵权损害赔偿制度研究
崔素娟, 北京交通大学 硕士
近年来,食品安全领域的大规模侵权事件频繁发生,其涉及到的受害人数众多,影响范围广泛,使公众遭受到极大的人身、财产以及精神损失。食品
文献来源
西南政法大学 (11)
华东政法大学 (11)
山东大学 (7)
复旦大学 (6)
郑州大学 (6)
关键词
惩罚性赔偿 (66)
食品安全 (52)
大规模侵权 (35)
侵权责任 (24)
损害赔偿 (18)
检索历史
食品安全 侵权损害
食品安全侵权损害
食品安全损害赔偿的多元化救济
食品安全
检索痕迹 清空

图 5-46

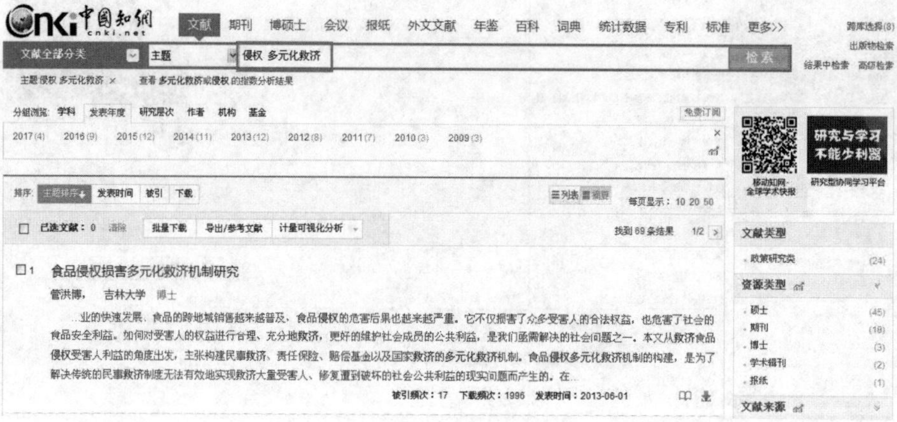
中国知网 cnki.net
文献 期刊 博硕士 会议 报纸 外文文献 年鉴 百科 词典 统计数据 专利 标准 更多>>
文献全部分类 主题 侵权 多元化救济 检索
跨库选择(8) 出版物检索 结果中检索 高级检索
主题:侵权 多元化救济 × 查看 多元化救济或侵权 的指数分析结果
分组浏览: 学科 发表年度 研究层次 作者 机构 基金 免费订阅
2017(4) 2016(9) 2015(12) 2014(11) 2013(12) 2012(8) 2011(7) 2010(3) 2009(3)
研究与学习 不能少利器
移动知网-全球学术快报 研究型协同学习平台
排序: 主题排序 发表时间 被引 下载 列表 摘要 每页显示: 10 20 50
已选文献: 0 清除 批量下载 导出/参考文献 计量可视化分析 找到 69 条结果 1/2
1 食品侵权损害多元化救济机制研究
管洪博, 吉林大学 博士
...业的快速发展、食品的跨地域销售越来越普及,食品侵权的危害后果也越来越严重。它不仅损害了众多受害人的合法权益,也危害了社会的食品安全利益。如何对受害人的权益进行合理、充分地救济,更好的维护社会成员的公共利益,是我们亟需解决的社会问题之一。本文从救济食品侵权受害人利益的角度出发,主张构建民事救济、责任保险、赔偿基金以及国家救济的多元化救济机制。食品侵权多元化救济机制的构建,是为了解决传统的民事救济制度无法有效地实现救济大量受害人、修复遭到破坏的社会公共利益的现实问题而产生的。在...
被引频次:17 下载频次:1996 发表时间:2013-06-01
文献类型
政策研究类 (24)
资源类型
硕士 (45)
期刊 (18)
博士 (3)
学术辑刊 (2)
报纸 (1)
文献来源

图 5-47

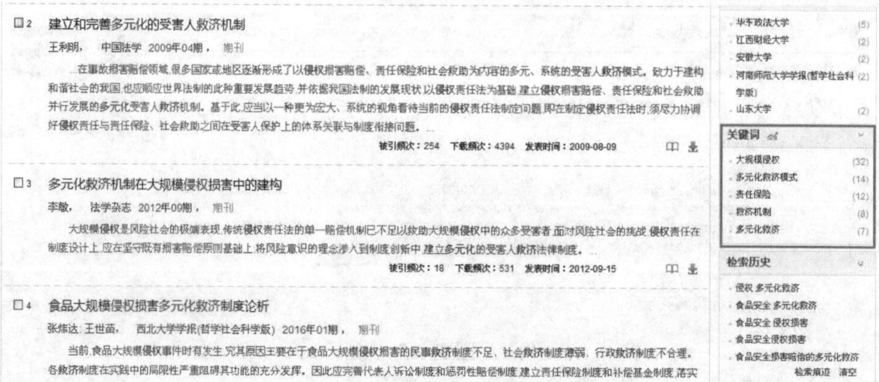
2 建立和完善多元化的受害人救济机制
王利明, 中国法学 2009年04期, 期刊
...在事故损害赔偿领域,很多国家或地区逐渐形成了以侵权损害赔偿、责任保险和社会救助为内容的多元、系统的受害人救济模式。致力于建构和谐社会的我国,也应顺应世界法制的此种重要发展趋势,并依据我国法制的发展现状,以侵权责任法为基础,建立侵权损害赔偿、责任保险和社会救助并行发展的多元化受害人救济机制。基于此,应当以一种更为宏大、系统的视角看待当前的侵权责任法制定问题,即在制定侵权责任法时,须尽力协调好侵权责任与责任保险、社会救助之间在受害人保护上的体系关联与制度衔接问题。...
被引频次:254 下载频次:4394 发表时间:2009-08-09
3 多元化救济机制在大规模侵权损害中的建构
李敏, 法学杂志 2012年09期, 期刊
大规模侵权是风险社会的极端表现,传统侵权责任法的单一赔偿机制已不足以救助大规模侵权中的众多受害者,面对风险社会的挑战,侵权责任在制度设计上,应在坚守既有损害赔偿原则基础上,将风险意识的理念渗入到制度创新中,建立多元化的受害人救济法律制度。...
被引频次:18 下载频次:531 发表时间:2012-09-15
4 食品大规模侵权损害多元化救济制度论析
张炜达; 王世苗, 西北大学学报(哲学社会科学版) 2016年01期, 期刊
当前,食品大规模侵权事件时有发生,究其原因主要在于食品大规模侵权损害的民事救济制度不足、社会救济制度薄弱、行政救济制度不合理。各救济制度在实践中的局限性严重阻碍其功能的充分发挥。因此应完善代表人诉讼制度和惩罚性赔偿制度,建立责任保险制度和补偿基金制度,落实
华东政法大学 (5)
江西财经大学 (2)
安徽大学 (2)
河南师范大学学报(哲学社会科学版) (2)
山东大学 (2)
关键词
大规模侵权 (32)
多元化救济模式 (14)
责任保险 (12)
救济机制 (8)
多元化救济 (7)
检索历史
侵权 多元化救济
食品安全 多元化救济
食品安全 侵权损害
食品安全侵权损害
食品安全损害赔偿的多元化救济
检索痕迹 清空

图 5-48

通过课题分析、检索目的分析和检索词的选择，可以发现，"侵权损害"与"赔偿"是紧密联系在一起的，而"惩罚性赔偿"是侵权损害赔偿中出现的高频词汇，也是侵权损害救济机制中的重要措施，可以将惩罚性赔偿纳入到检索词的范围内。另外，在进行侵权和多元化救济的检索时，"责任保险"也作为高频词汇进入到我们的视野中，为完善多元化的救济机制，不仅需要惩罚性赔偿的强制被动手段，积极的社会化、商业化的保险救济手段也是有效的补充。因此，将责任保险纳入到检索词的范围内，有利于全面检索食品安全侵权损害的救济方式。法律专业的词汇要求较为精准，因此容易造成主题检索或关键词检索结果较少的情况，此时可以考虑将检索词的范围扩大到全文检索，以增加检索结果的获取。

（2）构造中文基本检索式：

A. 食品安全＊侵权损害

——全面了解"食品安全"中侵权问题的相关文献

B. 食品安全＊（"侵权损害"＋"多元化救济"）

——了解食品安全侵权中救济方式相关问题的文献资料

C. 食品安全＊（"侵权损害"＋"多元化救济"）＊惩罚性赔偿

——了解食品安全侵权损害中惩罚性赔偿制度的适用问题相关文献资料

D. 食品安全＊（"侵权损害"＋"多元化救济"）＊（"惩罚性赔偿"＋"责任保险"）

——了解食品安全侵权损害中惩罚性赔偿和责任保险各自适用的范围以及在救济机制中的作用问题的相关资料

（3）构造外文基本检索式：

A. Food safety ＊ tort

B. Food safety ＊ tort damage

C. Food safety ＊ tort ＊ punitive damages

D. Food safety ＊ tort ＊ punitive damages ＊ insurance system

4. 检索实施、策略优化

（1）一次资源检索：

A. 中文法律法规资源——北大法宝数据库。进入北大法宝数据库法律法规子库，其中检索包括标题检索和全文检索，由于近年食品安全的研究较热，涉及的相关文献较多，因此可首先选择标题检索，精确法律法规的选择。在标题检索字段输入关键词：食品安全，精确匹配。检索结果如下图：

图 5-49

　　根据结果显示法律 2 部，行政法规 30 篇，司法解释 4 个。根据"新法优于旧法"原则，2015 年修订的《中华人民共和国食品安全法》是现行有效的法律。用户也可以在时效性一栏选择现行有效的法律、法规、司法解释，来缩小检索范围，如下图所示：

图 5-50

根据相关性选择可以得出检索结果：

法律类：

i. 中华人民共和国食品安全法（2015 修订）English

现行有效／主席令第 21 号／2015.04.24 发布／2015.10.01 实施

行政法规：

i. 国务院办公厅关于进一步加强农药兽药管理保障食品安全的通知

现行有效／国办发明电［2017］10 号／2017.09.19 发布／2017.09.19 实施

ii. 国务院办公厅关于加快发展冷链物流保障食品安全促进消费升级的意见

现行有效／国办发［2017］29 号／2017.04.13 发布／2017.04.13 实施　、

iii. 国务院办公厅关于印发 2017 年食品安全重点工作安排的通知

现行有效／国办发［2017］28 号／2017.04.06 发布／2017.04.06 实施

iv. 国务院关于印发"十三五"国家食品安全规划和"十三五"国家药品安全规划的

通知

现行有效／国发［2017］12 号／2017.02.14 发布／2017.02.14 实施

v. 国务院关于研究处理食品安全法执法检查报告及审议意见情况的反馈报告

现行有效／2016.12.23 发布／2016.12.23 实施

vi. 国务院办公厅关于印发食品安全工作评议考核办法的通知

现行有效／国办发［2016］65 号／2016.08.17 发布／2016.08.17 实施

vii. 国务院办公厅关于印发 2016 年食品安全重点工作安排的通知

现行有效／国办发［2016］30 号／2016.04.27 发布／2016.04.27 实施

viii. 中华人民共和国食品安全法实施条例（2016 修订）English

现行有效／国务院令第 666 号／2016.02.06 发布／2009.07.20 实施

司法解释：

i. 最高人民检察院通报 11 起危害食品安全犯罪典型案例 English

现行有效／2015.08.05 发布／2015.08.05 实施

ii. 最高人民法院公布五起危害食品安全犯罪典型案例 English

现行有效／2013.05.04 发布／2013.05.04 实施

iii. 最高人民法院、最高人民检察院关于办理危害食品安全刑事案件适用法律若干问题的解释 English

现行有效／法释［2013］12 号／2013.05.02 发布／2013.05.04 实施

iv. 最高人民法院公布危害食品安全犯罪典型案例 English

现行有效／2011 发布／2011 实施

为进一步检索我国法律法规中对食品安全侵权损害的相关规定，可以在全文检索字段输入"食品安全"和"侵权损害"，获得检索结果 4 个，如下图：

图 5-51

根据相关性选择结果如下：

i. 最高人民法院关于发布第 15 批指导性案例的通知 English
现行有效 ／ 法［2016］449 号 ／ 2016.12.28 发布 ／ 2016.12.28 实施
ii. 最高人民法院关于发布第六批指导性案例的通知 English
现行有效 ／ 法［2014］18 号 ／ 2014.01.26 发布 ／ 2014.01.26 实施

由于多元化救济多出现于法学研究中，不属于法律法规表述的习惯用语，为了获取更全面的食品安全方面的法律法规资源，可以在全文检索中输入"食品安全"和"惩罚性赔偿"，以及"食品安全"和"责任保险"，分别获得了 27 条、83 条检索结果，如下图：

图 5-52

图 5-53

根据相关性选择结果如下：

i. 最高人民法院、最高人民检察院发布10起检察公益诉讼典型案例

现行有效／2018.03.02发布／2018.03.02实施

ii. 最高人民法院关于充分发挥审判职能作用为推进生态文明建设与绿色发展提供司法服务和保障的意见

现行有效／法发〔2016〕12号／2016.05.26发布／2016.05.26实施

iii. 全国人民代表大会教育科学文化卫生委员会关于第十二届全国人民代表大会第四次会议主席团交付审议的代表提出的议案审议结果的报告

现行有效／2016.12.21 发布／2016.12.21 实施

iv. 最高人民法院公布 10 起弘扬社会主义核心价值观典型案例

现行有效/2016.03.08 发布/2016.03.08 实施

v. 最高人民法院关于当前民事审判工作中的若干具体问题

现行有效/2015.12.24 发布/2015.12.24 实施

vi. 最高人民法院关于认真学习贯彻实施消费者权益保护法的通知

现行有效／法［2013］288 号／2013.12.18 发布／2013.12.18 实施

vii. 中华人民共和国国民经济和社会发展第十三个五年规划纲要

现行有效／2016.03.16 发布／2016.03.16 实施

viii. 最高人民法院关于发布第 15 批指导性案例的通知 English

现行有效／法［2016］449 号／2016.12.28 发布／2016.12.28 实施

ix. 中国保监会关于保险业支持实体经济发展的指导意见 English

现行有效／保监发［2017］42 号／2017.05.04 发布／2017.05.04 实施

x. 国务院关于印发"十三五"市场监管规划的通知 English

现行有效／国发［2017］6 号／2017.01.12 发布／2017.01.12 实施

　　B. 外文法律法规资源——LexisNexis 数据库。进入 LexisNexis 数据库的"Statutes and legislation"法律法规子库，依次输入外文检索式：("food safety" or "food security") and (tort or "tort damages")；("food safety" or "food security") and (tort or "tort damages") and ("punitive damages")；("food safety" or "food security") and (tort or "tort damages") and ("punitive damages") and ("insurance system")，如下图：

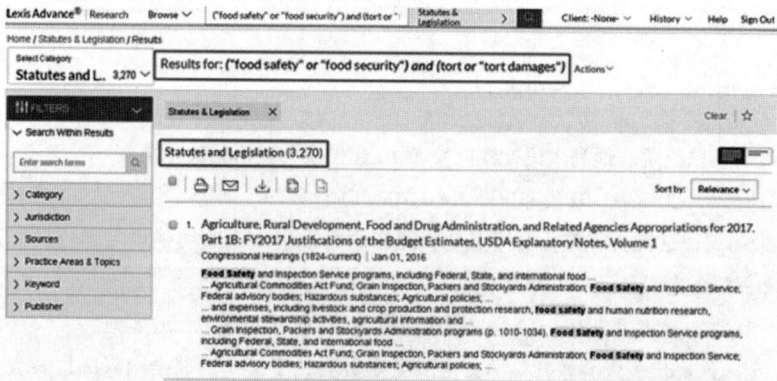

图 5-54

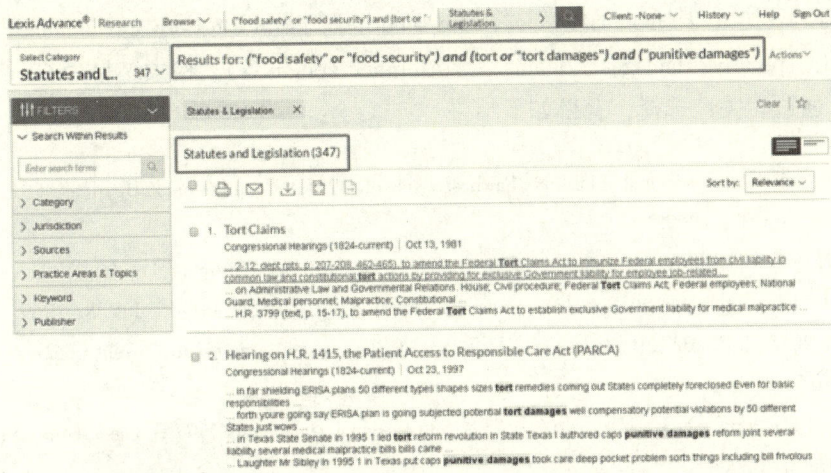

图 5-55

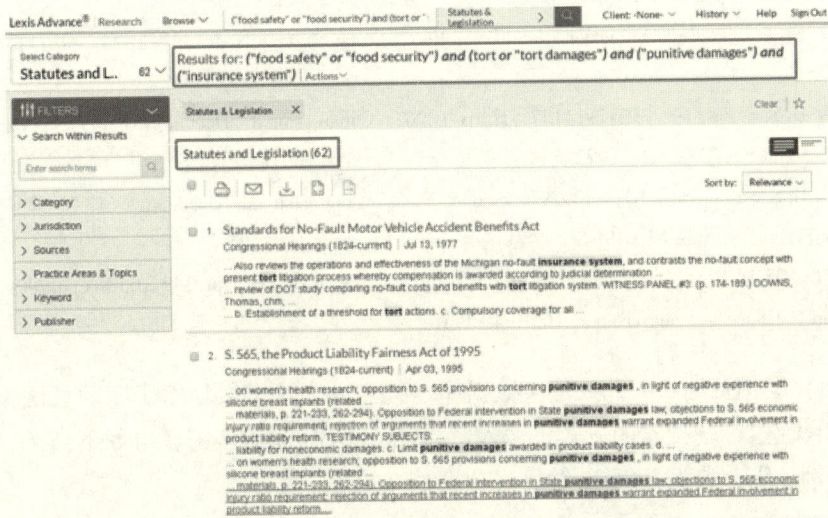

图 5-56

通过不同的检索表达式，获得的结果如下：

a. 表达式（"food safety" or "food security"）and（tort or "tort dama-ges"），检索结果为 3270 条。

b. 表达式（"food safety" or "food security"）and（tort or "tort damages"）and（"punitive damages"），检索结果为 347 条。

c. 表达式（"food safety" or "food security"）and（tort or "tort damages"）and（"punitive damages"）and（"insurance system"），检索结果为 62 条。

通过相关性选择，获得如下结果：

1. S. 565, the Product Liability Fairness Act of 1995, Congressional Hearings（1824 - current）Apr 03, 1995.

2. Product Liability Standards, Congressional Hearings（1824-current）Feb 02, 1994.

3. Class Action Jurisdiction Act, Congressional Hearings（1824-current）Jul 28, 1969.

4. 2015 H. R. 2029, Congressional Full Text of Bills-113th Congress to Current Congress Apr 24, 2015.

5. U. S. Serial Set ID：H. rp. 108-755, Congressional Documents 1777-present（U. S. Serial Set）Oct 07, 2004.

6. U. S. Serial Set ID：14336B S. doc. 31/2, Congressional Documents 1777 - present（U. S. Serial Set）Jan 01, 1999.

7. Federal Trade Commission Reauthorization, Congressional Hearings（1824-current）Jun 29, 1993.

8. U. S. Serial Set ID：14147 H. rp. 1096, Congressional Documents 1777 - present（U. S. Serial Set）Dec 31, 1992.

9. U. S. Serial Set ID：13919B S. doc. 23/2, Congressional Documents 1777 - present（U. S. Serial Set）Jan 01, 1991.

10. 105 H. Rpt. 149, Committee Reports Jun 24, 1997 105 H. Rpt. 149 105th Congress, 1st Session > House > House Report 105-149 Part 2.

C. 案例资源——北大法宝数据库。进入北大法宝数据库子库的司法案例界面，通过标题搜索的方式，输入"食品安全"，精确匹配获得如下结果，公报案例 1 篇，典型案例 23 篇，经典案例 9 篇等：

图 5-57

　　进一步精确检索，输入检索式："食品安全 侵权损害"，点击新检索，发现搜索结果为 0，如图所示：

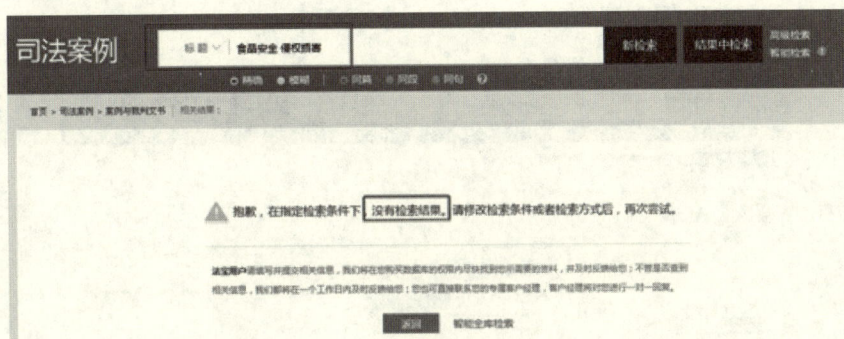

图 5-58

　　这是由于此种检索式的结构不适合我国司法案例的标题习惯。因此将检索范围扩展到全文，选择全文搜索，输入检索式："食品安全 侵权损害"，得到检索结果案例 124 篇，经典案例 2 篇如下图：

图 5-59

　　输入检索表达式："食品安全 侵权损害 多元化救济"，检索结果为0，由于多元化救济属于研究性法律用语，较少出现在司法案例文件中，因此无检索结果。用户可以根据上一级检索的结果来进行筛选使用，也可以在法宝推荐案例和普通案例中选择需要的案例结果。还可以调整检索表达式为："食品安全 侵权损害 惩罚性赔偿"，选择"新检索"，得到如下图的检索结果，案例31篇，经典案例2篇等：

图 5-60

通过调整检索表达式为："食品安全 侵权损害 责任保险"，选择新检索，可以获得如下图结果，案例1篇：

图 5-61

通过相关性选择，得到的检索结果为：

1. 检例第 28 号：江苏省常州市人民检察院诉许建惠、许玉仙民事公益诉讼案

2. （2007）朝民初字第 07348 号：张征征诉北京蜀国演义餐饮文化发展有限公司人身损害赔偿纠纷案

3. （2010）金牛民初字第 3951 号；（2011）成民终字第 1921 号：成都爱莲超市有限公司与郑金龙产品责任纠纷上诉案

4. （2010）深罗法民一初字第 972 号；（2010）深中法民一终字第 1856 号：李某与华润万家有限公司产品质量损害赔偿纠纷上诉案　食品安全法中十倍赔偿的案由确定和归责原则

5. （2016）闽 0304 民初 719 号：陈昌照与黄国文、中国平安财产保险股份有限公司厦门分公司机动车交通事故责任纠纷案

6. （2017）粤 01 民终 1585 号、1586 号、1587 号：李应聪与华润万家生活超市（广州）有限公司从化店买卖合同纠纷上诉案

7. （2017）黑 01 民终 7608 号：丛李松与哈尔滨家乐福超市有限公司乐松店等产品责任纠纷上诉案

8. （2016）浙 02 民终 2889 号：俞光新与浙江同泰堂药品有限公司买卖合同纠纷上诉案

9. （2017）川 1902 民初 429 号：蒋雪梅诉巴中市世纪隆商贸有限公司买卖合同纠纷案

10. （2016）粤 13 民终 923 号：陆元昌与梁汉强产品责任纠纷案

（2）二次资源检索：

A. 期刊资源——北大法宝数据库。进入北大法宝数据库法学期刊子库的标准检索界面，由于该数据库未提供主题检索，用户可选择全文字段条件下输入"食品安全 侵权损害"检索词，并限制在同句中，同时选择"精确"匹配方式，全面了解"食品安全"中侵权损害赔偿问题以及现行的救济机制的相关文献。

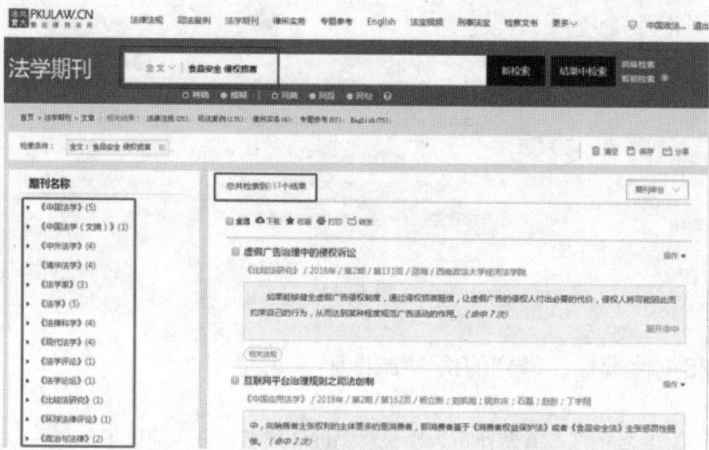

图 5-62

由上图可知，运用上述检索条件，得到 137 篇检索结果，用户可以选择左侧的不同期刊，查找具体的期刊论文。为进一步精确检索，可以输入检索式："食品安全 侵权损害 多元化救济"，获得如下图检索结果 1 篇：

图 5-63

　　由于此种检索结果较少，可以调整检索表达式为："食品安全 侵权损害 惩罚性赔偿"，输入进行检索，如下图所示获得 86 条检索结果：

图 5-64

　　进一步将检索表达式调整为："食品安全 侵权损害 惩罚性赔偿 责任保险"，输入进行检索，如下图，获得 20 篇检索结果：

图 5-65

相关性较高的检索结果如下：

1. 我国食品安全制度与责任保险制度的冲突及协调

《法学》／2017 年／第 8 期／第 123 页／肖峰／湘潭大学法学院

2. 大规模侵权损害救济机制探析

《法治研究》／2017 年／第 1 期／第 27 页／张力；庞伟伟／西南政法大学；西南政法大学

3. 食品安全责任保险立法模式的比较与选择

《法学》／2015 年／第 8 期／第 73 页／卢玮／上海政法学院

4. 我国食品安全责任强制保险的法律构造研究

《中国法学》／2015 年／第 3 期／第 244 页／于海纯／对外经济贸易大学法学院

5. 2012 年文章总目录

《法学杂志》／2012 年／第 12 期／第 175 页

6. 论食品安全领域大规模人身侵权债权在破产程序中的清偿顺位

《法治研究》／2013 年／第 11 期／第 53 页／王欣新；乔博娟／中国人民大学

7. 消费者保护的制度类型

《法律和社会科学》／2015 年／第 2 期（第 14 卷第 2 辑）／第 27 页／乔纳桑·S. 梅瑟（Jonathan S. Masur）／芝加哥大学法学院

总结：在北大法宝数据库期刊子库中，利用"食品安全"与"侵权损害"以及扩展的检索词查询到一定数量的相关文献，分别论述了食品安全侵权案件中的不同救济方式的立法和司法模式，但文献数量有限，并且研究内容均为单一救济方式的研究，缺乏多元化救济的整体机制的构建研究，说明我国在这个领域有很大的研究空间。

B. 期刊资源——元照月旦数据库。进入元照月旦数据库法学期刊子库的标准检索界面，该数据库提供的检索字段有不限栏位、篇名、作者、刊名。用户可在"不限栏位"输入"食品安全"，在全文中搜索，共得到 605 条结果，为缩小范围，选择"篇名"输入"食品安全"，得到 100 条结果，如下图：

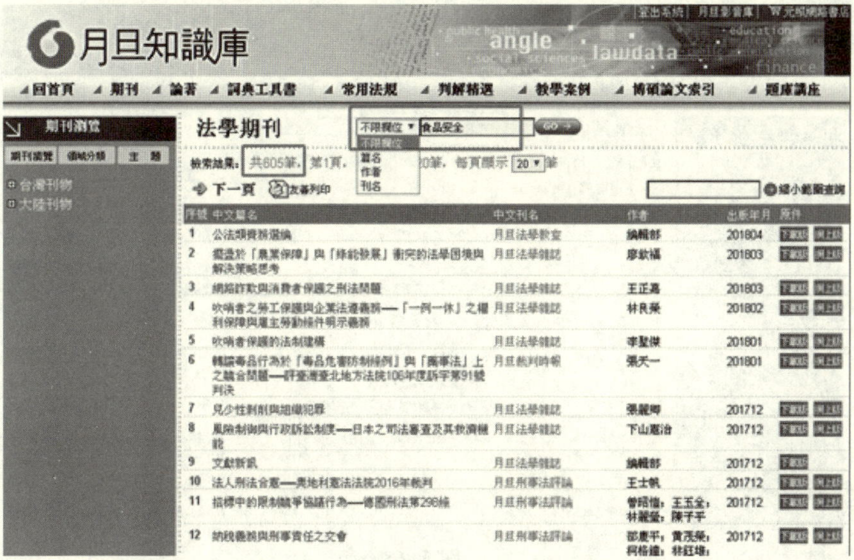

图 5-66

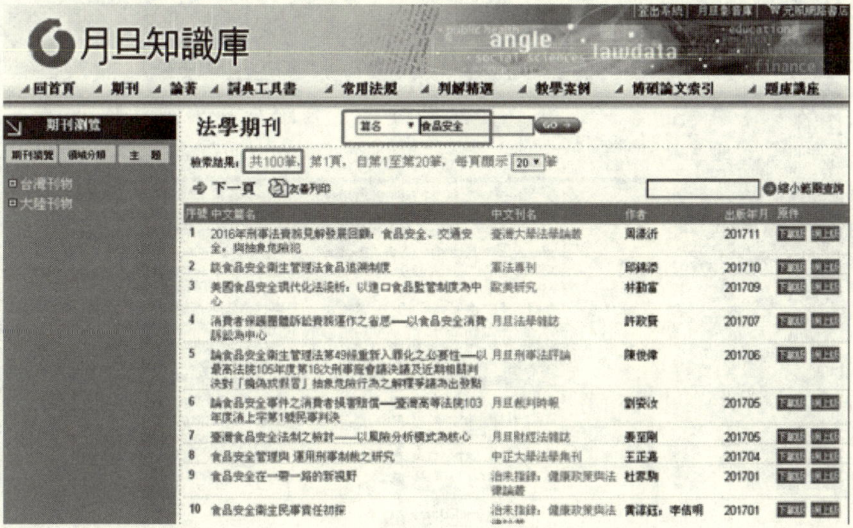

图 5-67

为进一步精确检索结果，可在缩小范围查询输入“侵权损害”，如下图，发现没有检索到结果：

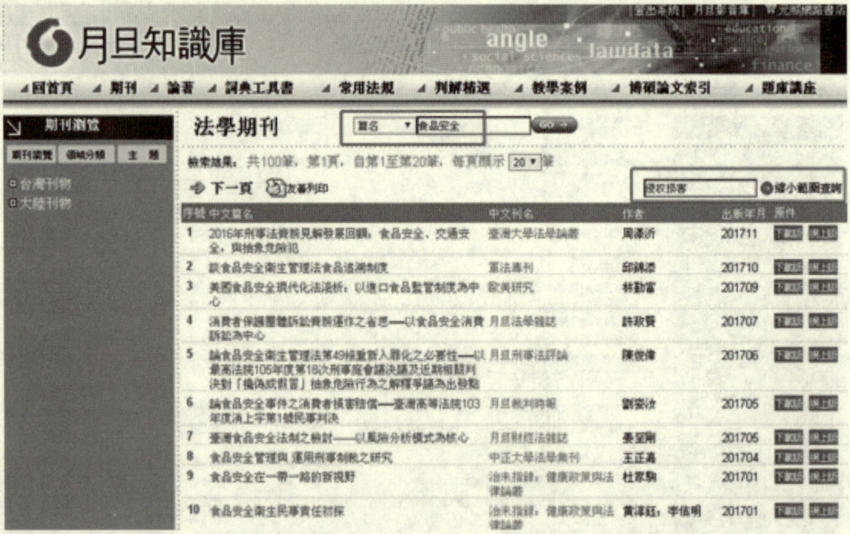

图 5-68

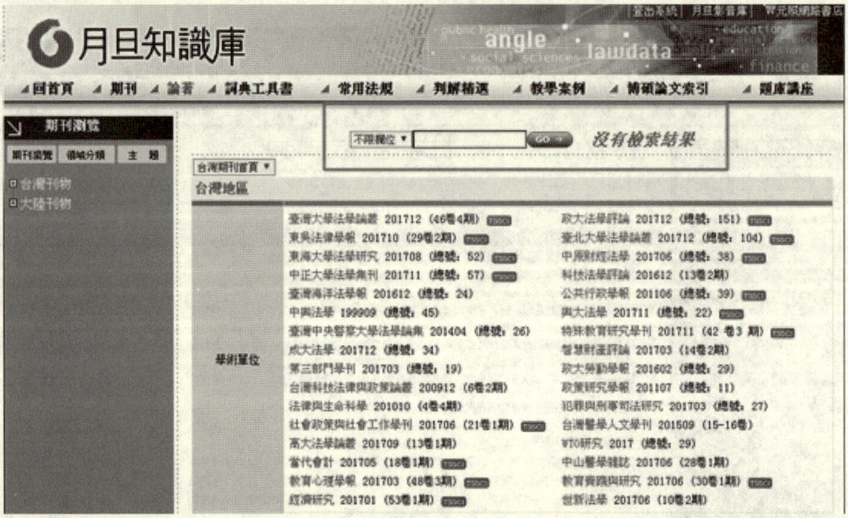

图 5-69

考虑到台湾地区和大陆在法律术语的名称上存在差异，因此将"侵权损害"简短为"侵权"，进行缩小范围检索，得到 7 条结果，如下图：

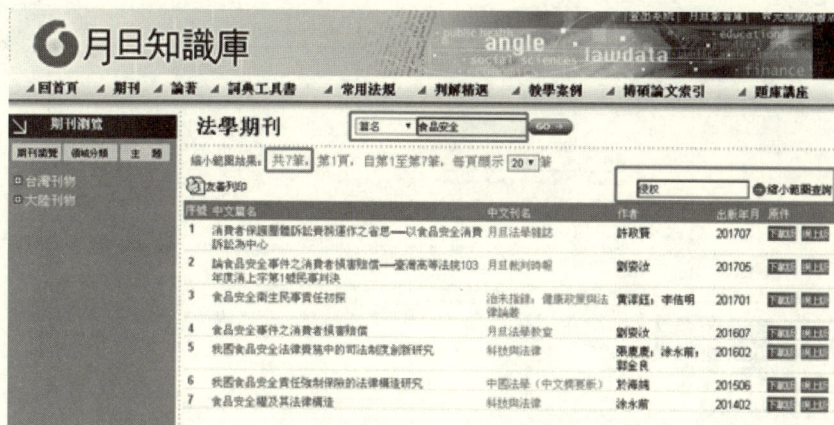

图 5-70

相关性较高的文章如下：

1. 許政賢 . 消費者保護團體訴訟實務運作之省思——以食品安全消費訴訟為中心 . 月旦法學雜誌 . 2017（266）：132-155.

2. 劉姿汝 . 論食品安全事件之消費者損害賠償——臺灣高等法院 103 年度消上字第 1 號民事判決 . 月旦裁判時報 . 2017（59）：46-53.

3. 黃淳鈺；李佶明 . 食品安全衛生民事責任初探 . 治未指錄：健康政策與法律論叢 . 2017（5）：119-147.

4. 劉姿汝 . 食品安全事件之消費者損害賠償 . 月旦法學教室 . 2016（165）：13-15.

5. 張慶慶；涂永前；郭金良 . 我國食品安全法律實施中的司法制度創新研究 . 科技與法律 . 2016（01）：66-87.

6. 於海純 . 我國食品安全責任強制保險的法律構造研究 . 中國法學（中文摘要版）. 2015（03）：1-4.

7. 涂永前 . 食品安全權及其法律構造 . 科技與法律 . 2014（01）：40-75.

C. 期刊资源——中国知网数据库。进入中国知网期刊子库，选择专业检索，同时在左侧资源集合子集中去除"基础科学""工程科技Ⅰ辑""工程科技Ⅱ辑""农业科技"和"医药卫生科技"集合。不限制发表时间年限。SU＝食品安全＊侵权损害，获取检索结果 69 条，如下图所示：

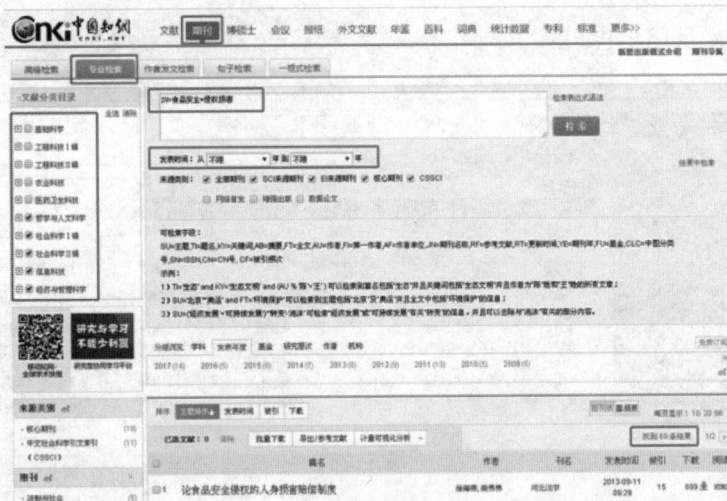

图 5-71

检索结果数量过多，从文章质量角度，选取核心期刊与 CSSCI 来源期刊中的文章，相关性较高的检索结果如下：

陈承堂. 论"损失"在惩罚性赔偿责任构成中的地位 [J]. 法学, 2014 (09)：141-153.

薛金燕. 我国缺陷食品大规模侵权惩罚性赔偿制度的适用 [J]. 商场现代化, 2014 (15)：33.

杨立新. 我国消费者保护惩罚性赔偿的新发展 [J]. 法学家, 2014 (02)：78-90+177-178.

朱广新. 惩罚性赔偿制度的演进与适用 [J]. 中国社会科学, 2014 (03)：104-124+206-207.

何普. 食品大规模侵权损害赔偿体系的构建——以损害救济的社会化为中心 [J]. 中国地质大学学报 (社会科学版), 2013 (S1)：176-178.

刘俊海, 徐海燕. 我国惩罚性赔偿制度的解释与创新 [J]. 法律适用, 2013 (10)：26-33.

徐海燕, 柴伟伟. 论食品安全侵权的人身损害赔偿制度 [J]. 河北法学, 2013, 31 (10)：23-31.

张炜达, 乔少磊. 食品安全事故补偿基金法律制度论析 [J]. 西北大学学报 (哲学社会科学版), 2013, 43 (04)：107-112.

席志国. 食品安全之私法救济机制的完善 [J]. 中国流通经济, 2012, 26 (07)：111-

115.

王玉青. 食品大规模侵权惩罚性损害赔偿的法律分析［J］. 理论月刊, 2012（02）: 173-176.

进入中国知网期刊子库, 选择专业检索, 同时在左侧资源集合子集中去除"基础科学""工程科技Ⅰ辑""工程科技Ⅱ辑""农业科技"和"医药卫生科技"集合。不限制发表时间年限。输入检索式: SU=食品安全＊（"侵权损害"＋"多元化救济"）, 获取检索结果 24 条。

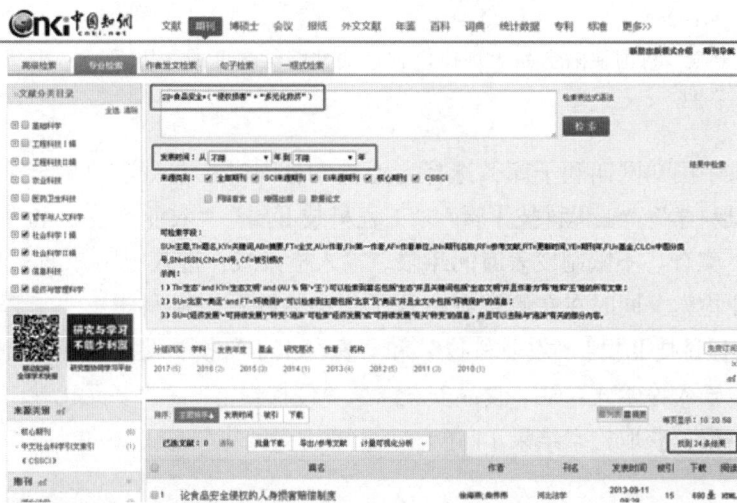

图 5-72

选取核心期刊来源期刊中的文章, 相关性较高的检索结果如下:

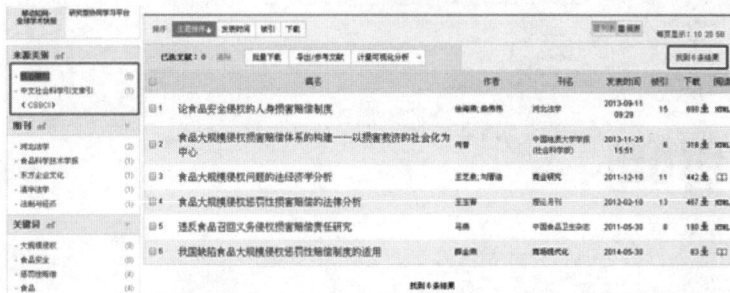

图 5-73

1. 徐海燕，柴伟伟. 论食品安全侵权的人身损害赔偿制度［J］. 河北法学，2013，31（10）：23-31.

2. 何普. 食品大规模侵权损害赔偿体系的构建——以损害救济的社会化为中心［J］. 中国地质大学学报（社会科学版），2013（S1）：176-178.

3. 王芝泉，刘晋浩. 食品大规模侵权问题的法经济学分析［J］. 商业研究，2011（12）：200-206.

4. 王玉青. 食品大规模侵权惩罚性损害赔偿的法律分析［J］. 理论月刊，2012（02）：173-176.

5. 马燕. 违反食品召回义务侵权损害赔偿责任研究［J］. 中国食品卫生杂志，2011，23（03）：261-264.

6. 薛金燕. 我国缺陷食品大规模侵权惩罚性赔偿制度的适用［J］. 商场现代化，2014（15）：33.

进入中国知网期刊子库，选择专业检索，同时在左侧资源集合子集中去除"基础科学""工程科技Ⅰ辑""工程科技Ⅱ辑""农业科技"和"医药卫生科技"集合。不限制发表时间年限。输入检索式：进入中国知网期刊子库，选择专业检索，同时在左侧资源集合子集中去除"基础科学""工程科技Ⅰ辑""工程科技Ⅱ辑""农业科技"和"医药卫生科技"集合。不限制发表时间年限。输入检索式：SU=食品安全＊（"侵权损害"＋"多元化救济"）＊惩罚性赔偿，获取检索结果 14 条。

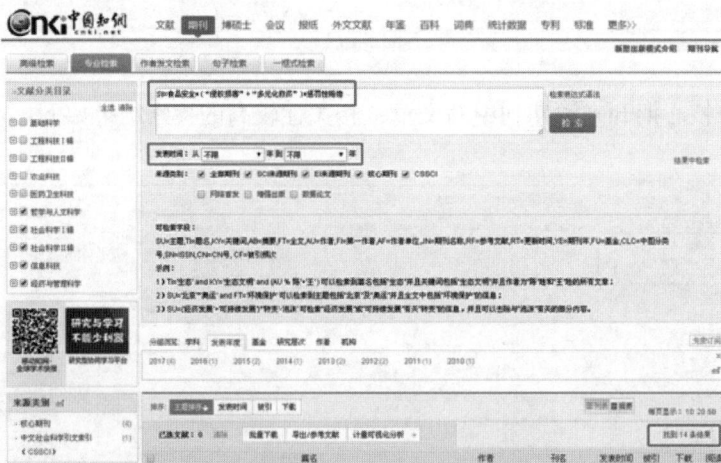

图 5-74

相关性较高的检索结果如下：

戈利利. 食品安全侵权责任制度构建［J］. 法制博览，2017（27）：182.

刘筠筠，王洁. 食品大规模侵权损害救济机制探索与比较研究［J］. 食品科学技术学报，2017，35（03）：89-94.

周航. 体系化视角下食品侵权损害惩罚性赔偿规则协调研究［J］. 中国食物与营养，2017，23（04）：15-19.

王圣利. 食品安全领域大规模侵权救济模式之解析与重构［J］. 医学与法学，2017，9（01）：14-18.

张炜达，王世苗. 食品大规模侵权损害多元化救济制度论析［J］. 西北大学学报（哲学社会科学版），2016，46（01）：85-92.

商昌国. 食品领域大规模侵权行为的界定及赔偿标准的确定［J］. 河北法学，2015，33（09）：174-181.

孙效敏，张炳. 惩罚性赔偿制度质疑——兼评《侵权责任法》第47条［J］. 法学论坛，2015，30（02）：70-83.

薛金燕. 我国缺陷食品大规模侵权惩罚性赔偿制度的适用［J］. 商场现代化，2014（15）：33.

何普. 食品大规模侵权损害赔偿体系的构建——以损害救济的社会化为中心［J］. 中国地质大学学报（社会科学版），2013（S1）：176-178.

徐海燕，柴伟伟. 论食品安全侵权的人身损害赔偿制度［J］. 河北法学，2013，31（10）：23-31.

进入中国知网期刊子库，选择专业检索，同时在左侧资源集合子集中去除"基础科学""工程科技Ⅰ辑""工程科技Ⅱ辑""农业科技"和"医药卫生科技"集合。不限制发表时间年限。输入检索式：SU＝食品安全＊（"侵权损害"＋"多元化救济"）＊（"惩罚性赔偿"＋"责任保险"），了解食品安全侵权损害中惩罚性赔偿和责任保险各自适用的范围以及在救济机制中的作用问题的相关资料。获取检索结果13条。

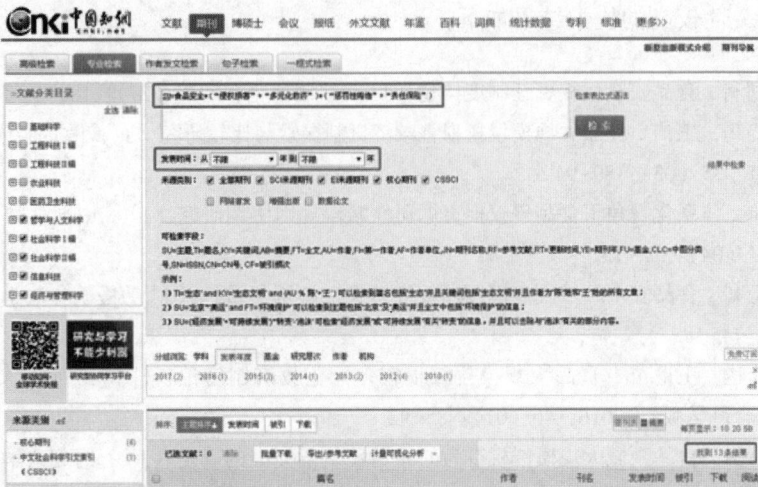

图 5-75

相关性较高的检索结果如下：

刘筠筠，王洁．食品大规模侵权损害救济机制探索与比较研究［J］．食品科学技术学报，2017，35（03）：89-94.

周航．体系化视角下食品侵权损害惩罚性赔偿规则协调研究［J］．中国食物与营养，2017，23（04）：15-19.

张炜达，王世苗．食品大规模侵权损害多元化救济制度论析［J］．西北大学学报（哲学社会科学版），2016，46（01）：85-92.

商昌国．食品领域大规模侵权行为的界定及赔偿标准的确定［J］．河北法学，2015，33（09）：174-181.

孙效敏，张炳．惩罚性赔偿制度质疑——兼评《侵权责任法》第47条［J］．法学论坛，2015，30（02）：70-83.

薛金燕．我国缺陷食品大规模侵权惩罚性赔偿制度的适用［J］．商场现代化，2014（15）：33.

何普．食品大规模侵权损害赔偿体系的构建——以损害救济的社会化为中心［J］．中国地质大学学报（社会科学版），2013（S1）：176-178.

徐海燕，柴伟伟．论食品安全侵权的人身损害赔偿制度［J］．河北法学，2013，31（10）：23-31.

王玉青．对食品大规模侵权惩罚性损害赔偿的理性反思［J］．高等函授学报（哲学社会科学版），2012，27（08）：40-42.

廖盛林，周亚勤，潘琼文．食品安全领域损害赔偿的社会化救济综合机制探讨 [J]．法制与社会，2012（16）：34-35.

综上所述，四个检索式获取的检索结果数量如下所示。随着检索词的明确与细分，检索结果的指向性逐渐提升。在检索结果的过程中，了解到"食品安全"中的侵权损害赔偿的具体救济方式，也将之列为检索词以扩展检索范围，提高检全率，以从总体上兼顾检全率与检准率的平衡。

（1）SU = 食品安全 * 侵权损害，获取检索结果 69 条。

（2）SU = 食品安全 *（"侵权损害" + "多元化救济"），获取检索结果 24 条。

（3）SU = 食品安全 *（"侵权损害" + "多元化救济"）* 惩罚性赔偿，检索结果 14 条。

（4）SU = 食品安全 *（"侵权损害" + "多元化救济"）*（"惩罚性赔偿" + "责任保险"），检索结果 13 条。

通过上述四次检索，从中国知网期刊库中筛选出以下检索结果：

1. 徐海燕，柴伟伟．论食品安全侵权的人身损害赔偿制度 [J]．河北法学，2013，31（10）：23-31.

2. 何普．食品大规模侵权损害赔偿体系的构建——以损害救济的社会化为中心 [J]．中国地质大学学报（社会科学版），2013（S1）：176-178.

3. 王芝泉，刘晋浩．食品大规模侵权问题的法经济学分析 [J]．商业研究，2011（12）：200-206.

4. 王玉青．食品大规模侵权惩罚性损害赔偿的法律分析 [J]．理论月刊，2012（02）：173-176.

5. 马燕．违反食品召回义务侵权损害赔偿责任研究 [J]．中国食品卫生杂志，2011，23（03）：261-264.

6. 薛金燕．我国缺陷食品大规模侵权惩罚性赔偿制度的适用 [J]．商场现代化，2014（15）：33.

7. 戈利利．食品安全侵权责任制度构建 [J]．法制博览，2017（27）：182.

8. 杨立新．我国消费者保护惩罚性赔偿的新发展 [J]．法学家，2014（02）：78-90+177-178.

9. 孙效敏，张炳．惩罚性赔偿制度质疑——兼评《侵权责任法》第 47 条 [J]．法学论坛，2015，30（02）：70-83.

10. 张炜达，王世苗. 食品大规模侵权损害多元化救济制度论析［J］. 西北大学学报（哲学社会科学版），2016，46（01）：85-92.

D. 期刊资源——万方数据库。进入万方数据库期刊子库的专业检索页面，输入检索式：题名或关键词：（食品安全＊侵权损害），并对检索结果进行学科"政治、法律"类筛选提取，得到的检索结果条数是 40 条，筛选出的相关检索结果如下：

图 5-76

1. 邓成明，阳建勋，《食品安全法》产品责任规定的若干问题探讨.《广州大学学报（社会科学版）》2012 年 8 期

2. 张云，食品召回法律责任研究.《甘肃政法学院学报》2009 年 6 期

3. 张羽君，论《食品安全法》惩罚性赔偿金制度的适用.《湖南农业大学学报（社会科学版）》2016 年 2 期

4. 王芝泉，刘晋浩，食品大规模侵权问题的法经济学分析.《商业研究》2011 年 12 期

5. 杜国明，我国食品安全民事责任制度研究——兼评《中华人民共和国食品安全法（修订草案）》.《政治与法律》2014 年 8 期

6. 袁雪，孙春伟，论我国食品安全责任保险制度的构建.《南昌大学学报（人文社会科学版）》2016 年 1 期

7. 边红彪，西班牙食品安全监管体系分析.《标准科学》2017 年 11 期

8. 冉斯文，缺陷食品大规模侵权损害救济机制探析 .《法制与经济（下旬刊）》2012年2期

9. 席志国，食品安全之私法救济机制的完善 .《中国流通经济》2012年7期

10. 张若阳，食品侵权损害赔偿制度构建研究 .《职工法律天地》2016年20期

输入检索式：题名或关键词：（食品安全） * 题名或关键词：（"侵权损害"＋"多元化救济"），发表时间不限，如下图所示，获得检索结果6条：

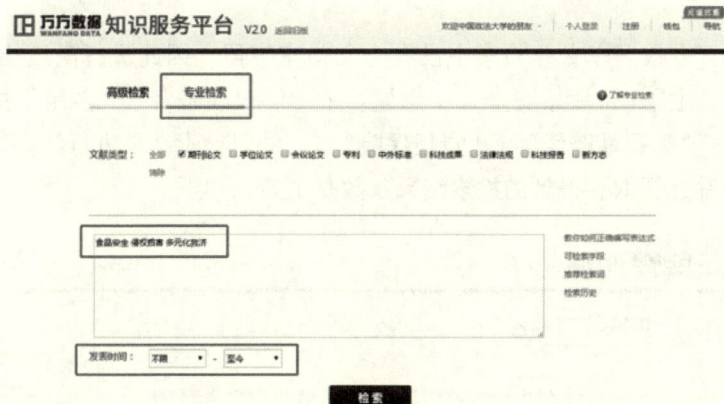

图 5-77

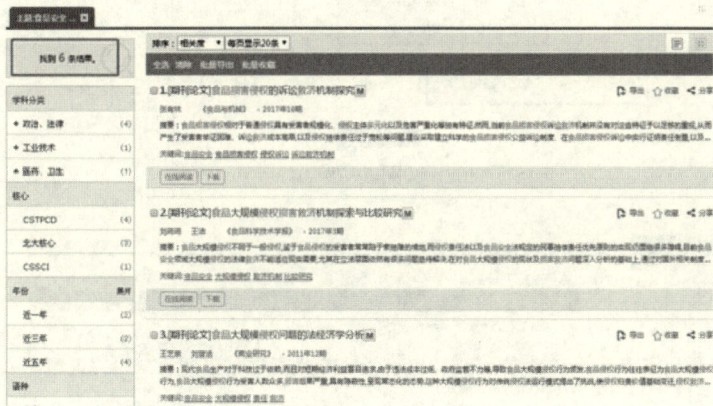

图 5-78

1. 张有林 . 食品损害侵权的诉讼救济机制探究［J］. 食品与机械，2017，（10）：78-80. DOI：10. 13652/j. issn. 1003-5788. 2017. 10. 001.

2. 刘筠筠，王洁．食品大规模侵权损害救济机制探索与比较研究 ［J］．食品科学技术学报，2017，（3）：89-94. DOI：10. 3969/j. issn. 2095-6002. 2017. 03. 014.

3. 王芝泉，刘晋浩．食品大规模侵权问题的法经济学分析 ［J］．商业研究，2011，（12）：200-206. DOI：10. 3969/j. issn. 1001-148X. 2011. 12. 035.

4. 郭玮．论大规模侵权事件中企业人身损害赔偿责任的承担 ［J］．淮北师范大学学报（哲学社会科学版），2011，（2）：102-104. DOI：10. 3969/j. issn. 2095-0683. 2011. 02. 026.

5. 郭俊．食品侵权救济机制探析 ［J］．学习论坛，2013，（8）：78-80.

6. 郭俊．食品侵权救济机制探析 ［J］．学习论坛，2013，（8）：78-80.

由于万方数据库专业检索中没有全文检索字段，因此进行高级检索，输入检索式：主题：（食品安全）＊主题：（"侵权损害"＋"多元化救济"）＊摘要：（"惩罚性赔偿"＋"责任保险"），并对检索结果进行学科"政治、法律"类筛选提取，得到的检索结果条数是 1 条，如下：

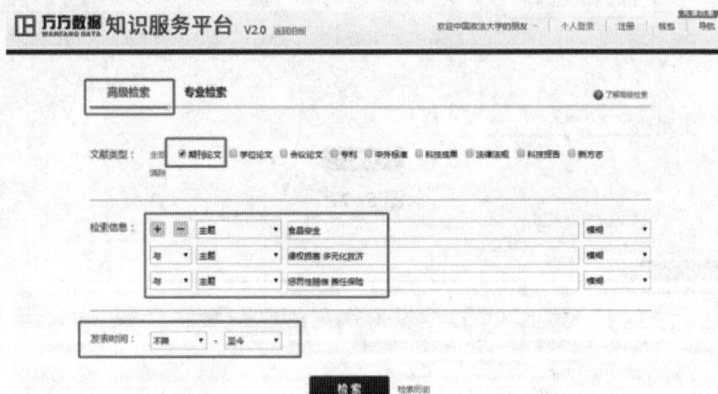

图 5-79

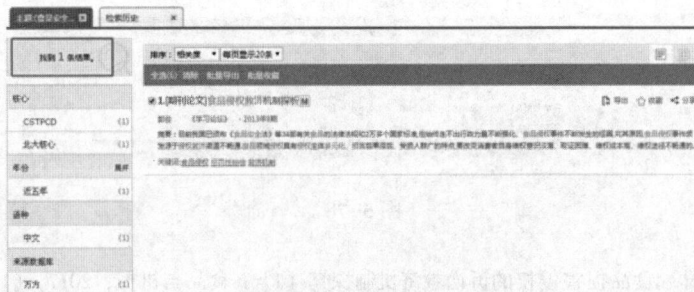

图 5-80

通过相关性筛选，最终获得以下结果：

1. 郭俊，食品侵权救济机制探析．《学习论坛》2013 年 8 期

由于此检索结果过少，用户可结合三次检索的结果进行筛选：

2. 胡兰玲，王怒蕾，论惩罚性赔偿在产品责任中的适用．《理论与现代化》2010 年 4 期

3. 周岸鹏，食品安全侵权责任的归责原则及惩罚性赔偿责任的竞合．《行政事业资产与财务》2011 年 12 期

4. 缪明明，"十倍赔偿"制度的立法探究与现实考察．《农业机械》2013 年 14 期

5. 李庆海，刘宁，中国食品安全问题的民法视角．《沈阳工业大学学报（社会科学版）》2012 年 3 期

6. 邓成明，阳建勋，《食品安全法》产品责任规定的若干问题探讨．《广州大学学报（社会科学版）》2012 年 8 期

7. 陆玉笛，食品安全事故中的侵权损害赔偿问题．《东方企业文化》2011 年 18 期

8. 阿米娜·斯依提，论食品侵权惩罚性损害赔偿制度．《长江大学学报（社会科学版）》2013 年 8 期

9. 张羽君，论《食品安全法》惩罚性赔偿金制度的适用．《湖南农业大学学报（社会科学版）》2016 年 2 期

10. 李蕾，食品安全法中惩罚性赔偿适用的实证分析——兼评《食品安全法（修改草案送审稿）》第 127 条．《北京政法职业学院学报》2014 年 3 期

E. 期刊资源——HeinOnline 数据库。打开 HeinOnline 数据库主页，选择高级检索（advanced search），在全文字段输入外文检索式④ Food safety * tort * punitive damages * insurance system，在本数据库中显示为如下表达式：（（（（（food safety）AND（tort））AND（punitive damages））AND（insurance system））），检索的时间范围不做限定，如下图所示，获得了 149 193 条检索结果：

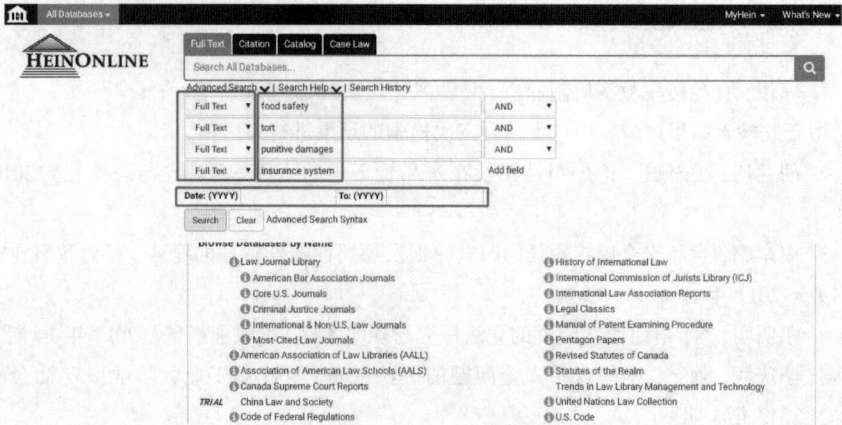

图 5-81

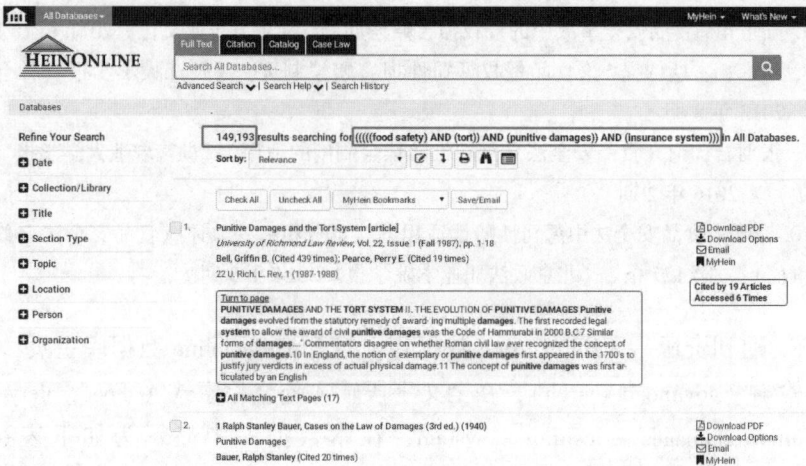

图 5-82

由于检索结果过于庞大，我们可以进一步对文献类型进行限制，在（Section types to search）中选择 Articles、Comments、Review 文献类型，同时由于食品安全法具有较强的时效性，年代较近的文献研究价值也较大，因此我们在（Date）中选择最近的时间，最终得到了 2959 条结果，如下图所示：

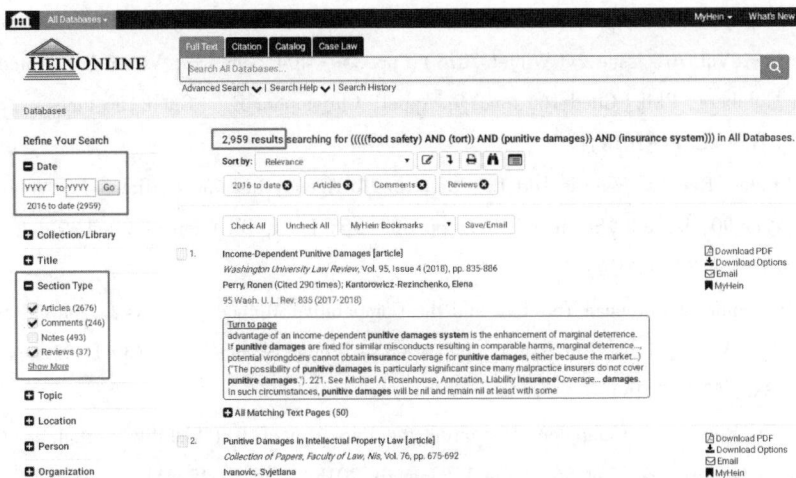

图 5-83

可以从中选择相关性较高的文章，例如以下文章：

1. Defective Punitive Damage Awards［article］. Utah Law Review, Vol. 2017, Issue 5 (2017), pp. 1019-1060. Lens, Jill Wieber (Cited 39 times). 2017 Utah L. Rev. 1019 (2017).

2. Income-Dependent Punitive Damages［article］. Washington University Law Review, Vol. 95, Issue 4 (2018), pp. 835-886. Perry, Ronen (Cited 290 times); Kantorowicz-Rezinchenko, Elena. 95 Wash. U. L. Rev. 835 (2017-2018).

3. Punish the Crown, but Protect the Government: A Comparative Analysis of State Tort Liability for Exemplary Damages in England and Punitive Damages in the United States［article］. Cardozo Journal of International and Comparative Law, Vol. 24, Issue 2 (Winter 2016), pp. 261-288. Raboin, Bradley (Cited 9 times). 24 Cardozo J. Int'l & Comp. L. 261 (2015-2016).

4. The Uneasy Case for Food Safety Liability Insurance［article］. Brooklyn Law Review, Vol. 81, Issue 4 (Summer 2016), pp. 1495-1554. Cogan, John Aloysius Jr. (Cited 19 times). 81 Brook. L. Rev. 1495 (2015-2016).

5. Lex Punit Mendacium: Punitive Damages and Bhasin v Hrynew［article］. Western Journal of Legal Studies, Vol. 7, Issue 2 (2017), pp. 1-18. Andrews, Eric (Cited 5 times). 7 W. J. Legal Stud. 1 (2017).

6. Tort Reform through the Back Door: A Critique of Law and Apologies［article］. Southern California Law Review, Vol. 90, Issue 6 (September 2017), pp. 1199-1246. Arbel, Yonathan A. (Cited 3 times); Kaplan, Yotam (Cited 1 times). 90 S. Cal. L. Rev. 1199 (2016-2017).

7. Deep Pocket Jurisprudence: Where Tort Law Should Draw the Line [article]. Oklahoma Law Review, Vol. 70, Issue 2 (Winter 2018), pp. 359-404. Schwartz, Victor E. (Cited 2077 times); Goldberg, Phil (Cited 166 times); Appel, Christopher E. (Cited 166 times). 70 Okla. L. Rev. 359 (2017-2018).

8. Product Recalls: Why Is Tort Law Deferring to Agency Inaction [article]. St. John's Law Review, Vol. 90, Issue 2 (Summer 2016), pp. 329-368. Lens, Jill Wieber (Cited 39 times). 90 St. John's L. Rev. 329 (2016).

9. Harmonizing European Tort Law and the Comparative Method [reviews]. Journal of Civil Law Studies, Vol. 9, Issue 2 (2016), pp. 539-554. Wells, Michael L. (Cited 205 times). 9 J. Civ. L. Stud. 539 (2016).

10. The Reasonable Computer: Disrupting the Paradigm of Tort Liability [article]. George Washington Law Review, Vol. 86, Issue 1 (January 2018), pp. 1-45. Abbott, Ryan (Cited 50 times). 86 Geo. Wash. L. Rev. 1 (2018).

由于上述检索方式检索到的结果仍然过于庞大，可以选择进入"Law Journal Library"子库中检索，为尽量精确检索结果，可输入检索表达式：（（title：（food safety）AND title：（tort）））,获得58条检索结果，如下图：

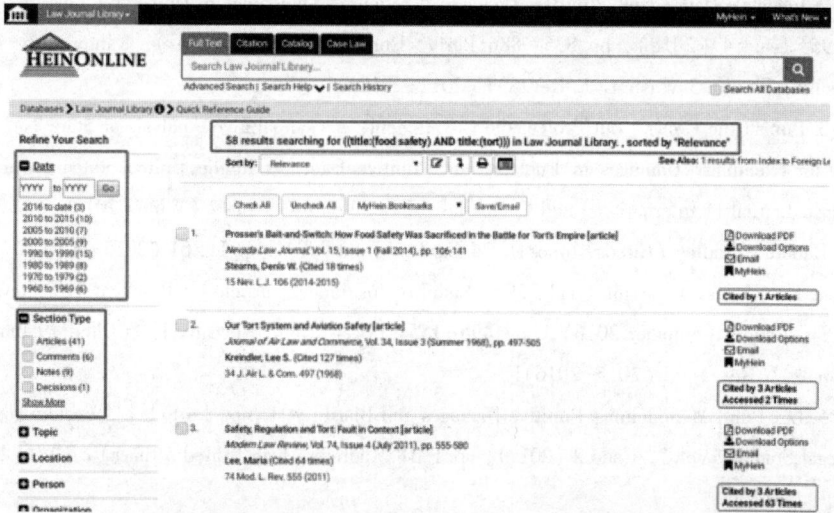

图5-84

为进一步精简结果，可在文献类型限制条件（Section types）中选择

Articles 文献类型，如果选择最近的时间，可以获得 2 条检索结果，如下图：

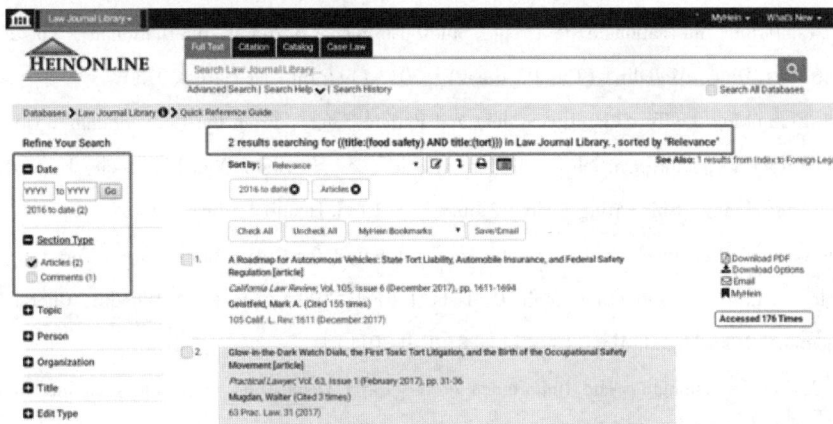

图 5-85

经过相关性筛选得到结果：

1. A Roadmap for Autonomous Vehicles：State Tort Liability，Automobile Insurance，and Federal Safety Regulation［article］. California Law Review，Vol. 105，Issue 6（December 2017），pp. 1611 - 1694. Geistfeld，Mark A.（Cited 155 times）. 105 Calif. L. Rev. 1611（December 2017）.

2. Glow-in-the-Dark Watch Dials，the First Toxic Tort Litigation，and the Birth of the Occupational Safety Movement［article］. Practical Lawyer，Vol. 63，Issue 1（February 2017），pp. 31 - 36. Mugdan，Walter（Cited 3 times）. 63 Prac. Law. 31（2017）.

3. Prosser's Bait-and-Switch：How Food Safety Was Sacrificed in the Battle for Tort's Empire［article］. Nevada Law Journal，Vol. 15，Issue 1（Fall 2014），pp. 106 - 141. Stearns，Denis W.（Cited 18 times）. 15 Nev. L. J. 106（2014 - 2015）.

4. Safety，Regulation and Tort：Fault in Context［article］. Modern Law Review，Vol. 74，Issue 4（July 2011），pp. 555 - 580. Lee，Maria（Cited 64 times）. 74 Mod. L. Rev. 555（2011）.

5. Tort as Democracy：Lessons from the Food Wars［article］. Arizona Law Review，Vol. 57，Issue 4（2015），pp. 929 - 976. Mortazavi，Melissa（Cited 13 times）. 57 Ariz. L. Rev. 929（2015）.

6. Markets，Tort Law，and Regulation to Achieve Safety［article］. Cato Journal，Vol. 31，Issue 2（Spring/Summer 2011），pp. 217 - 236. Rubin，Paul H.（Cited 1480 times）. 31 Cato

J. 217（2011）.

7. Tort Liability-Form of Legal Liability for the Quality of Food Products. The Illegal Act［article］. Conferinta Internationala de Drept, Studii Europene si Relatii Internationale, Vol. 2013, pp. 546-551. Dinu, Madalina（Cited 3 times）. 2013 Conf. Int'l Dr. 546（2013）.

8. Rethinking the Tort Liability System and Patient Safety: From the Conventional Wisdom to Learning from Litigation［article］. Indiana Health Law Review, Vol. 12, Issue 1（2015）, pp. 327-384. Liang, Chih-Ming（Cited 2 times）. 12 Ind. Health L. Rev. 327（2015）.

9. Canada's Consumer Product Safety Act: A Catalyst for Cross-Border Mass Tort Litigation［article］. Mass Torts Litigation, Vol. 10, Issue 1（Fall 2011）, pp. 8-14. Woodin, Cheryl M.; Weingarten, Brian M.. 10 Mass Torts Litig. 8（Fall 2011）.

10. Food for Thought: The Importance of the Early Disposition of Baseless Claims in New Jersey Products Liability Mass Tort Litigation［article］. New Jersey Lawyer, Vol. 2011, Issue 4（August 2011）, pp. 36-38. Bufano, Michelle M.. 2011 N. J. Law. 36（2011）.

F. 图书资源——纸质馆藏图书。进入中国政法大学图书馆馆藏 OPAC 系统，我们利用"馆藏书目检索"，选择多字段检索，输入主题词"食品安全"，文献类型选择中文图书，并对检索结果进行学科"政治 法律"类筛选提取，得到检索结果条数是 37 条。由于食品安全法在我国于 2015 年进行了修订，因此我们根据出版时间降序排列，如下图所示：

图 5-86

图 5-87

根据研究主题，筛选相关性较高的检索结果 10 个：

1. 产品质量法 食品安全法 消费者权益保护法一本通 . 第 6 版，法规应用研究中心编，中国法制出版社 2018
2. 食品安全行刑衔接机制的理论与实践，张伟珂著，法律出版社 2017
3. 食品安全典型案例 . 2015/主编王旭 中国人民大学食品安全治理协同创新中心组织编写 北京：知识产权出版社，2017
4. 食品药品安全刑事法保护多维视角研究，刘晓莉著，东北师范大学出版社 2016
5.《国际食品法典》与食品安全公共治理，江虹，吴松江著，中国政法大学出版社 2015
6. 危害食品安全犯罪程序精要与证据研究/刘仁琦，舒洪水，姚剑著 北京：中国政法大学出版社，2016
7. 食品安全犯罪的罪与罚/主编舒洪水 北京：中国政法大学出版社，2014
8. 食品安全案例解析/陈骥，刘霞著 北京：经济管理出版社，2013
9. 食品安全国际合作法律机制研究/韩永红著 北京：中国书籍出版社，2013
10. 食品安全国际软法研究，曾文革等著，法律出版社 2015

由于我们研究的课题是食品安全侵权损害的多元化救济机制，不仅要从食品安全法律方面进行研究，还应当对侵权法体系进行较为全面的了解，分析侵权行为机制、侵权损害的成因、及时止损或定损的方法等，从而探讨侵权损害的有效救济途径，建立整体有效的多元化救济机制。因此我们在纸质文献资源检索时，可以进行侵权法方面的检索。

　　进入中国国家图书馆"文津搜索",输入关键词"侵权损害赔偿",并对检索结果进行文献类型"图书"类筛选提取,根据来源数据库选择馆藏中文资源,得到的检索结果条数是270条。

图 5-88

　　根据研究主题的需要选择相关性高的图书如下:

1. 因果关系与损害赔偿 陈聪富 北京大学出版社 2006
2. 侵权归责原则与损害赔偿 陈聪富 北京大学出版社 2005
3. 侵权法的统一 U. 马格努斯 2009 法律出版社
4. 侵权损害赔偿法律·法规·规章·司...2013 中国法制出版社
5. 侵权责任分担论 王竹 2009 中国人民大学出版社
6. 侵权损害赔偿 杨立新 法律出版社 2010
7. 人身损害赔偿 杨立新 法律出版社 2009
8. 侵权损害赔偿制度比较研究 王军 法律出版社 2011
9. 人身损害赔偿新制度新问题研究 麻锦亮 人民法院出版社 2006
10. 精神损害赔偿制度研究 胡平 中国法制出版社 2004

　　G. 学位论文资源——万方数据库。进入万方数据库期刊子库的专业检索页面,选择学位论文,输入检索式:题名或关键词:(食品安全 ＊ 侵权损害),

发表时间不限，并对检索结果进行学科"政治、法律"类筛选提取，得到的检索结果条数是 135 条，如下图所示：

图 5-89

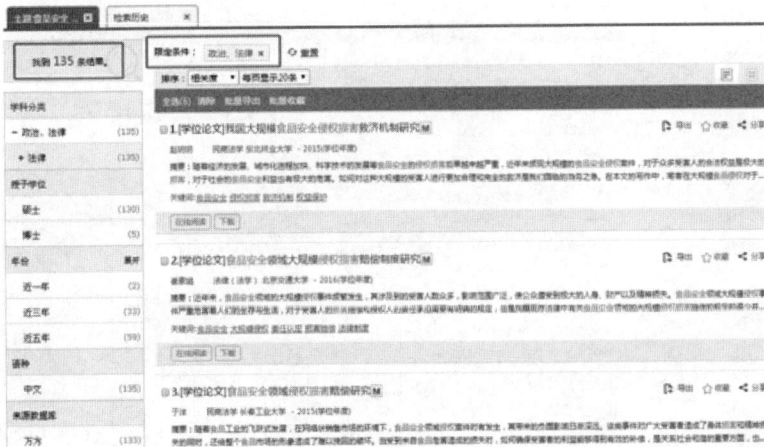

图 5-90

　　由于检索结果数量过多，通过调整检索策略，修改检索式。仍然选择专业检索中的学位论文，输入检索式题名或关键词：（食品安全 * 侵权损害 * 多元化救济），发表时间不限，并对检索结果进行学科"政治、法律"类筛选提取，得到的检索结果条数是 9 条，根据相关度排序，其中硕士论文 8 篇，博士论文 1 篇。如下图所示：

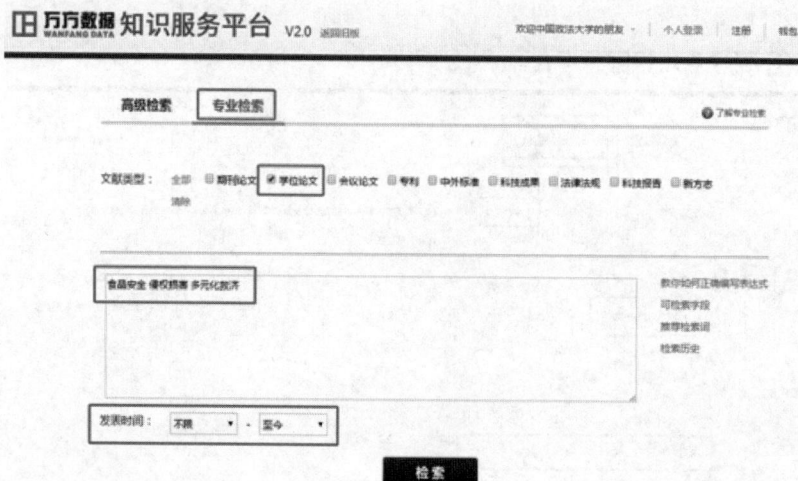

图 5-91

图 5-92

1. 赵明明. 我国大规模食品安全侵权损害救济机制研究［D］. 东北林业大学, 2015.

2. 肖文娟. 我国大规模侵权损害救济机制研究［D］. 复旦大学, 2013.

3. 郑小民. 食品大规模侵权损害救济基金制度研究［D］. 西南政法大学, 2012.

4. 李丹. 大规模食品侵权救济机制探究［D］. 山东大学, 2016.

5. 张天圆. 食品领域大规模侵权救济途径研究［D］. 山东大学, 2014.

6. 郭玮. 大规模侵权的民事救济研究——以产品责任为例［D］. 安徽大学, 2011.

7. 肖蓓蕾. 食品安全事故补偿基金法律制度研究 [D]. 中南大学，2010.

8. 吴迪. 大规模侵权损害赔偿机制研究 [D]. 吉林大学，2011.

9. 任鸿雁. 食品安全事故中的侵权责任研究 [D]. 中国人民大学，2012.

　　进入万方数据库学位子库的专业检索页面，输入检索式：（"食品安全 侵权损害 多元化救济 惩罚性赔偿 责任保险"），了解食品安全侵权损害中惩罚性赔偿和责任保险各自适用的范围以及在救济机制中的作用问题的相关资料，并对检索结果进行学科"政治、法律"类筛选提取，得到的检索结果条数是4 条，根据相关度排序，其中硕士论文 3 篇，博士论文 1 篇。如下图所示：

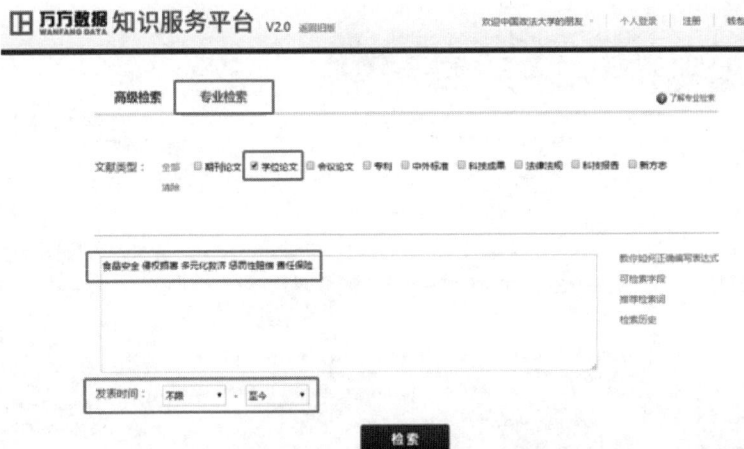

图 5-93

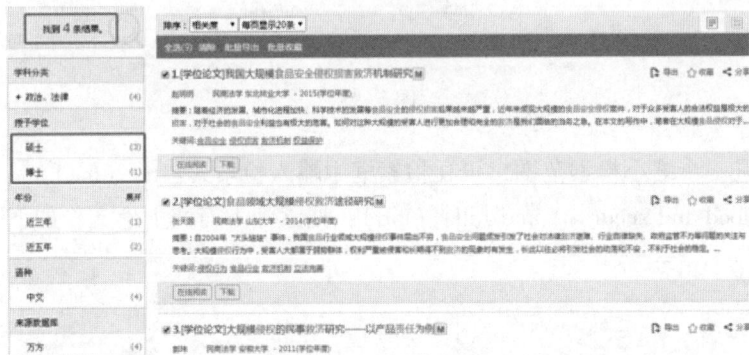

图 5-94

1. 赵明明. 我国大规模食品安全侵权损害救济机制研究［D］. 东北林业大学，2015.
2. 张天圆. 食品领域大规模侵权救济途径研究［D］. 山东大学，2014.
3. 郭玮. 大规模侵权的民事救济研究——以产品责任为例［D］. 安徽大学，2011.
4. 任鸿雁. 食品安全事故中的侵权责任研究［D］. 中国人民大学，2012.

　　H. 学位论文资源——Proquest 学位论文库。进入 Proquest 学位论文数据库，选择高级检索，该数据库检索系统提供的检索字段包括：标题、摘要、全文、作者、导师、学校、来源、ISBN 号、出版号。在标题处输入检索式：ti：(food and safety) or ti：(food and security)，检索结果类型设置为 social science 一级学科。如下图所示，检索结果是 196 条，如下图所示：

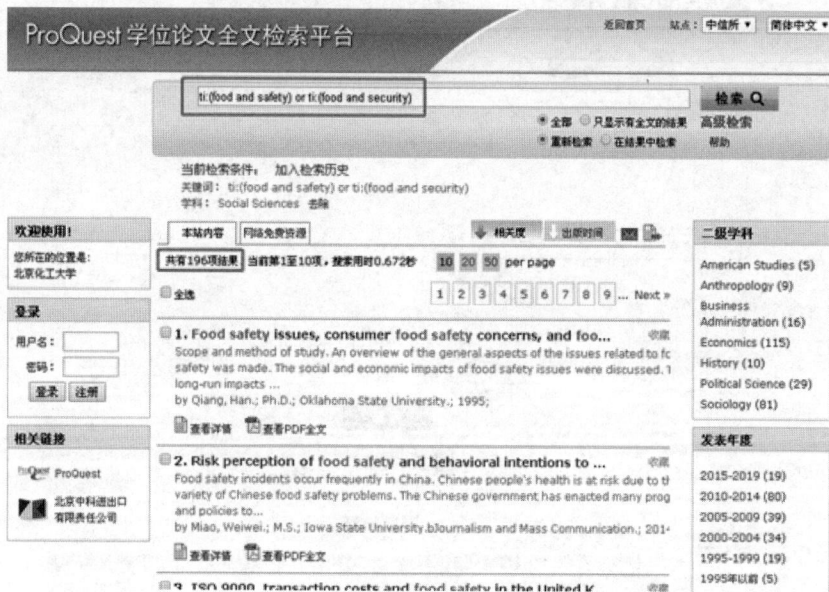

图 5-95

　　为进一步缩小检索范围，可在检索框中输入检索式：ti：(food and safety) or ti：(food and security) and full：(tort)，搜索到 1 篇博士论文，如下图：

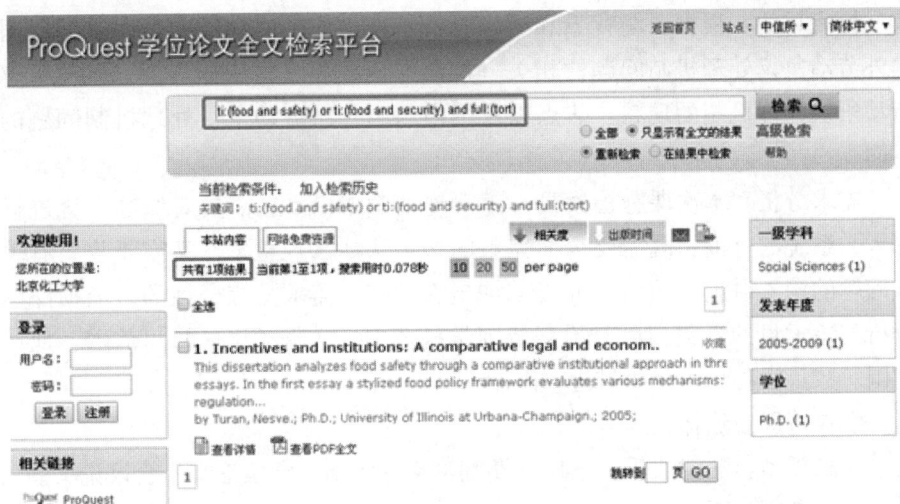

图 5-96

[1] Turan, Nesve：Incentives and institutions：A comparative legal and economic study of food safety. University of Illinois at Urbana-Champaign. 2005.

（三）劳动争议处理机制问题研究

1. 课题分析

劳动争议是劳资关系不协调的表现，作为市场经济国家一种经常和普遍的现象，使其得到及时、公正的处理，有利于当事人权益的保护和劳资关系的稳定。劳动争议产生于工业革命，从19世纪的最后十年开始，曾作为解决国际争端重要手段的调解和仲裁在劳动关系领域得到了经常而广泛的运用。劳动争议处理机制在19世纪末20世纪初得到了很大的发展。各国立足于本国国情，建立了各具特色的劳动争议处理机制。

计划经济时期，劳动者的就业和生活保障都由国家统一安排，企业与职工利益差别小，纠纷发生后多数能够通过调解、仲裁等手段解决。随着市场经济的发展，企业有了用工自主权，使劳动争议出现了一些新特点：劳动争议数量大幅度增加；案件多由劳动者提起，涉案单位绝大多数为公司、工厂等企业；难以调解，判决结案的案件中单位败诉的占多数；劳动争议日趋复杂化。这些问题均需要新的劳动争议处理机制来解决，劳动争议处理机制的改革势在必行。

检索目的：根据课题背景和内容分析，通过文献信息检索查询并搜集国内外劳动争议处理机制问题的相关一次法律资源和二次法律资源，概况了解劳动争议处理机制的现状、热点以及国内与国外对劳动争议处理机制问题的不同。

需求分析：本次课题检索是一项严谨的学术活动，需要对课题内容进行深入、系统的查询，既需要全面完整的相关法律法规检索，又需要收集有关该问题的深入讨论与前沿研究以掌握最新动态。需求是综合性的。依据课题分析与检索目的，我们可对检索范围学科范围、文献类型、时间范围、地域范围、数量语种、文献质量进行限制。

学科范围：法律类。

文献类型：法律法规、案例、期刊论文、图书、学位论文、会议论文。

时间范围：不限。

地域范围：国内外。

语种类型：中文、英文。

2. 检索工具选择

通过课题名称与内容分析以及需求分析，可知这是一个法律类课题，所研究内容属法学学科，故而检索工具的资源内容的学科范围应该涵盖法学学科。需求分析阶段对文献类型的限定并未十分严格，一般可选择法律类综合数据库。当然，不能轻易选择与文献类型不匹配的检索工具，例如标准类、数值类数据库。根据需求分析，在语种方面需要兼顾到外文资料，在文献质量方面需要考虑检索工具收录内容的品质。

根据上述分析，本课题检索选择的检索资源包括一次资源、二次资源。具体检索工具包括中文数据库、外文数据库以及纸质资源。

（1）一次法律资源：

中文数据库：北大法宝数据库。

外文数据库：Westlaw Next 数据库。

（2）二次法律资源：

中文数据库：北大法宝数据库、元照月旦数据库、中国知网数据库、万方数据库。

中国政法大学图书馆书目检索系统。

外文数据库：HeinOnline 数据库、ProQuest 学位论文数据库、OCLC First-

Search 数据库。

3. 确定检索词，构造检索式

（1）确定检索词。检索初期根据课题的核心词汇制定出最基本的中英文检索词，在检索的过程中再不断补充和完善。在检索词的选择上要注意同义词、近义词、上位词、下位词、不同拼写方式等。

A. 通过课题名称及内容分析，本课题最显著的核心词汇为"劳动争议（Labor dispute）""处理机制（Processing mechanism）"。

B. 同义词扩充：利用中国知网工具书网络出版总库进行检索（图 5-97），检索"劳动争议"，可见"劳动争议（Labor dispute）"的同义词有劳资争议（Labor disputes）、劳资纠纷、劳动纠纷。

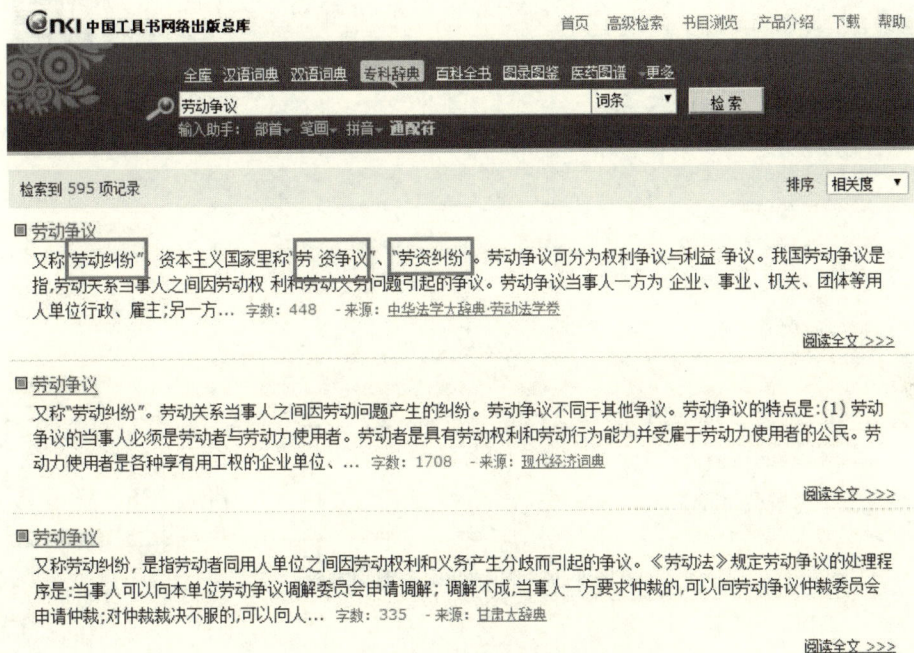

图 5-97　中国知网工具书检索

C. 上位词、下位词扩充：在劳动法的研究中，劳动争议以涉及的人数为标准，可分为个人争议（Personal dispute）和集体争议（Collective dispute）；以劳动争议的性质为标准，可分为权利争议（Rights dispute）和利益争议

（Interest dispute）。

D. 进库试检：在中国知网检索主题为劳动争议和处理机制的文献（图5-98），根据关键词推荐功能，可以确定相关关键词还有仲裁（Arbitration）、调解（mediation）、劳动仲裁（Labor Arbitration）。将检索到的文献进行题录导出（图5-99），得到的关键词有：劳动争议仲裁（Labor dispute arbitration）、调解（Mediation）、劳动争议调解（Labor dispute mediation）、劳动争议诉讼（Labor dispute lawsuit）。

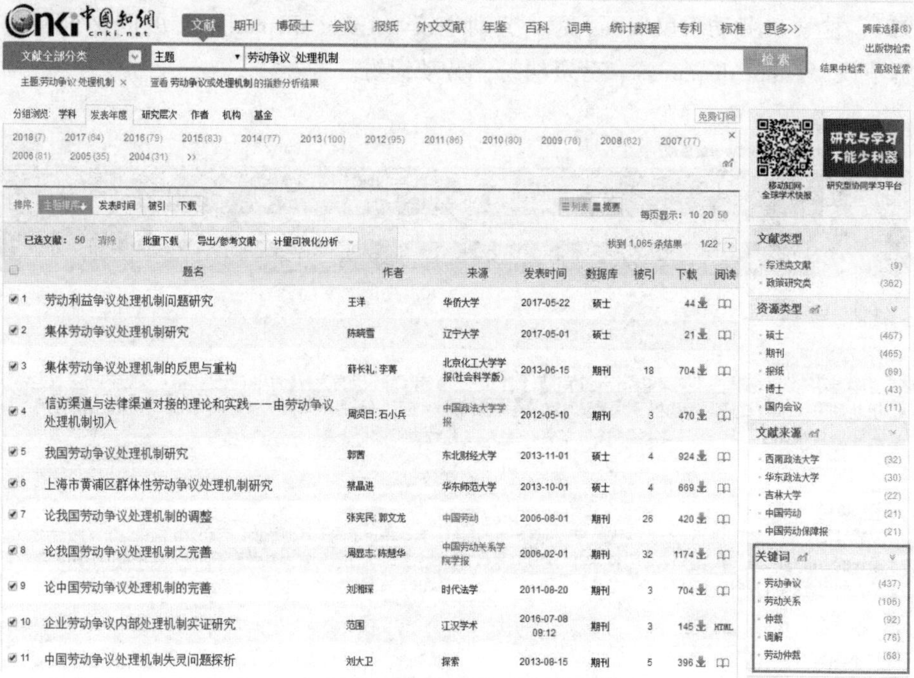

图 5-98　中国知网关键词推荐

```
SrcDatabase-来源库：  CMFD2017
Title-题名：  劳动利益争议处理机制问题研究
Author-作者：  王洋
Organ-单位：  华侨大学
Source-文献来源：  华侨大学
Keyword-关键词：  劳动利益争议 ；集体协商 ；调解 ；劳动利益争议仲裁 ；罢工

SrcDatabase-来源库：  CMFDTEMP
Title-题名：  集体劳动争议处理机制研究
Author-作者：  陈晓雪
Organ-单位：  辽宁大学
Source-文献来源：  辽宁大学
Keyword-关键词：  集体劳动争议 ；权利争议 ；利益争议 ；集体劳动权利保障

SrcDatabase-来源库：  CJFD2017
Title-题名：  论我国劳动争议处理机制的完善
Author-作者：  高欣；
Organ-单位：  中交水运规划设计院有限公司；
Source-文献来源：  现代国企研究
Keyword-关键词：   劳动争议 ；调解 ；仲裁

SrcDatabase-来源库：  CMFD2017
Title-题名：  我国集体劳动争议处理机制研究
Author-作者：  孙帅
Organ-单位：  华侨大学
Source-文献来源：  华侨大学
Keyword-关键词：  集体劳动争议 ；处理机制 ；利益争议 ；权利争议 ；分轨处理

SrcDatabase-来源库：  CMFD2014
Title-题名：  我国劳动争议处理机制研究
Author-作者：  郭茜
Organ-单位：  东北财经大学
Source-文献来源：  东北财经大学
Keyword-关键词：   劳动争议 ；劳动争议处理机制 ；劳动争议调解 ；劳动争议仲裁 ；劳动争议诉讼
```

图 5-99　中国知网检索相关主题的关键词

通过以上步骤获取主要的关键词包括：

中文关键词：劳动争议/劳资争议/劳资纠纷/劳动纠纷/个人争议/集体争议 /权利争议/利益争议

处理机制/劳动仲裁/劳动争议仲裁/调解/劳动争议调解/劳动争议诉讼

英文关键词：Labor dispute/Personal dispute/Collective dispute/Rights dispute/Interest dispute

Processing mechanism/Labor Arbitration/Labor dispute arbitration/Mediation/Labor dispute mediation/Labor dispute lawsuit

（2）构造中文通用检索式：

A. 劳动争议 * 处理机制

——全面了解劳动争议处理机制问题的相关文献

B. 处理机制 *（"劳动争议"+"劳资争议"+"劳资纠纷"+"劳动纠纷"）

——进一步了解对劳动争议有不同说法的处理机制问题的相关文献

C. 处理机制 * （"劳动争议"＋"劳资争议"＋"劳资纠纷"＋"劳动纠纷"）＊（"个人争议"＋"集体争议"＋"权利争议"＋"利益争议"）

——了解不同类型劳动争议的处理机制问题的相关文献

D. （"劳动争议"＋"劳资争议"＋"劳资纠纷"＋"劳动纠纷"）＊（"个人争议"＋"集体争议"＋"权利争议"＋"利益争议"）＊（"处理机制"＋"劳动仲裁"＋"劳动争议仲裁"＋"调解"＋"劳动争议调解"＋"劳动争议诉讼"）

——了解不同类型劳动争议中的具体处理机制问题研究的相关文献

（3）构造英文通用检索式：

A. "Labor dispute" AND "Processing mechanism"

B. "Processing mechanism" AND （"Labor dispute" OR "Labor disputes"）

C. "Processing mechanism" AND （"Labor dispute" OR "Labor disputes"） AND （"Personal dispute" OR "Collective dispute" OR "Rights dispute" OR "Interest dispute"）

D. （"Labor dispute" OR "Labor disputes"） AND （"Personal dispute" OR "Collective dispute" OR "Rights dispute" OR "Interest dispute"） AND （"Processing mechanism" OR "Labor Arbitration" OR "Labor dispute arbitration" OR "Mediation" OR "Labor dispute mediation" OR "Labor dispute lawsuit"）

4. 检索实施、策略优化及检索结果获取

（1）一次法律资源的检索：

A. 法律法规——北大法宝数据库：

检索路径：北大法宝数据库—标题字段—劳动争议。

检索结果：中央法规（95条）、地方法规（345条）、立法资料（21条）、法律动态（56条）、法律文书（8条）如图5-100所示：

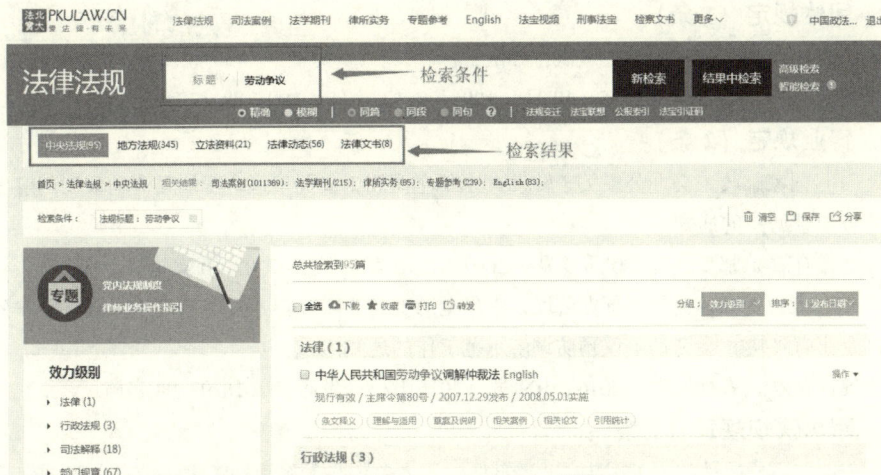

图 5-100　北大法宝检索相关法律法规

检索结果示例：

法律（1 条）：

中华人民共和国劳动争议调解仲裁法

主席令第 80 号/现行有效/2007.12.29 发布/2008.05.01 实施

司法解释（3 条）：

[1] 最高人民法院关于审理劳动争议案件适用法律若干问题的解释（四）English

现行有效 / 法释〔2013〕4 号 / 2013.01.18 发布 / 2013.02.01 实施

[2] 最高人民法院研究室关于王某与某公司劳动争议纠纷申请再审一案适用法律问题的答复 English

现行有效 / 法研〔2011〕31 号 / 2011.03.09 发布 / 2011.03.09 实施

[3] 最高人民法院关于审理劳动争议案件适用法律若干问题的解释（2008 调整）

现行有效 / 2008.12.16 发布 / 2008.12.31 实施

部门规章（2 条）：

[1] 人力资源社会保障部、中央综治办关于加强专业性劳动争议调解工作的意见

现行有效 / 人社部发〔2015〕53 号 / 2015.06.03 发布 / 2015.06.03 实施

[2] 人力资源和社会保障部、中华全国工商业联合会关于加强非公有制企业劳动争议预防调解工作的意见

现行有效 / 人社部发〔2013〕2 号 / 2013.01.10 发布 / 2013.01.10 实施

团体规定（1条）：

［1］工会参与劳动争议处理试行办法

现行有效／总工发［1995］12号／1995.08.17发布／1995.08.17实施

行业规定（2条）：

［1］国家邮政工会办公室关于转发《中华全国总工会关于进一步加强劳动争议调解工作的若干意见》的通知

现行有效／邮工办［2007］3号／2007.07.10发布／2007.07.10实施

［2］人力资源社会保障部办公厅、中华全国工商业联合会办公厅关于开展第二批非公有制企业商（协）会劳动争议预防调解示范工作的通知

现行有效／人社厅发［2016］109号／2016.07.08发布／2016.07.08实施

军事法规规章（1条）：

劳动部、总后勤部关于军队、武警部队的用人单位与无军籍职工发生劳动争议如何受理的通知

地方法规（2条）：

［1］沈阳市劳动争议调解条例

现行有效／沈阳市人民代表大会常务委员会公告第23号／2016.12.12发布／2017.01.01实施

［2］杭州市人大常委会关于废止《杭州市劳动争议处理条例》的决定

现行有效／杭州市人民代表大会常务委员会公告第23号／2002.01.14发布／2002.01.14实施

立法资料（1条）：

［1］北京市高级人民法院、北京市劳动人事争议仲裁委员会关于劳动争议案件若干疑难问题的解答意见（征求意见稿）

法律动态（1条）：

北京二中院发布劳动争议审判白皮书

法律文书（1条）：

民事裁定书（撤销劳动争议仲裁裁决用）

现行有效／最高人民法院／民事裁定书／1900.01.01发布

B. 法律法规——Westlaw Next 数据库：

a. Fedral：

检索路径：Westlaw Next—Regulations—Federal—Code of Federal Regulations（CFR），如图5-101所示。

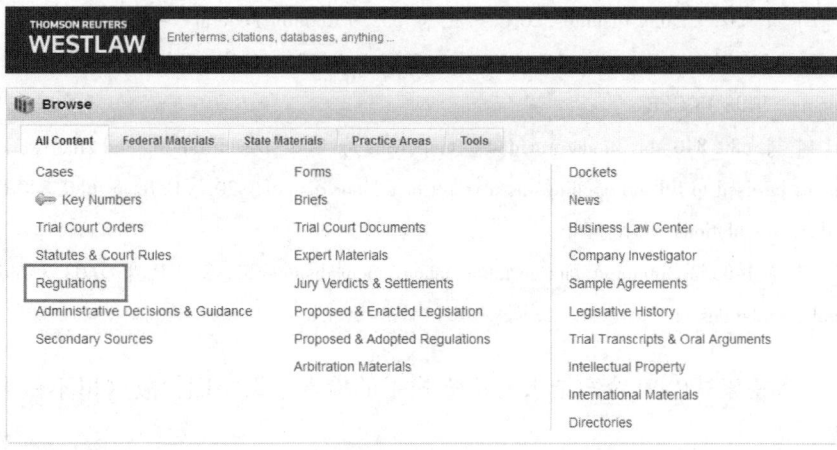

图 5-101 Westlaw Next 数据库联邦法律法规检索入口

输入检索式①："Labor dispute" AND "Processing mechanism"，获取检索结果 50 条，如图 5-102 所示：

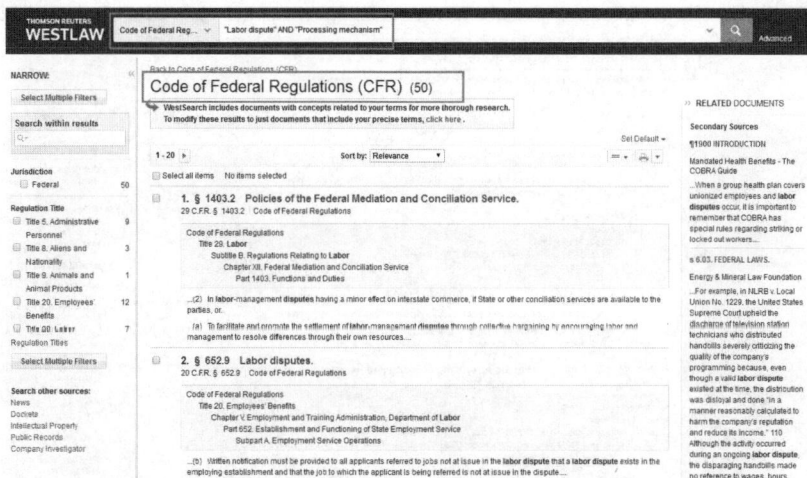

图 5-102 Westlaw Next 数据库联邦法律法规检索结果（检索式①）

相关检索结果：

[1] § 1403.2 Policies of the Federal Mediation and Conciliation Service. 29 C. F. R. § 1403.2 Code of Federal Regulations

〔2〕 § 652.9 Labor disputes. 20 C. F. R. § 652.9 Code of Federal Regulations

〔3〕 1322.101-3 Reporting labor disputes. 48 C. F. R. 1322.101-3 Federal Acquisition Regulations -- Title 48 CFR

〔4〕 § 680.840 May funds provided to employers for work-based training and other work experiences be used to fill job openings as a result of a labor dispute? 20 C. F. R. § 680.840 Code of Federal Regulations

〔5〕 § 1403.3 Obtaining data on labor-management disputes. 29 C. F. R. § 1403.3 Code of Federal Regulations

输入检索式②时检索结果与检索式①的检索结果相同，故这里不做多余赘述。

输入检索式③："Processing mechanism" AND（"Labor dispute" OR "Labor disputes"）AND（"Personal dispute" OR "Collective dispute" OR "Rights dispute" OR "Interest dispute"），获取检索结果43条，如图5-103所示。

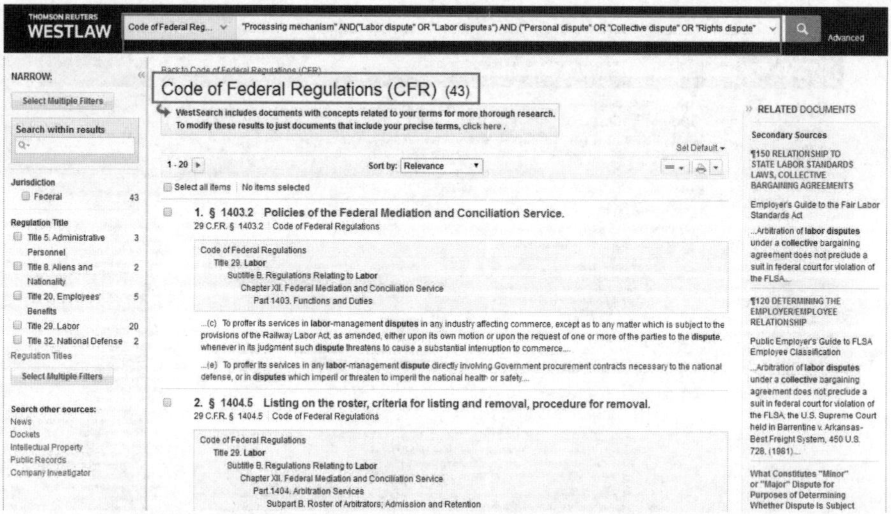

图5-103　Westlaw Next 数据库联邦法律法规检索结果（检索式③）

相关检索结果：

〔1〕 § 1403.2 Policies of the Federal Mediation and Conciliation Service. 29 C. F. R. § 1403.2 Code of Federal Regulations

〔2〕§ 1403. 3 Obtaining data on labor-management disputes. 29 C. F. R. § 1403. 3 Code of Federal Regulations

〔3〕§ 652. 9 Labor disputes. 20 C. F. R. § 652. 9 Code of Federal Regulations

〔4〕1322. 101-3 Reporting labor disputes. 48 C. F. R. 1322. 101-3 Federal Acquisition Regulations -- Title 48 CFR

再次输入检索式④：（"Labor dispute" OR "Labor disputes"）AND（"Personal dispute" OR "Collective dispute" OR "Rights dispute" OR "Interest dispute"）AND（"Processing mechanism" OR "Labor Arbitration" OR "Labor dispute arbitration" OR "Mediation" OR "Labor dispute mediation" OR "Labor dispute lawsuit"），获取检索结果 50 条，如图 5-104 所示。

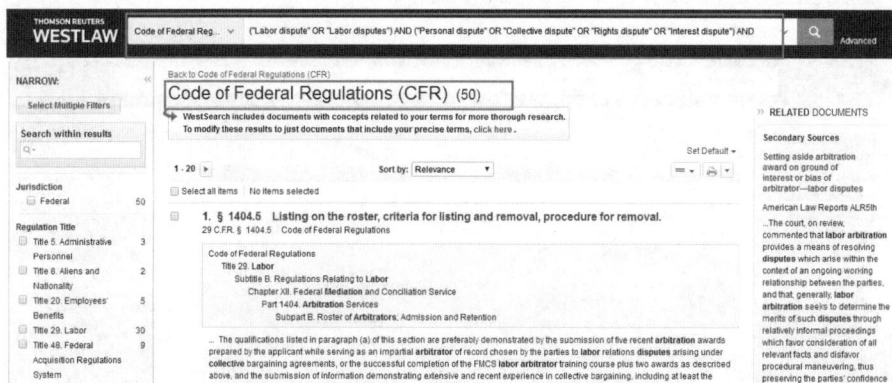

图 5-104　Westlaw Next 数据库联邦法律法规检索结果（检索式④）

相关检索结果：

〔1〕§ 1404. 5 Listing on the roster, criteria for listing and removal, procedure for removal. 29 C. F. R. § 1404. 5 Code of Federal Regulations

〔2〕§ 1403. 2 Policies of the Federal Mediation and Conciliation Service. 29 C. F. R. § 1403. 2 Code of Federal Regulations

〔3〕§ 1403. 3 Obtaining data on labor-management disputes. 29 C. F. R. § 1403. 3 Code of Federal Regulations

〔4〕2922. 101-3 Reporting labor disputes. 48 C. F. R. 2922. 101-3 Federal Acquisition Regulations -- Title 48 CFR

[5] § 652. 9 Labor disputes. 20 C. F. R. § 652. 9 Code of Federal Regulations

根据三次检索结果的比对，去重得到最终相关度较高的检索结果：

[1] § 1403. 2 Policies of the Federal Mediation and Conciliation Service. 29 C. F. R. § 1403. 2 Code of Federal Regulations

[2] § 1403. 3 Obtaining data on labor-management disputes. 29 C. F. R. § 1403. 3 Code of Federal Regulations

[3] § 652. 9 Labor disputes. 20 C. F. R. § 652. 9 Code of Federal Regulations

b. State：

检索路径：Westlaw Next—Regulations—State—New York（选择任一州名，检索该地区对应的法条）如图 5-105 所示。

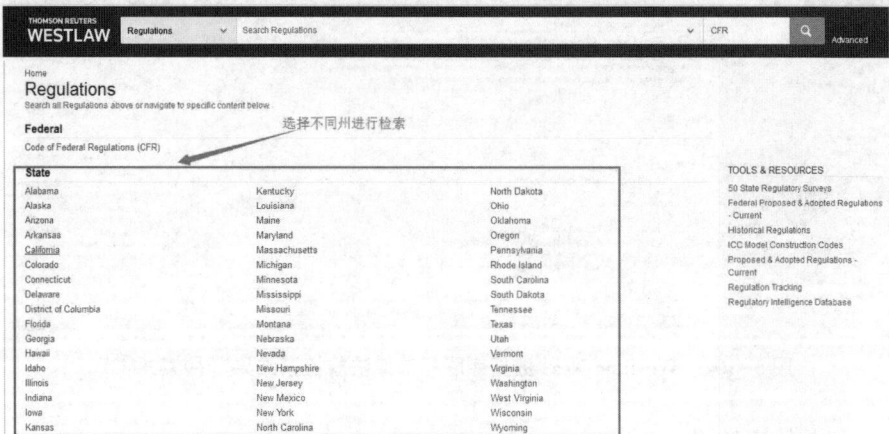

图 5-105　WestlawNext 数据库州法律法规检索入口

输入检索式①："Labor dispute" AND "Processing mechanism"，获取检索结果 50 条，如图 5-106 所示：

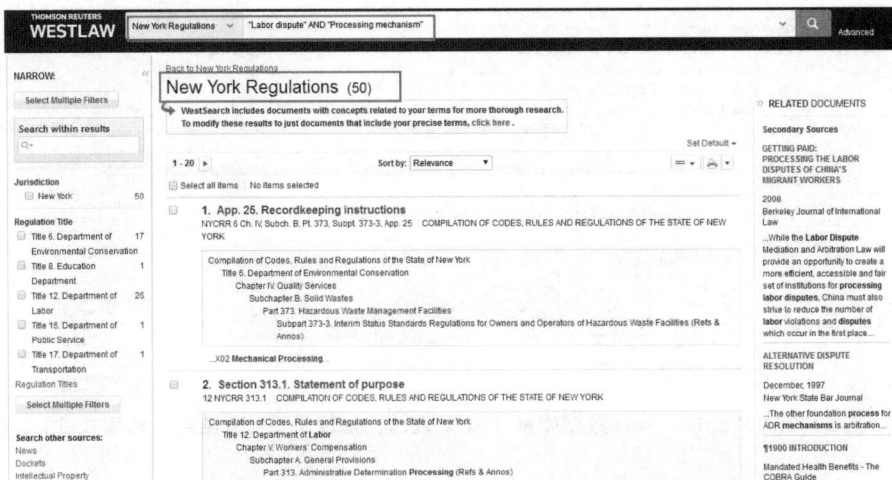

图 5-106　WestlawNext 数据库州（New York）法律法规检索结果（检索式①）

相关检索结果：

〔1〕Section 258. 3. Resolution of labor disputes

12 NYCRR 258. 3 COMPILATION OF CODES，RULES AND REGULATIONS OF THE STATE OF NEW YORK

〔2〕Section 250. 1. Use of terms

12 NYCRR 250. 1 聽 COMPILATION OF CODES，RULES AND REGULATIONS OF THE STATE OF NEW YORK

〔3〕Section 250. 3. Director and Director of Conciliation

12 NYCRR 250. 3 COMPILATION OF CODES，RULES AND REGULATIONS OF THE STATE OF NEW YORK

〔4〕Section 250. 5. Administrative law judge

12 NYCRR 250. 5 聽 COMPILATION OF CODES，RULES AND REGULATIONS OF THE STATE OF NEW YORK

　　输入检索式②时检索结果与检索式①的检索结果相同，故这里不做多余赘述。

　　输入检索式③："Processing mechanism" AND（"Labor dispute" OR "Labor disputes"）AND（"Personal dispute" OR "Collective dispute" OR "Rights dispute" OR "Interest dispute"），获取检索结果 34 条，如图 5-107 所示。

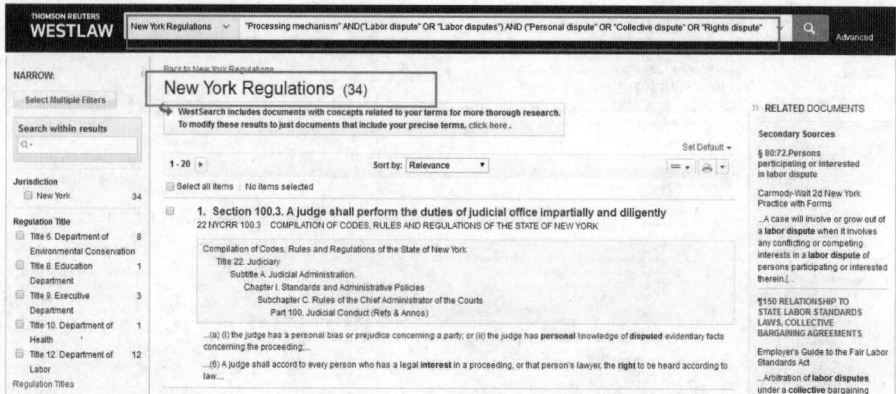

图 5-107 Westlaw Next 数据库州（New York）法律法规检索结果（检索式③）

相关检索结果：

[1] Section 516.9. Trial procedure through findings

9 NYCRR 516.9 COMPILATION OF CODES, RULES AND REGULATIONS OF THE STATE OF NEW YORK

[2] Section 732-2.2. General operating requirements

10 NYCRR 732-2.2 COMPILATION OF CODES, RULES AND REGULATIONS OF THE STATE OF NEW YORK

[3] Section 258.3. Resolution of labor disputes

12 NYCRR 258.3 COMPILATION OF CODES, RULES AND REGULATIONS OF THE STATE OF NEW YORK

再次输入检索式④：（"Labor dispute" OR "Labor disputes"）AND（"Personal dispute" OR "Collective dispute" OR "Rights dispute" OR "Interest dispute"）AND（"Processing mechanism" OR "Labor Arbitration" OR "Labor dispute arbitration" OR "Mediation" OR "Labor dispute mediation" OR "Labor dispute lawsuit"），获取检索结果 40 条，如图 5-108 所示。

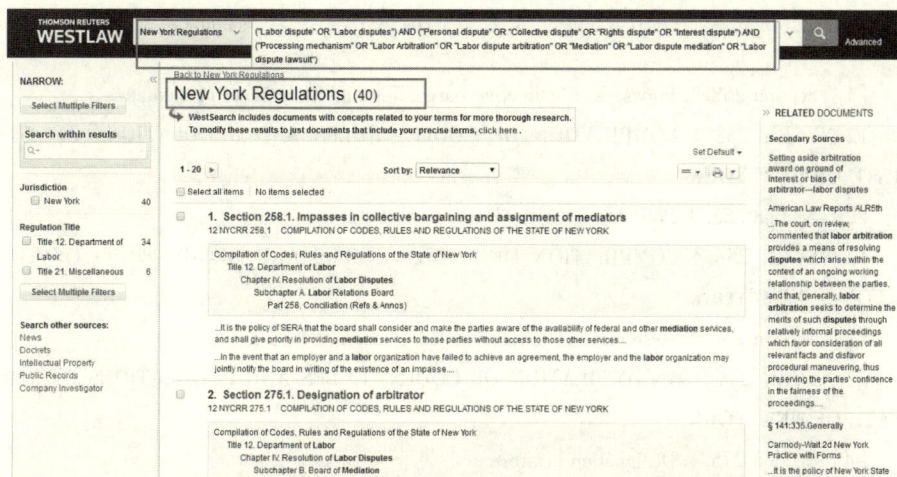

图 5-108　　**Westlaw Next 数据库州（New York）法律法规检索结果（检索式④）**

相关检索结果：

〔1〕Section 258. 1. Impasses in collective bargaining and assignment of mediators

12 NYCRR 258. 1 COMPILATION OF CODES, RULES AND REGULATIONS OF THE STATE OF NEW YORK

〔2〕Section 275. 1. Designation of arbitrator

12 NYCRR 275. 1 COMPILATION OF CODES, RULES AND REGULATIONS OF THE STATE OF NEW YORK

〔3〕Section 275. 3. Withdrawal and replacement of arbitrator

12 NYCRR 275. 3 COMPILATION OF CODES, RULES AND REGULATIONS OF THE STATE OF NEW YORK

〔4〕Section 275. 2. Official representative of board

12 NYCRR 275. 2 COMPILATION OF CODES, RULES AND REGULATIONS OF THE STATE OF NEW YORK

〔5〕Section 258. 4. Policy regarding grievance arbitration

12 NYCRR 258. 4 COMPILATION OF CODES, RULES AND REGULATIONS OF THE STATE OF NEW YORK

〔6〕Section 258. 3. Resolution of labor disputes

12 NYCRR 258. 3 COMPILATION OF CODES, RULES AND REGULATIONS OF THE STATE OF NEW YORK

根据三次检索结果的比对，去重得到最终相关度较高的检索结果：

［1］Section 258.1. Impasses in collective bargaining and assignment of mediators

12 NYCRR 258.1 COMPILATION OF CODES, RULES AND REGULATIONS OF THE STATE OF NEW YORK

［2］Section 258.4. Policy regarding grievance arbitration

12 NYCRR 258.4 COMPILATION OF CODES, RULES AND REGULATIONS OF THE STATE OF NEW YORK

［3］Section 258.3. Resolution of labor disputes

12 NYCRR 258.3 聽 COMPILATION OF CODES, RULES AND REGULATIONS OF THE STATE OF NEW YORK

［4］Section 275.1. Designation of arbitrator

12 NYCRR 275.1 COMPILATION OF CODES, RULES AND REGULATIONS OF THE STATE OF NEW YORK

［5］Section 275.3. Withdrawal and replacement of arbitrator

12 NYCRR 275.3 COMPILATION OF CODES, RULES AND REGULATIONS OF THE STATE OF NEW YORK

［6］Section 275.2. Official representative of board

12 NYCRR 275.2 COMPILATION OF CODES, RULES AND REGULATIONS OF THE STATE OF NEW YORK

C. 案例资源——北大法宝数据库。进入北大法宝司法案例子库，由于该数据库未提供主题检索，我们可选择全文字段条件下输入"劳动争议 处理机制"检索词，同时选择"精确"匹配方式，在左侧案由栏目，依次选择民事—劳动争议、人事争议—劳动争议，共有案例 38 个，检索结果如图 5-109 所示：

图 5-109　北大法宝案例子库检索结果

检索结果：

［1］重庆市丰都县建筑工程公司与王义劳动合同纠纷管辖权异议上诉案

【法宝引证码】CLI. C. 9795790

［2］贵州天健矿业集团股份有限公司金沙县安洛乡闽安煤矿与石成波工伤保险待遇纠纷上诉案

【法宝引证码】CLI. C. 9238533

［3］新野县金葫芦纺织有限公司与路红迅为确认劳动关系纠纷案

【法宝引证码】CLI. C. 3726425

　　D. 案例资源——Westlaw Next 数据库。在 Westlaw Next 数据库，选择 Fedral Cases 子库，输入检索式："Labor dispute" AND "Processing mechanism"，检索结果 20 条，如图 5-110 所示：

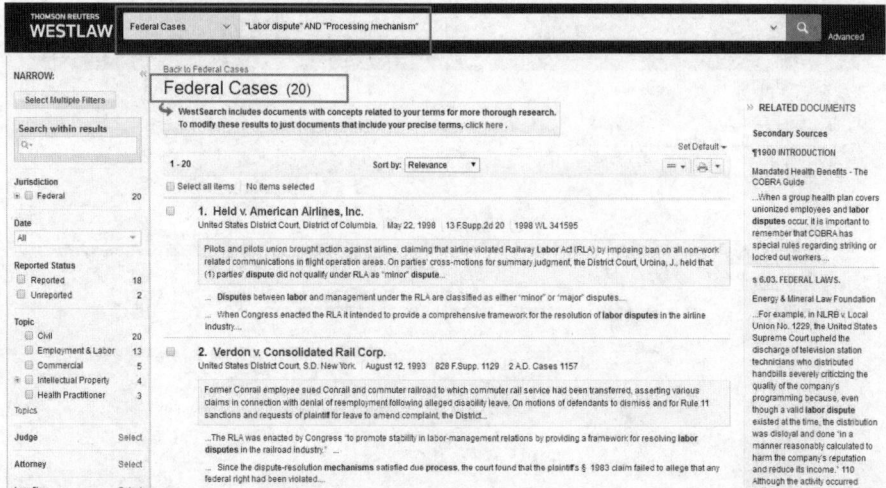

图 5-110　Westlaw Next 数据库案例子库检索结果 （检索式①）

相关检索结果：

　　［1］Held v. American Airlines, Inc. 13 F. Supp. 2d 20

　　［2］U. S. ex rel. Plumbers and Steamfitters Local Union No. 342 v. Dan Caputo Co. 2001 WL 1042168

　　［3］Charles v. Krauss Co. , Ltd. 572 F. 2d 544

　　输入检索式②时检索结果与检索式①的检索结果相同，故这里不做多余赘述。

　　输入检索式③："Processing mechanism" AND （"Labor dispute" OR "Labor disputes"） AND （"Personal dispute" OR "Collective dispute" OR "Rights dispute" OR "Interest dispute"），检索结果 27 条，如图 5-111 所示：

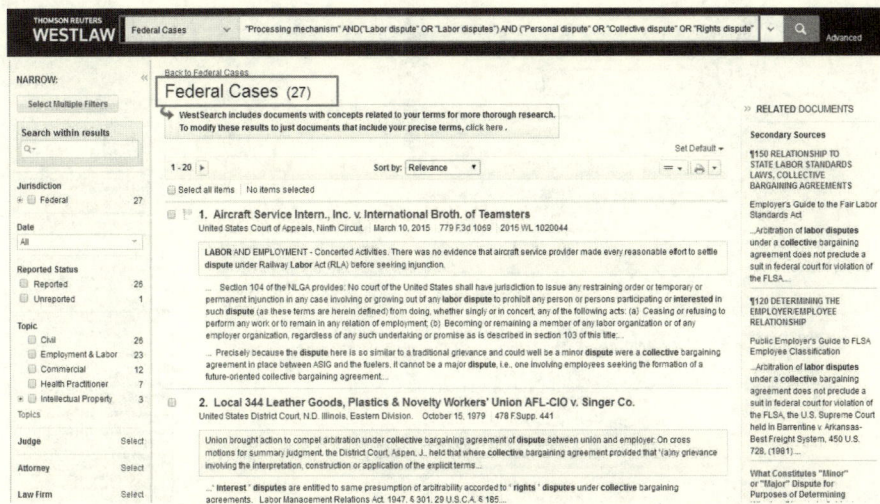

图 5-111　WestlawNext 数据库案例子库检索结果（检索式③）

相关检索结果：

［1］ Aircraft Service Intern. , Inc. v. International Broth. of Teamsters 779 F. 3d 1069

［2］ Local 344 Leather Goods, Plastics & Novelty Workers' Union AFL－CIO v. Singer Co. 478 F. Supp. 441

［3］ Atlas Air, Inc. v. International Brotherhood of Teamsters 280 F. Supp. 3d 59

输入检索式④：（"Labor dispute" OR "Labor disputes"）AND（"Personal dispute" OR "Collective dispute" OR "Rights dispute" OR "Interest dispute"）AND（"Processing mechanism" OR "Labor Arbitration" OR "Labor dispute arbitration" OR "Mediation" OR "Labor dispute mediation" OR "Labor dispute lawsuit"），检索结果 39 条，如图 5-112 所示：

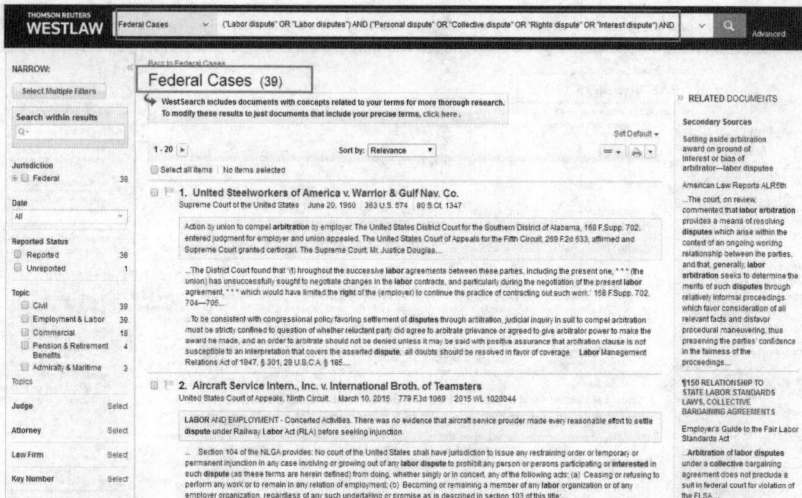

图 5-112　Westlaw Next 数据库案例子库检索结果（检索式④）

相关检索结果：

［1］United Steelworkers of America v. Warrior & Gulf Nav. Co 80 S. Ct. 1347

［2］Aircraft Service Intern. , Inc. v. International Broth. of Teamsters 779 F. 3d 1069

［3］Atlas Air, Inc. v. International Brotherhood of Teamsters 280 F. Supp. 3d 59

根据三次检索结果的比对，得到最终相关度较高的检索结果：

［1］Held v. American Airlines, Inc. 13 F. Supp. 2d 20

［2］United Steelworkers of America v. Warrior & Gulf Nav. Co 80 S. Ct. 1347

［3］Local 344 Leather Goods, Plastics & Novelty Workers´ Union AFL-CIO v. Singer Co. 478 F. Supp. 441

［4］Aircraft Service Intern. , Inc. v. International Broth. of Teamsters 779 F. 3d 1069

［5］Atlas Air, Inc. v. International Brotherhood of Teamsters 280 F. Supp. 3d 59

（2）二次法律资源的检索：

A. 期刊资源——北大法宝数据库。进入北大法宝数据库法学期刊子库的标准检索界面（图 5-113），由于该数据库未提供主题检索，我们可选择在全文字段条件下输入"劳动争议 处理机制"检索词，并限制在同句中，同时选择"精确"匹配方式。

图 5-113 北大法宝法学期刊子库检索界面

如图 5-113 所示，运用上述检索条件，得到 99 篇检索结果，相关性较高的检索结果如下：

[1] 刍议我国劳动争议处理机制存在的问题王文惠 袁江《法学杂志》第 10 页 2006 年第 5 期

[2] 当前劳动争议案件维权存在的问题与对策 王璐《湖北警官学院学报》第 108 页 2015 年第 1 期

[3] 以"或审或裁"模式重构个别劳动争议处理机制王蓓《法学》第 120 页 2013 年第 4 期

[4] 论我国劳动争议仲裁制度的反思与重构官玮玮《山东警察学院学报》第 37 页 2017 年第 4 期

[5] 我国劳动争议调解制度的理性检讨与改革前瞻 李雄《中国法学》第 158 页 2013 年第 4 期

[6] 论劳动争议处理制度的完善 张庭芬 黄小丹《福建政法管理干部学院学报》第 98 页 2006 年第 4 期

[7] 美国劳资争议处理制度及其借鉴 张荣芳《法学评论》第 113 页 2004 年第 1 期

B. 期刊资源——元照月旦数据库。进入元照月旦数据库法学期刊子库的标准检索界面，该数据库提供的检索字段有不限栏位、篇名、作者、刊名，如图 5-114 所示：

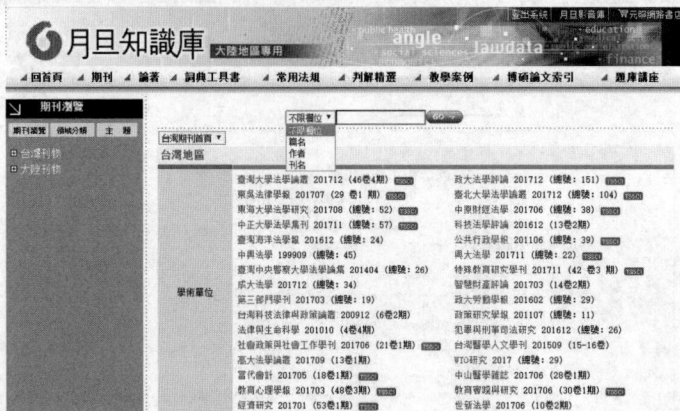

图 5-114　元照月旦法学知识库检索界面

　　其中"不限栏位"即是全文检索。我们可选择"不限栏位"检索字段，并输入"劳动争议 处理机制"检索词，点击 go 标签，发现没有相关检索结果，故调整检索策略，尝试只输入一个检索关键词"劳动争议"，设置为不限栏位检索，如图 5-115 所示，共获取 110 条检索结果。

图 5-115　元照月旦法学知识库检索结果界面

相关性较高的检索结果如下：

[1] 吴文芳．勞動爭議仲裁時效與民事訴訟時效衝突探析 [J]．華東政法大學學報，2013（11）120-126.

[2] 方立維．中國大陸新勞動爭議調解仲裁法重點解析 [J]．法學新論，2009（06）：67-98.

[3] 張照東．我國勞動爭議解決機制批判與重構 [J]．廈門大學法律評論，2006（06）：110-136.

[4] 徐智華．勞動爭議仲裁制度的缺陷與完善 [J]．法學評論，2003：143-150.

C. 期刊资源——中国知网数据库。进入中国知网期刊子库，选择专业检索，同时在左侧资源专辑中去除"基础科学""工程科技Ⅰ辑""工程科技Ⅱ辑""农业科技"和"医药卫生科技"集合。不限制发表时间年限。输入检索式①：SU＝劳动争议＊处理机制，获取检索结果 195 条，如图 5-116 所示。

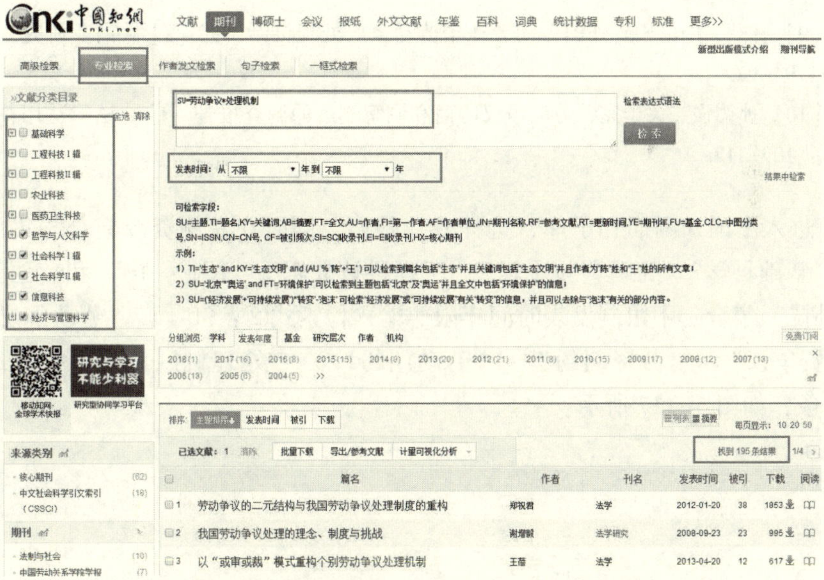

图 5-116 中国知网期刊子库检索结果（检索式①）

检索结果数量过多，从文章质量角度，选取核心期刊与 CSSCI 来源期刊中的文章，相关性较高的检索结果如下：

[1] 刘云升 . 完善我国劳务输出劳动争议处理机制的构想［J］. 学术交流，2014 （03）：71-75.

[2] 刘大卫 . 中国劳动争议处理机制失灵问题探析［J］. 探索，2013（04）：151-154.

[3] 杨欣，姜颖 . 我国重大集体劳动争议现状及处理机制分析——以 G 省的调研数据为据［J］. 北京行政学院学报，2013（04）：93-97.

[4] 王蓓 . 我国劳动争议仲裁制度的缺陷与完善［J］. 河北大学学报（哲学社会科学版），2013，38（03）：75-82.

[5] 王蓓 . 以"或审或裁"模式重构个别劳动争议处理机制［J］. 法学，2013 （04）：120-127.

[6] 江永众，苗淼，江河 . 我国企业劳动争议申诉处理机制的构建分析［J］. 中国人力资源开发，2012（07）：82-88.

[7] 郑祝君 . 劳动争议的二元结构与我国劳动争议处理制度的重构［J］. 法学，2012（01）：94-103.

[8] 谭玲 . 劳动争议案件一裁终局制度的现实困境与未来转型［J］. 人民司法，2012（01）：67-72.

[9] 林欧，周红阳 . 外国劳动者在华劳动争议处理机制研究［J］. 商业研究，2011 （09）：94-97.

[10] 孙德强 . 关于完善劳动争议协商和调解制度的调查报告［J］. 法律适用，2011 （07）：109-112.

进入中国知网期刊子库，选择专业检索，同时在左侧资源集合子集中去除"基础科学""工程科技Ⅰ辑""工程科技Ⅱ辑""农业科技"和"医药卫生科技"集合。不限制发表时间年限。输入检索式②：SU =（"劳动争议"+ "劳资争议"+"劳资纠纷"+"劳动纠纷"）＊处理机制，获取检索结果 180 条，如图 5-117 所示：

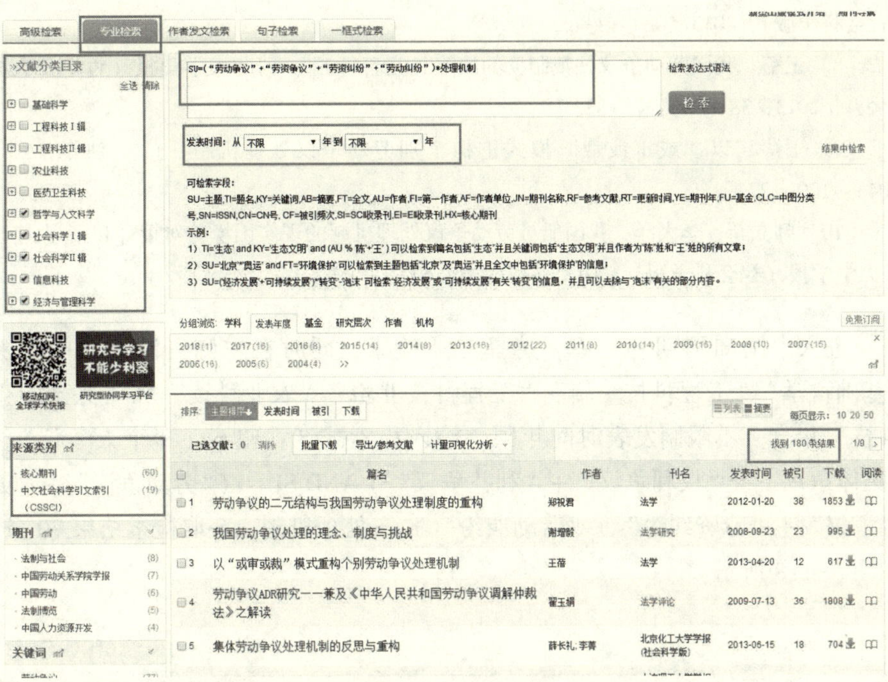

图5-117 中国知网期刊子库检索结果（检索式②）

相关检索结果：

[1] 王剑. 我国现行劳动争议调解制度的分析及重构 [J]. 南京航空航天大学学报（社会科学版），2017，19（01）：56-61.

[2] 范围. 企业劳动争议内部处理机制实证研究 [J]. 江汉学术，2016，35（04）：30-37.

[3] 肖海英. 论南非的劳动争议处理机制 [J]. 中国人力资源开发，2015（01）：27-31+50.

[4] 吕国泉，李嘉娜，淡卫军，王压非，朱勋克. 中国海外劳务移民的发展变迁与管理保护——以移民工人维权和争议处理为中心的分析 [J]. 华侨华人历史研究，2014（01）：1-17.

[5] 刘大卫. 中国劳动争议处理机制失灵问题探析 [J]. 探索，2013（04）：151-154.

[6] 杨欣，姜颖. 我国重大集体劳动争议现状及处理机制分析——以G省的调研数据为据 [J]. 北京行政学院学报，2013（04）：93-97.

[7] 薛长礼，李菁. 集体劳动争议处理机制的反思与重构 [J]. 北京化工大学学报

（社会科学版），2013（02）：1-6.

[8] 王蓓. 我国劳动争议仲裁制度的缺陷与完善 [J]. 河北大学学报（哲学社会科学版），2013，38（03）：75-82.

[9] 王蓓. 以"或审或裁"模式重构个别劳动争议处理机制 [J]. 法学，2013（04）：120-127.

[10] 韩立新，李大泽. 我国船员劳动争议处理机制的现实困境与对策 [J]. 大连理工大学学报（社会科学版），2013，34（02）：67-71.

进入中国知网期刊子库，选择专业检索，同时在左侧资源专辑中去除"基础科学""工程科技Ⅰ辑""工程科技Ⅱ辑""农业科技"和"医药卫生科技"集合。不限制发表时间年限。输入检索式③：FT=（"个人争议"+"集体争议"+"权利争议"+"利益争议"）AND SU=（"劳动争议"+"劳资争议"+"劳资纠纷"+"劳动纠纷"）＊处理机制，获取检索结果70条，如图5-118所示：

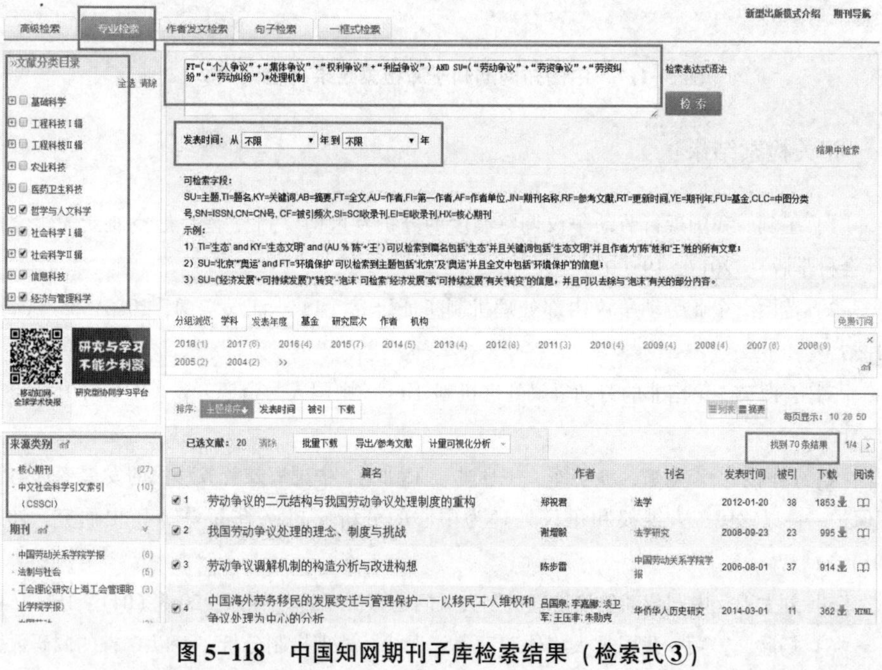

图5-118　中国知网期刊子库检索结果（检索式③）

相关检索结果：

[1] 李卓. 美国劳动争议处理制度借鉴 [J]. 特区实践与理论，2014（05）：64-67.

[2] 杨欣，姜颖. 我国重大集体劳动争议现状及处理机制分析——以 G 省的调研数据为据 [J]. 北京行政学院学报，2013（04）：93-97.

[3] 谢棋楠. 企业内争议预防性处理实务 [J]. 北京行政学院学报，2012（06）：83-88.

[4] 江永众，苗淼，江河. 我国企业劳动争议申诉处理机制的构建分析 [J]. 中国人力资源开发，2012（07）：82-88.

[5] 肖璐. 集体劳动争议处理机制的构建 [J]. 社会科学家，2012（06）：88-91.

[6] 郑祝君. 劳动争议的二元结构与我国劳动争议处理制度的重构 [J]. 法学，2012（01）：94-103.

[7] 李文沛. 英美集体争议处理机制及其对中国的启示 [J]. 国家行政学院学报，2011（05）：118-122.

[8] 杨强. 从权利到利益：我国劳动争议的新特点及其应对 [J]. 中国劳动关系学院学报，2010，24（06）：63-67.

[9] 李华武. 浅析我国现行劳动争议纠纷解决机制之法理——以德国法为视角 [J]. 民族论坛，2010（02）：29-31.

[10] 魏建，李俊枫. 基于博弈视角的劳动争议处理机制完善路径分析——以《劳动争议调解仲裁法》为例 [J]. 理论学刊，2009（11）：28-32+127.

进入中国知网期刊子库，选择专业检索，同时在左侧资源专辑中去除"基础科学""工程科技Ⅰ辑""工程科技Ⅱ辑""农业科技"和"医药卫生科技"集合。不限制发表时间年限。输入检索式④：FT =（"个人争议"+"集体争议"+"权利争议"+"利益争议"）AND SU =（"劳动争议"+"劳资争议"+"劳资纠纷"+"劳动纠纷"）*（"处理机制"+"劳动仲裁"+"劳动争议仲裁"+"调解"+"劳动争议调解"+"劳动争议诉讼"）获取检索结果 550 条，如图 5-119 所示：

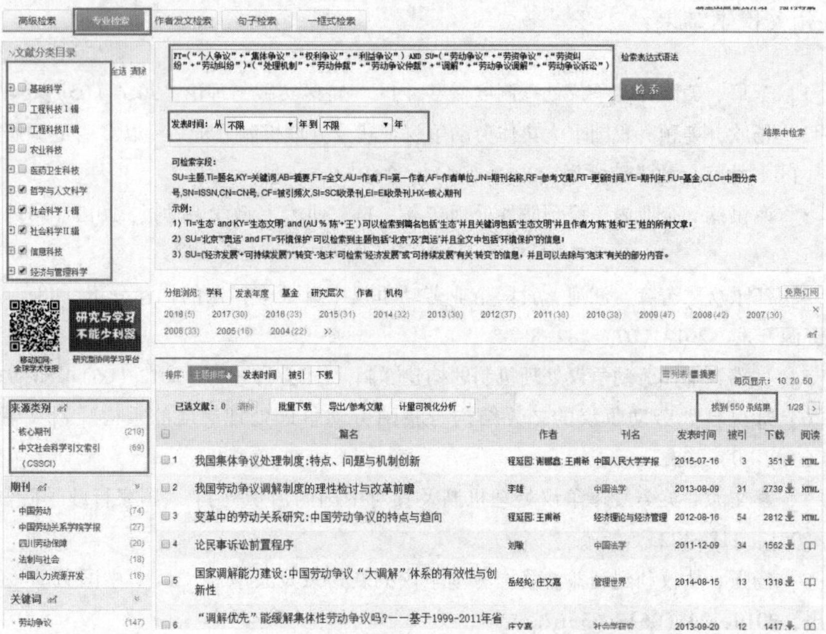

图 5-119　中国知网期刊子库检索结果（检索式④）

相关检索结果：

[1] 李卓. 美国劳动争议处理制度借鉴 [J]. 特区实践与理论, 2014（05）: 64-67.

[2] 肖竹. 群体性劳动争议应对中的政府角色 [J]. 行政法学研究, 2014（02）: 77-84.

[3] 徐丽雯. 我国劳动争议处理制度存在的问题与完善之策 [J]. 北京行政学院学报, 2014（02）: 91-96.

[4] 何平. 我国劳动争议调解制度功能缺失之反思 [J]. 河北法学, 2014, 32（01）: 72-78.

[5] 庄文嘉. "调解优先"能缓解集体性劳动争议吗？——基于1999-2011年省际面板数据的实证检验 [J]. 社会学研究, 2013, 28（05）: 145-171+244-245.

[6] 杨欣, 姜颖. 我国重大集体劳动争议现状及处理机制分析——以G省的调研数据为据 [J]. 北京行政学院学报, 2013（04）: 93-97.

[7] 李雄. 我国劳动争议调解制度的理性检讨与改革前瞻 [J]. 中国法学, 2013（04）: 158-168.

[8] 侯玲玲. 比较法视野下的劳动者集体争议行动之法律规制 [J]. 法律科学（西

北政法大学学报），2013，31（04）：104-116.

[9] 沈建峰．德国集体性劳动争议处理的框架及其启示［J］．中国劳动关系学院学报，2013，27（03）：67-72.

[10] 涂永前．我国特色的劳动争议仲裁终局化之理念和制度架构——《劳动争议调解仲裁法》第47条释正［J］．法律科学（西北政法大学学报），2013，31（03）：66-74.

根据以上检索的比对，筛选最终的检索结果主要包括：

[1] 刘云升．完善我国劳务输出劳动争议处理机制的构想［J］．学术交流，2014（03）：71-75.

[2] 刘大卫．中国劳动争议处理机制失灵问题探析［J］．探索，2013（04）：151-154.

[3] 杨欣，姜颖．我国重大集体劳动争议现状及处理机制分析——以G省的调研数据为据［J］．北京行政学院学报，2013（04）：93-97.

[4] 王蓓．我国劳动争议仲裁制度的缺陷与完善［J］．河北大学学报（哲学社会科学版），2013，38（03）：75-82.

[5] 王蓓．以"或审或裁"模式重构个别劳动争议处理机制［J］．法学，2013（04）：120-127.

[6] 江永众，苗淼，江河．我国企业劳动争议申诉处理机制的构建分析［J］．中国人力资源开发，2012（07）：82-88.

[7] 郑祝君．劳动争议的二元结构与我国劳动争议处理制度的重构［J］．法学，2012（01）：94-103.

[8] 谭玲．劳动争议案件一裁终局制度的现实困境与未来转型［J］．人民司法，2012（01）：67-72.

[9] 林欧，周红阳．外国劳动者在华劳动争议处理机制研究［J］．商业研究，2011（09）：94-97.

[10] 孙德强．关于完善劳动争议协商和调解制度的调查报告［J］．法律适用，2011（07）：109-112.

D. 期刊资源——万方数据库。进入万方数据库期刊子库的专业检索页面，输入检索式①：题名或关键词：（劳动争议 * 处理机制），并对检索结果进行学科"政治、法律"类筛选提取，得到的检索结果条数是85条，如图5-120所示：

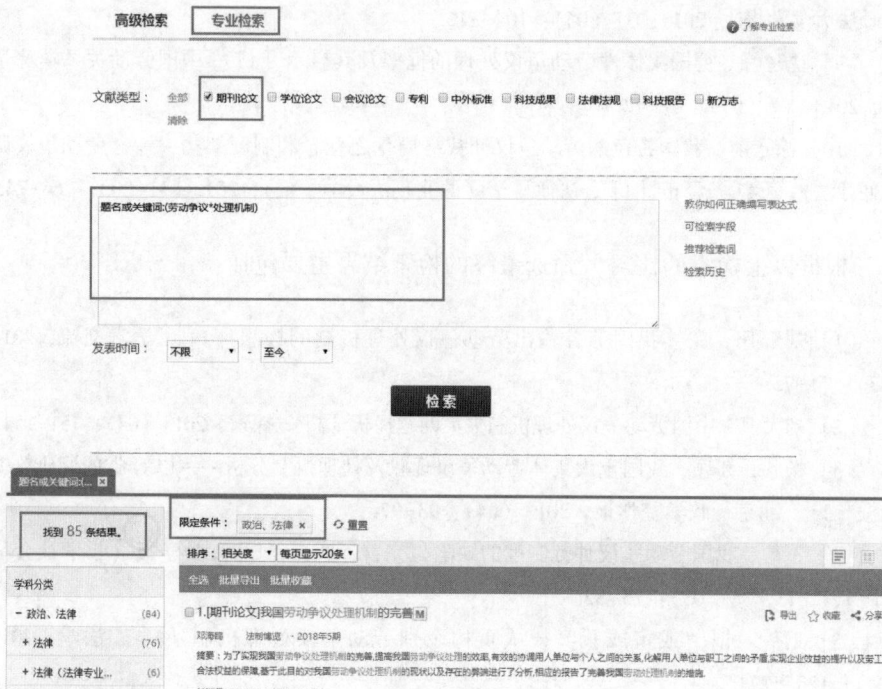

图 5-120　万方期刊子库检索结果（检索式①）

相关检索结果：

[1] 肖强，陈正华．论我国劳动争议处理机制的优化 [J]．天津法学，2010，（1）：72-75. DOI：10. 3969/j. issn. 1674-828X. 2010. 01. 012.

[2] 刘云升．完善我国劳务输出劳动争议处理机制的构想 [J]．学术交流，2014，（3）：71-75. DOI：10. 3969/j. issn. 1000-8284. 2014. 03. 016.

[3] 黄惠娜．我国现行劳动争议处理机制的弊端及改革方向 [J]．中文信息，2016，（12）：312.

[4] 赵凯东．我国劳动争议处理机制之完善 [J]．黑龙江省政法管理干部学院学报，2005，（6）：65-66. DOI：10. 3969/j. issn. 1008-7966. 2005. 06. 021.

[5] 邹晓红，关凤荣．集体劳动争议处理机制研究 [J]．长春理工大学学报（社会科学版），2017，（4）：45-48.

[6] 林欧，周红阳．外国劳动者在华劳动争议处理机制研究 [J]．商业研究，2011，（9）：94-97. DOI：10. 3969/j. issn. 1001-148X. 2011. 09. 018.

[7] 张若宇．新常态下劳动争议处理机制分析 [J]．法制博览，2015，（22）：202-202.

［8］范围．企业劳动争议内部处理机制实证研究［J］．江汉学术，2016，（4）：30-37. DOI：10.16388/j.cnki.cn42-1843/c.2016.04.004.

［9］杨欣，姜颖．我国重大集体劳动争议现状及处理机制分析——以 G 省的调研数据为据［J］．北京行政学院学报，2013，（4）：93-97. DOI：10.3969/j.issn.1008-7621.2013.04.018.

［10］王文惠，袁江．刍议我国劳动争议处理机制存在的问题［J］．法学杂志，2006，（5）：10-12. DOI：10.3969/j.issn.1001-618X.2006.05.003.

进入万方数据库期刊子库的专业检索页面，输入检索式②：题名或关键词：处理机制＊（"劳动争议"＋"劳资争议"＋"劳资纠纷"＋"劳动纠纷"），并对检索结果进行学科"政治、法律"类筛选提取，得到的检索结果条数是 87 条，如图 5-121 所示：

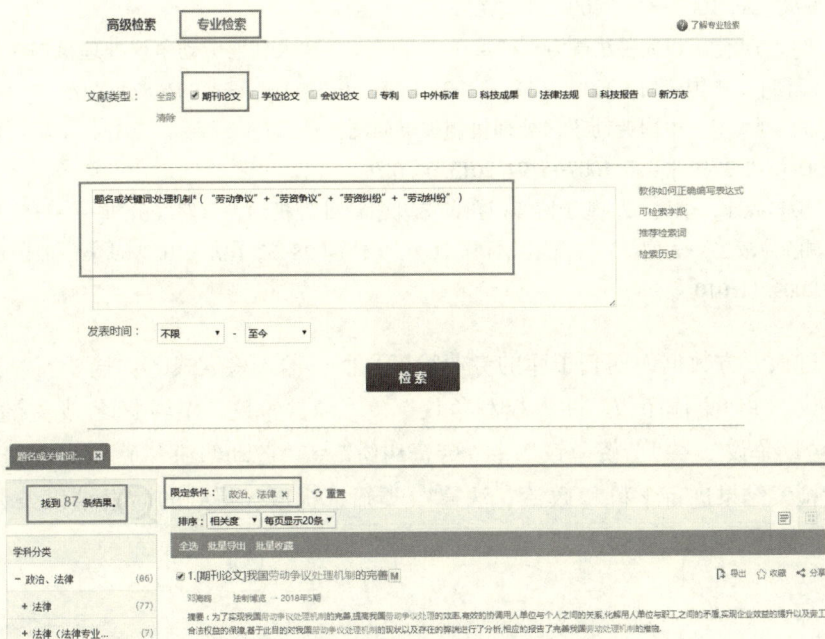

图 5-121　万方期刊子库检索结果（检索式②）

相关检索结果：

［1］刘云升．完善我国劳务输出劳动争议处理机制的构想［J］．学术交流，2014，

（3）：71-75. DOI：10. 3969/j. issn. 1000-8284. 2014. 03. 016.

[2] 邹晓红，关凤荣. 集体劳动争议处理机制研究［J］. 长春理工大学学报（社会科学版），2017，（4）：45-48.

[3] 林欧，周红阳. 外国劳动者在华劳动争议处理机制研究［J］. 商业研究，2011，（9）：94-97. DOI：10. 3969/j. issn. 1001-148X. 2011. 09. 018.

[4] 杨欣，姜颖. 我国重大集体劳动争议现状及处理机制分析——以 G 省的调研数据为据［J］. 北京行政学院学报，2013，（4）：93-97. DOI：10. 3969/j. issn. 1008-7621. 2013. 04. 018.

[5] 王文惠，袁江. 刍议我国劳动争议处理机制存在的问题［J］. 法学杂志，2006，（5）：10-12. DOI：10. 3969/j. issn. 1001-618X. 2006. 05. 003.

[6] 陶然. 关于我国劳动争议处理机制的探讨［J］. 求实，2004，（7）：66-68. DOI：10. 3969/j. issn. 1007-8487. 2004. 07. 021.

[7] 刘亚妮. 国外劳动争议处理机制及评析［J］. 求实，2006，（z1）：98-99. DOI：10. 3969/j. issn. 1007-8487. 2006. z1. 047.

[8] 马永堂. 以完善法律为支柱重在协商调解--澳大利亚劳动争议处理机制对我国的启示［J］. 中国劳动，2005，（1）：32-34. DOI：10. 3969/j. issn. 1007-8746. 2005. 01. 014.

[9] 刘大卫. 中国劳动争议处理机制失灵问题探析［J］. 探索，2013，（4）：151-154. DOI：10. 3969/j. issn. 1007-5194. 2013. 04. 029.

[10] 魏建，李俊枫. 基于博弈视角的劳动争议处理机制完善路径分析——以《劳动争议调解仲裁法》为例［J］. 理论学刊，2009，（11）：28-32. DOI：10. 3969/j. issn. 1002-3909. 2009. 11. 010.

进入万方数据库期刊子库的专业检索页面，输入检索式③：摘要：（"个人争议"＋"集体争议"＋"权利争议"＋"利益争议"）＊题名或关键词：（"劳动争议"＋"劳资争议"＋"劳资纠纷"＋"劳动纠纷"）＊处理机制，并对检索结果进行学科"政治、法律"类筛选提取，得到的检索结果条数是 3 条，如图 5-122 所示：

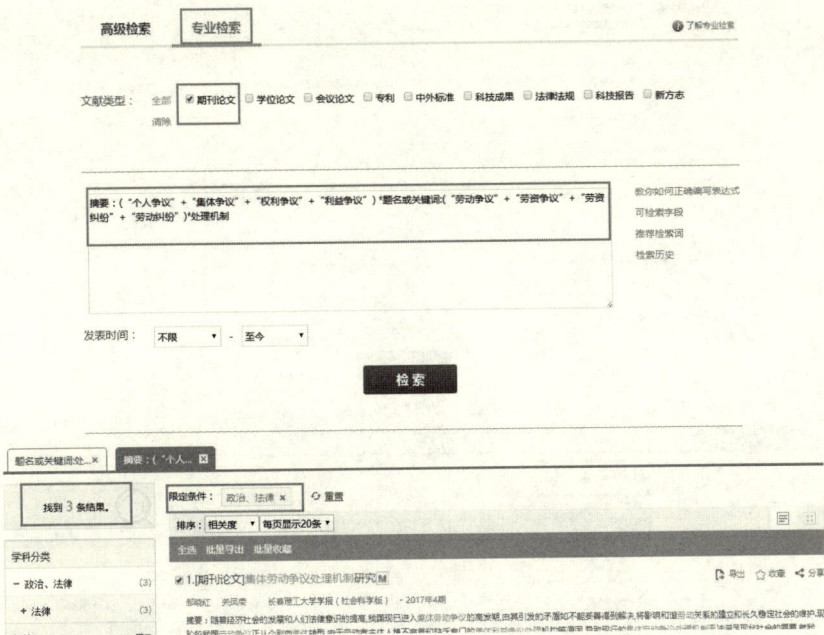

图 5-122　万方期刊子库检索结果（检索式③）

相关检索结果：

[1] 邹晓红，关凤荣. 集体劳动争议处理机制研究 [J]. 长春理工大学学报（社会科学版），2017，（4）：45-48.

[2] 薛长礼，李菁. 集体劳动争议处理机制的反思与重构 [J]. 北京化工大学学报（社会科学版），2013，（2）：1-6.

[3] 杨芳霞. 论集体劳动争议处理的法律机制 [J]. 法制与社会，2009，（25）：90-91.

进入万方数据库期刊子库的专业检索页面，输入检索式④：摘要：（"个人争议"+"集体争议"+"权利争议"+"利益争议"）*题名或关键词：（"劳动争议"+"劳资争议"+"劳资纠纷"+"劳动纠纷"）*（"处理机制"+"劳动仲裁"+"劳动争议仲裁"+"调解"+"劳动争议调解"+"劳动争议诉讼"），并对检索结果进行学科"政治、法律"类筛选提取，得到的检索结果条数是 9 条，如图 5-123 所示：

高级检索 [专业检索]   ⓘ 了解专业检索

文献类型： 全部 ☑期刊论文 □学位论文 □会议论文 □专利 □中外标准 □科技成果 □法律法规 □科技报告 □新方志
        清除

摘要：（"个人争议" + "集体争议" + "权利争议" + "利益争议"）*题名或关键词:（"劳动争议" + "劳资争议" + "劳资   教你如何正确编写表达式
纠纷" + "劳动纠纷"）*（"处理机制" + "劳动仲裁" + "劳动争议仲裁" + "调解" + "劳动议调解" + "劳动争议诉   可检索字段
讼"）   推荐检索词
                                                                            检索历史

发表时间： 不限   ▼   - 至今   ▼

                            检索

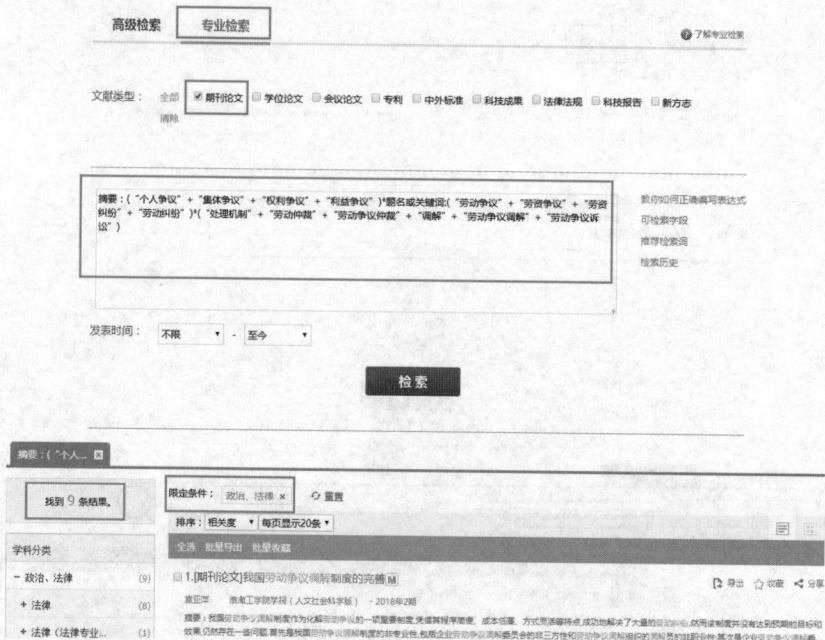

图 5-123   万方期刊子库检索结果（检索式④）

相关检索结果：

[1] 邹晓红，关凤荣. 集体劳动争议处理机制研究 [J]. 长春理工大学学报（社会科学版），2017，(4)：45-48.

[2] 涂伟. 对我国劳动争议仲裁制度的再思考 [J]. 新疆财经大学学报，2010，(2)：49-54. DOI：10. 3969/j. issn. 1671-9840. 2010. 02. 009.

[3] 赵睿. 浅谈我国的劳动争议调解制度的完善 [J]. 法制与经济（中旬刊），2011，(12)：68-69.

[4] 蔡德仿. 菲律宾劳动争议处理法律制度探究 [J]. 南宁职业技术学院学报，2011，(2)：41-45. DOI：10. 3969/j. issn. 1009-3621. 2011. 02. 010.

[5] 薛长礼，李菁. 集体劳动争议处理机制的反思与重构 [J]. 北京化工大学学报（社会科学版），2013，(2)：1-6.

[6] 朱信民，赵晓燕. 山东省劳动争议仲裁工作现状分析与对策建议 [J]. 山东审判，2006，(1)：40-42.

[7] 袁亚萍. 我国劳动争议调解制度的完善 [J]. 淮海工学院学报（人文社会科学版），2018，(2)：27-29. DOI：10. 3969/j. issn. 2095-333X. 2018. 02. 008.

［8］罗兴国．劳动争议处理制度改造思考［J］．贵州警官职业学院学报，2011，(6)：95-103. DOI：10.3969/j.issn.1671-5195.2011.06.019.

［9］钟三宇．劳动争议纠纷解决机制研究——兼论我国《劳动争议调解仲裁法》的制度完善［J］．法制与社会，2010，(8)：55-56. DOI：10.3969/j.issn.1009-0592.2010.08.029.

根据以上检索的比对，筛选最终的检索结果主要包括：

［1］肖强，陈正华．论我国劳动争议处理机制的优化［J］．天津法学，2010，(1)：72-75. DOI：10.3969/j.issn.1674-828X.2010.01.012.

［2］刘云升．完善我国劳务输出劳动争议处理机制的构想［J］．学术交流，2014，(3)：71-75. DOI：10.3969/j.issn.1000-8284.2014.03.016.

［3］黄惠娜．我国现行劳动争议处理机制的弊端及改革方向［J］．中文信息，2016，(12)：312.

［4］赵凯东．我国劳动争议处理机制之完善［J］．黑龙江省政法管理干部学院学报，2005，(6)：65-66. DOI：10.3969/j.issn.1008-7966.2005.06.021.

［5］邹晓红，关凤荣．集体劳动争议处理机制研究［J］．长春理工大学学报（社会科学版），2017，(4)：45-48.

［6］林欧，周红阳．外国劳动者在华劳动争议处理机制研究［J］．商业研究，2011，(9)：94-97. DOI：10.3969/j.issn.1001-148X.2011.09.018.

［7］张若宇．新常态下劳动争议处理机制分析［J］．法制博览，2015，(22)：202-202.

［8］范围．企业劳动争议内部处理机制实证研究［J］．江汉学术，2016，(4)：30-37. DOI：10.16388/j.cnki.cn42-1843/c.2016.04.004.

［9］杨欣，姜颖．我国重大集体劳动争议现状及处理机制分析——以 G 省的调研数据为据［J］．北京行政学院学报，2013，(4)：93-97. DOI：10.3969/j.issn.1008-7621.2013.04.018.

［10］王文惠，袁江．刍议我国劳动争议处理机制存在的问题［J］．法学杂志，2006，(5)：10-12.

E．期刊资源——HeinOnline 数据库。进入 HeinOnline 数据库主页，选择高级检索，选择 title 字段，输入关键词 title：Labor dispute AND title：Processing mechanism，如图 5-124 所示：

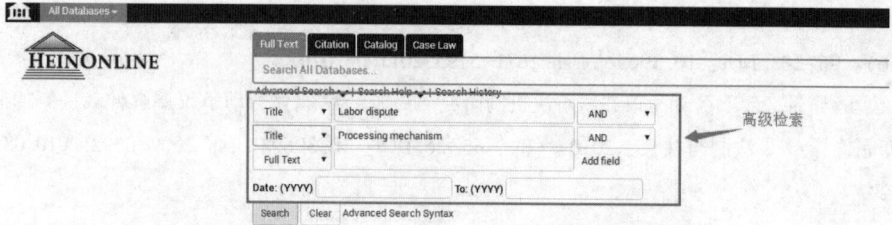

图 5-124　HeinOnline 数据库高级检索界面

选择"Article"，共有 97 条检索结果，如图 5-125 所示：

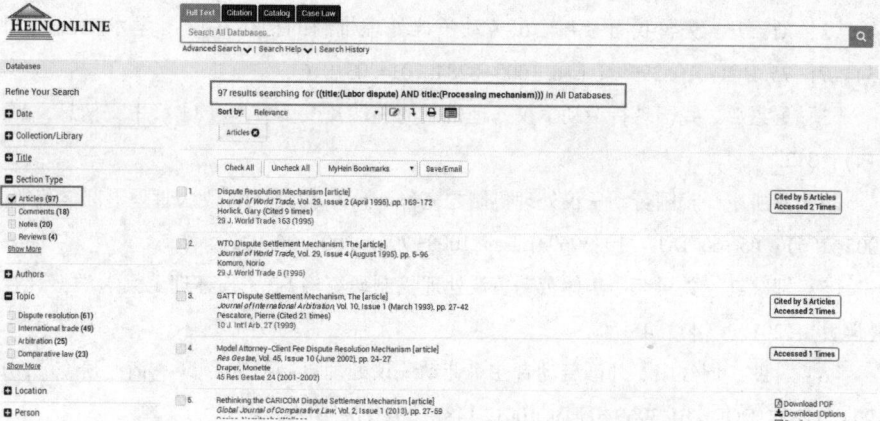

图 5-125　HeinOnline 数据库检索结果（检索式①）

选择全文检索，输入检索式②：（title：Processing mechanism）AND title：("Labor dispute" OR "Labor disputes")，选择"Article"，共有 49 条检索结果，如图 5-126 所示：

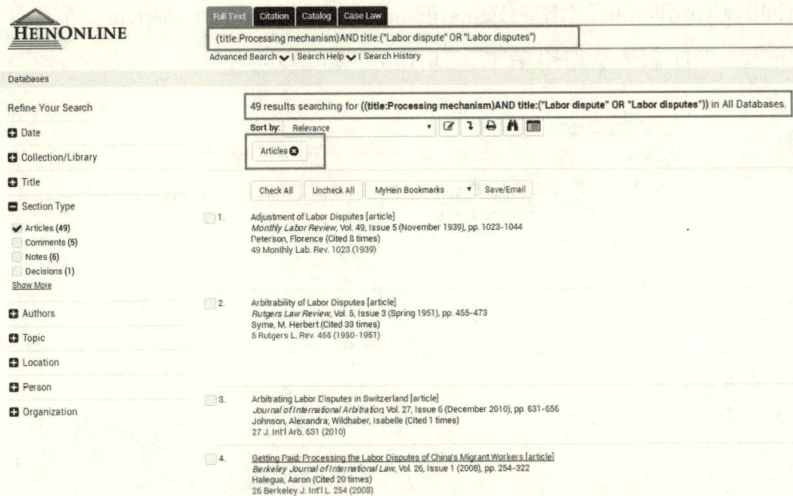

图 5-126　HeinOnline 数据库检索结果（检索式①）

选择全文检索，输入检索式③：（title：（Processing mechanism） AND（"Labor dispute" OR "Labor disputes"）AND full Text：（"Personal dispute" OR "Collective dispute" OR "Rights dispute" OR "Interest dispute"）），选择"Article"，共有 23 条检索结果，如图 5-127 所示：

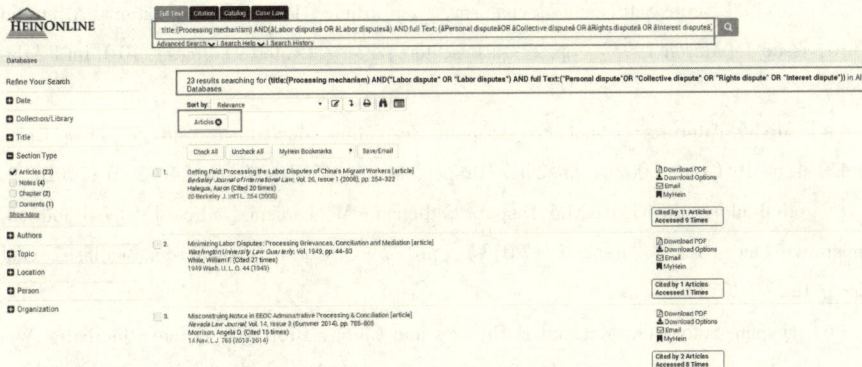

图 5-127　HeinOnline 数据库检索结果（检索式③）

选择全文检索，输入检索式④：（title：（Processing mechanism） AND（"Labor dispute" OR "Labor disputes"）AND full Text：（"Personal dispute"

OR "Collective dispute" OR "Rights dispute" OR "Interest dispute")），选择 "Article"，共有 257 条检索结果，如图 5-128 所示：

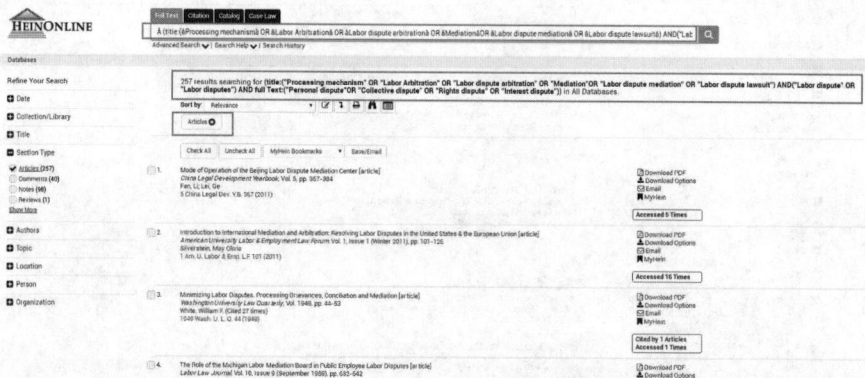

图 5-128　HeinOnline 数据库检索结果（检索式④）

最终筛选出的检索结果：

［1］Dispute Resolution Mechanism［article］Journal of World Trade，Vol. 29，Issue 2（April 1995），pp. 163-172Horlick, Gary（Cited 9 times）29 J. World Trade 163（1995）.

［2］WTO Dispute Settlement Mechanism, The［article］Journal of World Trade，Vol. 29，Issue 4（August 1995），pp. 5-96Komuro, Norio29 J. World Trade 5（1995）.

［3］GATT Dispute Settlement Mechanism, The［article］Journal of International Arbitration，Vol. 10, Issue 1（March 1993），pp. 27-42Pescatore, Pierre（Cited 21 times）10 J. Int'l Arb. 27（1993）.

［4］Model Attorney - Client Fee Dispute Resolution Mechanism［article］Res Gestae，Vol. 45, Issue 10（June 2002），pp. 24-27Draper, Monette45 Res Gestae 24（2001-2002）.

［5］Rethinking the CARICOM Dispute Settlement Mechanism［article］Global Journal of Comparative Law，Vol. 2，Issue 1（2013），pp. 27 - 59Goring, Namitasha Wallace2 Global J. Comp. L. 27（2013）.

［6］Dispute Settlement Mechanism Reforms and China's Proposal［article］Journal of World Trade，Vol. 37, Issue 6（December 2003），pp. 1097 - 1118Luan, Xinjie（Cited 10 times）37 J. World Trade 1097（2003）.

F. 图书资源——纸质馆藏图书。进入中国政法大学图书馆书目检索系统，选择"主题词"检索字段，输入"劳动争议"，获取检索结果 271 条，在左侧分类栏目，选择"政治、法律"，文献类型栏目，选择"中文图书"，获取检索结果246条，为精确检索结果，选择在结果中检索"题目"为"劳动争议"的图书，最终获取检索结果116条，如图5-129所示：

图5-129　中国政法大学图书馆书目检索系统

相关度较高的检索结果：

劳动争议与处理 D922.591/37

龙凤钊，金志峰编著

科学出版社 2017

七步法：劳动争议预防与处理的技术模型 D922.591.4/44

杨磊著

中国劳动社会保障出版社 2016

劳动争议纠纷一站式解决 D922.591.5/69

本册主编杨家学，陶海燕

法律出版社 2015

劳动争议处理 D922.591/35

主编罗燕

科学出版社 2015

　　G. 学位论文——万方数据库。进入万方数据库学位论文子库的专业检索页面，输入检索式①：题名或关键词：（劳动争议＊处理机制），并对检索结果进行学科"政治、法律"类筛选提取，得到的检索结果条数是 70 条，如图 5-130 所示：

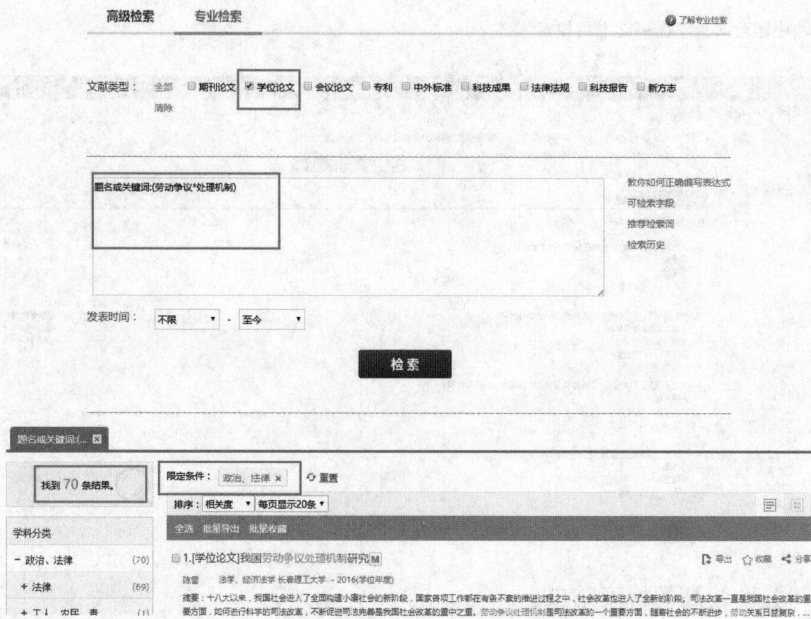

图 5-130 万方学位论文子库检索结果（检索式①）

相关检索结果：

［1］褚利民．我国劳动争议处理机制的缺陷与重构［D］．安徽大学，2006. DOI：
10. 7666/d. y1043783.

［2］侯希斌．论劳动争议处理机制之完善［D］．苏州大学，2008. DOI：
10. 7666/d. y1408874.

［3］李宇潇．日照市劳动争议处理机制实证研究［D］．曲阜师范大学，2014.

［4］艾智杰．对劳动争议处理机制的法律思考［D］．青海民族大学，2011.

［5］贾宁．甸劳动争议处理机制的反思与重构［D］．北京化工大学，2011. DOI：
10. 7666/d. y1877851.

［6］刘永胜．完善我国集体劳动争议处理机制的研究［D］．苏州大学，2012. DOI：
10. 7666/d. y2134099.

［7］刘菲．完善我国集体劳动争议处理机制研究［D］．苏州大学，2012. DOI：

10. 7666/d. y2120284.

[8] 董振华. 我国劳动争议处理机制之探讨 [D]. 内蒙古大学, 2010. DOI：10. 7666/d. y1888435.

[9] 曹亚峰. 论我国劳动争议处理机制之重构 [D]. 苏州大学, 2007. DOI：10. 7666/d. y1305231.

[10] 郭陆聪. 我国劳动争议处理机制的反思与重塑 [D]. 西南政法大学, 2012.

进入万方数据库学位论文子库的专业检索页面, 输入检索式②: 题名或关键词: 处理机制 * ("劳动争议" + "劳资争议" + "劳资纠纷" + "劳动纠纷"), 并对检索结果进行学科"政治、法律"类筛选提取, 得到的检索结果条数是 70 条, 如图 5-131 所示:

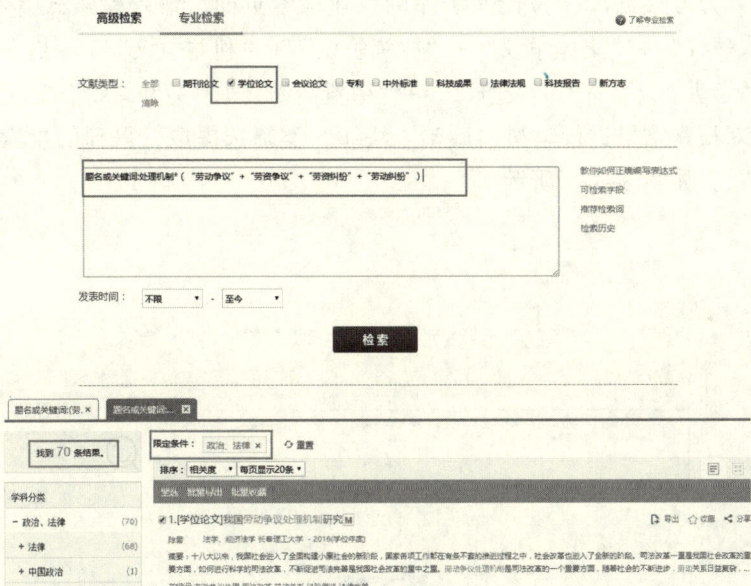

图 5-131　万方学位论文子库检索结果（检索式②）

相关检索结果:

[1] 侯希斌. 论劳动争议处理机制之完善 [D]. 苏州大学, 2008. DOI：10. 7666/d. y1408874.

[2] 李宇潇. 日照市劳动争议处理机制实证研究 [D]. 曲阜师范大学, 2014.

［3］艾智杰．对劳动争议处理机制的法律思考［D］．青海民族大学，2011.

［4］刘永胜．完善我国集体劳动争议处理机制的研究［D］．苏州大学，2012. DOI：10. 7666/d. y2134099.

［5］刘菲．完善我国集体劳动争议处理机制研究［D］．苏州大学，2012. DOI：10. 7666/d. y2120284.

［6］董振华．我国劳动争议处理机制之探讨［D］．内蒙古大学，2010. DOI：10. 7666/d. y1888435.

［7］郭陆聪．我国劳动争议处理机制的反思与重塑［D］．西南政法大学，2012.

［8］陈静．无锡市工会组织创新劳动争议处理机制研究［D］．复旦大学，2012.

［9］罗静．建构我国劳动争议分类处理机制探析［D］．西南政法大学，2014.

［10］陈春．论我国集体劳动争议处理机制的完善［D］．安徽财经大学，2015.

进入万方数据库学位论文子库的专业检索页面，输入检索式③：摘要：（"个人争议"＋"集体争议"＋"权利争议"＋"利益争议"）＊题名或关键词：（"劳动争议"＋"劳资争议"＋"劳资纠纷"＋"劳动纠纷"）＊处理机制，并对检索结果进行学科"政治、法律"类筛选提取，得到的检索结果条数是 9 条，如图 5-132 所示：

图 5-132　万方学位论文子库检索结果（检索式③）

相关检索结果：

[1] 侯希斌. 论劳动争议处理机制之完善 [D]. 苏州大学，2008. DOI：10. 7666/d. y1408874.

[2] 廖青松. 从劳动争议分类看我国现行劳动争议处理机制 [D]. 湘潭大学，2007. DOI：10. 7666/d. d131047.

[3] 刘菲. 完善我国集体劳动争议处理机制研究 [D]. 苏州大学，2012. DOI：10. 7666/d. y2120284.

[4] 冯晔. 我国劳动争议处理机制研究 [D]. 吉林大学，2007.

[5] 王丽明. 我国劳动争议处理机制的改革与完善 [D]. 吉林大学，2011.

[6] 顾占忠. 我国劳动争议处理机制之完善 [D]. 吉林大学，2011.

[7] 王丽娜. 论我国劳动争议分类处理机制 [D]. 青岛大学，2010. DOI：10. 7666/d. y1733993.

[8] 罗静. 建构我国劳动争议分类处理机制探析 [D]. 西南政法大学，2014.

[9] 陈春. 论我国集体劳动争议处理机制的完善 [D]. 安徽财经大学，2015.

进入万方数据库学位论文子库的专业检索页面，输入检索式④：摘要：（"个人争议" + "集体争议" + "权利争议" + "利益争议"） ＊题名或关键词：（"劳动争议" + "劳资争议" + "劳资纠纷" + "劳动纠纷"） ＊（"处理机制" + "劳动仲裁" + "劳动争议仲裁" + "调解" + "劳动争议调解" + "劳动争议诉讼"），并对检索结果进行学科"政治、法律"类筛选提取，得到的检索结果条数是 19 条，如图 5-133 所示：

高级检索 专业检索 　　　　　　　　　　　　　　　　　　? 了解专业检索

文献类型: 全部 □期刊论文 ☑学位论文 □会议论文 □专利 □中外标准 □科技成果 □法律法规 □科技报告 □新方志
　　　　 清除

摘要:（"个人争议" + "集体争议" + "权利争议" + "利益争议"）*篇名或关键词:（"劳动争议" + "劳资争议" + "劳资纠纷" + "劳动纠纷"）*（"处理机制" + "劳动仲裁" + "劳动争议仲裁" + "调解" + "劳动争议调解" + "劳动争议诉讼"）

　　　　　　　　　　　　　　　　　　　　　　　教你如何正确编写表达式
　　　　　　　　　　　　　　　　　　　　　　　可检索字段
　　　　　　　　　　　　　　　　　　　　　　　推荐检索词
　　　　　　　　　　　　　　　　　　　　　　　检索历史

发表时间: 不限 ▼ - 至今 ▼

检索

摘要:（"个人争...× 　摘要:（"个人... ×

找到 19 条结果. 　限定条件: 政治、法律 × 　重置

　　　　　　　　　排序: 相关度 ▼ 每页显示20条 ▼

学科分类 　　　　　全选 批量导出 批量收藏

- 政治、法律 　(19) 　□ 1.[学位论文]论我国集体劳动争议处理机制的完善 M 　　　　　　导出 ☆收藏 <分享
+ 法律 　　　(19) 　陈春 法律 安徽财经大学 · 2015(学位年度)
授予学位 　　　　　摘要: 我国的劳动关系在深刻的社会转型过程中还不完善,现有的集体劳动争议处理机制不能有效地解决冲突双方之间的矛盾,一般情况下都是由政府介入进行行政处理,这种处理方式未能建立长效机制,不能够妥协化解劳资双方深层次的矛盾,处理也不好还有可能会引发深层次的社会问题,对集体劳动争议处理应遵循"官方自治"的基本原则,准确定位政府的角色...

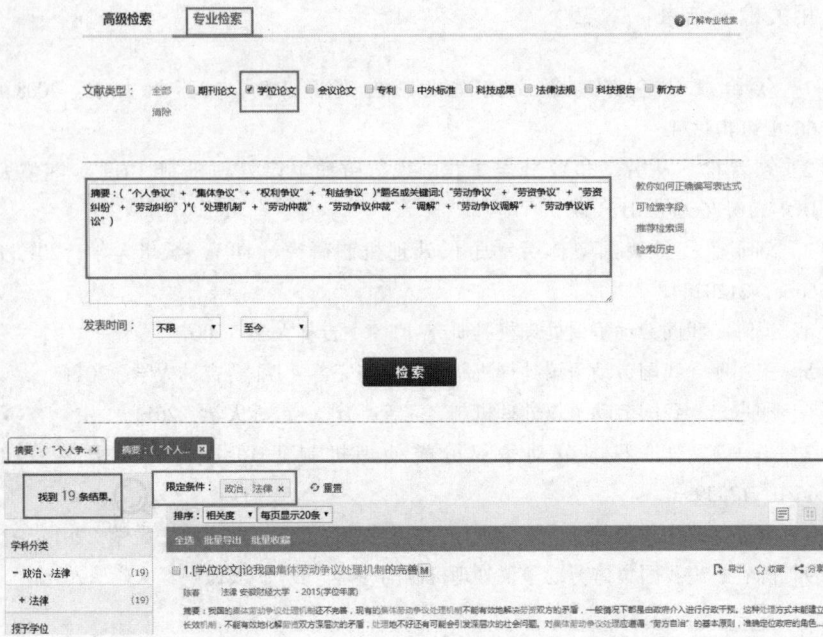

图5-133　万方学位论文子库检索结果（检索式④）

相关检索结果:

[1] 侯希斌. 论劳动争议处理机制之完善 [D]. 苏州大学, 2008. DOI: 10.7666/d.y1408874.

[2] 廖青松. 从劳动争议分类看我国现行劳动争议处理机制 [D]. 湘潭大学, 2007. DOI: 10.7666/d.d131047.

[3] 刘菲. 完善我国集体劳动争议处理机制研究 [D]. 苏州大学, 2012. DOI: 10.7666/d.y2120284.

[4] 冯晔. 我国劳动争议处理机制研究 [D]. 吉林大学, 2007.

[5] 王丽明. 我国劳动争议处理机制的改革与完善 [D]. 吉林大学, 2011.

[6] 顾占忠. 我国劳动争议处理机制之完善 [D]. 吉林大学, 2011.

[7] 王丽娜. 论我国劳动争议分类处理机制 [D]. 青岛大学, 2010. DOI: 10.7666/d.y1733993.

[8] 罗静. 建构我国劳动争议分类处理机制探析 [D]. 西南政法大学, 2014.

[9] 陈春. 论我国集体劳动争议处理机制的完善 [D]. 安徽财经大学, 2015.

[10] 游妮妮. 论劳动争议仲裁与诉讼的关系 [D]. 湖南大学, 2007. DOI:

10. 7666/d. y1208421.

根据以上检索的比对，筛选最终的检索结果主要包括：

［1］侯希斌．论劳动争议处理机制之完善［D］．苏州大学，2008. DOI：
10. 7666/d. y1408874.

［2］廖青松．从劳动争议分类看我国现行劳动争议处理机制［D］．湘潭大学，
2007. DOI：10. 7666/d. d131047.

［3］刘菲．完善我国集体劳动争议处理机制研究［D］．苏州大学，2012. DOI：
10. 7666/d. y2120284.

［4］冯晔．我国劳动争议处理机制研究［D］．吉林大学，2007.

［5］王丽明．我国劳动争议处理机制的改革与完善［D］．吉林大学，2011.

［6］顾占忠．我国劳动争议处理机制之完善［D］．吉林大学，2011.

［7］王丽娜．论我国劳动争议分类处理机制［D］．青岛大学，2010.

［8］罗静．建构我国劳动争议分类处理机制探析［D］．西南政法大学，2014.

［9］陈春．论我国集体劳动争议处理机制的完善［D］．安徽财经大学，2015.

［10］姚必文．劳动争议仲裁处理体制存在的核心问题及解决思路［D］．复旦大
学，2007.

H. 学位论文——ProQuest 学位论文库。进入 ProQuest 学位论文数据库主
页，在统一检索框内输入检索式①：“Labor dispute”AND“Processing mecha-
nism”，没有检索结果；所以对两个词进行单独检索，发现当检索“Processing
mechanism”时依然没有检索结果，当检索“Labor dispute”时，选择“只显
示有全文的结果”，选中“Social Science”，共有检索结果 43 条，如图 5–134
所示。

图 5-134　ProQuest 学位论文库检索结果（检索式①）

相关度较高的检索结果如下：

［1］A labor dispute at the DuPont Yerkes plant.

by Lepertine, Robert.；M. A.；State University of New York Empire State College；2004.

［2］China's labor dispute settlement：Forced settlement, worker awareness of rights, and policy suggestions.

by Chen, Yingying.；Ph. D.；Arizona State University；2010.

［3］Food fight：Communication and organizational justice during the grocery store labor dispute.

by Shipley, Brad A.；Ph. D.；University of Southern California. bCommunication；2010.

［4］The Politics of Mediation：State and Society in Labor Dispute Resolution in Contemporary China.

by Zhuang, Wenjia.；Ph. D.；The Chinese University of Hong Kong（Hong Kong）；2013.

在统一检索框内输入检索式②：（"Labor Arbitration" OR "Labor dispute arbitration" OR "Mediation" OR "Labor dispute mediation" OR "Labor dispute lawsuit"）再在结果中检索 Labor dispute，共有 9 条检索结果，如图 5-135 所示。

图 5-135 ProQuest 学位论文库检索结果（检索式②）

相关度较高的结果如下：

[1] The Politics of Mediation：State and Society in Labor Dispute Resolution in Contemporary China.

by Zhuang，Wenjia；Ph. D.；The Chinese University of Hong Kong（Hong Kong）；2013.

[2] China's labor dispute settlement：Forced settlement，worker awareness of rights，and policy suggestions.

by Chen，Yingying.；Ph. D.；Arizona State University；2010.

[3] In the eye of the storm：Mediators' perspectives on resolving labor-management conflict.

by Mareschal，Patrice Marie.；Ph. D.；The University of Oklahoma；1999.

根据以上检索的比对，最终筛选的检索结果：

[1] A labor dispute at the DuPont Yerkes plant.

by Lepertine，Robert.；M. A.；State University of New York Empire State College；2004.

[2] China's labor dispute settlement：Forced settlement，worker awareness of rights，and policy suggestions.

by Chen, Yingying.; Ph. D.; Arizona State University; 2010.

[3] Food fight: Communication and organizational justice during the grocery store labor dispute.

by Shipley, Brad A.; Ph. D.; University of Southern California. bCommunication; 2010.

[4] The Politics of Mediation: State and Society in Labor Dispute Resolution in Contemporary China.

by Zhuang, Wenjia.; Ph. D.; The Chinese University of Hong Kong (Hong Kong); 2013.

[5] In the eye of the storm: Mediators' perspectives on resolving labor-management conflict.

by Mareschal, Patrice Marie.; Ph. D.; The University of Oklahoma; 1999.

I. 会议论文——OCLC FirstSearch 数据库。进入 OCLC FirstSearch 数据库主页面，选择 PaperFirst 和 Proceedings 数据库（图 5-136），选择专家检索，输入检索式："Labor dispute" AND "Processing mechanism"，选择索引项目"主题"，如图 5-137 所示，进行检索，发现无检索结果。然后对"Labor dispute"和"Processing mechanism"分别进行检索，"Processing mechanism"仍然无检索结果，检索"Labor dispute"时，获取检索结果 51 条。随后分别主题检索另外几个检索式，都无检索结果，因此最终检索结果需要人工筛选（图 5-138）。

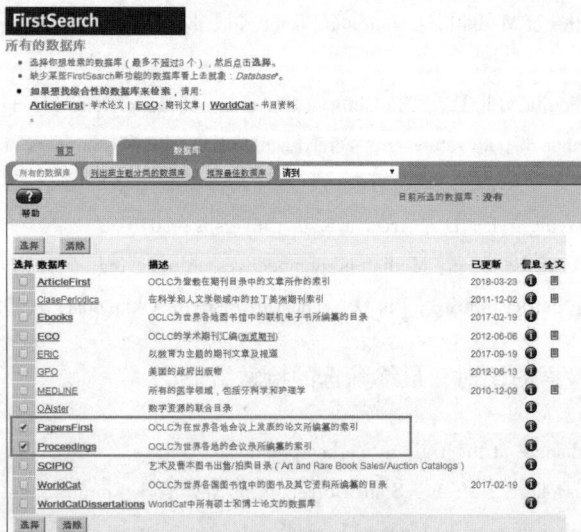

图 5-136　OCLC FirstSearch 数据库中选择相应子库

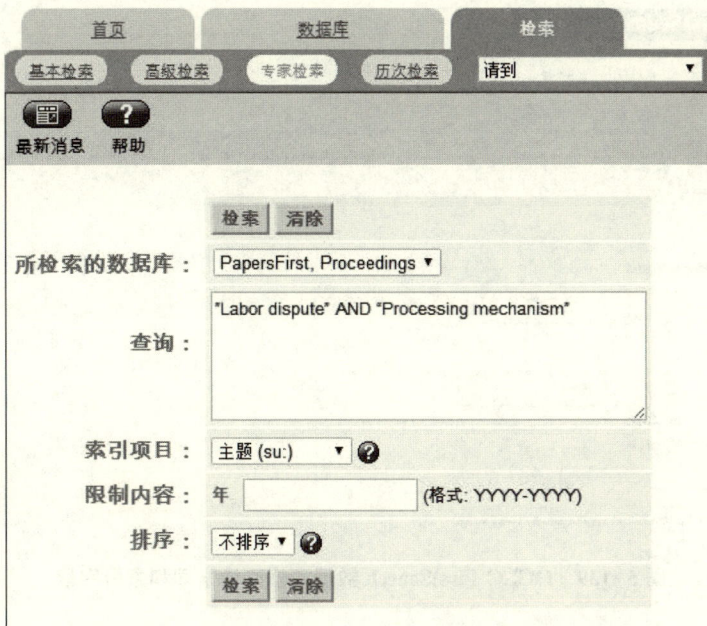

图 5-137　OCLC FirstSearch 数据库专业检索界面

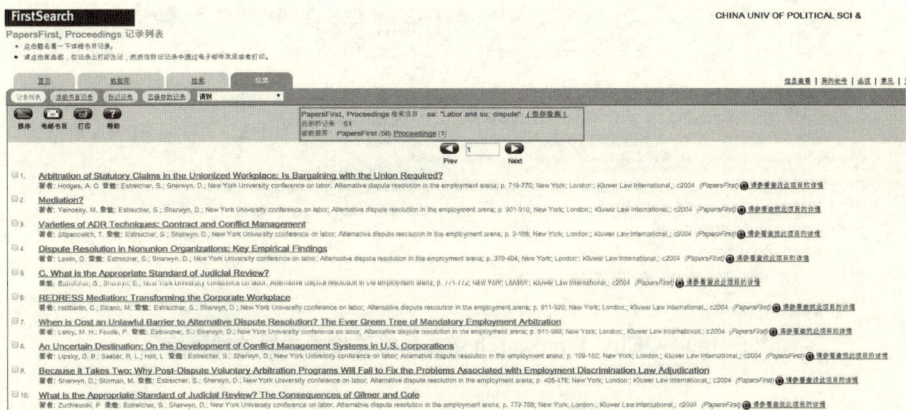

图 5-138　OCLC FirstSearch 数据库检索结果

　　通过人工筛选，发现检索的结果与主题相关度较低，因此选择更换索引项目（检索字段），选择"题名"字段进行检索（图 5-139），获取检索结果9 条（图 5-140）。

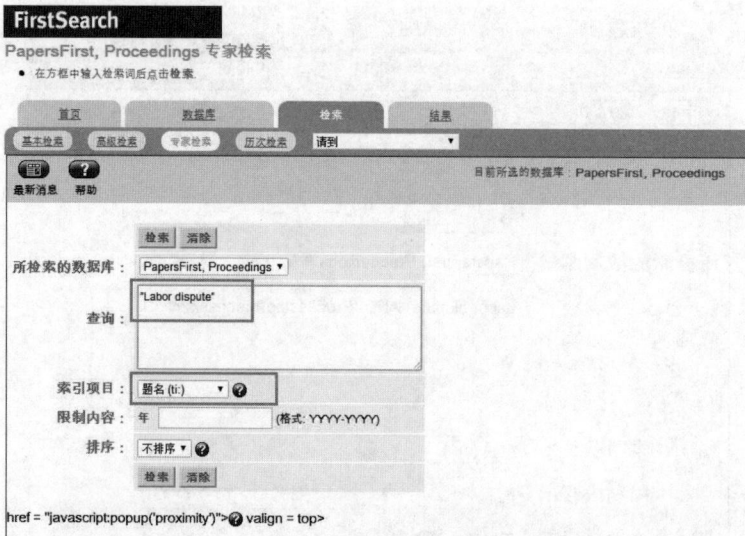

图 5-139　OCLC FirstSearch 数据库修改检索词和索引字段

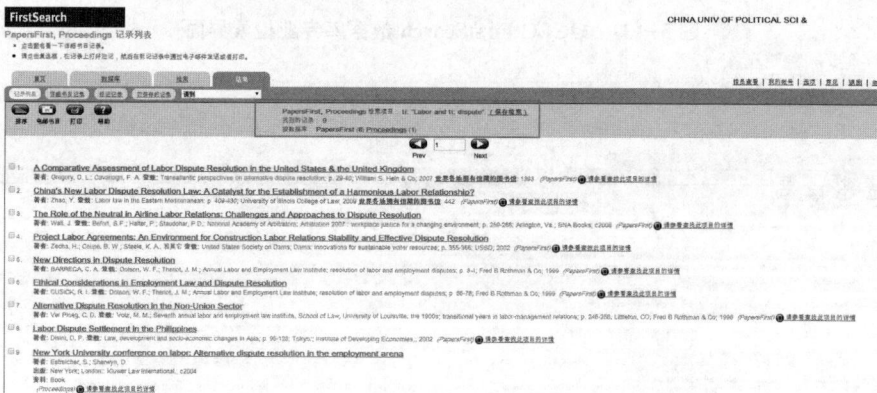

图 5-140　OCLC FirstSearch 数据库修改检索词后的检索结果

最终人工筛选的相关结果：

〔1〕A Comparative Assessment of Labor Dispute Resolution in the United States & the United Kingdom 著者：Gregory, D. L.; Cavanagh, F. A. 登载：Transatlantic perspectives on alternative dispute resolution; p. 29-40; William S. Hein & Co; 2007 世界各地拥有馆藏的图书馆：1393（Papers First）

〔2〕China's New Labor Dispute Resolution Law: A Catalyst for the Establishment of a Harmonious Labor Relationship? 著者：Zhao, Y. 登载：Labor law in the Eastern Mediterranean；p. 409-430；University of Illinois College of Law；2009 世界各地拥有馆藏的图书馆：442（PapersFirst）

［3］The Role of the Neutral in Airline Labor Relations：Challenges and Approaches to Dispute Resolution 著者：Wall, J. 登载：Befort, S. F.；Halter, P.；Staudohar, P. D.；National Academy of Arbitrators；Arbitration 2007：workplace justice for a changing environment；p. 259-266；Arlington, Va.；BNA Books；c2008（PapersFirst）

［4］Project Labor Agreements：An Environment for Construction Labor Relations Stability and Effective Dispute Resolution 著者：Zecha, H.；Coupe, B. W.；Steele, K. A.，和其他登载：United States Society on Dams；Dams：innovations for sustainable water resources；p. 355-366；USSD；2002（PapersFirst）

［5］New Directions in Dispute Resolution 著者：BARRECA, C. A. 登载：Dolson, W. F.；Theriot, J. M.；Annual Labor and Employment Law Institute；resolution of labor and employment disputes；p. 3-4；Fred B Rothman & Co；1999（PapersFirst）

［6］Ethical Considerations in Employment Law and Dispute Resolution 著者：CUSICK, R. I. 登载：Dolson, W. F.；Theriot, J. M.；Annual Labor and Employment Law Institute；resolution of labor and employment disputes；p. 65-76；Fred B Rothman & Co；1999（PapersFirst）

［7］Alternative Dispute Resolution in the Non-Union Sector 著者：Ver Ploeg, C. D. 登载：Volz, M. M.；Seventh annual labor and employment law institute, School of Law, University of Louisville：the 1900s；transitional years in labor-management relations；p. 245-258；Littleton, CO；Fred B Rothman & Co；1996（PapersFirst）

［8］Labor Dispute Settlement in the Philippines 著者：Disini, D. P. 登载：Law, development and socio-economic changes in Asia；p. 95-123；Tokyo：；Institute of Developing Economies，；2002（PapersFirst）

［9］New York University conference on labor；Alternative dispute resolution in the employment arena 著者：Estreicher, S.；Sherwyn, D. 出版：New York；London：；Kluwer Law International，；c2004 资料：Book（Proceedings）

J. 会议论文——中国知网数据库。进入中国知网会议论文子库，选择专业检索，同时在左侧资源专辑中去除"基础科学""工程科技Ⅰ辑""工程科技Ⅱ辑""农业科技"和"医药卫生科技"集合。不限制发表时间年限。输入检索式①：SU=劳动争议 ＊ 处理机制，获取检索结果 4 条，如图 5-141 所示。

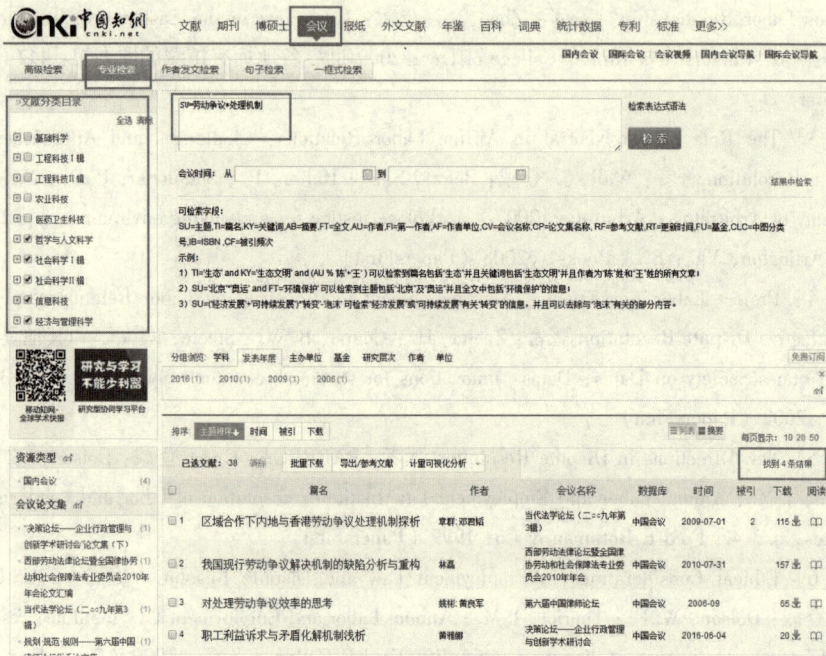

图 5-141　中国知网会议论文子库检索结果（检索式①）

相关检索结果：

[1] 黄雅娜．职工利益诉求与矛盾化解机制浅析［A］．中国武汉决策信息研究开发中心、决策与信息杂志社、北京大学经济管理学院．"决策论坛——企业行政管理与创新学术研讨会"论文集（下）［C］．中国武汉决策信息研究开发中心、决策与信息杂志社、北京大学经济管理学院，2016：1.

[2] 林磊．我国现行劳动争议解决机制的缺陷分析与重构［A］．中华全国律师协会劳动和社会保障法专业委员会．西部劳动法律论坛暨全国律协劳动和社会保障法专业委员会2010年年会论文汇编［C］．中华全国律师协会劳动和社会保障法专业委员会，2010：6.

[3] 章群．区域合作下内地与香港劳动争议处理机制探析［A］．当代法学论坛（二○○九年第3辑）［C］，2009：11.

[4] 姚彬．对处理劳动争议效率的思考［A］．中华全国律师协会．规划·规范·规则——第六届中国律师论坛优秀论文集［C］．中华全国律师协会，2006：5.

进入中国知网会议论文子库，选择专业检索，同时在左侧资源专辑中去除"基础科学""工程科技Ⅰ辑""工程科技Ⅱ辑""农业科技"和"医药卫生科技"集合。不限制发表时间年限。输入检索式②：SU=（"劳动争议"＋"劳资争议"＋"劳资纠纷"＋"劳动纠纷"）＊处理机制，获取检索结果3条，如图5-142所示：

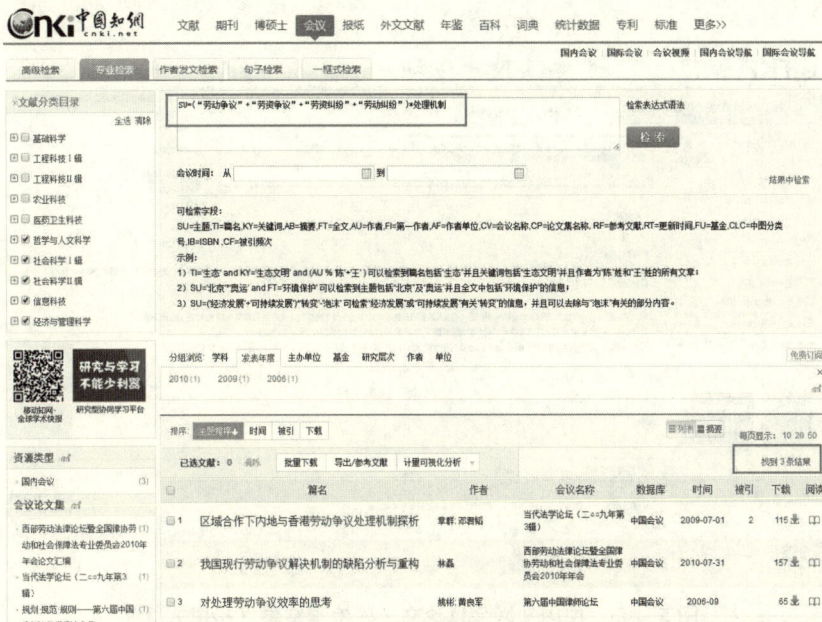

图5-142 中国知网会议论文子库检索结果（检索式②）

相关检索结果：

[1] 林磊.我国现行劳动争议解决机制的缺陷分析与重构 [A].中华全国律师协会劳动和社会保障法专业委员会.西部劳动法律论坛暨全国律协劳动和社会保障法专业委员会2010年年会论文汇编 [C].中华全国律师协会劳动和社会保障法专业委员会，2010：6.

[2] 章群.区域合作下内地与香港劳动争议处理机制探析 [A].当代法学论坛（二○○九年第3辑） [C]，2009：11.

[3] 姚彬.对处理劳动争议效率的思考 [A].中华全国律师协会.规划·规范·规则——第六届中国律师论坛优秀论文集 [C].中华全国律师协会，2006：5.

进入中国知网会议论文子库，选择专业检索，同时在左侧资源专辑中去除"基础科学""工程科技Ⅰ辑""工程科技Ⅱ辑""农业科技"和"医药卫生科技"集合。不限制发表时间年限。输入检索式③：FT=（"个人争议"+"集体争议"+"权利争议"+"利益争议"）AND SU=（"劳动争议"+"劳资争议"+"劳资纠纷"+"劳动纠纷"）*处理机制，获取检索结果1条，如图5-143所示：

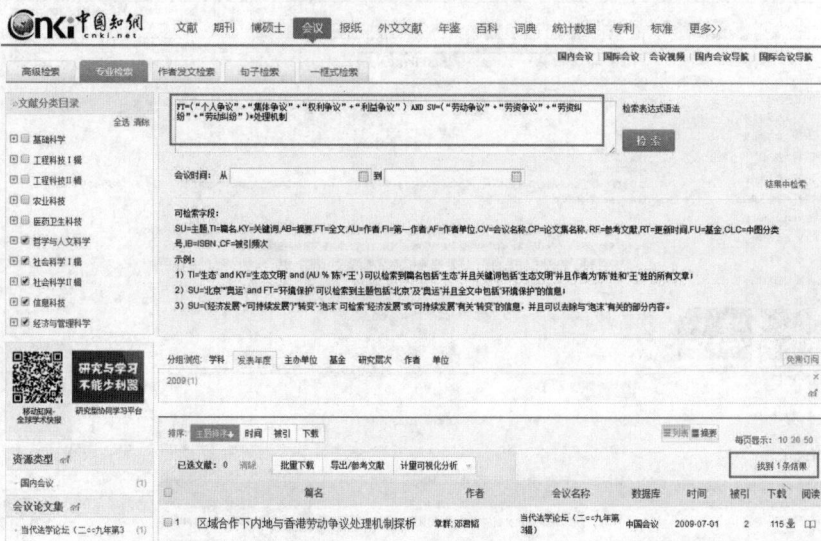

图5-143　中国知网会议论文子库检索结果（检索式③）

相关检索结果：

［1］章群．区域合作下内地与香港劳动争议处理机制探析［A］．当代法学论坛（二○○九年第3辑）［C］，2009：11．

进入中国知网会议论文子库，选择专业检索，同时在左侧资源专辑中去除"基础科学""工程科技Ⅰ辑""工程科技Ⅱ辑""农业科技"和"医药卫生科技"集合。不限制发表时间年限。输入检索式④：FT=（"个人争议"+"集体争议"+"权利争议"+"利益争议"）AND SU=（"劳动争议"+"劳资争议"+"劳资纠纷"+"劳动纠纷"）*（"处理机制"+"劳动仲裁"+"劳动争议仲裁"+"调解"+"劳动争议调解"+"劳动争议诉讼"）获取检索结果20条，如图5-144所示：

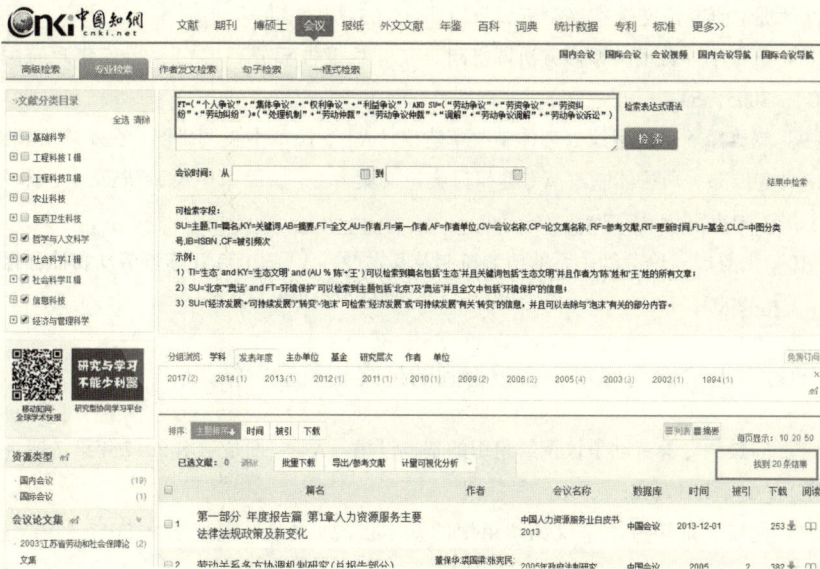

图 5-144   中国知网会议论文子库检索结果（检索式④）

相关检索结果：

[1] 周燚. 完善劳动争议调解组织的基本设想［A］. 荆楚学术 2017 年第 7 期（总第十五期）［C］, 2017：3.

[2] 周燚. 完善劳动争议调解组织的基本设想［A］. 荆楚学术 2017 年第 8-9 期［C］, 2017：3.

[3] 加强劳动人事争议仲裁工作 助推经济社会和谐发展［A］. 宜春社会科学 2014 年 03 期［C］, 2014：8.

[4] 吴锦宇. 略议转型期中国集休劳动争议调解组织的模式选择［A］. 河北省法学会劳动法学研究会、河北省京津冀研究中心. 京津冀和谐劳动关系论坛暨河北省法学会劳动法学研究会 2012 年会论文集［C］. 河北省法学会劳动法学研究会、河北省京津冀研究中心, 2012：12.

[5] 孙智俊. 劳动争议案件中的几个疑难问题的探讨［A］. 中华全国律师协会劳动和社会保障法专业委员会. 西部劳动法律论坛暨全国律协劳动和社会保障法专业委员会 2010 年年会论文汇编［C］. 中华全国律师协会劳动和社会保障法专业委员会, 2010：5.

[6] 章群. 区域合作下内地与香港劳动争议处理机制探析［A］. 当代法学论坛（二〇〇九年第 3 辑）［C］, 2009：11.

[7] 龚和艳. 劳动仲裁受案范围争议问题的法理分析［A］. 探索与创新——浙江省

劳动保障理论研究论文选集（第五辑）［C］，2005：7.

［8］董保华. 劳动关系多方协调机制研究（总报告部分）［A］. 2005 年政府法制研究［C］，2005：54.

［9］赵雄麟. 劳动争议处理体制改革建议［A］. 民革中央调研部、民革中央组织部、民革中央宣传部. 司法体制改革专题研讨会论文集［C］. 民革中央调研部、民革中央组织部、民革中央宣传部，2005：4.

［10］朱益虎. 论劳动关系的协调机制及其发展［A］. 2003 江苏省劳动和社会保障论文集［C］，2003：17.

通过以上检索的比对，去重得到的最终相关检索结果：

［1］周燚. 完善劳动争议调解组织的基本设想［A］. 荆楚学术 2017 年第 7 期（总第十五期）［C］，2017：3.

［2］周燚. 完善劳动争议调解组织的基本设想［A］. 荆楚学术 2017 年第 8-9 期［C］，2017：3.

［3］加强劳动人事争议仲裁工作 助推经济社会和谐发展［A］. 宜春社会科学 2014 年 03 期［C］，2014：8.

［4］吴锦宇. 略议转型期中国集体劳动争议调解组织的模式选择［A］. 河北省法学会劳动法学研究会、河北省京津冀研究中心. 京津冀和谐劳动关系论坛暨河北省法学会劳动法学研究会 2012 年会论文集［C］. 河北省法学会劳动法学研究会、河北省京津冀研究中心，2012：12.

［5］孙智俊. 劳动争议案件中的几个疑难问题的探讨［A］. 中华全国律师协会劳动和社会保障法专业委员会. 西部劳动法律论坛暨全国律协劳动和社会保障法专业委员会 2010 年年会论文汇编［C］. 中华全国律师协会劳动和社会保障法专业委员会，2010：5.

［6］章群. 区域合作下内地与香港劳动争议处理机制探析［A］. 当代法学论坛（二〇〇九年第 3 辑）［C］，2009：11.

［7］龚和艳. 劳动仲裁受案范围争议问题的法理分析［A］. 探索与创新——浙江省劳动保障理论研究论文选集（第五辑）［C］，2005：7.

［8］董保华. 劳动关系多方协调机制研究（总报告部分）［A］. 2005 年政府法制研究［C］，2005：54.

［9］赵雄麟. 劳动争议处理体制改革建议［A］. 民革中央调研部、民革中央组织部、民革中央宣传部. 司法体制改革专题研讨会论文集［C］. 民革中央调研部、民革中央组织部、民革中央宣传部，2005：4.

［10］朱益虎. 论劳动关系的协调机制及其发展［A］. 2003 江苏省劳动和社会保障论

文集［C］，2003：17.

5. 小结

在文献信息检索过程中，想要得到满意、正确的检索效果，关键是能否构造出描述全面且能正确揭示信息需求的检索式。检索词是检索式的基本组成元素，如果选择不当就很容易造成漏检和误检。选择检索词时应先确定核心检索词，对核心检索词进行扩充，并充分考虑同义词、近义词、上位词、下位词等不同的表述方式，此外也应善于利用数据库的特定功能如"主题词语""工具书""自动联想""关键词推荐"等功能，确定第一时间无法想到的检索词，然后采用截词符、布尔运算符进行检索式的构造，并根据检索结果及时调整检索式，使得查全率和查准率能够得到保证。

对于已经得到查到的文献应该及时阅读，这不仅是为了增强对本课题的了解，以便在接下来的检索中明确检索方向，更为重要的是通过对这些文献的阅读，找出一些不太容易想到的同义词和特定称谓，从而作为检索词，做更深入的检索。

二、案例研究检索

（一）国内案例资源检索——"许霆案"的法律分析

1. 案例解读

（1）案号：

［2007］穗中法刑二初字第 196 号：一审；

［2008］粤高法刑一终字第 5 号：上诉裁定；

［2008］穗中法刑二重字第 2 号：重审；

［2008］粤高法刑一终字第 170 号：二审；

［2008］刑核字第 18 号：复核。

（2）案件详情。2006 年 4 月 21 日晚 21 时许，被告人许霆到广州市天河区黄埔大道西平云路 163 号的广州市商业银行自动柜员机（ATM）取款，同行的郭安山（已判刑）在附近等候。许霆持自己不具备透支功能、余额为176.97 元的银行卡准备取款 100 元。当晚 21 时 56 分，许霆在自动柜员机上无意中输入取款 1000 元的指令，柜员机随即出钞 1000 元。许霆经查询，发现其银行卡中仍有 170 余元，意识到银行自动柜员机出现异常，能够超出账户余额取款且不能如实扣账。许霆于是在 21 时 57 分至 22 时 19 分、23 时 13 分至 19 分、次日 0 时 26 分至 1 时 06 分三个时间段内，持银行卡在该自动柜员机指令取款 170 次，共计取款 174 000 元。许霆告知郭安山该台自动柜员机出现异常后，郭安山亦采用同样手段取款 19 000 元。同月 24 日下午，许霆携款逃匿。

广州市商业银行于 2006 年 4 月 24 日发现被告人许霆账户交易异常后，经联系许霆及其亲属要求退款未果，于 2006 年 4 月 30 日向公安机关报案。公安机关立案后，将许霆列为犯罪嫌疑人上网追逃。2007 年 5 月 22 日，许霆在陕西省宝鸡市被抓获归案。案发后，许霆及其亲属未退还赃款。

另查明，涉案自动柜员机于 2006 年 4 月 21 日 17 时许由于运营商广州某公司对其进行系统升级而出现异常，具体异常情况是 1000 元以下（不含 1000 元）取款交易正常；1000 元以上的取款交易，每取 1000 元按 1 元形成交易报文向银行主机报送，即持卡人输入取款 1000 元的指令，自动柜员机出钞 1000 元，但持卡人账户实际扣款 1 元。

公诉机关认为：被告人许霆利用银行 ATM 提款机系统升级出错之机，多次从该机提取现金共计人民币 175 000 元，属盗窃金融机构，数额特别巨大，其行为触犯《刑法》第 264 条第 1 项之规定，构成"盗窃罪"。被告人许霆对公诉机关的指控不持异议。辩护人认为许霆的行为构成侵占罪而非盗窃罪。

（3）历审法院观点：

A. 一审。被告人许霆以非法占有为目的，伙同同案人采取秘密手段，盗窃金融机构，数额特别巨大，其行为已构成盗窃罪。许霆的行为符合盗窃罪的法定构成要件，应以盗窃罪追究其刑事责任。辩护人提出的辩护意见与本案的事实和法律规定不符，不予采纳。判决：第一，被告人许霆犯盗窃罪，判处无期徒刑，剥夺政治权利终身，并处没收个人全部财产；第二，追缴被告人许霆的违法所得 175 000 元发还广州市商业银行。

B. 重审。其主观上具有非法占有银行资金的故意，客观上实施了秘密窃取的行为。许霆的行为符合盗窃罪的主客观特征，构成盗窃罪。自动柜员机是银行对外提供客户自助金融服务的专有设备，机内储存的资金是金融机构的经营资金，因此许霆的行为属于盗窃金融机构。许霆第一次取款 1000 元，是在正常取款时，因自动柜员机出现异常，无意中提取的，不应视为盗窃。其余 170 次取款，其银行卡账户被扣账的 174 元，不应视为盗窃，许霆盗窃金额共计 173 826 元。许霆盗窃金融机构，数额特别巨大，依法本应适用"无期徒刑或者死刑，并处没收财产"的刑罚。鉴于许霆是在发现银行自动柜员机出现异常后产生犯意，采用持卡窃取金融机构经营资金的手段，其行为与有预谋或者采取破坏手段盗窃金融机构的犯罪有所不同；从案发具有一定偶然性看，许霆犯罪的主观恶性尚不是很大。根据本案具体的犯罪事实、犯罪情节和对于社会的危害程度，对许霆可在法定刑以下判处刑罚。判决：第一，被告人许霆犯盗窃罪，判处有期徒刑 5 年，并处罚金 2 万元；第二，追缴被告人许霆的犯罪所得 173 826 元，发还受害单位。

（4）争议焦点：

A. 许霆的行为是否应以犯罪论处；

B. 许霆的行为是否属盗窃金融机构；

C. 如何对许霆施以适度刑罚。

"许霆案"的判决引发了社会强烈反响，所引起的社会问题和法律问题直到今日仍为法学界所探讨。为了更好地对这个案件背后涉及的法律焦点进行深入剖析，我们可以从中文一次法律资源和二次法律资源两个角度进行检索，全面搜集相关法律资源进行研究。

研究需求分析：查询国内与许霆案相关的法律资源。

查询文献的范围：主要为国内（由于法律背景有差异，国外相关资源可借鉴的较少，故此次调研以国内资源为主）；需要检索的文献类别：法律法规、司法案例、学位论文、期刊论文。

需要检索的文献语种：中文。

检索文献的年代范围：无特殊要求。

检索文献的数据库：北大法宝、中国知网。

2. 一次法律资源检索

从许霆案提取出的相关中文关键词有：许霆、商业银行、金融机构、ATM、自动取款机、盗窃罪、恶意取款、侵占罪、不当得利等。

（1）相关法律法规检索。根据对许霆案基本情况的了解，我们首先检索中文法律法规的相关内容。利用北大法宝数据库，选择"司法案例库"，输入"许霆"，即可得出北大法宝收录的"许霆案"的相关判决。在案件正文上方，详细阐述了案件的案由、案件字号、审理法官、文书类型等信息。有些判决还列出了此判决的裁判规则，包括关键词、核心问题、裁判要点，帮助用户快速掌握案件和判决的重点。

从判决的正文入手，可以查看"许霆案"从一审到上诉再到二审、终审各个阶段的相关判决书，每个判决书中涉及的法律条文都配有蓝色字体的链接，可以快速跳转到相关条文。此外，北大法宝的法宝联想功能（参见图5-145），在右侧集中列出了本案涉及的法律资源、同案由重要案例、相关实务专题以及相关论文，将与本案的相关法律资源做一个串联。

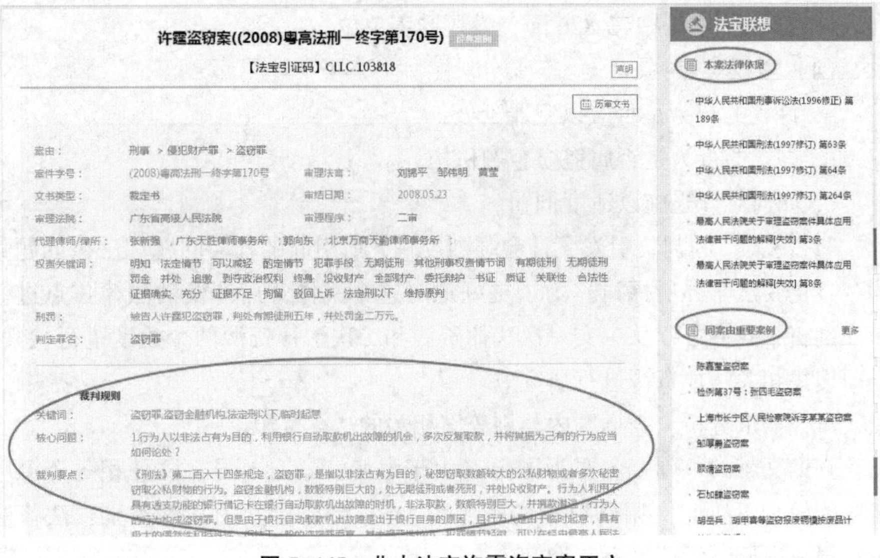

图5-145　北大法宝许霆盗窃案正文

通过浏览许霆案的相关判决书，总结出本案涉及的相关法律条文主要有：

［1］中华人民共和国刑法（1997修订）第264条第（一）项：

第二百六十四条　【盗窃罪】盗窃公私财物，数额较大或者多次盗窃的，处三年以下有期徒刑、拘役或者管制，并处或者单处罚金；数额巨大或者有其他严重情节的，处三年以上十年以下有期徒刑，并处罚金；数额特别巨大或者有其他特别严重情节的，处十年以上有期徒刑或者无期徒刑，并处罚金或者没收财产；有下列情形之一的，处无期徒刑或者死刑，并处没收财产：

（一）盗窃金融机构，数额特别巨大的；

（二）盗窃珍贵文物，情节严重的。

［2］中华人民共和国刑法（1997修订）第63条：

第六十三条　【减轻处罚】犯罪分子具有本法规定的减轻处罚情节的，应当在法定刑以下判处刑罚。

犯罪分子虽然不具有本法规定的减轻处罚情节，但是根据案件的特殊情况，经最高人民法院核准，也可以在法定刑以下判处刑罚。

[3] 中华人民共和国民法通则 第92条：

第九十二条　【不当得利】没有合法根据，取得不当利益，造成他人损失的，应当将取得的不当利益返还受损失的人。

（2）相关案例检索。通过对案情的分析，归纳出许霆案涉及的核心关键词主要有：盗窃+ATM。首先将这两个关键词输入北大法宝"司法案例"库中，选择检索字段为"全文"进行试检，查询相关案例，共得出 10 626 篇检索结果，检索结果数量较多且存在部分不相关案例。对检索结果进行调整，将检索结果限定为"经典案例"。"经典案例"对我们的科研学术借鉴价值较高，经过筛选查找出如下相关案例：

"何鹏盗窃案"主要案情（参见图5-146）：

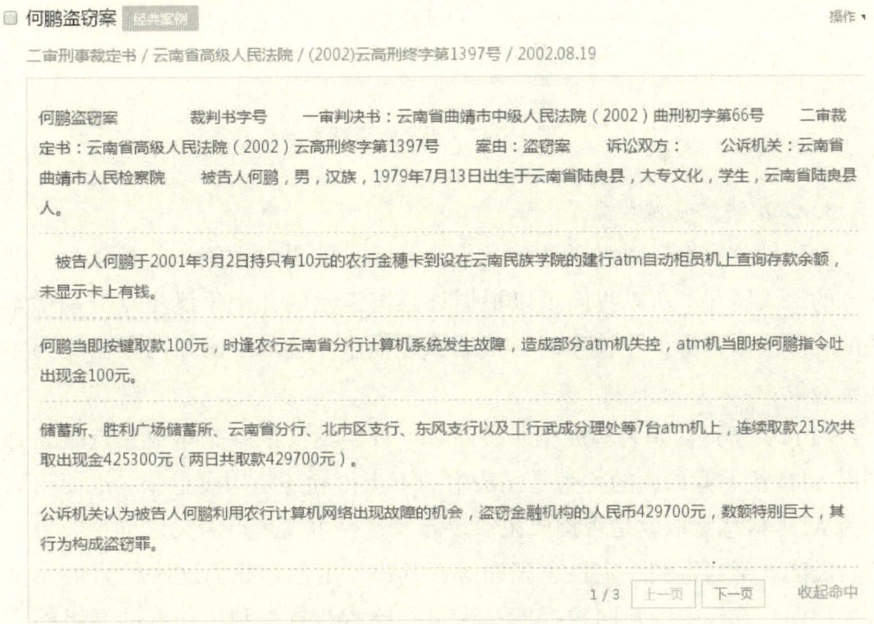

> ☐ 何鹏盗窃案 经典案例 　　　　　　　　　　　　　　　　　　　　　　操作▾
>
> 二审刑事裁定书 / 云南省高级人民法院 / (2002)云高刑终字第1397号 / 2002.08.19
>
> 何鹏盗窃案　　　　　　裁判书字号　　　一审判决书：云南省曲靖市中级人民法院（2002）曲刑初字第66号　　　二审裁定书：云南省高级人民法院（2002）云高刑终字第1397号　　　案由：盗窃案　　　诉讼双方：　　　公诉机关：云南省曲靖市人民检察院　　　被告人何鹏，男，汉族，1979年7月13日出生于云南省陆良县，大专文化，学生，云南省陆良县人。
>
> 被告人何鹏于2001年3月2日持只有10元的农行金穗卡到设在云南民族学院的建行atm自动柜员机上查询存款余额，未显示卡上有钱。
>
> 何鹏当即按键取款100元，时逢农行云南省分行计算机系统发生故障，造成部分atm机失控，atm机当即按何鹏指令吐出现金100元。
>
> 储蓄所、胜利广场储蓄所、云南省分行、北市区支行、东风支行以及工行武成分理处等7台atm机上，连续取款215次共取出现金425300元（两日共取款429700元）。
>
> 公诉机关认为被告人何鹏利用农行计算机网络出现故障的机会，盗窃金融机构的人民币429700元，数额特别巨大，其行为构成盗窃罪。
>
> 　　　　　　　　　　　　　　　　　　　　　　1/3　上一页　下一页　　收起命中

图5-146　何鹏盗窃案

二次检索时，修改检索关键词为"ATM+盗窃+恶意取款"，得出检索结果7条，经过筛选查找出如下相关案例（参见图5-147）：

☐ 于某水盗窃案   操作 ▾
　一审刑事判决书 / 广东省惠州市惠城区人民法院 / (2014)惠城法刑二初字第83号 / 2014.10.16
　本院认为： 本案（惠阳于某水案）因与广州许霆案非常类似引起社会的广泛关注。对被告人判处刑罚并宣告缓刑
　的量刑幅度，是适当的，能够达到刑罚报应与教育预防的目的。

> 员机故障并不知情，屡次存款存不进去，其在知道柜员机出故障前的这部分金额，不应计入盗窃金额里。
>
> 情形的其他客户经银行通知退清款项不构成犯罪、于某水未及时退款构成犯罪，这不可能是盗窃罪的法律特征，而是侵
> 占罪的法律特征。
>
> 新圩镇塘吓宜之佳（原创亿）商场旁的中国邮政储蓄银行惠州市惠阳支行（下称惠阳支行）atm机存款时，连续6次操
> 作存款300元，现金均被柜员机退回，于某水发现atm机屏幕显示"系统故障"，且其手机信息显示每次所存的钱已到
> 账，账户余额相应增加，于是其尝试从该atm机旁边的农业银行xxx机支取该邮政储蓄账户的2000元和1000元，获得成
> 功，其确认上述所存的款已到账后，遂产生了恶意存款以窃取银行
>
> 算数据时，发现账实不符，后查明系该位于惠阳区新圩镇塘吓宜之佳（原创亿）商场旁的atm机发生故障，客户于某
> 水利用atm机故障多次恶意存款，获取该行资金所致。
>
> 　另查明，惠阳支行位于新圩塘吓宜之佳（原创亿）商场旁的atm机因设备故障，于2013年10月30日19：55：48至
> 31日凌晨出现异常情况，用户在该atm机上进行存款交易时，用户确认存款信息后，系统入账成功，用户账户余额增
> 加，而自动存取款机却没有将用户递交的现金收入钞箱，而是直接退回给了用户。

图5-147　于某水盗窃案

3. 二次法律资源检索

由于"许霆案"涉及的法律争议点较多，如果只做笼统的检索，不利于研究的深入展开，所以我们可以根据许霆案涉及的几个争议焦点分别检索相关的二次法律资源，在检索时，根据课题需求，选取中国知网数据库为主要检索对象：

（1）关于许霆是否构成犯罪。针对"许霆案"的一个争议焦点就是许霆利用ATM机恶意取款的行为是民法中的不当得利还是构成犯罪，进而可以引申为ATM机恶意取款是否构成犯罪。涉及这一争议焦点的关键词主要有：许霆、民法、不当得利、定性、犯罪等。其中，定性是我们这次检索的一个核心关键词。选择中国知网数据库总库进行检索，首先利用知网的高级检索功能，构造检索式如图5-148所示：

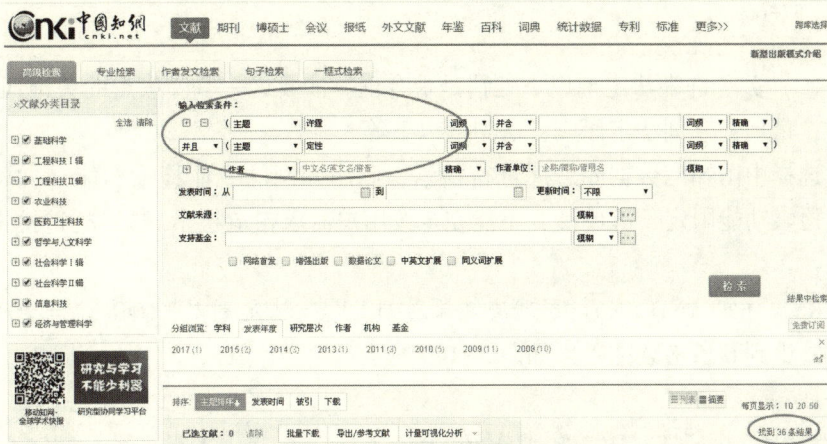

图 5-148　高级检索结果示例

得到检索结果 36 条，根据相关性从中挑选出文献如下：

[1] 陈兴良．利用柜员机故障恶意取款行为之定性研究 [J]．中外法学，2009，21（01）：6-29.

[2] 刘士心．论利用 ATM 机故障恶意取款行为的定性——兼论侵占罪、盗窃罪、信用卡诈骗罪实行行为的区别 [J]．北方法学，2008（06）：140-147.

[3] 刘彦辉．也论许霆案的定性 [J]．北方法学，2008（06）：148-154.

如果对于上述结果不满意，可以对检索式进行扩充，将"许霆"与"ATM 恶意取款"作为近义词加入到检索式，利用知网的专业检索功能，构造检索式如下：

（AB＝许霆 OR（AB＝ATM AND AB＝恶意取款）） AND AB＝定性

得到结果 67 条。从中挑选出相关文献如下：

[1] 薛明哲．何鹏盗窃案评析 [D]．湖南大学，2014.

[2] 周婧．ATM 机相关犯罪研究 [D]．西南财经大学，2010.

[3] 刘本洪．利用 ATM 故障恶意取款行为研究 [D]．西南政法大学，2009.

[4] 曲焱．"利用 ATM 机恶意取款"行为性质分析 [D]．烟台大学，2009.

[5] 张建升，阮齐林，李希慧，黎宏，杨矿生，张志勇，孟澍菲．利用 ATM 机故障恶意取款应如何处理 [J]．人民检察，2008（04）：29-31+34-36.

[6] 刘明祥．许霆案的定性：盗窃还是信用卡诈骗 [J]．中外法学，2009，21

(01)：57-66.

（2）关于许霆法定刑以下处罚是否合理。涉及这一争议焦点的关键词有：许霆；量刑；罪刑法定原则；法定刑以下等。

选择中国知网数据库总库进行检索，利用知网的专业检索功能（知网的高级检索功能限定不够灵活，不能完全按用户需求构造检索式），构造检索式如下：

KY＝许霆 AND（KY＝罪刑法定原则 OR KY＝法定刑以下 OR KY＝量刑）

共得到 6 条检索结果，如图 5-149 所示：

	题名	作者	来源	发表时间	数据库	被引	下载	阅读
1	从规范到事实:法律解释与罪刑法定	刘亮	法制与经济(中旬刊)	2010-01-15	期刊	1	316	
2	浅析许霆案	王世豪	法制与社会	2008-11-15	期刊		234	HTML
3	量刑中民意的正当性及其判断	万志鹏	天津法学	2014-03-15	期刊	2	196	HTML
4	许霆盗窃案的法理分析	张林凯;田坤	法制博览	2016-05-05	期刊		86	HTML
5	人权视野下传统工具主义刑法观之价值超越——对"许霆案"有罪判决的批判与反思	龚向和;邓炜辉	时代法学	2008-08-20	期刊	6	386	
6	许霆盗窃案犯罪构成及特殊情况之分析	钟育周	人民司法	2008-09-20	期刊		271	

图 5-149　专业检索结果示例

检索结果过少，采用修改检索字段来扩大检索结果，将检索字段由"KY（关键词）"改为"AB（摘要）"，构造检索式如下：

AB＝许霆 AND（AB＝罪刑法定原则 OR AB＝法定刑以下 OR AB＝量刑）

共得到 130 条检索结果，挑选被引用量较多的文献如下：

[1] 叶良芳. 从特别减轻到违宪审查——以许霆案为样本的分析 [J]. 华南理工大学学报（社会科学版），2011，13（05）：32-38.

[2] 林亚刚，袁雪. 酌定量刑情节若干问题研究 [J]. 法学评论，2008（06）：18-21.

[3] 王利荣. 应确立常见犯罪的量刑规则——以许霆案为视角 [J]. 中国刑事法杂志，2008（04）：3-8.

[4] 汪明亮. 许霆恶意取款案的一个理论解读：定罪量刑模式视角 [J]. 中国刑事法杂志，2008（04）：8-14.

[5] 朱晓文. 关于赋予检察机关量刑建议权的思考——从许霆盗窃一案说起 [J].

政法学刊，2008（03）：37-40.

　　［6］张明楷. 许霆案减轻处罚的思考［J］. 法律适用，2008（09）：4-8.

　　备注：构造专业检索式需要具备一定的信息检索技巧，还要参考具体数据库的使用说明。

　　4. 小结

　　通过对检索到的相关法律资料的通读，可以了解到许霆案具有社会危害性，涉及的金额较大且存在主观恶性，侵犯到了银行的财产权，应该追究其刑事责任。但是如果按照《刑法》第264条的规定，对其适用盗窃金融机构罪相应的刑罚也显得不妥，许霆犯罪是临时起意的，并且银行本身存在漏洞，因此对其进行法定刑以下处罚也是合理的，最终判处五年有期徒刑。但是对于特殊情况下法定刑以下处罚的适用也应严格、谨慎并报最高院核准。

　　（二）国内案例资源检索——"黄某某诉陈某某等十二户人身损害赔偿纠纷案"的法律分析

　　1. 案例解读

　　（1）案号：

　　［2010］兴法民一初字第1054号；

　　［2011］梅中法民一终字第123号。

　　（2）案件详情。2010年5月29日16时许，黄某某随其母亲黄某光经过兴宁市兴田街道办事处丽都新园B1、B2栋楼门口路段时被一块状硬物（水泥制）砸伤头部，派出所民警接110指令后对现场进行勘查。勘查结果为：现场位于兴宁市兴田街道办事处丽都新园B1、B2栋（坐北向南）楼门口，案发时天气为小雨，光照一般，距B1、B2栋楼门口约2米左右的花池边，遗留有黄某某受伤后留下的血迹，血迹旁约50厘米处遗留一块规格为10厘米×10厘米×5厘米的疑似水泥块状物。经检查B1、B2栋楼外墙建筑，未发现墙体有剥落的情况，经询问及检查该楼住户住宅，未发现其他异常情况。黄某某受伤后即被送往兴宁市人民医院住院手术治疗，至2010年6月11日好转出院，共住院20天。黄某某因伤所受的损失未得到公安部门的解决，其法定代理人遂于2010年7月14日向原审法院起诉，以兴宁市兴田街道办事处丽都新园B1、B2栋的12位住户为被告，要求12位住户连带赔偿黄某某各项损失66 567.30元及残疾赔偿金。

（3）历审法院观点：

一审。原告黄某某在被告居住的兴田街道办事处丽都新园 B1、B2 栋的楼梯道门口被水泥块砸伤，从兴宁市公安局大新街派出所的现场勘查情况和原告黄某某受伤的部位及黄某某颅骨凹陷性粉碎性骨折的结果，结合现场概况、周围环境考虑，并根据民事诉讼高度盖然性的证明标准，可以认定黄某某是被 B1、B2 栋楼上坠落或抛掷的水泥块致伤。黄某某受伤后经公安人员调查未能确定具体的加害人。而各被告在庭审中均未提交证据证实自己不是侵权人。根据《中华人民共和国民法通则》第 126 条的规定："建筑物或者其他设施以及建筑物上的搁置物、悬挂物发生倒塌、脱落、坠落造成他人损害的，它的所有人或者管理人应当承担民事责任，但能够证明自己没有过错的除外。"《中华人民共和国侵权责任法》第 87 条的规定："从建筑物中抛掷物品或者从建筑物上坠落的物品造成他人损害，难于确定具体侵权人的，除能够证明自己不是侵权人的外，由可能加害的建筑物使用人给予补偿。"各被告均应对原告黄某某的损害给予补偿，应由各被告平均分担补偿给原告。各被告认为该案不是特殊侵权，不承担任何赔偿责任的主张与法律不符，依法不予支持。判决如下：第一，被告陈某某、罗某一、薛某某、罗某二、林某某、罗某三、罗某四、何某一、何某二、罗某五、刘某某、张某应在本判决生效之日起 10 日内各自补偿原告黄某某因伤所受的损失 52 694.7 元之中的 4391.2 元。第二，驳回原告黄某某的其他诉讼请求。

二审。原审认定事实清楚，适用法律正确，处理适当，予以维持。依照《中华人民共和国民事诉讼法》第 153 条第 1 款第 1 项的规定，判决如下：驳回上诉，维持原判。

（4）争议焦点：

高空掷物、坠物致人损害的事件，如何确定民事责任的承担？

研究需求分析：查询国内与黄某某案相关的法律资源。

查询文献的范围：国内，国外。

需要检索的文献类别：法律法规、司法案例、学位论文、期刊论文。

需要检索的文献语种：中文，英文。

检索文献的年代范围：无特殊要求。

检索文献的数据库：北大法宝、中国知网、Westlaw、Lexis、HeinOnline。

2. 一次法律资源检索

首先从"黄某某案"中提取关键信息——建筑物高空坠落物导致他人损害。从中提取出的中文关键词有：建筑物、（高空）抛掷物、（高空）坠落物、不明抛掷物。

（1）相关法律法规检索：

A. 国内法律法规检索。根据对黄某某案基本情况的了解，我们首先检索中文法律法规的相关内容。利用北大法宝数据库中的法律法规子库，先利用中文关键词"不明抛掷物"在"全文"中进行试检，检索到 2011 年 02 月 18 日最高人民法院印发的《关于修改〈民事案件案由规定〉的决定》的通知 [2011]，第 71 条规定：在第三级案由"355. 物件损害责任纠纷"项下增加"（1）物件脱落、坠落损害责任纠纷""（2）建筑物、构筑物倒塌损害责任纠纷""（3）不明抛掷物、坠落物损害责任纠纷""（4）堆放物倒塌致害责任纠纷""（5）公共道路妨碍通行损害责任纠纷""（6）林木折断损害责任纠纷""（7）地面施工、地下设施损害责任纠纷"。（根据北大法宝提供的英文译本，我们可以了解此规定的英文专业翻译为：dispute over the liability for harm caused by an unidentified throwing object or falling object，以便我们后续的英文检索。）

将检索式修改为"建筑物+坠落"在北大法宝法律法规库中进行二次检索，检索字段为"全文"，并限制检索词出现在"同段"，检索出相关法律条文（注意各个法律条文下的有效性标识），如图 5-150 所示：

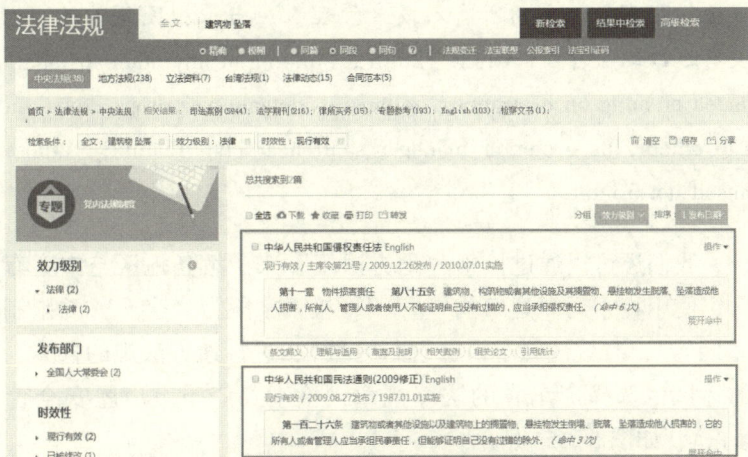

图 5-150 北大法宝法律法规库中央法律法规检索

由此我们就检索出与本案有关的中央法律法规，主要涉及的是《中华人民共和国侵权责任法》第十一章的相关规定：

第八十五条　建筑物、构筑物或者其他设施及其搁置物、悬挂物发生脱落、坠落造成他人损害，所有人、管理人或者使用人不能证明自己没有过错的，应当承担侵权责任。所有人、管理人或者使用人赔偿后，有其他责任人的，有权向其他责任人追偿。(Article 85 Where any building, structure or facility or any thing laid thereon or suspended therefrom falls off or falls down, causing any harm to another person, if the owner, manager or user cannot prove that he is not at fault, he shall assume the tort liability. After making compensation, the owner, manager or user shall be entitled to be reimbursed by other liable persons if any.)

第八十七条　从建筑物中抛掷物品或者从建筑物上坠落的物品造成他人损害，难以确定具体侵权人的，除能够证明自己不是侵权人的外，由可能加害的建筑物使用人给予补偿。(Article 87 Where any object thrown out of a building or falling down from a building causes any harm to another person and it is hard to determine the specific tortfeasor, all the users of the building who possibly commit the tort but those who can prove that they are not the tortfeasor shall make indemnity.)

以及《中华人民共和国民法通则（2009 修正）》第一百二十六条的规定：建筑物或者其他设施以及建筑物上的搁置物、悬挂物发生倒塌、脱落、坠落造成他人损害的，它的所有人或者管理人应当承担民事责任，但能够证明自己没有过错的除外。(Article 126. If a building or any other installation or an object placed or hung on a structure collapses, detaches or drops down and causes damages to others, its owner or manager shall bear civil Liability, unless he can prove himself not a fault.)

此外，我们还可以通过检索"地方法规"来了解各地区与本案有关的法律规章。仍使用检索词"建筑物+坠落"，检索字段为"全文"并限制检索词出现在"同句"，时效性规定为"现行有效"，进行地方法规的检索，根据本案所在的地区，选择广东省的法律规章，检索到广州市房屋安全管理规定（2012 修正），如图 5-151 所示：

☐ 北京市高级人民法院关于办理各类案件有关证据问题的规定(试行)　　　　　　　　　操作 ▾
现行有效 / 京高法发[2001]219号 / 2001.09.17发布 / 2001.10.01实施

（4）建筑物或者其他设施以及建筑物上的搁置物、悬挂物发生倒塌、脱落、坠落致人损害的诉讼，由被告就自己没有过错负举证责任

收起命中

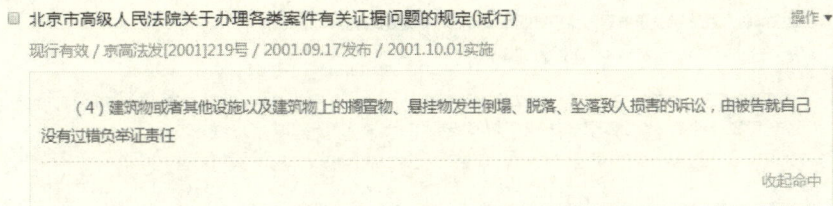

图 5-151　北大法宝法律法规库地方法律规章检索

我们还可以了解一下其他地区的相关法律规章（参见图 5-152），例如，《北京市高级人民法院关于办理各类案件有关证据问题的规定（试行）》："……（4）建筑物或者其他设施一起建筑物上的搁置物、悬挂物发生倒塌、脱落、坠落致人损害的诉讼，由被告就自己没有过错负举证责任。上海市高级人民法院关于执行民事诉讼证据制度的研讨纪要：（5）建筑物或其他设施以及建筑物上的搁置物、悬挂物发生倒塌、脱落、坠落致人损害的侵权诉讼，被告主张免责，须举证证明自己无过错。……"《山东高级人民法院关于审理人身损害赔偿案件若干问题的意见》：……36. 建筑物或者其他设施以及建筑物上的搁置物、悬挂物因倒塌、坠落等原因致人损害的，应由管理人或所有人作为被告承担赔偿责任。……

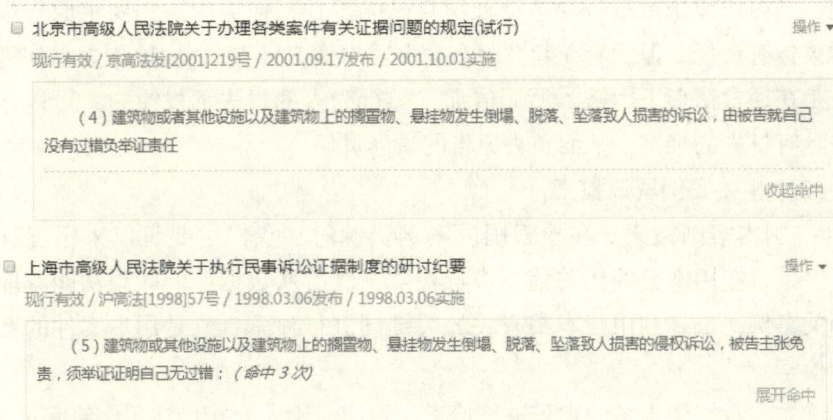

☐ 北京市高级人民法院关于办理各类案件有关证据问题的规定(试行)　　　　　　　　　操作 ▾
现行有效 / 京高法发[2001]219号 / 2001.09.17发布 / 2001.10.01实施

（4）建筑物或者其他设施以及建筑物上的搁置物、悬挂物发生倒塌、脱落、坠落致人损害的诉讼，由被告就自己没有过错负举证责任

收起命中

☐ 上海市高级人民法院关于执行民事诉讼证据制度的研讨纪要　　　　　　　　　　　　操作 ▾
现行有效 / 沪高法[1998]57号 / 1998.03.06发布 / 1998.03.06实施

（5）建筑物或其他设施以及建筑物上的搁置物、悬挂物发生倒塌、脱落、坠落致人损害的侵权诉讼，被告主张免责，须举证证明自己无过错；*（命中 3 次）*

展开命中

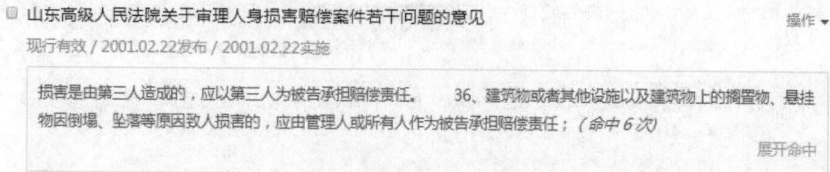

图5-152　北大法宝法律法规库地方法律规章检索

B. 国外法律法规检索。与国内法律体系不同，美国法律体系中，没有关于高空坠物的成文法，下级法院在审理高空坠物伤人相关责任认定的案件时，更多的是参考上级法院之前审理的相关案件。检索时可能只能从民事侵权法入手查找与人身伤害相关的法律法规。另一个差异之处在于，国内的涉及高空坠物伤人案件中的建筑物多是民用高层住宅，而美国的高层建筑物多是商业场所，例如酒店、宾馆等营业性场所，被告的对象多为酒店的经营者或所有者，因此在检索时也要注意区分。

在检索法律法规资源时，如果经过多次尝试仍未查找到相关法律条文，可以采用从案例资源倒推的方式，从我们已获取的案例资源的引证文献中进行查找。在相关案例阅读中可以发现，法官在审判高空坠物伤人时最常用的法律依据就是事实即证据原则，"Res Ipsa Loquitur"。这一点与国内法律有所区别，国内法律规定被告要举证证明自己无责任，而美国法律要求原告举证证明被告有责任，但法官在判案时会援引"事实自证"，造成原告人身伤害的事件是在通常情形下因被告所属的那一类行为人的过失而发生时，可以作出被告具有过失的推定，从而免去原告的举证责任。

（2）相关案例资源检索：

A. 国内案例检索。在检索国内案例资源时，我们主要可以采用三种方法：一是直接用本案的相关信息进行检索，然后从数据库的联想功能获取其他相关案例；二是利用与本案有关的关键词进行检索；三是用本案件的案由进行检索。

首先，我们用本案的案号进行检索，例如，输入"梅中法民一终字第123号"，选择"全文"进行检索，即可获取本案例的相关信息（参见图5-153）。根据北大法宝的分类，本案是从属于民事——人格权纠纷——生命权、健康权、身体权纠纷。此外，案件正文部分也将本案涉及的法律条文用蓝色链接显示，我们也可以通过这种方法检索本案的相关法律法规。了解本案的详细信息后，我们可以点击页面右侧的"同案由重要案例"进行浏览，从中挑选合适的案例资源。

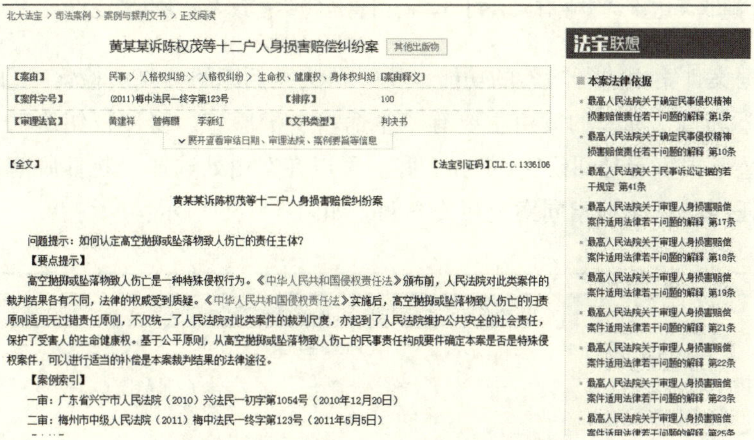

图 5-153　北大法宝司法案例库检索

其次，我们可以用关键词"建筑物+坠落"进行"标题"检索，得到的检索结果如图 5-154 所示：

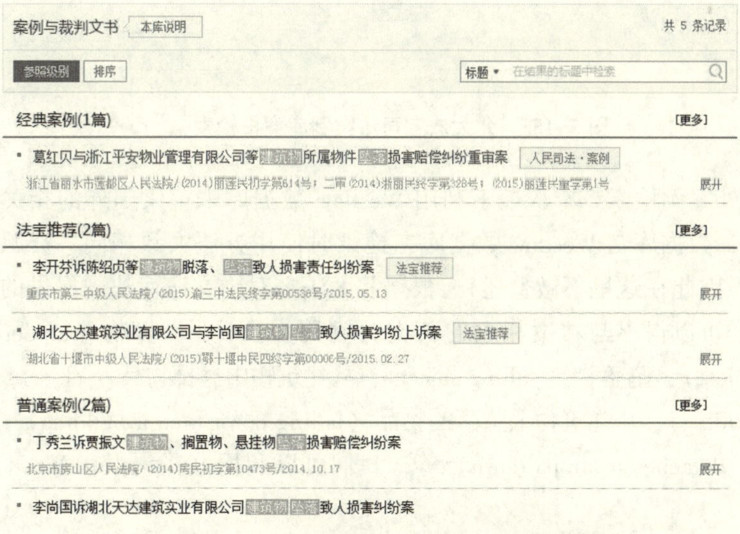

图 5-154　北大法宝司法案例库关键词检索

相关案件主要有：

[1] 葛红贝与浙江平安物业管理有限公司等建筑物所属物件坠落损害赔偿纠纷重审案；

[2] 李开芬诉陈绍贞等建筑物脱落、坠落致人损害责任纠纷案；

[3] 湖北天达建筑实业有限公司与李尚国建筑物坠落致人损害纠纷上诉案。

根据案件案由进行检索的功能，位于司法案例库的"高级检索"，以"黄某某案"为例，涉及的案由主要有"生命权、健康权、身体权纠纷""物件脱落、坠落损害责任纠纷"。例如，我们可以在案由处选择"物件脱落、坠落损害责任纠纷"来检索同案由相关案例，如图 5-155 所示：

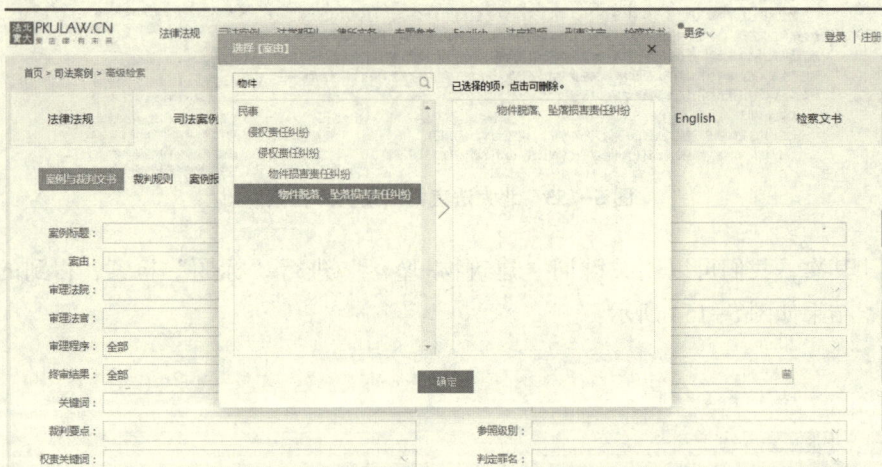

图 5-155　北大法宝司法案例库案由检索

B. 国外案例检索。本次检索利用 Westlaw 数据库来检索国外的相关案例资源（Lexis 数据库与 Westlaw 数据库在检索时使用方法大致相同，资源量也较为接近，因此在这里不做赘述）。根据北大法宝对中文法律法规提供的英文译本，我们可以得出与本案相关的英文关键词为：不明抛掷物（unidentified throwing object）、坠落物（falling object）、从建筑物中抛掷物品（object thrown out of a building）、从建筑物上坠落的物品（falling down from a building）、脱落（collapses, detaches or drops down）等，我们可以利用这些词汇在 Westlaw 里进行试检。

在前面章节叙述使用 Westlaw 检索美国案例资源的时候提到，可以根据管辖权进行检索（联邦还是各州），也可以根据 Westlaw 独有的 Keynumber 系统进行查找。此外，在检索到相关度较高的案例之后，我们还可以通过案例的"Citing References"来查看引用此案例的其他案例，通过"Table of Authority"来查看本案参考的其他案例，这种方法就可以减少我们检索词输入不准确带来的影响。

我们这次检索的一个难点就是对坠落物的英文表述，在英语中，坠落的表述有 fall（down）、drop（down）、throw（out）、collapse、detach 及它们的各种变形，在不确定英文的准确表述时，只能通过用这些可能的说法进入数据库试检，从而获得理想的结果。首先进入 Cases 子库，选择管辖权为"All Federal"和"All States"，选择高级检索，输入检索词 SY, DI（（window or building）/s（fall or drop or throw or hit）），得到检索结果 7889 条（参见图 5-156），这个检索结果数量相对来说较为庞大，返回对检索结果进行修改，一种简单的方法就是根据 Westlaw 提供的检索结果自动聚类功能，在 Topic（法律主题）里选择 Civil（民事），或者将管辖范围（Jurisdiction）限定为 Federal（联邦），都可以将检索结果进一步缩小。另一种方法就是增加检索词，例如，我们可以加入责任认定（liability）或者损伤（damage or injury）来进一步限定检索结果。但是这种方法可能会由于选词不当而遗漏重要检索结果。

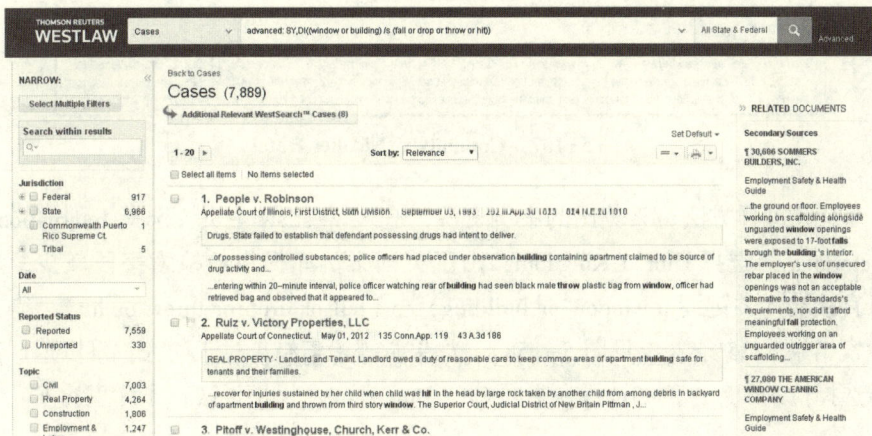

图 5-156　Westlaw 美国案例检索

根据对案例的详细信息的阅读，从中挑选出相关度较高的案例资源如下：

[1] Holly v. Meyers Hotel & Tavern, Inc. 89 A. 2d 6, N. J. , 1952：原告被被告名下的宾馆中一位旅客从三层楼扔下的抛掷瓶子砸中（参见图 5-157）。

[2] Lattanzio v. Liss 23 Misc. 2d 307 201 N. Y. S. 2d 513：原告被被告名下的建筑物的标志牌砸中。

[3] Larson v. St. Francis Hotel 83 Cal. App. 2d 210 188 P. 2d 513：原告在走到圣弗朗西斯酒店门前，被一把高空降落的椅子砸中头部。此案围绕的争议焦点是，是否可以适用"事实即证据"原则，让原告免除举证原则。

[4] Connolly v. Nicollet Hotel 254 Minn. 373 95 N. W. 2d 657：原告在被告名下的酒店附近的人行道行走时，被一个高处坠落下来的物品砸中。

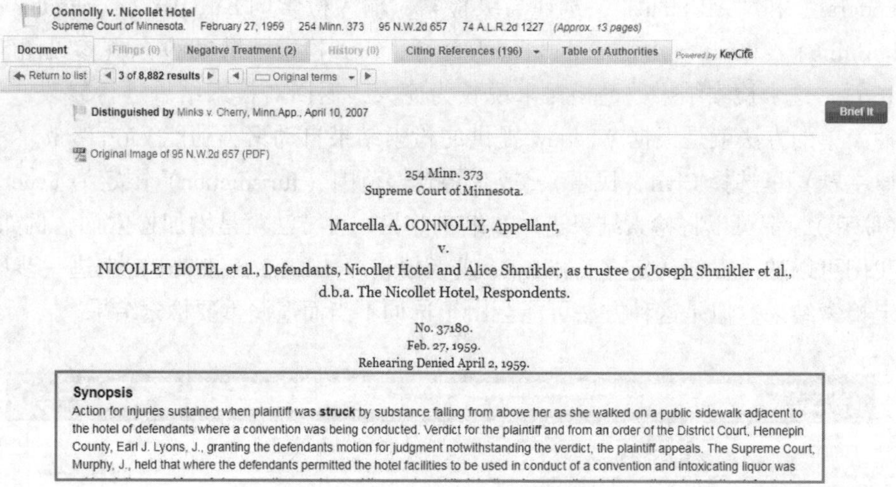
Connolly v. Nicollet Hotel
Supreme Court of Minnesota. February 27, 1959 254 Minn. 373 95 N.W.2d 657 74 A.L.R.2d 1227 (Approx. 13 pages)

Document | Filings (0) | Negative Treatment (2) | History (0) | Citing References (196) | Table of Authorities | Powered by KeyCite

Return to list | 3 of 8,882 results | Original terms

Distinguished by Minks v. Cherry, Minn.App., April 10, 2007 — Brief It

Original Image of 95 N.W.2d 657 (PDF)

254 Minn. 373
Supreme Court of Minnesota.

Marcella A. CONNOLLY, Appellant,
v.
NICOLLET HOTEL et al., Defendants, Nicollet Hotel and Alice Shmikler, as trustee of Joseph Shmikler et al., d.b.a. The Nicollet Hotel, Respondents.

No. 37180.
Feb. 27, 1959.
Rehearing Denied April 2, 1959.

Synopsis
Action for injuries sustained when plaintiff was **struck** by substance falling from above her as she walked on a public sidewalk adjacent to the hotel of defendants where a convention was being conducted. Verdict for the plaintiff and from an order of the District Court, Hennepin County, Earl J. Lyons, J., granting the defendants motion for judgment notwithstanding the verdict, the plaintiff appeals. The Supreme Court, Murphy, J., held that where the defendants permitted the hotel facilities to be used in conduct of a convention and intoxicating liquor was

图 5-157 Connolly v. Nicollet Hotel

运用同样方法检索英国的案例资源，进入 Westlaw 主页，选择 International Material，再选择 United Kingdom，由于英国案例库提供的检索字段较少，所以直接输入关键词（window or building）/s（fall or drop or throw or hit），得到检索结果 4435 条（参见图 5-158），如果觉得检索结果过于庞大，可以返回重新选择检索子库，例如选择在主题 Civil Procedure（民事诉讼）子库里检索。

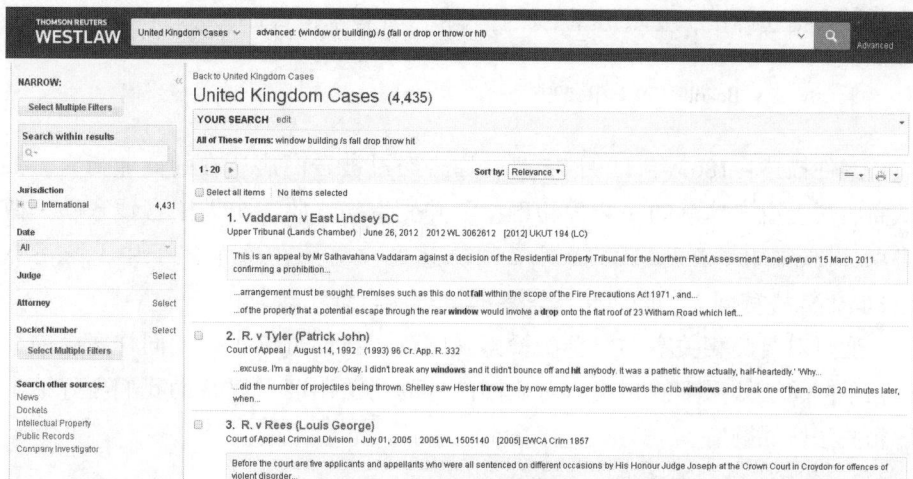

图 5-158　Westlaw 英国案例检索

根据对案例的详细信息的阅读，从中挑选出相关度较高的案例资源如下：

[1] Walsh v Holst & Co［1958］1 W. L. R. 800.

[2] Gray v Dunlop 1954 S. L. T. （Sh. Ct. ）75. （参见图 5-159）

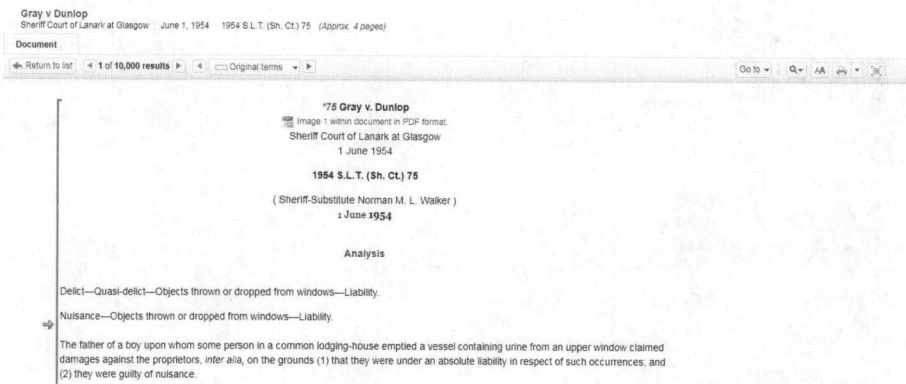

图 5-159　Gray v Dunlop

案件描述：1953 年 8 月 26 日下午 5 点左右，原告 11 岁的儿子从皮特街 1 号的房屋走过时，正好有人从楼上的窗户中将尿液倒出，并泼溅在他身上。但是这个房屋的性质是避难所，即使有肇事者也无诉讼价值。于是他父亲作为监护人提起诉讼，要求房屋的保管人和占有者承担责任。

[3] Byrne v. Boadle 159 E. R. 299.

案件描述：1863 年 11 月 25 日，原告经过被告商店所在的商业街时，被从商店楼上窗户掉落的一袋面粉砸中，并受重伤。此案由大法官钱塞勒·博洛克（Chancellor Pollock）撰写了判决意见，也是在这个案子中，博洛克（Pollock）法官创立了闻名于法学界的"事实自证"规则。

通过对英美相关案例资源的检索及阅读，我们可以了解到同样案由的案件在不同司法体系下的判决，对比国内外的司法制度可以帮助我们更好地了解相关法律课题。

3. 二次法律资源检索

（1）国内二次资源检索。本案涉及的法律焦点主要是高空掷物、坠物致人损害，无法认定具体侵权人的情况下的民事责任承担问题。根据从"黄某某案"中提取出的中文关键词：建筑物、（高空）抛掷物、（高空）坠落物、不明抛掷物、加害人不明、损害赔偿，在中国知网数据库中进行检索。

首先，使用高级检索功能，构造检索式为（主题＝建筑物+建筑设施）并且（主题＝坠落物+抛掷物）。

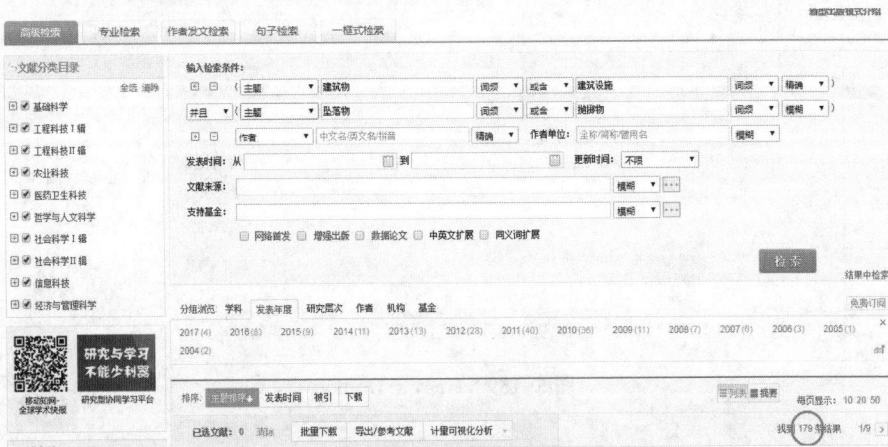

图 5-160　知网高级检索界面

共得到检索结果 179 条（参见图 5-160），从中挑选出相关度较高的文献如下：

[1] 王竹，赵尧. 论建筑物抛掷物、坠落物致害道义补偿责任——兼论建筑物抛掷物、坠落物强制责任保险制度的建立 [J]. 政法论丛，2010（05）：99-105.

[2] 方益权，钟哲斐. 对高空抛掷物致人损害救济规则的思考——在过错推定归责原则下以适度救济与价值衡平为宗旨 [J]. 政治与法律，2010（03）：75-82.

[3] 王百灵. 从中美相关立法浅析高层建筑抛掷物致人损害 [J]. 法制与社会，2009（02）：78-79.

[4] 王竹. 建筑物抛掷物致害的"不赔"与"赔"——以侵权案例的体系化分析方法为视角 [J]. 燕山大学学报（哲学社会科学版），2008（03）：55-61.

[5] 王成，鲁智勇. 高空抛物侵权行为探究 [J]. 法学评论，2007（02）：141-150.

[6] 王利明. 抛掷物致人损害的责任 [J]. 政法论坛，2006（06）：24-43.

如果认为检索结果并不满意，除了更换检索字段外，还可以使用中国知网的专业检索功能对检索式进行修改。如果认为检索结果过少，可以增加关键词的同义词来尽可能地全面网罗检索结果，用"+"将同义词连接起来。如果认为检索结果过多，可以增加一些关键词，例如损害赔偿、责任限定等来进一步缩小检索结果。在我们上一次的检索中，仅获得了100多条文献记录，对于研究工作来说可能较少，我们选择利用同义词来扩展检索结果，将检索式修改为（AB＝建筑物 OR AB＝建设设施 OR AB＝高层 OR AB＝高空）AND（AB＝抛掷物 OR AB＝坠落物 OR AB＝抛物 OR AB＝坠物）。

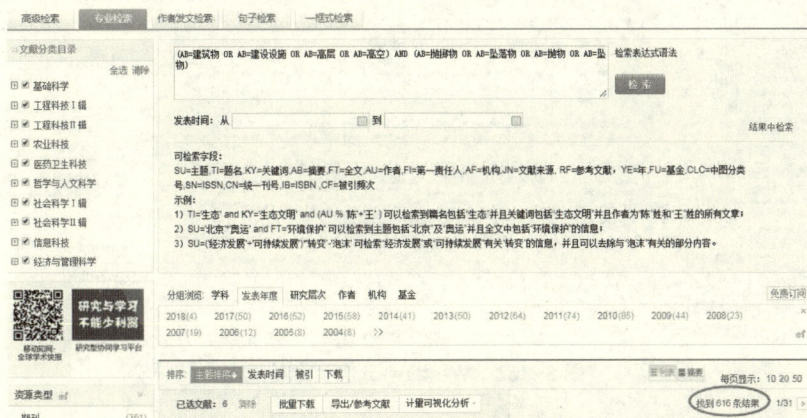

图 5-161 知网专业检索界面

得到检索结果 616 条（参见图 5-161），从中挑选出相关度较高的的文献如下：

[1] 严晓冉．建筑物不明抛掷物致人损害救济问题研究［D］．吉林大学，2013．

[2] 顾乾坤．建筑物抛掷物侵权制度的理论解析——由三个典型案例引发的思考［J］．行政与法，2011（06）：73-76．

[3] 田土城，张喜超．抛坠物致害责任的法律思考［J］．国家检察官学院学报，2010，18（02）：24-29．

[4] 李永成．论建筑物高空抛物侵权责任［D］．山东大学，2010．

[5] 麻昌华．高空坠物致人损害的法律救济［J］．法学论坛，2010，25（02）：25-29．

[6] 孙建军．高层建筑不明抛掷物损害案件处理的理念与历史分析［D］．中国政法大学，2004．

（2）国外二次资源检索。国外二次资源检索主要是通过 HeinOnline 数据库获取法学期刊文章，此外，Westlaw/Lexis 中也收录了一些法学期刊资源，还有法律重述、法律百科资源，可以作为 HeinOnline 的补充，检索方法同上文提到的案例检索方法。

在 Westlaw 中选择"Secondary Sources"，输入检索词 adv：（window or building）/s（fall or struck or drop or throw or hit）/s（damage or injury or liability）% vehicle，如图 5-162 所示。

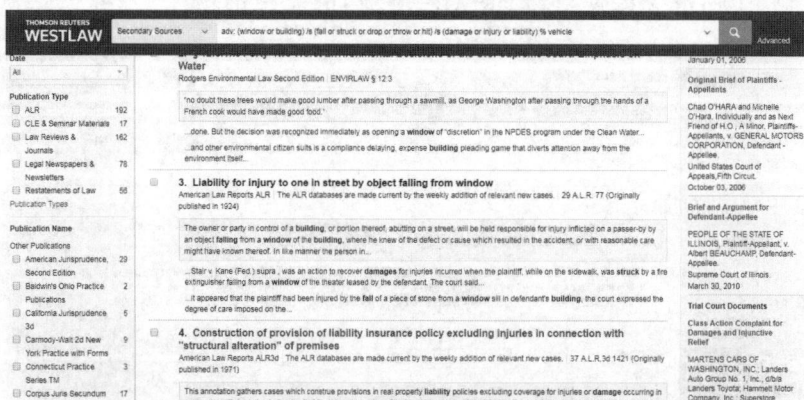

图 5-162　Westlaw 二次资源检索

得到检索结果 1223 条，从中选出相关度较高的文献如下：

〔1〕 Liability of owner or occupant of building for personal injury or death of person in street resulting from objects falling or thrown from building interior. 97 A. L. R. 2d 1431 (Originally published in 1964).

〔2〕 Liability for injury to one in street by object falling from window. 29 A. L. R. 77, 53 A. L. R. 462.

〔3〕 Liability of innkeeper for injury by object thrown or falling because of conduct of guest. 74 A. L. R. 2d 1241.

〔4〕 Liability for injuries due to fall of sign or billboard. 45 A. L. R. 800.

〔5〕 40 Am. Jur. 2d Highways, Streets, and Bridges § 557, Objects falling or thrown from building or window (美国法律精解第二版第 557 条).

HeinOnline 中选择 "Law Journal Library", 点击高级检索, 试检采用了与 Westlaw 相同的检索式之后, 发现检索结果太多 (几十万条), 可能与两个数据库的检索匹配机制不同有关, 因此, 需要采用更加严格的限定词, 二次检索时按照检索式 title：(damage or injury or liability) AND title：(falling objects) 进行检索, 检索页面如图 5-163 所示:

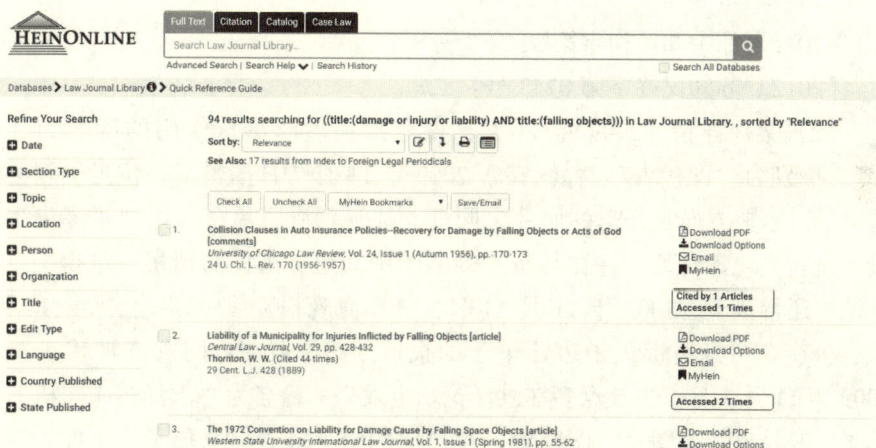

图 5-163　HeinOnline 高级检索

共得到检索结果 94 条, 从中挑选出相关度较高的文献如下:

〔1〕 Liability of a Municipality for Injuries Inflicted by Falling Objects〔article〕, Central Law Journal, Thornton, W. W. , 29 Cent. L. J. 428 (1889,) Thornton, W. W. .

［2］ Householder's Liability for Damage Caused by Falling Tiles, Etc. ［article］, Law Magazine and Review: A Quarterly Review of Jurisprudence, Formoy, R. R. , 40 Law Mag. & Rev. Quart. Rev. Juris. 5th ser. 282 (1914–1915), Formoy, R. R.

［3］ The Law of Falling Objects: Byrne v. Boadle and the Birth of Res Ipsa Loquitur, Stanford Law Review, Vol. 59, Issue 4 (February 2007), pp. 1065–1110, Webb, G. Gregg, 59 Stan. L. Rev. 1065.

4. 小结

通过"黄某某案"展开的国内外相关法律资源的检索，我们初步掌握了不同法律体系下高空坠物的责任认定问题，研读国外的案例和法律法规也可以为我们提供一些好的借鉴。在检索时，应当注意国内外法律体系上的差异，采用有针对性的检索方式，必要时也可以借助网络搜索引擎和已发表文章中相关参考文献的帮助。

（三）国内案例资源检索——"韩佩霖诉扬子晚报等著作权纠纷案"的法律分析

1. 案例解读

（1）案号：

［2011］淮中知民初字第 31 号：一审；

［2012］苏知民终字第 0243 号：二审。

（2）案件详情。2009 年 11 月，韩佩霖在洪泽论坛使用的网名为"伯霖"，级别为"课代表"。韩佩霖于 2009 年 11 月 7 日拍摄了一位男子腿上放着孩子，手握方向盘开车的照片。同日，韩佩霖将照片命名为"洪泽最牛司机"上传到洪泽论坛，并在其所发的帖子中写道：这样的司机，难得啊！在百忙中还带孩子。2009 年 11 月 11 日，《淮海晚报》A7 版作了"洪泽'最牛'公交车司机边带孩子边开车"的报道。其中载明：网友"课代表"于 2009 年 11 月 7 日下午 5 点多在洪泽论坛上发表一篇名为"洪泽最牛司机"的帖子，并贴出一幅图片，图片中一位男子的腿上放着一个孩子，手握方向盘正在开车。2009 年 11 月 12 日，《扬子晚报》A3 版刊登了一篇题为"最牛公交司机开车时腿上躺熟睡儿子——淮安'最牛公交司机'被停工检查，昨通过本报向乘客道歉"的报道，并配有韩佩霖所拍摄的照片作为插图。该报道还明确照片来源于淮安当地一知名网站，并注明由网友提供，并在报道中写明了网友、公交司机、驾驶员的看法和态度等内容。同时，该报道还附有编者附言"道一声辛苦，多一份关爱"。

韩佩霖认为在没有征得其同意的情况下，扬子晚报、新华报业集团在其主办的《扬子晚报》及其电子版上刊登了题为"最牛公交车司机"的报道中擅自使用韩佩霖的摄影作品，通过报纸公开发行并在网络上进行传播，但没有向韩佩霖支付报酬，也没有注明该作品的作者。更严重的是，该报道严重歪曲了韩佩霖创作该作品的本意，恶意炒作，给韩佩霖带来了巨大的心理压力和精神负担。为此，请求法院判决：①扬子晚报、新华报业集团停止侵犯韩佩霖著作权的行为；②扬子晚报、新华报业集团在省级刊物上发表声明，澄清事实，并向韩佩霖赔礼道歉；③扬子晚报、新华报业集团赔偿韩佩霖经济损失 45 万元、精神抚慰金 5 万元；④扬子晚报、新华报业集团承担诉讼费8800 元，公证费 800 元，交通费 200 元。

（3）历审法院观点：

A. 一审。一审法院认为，韩佩霖是本案的适格原告，可以认定其享有照片的著作权。判断作品使用是否构成合理使用，不仅要看是否属于《著作权法》第 22 条所规定的情形，还要看该使用方式是否只能在特定情况下作出、与作品的正常利用不相冲突，以及未损害权利人合法权益这三个条件为前提。本案中，扬子晚报使用其照片的目的是报道时事新闻。符合"不可避免地再现或引用"的情形。韩佩霖将照片发表在洪泽论坛时没有署名，也没有注明不允许转载，其应当预见到其拍摄的照片会被其他用户下载并广泛传播。扬子报道客观报道了"洪泽最牛司机"这一时事新闻，因此扬子晚报使用照片与韩佩霖对该照片的正常利用不相冲突，未损害韩佩霖的合法权益，也没有超出报道时事新闻的必要限度。扬子晚报在使用涉案照片时，已经尽到谨慎的注意义务，扬子晚报在报道中已注明该图片由网友提供，并尽可能对照片的出处进行追寻。综上所述，扬子晚报在新闻报道中使用韩佩霖所拍摄的照片属于对该照片的合理使用，不属于侵犯韩佩霖著作权行为，不应承担赔偿责任。法院驳回韩佩霖的诉讼请求。

B. 二审。上诉人提出，扬子晚报、新华报业集团未经韩佩霖同意，使用涉案照片，不构成合理使用。韩佩霖在将涉案照片上传至洪泽论坛时，已经对照片采取了保护措施，即在照片下方标注了"Canon EOS 400D DIGITALF4. 0 1/60s ISO400"字样。

二审法院认为，涉案照片下方标注的"CanonEOS 400D DIGITAL F4. 0 1/

60s ISO400"字样，指的是拍摄照片的相机型号及拍摄参数，并不能起到防止他人未经许可对该照片进行复制的作用，扬子晚报、新华报业集团在《扬子晚报》上使用涉案照片属于合理使用，其行为不构成侵犯著作权，无须承担侵权责任。驳回上诉，维持原判决。

（4）争议焦点。扬子晚报、新华报业集团在《扬子晚报》上使用涉案照片是否属于合理使用。检索国内与该案件相关的法律资源，同时基于此案的争议焦点"是否构成合理使用"，查找相关专业知识产权知识。此研究需求十分明确：①合理使用的范围；②相关法律条文规定；③相关案例；④研究文献，包括学位论文和期刊论文。

A. 拟定关键词。关键词对于检索结果至关重要。在检索中，关键词可能在检索开始被确定，也可能在检索中不断被调整。在法律信息检索中，关键词比较容易确定。在此案中，可以根据原告和被告的名字、名称，案件涉及的具体的争议点、术语等具有唯一性的信息进行初步查找。

在检索中，如果遇到未接触过的专业术语或名词，可以利用专业的检索数据库进行知识元的补充检索。目前，比较专业的知识元检索的数据库是中国知网，其知识元检索中包括：知识问答、百科、词典、手册、工具书、图片、统计数据、指数等专业参考资料。

图 5-164　CNKI 的知识元检索

在知识元检索中，输入"合理使用"，得到检索结果如下图。可见，在"合理使用"的检索词下，CNKI 收录了 6 个相关词典的释义。由于是知识产权类案件，所以本案例选取知识产权法律小词典的释义：

亦称"公平使用""自由使用"。著作权限制制度之一。在特定条件下，法律允许他人自由使用著作权人已经发表的作品，不必征得著作权人的同意，也不必向著作权人支付报酬的制度。我国《著作权法》第 22 条规定："在下列情况下使用作品，可以不经著作权人许可，不向其支付报酬，但应当指明作者姓名、作品名称，并且不得侵犯著作权人依法享有的其他权利：①为个人学习、研究或者欣赏，使用他人已经发表的作品；②为介绍、评论某一作品或者说明某一问题，在作品中适当引用他人已经发表的作品；③为报道时事新闻，在报纸、期刊、广播电台、电视台等媒体中不可避免地再现或者引用已经发表的作品；④报纸、期刊、广播电台、电视台等媒体刊登或者播放其他报纸、期刊、广播电台、电视台等媒体已经发表的关于政治、经济、宗教问题的时事性文章，但作者声明不许刊登、播放的除外；⑤报纸、期刊、广播电台、电视台等媒体刊登或者播放在公众集会上发表的讲话，但作者声明不许刊登、播放的除外……"

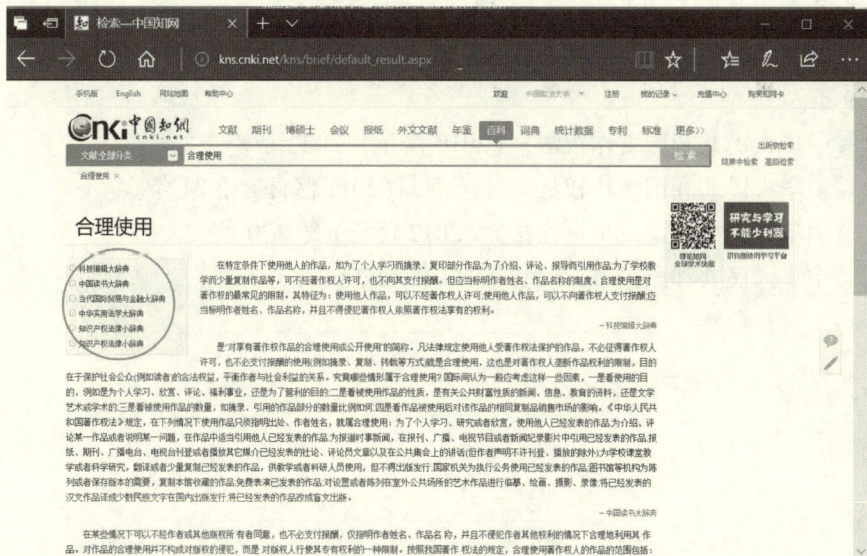

图 5-165　CNKI 百科释义

此案可以选定"扬子晚报""韩佩霖""洪泽最牛司机""合理使用""著作权"等作为关键词。

B. 选择检索工具。在了解社会案件的时候，网络搜索引擎成为人们首要选择的检索工具。丰富的网络信息全方位呈现案件的背景，其有助于检索人员更为准确、全面地掌握案情。所以，当我们尚未完全了解某方面的专业信息或者背景资料时，可以借助网络搜索引擎查找相关资源，比如，百度、谷歌、必应搜索等。

由于本案发生在国内，所以首先选择收录范围较广的两个中文期刊数据库：北大法宝和中国知网。其次，为进一步了解国外的相关，可选取 Westlaw Next 进行相关检索。"工欲善其事必先利其器。"在检索工具选择上，应尽量选取收录范围较广、文献种类较全、专业性比较强的数据库。

2. 一次法律资源检索

为获取中文法律法规的相关内容，在北大法宝中，选择"司法案例"字库，设置字段为"当事人"，在检索框中直接输入"韩佩霖"进行案例检索。通过阅读该案的判决书，梳理出该案涉及的法律条文（法律依据）主要有：

《最高人民法院关于审理著作权民事纠纷案件适用法律若干问题的解释》第 16 条。

《最高人民法院关于审理著作权民事纠纷案件适用法律若干问题的解释》第 19 条。

《中华人民共和国著作权法》（2010 修正）第 22 条。

《中华人民共和国著作权法实施条例》（2011 修订）第 21 条。

《中华人民共和国民事诉讼法》（2012 修正）第 130 条。

《中华人民共和国民事诉讼法》（2012 修正）第 153 条。

图 5-166 北大法宝检索结果

　　同时，北大法宝还提供了同案由重要案例、本法院同类案件、相关论文等进一步检索功能。除此之外，中国知网的《中国法律知识资源总库案例库》分别由法律法规库、案例库和论文库组成，涵盖了法律研究的三个不同方面。相比于北大法宝，它在一定意义上实现了一站式检索，一次法律资源和二次法律资源都可通过该库进行检索。

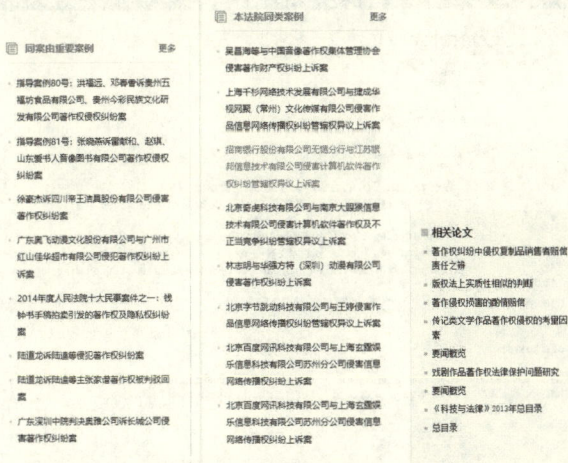

图 5-167 北大法宝其他功能

在搜索不同语种的数据库时，语言的困难一直困扰着用户。一般解决语言问题，可以有两种方式：一是利用专业数据库的"词典"功能；二是使用搜索引擎进行翻译或者参考外文原文网页用词。为了提高检索词的准确性，可以先利用网络搜索引擎来确定检索词。在国内，可以尝试使用百度翻译进行专业词语的翻译或者利用国外的搜索引擎。本案例中，笔者使用了必应搜索（国际版）查看相关英文网页资料。本案的争议点十分明确，集中在著作权的合理使用问题。

本案例使用万律（Westlaw China）数据库，输入"合理使用"中文，得到"不属于著作权法规定的合理使用——not be deemed as a fair use under the Copyright Law"结果。使用必应搜索引擎（国际版），搜到相关外文网页，如："Fair and Unfair Use of Copyrighted Materials" "Unfair Use? Why Google's Ongoing Battle With Oracle Matters To Your Business"。可确定检索词"unfair use" "fair use" "Copyright Law"。

在 Westlaw Next 的简单检索中输入"unfair use"得到超过 10 000+案例。由于检索结果过多，可以进行相关限制进一步缩减检索范围。如，可以限制检索范围，本案可以由"All Content"限制到"U. S. Copyrights"，得到 13 条结果。

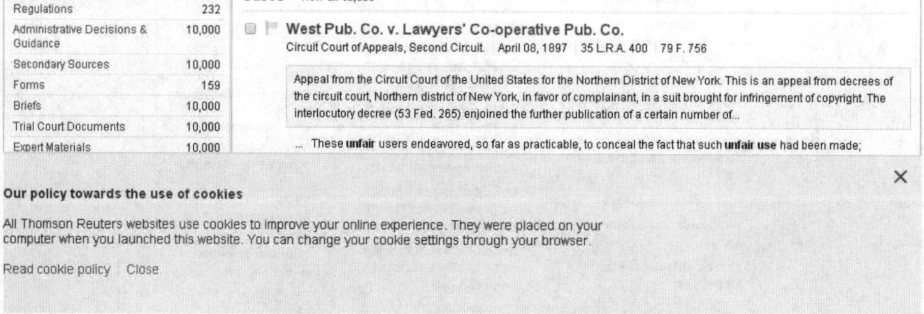

图 5-168　Westlaw Next 初步检索结果

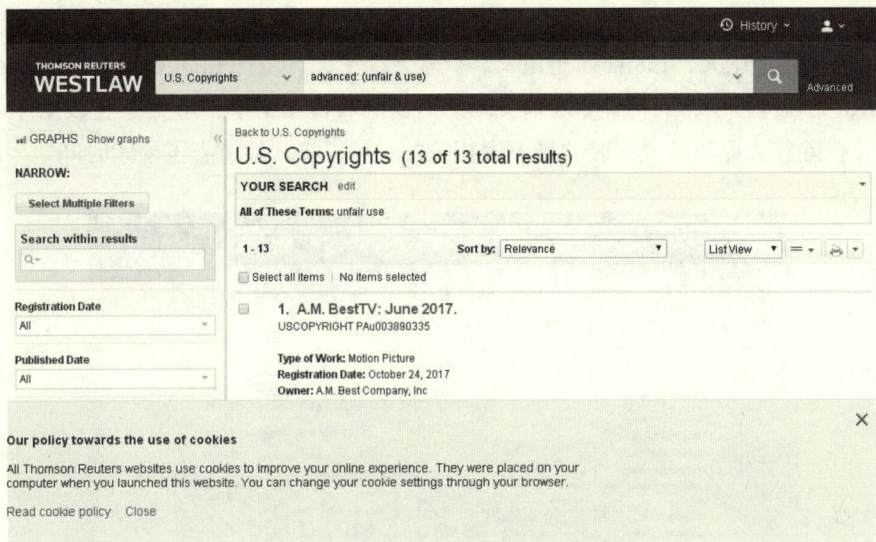

图 5-169 Westlaw Next 缩减结果

在结果中，第一条结果就是直接相关的图片使用索赔案例：

1. A. M. BestTV：June 2017.

USCOPYRIGHT PAu003890335

Type of Work：Motion Picture

Registration Date：October 24，2017

Owner：A. M. Best Company，Inc

...Driving Up Hail Claims. Marshall Dennehey's Cole Plaintiffs' Lawyers Leveraging Unfair Claims Act. NAIIA President Crosa New Tech Speeds Claims, Endangers...

...Well Means Being Open to All Channels. Root Cause President Use Tech to Attract Younger Recruits. Schifrin Gagnon President Drones Take...

3. 二次法律资源检索

本案涉及的争议点较为简单，主要是著作权的合理使用问题。在北大法宝的相关论文中，推荐了一共 15 篇论文。这 15 篇相关文献可以作为初步阅读的选择。如果要扩大阅读范围，就需要结合不同的专业数据库进行扩展检索。

本节在中国法律知识资源总库论文库中和 CNKI 总库分别进行了检索。通过高级检索界面，选取关键词选项，输入"著作权"，并且包含"合理使用"。其含义是检索在著作权范围内的合理使用问题。论文库中共检索到 417 篇期刊论文，5 篇博士论文，138 篇硕士论文，4 篇会议论文。使用相同的检索方法，在 CNKI 文献检索中，共得到 886 篇文献。对比两者检索结果，可见专业数据库可直接排除相关度不高或研究领域不太相关的文献，极大地节省了检索时间。

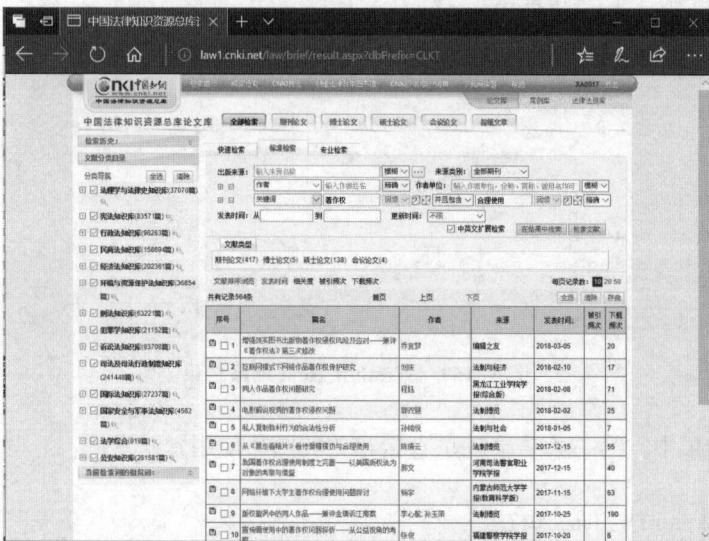

图 5-170　中国法律知识资源总库论文库检索界面（一）

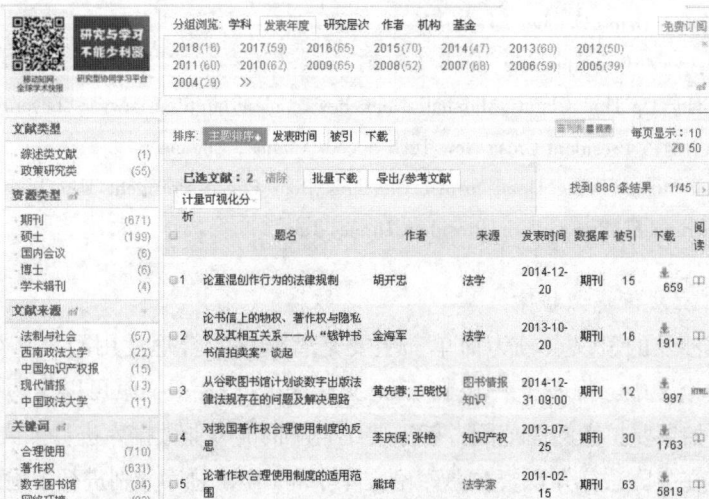

图 5-171　CNKI 总库检索结果界面

如果检索结果过多，可参考北大法宝给出的三个关键词：时事新闻、合理使用、不可避免。在检索中进一步添加关键词：时事新闻。结果仅显示一篇文献。所以，根据研究的范围和阶段，我们可通过控制关键词的数量进行扩检和缩检。按照个人需求，获取不同数量级别的文献集合。

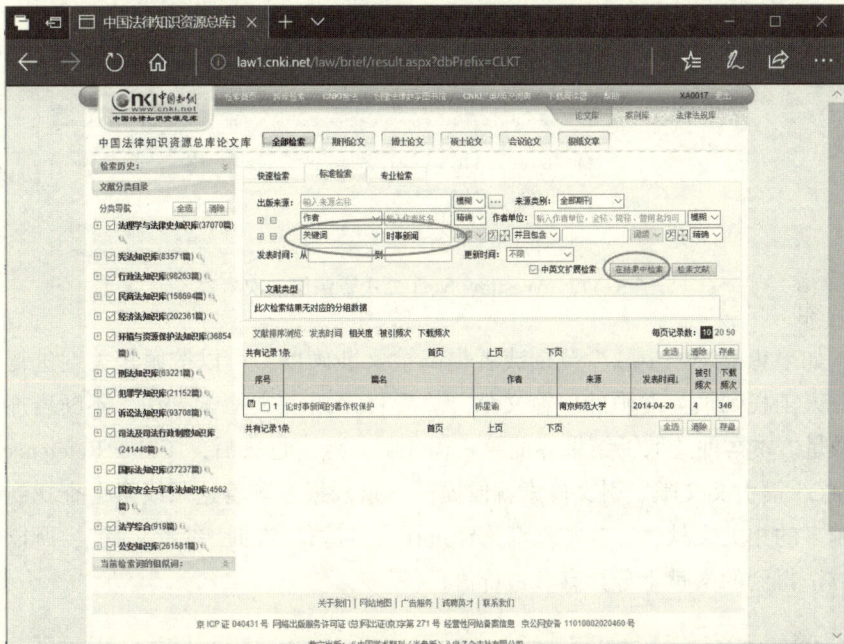

图 5-172　中国法律知识资源总库论文库检索界面（二）

以上介绍了较为简单的关键词检索过程。在该案例中，由于我们已经获得了部分相关文献，所以我们可以选择另外一种方式进行下一步的扩展检索——引文检索。在北大法宝提供的最初 15 篇文献中可以选取最为相关的文献进行引文检索。该文献的引文作为下一步查找的关键词，就可以查找出引用相同文献的论文。这种滚雪球式的检索可以为我们提供更多的文献，也可以扩展我们的研究思路。

在二次法律资源检索中，可以直接在 Westlaw Next 检索界面的左侧，查找"Secondary Sources"得到结果。在本结果中，二次资源的数量也是很庞大的。

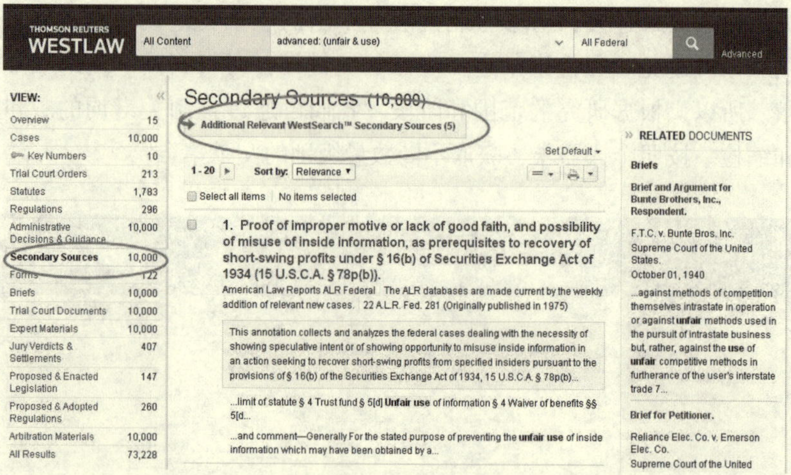

图 5-173　Westlaw Next 二次资源第一次检索

如果想要进一步减少范围或者提高检索准确度，可以按照相关度进行排序，人工找到最为准确的一篇文献，然后再采用引文检索方法，不断增加文献数量。本案件选取了结果界面第一篇文献，点击进去后，"Citing References"提供35篇引文文献。引文检索就像提供一条线索，顺着这条线索会查找到越来越多的相关文献，这些文献都是经过作者过滤得到的"参考文献"，所以这种方法得到的文献十分具有参考价值。

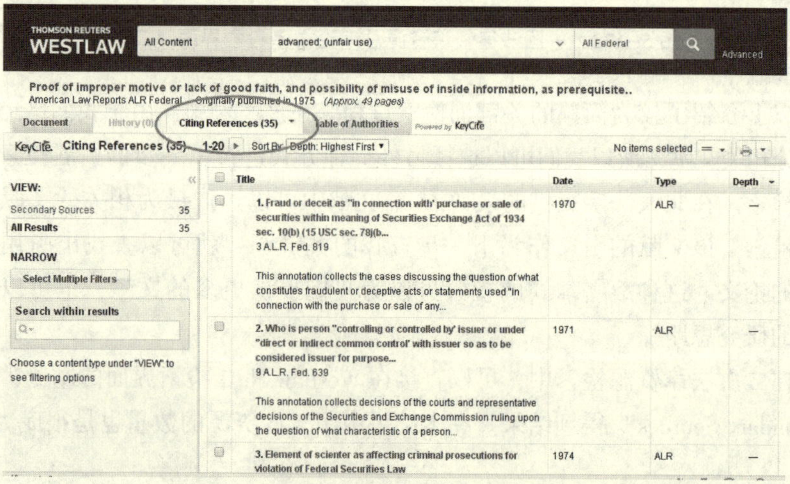

图 5-174　Westlaw Next 二次资源引文检索

4. 小结

本案中韩佩霖对发送到网络论坛上的图片享有著作权，我国《中华人民共和国著作权法》第22条第1款第3项规定了合理使用制度，为报道时事新闻，在报纸、期刊、广播电台、电视台等媒体中不可避免地再现或者引用已经发表的作品，可以不经著作权人许可，不向其支付报酬，但应当指明作者姓名、作品名称，并且不得侵犯著作权人依照本法享有的其他权利。在本案中，韩佩霖并没有在论坛中写明禁止转载等字样，也未留下真实信息，报社已经尽可能展现作者信息，注明了出处。同时报社的目的是为了报道时事新闻，完全符合合理适用的构成要件。

在不了解案件背景知识的情况下检索法律案件时，知识元及背景检索工作就显得尤为重要。对于法律研究人员，在网络搜索引擎辅助下，熟练掌握国内外优秀的法律数据库检索功能可以迅速查找到自己所需信息，提高检索效率。在以上展示的基本检索方法外，用户可以逐渐积累自己的检索方法和路径，形成更加高效的个性化检索策略。

（四）国外案例资源检索——"Morton公司诉美国通用意外保险公司环境
    责任保险赔偿案"的法律分析

1. 案例解读

（1）案件信息：

案号：Morton Intern. v. General Acc. Ins. , 629 A. 2d 831-NJ：Supreme Court 1993.

审理法院：The Supreme Court of New Jersey.

（2）案件详情：

A. 案件前情背景：1983年，Ventron公司将生产聚硫橡胶产生的化学垃圾和废弃物排放进了Berry's Greek（哈肯萨克河的河口），排放的垃圾废弃物中包含的大量有毒物质汞（即水银）对水流以及周围的土地造成了严重的汞污染，破坏了该地区的生态环境。于是，其被新泽西州环境保护部门（New Jersey Department of Environmental Protection）告上法庭，法庭经审理认定Ventron公司有责任对排放物造成的汞污染影响的水流、水流中的生物和土地以及土地上生长的植物进行积极的治理，并承担所有的治理费用。

B. 本案情况：Morton国际公司是Ventron公司的继承者，继续承担着治理Berry's Greek地区的生态环境的责任。但是Morton公司认为自己承担了义务清除生产聚硫橡胶产生的排放物之外的额外费用，即该公司承担了不属于自己责任的治理 Berry's Greek 地区生态环境损害的费用。因此在 1991 年，Morton 国际公司诉至新泽西州初审法院，后于 1992 年上诉至新泽西州最高法院，要求美国通用意外保险公司以及其他 18 家关联公司承担其额外支出的环境污染责任保险费用，并对 Morton 国际公司给予一定的补偿。

本案主要围绕环境污染保险责任范围展开。经过了几十年的发展，人们对环境污染损害的重要性的认识提高了，政府积极努力地处理过去的环境污染造成的不良后果，人们积极呼吁增加无害废物处理需求的情形，改变了过去社会对环境污染损害漠不关心的态度的情况。对环境污染损害认识的发展影响了保险行业对因环境污染造成的损害的责任范围，案件中呈现的损害事实影响了保险行业对环境污染责任保险的范围的认识，本案审理结果也使保险业改进了环境污染责任保险的保护范围。

（3）法院观点：

A. 新泽西州初审法院。初审法院对案件的相关事实进行了认证，法庭遵循"Ventron 案"中大法官的判决，认定 Morton 国际公司的前身 Verton 公司的行为造成了环境污染损害的事实，Morton 国际公司作为其继任者应当承担治理生态环境的责任。本案的所有被告都没有责任和义务去补偿 Morton 国际公司治理生态环境产生的花费。只有美国通用意外保险公司有责任为 Morton 公司的前身 Ventron 公司与环境保护部门之间的诉讼承担部分费用。因此，Morton 国际公司的诉讼请求被法庭拒绝。

B. 新泽西州最高法院。终审法院对案件涉及的相关法律问题进行了认定，法庭认为，虽然 Morton 国际公司的前身 Ventron 公司对其生产聚硫橡胶产生的化学排放物造成生态环境污染和损害没有主观上的故意，但是其排放行为和排放的有毒物质对 Berry's Greek 的生态环境造成了实质伤害，法庭援引 1983 年判例 New Jersey Department of Environmental Protection v. Ventron Corp.，94 N. J. 473，468 A. 2d 150（1983）认定 Ventron 公司对生态环境治理负有"强加的不可推卸的责任"。Morton 国际公司作为 Ventron 公司的继承者，对这个责任也应当"继承"。由于 Morton 公司主张美国通用意外保险公司以及其他 18 家关联公司承担补偿责任，法庭主要针对保险责任范围、额外保险责任范围、环境责任保险排除条款，以及伤害的持续性和突发性等法律问题进行了阐释和分析。根据相关案例和法案规定，结合本案事实，可以认定有害物质的危害性不仅在于其本身，有害物质接触过的物体或元素也是环境污染损害的受害者，应由施加这种损害的"加害者"进行赔偿。并且，有害排放物质对生态环境的损害是持续的，不是突发性的，因此最终法庭认定 Morton 国际公司没有资格向 19 家关联公司要求补偿和赔偿，拒绝了原告的请求。

（4）争议焦点：

A. 生态损害责任保险的保护范围；

B. 环境责任保险除外条款的适用情况；

C. 如何认定生态损害的持续性和突发性意外；

D. 如何确定因治理生态损害而产生的花费。

"Morton 案"给美国的保险行业在环境污染责任保险方面的规定带来了变革，重新定义了环境污染责任保险的承保范围。为了更好地对这个案件背后涉及的法律焦点进行深入剖析，我们可以从中外文一次法律资源和二次法律资源两个角度进行检索，全面搜集相关法律资源进行研究。

研究需求分析：查询国内外与环境污染责任保险相关的法律资源。

查询文献的范围：国内、国外。

需要检索的文献类别：法律法规、司法案例、学位论文、期刊论文。

需要检索的文献语种：中文、英文。

检索文献的年代范围：无特殊要求。

检索文献的数据库：北大法宝、中国知网、Westlaw Next 数据库、Lexis Advance 数据库、美国法律期刊全文数据库 HeinOnline、OCLC FirstSearch 数据库。

2. 一次法律资源检索

从"Morton 案"提取出的相关中文关键词有：生态损害、责任保险、除外条款、环境污染、经济赔偿、保险范围、持续性、突发性意外、保险公司等，外文关键词有"ecological damage（environmental harm）""liability insurance" insurance coverage "pollution- exclusion clause" "occurrence"。

（1）相关法律法规检索：

A. Lexis Advance 数据库。通过了解"Morton 案"的基本案情，我们首先要检索出相关的判决依据，利用 Lexis Advance 数据库，选择案例库"cases"，在高级检索中输入案件名 Morton Int'l v. General Accident Ins. Co.，检索结果如图 5-175 所示：

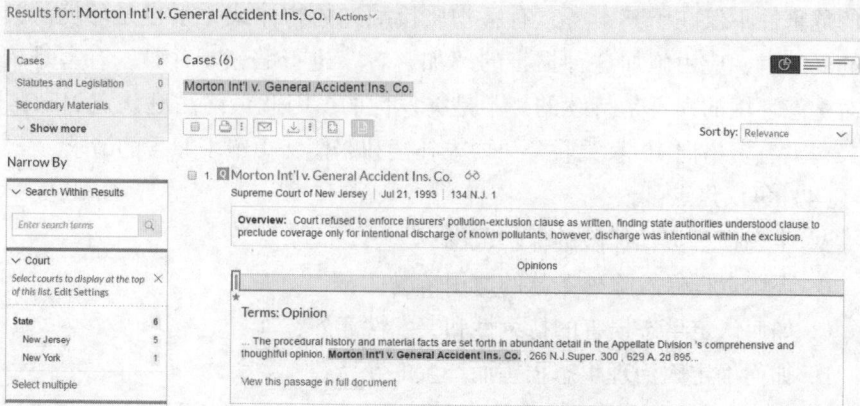

图 5-175　Lexis Advance 检索结果界面

　　通过剖析该案件的判决书，得出该案的判决依据包括判例、法案和保险政策，详情如下：

判例：

〔1〕New Jersey Department of Environmental Protection v. Ventron Corp. , 94 N. J. 473, 468 A. 2d 150 (1983).

〔2〕127 N. J. 563, 606 A. 2d 374 (1992).

〔3〕266 N. J. Super. at 333, 629 A. 2d at 913 （文中未显示年代时间）.

〔4〕Morton Int'l v. General Accident Ins. Co. , 266 N. J. Super. 300, 629 A. 2d 895 (1991).

〔5〕94 N. J. at 481, 468 A. 2d 150.

〔6〕Id. at 482, 468 A. 2d 150.

〔7〕Broadwell Realty Services, Inc. v. Fidelity & Casualty Co. , 218 N. J. Super. 516, 525-30, 528 A. 2d 76 (App. Div. 1987).

〔8〕supra at 11, 629 A. 2d at 836.

〔9〕Gresham v. Commercial Union Ins. Co. , 951 F. 2d 872, 875 （8th Cir. 1991）（Arkansas law）.

〔10〕Parker Solvents Co. v. Royal Ins. Cos. of America, 950 F. 2d 571 (8th Cir. 1991) （Arkansas law）.

法案：

〔1〕Spill Compensation and Control Act of 1977 (Spill Act).

保险政策:

［1］The Reserve's Policies（资金预留政策）.

［2］The Liberty Mutual Policies（互助保险政策）.

［3］The Commercial General Liability (CGL) Policies（通用商业责任政策）.

［4］The Affiliated FM's policies（附属 FM 保险公司政策）.

B. 北大法宝数据库。根据对 Morton 案基本情况的了解，我们可以检索中文法律法规的相关内容。利用北大法宝数据库，选择"法律法规"子库，输入"环境污染 责任保险"，选择字段为"全文"检索，同时选择"同段"，即可获得北大法宝收录的环境污染责任保险相关的法律法规，如图 5-176 所示。法律法规正文的上方详细介绍了该法律法规的发布部门、发文字号、发布日期、实施日期、时效性、效力级别、法规类别等信息。另外，如果该法律法规有历史版本，还有提供对照版本的链接，可以点击查看详情。

通过查看法律法规的正文，除了可以看到具体的条文规定，在条文的下方还提供法宝联想，一般包括与之有关的法律资源，像行政规约、部门规章、法学期刊、律所实务、案例与判决文书、司法解释等，在页面的右侧会提供有关整篇法律法规的一些法宝联想，像立法草案，本篇引用的法规，引用本篇的法规、案例、论文等信息，这些就是将相关的法律资源做了串联。

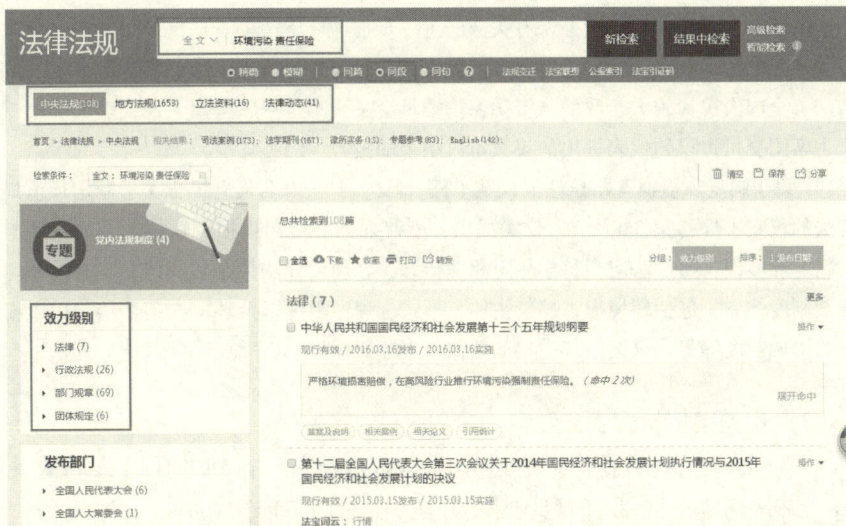

图 5-176　北大法宝法律法规检索结果界面

根据检索结果总结出相关的法律法规如下：

法律：

［1］中华人民共和国环境保护法（2014 修订）第五十二条

第五十二条 国家鼓励投保环境污染责任保险。

工作文件：

［1］《中华人民共和国国民经济和社会发展第十三个五年规划纲要》第四十七章第二节

第二节 加强生态环境风险监测预警和应急响应

［2］《第十二届全国人民代表大会第三次会议关于 2014 年国民经济和社会发展计划执行情况与 2015 年国民经济和社会发展计划的决议》第三项 第七点

（七）坚持不懈推进节能减排、低碳发展和生态环境保护。坚持源头预防、过程监管、后果严惩，更加注重绿色循环低碳发展，改善生态环境，建设美丽中国。

［3］《全国人民代表大会法律委员会关于第十二届全国人民代表大会第一次会议主席团交付审议的代表提出的议案审议结果的报告》第 5、6 项 5.6. 关于修改环境保护法的议案 5 件、关于制定环境与健康法的议案 1 件

［4］《全国人民代表大会环境与资源保护委员会关于第十二届全国人民代表大会第一次会议主席团交付审议的代表提出的议案审议结果的报告》第 19 项

19. 关于制定环境污染责任保险法的议案 1 件。对议案提出的有关意见，建议在环境保护法修改中予以充分研究论证，广泛听取意见。运用商业保险手段解决环境污染责任问题是一个重要的途径，建议国务院有关部门进一步推进环境污染责任保险试点工作，建立和完善配套的技术规范，为制定有关环境污染责任保险的专门法律奠定基础。

［5］全国人民代表大会环境与资源保护委员会关于第十一届全国人民代表大会第三次会议主席团交付审议的代表提出的议案审议结果的报告 第 19 项

19. 关于制定环境损害赔偿法的议案 1 件。吕忠梅等 30 名代表提出关于制定环境损害赔偿法的议案 1 件（第 358 号）。议案提出，亟待加强环境污染损害赔偿制度的立法与完善，制定环境损害赔偿法应当科学界定相关概念，合理设计法律结构，建立完善的环境损害赔偿制度体系，包括环境损害赔偿主体、形式、程序制度以及环境损害赔偿与民事损害赔偿的协调制度等等。议案附有完整的法律草案建议稿。

（2）相关案例检索：

A. Westlaw Next 数据库。通过分析"Morton 案"得到的比较核心的关键词有"环境污染""责任保险"，然后选择案例子库"Cases"，输入检索式（"ecological damage" or "environmental harm"）and（"liability insurance" or "insurance coverage"），得到 128 条检索结果，如图 5-177 所示：

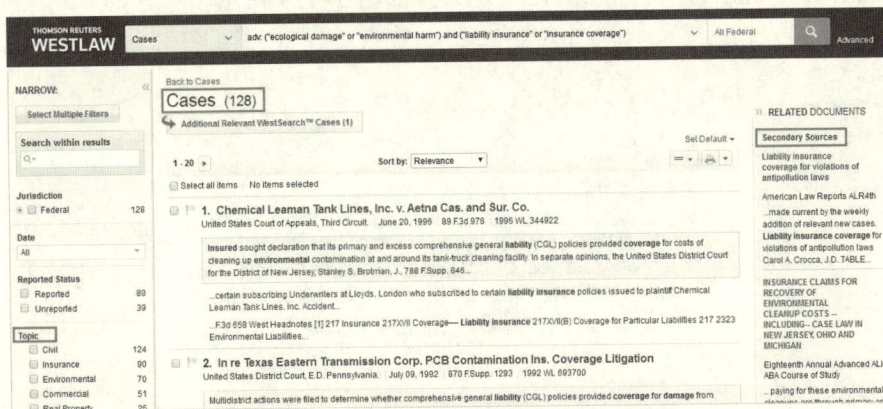

图 5-177　Westlaw Next 数据库案例检索结果界面（一）

为使检索结果更加全面，需要扩充检索词再次检索，输入检索式（"eco-logical damage" or "environmental harm"）and（"liability insurance" or "insur-ance coverage" or "insurance company" or "pollution - exclusion clause" or waiver），得到 441 条检索结果，如图 5-178 所示：

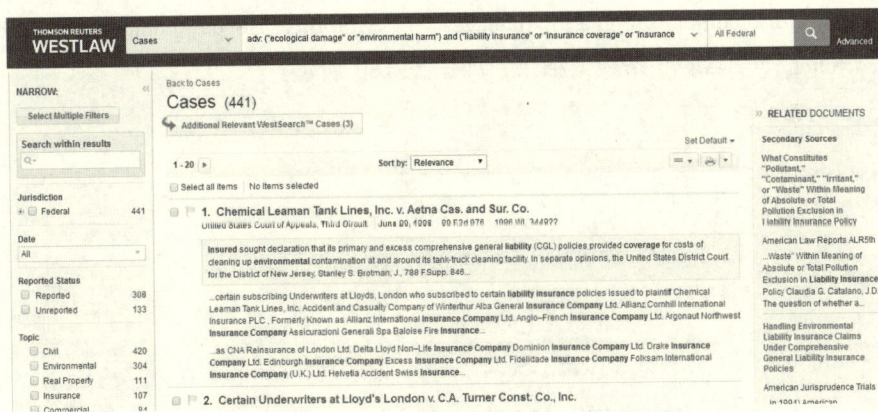

图 5-178　Westlaw Next 数据库案例检索结果界面（二）

为了检索结果更准确，添加新的检索词对检索结果进行精炼，输入检索式（"ecological damage" or "environmental harm"）and（"liability insurance" or "insurance coverage" or "insurance company" or "pollution-exclusion clause" or waiver）and（damages or "compensation for damages" or "liability to pay compensation" or occurrence），得到 312 条结果，如图 5-179 所示：

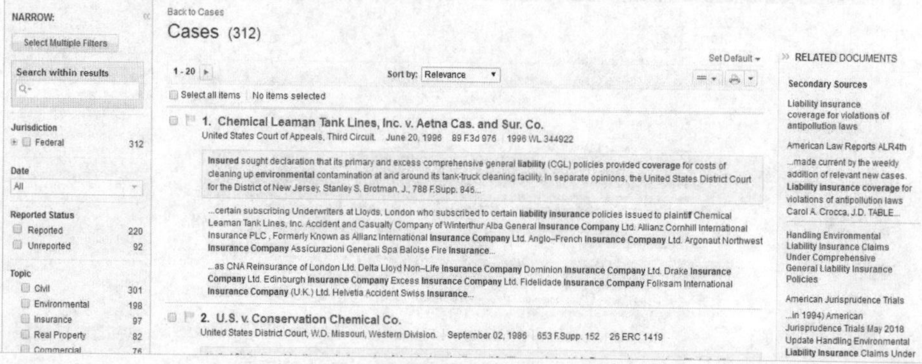

图 5-179　Westlaw Next 数据库案例检索结果界面（三）

上面获得的结果数量较多，可以通过更改检索词之间的逻辑关系（将前两组检索词之间的逻辑关系改为同段）来精炼结果，输入检索式为（"ecological damage" or "environmental harm"）/p（"liability insurance" or "insurance coverage" or "insurance company" or "pollution-exclusion clause" or waiver）and（damages or "compensation #for damages" or "liability #to pay compensation" or occurrence），得到 45 条检索结果，如图 5-180 所示：

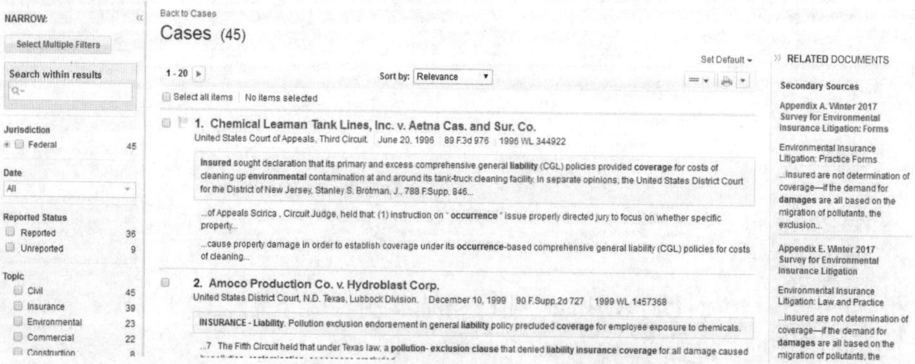

图 5-180　Westlaw Next 数据库案例检索结果界面（四）

如果还需改进，可以通过限制字段来精炼结果，在高级检索中，选择字

段 "Synopsis/Digest"，输入检索式（"ecological damage" or "environmental harm"）/p（"liability insurance" or "insurance coverage" or "insurance company" or "pollution-exclusion clause" or waiver）and（damages or "compensation # for damages" or "liability #to pay compensation" or occurrence），得到检索结果 10 条，如图 5-181 所示：

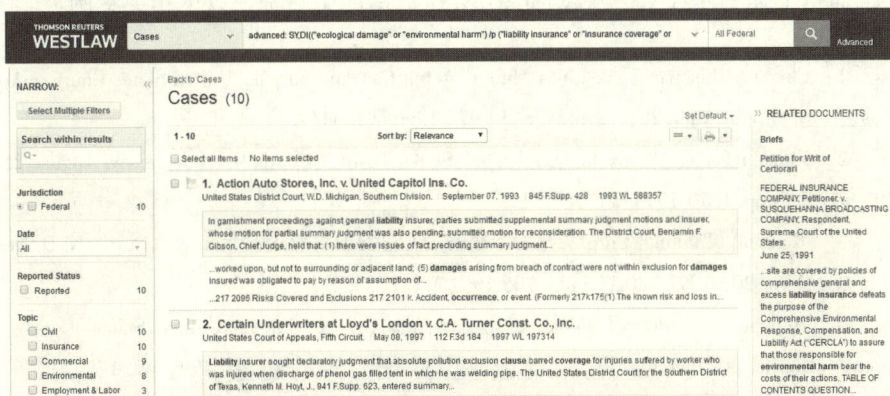

图 5-181　Westlaw Next 数据库案例检索结果界面（五）

　　综上所述，五个检索式获取的检索结果数量如下所示。通过分析案件以及其争议焦点提取检索词，随着检索词的明确与细分，检索结果的指向性逐渐提升。在整理检索结果的过程中，了解到环境责任保险中涉及的损害赔偿和赔偿责任，也将之列为检索词以扩展检索范围，提高检全率，以从总体上兼顾检全率与检准率的平衡。

　　（1）（"ecological damage" or "environmental harm"）and（"liability insurance" or "insurance coverage"）128 条

　　（2）（"ecological damage" or "environmental harm"）and（"liability insurance" or "insurance coverage" or "insurance company" or "pollution-exclusion clause" or waiver）441 条

　　（3）（"ecological damage" or "environmental harm"）and（"liability insurance" or "insurance coverage" or "insurance company" or "pollution-exclusion clause" or waiver）and（damages or "compensation for damages" or "liability to pay compensation" or occurrence）312 条

　　（4）（"ecological damage" or "environmental harm"）/p（"liability insurance" or "insurance coverage" or "insurance company" or "pollution-exclusion clause" or waiver）and（damages or "compensation #for damages" or "liability #to pay compensation" or occurrence) 45 条

(5) Synopsis/Digest = ("ecological damage" or "environmental harm") /p ("liability insurance" or "insurance coverage" or "insurance company" or "pollution‐exclusion clause" or waiver) and (damages or "compensation #for damages" or "liability #to pay compensation" or occurrence) 10 条

通过上述五次检索，从 Westlaw Next 数据库中筛选出以下相关案例：

［1］Chemical Leaman Tank Lines, Inc. v. Aetna Cas. and Sur. Co. United States Court of Appeals, Third Circuit. June 20, 1996 89 F. 3d 976 1996 WL 344922.

［2］Pittston Co. v. Allianz Ins. Co. United States District Court, D. New Jersey. August 25, 1995 905 F. Supp. 1279 1995 WL 505120.

［3］Colonial Tanning Corp. v. Home Indem. Co. United States District Court, N. D. New York. December 20, 1991 780 F. Supp. 906 1991 WL 275436.

［4］Independent Petrochemical Corp. v. Aetna Cas. & Sur. Co. United States Court of Appeals, District of Columbia Circuit. September 13, 1991 944 F. 2d 940 1991 WL 175626.

［5］Charter Oil Co. v. American Employers' Ins. Co. United States Court of Appeals, District of Columbia Circuit. November 14, 1995 69 F. 3d 1160 1995 WL 671372.

［6］Whittaker Corp. v. American Nuclear Insurers United States District Court, D. Massachusetts. December 01, 2009 671 F. Supp. 2d 242 2009 WL 4342512.

B. 北大法宝数据库。通过对案情的分析，归纳出的"Morton 案"涉及的核心关键词主要有：环境污染、责任保险。首先进入北大法宝"司法案例"子库，选择检索字段为"全文"，在检索框中输入"环境污染 责任保险"，共得出 309 篇检索结果，如图 5-182 所示。在案件正文上方，详细阐述了案件的案由、案号、审理法官、文书类型等信息。有些判决还列出了此判决的裁判规则，包括关键词、核心问题、裁判要点，帮助用户快速掌握案件和判决的重点。

从判决的正文入手，可以查看从一审到上诉再到二审、终审各个阶段的相关判决书，每个判决书中涉及的法律条文都配有蓝色字体的链接，可以快速跳转到相关条文。此外，北大法宝的法宝联想功能，在右侧集中列出了本案涉及的法律资源、同案由重要案例、相关实务专题以及相关论文，将与本案的相关法律资源做一个串联。

　　检索结果数量较多且存在部分不相关案例。对检索结果进行调整，将检索结果限定为"经典案例""经典案例"对我们的科研学术借鉴价值较高，经过筛选可以查找出如下相似案例：

　　《英费尼特航运有限公司（INFINITYSHIPPINGCO.，LTD.）等与滦南县渔民协会等船舶碰撞油污损害赔偿纠纷上诉案》

图 5-182　北大法宝案例检索结果界面（一）

　　二次检索时，修改检索关键词为"生态损害 责任保险"，得出 1196 条检索结果，如图 5-183 所示，其中包含很多不相关的结果，再次对检索结果进行调整，将检索结果限定为"典型案例"或"经典案例"，经过筛选查找出如下相似案例：

　　《最高法院发布的第二批涉"一带一路"建设典型案例之八：大连市海洋与渔业局与昂迪玛海运有限公司（OndimarTransportesMaritimosLtda）等海域污染损害赔偿纠纷再审案》

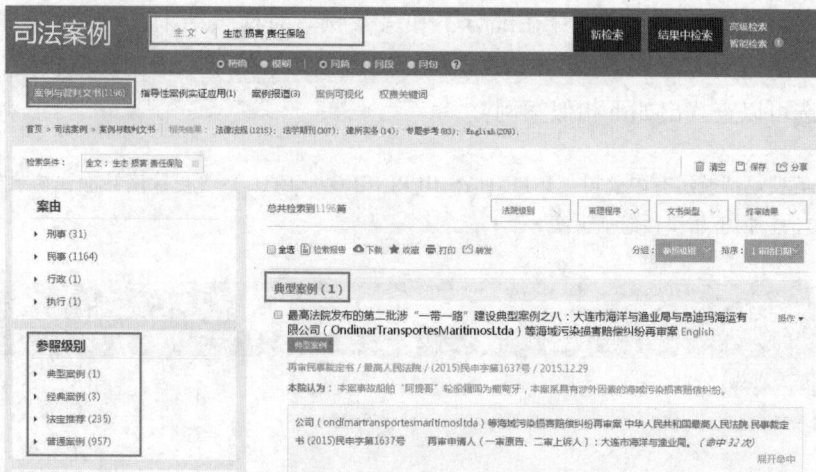

图 5-183　北大法宝案例检索结果界面（二）

3. 二次法律资源检索

（1）期刊资源检索：

A. 美国法律期刊全文数据库 HeinOnline。根据上一小节在 Westlaw Next 数据库检索过程分析，已经将检索词及其之间的关系梳理清楚了。在这里可以将 Westlaw Next 数据库中使用的前三个检索式直接用在 HeinOnline 数据库中，因为 HeinOnline 数据库不支持同段的逻辑关系，所以 Westlaw Next 数据库中的第四和第五个检索式在这里是不适用的。在 HeinOnline 数据库的检索框中输入检索式（"ecological damage" OR "environmental harm"）AND（"liability insurance" OR "insurance coverage" OR "insurance company" OR "pollution-exclusion clause" OR waiver）AND（damages OR "compensation for damages" OR "liability to pay compensation" OR occurrence），得到检索结果 3960 条，其中资源类型属于 "Articles" 有 907 篇，如图 5-184 所示：

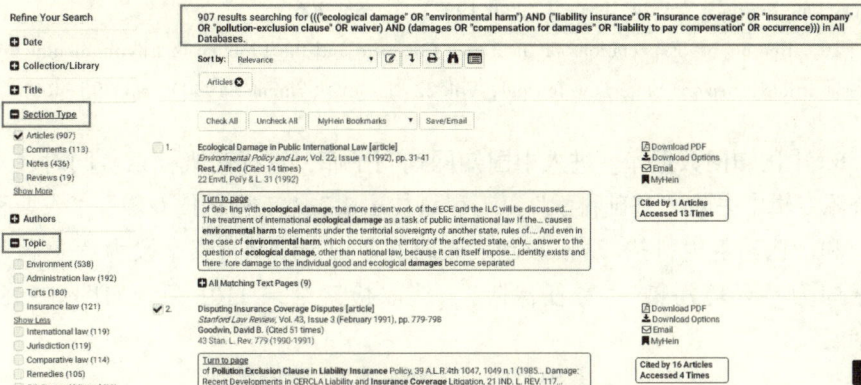

图 5-184　HeinOnline 期刊检索结果界面

　　虽然结果数量比较多，但 HeinOnline 数据库的检索结果界面的左侧提供了精炼结果的几种方式，包括日期、题名、资源类型、主题、作者等，可以根据自己的需要进行限制，从而挑选出合适的检索结果，通过筛选整理检索结果，相关结果如下：

　　［1］Disputing Insurance Coverage Disputes［article］Stanford Law Review, Vol. 43, Issue 3（February 1991），pp. 779-798.

　　［2］Mandating Environmental Liability Insurance［article］Duke Environmental Law & Policy Forum, Vol. 12, Issue 2（Spring 2002），pp. 293-330.

　　［3］Insurance Coverage for Defective Construction［article］Brief, Vol. 29, Issue 2（Winter 2000），pp. 29-44.

　　［4］Liability Insurance and Environmental Risk［article］Revue Hellenique de Droit International, Vol. 53, pp. 75-110.

　　［5］Insurance Coverage for Environmental Loss［article］St. Louis Bar Journal, Vol. 35, Issue 3（Winter 1988），pp. 36-43.

　　［6］Liability Insurance for Pollution Claims：Avoiding A Litigatio Wasteland［article］Tulsa Law Journal, Vol. 26, Issue 2（Winter 1990），pp. 209-244.

　　［7］Criminality, Risk and Environmental Harm［article］Griffith Law Review, Vol. 8, Issue 2（1999），pp. 235-257.

　　［8］Insurance Coverage for Response Costs under CERCLA［article］Journal of the Missouri Bar, Vol. 48, Issue 8（December 1992），pp. 585-592.

　　［9］Environmental Insurance Coverage in New Jersey：A Tale of Two Storie［article］

Rutgers Law Journal, Vol. 24, Issue 1 (Fall 1992), pp. 83-206.

[10] Reasonable Expectations of Insurance Coverage and the Problem of Environmental Liabilities [article] Arizona State Law Journal, Vol. 22, Issue 2 (Summer 1990), pp. 395-468.

B. 中国知网数据库。进入中国知网期刊子库，选择高级检索，同时在左侧资源专辑中去除"基础科学""工程科技Ⅰ辑""工程科技Ⅱ辑""农业科技"和"医药卫生科技"。不限制发表时间年限。限制检索字段为"主题"，检索词为"环境污染""责任保险"，获取检索结果1101条，如图5-185所示。

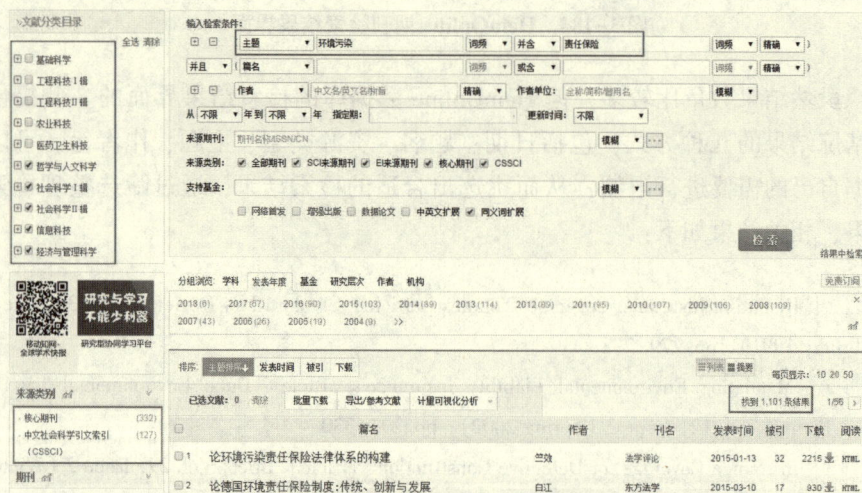

图5-185　中国知网期刊检索结果界面（一）

检索结果数量过多，从文章质量角度，选取核心期刊与CSSCI来源期刊中的文章，近几年相关性较高的检索结果如下：

[1] 彭中遥. 环境污染强制责任保险有关问题及法治策略 [J]. 湖南农业大学学报（社会科学版），2017，18（03）：98-104.

[2] 沈晓悦，郭林青. 我国环境污染强制责任保险改革必要性及重点问题 [J]. 环境保护，2017，45（10）：13-17.

[3] 郭金龙，周小燕. 对环境污染责任保险赔偿机制的思考 [J]. 环境保护，2017，45（10）：18-21.

[4] 李明奎，昌敦虎，朱峰，贾璐宇，李萱. 适于环境污染责任保险的环境风险管理

指标体系构建［J］．环境保护，2017，45（10）：22-27．

　　［5］刘鸿志，王志新，侯红，申哲民，郭米娜．将环境污染责任保险引入环境风险管理——环境风险管理的无锡经验［J］．环境保护，2017，45（10）：28-31．

　　［6］王军，张海枫．论海洋油污损害赔偿责任的社会化分担［J］．比较法研究，2017（03）：146-154．

　　［7］程玉．我国环境责任保险承保范围之思考：兼论渐进性污染的可保性问题［J］．保险研究，2017（04）：102-117．

　　［8］蔡守秋，潘凤湘．论我国环境损害责任制度：以综合性责任分担为视角［J］．生态经济，2017，33（03）：170-174．

　　［9］刘金石．我国区域绿色金融发展政策的省际分析［J］．改革与战略，2017，33（02）：46-50．

　　［10］于文轩．美国水污染损害评估法制及其借鉴［J］．中国政法大学学报，2017（01）：117-131．

　　从上述检索结果来看，我国环境污染责任保险发展起步较晚，研究成果也不够丰富且多集中于概念界定、可行性分析以及制度建设等方面，如果对上述结果不满意，可以通过改变检索条件再次进行检索，采用专业检索式 SU=（"生态损害"+"环境污染"）＊（"责任保险"+"保险范围"+"保险公司"+"除外条款"+"责任免除"），检索结果 667 条，如图 5-186 所示：

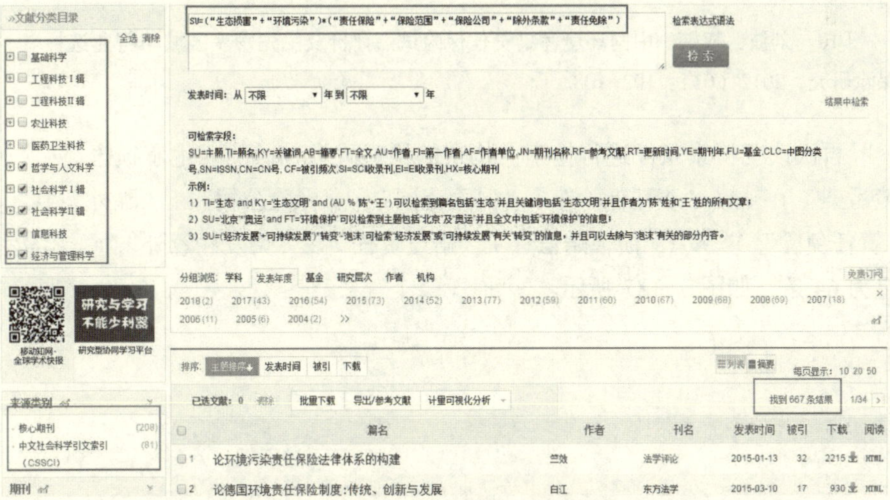

图 5-186　中国知网期刊检索结果界面（二）

检索结果数量过多，从文章质量角度，选取核心期刊与 CSSCI 来源期刊中的文章，近几年相关性较高的检索结果如下：

[1] 张伟，粟榆，罗向明．中国环境污染保险供需"双冷"的经济解释［J］．保险研究，2014（05）：3-12.

[2] 李雪松，孙博文．生态补偿视角下环境污染责任保险制度设计与路径选择［J］．保险研究，2014（05）：13-20.

[3] 陈冬梅，段白鸽．环境责任保险风险评估与定价方法研究评述［J］．保险研究，2014（01）：54-67.

[4] 蓝寿荣．我国环境责任保险立法若干问题释疑［J］．法学论坛，2013，28（06）：108-116.

[5] 王小江，冯文丽．环境污染责任保险的法律规范与政府责任选择［J］．保险研究，2013（08）：19-23.

[6] 徐斌．环境污染责任保险经营困境及环境影响评价的作用［J］．软科学，2013，27（08）：60-64.

[7] 彭真明，殷鑫．论我国生态损害责任保险制度的构建［J］．法律科学（西北政法大学学报），2013，31（03）：92-102.

[8] 薛丹．基于环境责任保险的动态环境侵权救济体系研究［J］．中国人口．资源与环境，2012，22（07）：167-171.

[9] 刘颖．我国环境污染责任保险发展问题研究［J］．经济纵横，2012（02）：110-113.

[10] 刘波，权娜．中国环境污染责任保险试点评价及优先发展区域与行业选择［J］．保险研究，2012（01）：102-108.

再次改变检索条件进行检索，构造的检索式为 SU =（"生态损害" + "环境污染"）＊（"责任保险" + "保险范围" + "保险公司" + "除外条款" + "责任免除"）＊（"损害赔偿" + "赔偿责任" + "突发性意外"），检索结果为 64 条，如图 5-187 所示：

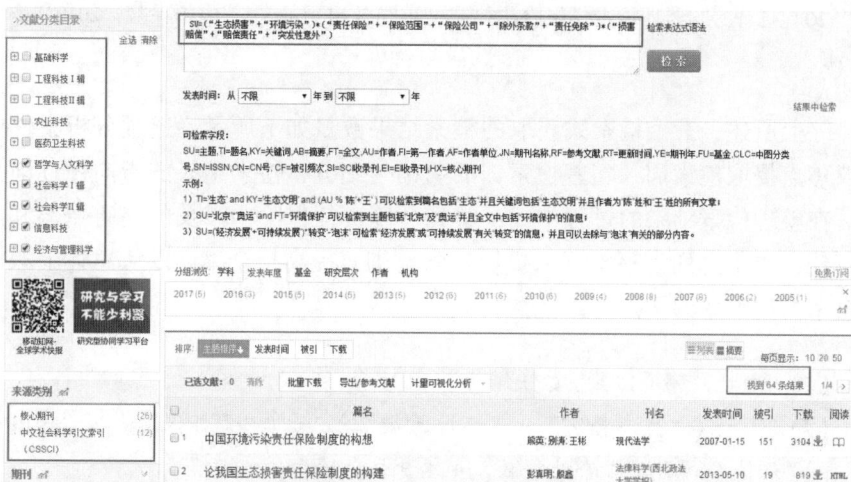

图 5-187　中国知网期刊检索结果界面（三）

选取核心期刊与 CSSCI 来源期刊中的文章，相关性较高的检索结果如下：

[1] 于诗卉，吴昊天．完善海洋生态损害责任保险承保范围问题研究［J］．环境保护，2014，42（17）：60-62.

[2] 彭真明，殷鑫．论我国生态损害责任保险制度的构建［J］．法律科学（西北政法大学学报），2013，31（03）：92-102.

[3] 王学冉．环境污染赔偿责任保险的国际比较与启示［J］．中国保险，2012（06）：51-54.

[4] 王学冉．国外环境污染赔偿责任保险的制度设计对我国的启示［J］．上海保险，2012（05）：47-50.

[5] 王学冉．我国环境污染赔偿责任保险问题探析［J］．保险职业学院学报，2012，26（02）：58-61.

[6] 王学冉．环境污染赔偿责任保险在我国的发展历程及启示［J］．上海保险，2012（02）：32-35.

[7] 李泓祎．论环境污染责任保险的强制化及其路径选择［J］．求索，2011（09）：150-152.

[8] 胡艳香．环境责任保险制度的正当性分析［J］．法学评论，2011，29（05）：106-110.

[9] 胡艳香．环境侵权法律制度对环境责任保险的影响［J］．法学杂志，2011，32（06）：38-41.

[10] 杨辉. 欧洲环境责任保险法律制度审视及启示 [J]. 中国保险, 2010 (03): 59-64.

综上所述，三个检索式获取的检索结果数量如下所示。通过分析案件的争议焦点提取检索词，随着检索词的明确与细分，检索结果的指向性逐渐提升。在整理检索结果的过程中，了解到环境责任保险中涉及的损害赔偿和赔偿责任，也将之列为检索词以扩展检索范围，提高检全率，以从总体上兼顾检全率与检准率的平衡。

(1) SU＝"环境污染+责任保险" 1101 条

(2) SU＝（"生态损害"＋"环境污染"）＊（"责任保险"＋"保险范围"＋"保险公司"＋"除外条款"＋"责任免除"）667 条

(3) SU＝（"生态损害"＋"环境污染"）＊（"责任保险"＋"保险范围"＋"保险公司"＋"除外条款"＋"责任免除"）＊（"损害赔偿"＋"赔偿责任"＋"突发性意外"）64 条

通过上述三次检索，可以从中国知网数据库的期刊库中筛选出以下检索结果：

[1] 于诗卉, 吴昊天. 完善海洋生态损害责任保险承保范围问题研究 [J]. 环境保护, 2014, 42 (17): 60-62.

[2] 彭真明, 殷鑫. 论我国生态损害责任保险制度的构建 [J]. 法律科学（西北政法大学学报）, 2013, 31 (03): 92-102.

[3] 王学冉. 环境污染赔偿责任保险的国际比较与启示 [J]. 中国保险, 2012 (06): 51-54.

[4] 王学冉. 国外环境污染赔偿责任保险的制度设计对我国的启示 [J]. 上海保险, 2012 (05): 47-50.

[5] 张伟, 粟榆, 罗向明. 中国环境污染保险供需"双冷"的经济解释 [J]. 保险研究, 2014 (05): 3-12.

[6] 李雪松, 孙博文. 生态补偿视角下环境污染责任保险制度设计与路径选择 [J]. 保险研究, 2014 (05): 13-20.

[7] 李泓祎. 论环境污染责任保险的强制化及其路径选择 [J]. 求索, 2011 (09): 150-152.

[8] 胡艳香. 环境责任保险制度的正当性分析 [J]. 法学评论, 2011, 29 (05): 106-110.

[9] 胡艳香. 环境侵权法律制度对环境责任保险的影响 [J]. 法学杂志，2011，32 (06)：38-41.

[10] 杨辉. 欧洲环境责任保险法律制度审视及启示 [J]. 中国保险，2010 (03)：59-64.

（2）学位论文资源检索：

A. OCLC FirstSearch 数据库。在 Westlaw Next 数据库中使用的前三个检索式在 OCLC FirstSearch 数据库里是可以直接使用的，因为 OCLC FirstSearch 数据库不支持同段的逻辑关系，所以 Westlaw Next 数据库中的第四和第五个检索式在这里是不适用的。在 OCLC FirstSearch 数据库中选择博硕论文子库"WorldCatDissertations"，选择专业检索方式，输入检索式（"ecological damage" or "environmental harm"）and（"liability insurance" or "insurance coverage" or "insurance company" or "pollution-exclusion clause" or waiver）and（damages or "compensation for damages" or "liability to pay compensation" or occurrence）得到检索结果 1 条，如图 5-188 所示：

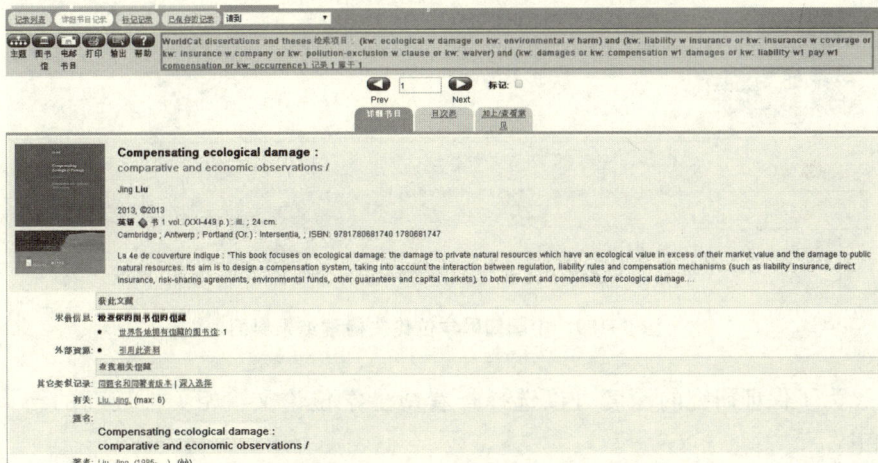

图 5-188　OCLC FirstSearch 数据库学位论文检索结果界面

检索结果如下：

[1] Compensating ecological damage：comparative and economic observations. Liu，Jing，(1985- ...）. 出版：Cambridge；Antwerp；Portland（Or.）：Intersentia，学位论文：Texte

remanie'de：Thesis（doctoral）：Droit：Universiteit Maastricht：2013.

　　B. 中国知网数据库。根据前一小节在中国知网数据库里检索期刊资源所列检索式，可以将检索式直接应用到检索学位论文资源中来，在这里就不再重复，仅将第三个检索式作为示例进行检索，选择硕博论文子库，进入专业检索，同时在左侧资源专辑中去除"基础科学""工程科技Ⅰ辑""工程科技Ⅱ辑""农业科技"和"医药卫生科技"。不限制发表时间年限。输入检索式SU＝（"生态损害"＋"环境污染"）＊（"责任保险"＋"保险范围"＋"保险公司"＋"除外条款"＋"责任免除"）＊（"损害赔偿"＋"赔偿责任"＋"突发性意外"），得到检索结果309条，如图5-189所示：

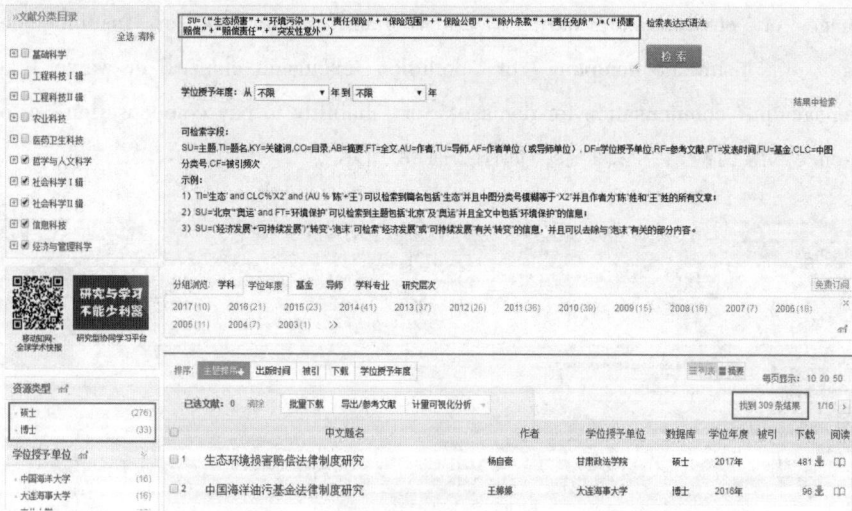

图5-189　中国知网学位论文检索结果界面

　　为了保证研究的深度可以选择查看博士学位论文，相关性较高的结果如下：

　　[1] 郑菲菲. 侵权责任法视角下的环境污染责任保险研究［D］. 浙江农林大学，2017.

　　[2] 杨自豪. 生态环境损害赔偿法律制度研究［D］. 甘肃政法学院，2017.

　　[3] 彭鑫. 环境污染责任保险模式法律问题研究［D］. 山东大学，2017.

　　[4] 熊斌. 环境污染侵权有效救济研究［D］. 浙江大学，2017.

　　[5] 黄立嵘. 侵权损害赔偿社会化的研究 [D]. 吉林大学, 2016.

　　[6] 史黎. 我国大规模侵权责任保险制度构建论 [D]. 吉林大学, 2016.

　　[7] 周媛. 我国环境污染强制责任保险立法研究 [D]. 西南政法大学, 2016.

　　[8] 王婷婷. 中国海洋油污基金法律制度研究 [D]. 大连海事大学, 2016.

　　[9] 庄超. 环境法律责任制度的反思与重构 [D]. 武汉大学, 2014.

　　[10] 高旭东. 我国环境责任保险发展研究 [D]. 吉林大学, 2014.

4. 小结

　　通过对检索到的相关法律资源的通读，可以了解到环境污染责任保险既是市场化手段和环境管理的一项有益尝试，也是实施可持续发展战略、建立资源节约型和环境友好型社会的必然选择，同时具有解决环境污染纠纷、分散企业生产经营风险、促进社会稳定发展等一系列作用。我国针对环境污染责任保险体系还有待加强与完善，比如是否要实行强制责任保险的方式、保险范围的界定、保险费与赔偿的比例设置、保险索赔时效、保险部门是否要专门化等问题。

　　（五）国外案例资源检索——"Qualitex Co. v. Jacobson Products Co. 案"
　　　　 的法律分析

1. 案例解读

（1）案例信息：

　　引证号：514 U. S. 159, 115 S. Ct. 1300, 131 L. Ed. 2d 248, 63 USLW 4227, 34 U. S. P. Q. 2d 1161.

　　审理法院：Supreme Court of the United States.

（2）案件详情：

　　案件背景：Qualitex Co. v. Jacobson Products Co. , Inc. , 514 U. S. 159（1995）是美国知识产权法中的一个商标侵权的案例。原告 Qualitex Co. 使用了一个独特的"绿-金"色的清洁板作为他们的销售产品。被告 Jacobson Products Co. , Inc. 是原告 Qualitex Co. 的竞争对手。在 1989 年，被告公司开始销售自己的清洁板给一家干洗店，但是这个清洁板的颜色和原告公司的颜色非常接近。原告公司向被告公司提出了法律诉讼来应对被告公司的行为。诉讼的理由是不正当竞争（unfair competition）。这个案例主要讨论了在兰哈姆法案（Lanham Act）的约束下，"颜色"能否满足商标注册的法定要求。换言之，一个公司是否可以将颜色（独特的）作为它商标的一部分，使得别人无法效仿使用这种具有高度辨识度的颜色。同时，在市场销售中，商标注册人给予了这种特有的颜色第二种含义，用户看到这个颜色的商标就会产生一种对应关系。

（3）法院观点。该案件的发生地所属法院是美国加州中央地区法院。在1991年，原告 Qualitex Co. 公司在美国专利与商标局注册了他独特的"绿-金"色商标，紧接着，原告在案件诉讼中提出了商标侵权的诉求，认为被告使用的清洁板颜色侵犯了原告的商标权。加州中央地区法院支持了原告的诉求，认定原告胜诉。被告 Jacobson Products Co., Inc. 上诉至美国第九巡回法院，美国第九巡回法院却不支持加州地区法院的判决，理由是某一种颜色不能被注册为商标。案件后上诉至美国最高法院，布雷耶大法官（Breyer）撰写了法庭决议，否决了第九巡回法院的判决。布雷耶大法官认为，在兰哈姆法案的管辖下，商标的定义可以是非常宽泛的。兰哈姆法案的"定义"部分，15 U. S. C. §1127定义"商标"为包括"任何字、名字、符号、设备或任意的组合"。有些情况下，颜色能够满足法律普遍意义上对商标的要求，在这种情况下，颜色能够独立作为商标。（Sometimes, color will meet ordinary legal trademark requirements; when it does so, no special legal rule prevents color alone from serving as trademark. Lanham Trade-Mark Act, §§ 1-45, 15 U. S. C. A. §§ 1051-1127.）布雷耶大法官解释道，颜色可以构成一个独特的商标。因为，尽管颜色和任何产品不能构成一个自动的联系，但是它们可以成为一个独特的"第二含义"，并且在市场中使用。在这种情况下，颜色在商标的使用中可以行使一个独特的使命，使人们能识别这个独特的商品。布雷耶大法官同时指出了"functionality doctrine"（功能学说）并不阻碍原告注册一个"颜色"作为商标。在这个案件中，"颜色"纯粹在扮演一个符号，并且不产生别的用途。被告公司认为，只有非常有限的颜色能被用在产品的商标之中，并且很多颜色看起来其实非常相似。但布雷耶大法官不认可这种说法，他强调，如果被告公司的说法被认可为有效的，则"functionality doctrine"也会被认为是有效的。布雷耶大法官进一步地认定颜色可以作为商标。（Availability of "trade dress" protection did not preclude use of color alone as trademark.）

（4）争议焦点：

颜色能否作为商标的一部分。

研究需求分析：查询国内外与商标侵权中关于颜色认定的相关的法律

资源。

查询文献的范围：国内、国外。

需要检索的文献类别：法律法规、司法案例、学位论文、期刊论文。

需要检索的文献语种：中文、英文。

检索文献的年代范围：无特殊要求。

检索文献的数据库：北大法宝、中国知网、Westlaw Next 数据库、Lexis Advance 数据库、美国法律期刊全文数据库 HeinOnline。

2. 一次法律资源检索

从 "Qualitex Co. v. Jacobson Products Co. 案" 提取出的相关中文关键词有：商标侵权、颜色等，外文关键词有 "trademark infringement" "color（colour）"。

（1）相关法律法规检索：

A. Westlaw next 数据库。本次检索的目的是从一个案例出发查找它的相关法律法规和其他案例资源。使用 Westlaw 数据库（或者 Lexis）数据库都可以帮我们实现这个目的。首先在 Westlaw 数据库检索框中输入案例的引证号来获取案例全文。

检索相关法律法规，主要有以下几种方法：

第一种方法是直接从案例的正文部分查找，Westlaw 对其所收录的美国案例资源中引用的相关法条都做了蓝色链接，点击链接即可跳转到相关法条的内容。例如，图 5-190 中标出的就是 Westlaw 中收录的 "Qualitex Co. v. Jacobson Products Co. 案" 正文的 "Syllabus"（大纲）中法官在认定颜色能够作为独立的商标时引用的 15 U. S. C. A. § 1127，也就是美国法典注释版（U. S. C. A. 表示 United States Code Annotated）第 15 个主题（商业贸易）第 22 章（商标）第 1127 款的内容（§ 是 section 的简写）：这一条款的主要内容是商标的构成和定义（Construction and definitions）。

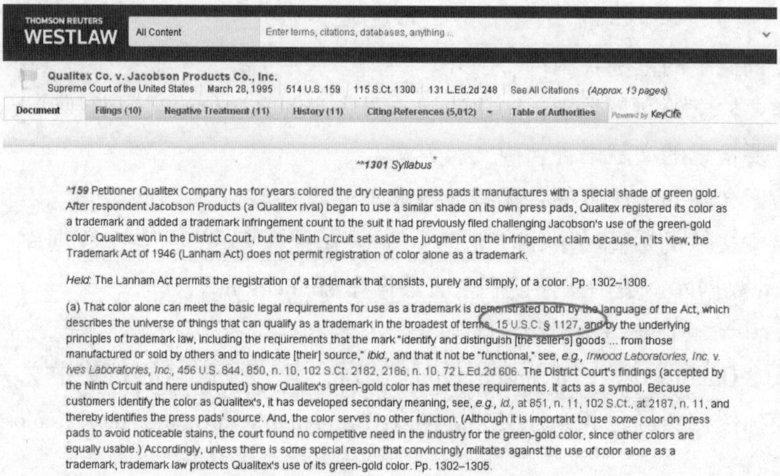

THOMSON REUTERS
WESTLAW　All Content　Enter terms, citations, databases, anything...　⌄

Qualitex Co. v. Jacobson Products Co., Inc.
Supreme Court of the United States　March 28, 1995　514 U.S. 159　115 S.Ct. 1300　131 L.Ed.2d 248　See All Citations　(Approx. 13 pages)

Document | Filings (10) | Negative Treatment (11) | History (11) | Citing References (5,012) ▾ | Table of Authorities | Powered by KeyCite

**1301 Syllabus*

*159 Petitioner Qualitex Company has for years colored the dry cleaning press pads it manufactures with a special shade of green gold. After respondent Jacobson Products (a Qualitex rival) began to use a similar shade on its own press pads, Qualitex registered its color as a trademark and added a trademark infringement count to the suit it had previously filed challenging Jacobson's use of the green-gold color. Qualitex won in the District Court, but the Ninth Circuit set aside the judgment on the infringement claim because, in its view, the Trademark Act of 1946 (Lanham Act) does not permit registration of color alone as a trademark.

Held: The Lanham Act permits the registration of a trademark that consists, purely and simply, of a color. Pp. 1302–1308.

(a) That color alone can meet the basic legal requirements for use as a trademark is demonstrated both by the language of the Act, which describes the universe of things that can qualify as a trademark in the broadest of terms, 15 U.S.C. § 1127, and by the underlying principles of trademark law, including the requirements that the mark "identify and distinguish [the seller's] goods ... from those manufactured or sold by others and to indicate [their] source," *ibid.*, and that it not be "functional," see, *e.g., Inwood Laboratories, Inc. v. Ives Laboratories, Inc.,* 456 U.S. 844, 850, n. 10, 102 S.Ct. 2182, 2186, n. 10, 72 L.Ed.2d 606. The District Court's findings (accepted by the Ninth Circuit and here undisputed) show Qualitex's green-gold color has met these requirements. It acts as a symbol. Because customers identify the color as Qualitex's, it has developed secondary meaning, see, *e.g., id.,* at 851, n. 11, 102 S.Ct., at 2187, n. 11, and thereby identifies the press pads' source. And, the color serves no other function. (Although it is important to use *some* color on press pads to avoid noticeable stains, the court found no competitive need in the industry for the green-gold color, since other colors are equally usable.) Accordingly, unless there is some special reason that convincingly militates against the use of color alone as a trademark, trademark law protects Qualitex's use of its green-gold color. Pp. 1302–1305.

图 5-190　Westlaw 数据库法条链接

通过阅读案例正文，我们可以归纳出本案例涉及的主要法条是：15 U.S.C.§§1051-1127（美国法典第 15 主题第 1051 款到第 1127 款）。这一部分的法律条文主要是涉及美国法典中关于商标的一些条款（参见图 5-191）。

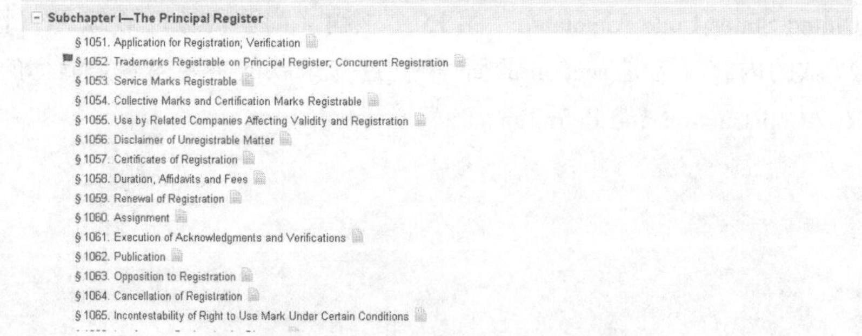

THOMSON REUTERS
WESTLAW　Chapter 22—Tradem... ⌄　Search Chapter 22—Trademarks

Home > Statutes & Court Rules > United States Code Annotated (USCA) > Title 15. Commerce and Trade
Chapter 22—Trademarks
Includes current version of United States Code Annotated. Browse Table of Contents below or search above.

Effective Date: 03/28/2018　Go
Effective date versioning not available for certain content such as court rules and Federal Sentencing Guidelines

☐ Specify Content to Search

Collapse All

15 USCA Ch. 22, Refs & Annos

⊟ Subchapter I—The Principal Register
§ 1051. Application for Registration; Verification
§ 1052. Trademarks Registrable on Principal Register; Concurrent Registration
§ 1053. Service Marks Registrable
§ 1054. Collective Marks and Certification Marks Registrable
§ 1055. Use by Related Companies Affecting Validity and Registration
§ 1056. Disclaimer of Unregistrable Matter
§ 1057. Certificates of Registration
§ 1058. Duration, Affidavits and Fees
§ 1059. Renewal of Registration
§ 1060. Assignment
§ 1061. Execution of Acknowledgments and Verifications
§ 1062. Publication
§ 1063. Opposition to Registration
§ 1064. Cancellation of Registration
§ 1065. Incontestability of Right to Use Mark Under Certain Conditions

图 5-191　USCA Chapter 22 Trademarks

　　在案例正文部分，多次提到了 Lanham Act（兰哈姆法案），也就是美国的商标法。在美国的法律程序中，法案成为联邦法律的流程是：由国会议员提出，然后国会会对法案进行辩论投票，决定是否通过，如果国会通过了法案，法案就将被提交至总统。总统如果签署法案，法案就会成为法律。法案如果被总统否决，就将被退回国会，而国会可能以参众两院 2/3 的多数票推翻总统的否决。法案被总统签署后，就会被放入《美国法典》不同的主题中，这就是法案法典化过程。法案一旦成为公法，就会被赋予一个公法编号，以便参考、引用。我们可以在 Westlaw 数据库的"Statutes & Court Rules"子库里检索"Lanham Act"（"Qualitex Co. v. Jacobson Products Co. 案"正文页右侧也列出了 Lanham Act 的链接），通过 Lanham Act 的检索页面我们可以看出，这部法案又称为兰哈姆商标法案、商标法案（1946），引证号为 15 USCA § § 1051 to 1072，1091 to 1096，1111 to 1127，1141，1141a to 1141n（参见图 5-192）。该法案的主要内容是设置了联邦商标的基本制度和规定，包括：注册过程和要求、依申请授予权利、侵权救济、依申请延长保护期限。兰哈姆法案由总统签署通过后，被拆分到美国法典第 15 USCA § § 1051 to 1072，1091 to 1096，1111 to 1127，1141，1141a to 1141n。

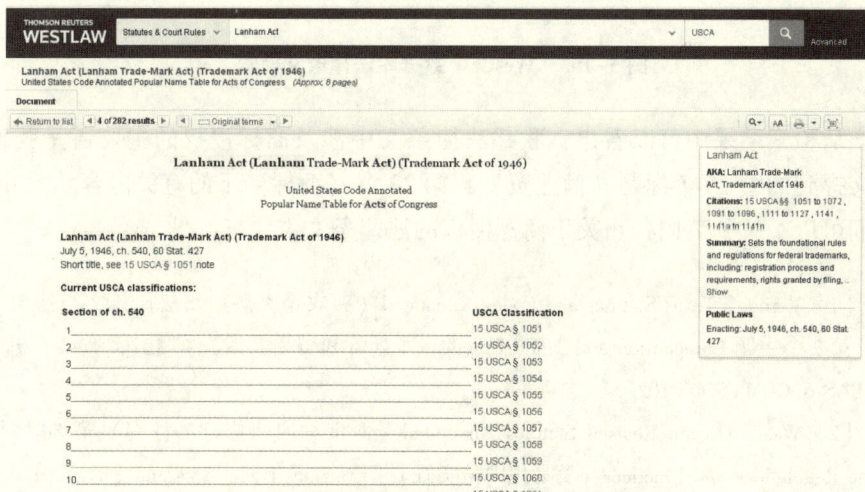

图 5-192　Lanham Act

　　第二种方法是在 Westlaw 数据库检索关于商标侵权的法律条文。进入

"Statutes & Court Rules" 可以检索联邦或者各州关于商标侵权的法律条文，也可以从按主题分类的法律条文中选择 "Intellectual Property" 进行检索。例如，我们可以输入关键词 "trademark /3 infringement & color"（用/N 这个检索运算符主要是考虑到商标侵权有不同的表述），如果用 "trademark infringement"（英文状态下的双引号）做精确检索的话，会漏掉 infringement of trademark 这种检索结果在 "All State & Federal" 范围内进行检索，如图 5-193 所示：

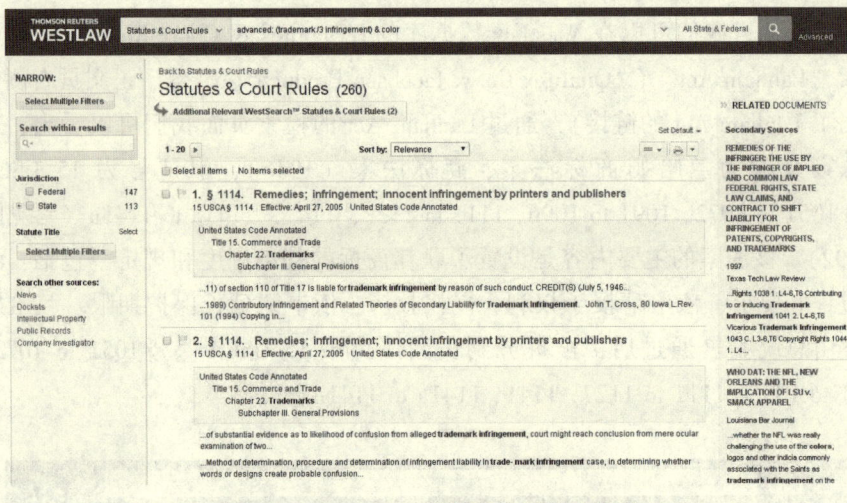

图 5-193　Westlaw 数据库法律条文检索

从检索结果中可以看出，联邦法律条文中涉及商标侵权的主要还是我们上文提到的第 15 个标题（商业贸易）第 22 章（商标）下的有关内容。此外，我们可以了解到美国各州关于商标侵权的法律条文主要有：

[1] Vernon's Texas Statutes and Codes Annotated（弗农德克萨斯州法律条文与法典注释）第 2 个主题 Competition and Trade Practices（竞争和贸易实践）第 16 章 Trademarks，TX BUS & COM § 16.102。

[2] West's Oregon Revised Statutes Annotated（西俄勒冈州修订法注释）第 50 主题 Trade Regulations and Practices（贸易规则与实践）第 647 章 Trademarks and Service Marks；Music Royalties（商标与服务标志；音乐版税），OR ST § 647.095。

[3] Michigan Compiled Laws Annotated（密歇根成文法汇编注释）第 429 章 Brands, Labels, and Trademarks（品牌，标签和商标），MI ST 429.42。

〔4〕West's Smith-Hurd Illinois Compiled Statutes Annotated（史密斯赫德伊利诺斯成文法汇编注释）第 765 章 Property（财产）第 1036 法案 Trademark Registration and Protection Act（商标注册与保护法案），IL ST CH 765 § 1036/60。

〔5〕West's Arkansas Code Annotated（阿肯色州法典注释）第 4 主题 Business and Commercial Law（商业贸易法）第 6 子主题 Business Practices（商业实践）第 71 章 Trademarks and Labels（商标和标签）第 2 子章节 Registration and Protection（注册与保护），AR ST § 4-71-214。

〔6〕Baldwin's Ohio Revised Code Annotated（鲍德温俄亥俄州修订法注释）第 13 主题 Commercial Transactions（商业交易）第 1329 章 Labels and Marks（标签和标志），OH ST § 1329.66。

除了这种检索方式，我们还可以查看"intellectual property"主题下面的内容，汇总了联邦和各州的关于知识产权的法律条文（参见图 5-194），包括商标权、著作权和专利权，可以根据需要查看各州或者联邦的法条。

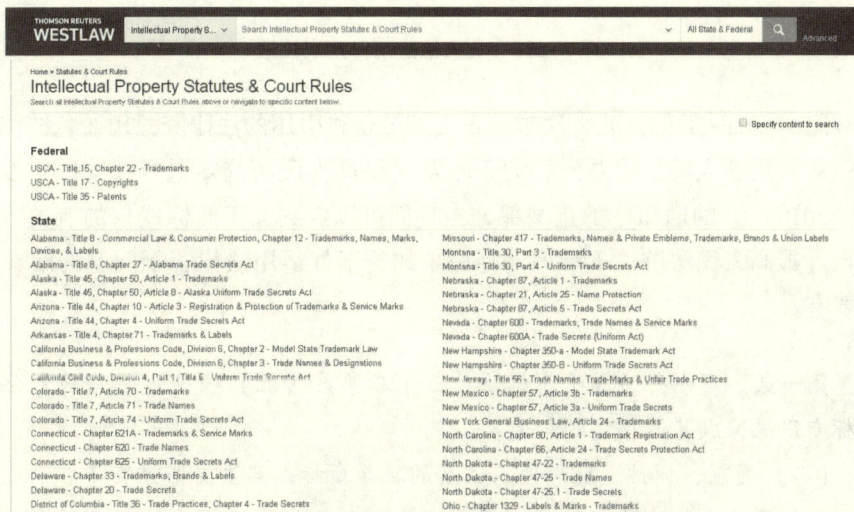

图 5-194　Westlaw 数据库法律条文按主题浏览

通过以上两种方法，我们就可以掌握与本案相关的法条以及美国联邦和各州关于商标侵权的其他法律条文。下面我们再检索一下国内的有关法律条文，从中进行对比分析。

B. 北大法宝数据库。选择北大法宝法律法规子库，首先利用关键词"商

标侵权 颜色" 在全文中检索，限定两个关键词出现在同段，获得 1 条检索结果，如图 5-195 所示：

图 5-195　北大法宝法律法规检索

同 Westlaw 类似，北大法宝在正文部分也将引用的法律资源用蓝色链接标识。从《最高人民法院办公厅关于印发〈最高人民法院知识产权案件年度报告（2010）〉的通知》的正文部分，我们可以看到关于商标侵权的有关规定出自《最高人民法院关于审理商标民事纠纷案件适用法律若干问题的解释》，主要有：

第一条　下列行为属于商标法第五十二条第（五）项规定的给他人注册商标专用权造成其他损害的行为：

（二）复制、模仿、翻译他人注册的驰名商标或其主要部分在不相同或者不相类似商品上作为商标使用，误导公众，致使该驰名商标注册人的利益可能受到损害的；

第九条　商标法第五十二条第（一）项规定的商标相同，是指被控侵权的商标与原告的注册商标相比较，二者在视觉上基本无差别。

商标法第五十二条第（一）项规定的商标近似，是指被控侵权的商标与原告的注册商标相比较，其文字的字形、读音、含义或者图形的构图及颜色，或者其各要素组合后的整体结构相似，或者其立体形状、颜色组合近似，易使相关公众对商品的来源产生误认或者认为其来源与原告注册商标的商品有特定的联系。

第十条　人民法院依据商标法第五十二条第（一）项的规定，认定商标相同或者近似按照以下原则进行：

（一）以相关公众的一般注意力为标准；

（二）既要进行对商标的整体比对，又要进行对商标主要部分的比对，比对应当在比对对象隔离的状态下分别进行；

（三）判断商标是否近似，应当考虑请求保护注册商标的显著性和知名度。

此外，《中华人民共和国反不正当竞争法》第二章"不正当竞争行为"第6条规定："经营者不得实施下列混淆行为，引人误认为是他人商品或者与他人存在特定联系：（一）擅自使用与他人有一定影响的商品名称、包装、装潢等相同或者近似的标识。"

如果想要了解各地方法规，可以使用检索词"商标"在标题中进行检索，检索出1516篇地方法规，主要有：

[1] 河北省人大常委会关于废止《河北省减少污染物排放条例》和《河北省著名商标认定和保护条例》的决定；

[2] 吉林省著名商标认定和保护条例（2017修改）；

[3] 成都市著名商标认定和保护规定（2011修订）；

[4] 安徽省著名商标认定和保护条例；

[5] 四川省著名商标认定和保护条例；

[6] 山西省著名商标认定和保护办法；

[7] 上海市著名商标认定和保护办法；

[8] 北京市高级人民法院关于规范商标行政诉讼案由的意见。

（2）相关案例检索：

A. Westlaw/Lexis 数据库。在检索与"Qualitex Co. v. Jacobson Products Co. 案"有关的案例资源时我们可以使用 Westlaw 或者 Lexis 数据库，通过案例的引证号先获取原文。一种最简单的获取相关案例资源的方法就是根据数据库归纳出的 Citing references（引用本案例的其他案例），查看本案例公布后，参考这个案例的相关案例（Westlaw 中列出了 569 个案例，Lexis 中列出了 689 个案例），从后续案例的引用数量能看出本案是一个很有代表性的案例。这些后续的案例至少讨论了本案的一个或以上的法律争议点。我们可以来对比一下 Westlaw 和 Lexis 在 Citing references 页面不同的呈现方式。Westlaw 中，将后续案例用表格分类列出，在每个案例前面标明了它对引用的本案中的法律争议点的态度，有 Distinguished（被区分）、Examined by（被检验）、Discussed by（被讨论）等等。案例后面的 depth 表明了该案例对本案的讨论深度，绿色越多表明讨论程度越深。Headnote 列出了该案例讨论的本案的法律争议点（Headnote）的序号。鼠标放置于不同的数字序号上，会显示相关序号代表的法律争议点的详细说明（参见图 5-196）。

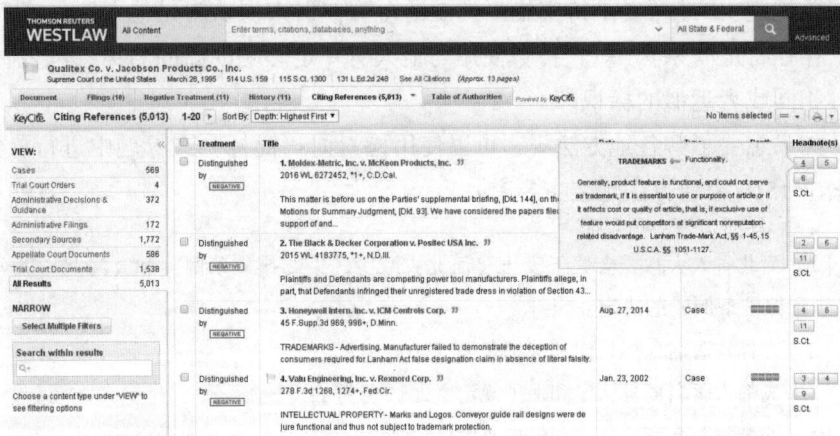

图 5-196　Westlaw 案例 Citing references 页面

我们可以再对比一下 Lexis 提供的 Citing references 功能，也是将所有后续案例列出，在每个案例下都标注这个案例在某个法律汇编的第几页引用到了本案。例如，I. P. Lund Trading ApS v. Kohler Co.（引证号为 163 F. 3d 27），被收录在 F. 3d（联邦上诉法院判例汇编），在这本书的第 37 页中赞同了本案的某一法律观点（Followed by：163 F. 3d 27 p. 37）。此外，也有后续案例对本案例的讨论深度以及引用的 headnote 的序号。Lexis 和 Westlaw 也都列出了除了案例资源外，其他的法律资源（如二次资源、法庭文件、专著、行政决策等）对本案的引用情况。Table of Authorities 列出了本案引用的其他案例资源的情况（参见图 5-197）。

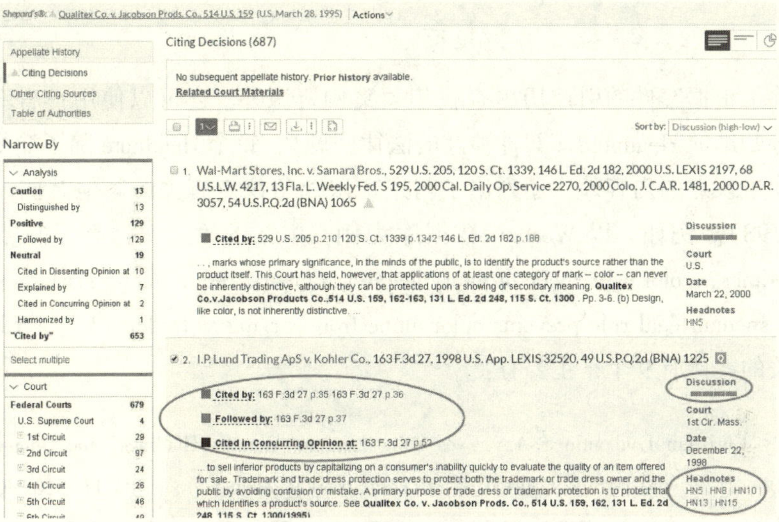

图 5-197　Lexis 案例 Citing references 页面

因此，从案例的"Citing references"和"Table of Authorities"选项中我们就可以发掘出相关的案例信息，根据后续案件对本案的讨论深度进行排序，主要有：

[1] Master Distributors, Inc. v. Pako Corp.（986 F. 2d 21961 USLW 252925 U. S. P. Q. 2d 1794），本案讨论的是 Master Distributors, Inc.（以下简称 MDI）公司生产一种拼接胶带"Blue Max"，MDI 公司将这个胶带染成了蓝色（通常情况下这个胶带为黑色，而且这个胶带可以制成各种颜色）Blue Max 在行业内非常有名，蓝色成了它的一个显著标识，顾客和经销商买"Blue Max"都会简称它为"蓝色胶带"或者"蓝色"的那个胶带。Pakor 是 MDI 的经销商，Pakor 自己生产和销售了它自有的拼接胶带品牌"Pakor Blue"，采用了与 MDI 胶带近似的蓝色。MDI 认为 Pakor 侵犯了其商标权。

[2] NutraSweet Co. v. Stadt Corp.（917 F. 2d 102459 USLW 232516 U. S. P. Q. 2d 1959），本案的双方当事人都是生产糖代品的公司。1981 年 NutraSweet 公司引进了名为"Equal"的蓝色单份大小的糖代品，1988 年 Cumberland and Stadt 公司引进了名为"Sweet One"的单份大小的糖代品，也是蓝色包装。NutraSweet 认为 Stadt 公司使用了一种容易使人将产品混淆的蓝色，侵犯了其商标权。

[3] Nor-Am Chemical Co. v. O. M. Scott & Sons Co.（1987 WL 137424 U. S. P. Q. 2d

1316）双方当事人都是生产染成蓝色的氮肥的厂家。

［4］Deere & Co. v. Farmhand, Inc.（560 F. Supp. 85, 217 U. S. P. Q. 252, S. D. Iowa, 1982）.

除了根据案件的引用历史查找相关案例资源外，还可以使用查看案件正文部分归纳的 Headnote（案件涉及的法律问题），每个 Headnote 除了简要叙述了法律争议点的内容外，还列出了与这个法律争议点有关的其他案例（参见图 5-198）。例如，以 Westlaw 数据库为例，本案的第一个法律争议点就是"Sometimes, color will meet ordinary legal trademark requirements; when it does so, no special legal rule prevents color alone from serving as trademark"。与此争议点有关的案例有 9 个，主要有：

［1］Christian Louboutin S. A. v. Yves Saint Laurent America Holdings, Inc. Quotes［696 F. 3d 206, 212+, 103 U. S. P. Q. 2d 1937, 1937+, 2nd Cir.（N. Y.）,（NO. 11-3303-CV）］.

［2］Leapers, Inc. v. SMTS, LLCQuotes（879 F. 3d 731, 736+, 125 U. S. P. Q. 2d 1569, 1569+, 6th Cir.（Mich.）,（NO. 17-1007））.

［3］Metro Sanitation, L. L. C. v. C & R Maintenance, Inc. Quotes［2005 WL 1861931, *3+, E. D. Mich.,（NO. 05-70673）］.

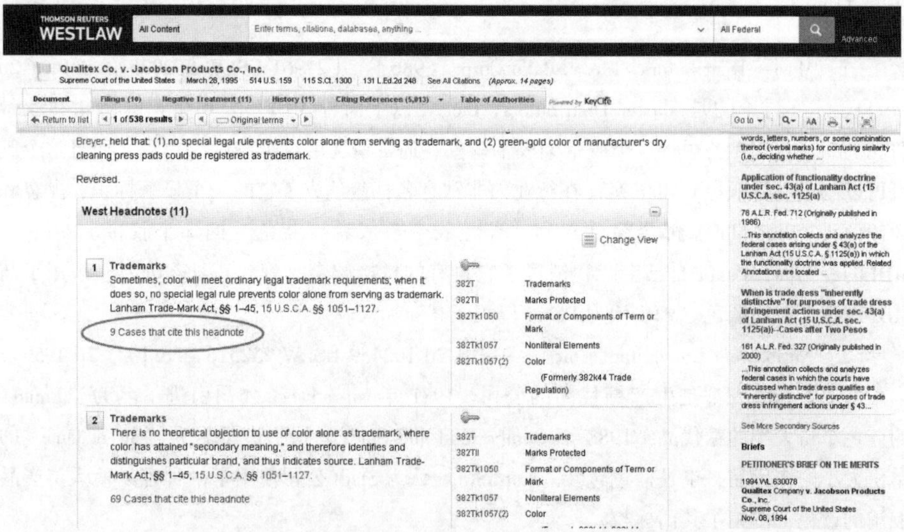

图 5-198　Westlaw 案例中 Headnote 功能

通过法律争议点来检索案例，获得的结果相关度更高，避免了因输入关键词不准确造成的漏检或者错检，而且法律争议点是由 Westlaw 公司的专业编辑撰写，准确度相对较高。

与争议点检索类似的方法，是通过 Westlaw 的钥匙码系统进行检索（关于钥匙码系统的介绍请参见第三章一次法律资源检索中美国案例检索的 Westlaw 部分）。例如，本案的 trademark infringement 在钥匙码系统的编号为 382T，关于颜色保护的案例在第 2 条商标保护下的 1057 个钥匙码——非文字元素（Nonliteral elements，参见图 5-199）。

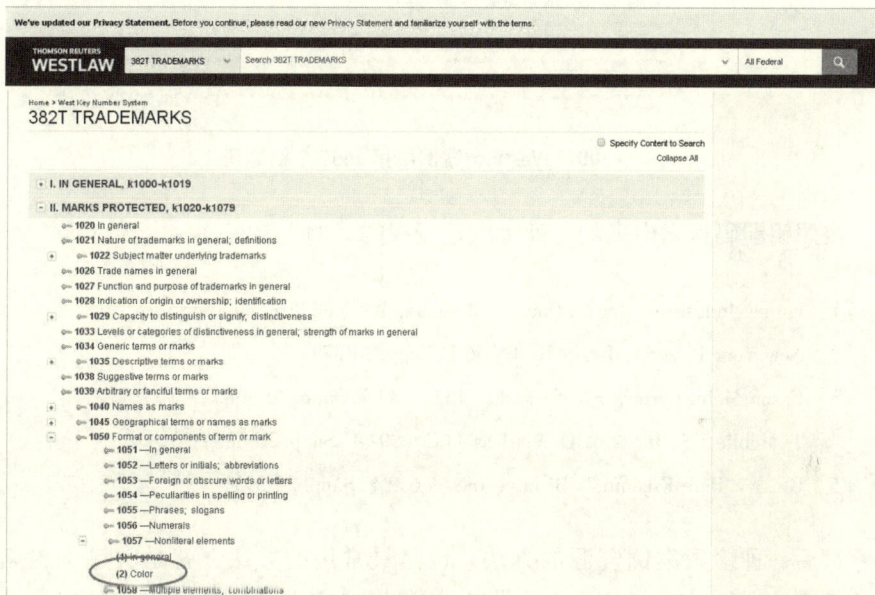

图 5-199　Westlaw 案例中 Keynumber 功能

点击进入第 1057 个钥匙码中的 color 项，就可以看到与此分类有关的案例（Westlaw 公司的编辑经过人工分类筛选），共 172 个（参见图 5-200）。如果需要查看本案有关的其他钥匙码下属的案例，只需找到该钥匙码所在的位置，逐级点击即可。

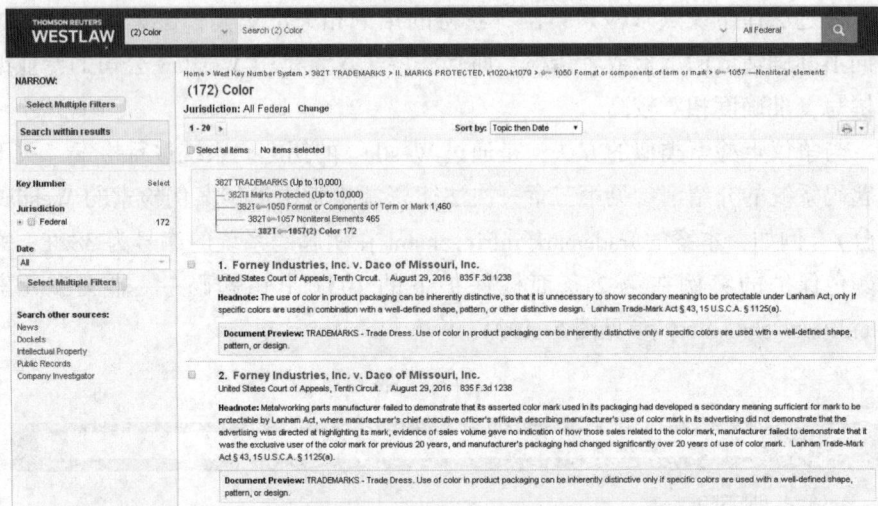

图 5-200　Westlaw 案例中第 1057 个钥匙码

按照钥匙码检索出来的与商标颜色侵权的案例主要有：

[1] Forney Industries, Inc. v. Daco of Missouri, Inc. （835 F. 3d 1238）

[2] New York Pizzeria, Inc. v. Syal （56 F. Supp. 3d 875）

[3] Exxon Mobil Corp. v. FX Networks, LLC （39 F. Supp. 3d 868）

[4] T-Mobile US, Inc. v. AIO Wireless LLC （991 F. Supp. 2d 888）

[5] Gross v. Bare Escentuals Beauty, Inc. （632 F. Supp. 2d 293）

最后一种检索案例资源的方法，也是最常用的方法，就是关键词检索。选择需要检索的子库（需要注意，案例资源的有效性取决于所在管辖区），同法律法规检索一样，可以选择检索联邦的案例、州的案例或者是按案例主题检索。例如，我们检索联邦案例中与"Qualitex Co. v. Jacobson Products Co."类似的案例，提取关键词：商标（trademark）、侵权（Infringement）、混淆（dilution）、颜色（color/red/green/blue……），构建检索式 advanced：BG [trademark /s（infringement or dilution）and color]，获得检索结果 14 个，考虑到有些案件在撰写案件详情时会使用 red/green/blue/yellow 而不会笼统地用 color，所以将检索式修改为 advanced：BG [trademark /s（infringement or dilution）and（color or red or green or blue or yellow）]，得到检索结果 29 个，检索结果仍然不是很理想，将检索式修改为在 Synopsis/Digest 中检索，修改检索式为 advanced：SY，DI（trademark /s infringement and（color or red or green or blue or yellow）），得到检索结果 947 条，如图 5-201 所示：

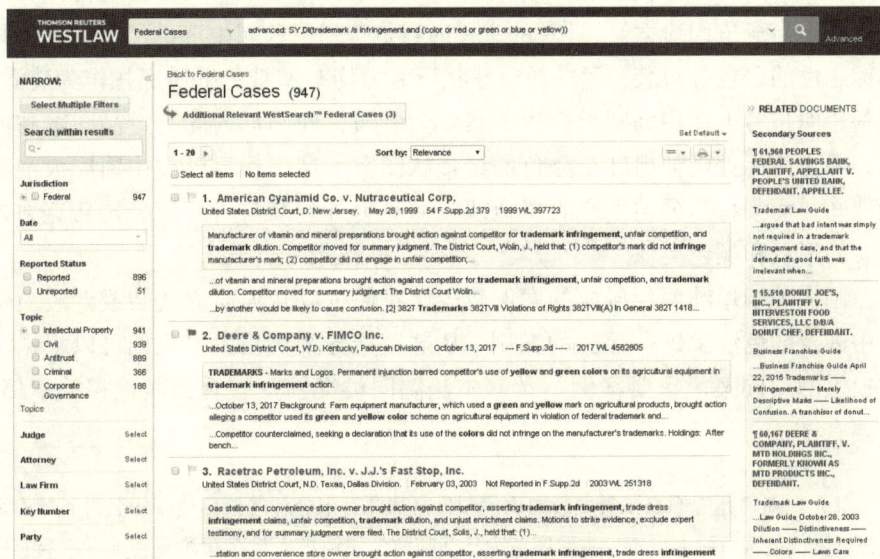

图 5-201　Westlaw 联邦案例检索

从中挑选出相关度较高的案例资源如下：

［1］Maker's Mark Distillery，Inc. v. Diageo North America，Inc.　（703 F. Supp. 2d 671 2010 WL 1407325）

［2］Unique Sports Products，Inc. v. Babolat VS（403 F. Supp. 2d 1229 2005 WL 3238989）

［3］Minnesota Mining and Manufacturing Co. v. Beautone Specialties，Co.，Ltd.（82 F. Supp. 2d 997 2000 WL 5024）

［4］American Basketball Ass'n v. AMF Voit，Inc.　（358 F. Supp. 981 177 U. S. P. Q. 442）

［5］McNeil-PPC，Inc. v. Granutec，Inc.　（919 F. Supp. 198 1995 WL 819010）

通过以上几种方法，我们就可以较为全面地检索出美国案例中与"Qualitex Co. v. Jacobson Products Co. 案"的法律争议点有关的案例资源，对案例资源的解读可以帮助我们更好地了解在美国法律体系中颜色能否作为商标的一部分，以及相关法官在判决时的法律依据。

　　B. 北大法宝。我们在北大法宝的司法案例库中查看中国关于商标侵权中颜色混淆的相关案例，输入关键词"商标 颜色"在全文中进行检索，限定检索词出现在同句。检索出一篇指导性案例：《指导案例 47 号：意大利费列罗公司诉蒙特莎（张家港）食品有限公司、天津经济技术开发区正元行销有限公司不正当竞争纠纷案》。涉及的主要内容是费列罗公司生产的巧克力使用具有标志性的金色外包装，每一粒金球状巧克力均有咖啡色纸质底托作为装潢，塑料透明包装上使用椭圆形金边图案作为装潢，椭圆形内配有产品图案和商标，并由商标处延伸出红金颜色的绶带状图案。这一形象已被中国广大消费者熟知。而蒙特莎公司生产的"金莎"巧克力外包装与费列罗公司巧克力外包装的形状和颜色类似。

　　国内关于单纯颜色侵权的案例较少，我们可以转向研究包装或者装潢侵权中涉及颜色混淆这一部分的案例。从这篇指导案例出发，我们可以根据法宝提供的"同案由重要案例"及"本法院同类案例"查看到其他相关案例，主要有：

　　[1] 新疆乌苏啤酒有限责任公司诉伊犁禹宫啤酒有限公司等擅自使用知名商品特有名称、包装、装潢纠纷上诉案。主要案情为乌苏啤酒公司销售人员在新源县等地发现禹宫啤酒公司生产和销售的"金装啤酒"仿冒其公司啤酒的外包装、装潢。商品标签、外包装、装潢极为相同和相似，很易引起混淆并导致消费者误购。

　　[2] 加多宝（中国）饮料有限公司等与广州医药集团有限公司等虚假宣传纠纷上诉案，主要案情是加多宝一直以来是采用"红罐"包装，其生产的红罐"王老吉"凉茶获得消费者的认可，并获得了众多荣誉。而广州王老吉大健康产业有限公司生产的"王老吉"凉茶也采用"红罐"包装，容易引起消费者混淆。

　　[3] 迪尔公司与九方泰禾国际重工（青岛）股份有限公司等侵害商标权及不正当竞争上诉案。本案是国内首例涉及颜色组合侵权的案例。迪尔公司在其收割机商品上一直使用第 4496717 号颜色组合商标，该商标已成为迪尔公司商品的重要识别标识，为消费者和业界专家所熟悉和认可，具有很强的显著性和很高的知名度。同时，迪尔公司在其生产的收割机和拖拉机上所使用的"绿色车身、黄色车轮和黄色条带"装潢，经过迪尔公司的长期使用，也具有了区别商品来源的显著特征，属于知名商品的特有装潢。迪尔公司发现九方泰禾青岛公司、九方泰禾北京公司生产、销售以及在网址为"www.jotec.cn"的网站上宣传其商品时，在收割机上使用了与迪尔公司第 4496717 号注册商标相同的标识以及与迪尔公司知名商品特有装潢相同的装潢，构成了对迪尔公司注册商标专用权的侵害，同时也构成不正当竞争。

3. 二次法律资源检索

（1）中文资源检索：

中国知网。选择中国知网总库进行高级检索，构造检索式为"主题=商标 AND（主题=侵权 OR 侵害）AND 主题=颜色组合"，获得检索结果 19 条，如图 5-202：

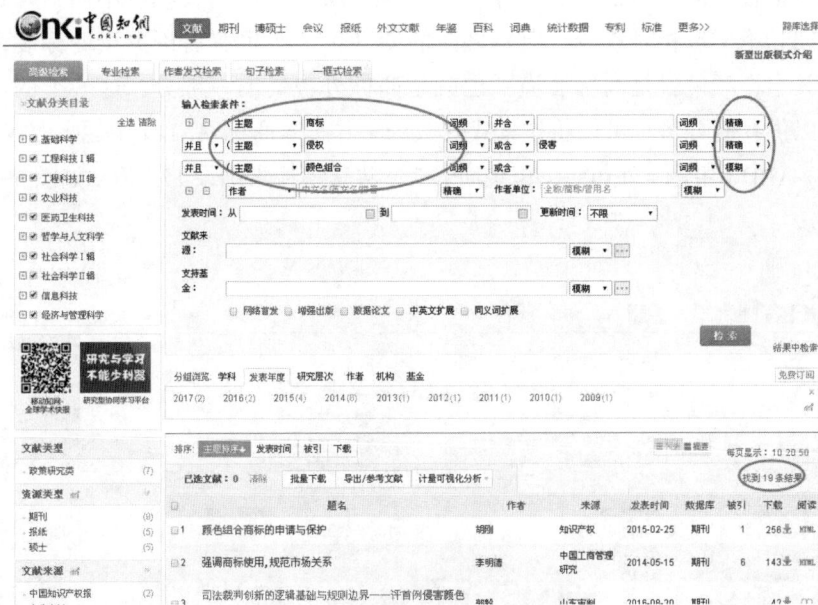

图 5-202　中国知网总库高级检索

从中挑选出相关度较高的文献如下：

[1] 郭毅. 司法裁判创新的逻辑基础与规则边界——评首例侵害颜色组合商标注册商标专用权纠纷案 [J]. 山东审判，2016，32（04）：65-69.

[2] 任静. 商品外观标识功能的法律保护 [D]. 中国政法大学，2015.

[3] 胡刚. 颜色组合商标的申请与保护 [J]. 知识产权，2015（02）：57-63.

[4] 李丹. 颜色组合商标的侵权认定 [N]. 中国知识产权报，2014-02-28（007）.

[5] 曾祥素. 全国首例侵害颜色组合商标专用权案落槌 [N]. 中国质量报，2014-01-15（005）.

[6] 章骁震. 非传统商标法律问题研究 [D]. 苏州大学，2012.

[7] 蔚海娇. 商标侵权中"商标近似"之认定 [D]. 山东大学，2010.

试检获得的检索结果较少，但是从获得的文章"郭毅：司法裁判创新的逻辑基础与规则边界——评首例侵害颜色组合商标注册商标专用权纠纷案"可以了解到，我国关于颜色组合商标纠纷案的首例案件是 2014 年"迪尔公司与九方泰禾国际重工（青岛）股份有限公司等侵害商标权及不正当竞争上诉案"（北京市高级人民法院［2014］高民终字第 382 号）。由此可见，我国关于颜色组合商标纠纷案件近年才开始出现，所以学者的关注度不高，与这个主题期刊论文也相对较少，但是之前的期刊论文中也有讨论关于商标装潢纠纷，其中，颜色就是商标装潢，也就是商标外包装的一部分，这一类的论文也可以供我们参考。可以将检索式修改为"主题＝商标 AND（主题＝侵权 OR侵害）AND（主题＝外包装 OR 装潢）"，共获得检索结果 173 条，如图 5-203所示。

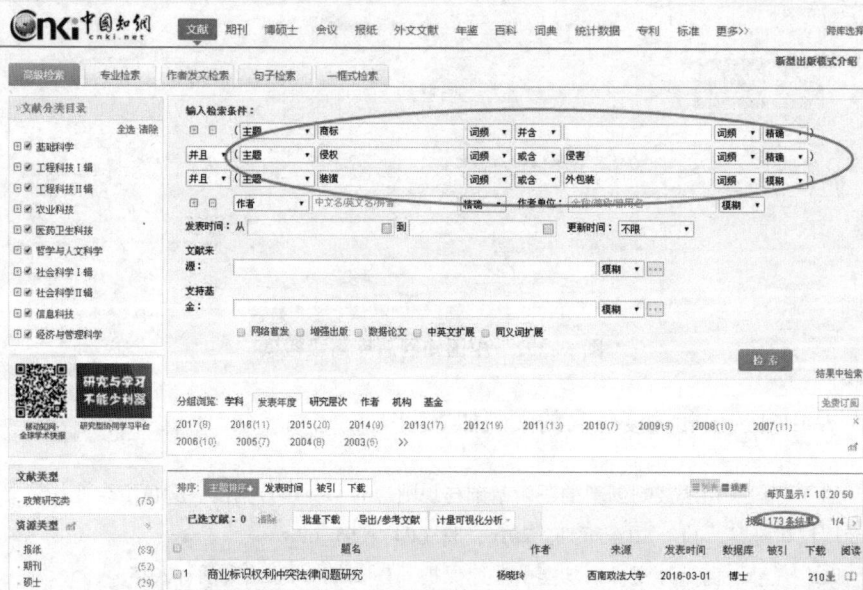

图 5-203　中国知网总库高级检索

从中挑选出相关度较高的文献如下：

［1］吴娃爱. 论我国知名商品特有包装和装潢的认定及其归属［D］. 华东政法大学，2015.

　　［2］王勇．知名商品特有包装、装潢法律保护研究［D］．华南理工大学，2015.

　　［3］李智．王老吉加多宝红罐包装装潢侵权案之评析［J］．安阳师范学院学报，2015（01）：33-35+40.

　　［4］蔡晓奇．加多宝与广药集团红罐凉茶包装互诉侵权案分析［D］．兰州大学，2014.

　　［5］郑雨晴．知名商品包装装潢法律问题研究［D］．复旦大学，2013.

　　［6］王丹．知名商品特有包装、装潢的反不正当竞争法保护［D］．西南政法大学，2013.

　　［7］徐骏．知名商品特有包装、装潢若干问题［J］．中华商标，2010（10）：50-54.

　　［8］刘琼．产品包装、装潢不正当竞争案的司法认定问题［J］．滁州职业技术学院学报，2008，7（04）：65-66+69.

　　［9］缪庆阳．商标近似侵权"七宗罪"［J］．中华商标，2005（12）：45-46.

　　［10］林幼吟．擅自使用知名商品特有名称、包装、装潢不正当竞争案件问题研究［J］．人民司法，1998（08）：53-56.

　　（2）外文资源检索：

　　HeinOnline HeinOnline 是收录法学期刊较为全面的美国数据库，且回溯期长，除了期刊外，还有一些判例，成文法资源，如果要检索期刊资源，就要进入"law journal library"子库，但是 HeinOnline 提供的检索字段较少，以期刊为例，只提供全文、标题和作者、摘要（但不是每篇文章都有摘要）这几种较为常用的检索字段。所以，在用 HeinOnline 检索时，推荐使用全文或标题这两种方式。需要注意的是，HeinOnline 中的布尔逻辑运算符必须用大写字母表示。我们采用标题检索，输入检索式 title：（trademark infringement）AND title：（color or colour），得到检索结果 42 条（参见图 5-204）。如果将检索字段换为 text，结果太多且不利于筛选。

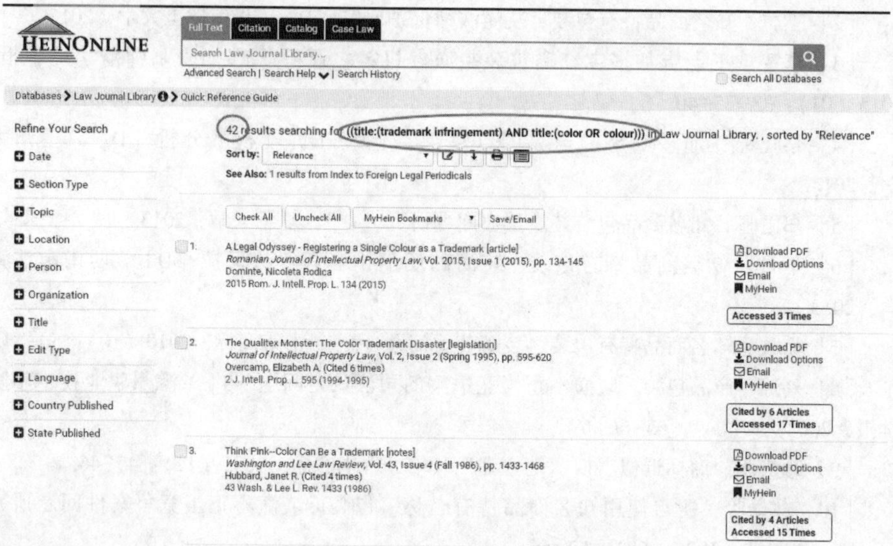

图 5-204　HeinOnline 期刊检索

从中挑选出相关度较高的文章如下：

［1］It's Time to End Discrimination against Trademarks of Color, Neal, Susan Somers, Butler, Colleen Connors, Federal Circuit Bar Journal, Vol. 5, Issue 1（Spring 1995）, pp. 71-90.

［2］Trademark Protection in Color：Do It by the Numbers, bert, Lawrence B. , The Trademark Reporter, Vol. 84, Issue 4（July-August 1994）, pp. 379-407E.

［3］The Qualitex Monster：The Color Trademark Disaster, Overcamp, Elizabeth A. Journal of Intellectual Property Law, Vol. 2, Issue 2（Spring 1995）, pp. 595-620.

［4］Think Pink-Color Can Be a Trademark, Hubbard, Janet R. , Washington and Lee Law Review, Vol. 43, Issue 4（Fall 1986）, pp. 1433-1468.

［5］A Legal Odyssey-Registering a Single Colour as a Trademark, Dominte, Nicoleta Rodica, Romanian Journal of Intellectual Property Law, Vol. 2015, Issue 1（2015）, pp. 134-145.

［6］Let Your True Colors Come Shining through, or Does Federal Law Afford Trademark Protection to a Product's Color（93-1577）, Hansen, Hugh C. , Preview of United States Supreme Court Cases, Vol. 1994-1995, Issue 4（December 22, 1994）, pp. 188-192.

［7］Color, Champagne, and Trademark Secondary Meaning Surveys：Devilish Detail, Bednall, David H. B. , The Trademark Reporter, Vol. 102, Issue 4（July-August 2012）, pp. 967-1013.

［8］Protection for Color under U. S. Trademark Law, Samuels, Jeffrey M. , Samuels, Linda

B., AIPLA Quarterly Journal, Vol. 23, Issue 1 (Winter 1995), pp. 129-160.

[9] Color as a Trademark and the Mere Color Rule: The Circuit Split for Color Alone, Summerfield, Craig, Chicago-Kent Law Review, Vol. 68, Issue 2 (1993), pp. 973-1008.

[10] Trademark Law: Qualitex Co. v. Jacobson Products Co.——The Supreme Court Upholds Trademark Protection for a Color, Bass, Paige Stratton, Oklahoma Law Review, Vol. 49, Issue 1 (Spring 1996), pp. 193-212.

4. 小结

通过国内外相关法律资源的整体调研过程，可以看出，在美国颜色能否作为商标的唯一标识这个争议点很早就已经被提出，涉及的相关案例资源丰富，法律对这一部分的规定也较为完善，并通过法官在判案时的不同解读有了更深层次、更具象的理解。而国内首例关于完全意义上的颜色组合商标侵权纠纷案例为 2014 年"迪尔公司与九方泰禾国际重工（青岛）股份有限公司等侵害商标权及不正当竞争上诉案"。可见，这个案由在国内来说还相对较新，研究者关于这一方面的探讨较少，大多数是围绕商标的整个外包装（装潢、外观）等侵权，少数涉及一部分商标的颜色认定，总体来说研究还不是很完善，这也给我们今后的研究提供了一个参考方向。

（六）国外案例资源检索——"O'Brien v. O'Brien 案"的法律分析

1. 案例解读

（1）案件信息：

案号：O'Brien v. O'Brien, 66N. Y. 2d 576.

审理法院：Court of Appeals of New York.

（2）案件详情。本案原告迈克尔·奥布莱恩（Michael O'Brien）与被告洛蕾塔·奥布莱恩（Loretta O'Brien）于 1985 年起诉离婚，结束了超过九年的婚姻生活，二人在分配夫妻共同财产方面产生了严重的分歧和争议。原告请求法院准予二人离婚，并平均分配共同财产。而被告抗辩称，二人在结婚初期，同时被一所私人学校录取成为老师，为了维持二人的共同生活以及供应原告继续接受高等教育的学费，被告放弃了自身更好的受教育机会，并且同时兼任了好几份的教育辅导工作，以获得更高的报酬来支撑两人的共同生活和原告的全职学生生涯。经过九年的努力，原告取得了医师资格，并于 1980 年正式开始执业行医，仅仅 2 个月后就提出离婚，被告认为这是对自己付出的否定，仅仅分割共同财产不足以弥补她这些年的付出。她认为没有自己的牺牲和帮助，原告是无法顺利取得医生资格的，因此，原告的行医执照也应当成为共同财产。为此，被告展示了专家意见以及证言证词，充分显示了原告的行医执照价值472 000美元。同时被告还提供了一份给原告的10 000美元学生贷款的证明，要求平均分配行医执照价值的财产，并平均分担债务。

本案的争议点在于"执照"或者"资格"能否被量化为具体数额的财产而成为夫妻共同财产的一部分来参与分配。原告在本案的主要论点是，一个行医执业资格证不属于婚姻共同财产，原因是行医执业资格证不属于传统意义上的物权法关于物权的概念。因为根据传统物权法的规则，一个物品属于物权或者财产，其必须具有交换价值，可以在市场上标有价格进行公开流通，或者进行转移，而行医执照显然不具备这些特性。被告的主要论点是，她在婚姻中做出的经济贡献更多，做出的牺牲也更大。在结婚初期，她原本有获得永久教学资格执业证书的机会，但是需要支付3000美金的学费，并且全职进行为期18个月的研究生学习。她为了二人的共同生活以及原告的学习生涯放弃了自己的机会，并且在原告在校学习期间，所有的经济支撑都来自于被告的努力工作。被告的经济支持和自我牺牲成就了原告获得医生资格，在这一资格中被告理应享有一定的份额。本案经过了初审法院、上诉法院、再审州法院三次审理，最终于1985年12月进行了判决。

（3）法院观点：

A. 初审法院：初审法院对案件涉及的事实问题进行了认定。法庭认为，考虑到原告的生活方式，这种生活方式是一种建立于他潜在的从医执照的基础上，并且这种从业执照建立于被告的贡献和努力上，所以认定原告在婚姻存续期间取得的行医执照是婚后共有财产，应该在原告和被告之间分配。根据被告提供的专家证言显示的行医执照的经济价值，考虑到原告的职业生涯会在2012年结束，最终判决原告给予被告188 800美元的补偿，代表该行医执照价值的40%，法院要求原告分11次在1982年11月1日到1992年11月1日之内付清。另外，法院还要求原告承担被告为保证生活而缴纳的保险费用，以及原告因申请和提供证人证言而支付的8000美元费用。

B. 上诉法院：上诉法院对本案涉及的法律问题进行了探讨，援引之前的同类判例，Conner v. Conner, 97 A. D. 2d 88, 468 N. Y. S. 2d 153; Lesman v. Lesman, 88 A. D. 2d 452 N. Y. S. 2d 935, appeal dismissed 57 N. Y. 2d 956, 认为在婚姻存续期间，从医执照并不属于婚姻共同财产，并且不能分割。因此，

上诉法院认为原告的行医执照不是婚后共同财产，将本案发回重审。

C. 再审法院：再审法院认为，平等分配法考虑两种财产适合平等分配：婚姻财产和个人财产。（Domestic Relations Law § 236 b 1 c，d）前者，理应属于平等分配的范畴，被定义为"所有一方或者夫妻双方获得的并且在婚姻存续期间，在执行财产分割决议之前所获得的，都属于婚姻共同财产，无论它们以什么样的形式存在"。虽然原告通过举例同一个司法管辖区域下的先例判决，认为从业执照属于一种个人的资格，是个人知识的体现，不属于财产的范畴，也不应当按照平均分配法分配。但是我们法院应该考虑：任何平等的分配都包括，在婚姻存续期间取得的不管有没有名号（归属权）的财产，包括夫妻共同对财产或者一项花销做出的共同贡献，无论是工资直接收入还是作为家庭主妇给家庭的贡献，这些贡献都包括潜在的对夫妻对方职业上的贡献，以及一些难以估量与衡量的付出。因此，再审法院推翻了上诉法院的判决，认定行医执照属于婚后共同财产。

（4）争议焦点：

A. 行医执照（资格）是否属于财产；

B. 平等分配法的适用；

C. 夫妻婚后共同财产和个人财产的认定；

D. 夫妻一方对家庭的贡献对离婚财产分配的影响；

E. 离婚财产分配是否应考虑保证弱势方经济独立。

本案对美国司法中对婚后共同财产的认定产生了重大影响，促进了立法的变革，令人们对婚后共同财产的认定有了新的认识。为了更好地对这个案件背后涉及的法律焦点进行深入剖析，我们可以从中外文一次法律资源和二次法律资源两个角度进行检索，全面搜集相关法律资源进行研究。

研究需求分析：查询国内外婚姻财产认定相关的法律资源。

查询范围：国内、国外。

文献类别：法律法规、司法案例、学位论文、期刊论文。

语种：中文、英文。

年代范围：无特殊要求。

数据库：北大法宝、中国知网、Westlaw Next 数据库、Lexis Advance 数据库、HeinOnline 数据库。

2. 一次法律资源检索

（1）相关法律法规检索：

A. Lexis Advance 数据库。通过了解"奥布莱恩案"的基本案情，我们首先要检索出相关的判决依据，利用 Lexis Advance 数据库，选择案例库"cases"，在高级检索中输入案卷号 66 N. Y. 2d 576，得到如图 5-205 所示的检索结果。通过剖析该案件的判决书，可以得出该案的判决依据包括法案和相关政策，详情如下：

［1］Domestic Relations Law（引用的应该是第 236 条 B 款）

［2］New York's Equitable Distribution Law

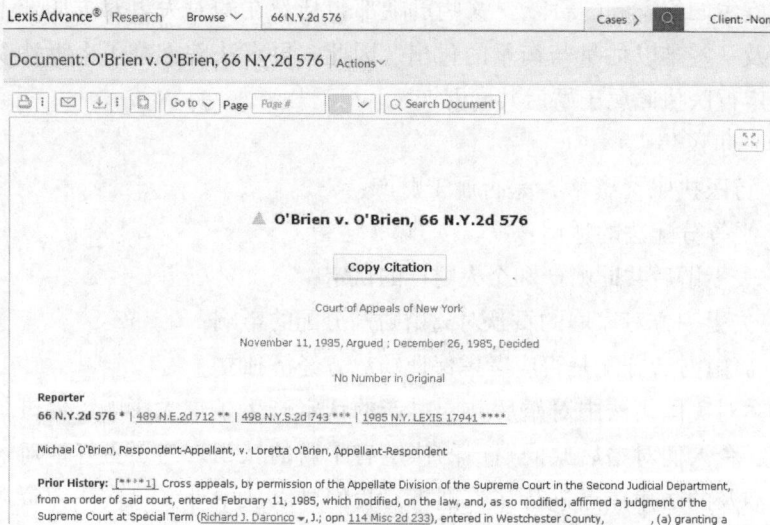

图 5-205　Lexis Advance 数据库检索结果界面

B. 北大法宝数据库。根据对"奥布莱恩案"基本情况的了解，可知该案主要涉及婚姻法相关规定。我们可以检索中文法律法规的相关内容，以了解国内相关法律法规。打开北大法宝数据库，选择"法律法规"子库，输入"婚姻法"，选择字段为"标题"检索，即可获得北大法宝收录的婚姻法相关法律法规，检索结果如图 5-206 所示。

图 5-206　北大法宝数据库法律法规子库简单检索功能

　　在"中央法规"子集中选择"中华人民共和国婚姻法（2001 修正）"，进入检索结果界面。由图 5-207 可知，法律法规正文页面提供了该法律法规的发布部门、发布日期、实施日期、时效性、效力级别、法规类别等信息。同时，检索结果界面还会提供编注版与对照版本的链接，我们可以点击查看详情。界面中的"本法变迁"标签以时间轴的方式直观地呈现了婚姻法的修订历史。"引用本法"标签罗列了"中华人民共和国婚姻法"被不同类型法律资源的引用情况。法律法规正文提供了具体的条文规定与法宝联想，法宝联想一般包括与之有关的法律、行政法规、部门规章、司法解释、地方法规规章、法学期刊、律所实务、案例与判决文书、司法解释等，在页面的右侧会提供有关整篇法律法规的一些法宝联想，如立法草案，本篇引用的法规，引用本篇的法规、案例、论文等信息，通过这些相关内容的相互链接，我们可对该法进行全方位的深入了解。

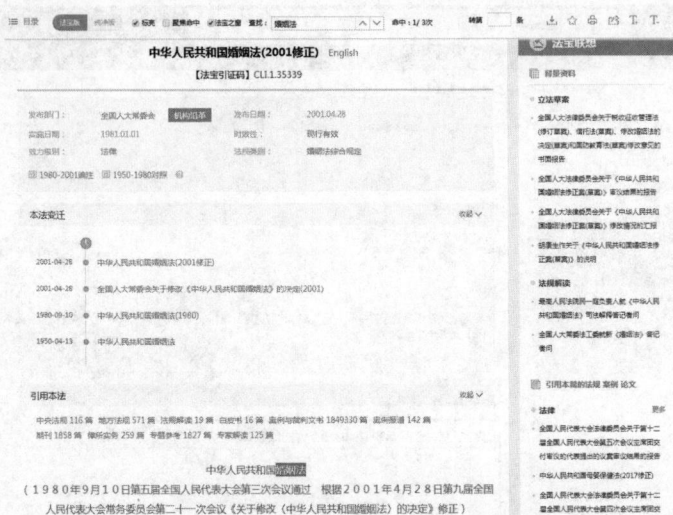

图 5-207　北大法宝数据库法律法规检索结果界面

　　为在《中华人民共和国婚姻法》（2001 年）全文中查询到与夫妻财产认定相关的内容，可在检索结果界面上方"查找"栏目输入检索词"财产"，同时我们可以通过点击上下键查询与夫妻财产认定相关的内容，如图 5-208 所示。

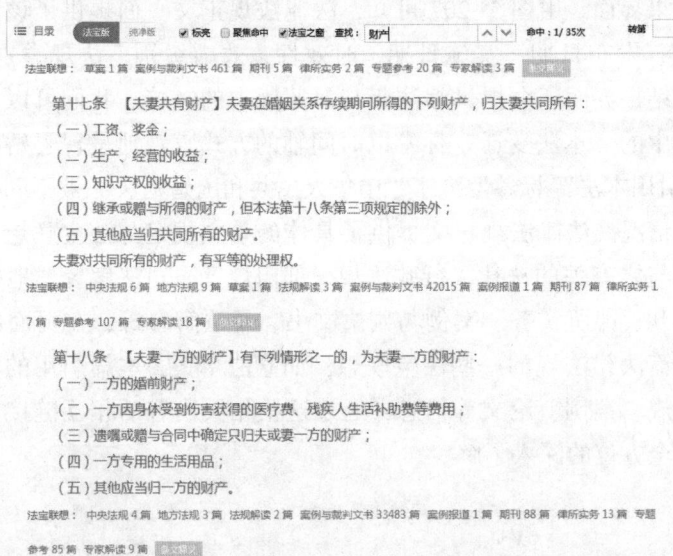

图 5-208　北大法宝数据库法律法规检索结果界面

根据检索结果总结出相关的法律法规如下：

中华人民共和国婚姻法（2001 修正）

具体内容：

第四十条　【补偿】夫妻书面约定婚姻关系存续期间所得的财产归各自所有，一方因抚育子女、照料老人、协助另一方工作等付出较多义务的，离婚时有权向另一方请求补偿，另一方应当予以补偿。

第十七条　【夫妻共有财产】夫妻在婚姻关系存续期间所得的下列财产，归夫妻共同所有：

（一）工资、奖金；

（二）生产、经营的收益；

（三）知识产权的收益；

（四）继承或赠与所得的财产，但本法第十八条第三项规定的除外；

（五）其他应当归共同所有的财产。

夫妻对共同所有的财产，有平等的处理权。

第十八条　【夫妻一方的财产】有下列情形之一的，为夫妻一方的财产：

（一）一方的婚前财产；

（二）一方因身体受到伤害获得的医疗费、残疾人生活补助费等费用；

（三）遗嘱或赠与合同中确定只归夫或妻一方的财产；

（四）一方专用的生活用品；

（五）其他应当归一方的财产。

第十九条　【夫妻财产约定】夫妻可以约定婚姻关系存续期间所得的财产以及婚前财产归各自所有、共同所有或部分各自所有、部分共同所有。约定应当采用书面形式。没有约定或约定不明确的，适用本法第十七条、第十八条的规定。

夫妻对婚姻关系存续期间所得的财产以及婚前财产的约定，对双方具有约束力。

夫妻对婚姻关系存续期间所得的财产约定归各自所有的，夫或妻一方对外所负的债务，第三人知道该约定的，以夫或妻一方所有的财产清偿。

（2）相关案例检索。Westlaw Next 数据库。通过分析"奥布莱恩案"，我们得到的核心关键词是："licenses""degree""marital property""contribution"。打开 Westlaw Next 数据库，选择案例子库"Cases"，在高级检索（advanced search）中输入检索式 SY，DI（spouse & contributions & "marital property"&（licenses or degree）& divorce），可得到 390 条检索结果，如图 5-209 所示：

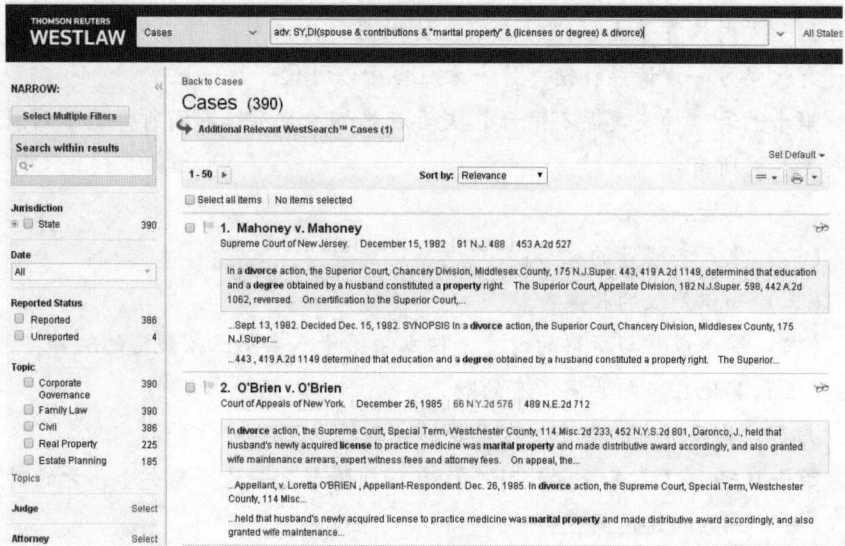

图 5-209　Westlaw 检索结果界面（390 条检索结果）

关于离婚案件中婚后配偶取得的职业资格证书或者学历学位证书是否作为婚姻财产问题大多涉及自由裁量权问题，故而我们可进一步精炼检索结果，将 discretion 放入高级检索的 Headnote 字段添加到上述检索式中，形成的新的检索式：SY，DI［spouse & contributions & "marital property"&（licenses or degree）& divorce］& HE（discretion），获取 275 条相关检索结果，如图 5-210 所示：

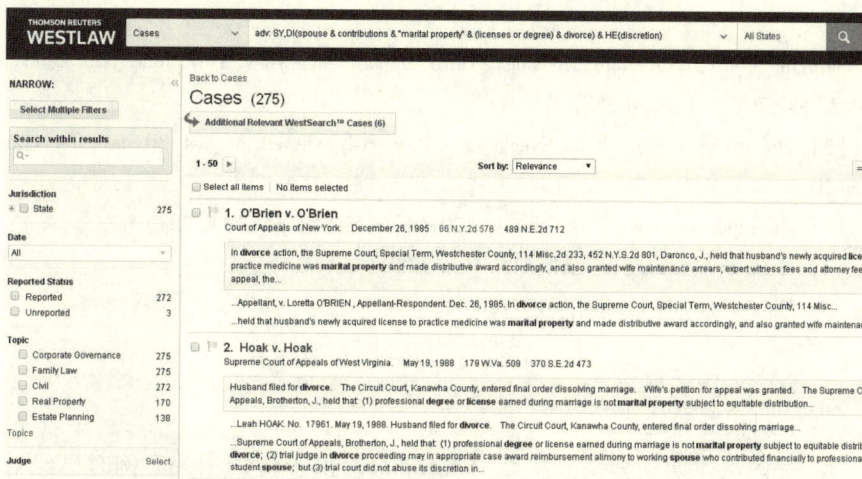

图 5-210　Westlaw 检索结果界面（275 条检索结果）

　　由于"奥布莱恩案"涉及平等分配法的适用，因此我们可以通过加入"equitable distribution"检索词形成新的检索式对检索结果展开进一步的精炼，提高检准率。在 Westlaw Cases 子库中利用高级检索（advanced search）在 Synopsis/Digest 字段输入（spouse & contributions & "marital property" & (licenses or degree) & divorce) & "equitable distribution"，在 Headnote 字段输入 discretion，形成检索式：SY, DI（spouse & contributions & "marital property" & (licenses or degree) & divorce & "equitable distribution"）& HE（discretion），得到273 条检索结果，将"equitable distribution"放入 Headnote 字段，形成新的检索式：SY, DI（spouse & contributions & "marital property" & (licenses or degree) & divorce) & HE（discretion & "equitable distribution"），得到 113 条检索结果。综合以上三个检索式，在检索过程中通过分析案情及争议焦点提取关键词，随着检索的深入，通过调整检索词来逐步完善案件所涉及的主题如自由裁量权与平等分配法的适用，使检索结果中案件对本案更具有参考性。

　　通过以上三次检索以及本案判决所引用的先例，列出与"奥布莱恩案"相关的 5 个典型代表案件：

　　[1] Hoak v. Hoak Supreme Court of Appeals of West Virginia. May 19, 1988 179 W. Va. 509 370 S. E. 2d 473

　　[2] Farrell v. Cleary – Farrell Eyeglasses – Previously viewed in last 30 days for current

Client ID

Supreme Court, Appellate Division, Third Department, New York. June 05, 2003 306 A. D. 2d 597 761 N. Y. S. 2d 357

［3］ Holterman v. Holterman Eyeglasses – Previously viewed in last 30 days for current Client ID

Court of Appeals of New York. June 10, 2004 3 N. Y. 3d 1 814 N. E. 2d 765

［4］ McGrath v Kristensen, 340 U. S. 162, 178

［5］ Majauskas v Majauskas, 61 NY2d 481

3. 二次法律资源检索

（1）期刊资源检索：

A. 美国法律期刊全文数据库 HeinOnline。由于检索相关案例时已经对检索词的确定和检索式的构建进行过梳理与调整，故可灵活运用于 HeinOnline 数据库检索过程中。HeinOnline 数据库的高级检索字段有 text、Article Title、Author/Creator、Description、State、Country、Date 等。首先在 Law Journal Library 子集中的全文字段输入检索词，形成检索式：（（（（（（（license）OR（degree））AND（spouse））AND（contributions））AND（discretion））AND（"equitable distribution"））），可检索出 1747 条相关检索结果。由于检索式的检索字段是全文检索，为了使检索式更为贴近检索主题，可将 license 与 degree 进行逻辑"与"的运算，形成新的检索式：（（（（（（（license）AND（degree））AND（spouse））AND（contributions））AND（discretion））AND（"equitable distribution"））），检索出 984 条检索结果。由于将检索词 license 和 degree 放入全文检索字段，虽然结果的检全率有了保证，但是无法清晰聚焦与主题相关的检索结果。此时，我们将 license 和 degree 检索词放入 title 字段进行进一步限制，如图 5-211 所示，共获取 34 条检索结果。

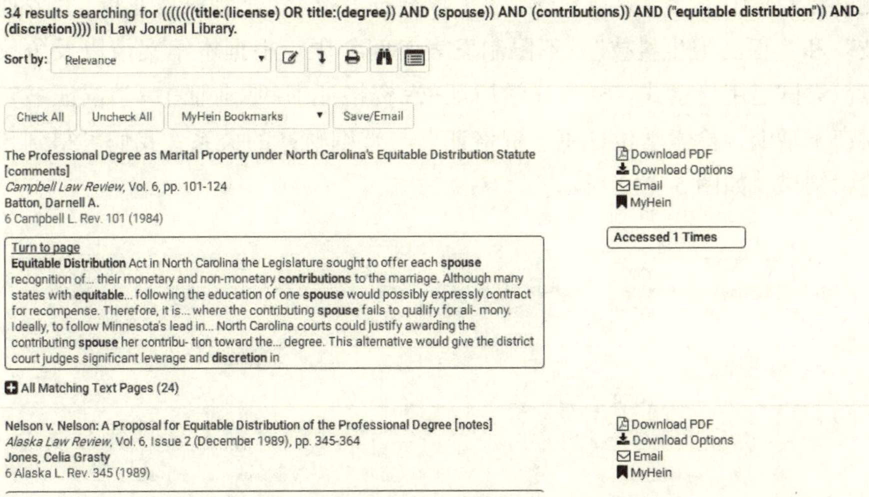

34 results searching for (((((((title:(license) OR title:(degree)) AND (spouse)) AND (contributions)) AND ("equitable distribution")) AND (discretion)))) in Law Journal Library.

Sort by:　Relevance　　　　　▼　🖉 ⤵ 🖨 🗏 ▤

Check All　　Uncheck All　　MyHein Bookmarks　　Save/Email

The Professional Degree as Marital Property under North Carolina's Equitable Distribution Statute [comments]
Campbell Law Review, Vol. 6, pp. 101-124
Batton, Darnell A.
6 Campbell L. Rev. 101 (1984)

🖹 Download PDF
⬇ Download Options
✉ Email
🔖 MyHein

Accessed 1 Times

Turn to page

Equitable Distribution Act in North Carolina the Legislature sought to offer each **spouse** recognition of... their monetary and non-monetary **contributions** to the marriage. Although many states with **equitable**... following the education of one **spouse** would possibly expressly contract for recompense. Therefore, it is... where the contributing **spouse** fails to qualify for ali- mony. Ideally, to follow Minnesota's lead in... North Carolina courts could justify awarding the contributing **spouse** her contribu- tion toward the... degree. This alternative would give the district court judges significant leverage and **discretion** in

➕ All Matching Text Pages (24)

Nelson v. Nelson: A Proposal for Equitable Distribution of the Professional Degree [notes]
Alaska Law Review, Vol. 6, Issue 2 (December 1989), pp. 345-364
Jones, Celia Grasty
6 Alaska L. Rev. 345 (1989)

🖹 Download PDF
⬇ Download Options
✉ Email
🔖 MyHein

图 5-211　HeinOnline 检索结果界面（34 条检索结果）

通过对以上三次检索结果进行综合分析，选取相关典型文献如下：

［1］ The Professional Degree as Marital Property under North Carolina's Equitable Distribution Statute ［comments］ Campbell Law Review, Vol. 6, pp. 101-124Batton, Darnell A. 6 Campbell L. Rev. 101 (1984).

［2］ Nelson v. Nelson：A Proposal for Equitable Distribution of the Professional Degree ［notes］ Alaska Law Review, Vol. 6, Issue 2 (December 1989), pp. 345 - 364Jones, Celia Grasty6 Alaska L. Rev. 345 (1989).

［3］ The Equity/Property Dilemma：Analyzing the Working Spouse's Contributions to the Other's Educational Degree at Divorce ［comments］ Houston Law Review, Vol. 23, Issue 4 (July 1986), pp. 991-1038Stanfill, W. Bruce (Cited 8 times) 23 Hous. L. Rev. 991 (1986).

［4］ Equitable Distribution of Degrees and Licenses：Two Theories Toward Compensating Spousal Contributions ［notes］ Brooklyn Law Review, Vol. 49, Issue 2 (Winter 1983), pp. 301-334 Shuman, Robert C. (Cited 24 times) 49 Brook. L. Rev. 301 (1982-1983).

［5］ Equitable Distribution of Degrees and Licenses：Two Theories Toward Compensating Spousal Contributions ［notes］ Brooklyn Law Review, Vol. 49, Issue 2 (Winter 1983), pp. 301-334 Shuman, Robert C. (Cited 24 times) 49 Brook. L. Rev. 301 (1982-1983).

B. 中国知网数据库。进入中国知网期刊子库，选择专业检索，同时在左侧资源专辑中去除"基础科学""工程科技Ⅰ辑""工程科技Ⅱ辑""农业科技"和"医药卫生科技"。不限制发表时间年限。根据本案案情以及争议焦点，尝试运用检索式：SU=（学历证书+资格证书+职业证书+学位证书）＊财产＊婚姻，检索学位证书、资格证书与婚姻财产的关系，我们可得到5条检索结果，如图5-212所示：

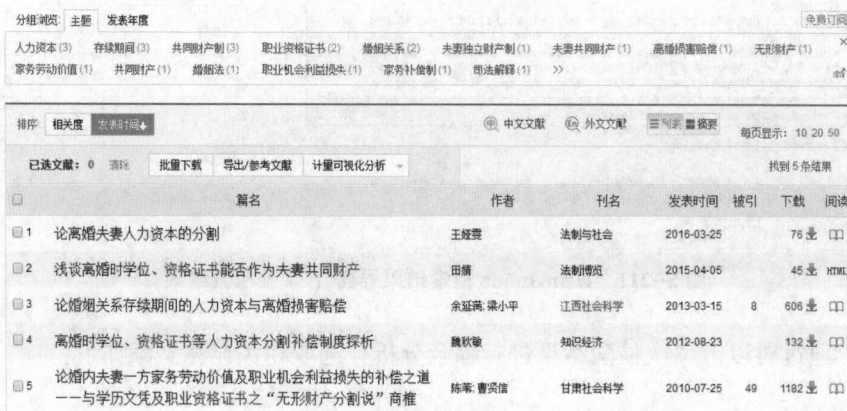

图 5-212　CNKI 检索结果界面（5 条检索结果）

从检索结果中可以看出，该案件涉及夫妻共同财产制、夫妻独立财产制、人力资本等主题领域，我们可进一步扩展检索词，形成检索式：SU=（"夫妻共同财产"+"夫妻独立财产制"）＊（分割+认定）＊离婚＊"人力资本"，获取检索结果22条，如图5-213所示：

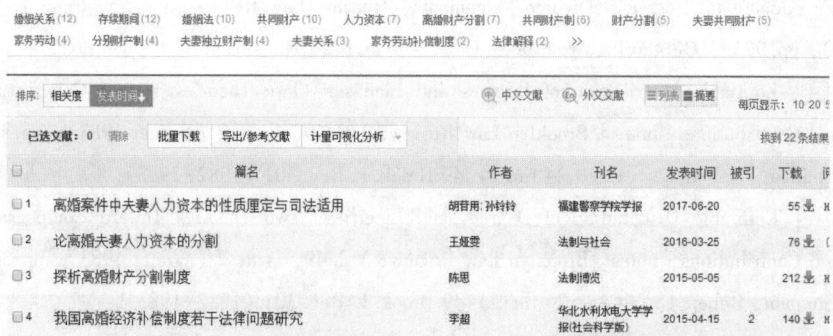

图 5-213　中国知网检索结果界面（22 条检索结果）

通过对检索结果的浏览，我们可以发现家务劳动、家事劳动也经常出现在离婚财产认定主题领域中，同时我国《婚姻法》（第40条【补偿】夫妻书面约定婚姻关系存续期间所得的财产归各自所有，一方因抚育子女、照料老人、协助另一方工作等付出较多义务的，离婚时有权向另一方请求补偿，另一方应当予以补偿。）也规定付出较多义务的一方可请求补偿。婚姻存续期间，一方协助配偶获取学位证书、职业证书也属于我国《婚姻法》第40条规定的内容。故我们可将家务劳动、家事劳动纳入检索词范围，形成新的检索式：SU＝（"夫妻共同财产"＋"夫妻独立财产制"）＊（分割＋认定）＊离婚＊劳动。运用该检索式获取39条检索结果，如图5-214所示：

□ 4	离婚财产分割若干问题的社会性别分析	冯忆南;童元玲;潘丽;王晶	妇女研究论丛	2006-12-30	34	1551 ☰ □
□ 5	浅析离婚财产分割中家务劳动价值的确认	张红艳	理论月刊	2007-07-10	22	714 ☰ HTML
□ 6	新型夫妻共同财产:婚姻期间的养老金权益	张荣芳	法学评论	2018-03-13		363 ☰ □
□ 7	我国离婚财产分割研究	赵宣珍	潍坊学院学报	2013-10-15	4	343 ☰ HTML
□ 8	将无形财产纳入夫妻共同财产的法律思考	曾晓林	特区经济	2008-11-25	9	501 ☰ HTML
□ 9	论知识产品及其在离婚诉讼中的归属及分割	肖羽飞;赖建根	赣南师范学院学报	2004-08-30	12	226 ☰ □
□ 10	离婚时的人力资本分割——从妇女权益保护角度出发	刘廷华;李凤军	南京人口管理干部学院学报	2013-04-15	1	236 ☰ □
□ 11	我国离婚经济补偿制度若干法律问题研究	李超	华北水利水电大学学报(社会科学版)	2015-04-15	2	145 ☰ HTML
□ 12	论确立我国夫妻离婚财产公平分割原则	姜涛	经济研究导刊	2014-12-15	1	203 ☰ HTML
□ 13	试论我国离婚经济补偿的法律制度	郭际;宋庆丽	江西社会科学	2007-12-25	2	415 ☰ □

图5-214　中国知网检索结果界面（39条检索结果）

综合以上检索结果，将相关部分期刊文献列举如下：

[1] 陈苇，曹贤信．论婚内夫妻一方家务劳动价值及职业机会利益损失的补偿之道——与学历文凭及职业资格证书之"无形财产分割说"商榷［J］．甘肃社会科学，2010（04）：30-34.

[2] 田婧．浅谈离婚时学位、资格证书能否作为夫妻共同财产［J］．法制博览，2015（10）：259.

[3] 田婧．浅谈离婚时学位、资格证书能否作为夫妻共同财产［J］．法制博览，2015（10）：259.

[4] 李超．我国离婚经济补偿制度若干法律问题研究［J］．华北水利水电大学学报（社会科学版），2015，31（02）：72-75.

[5] 李欣．论离婚经济补偿制度的完善［J］．法学杂志，2011，32（06）：131-134.

（2）学位论文资源检索——中国知网数据库。根据前一小节在 CNKI 数据库里检索期刊资源所列检索式，我们可以将检索式直接应用到检索学位论文资源中来，在这里就不再全部重复，仅将第三个检索式作为示例进行检索，选择硕博论文子库，选择专业检索，同时在左侧资源专辑中去除“基础科学”“工程科技Ⅰ辑”“工程科技Ⅱ辑”“农业科技”和“医药卫生科技”。不限制发表时间年限。输入检索式 SU=（学历证书+资格证书+职业证书+学位证书）＊财产＊婚姻，得到检索结果 18 条，如图 5-215 所示。输入检索式：SU=（“夫妻共同财产”+“夫妻独立财产制”）＊（分割+认定）＊离婚＊劳动，得到检索结果 86 条，如图 5-216 所示：

排序：相关度 出版时间↓ 被引 下载 学位授予年度　　　　☰列表 ▤摘要　每页显示：10 20 50

已选文献：0 清除　批量下载　导出/参考文献　计量可视化分析　　　　找到 18 条结果

	中文题名	作者	学位授予单位	数据库	学位授予年度	被引	下载	阅读
1	夫妻离婚时人力资本分割研究	王涛	南京大学	硕士	2017年		35	
2	论夫妻共同财产的认定	张琍	广东外语外贸大学	硕士	2017年		89	
3	论婚内人力资本贡献方的离婚救济	冯嘉诗	广西师范大学	硕士	2016年		85	
4	夫妻共同财产认定和分割的案例分析	司徒卓鹏	广东财经大学	硕士	2016年		218	
5	新型夫妻共同财产认定及分割研究	张迪	云南大学	硕士	2015年	3	740	
6	夫妻共同财产认定问题研究——以人力资本和知识产权为重点	刘明喆	华东政法大学	硕士	2015年	1	445	
7	论离婚中对学历、资格证书取得的家事劳动价值补偿	于金龙	天津师范大学	硕士	2014年	1	111	

图 5-215　中国知网检索结果界面（18 条检索结果）

已选文献：0 清除　批量下载　导出/参考文献　计量可视化分析　　　　找到 86 条结果　1/2 ＞

	中文题名	作者	学位授予单位	数据库	学位授予年度	被引	下载	阅读
1	经济学视角下的女性财产权益保护研究——以离婚财产纠纷判决书为基础	石婧	山东大学	硕士	2017年		88	
2	夫妻离婚时人力资本分割研究	王涛	南京大学	硕士	2017年		35	
3	论夫妻共同财产的认定	张琍	广东外语外贸大学	硕士	2017年		89	
4	离婚夫妻财产的认定及分割问题研究	李定壬	广西师范大学	硕士	2017年		385	
5	夫妻财产制与债法规则的冲突与协调问题研究	曲超彦	大连海事大学	博士	2017年		688	
6	家庭伦理视角下的家庭财产制度研究	牛亚男	河南师范大学	硕士	2017年		11	
7	离婚时夫妻共同财产分割研究	张颖	西南政法大学	硕士	2016年	1	40	
8	胡某诉刘某离婚案评析——关于离婚案件中文凭带来的利益分割及家事劳动补偿问题的思考	李佳洪	湖南师范大学	硕士	2016年		61	
9	论“经济补偿金”在夫妻财产分割中的归属——以杨某诉蒋某离婚后财产纠纷案为例	王朋	西南科技大学	硕士	2016年		72	

图 5-216　中国知网检索结果界面（86 条检索结果）

综合上述检索结果，将相关部分学位论文文献列举如下：

[1] 李佳洪．胡某诉刘某离婚案评析［D］．湖南师范大学，2016.

[2] 王朋．论"经济补偿金"在夫妻财产分割中的归属［D］．西南科技大学，2016.

[3] 张慧娟．我国离婚救济制度研究［D］．云南大学，2016.

[4] 杨璇．离婚女性财产权益保护研究［D］．西南大学，2015.

[5] 刘明喆．夫妻共同财产认定问题研究［D］．华东政法大学，2015.

[6] 王汝强．我国夫妻共同财产分割制度研究［D］．南京航空航天大学，2015.

[7] 南张军．论离婚时夫妻无形财产分割问题研究［D］．河北大学，2014.

[8] 于金龙．论离婚中对学历、资格证书取得的家事劳动价值补偿［D］．天津师范大学，2014.

4. 小结

通过对检索到的相关法律资源的通读，我们可以了解到婚姻存续期间一方协助配偶获取学位、资格证书在离婚之时如何处理的相关问题，国外的一些立法和司法各有特色。美国纽约州承认学历、资格证书是婚姻财产的一部分，并可对此进行分割。美国科罗拉多州不承认学历、资格证书为婚姻财产，也不作为夫妻离婚时平衡双方利益的考虑因素。总体来说，美国少数州将其认定为财产，并且在离婚之时进行价值分割，而多数州并不承认学历、资格证书为财产，但同时会考虑到夫妻双方利益的平衡，只有极少部分完全不考虑学历、资格证书在离婚时的利益平衡问题。英国与美国大多数州的做法一致，即不将学历、资格证书作为财产，但是会考虑作为平衡夫妻双方利益的相关因素。我国的婚姻法中并未明确承认学历、资格证书的价值，只是被包含于家事劳动之中，但价值劳动价值已经被包含于法定的婚姻共同财产制中，在离婚案件中仅仅凭借承担家室劳动很难获取对方的补偿，需要通过对我国婚姻法相关条文的增改修补，适应承认家务劳动价值的法律趋势。

参考文献

[1] 田枫等编著：《信息论基础及应用》，中国石化出版社 2016 年版。

[2] 穆向阳：《信息的演化》，东南大学出版社 2016 年版。

[3] 林燕萍：《中外法律文献检索》，法律出版社 2003 年版。

[4] 于丽英：《法律文献检索》（第 2 版），北京大学出版社 2013 年版。

[5] Morris L. Cohen and Kent C. Olson, *Legal Research* (8th ed.), West Group, 2003.

[6] 高利红：《法学研究与文献检索》，北京大学出版社 2017 年版。

[7] 翟建雄："英国判例法文献及判例查找方法介绍"，载《法律文献信息与研究》2000
年第 2 期。

[8] 冯慧玲、王立清：《信息检索教程》，中国人民大学出版社 2004 年版。

[9] 刘明：《推开法律信息检索之门》，中国政法大学出版社 2015 年版。

[10] 何主宇：《英美法案例研读全程指南》，法律出版社 2007 年版。

[11] 于丽英：《法律文献检索》（第 3 版），北京大学出版社 2015 年版。

[12] 沈宗灵：《法理学》，高等教育出版社 2004 年版。

[13] 彭勃：《英美法概论：法律文化与法律传统》，北京大学出版社 2011 年版。

[14] 杨兆龙：《大陆法与英美法的区别》，北京大学出版社 2009 年版。

[15] 舒国滢：《法理学导论》，北京大学出版社 2006 年版。

[16] 林青："日本法律文献的检索"，载 http://www.iolaw.org.cn/showarticle.asp? id=3572.

[17] 万律中国数据库使用指南：http://www.westlawchina.com/index_ cn.html.

[18] 赵静：《信息检索与应用》，清华大学出版社 2014 年版。

[19] 刘莉、袁曦临：《法学信息检索》，东南大学出版社 2006 年版。

[20] 韩冬、傅兵：《文献信息检索与利用》，清华大学出版社 2014 年版。

后　记

　　本书撰写历时 10 个月的时间，期间得到了中国政法大学副校长时建中教授的大力支持，得到了图书馆全体同仁的热情帮助。中国政法大学图书馆创新团队编写组成员付出了艰苦卓绝的努力，不断修改完善。本书由中国政法大学创新团队负责人刘鸿霞老师组织编写，李雪梅、曹奇敏和武莹老师负责统稿，具体章节编写分工如下（按章节顺序排列）：

　　刘鸿霞、王婷撰写第一章

　　浦燕妮、张馨文撰写第二章

　　李雪梅、武莹撰写第三章

　　曹奇敏、张玲撰写第四章

　　刘鸿霞、李雪梅、曹奇敏、武莹、张玲、王婷、浦燕妮、王思远、贺博文撰写第五章

　　本书编写过程的疏漏和错误之处，恳请读者批评指正。